Die Bilanzierung des Goodwill im Konzernabschluss
nach HGB und IFRS

Europäische Hochschulschriften

Publications Universitaires Européennes
European University Studies

Reihe II
Rechtswissenschaft

Série II Series II
Droit
Law

Bd./Vol. 5140

PETER LANG
Frankfurt am Main · Berlin · Bern · Bruxelles · New York · Oxford · Wien

Verena Ohms

Die Bilanzierung des Goodwill im Konzernabschluss nach HGB und IFRS

Eine Untersuchung aus der Perspektive von Bilanzierungszwecken und Bilanzierungsgrundsätzen

PETER LANG
Internationaler Verlag der Wissenschaften

Bibliografische Information der Deutschen Nationalbibliothek
Die Deutsche Nationalbibliothek verzeichnet diese Publikation in der Deutschen Nationalbibliografie; detaillierte bibliografische Daten sind im Internet über http://dnb.d-nb.de abrufbar.

Zugl.: Bielefeld, Univ., Diss., 2010

Gedruckt auf alterungsbeständigem,
säurefreiem Papier.

D 361
ISSN 0531-7312
ISBN 978-3-631-61173-9

www.peterlang.de

VORWORT

Die vorliegende Arbeit wurde unter dem Titel „Die Bilanzierung des Goodwill im Konzernabschluss nach HGB und IFRS aus der Perspektive von Bilanzierungszwecken und Bilanzierungsgrundsätzen“ von der Falkultät für Rechtswissenschaft an der Universität Bielefeld im Frühjahr 2010 als Dissertation angenommen. Sie berücksichtigt die bis September 2010 erschienene Literatur und die bis dahin wirksamen Regelungswerke. Die Arbeit entstand in einem mehrjährigen Prozess, der durch eine sehr dynamische Entwicklung des nationalen und internationalen Bilanzrechts geprägt war. Auch derzeit stehen Neuerungen hinsichtlich der internationalen Rechnungslegungsstandards, wie z. B. des *fair value measurements*-Standards oder des *Conceptual Framework* an, die Einfluss auf den Untersuchungsgegenstand nehmen werden. Daher wird es auch für die Zukunft – allerdings nicht mehr im Rahmen dieser Arbeit - eine spannende Aufgabe sein, die Entwicklungen der Goodwill-Bilanzierung zu beobachten.

An dieser Stelle möchte ich allen, die mir zur Erstellung und Veröffentlichung dieser Arbeit fachliche, technische oder persönliche Unterstützung zu Teil werden ließen, sehr herzlich danken. Herrn Prof. Dr. Detlef Kleindiek von der Universität Bielefeld gilt mein herzlicher Dank für die wohlwollende und hilfreiche Betreuung und die wertvollen Anregungen. Gleichfalls danken möchte ich Herrn Prof. Dr. Florian Jakobi für die Erstellung des Zweitgutachtens. Ich danke ebenfalls Herrn Prof. Dr. Markus Artz, der die Aufgabe der Leitung der Disputation übernommen hat.

Für die Unterstützung bei Promotion und Berufstätigkeit möchte ich zudem meiner Mutter, ihrem Partner und meinen Schwiegereltern danken. Vor allem aber gilt mein Dank meinem Mann, ohne den diese Arbeit kaum entstanden und nie beendet worden wäre. Ihm und meinen Kindern widme ich diese Arbeit in Liebe und Dankbarkeit.

Augsburg, September 2010 Verena Ohms

Inhaltsverzeichnis

§ 1 Einführung

Seit einigen Jahren werden die Bedeutung und die Brisanz von Finanzzahlen zunehmend auch von einer breiten Öffentlichkeit wahrgenommen. Denn Bilanzskandale sorgen für Schlagzeilen und weltweit für Erschütterungen an den Börsen.[1]

Spätestens jedoch seit die Finanzkrise im Herbst 2008 für jeden Einzelnen wahrnehmbar wurde, entsteht auch allgemein ein Bewusstsein dafür, welchen Einfluss Banken und Kapitalmärkte in einer globalisierten Wirtschaft ausüben. Infolge der sich zu einer Wirtschaftskrise unübertroffenen Ausmaßes entwickelnden Finanzkrise findet eine Vernichtung von Werten statt, der nicht zuletzt Unternehmen über Abschreibungen Rechnung tragen müssen.[2] Die Börsenkapitalisierung vieler Unternehmen nimmt im gleichen Zug in erheblichem Umfang ab. Angesichts dieser Entwicklungen gewinnt die Diskussion um bilanzrechtliche Themen wie die *fair value*-Bewertung eine neue Qualität. Zugleich entsteht eine Diskussion über nicht weniger als die Konzeption des Bilanzrechts, eine politische Diskussion über die „richtige" Rechnungslegung.[3]

In dieser Zeit erscheinen verlässliche und einheitliche Normen und Grundsätze für die Rechnungslegung dringlicher denn je. Denn nur mit einer Basis von verlässlichen Finanzzahlen sind finanzielle Risiken im Mindesten kalkulierbar, wenn Kapitalmärkte in Anspruch genommen werden, die ihrerseits erheblichen Einfluss auf die wirtschaftlichen Verhältnisse von Unternehmen und Regionen haben. Deshalb ist es von größter Bedeutung für rechnungslegende Unternehmen und deren Investoren, aber auch für Gläubiger und Mitarbeiter, nach welchen Vorschriften bilanziert werden muss, wie diese ausgestaltet sind und welchen Veränderungen sie unterliegen. Insbesondere die weltweit in zunehmendem Maße wahrgenommenen Chancen des externen Wachstums durch Mergers&Acquisitions-Transaktionen[4] stellen Unternehmen nicht zuletzt durch Entwicklungen insbesondere bei internationalen Rechnungslegungsvorschriften vor völlig neue Herausforderungen.

Stets geht es bei der Frage der Bilanzierung um die Abbildung von finanziell bedeutsamen Sachverhalten. Ausgehend von bestimmten Bilanzierungszwecken

---

1 Ähnlich Moxter, Grundsätze ordnungsgemäßer Rechnungslegung, 2003, Vorwort, S. V.

2 Vgl. hierzu die jüngste Analyse von Auswirkungen der Finanzmarktkrise auf Umsatz- und Ergebnisgrößen in den Abschlüsse deutscher Konzerne, Küting, BB 2009, 1742.

3 Lüdenbach/Hoffmann in Haufe IFRS-Kommentar, S. 5.

4 Vgl. hierzu nur die Pressemitteilung der Wirtschaftsprüfungsgesellschaft KPMG vom 11.12.2005, in der Bezug zu einer einer hausinternen Studie hergestellt wird, Abfrage unter http://www.kpmg.de/about/press_office/12995.htm, 12.07.2007.

und unter Einhaltung von nationalen oder internationalen Bilanzvorschriften haben die Unternehmen in ihren Jahres- und Konzernabschlüssen Werte zu präsentieren. Diese müssen – wenn auch mit unterschiedlicher „Akzentuierung" im Rahmen von HGB und IFRS – zu einem Bild der Vermögens-, Finanz- und Ertragslage führen, die den tatsächlichen Verhältnissen (*true and fair view*) entspricht.[5] Dabei stellen eine Reihe von Werten bei ihrer Ermittlung erhöhte Anforderungen an den Bilanzersteller, bspw. weil ihre Bewertung vielfältige Fragen aufwerfen kann. Zu diesen „herausforderndernden" Bilanzwerten zählt zweifelsohne der Goodwill oder „Geschäfts- oder Firmenwert", wie der Goodwill im nationalen Rechtskreis auch genannt wird.[6] Denn er bezeichnet einen Wert, der als wenig greifbar beschrieben wird und über den Unsicherheit auch auf Seiten verschiedener Normgeber zu bestehen scheint.[7]

Im nachfolgenden Abschnitt wird der Wert „Goodwill" beleuchtet und aus verschiedenen Blickwinkeln heraus betrachtet. Die im Rahmen dieser Untersuchung relevante Sichtweise und die Sonderrolle des Werts im Vergleich zu anderen Vermögenswerten soll verdeutlicht werden. Es soll außerdem offenbar werden, warum der Goodwill ein facettenreiches Thema im Kontext Rechnungslegung darstellt. Dass die Thematik überdies in außerordentlicher Weise aktuell ist, wird im Anschlus an diesen Abschnitt dargestellt. Schließlich sollen am Ende dieser Einführung die Aufgabenstellung und das Ziel der Untersuchung entwickelt werden.

A. Annäherung an den Goodwill

Die heute national übliche Bezeichnung „Geschäfts- oder Firmenwert" wurde durch Verwendung in handels- und steuerrechtlichen Vorschriften - man vergleiche nur § 246 Abs. 1 S. 4 HGB, bzw. § 255 Abs. 4 HGB a. F., § 266 Abs. 2 A.I.3 HGB oder § 7 Abs. 1 S. 3 EStG - geprägt. Gleichbedeutend werden die Begriffe „Geschäftswert" und „Firmenwert" auch einzeln verwendet,[8] während „Goodwill" ebenfalls ein gebräuchliches Synonym für „Geschäfts- oder Firmenwert" darstellt.

Der Begriff „Goodwill" hat sich darüberhinaus in der Allgemeinheit fast schon zu einer Art Schlagwort entwickelt. Er ist jedem Leser von Wirtschaftsnachrichten schon einmal begegnet, während seine tatsächliche Bedeutung im

---

5 S. hierzu den jeweiligen Wortlaut des „true and fair view"-Gebots in §§ 264 Abs. 2 S. 1, 297 Abs. 2 S. 2 HGB sowie in IAS 1.13 ff und vgl. die Ausführungen nachfolgend unter § 3 A. II.1 und B. II. 2. e).

6 S. sogleich § 1 A I.

7 In diesem Sinne über den derivaten Geschäfts- oder Firmenwert nach HGB und US-GAAP Storck, Bilanzpolitische Handlungsspielräume, 2004, S. 378 f.

8 Söffing, FS Döllerer, 1988, S. 593.

bilanzrechtlichen Sinn dem juristisch bzw. betriebswirtschaftlich nicht Vorgebildeten jedoch zumeist verborgen bleibt. Oftmals handelt es sich im Kontext der Berichterstattung von Zeitungen und anderen Medien auch um einen Goodwill, der im Sinne eines marketingpolitischen Ausdrucks das „Vertrauenskapital“ bezeichnet, das einem Unternehmen bei seinen Kunden zu eigen ist; diese Art von Goodwill kann auf künftige Geschäftsjahre oder auch auf die verschiedenen Produkte des Unternehmens übertragen werden.[9]

I. Goodwill als Regelungsgegenstand des HGB

Etwas anderes ist hingegen jener Goodwill, der im Zentrum dieser Untersuchung steht und dessen Eigenschaften durch bilanzrechtliche Vorschriften bestimmt sind. Auf nationaler Ebene befinden sich die maßgeblichen Regelungen im HGB und dort nach der Reform durch das BilMoG[10] in § 246 Abs. 1 S. 4 HGB und § 301 Abs. 3 S. 1 HGB[11]:

Erstgenannte Regelung betrifft als Vorschrift zum Ansatz von Bilanzpositionen Einzel- und über § 298 Abs. 1 HGB auch Konzernabschlüsse.[12] Sie beschreibt in S. 4 denjenigen Unterschiedsbetrag als Geschäfts- oder Firmenwert, um den die für die Übernahme eines Unternehmens bezahlte Gegenleistung den Wert der einzelnen Vermögensgegenstände des Unternehmens abzüglich der Schulden im Zeitpunkt der Übernahme übersteigt.

Letztgenannte Regelung, § 301 Abs. 3 S. 1 HGB, bezieht sich allein auf den Konzernabschluss nach §§ 290 ff. HGB und bestimmt als für diesen vorrangige Spezialregelung, der Geschäfts- oder Firmenwert sei der Unterschiedsbetrag in der Konzernbilanz, der, entstanden auf der Aktivseite, nach der Verrechnung verbleibe. Um welche Verrechnung es sich handelt, ergibt sich aus Abs. 1 S. 1 der Vorschrift. Dieser legt fest, dass der Wertansatz der dem Mutterunternehmen gehörenden Anteile an einem in den Konzernabschluss einbezogenen Tochterunternehmen mit dem auf diese Anteile entfallenden Betrag des Eigenkapitals zu verrechnen sei. Das Eigenkapital wird seinerseits angesetzt mit einem Betrag, der in Abs. 1 S. 2 der Vorschrift näher bestimmt wird.

Die Regelung betreffend den Einzelabschluss erscheint aufs Erste hin weit verständlicher als die konzernbezogene Regelung. Sinn und Zweck jener werden sich dem bilanzrechtlich nicht geschulten Leser nur schwer erschließen. Ein un-

---

9 S. hierzu nur die erste von zwei Definitionen des Goodwill bei Schneck, Lexikon der Betriebswirtschaft, 2003, S. 356.

10 Gesetz zur Modernisierung des Bilanzrechts (Bilanzrechtsmodernisierungsgesetz (BilMoG) vom 25. Mai 2009, BGBl. I 2009, 1102.

11 Ohne weitere Angabe handelt es sich in dieser Untersuchung bei den Zitaten immer um die durch das BilMoG reformierten Vorschriften des HGB.

12 Küting/Seel, Beifter zu DStR, 26, 2009, 37, 51.

komplizierter Zugang zur Thematik des Konzern-Goodwill durch die Lektüre des deutschen Handelsgesetzes erscheint damit eher verwehrt.

Offensichtlich wird jedoch bereits durch bloße Lektüre des Wortlauts die Besonderheit des Geschäftswerts im Vergleich zu anderen HGB-Bilanzposten, die im Gesetzestext bspw. nur mit einem Begriff ohne Legaldefinition benannt sind.[13] Denn aus beiden Definitionen wird deutlich, dass es sich jeweils um einen Differenzbetrag handelt und nicht um einen Wert, der für sich genommen, separat, einer Bewertung zugänglich ist. Vielmehr ist er als Unterschiedsbetrag immer abhängig von zwei Werten, Minuend und Subtrahend. Deren Beträge müssen zunächst ihrerseits ermittelt sein und dafür findet sich in Bezug auf den Konzerngoodwill für den Subtrahenden die vorangehend ange-sprochene Regelung in § 301 Abs. 1 S. 2 HGB. § 301 Abs. 1 S. 1 HGB beinhaltet demgegenüber eine der grundlegenden konzernbilanziellen Vorgehensweisen, nämlich die Methode der Verrechung der beiden Rechenfaktoren, die auch „Kapitalkonsolidierung“[14] genannt wird.

Bereits der Wortlaut der Goodwill-Definition und die Tatsache, dass im Kontext des Konzern-Goodwill eine eigene Bewertungsvorschrift von grundlegender Bedeutung existiert, lässt eine Ahnung von der Bewertungsproblematik entstehen, die sich aus der Restwert-Eigenschaft des Goodwill ergibt. Durch das Lesen der HGB-Goodwill-Normen, mehr noch durch § 246 Abs. 1 S. 4 HGB als durch die entsprechende Norm für den Konzernabschluss, wird zudem deutlich, dass der Aktivierung eines Goodwill ein Unternehmenserwerb zugrunde liegen muss.[15] Das Gesetz spricht damit nur den sogenannten derivaten, den erworbenen Geschäfts- oder Firmenwert an. Es existiert jedoch ebenfalls ein „originärer“ Goodwill, bei dem sich das Unternehmen einen Geschäftswert selbst geschaffen hat.[16] Dieser spielt im Bereich des Bilanzrechts jedoch in dem Sinne keine Rolle, als dass es „seit jeher guter kaufmännischer Übung“[17] entsprach, den originären Firmenwert nicht anzusetzen. Auch nach dem BilMoG kommt es wie bisher darauf an, dass der Geschäftswert entgeltlich erworben wurde.[18] Das

---

13 Vgl. hier nur § 246 Abs. 1 S. HGB, der Vermögensgegenstände, Schulden und weitere Größen aufführt, ohne diese zu erläutern.

14 MünchKommHGB, Busse von Colbe, § 301 Rn. 1; Förschle/Deubert in Beck Bil-Komm, § 301 Rn. 1.

15 MünchKommHGB, Ballwieser, § 255 Rn. 101; ADS, § 255 Rn. 258, 260; Hoffmann, PiR 2009, 281.

16 Knop/Küting in Küting/Weber, HdR § 255 Rn. 257; ADS, § 301 Rn. 257;

17 ADS, § 255 Rn. 257.

18 Vgl. hierzu zum BilMoG die Ausführungen in BiMoG-RegE, S. 48; zur bisher notwendigen Entgeltlichkeit Ellrott/Brendt in Beck Bil-Komm, § 255 Rn. 511; Hoyos/F. Huber in Beck Bil-Komm, § 247 Rn. 401.

Verbot des Ansatzes des selbstgeschaffenen Geschäftswerts soll bestehen bleiben.[19]

II. Goodwill in den IFRS

Die IFRS, als Internationale Rechnungslegungsstandards von deutschen Konzernen mit Kapitalmarktorientierung seit 2005 anzuwenden,[20] definieren den Goodwill in Anhang A zu IFRS 3[21]. Der Goodwill wird dort als Vermögenswert beschrieben, der zukünftigen wirtschaftlichen Nutzen aus anderen Vermögenswerten repräsentiert, die im Rahmen eines Unternehmenszusammenschlusses übernommen wurden; er kann nicht einzeln identifiziert und separat angesetzt werden. Hier ist also nicht von einem Unterschiedsbetrag oder von Verrechnung als einem buchhalterischen Vorgang die Rede. Vielmehr wird versucht, den wirtschaftlichen Gehalt des Goodwill zu erfassen. Im Übrigen unterscheiden die IFRS hinsichtlich ihrer Goodwill-Regelungen nicht zwischen einem Einzel-oder Konzernabschluss-Goodwill.[22]

Die Differenzeigenschaft des Goodwill ergibt sich jedoch auch hier aus der Regelung des IFRS 3 selbst. Par. 32 des IFRS 3 bestimmt, dass der Erwerber den Goodwill als „*excess of (a) over (b)*“ ansetzt. In lit. a und b werden dann die Goodwill-Parameter festgelegt. An der Ermittlungsvorschrift und besonders durch die Goodwill-Definition wird deutlich, dass ein Unternehmenserwerb Grundlage des Ansatzes darstellt und ein originärer Goodwill nicht berücksichtigt wird. Explizit bestimmt letzteres auch IAS 38.48, der damit ein ausdrückliches Ansatzverbot für den originären Goodwill enthält.

Aus der Tatsache, dass beide Rechnungslegungssysteme keine direkte, einzelne Bewertung des Geschäfts- oder Firmenwerts vornehmen bzw. den Ansatz eines originären Goodwill vermeiden, lässt sich die Vermutung ableiten, dass

---

19 S. BilMoG-RegE, S. 47 und nachfolgend § 4 IV, wobei auch erläutert wird, dass bisher das Ansatzverbot analog § 248 Abs. 2 HGB a. F. gegeben war, der ein Ansatzverbot für sämtliche nicht entgeltlich erworbene Vermögensgegenstände normierte, s. auch Großfeld/Luttermann, Bilanzrecht, 2005, S. 616.

20 S. hierzu § 315 a Abs. 1 HGB, der auf Art. 4 (EG) 1606/2002 des Europäischen Parlaments und des Rates verweist. In dieser wurde die Anwendung von IFRS auf die Konzernrechnungslegung verbindlich festgelegt.

21 Ohne Angabe einer Jahreszahl bzw. ohne den Zusatz a. F. handelt es sich immer um IFRS 3 (2008) bzw. hierzu korrespondierend IAS 27 (2008).

22 S. hierzu die Ausführungen zu IFRS 3 und die entsprechende Einteilung der Vorschriften für Unternehmenszusammenschlüsse bei Lüdenbach in Haufe IFRS-Kommentar § 31 Rn. 1, 3, 7 ff.

Bewertungsschwierigkeiten die Normgeber von entsprechenden Vorschriften abhielten.[23]

Weshalb nun aber einerseits der Goodwill nach den nationalen und internationalen Regelungen als Differenzbetrag zu ermitteln ist, andererseits jedoch die IFRS-Geschäftswert-Definition auf von den Rechnungs-Parametern differierende Komponenten hinweist, soll im nachfolgenden Abschnitt das betriebswirtschaftliche Verständnis des Goodwill erörtert werden. Denn an dem ökonomischen Gehalt des Goodwill lässt sich erkennen, welche ökonomischen Sachverhalte es letztlich durch bilanzrechtliche Regelungen zu erfassen gilt.

Zunächst allerdings wird im folgenden Abschnitt dargestellt, warum gerade die Goodwill-Bilanzierung eine Thematik darstellt, die besonders aktuell ist.

B. Aktualität der Thematik

Ein rechtliches Thema gewinnt bekanntlich dann an Aktualität, wenn sich diesbezüglich Neuerungen oder Veränderungen ergeben; diese können sich insbesondere durch eine neue bzw. veränderte Rechtssprechung oder gesetzgeberische Reformen einstellen. Wenn dann dem Thema noch grundsätzliche oder besondere praktische Bedeutung zukommt, erscheint ausreichend Anlass gegeben, um sich der Thematik ausführlich in einer Untersuchung anzunehmen. All dies trifft auf den Geschäfts- oder Firmenwert zu: Seine große wirtschaftliche Bedeutung für Unternehmen, vor allem im Konzernabschluss, wird in einem der nachfolgenden Abschnitte dargestellt werden. Die wiederum im vorangehenden Abschnitt bereits zitierten Goodwill-Vorschriften des HGB unterlagen zum Teil in jüngster Zeit erheblichen Veränderungen im Zuge des BilMoG. Sie werden einschneidende Veränderungen für die rechnungslegenden Unternehmen mit sich bringen. Welche dies sind, wird ebenfalls in der Untersuchung herausgearbeitet werden. Jedoch gerade auch die IFRS nahmen sich intensiv der Goodwill-Bilanzierung an. Während die vorangehend zitierte Definition des Goodwill in den IFRS 3 n.F. im Vergleich zu IFRS 3 a. F. unverändert blieb, unterlagen hingegen die Wege der Goodwill-Ermittlung herausragenden Veränderungen, die das Verständnis des IFRS-Goodwill kaum unbeeinflusst lassen können.

Daher ergibt sich für diese Arbeit die außergewöhnliche Situation, eine Thematik zu behandeln, die Gegenstand zweier Regelungskomlexe ist, die wiederum beide in jüngster Vergangenheit Reformen unterlagen. Dies geschah nun zudem nicht unabhängig voneinander, sondern im Gegenteil bringt das erklärte

---

23 Einer direkten Bewertung sahen die in Fragen von Unternehmenszusammenschlüssen zuammenarbeitenden boards IASB und das US-amerikanische FASB den Goodwill bereits vor Erlaß des überarbeiteten IFRS 3 als nicht zugänglich an, vgl. IFRS 3 BC328.

HGB-Reformziel eines dauerhaften, vollwertigen, jedoch weniger komplexen und kostenintensiven Gegenmodells zu den IFRS eine bewusste Angleichung, eine „maßvolle Annäherung“ der HGB-Vorschriften an die internationalen Standards mit sich.[24] Insbesondere in der Konzernrechnungslegung ist die deutliche Ausrichtung an den IFRS zu erkennen, die auf eine Steigerung der Informationsvermittlung durch die Konzernrechnungslegung nach HGB abzielt.[25] Inwieweit Unterschiede zwischen den beiden Systemen hinsichtlich des Goodwill verbleiben, erscheint vor diesem Hintergrund besonders interessant.

I. Reform der Bilanzierungsvorschriften

Das HGB vollzieht insgesamt durch das BilMoG eine in ihrer Bedeutung kaum zu überschätzende Entwicklung. Es handelt sich wohl um die „umfassendste Reform des deutschen Bilanzrechts seit der Verabschiedung des Bilanzrichtlinien-Gesetzes (BiRiLiG) im Jahre 1985 (…).“[26] Eingebettet in diesen Reformprozess erfahren auch die Goodwill-Vorschriften ihre Veränderungen. Die IFRS hingegen unterliegen als vergleichsweise junges Regelungssystem permanenten Reformprozessen, die häufig in bestimmten Projekten stattfinden. Auch die neue Goodwill-Bilanzierung wurde im Rahmen eines mehrjährigen Projekts erarbeitet.

1. Reform der Goodwill-Regelungen durch das BilMoG

Bevor auf die Veränderungen der maßgeblichen Geschäftswert-Regelungen im Zuge des BilMoG eingegangen wird, soll kurz die allgemeine Zielsetzung des Gesetzes dargestellt werden. Sie erscheint relevant, um die Regelungen, die für den Goodwill von Bedeutung sind, im „rechten Lichte“ zu betrachten.

a) Primäre Zielsetzung des Gesetzgebers

Nach den Ausführungen in der Begründung des Gesetzentwurfs der Bundesregierung benötigt Deutschland eine moderne Bilanzierungsgrundlage, so dass das Ziel des Gesetzes sei, das HGB-Bilanzrecht zu einer Alternative zu den IFRS weiterzuentwickeln, das seine Grundsätze und Ziele beibehalte, jedoch kostengünstig und einfacher sei als IFRS; zudem wird insgesamt eine Kostenreduzierung für die Bilanzierer angestrebt.[27] Die Modernisierung soll dabei in „erheblichen Erleichterungen und Entlastungen“ bestehen, insbesondere durch Anhebung von Schwellenwerten, deren Überschreitung erhöhte Rechnungslegungs-

24 Vgl. hierzu die jeweiligen Ausführungen im BilMoG-RegE, S. 34, BT-Drs. 16/10067.

25 In diesem Sinne Petersen/Zwirner, KoR Beilage 1, 2008, 1, 5.

26 Stibi/Fuchs, KoR 2008, 97.

27 BilMoG-RegE, S. 1, 32.

Pflichten mit sich bringen.[28] Zudem liegt die „Modernisierung" nach der Begründung jedoch darin, die HGB-Vorschriften maßvoll an die IFRS anzunähern, da damit eine Erhöhung des Informationsnutzens unterstellt wird.[29] Speziell für den Konzernabschluss ist eine „moderate(n) [Ausl. d. Verf.] Modernisierung" vorgesehen, die die Vergleichbarkeit von HGB- und IFRS-Konzernabschlüssen verbessern möge.[30]

b) Änderungen der Goodwill-Vorschriften

Im Mittelpunkt der Untersuchung steht der aus der Erstkonsolidierung resultierende Konzernabschluss-Goodwill. Dennoch ist es sinnvoll, den Goodwill des Jahresabschlusses zu Erarbeitung eines umfassenden Verständnisses der Position ebenfalls zu betrachten. Er stellt gewissermaßen die regulatorisch vergleichsweise unkomplizierte Grundform des Goodwill dar und erleichtert insofern den Zugang zur Thematik Geschäftswert.

Die Vorschrift, die den Goodwill im Einzelabschluss regelte, Absatz 4 des § 255 HGB a. F., wird durch das BilMoG aufgehoben. Dessen S. 1 wird in § 246 Abs. 1 S. 4 HGB integriert. Somit verbleibt es im Kern bei dem bisherigen Text und der vorangehend zitierten Definition des Jahreaabschluss-Goodwill. Die Sätze 2 und 3 des § 255 Abs. 4 HGB a. F., die bisher die Abschreibung des Geschäftswerts speziell regelten, entfallen ersatzlos. Damit gelten für den Geschäftswert nach dem BilMoG nunmehr die allgemeinen handelsrechtlichen Bewertungsvorschriften in § 252 ff. HGB. Besonders bedeutende Rechtsänderungen zu den bisherigen Regelungen beziehen sich auf die Rechtsnatur des Goodwill – die in einem späteren Abschnitt der Arbeit diskutiert wird[31] - sowie auf seinen nunmehr verpflichtenden Ansatz: Die Ansatzpflicht wird gesetzestechnisch dadurch erreicht, dass nunmehr in § 246 Abs. 1 S. 4 HGB lediglich die Definition enthalten ist sowie die Maßgabe, der Goodwill gelte als Vermögensgegenstand. Somit unterliegt er der allgemeinen Ansatzpflicht für Vermögensgegenstände aus § 246 Abs. 1 S. 1 HGB.[32] Die Bedeutung der Geltung als Vermögensgegenstand wird in einem späteren Kapitel über die Rechtsnatur des Goodwill erörtert.[33]

---

28 BilMoG-RegE, S. 32.

29 BilMoG-RegE, S. 34, 33. Vgl. sehr kritisch hierzu Jessen/Haaker, DStR 2009, 499 f.

30 BilMoG-RegE, S. 34

31 S. § 4 A. III.

32 S. hierzu Förschle/Kroner in Beck Bil-Komm, 7. Aufl., § 246 Rn. 82; insofern ist hinsichtlich der Ansatzpflicht eine Übereinstimmung mit den IFRS erreicht, s. Kirsch, PiR 2009, 185, 187.

33 S. hierzu wiederum die Ausführungen in § 4 A. III.

Die zentrale Regelungsnorm des § 301 HGB a. F. für den Konzern-Goodwill wird ebenfalls in wesentlichen Teilen verändert. Die vorangehend zitierte Definition in § 301 Abs. 3 S. 1 HGB bedeutet gegenüber der alten Fassung eine Anpassung an die für die Goodwill-Ermittlung wesentlichen und geänderten Regelungen in § 301 Abs. 1 S. 2 und 3 HGB. Durch die Neufassung der Sätze 2 und 3 erfolgt die Abschaffung einer bislang zulässigen Ermittlungsmethode des Goodwill, die allgemein als Buchwertmethode bezeichnet wurde. Ziel der Abschaffung stellt nach dem Regierungsentwurf die bessere Vergleichbarkeit des handelsrechtlichen Konzernabschlusses und eine Angleichung an IFRS dar.[34] Neben weiteren Änderungen[35] ist mit am Einschneidensten die Aufhebung des bisher bestehenden Wahlrechts eines saldierten Ausweises der sich bei der Konsolidierung ergebenden Unterschiedsbeträge. Erreicht wird dies hauptsächlich über die Streichung des Satzes 3 in § 301 Abs. 3, da die Möglichkeit der Verrechnung von positiven und negativen Unterschiedsbeträgen entfällt.[36] Durch Neufassung des § 309 Abs. 1 HGB wird zudem die Möglichkeit abgeschafft, eine Verrechnung des Geschäfts- oder Firmenwerts mit den Rücklagen vorzunehmen und so dessen Ansatz in Gänze zu vermeiden.[37] Ebenso abgeschafft wird die Wahlmöglichkeit, bei Vorliegen bestimmter Voraussetzungen die Interessenzusammenführungsmethode gem. § 302 HGB a. F. für die Konzernabschluss-Darstellung zu wählen. Durch diese erfolgsneutrale Methode der Erst- und Folgekonsolididerung konnte ebenfalls ein Ansatz des Goodwill gänzlich vermieden werden, was nunmehr ausgeschlossen ist.[38]

Demnach wurden durch das BilMoG im hier interessierenden Kontext im Wesentlichen Methodenwahlrechte und Ansatzwahlrechte abgeschafft sowie eine lange während Diskussion über die Rechtsnatur der Goodwill zwar nicht entschieden, aber die Problematik zumindest vordergründig gelöst.

Die angesprochenen Änderungen werden in den nachfolgenden Kapiteln besprochen und insbesondere untersucht, inwieweit tatsächlich eine Annäherung hinsichtlich der Goodwill-Bilanzierung im Konzernabschluss an die IFRS er-

---

34 In diesem Sinne BilMoG-RegE, S. 80.

35 Vgl. die Abänderungen von § 301 Abs. 1 S. 2 HGB zur Zeitwertbilanzierung des Eigenkapitals sowie Abs. 2 HGB zum Zeitpunkt der Kapitalkonsolidierung. Auch diese Punkte werden in der nachfolgenden Untersuchung diskutiert.

36 S. hierzu Förschle/Deubert in Beck-BilKomm, 7. Aufl., § 301 Rn. 158.

37 S. statt vieler zu Wirkungsweise und Kritik der vor dem BilMoG möglichen erfolgsneutralen Verrechnung des Goodwill mit den Rücklagen MünchKommHGB/Busse von Colbe, § 309 Rn. 22 ff., bzw. Förschle/Hoffmann in Beck Bil-Komm, § 309 Rn. 20 ff.

38 S. hierzu nur Förschle/Deubert in Beck Bil-Komm, 7. Aufl., § 301 Rn. 7 sowie dies. in Beck-BilKomm, § 302, insb. Rn. 10 – 37.

folgt. Maßstab ist hier der Standard für Unternehmenszusammenschlüsse, der sich in den vergangenen Jahren von IAS 22 zu IFRS 3 entwickelte und der nunmehr in reformierter Fassung vorliegt.

2. Reform der IFRS im Kontext der Goodwill-Bilanzierung

Die aktuelle Fassung des IFRS 3 (*business combinations*) ist das Ergebnis eines mehrere Jahre währenden Projekts, das in Phasen eingeteilt war.

a) Business Combinations Project Phase I

Das Projekt des IASB für Unternehmenszusammenschlüsse war in zwei Phasen untergliedert, von denen im Januar 2008 die zweite Phase abgeschlossen wurde.[39] Die erste Phase führte zur Veröffentlichung des IFRS 3 (2004) und zur Ablösung von IAS 22. Dieser brachte als eine der wesentlichsten Neuerung den *impairment only approach* mit sich. Eine Abschreibung des Goodwill ist seitdem nur noch außerordentlich möglich. Zudem wurden hier bereits, wie im Rahmen des HGB durch das BilMoG fünf Jahre später, die Buchwertmethode sowie die Interessenszusammenführungsmethode abgeschafft.[40]

b) Business Combinations Project Phase II

Im Juni 2005 veröffentlichten IASB und FASB im Rahmen der zweiten Projektphase einen gemeinsamen Entwurf des geplanten IFRS 3 (ED IFRS 3), der bis Oktober 2005 einer interessierten Öffentlichkeit zur Kommentierung offen stand. Die Änderungen von Ansatz und Bewertung des Goodwill ge-genüber IFRS 3 a. F. nehmen im *exposure draft* zu IFRS 3 (ED IFRS 3), jedoch auch im endgültig verabschiedeten Standard eine zentrale Stellung ein. Der ebenfalls in diesem Kontext relevante IAS 27 (*consolidated and separate financial statements*) wurde zeitgleich „mitreformiert".

Der schließlich verabschiedete IFRS 3 weicht erheblich von seinem Entwurf ab. Besondere Bedeutung kommt in der endgültigen Fassung einem neuen Wahlrecht zu, das die Bewertung des Anteils von nicht-kontrollierenden Gesellschaftern betrifft und das zum Ausweis eines sogenannten *full goodwill* führt.[41] Phase Zwei endete mit der Veröffentlichung des reformierten IFRS 3 im Januar 2008. Mit einer Fortführung des Projekts ist nicht zu rechnen, es gibt jedoch an-

---

39 Vgl. die Darstellung der Projektphasen direkt beim IASB, http://www.iasb.org/Current+Projects/IASB+Projects/Business+Combinations/About+Business+Combinations.htm, Abfrage 15.07.2008, oder bei Beck-IFRS-HB/ Senger, Brune, § 37 R. 12.

40 S. hierzu auch die Backround Information in den Basis for Conclusions on International Financial Reporting Standard IFRS 3, S. 7 sowie IFRS 3 BC22-BC54.

41 Auch dies wird nachfolgend erarbeitet, vgl. § 6 B. II.

dere Projekte, wie z. B. das *consolidations*-Projekt,[42] das sicherlich Auswirkungen auf die Ergebnisse des *business combinations*-Projekt zeitigen wird.[43]

II. Erstmalige Anwendung der reformierten Vorschriften

Grundsätzlich begleitet Gesetzesreformen die Frage des Zeitpunkt ihres Inkrafttretens bzw. der erst-maligen Anwendung der neuen bzw. überarbeiteten Vorschriften. Gerade für den Goodwill ist es besonders bedeutsam, dass der Übergang zu den neuen Regelungen sinnvoll gestaltet ist. Denn seine, wie sich bereits erahnen lässt, komplizierte Ermittlung führt dazu, dass Goodwill-Altbestände nicht einfach zu einem bestimmten Zeitpunkt in Geschäftswerte nach reformierten Regelungen überführt werden können.

1. Erstmalige Anwendung im HGB-Abschluss

Grundsätzlich sind durch das BilMoG reformierte Vorschriften des HGB in Abschlüssen anzuwenden, die sich auf Geschäftsjahre nach dem 31.12.2009 beziehen, wobei eine frühere Anwendung für Geschäftsjahre ab dem 31.12.2008 fakultativ möglich ist.[44] Für den Jahresabschluss-Goodwill enthält Art. 66 Abs. 3 S. 2 EGHGB[45] eine Spezialregelung, die dazu führt, dass bisher sofort verrechnete Firmenwerte, wie nach § 255 Abs. 4 HGB a. F. möglich, nicht nachaktiviert werden müssen.[46]

Für Konzernabschlüsse enhält Art. 66 Abs. 3 S. 4 EGHGB ebenfalls eine spezielle Regelung, die u.a. die §§ 301 Abs. 1 S. 2 und 3, Abs. 2 und § 309 HGB erstmals auf Erwerbsvorgänge anwendbar erklärt, die in Geschäftsjahren erfolgt sind, die nach dem 31.12.2009 begonnen haben. Dies bedeutet für rechnungslegende Unternehmen, dass die bislang nach der Buchwertmethode ermittelten Geschäftswerte beibehalten werden können.[47] Lediglich auf Neuerwerbe ab 2010 sind die reformierten Vorschriften anzuwenden. Dies führt freilich für eine gewisse Übergangsphase dazu, dass im Konzernabschluss eines Mutterunternehmens mit mehreren Tochterunternehmen Geschäftswerte bilanziert werden, die nach unterschiedlichen Methoden ermittelt wurden. Wie noch zu zeigen sein

---

42 S. hierzu die Hinweise des IASB unter http://www.ifrs.org/Current+Projects/IASB+Projects/Consolidation/Consolidation.htm , Abfrage 07.10.2010.

43 IFRS-Komm./Baegte/Hayn/Ströher, IFRS 3 Rn. 9.

44 Vgl. hierzu Art. 66 Abs. 3 S. 1 und S. 6 EGHGB; Petersen/Zwirner, Beihefter 1 zu Heft 5, KoR 2009, S. 33.

45 Vorschriften des EGHGB ohne Hinweise wie z. B. „a. F." werden in der durch das BilMoG veränderten Fassung zitiert.

46 Ernst/Seidler, BB 2007, 766, 769; Petersen/Zwirner, Beihefter 1 zu Heft 5, KoR 2009, S. 36.

47 In diesem Sinne ebenfalls Ernst/Seidler, BB 2007, 766, 769.

wird, hat dies im Fall des HGB keinen Einfluss auf die Höhe der Position Geschäftswert selbst, jedoch auf die der anderen Bilanzposten und die Bilanzsumme. Über Abschreibungen verringern sich die Auswirkungen der unterschiedlichen Methoden jedoch über die Jahre hinweg.

2. Erstmalige Anwendung im IFRS-Abschluss

Die Problematik von Firmenwerten unter Anwendung verschiedener Methoden stellt sich bei IFRS 3 in dieser Weise nicht mehr. Da die Buchwertmethode bereits seit Jahren nicht mehr im Raum steht, kann der IFRS –Anwender ohnehin nur nach der sogenannten Neubewertungsmethode die Verrechnung vom Wertansatz der dem Mutterunternehmen gehörenden Anteile und dem anteiligen Eigenkapital, die eingangs zum HGB erwähnt wurde, vornehmen.

Allerdings ergibt sich aus IFRS 3 nunmehr die Wahlmöglichkeit zum Ansatz des bereits erwähnten *full goodwill*. Hier zugrunde liegt eine veränderte Vorgehensweise, die zu einem insgesamt erhöhten Goodwill führen kann. Die Vorschriften zu *effective date and transition* erlauben nicht, dieses neue Wahlrecht rückwirkend anzuwenden. Vielmehr sieht IFRS 3.64 eine prospektive Anwendung des IFRS 3 auf Unternehmenszusammenschlüsse vor, deren Akquisitionszeitpunkt in einem Geschäftsjahr liegt, das am 01.07.2009 oder danach beginnt. Eine frührere Anwendung ist möglich, nicht jedoch vor dem 30.06.2007 und nur zusammen mit IAS 27.[48]

In diesem Zusammenhang stellt sich freilich die Frage, ob Alt-Goodwills nach den genannten Zeitpunkten zu *full goodwills* überführt werden dürfen. Dies muss jedoch wohl verneint werden, da IFRS 3.65 allgemein bestimmt, dass Vermögenswerte und Schulden, die aus Unternehmenszusammenschlüssen mit Akqusitionszeitpunkt vor der Anwendung des Standards resultieren, nicht an IFRS 3 angepasst werden dürfen. Da nach ganz h. M. der IFRS-Goodwill einen Vermögenswert darstellt,[49] scheidet wohl auch seine Anpassung aus. Von daher können sich in IFRS-Abschlüssen gegebenenfalls seit dem Jahr 2007 bereits Alt-Goodwills und neue *full goodwills* mischen. Diese Problematik löst sich im Gegensatz zum HGB eventuell auch nicht über die Jahre auf, da im Gegensatz zum HGB der Geschäftswert nach IFRS nicht (mehr) der regelmäßigen Abschreibung unterliegt.

3. Resümee

Als Resultat der Übergangsvorschriften kann sich also entsprechend den Ausführungen der vorangegangenen Unterabschnitte ergeben, dass eine Vermi-

---

48 IFRS 3.64.

49 S. hierzu die nachfolgende Untersuchung der Rechtsnatur des IFRS-Goodwill, § 6 A. II.

schung von Alt- und Neu-Goodwills in den Konzernbilanzen stattfindet. Während dies im Falle des HGB jedoch nicht die Goodwill-Höhe betrifft und sich der Effekt unterschiedlicher Methoden über die Jahre verliert, bezieht er sich in den IFRS auf den Wert des Goodwill und kann sich zudem gegebenfalls dauerhaft manifestieren.

C. Problemstellung, Zielsetzung und Aufbau der Arbeit

Mit den vorangehenden Ausführungen wurde bereits deutlich, dass es sich beim Goodwill um einen besonderen immateriellen Wert in der Konzernbilanz handelt. Er wird als Differenzwert errechnet, dessen maßgebliche Einflussgrößen ihrerseits erst ermittelt werden müssen. Im Rahmen der internationalen Rechnungslegung gab ED IFRS 3 Anlaß, die Differenzeigenschaft des Goodwill zu diskutieren.[50] Nach Erlass des reformierten IFRS 3 dürfte eine Disskussion dieser Art wohl nicht mehr im Raum stehen. Jedoch die Wesensart des Goodwill nach HGB und IFRS, seine bilanzielle Ermittlung nach den reformierten Regelungen und deren Auswirkungen auf die Prinzipien der Rechnungslegung stellen den Gegenstand dieser Untersuchung.

I. Problemstellung und Ziel der Untersuchung

Der Goodwill hält also seit geraumer Zeit Gesetz- bzw. Normgeber, aber auch Wissenschaft und Praxis in Atem. Insbesondere im nationalen bilanzrechtlichen Regelungskreis wurde sein bilanzieller Charakter lange durch die Wissenschaft diskutiert. Für die IFRS bestand in dieser Frage hingegen kaum Uneinigkeit.[51] In deren Kontext wird dagegen bereits seit Jahren eine Debatte über die Ermittlungsmethoden des Goodwill geführt.[52] IFRS 3 enthält in alter und neuer Fassung eine eigene Ermittlungslogik für den Goodwill, während das HGB im Konzernabschluss ausschließlich die Kapitalkonsolidierung zur Goodwillermittlung nutzt, bei der es sich freilich um weit mehr als ein „Geschäftswert-

---

50 So wurde die selbständige Bewertbarkeit des Goodwill aufgrund seiner in ED IFRS 3 vorgesehenen Ermittlung über Bewertungsmethoden in den Raum gestellt von Pellens/Sellhorn/Amshoff, DB 2005, 1749, 1752. Weniger deutlich äußern sich Küting/Elprana/Wirth, KoR 2003, 477, 488, die den Goodwill nicht mehr als Differenz aus Anschaffungskosten und fair value-bewerteten Positionen sehen, sondern als Ausgangspunkt der Ermittlung den Unternehmenswert erfassen. Dies zu weitgehend findet Pawelzik, Wpg 2004, 677, 683.

51 S. hierzu die Darstellung in § 6 A. II. 2.

52 Vgl. hierzu bspw. die Zusammenfassung des Projekts Business Combination des IASB, Project summary, Feedback and effect analysis, S. 7, http://www.iasb.org/NR/rdonlyres/05F330F1-F148-4C8D-8E08-5ECE6F8A04F0/0/BusComb_Effects.pdf, Abfrage 26.04.2009.

Rechenmodell" handelt. Vielmehr stellt bei dem Verrechnungsvorgang der Kapitalkonsolidierung der Goodwill das Ergebnis dar, in der Hauptsache dient diese jedoch dem Zweck, einen Konzern abzubilden, ohne dass das Bild der Konzernunternehmen durch konzernmäßige Kapitalverflechtungen verfälscht ist.[53] Jene Zielsetzung, die auch die IFRS verfolgen,[54] steht als relevantes Thema auch im Rahmen der Rechnungslegungszwecke im Raum, während sich das Verhältnis der speziellen Goodwillermittlungs-Regelung zur Kapitalkonsolidierung als eine spezifische Problematik der Ausgestaltung der IFRS-Regelungen präsentiert.

Die bereits in die Untersuchung eingeführten Regelungen drehen sich damit (auch) um die Problematik der Ermittlung und Bewertung des (Konzern-) Goodwill. Da nunmehr deren Endfassungen sowohl national wie auch international vorliegen, ist es an der Zeit, ausgehend von den Grundlagen der Goodwill-Bilanzierung - wie der Rechtsnatur des Geschäfts- oder Firmenwerts - die verbleibenden oder auch neu entstandenen Unterschiede zwischen den Regelungen für den Geschäftswert nach HGB und IFRS herauszuarbeiten. Dabei richtet sich der Fokus allein auf den Goodwill im Konzernabschluss und hier ausschließlich auf den im Rahmen der Vollkonsolidierung bei seiner erstmaligen Erfassung (Erstkonsoldidierung) ermittelten Geschäftswert. Nur der Konzern-Goodwill ist nämlich eine Position, die nachweislich erhebliche Implikationen auf den Abschluss zeitigt.[55]

Im Mittelpunkt der Untersuchung steht damit also die Erarbeitung der wesentlichen Regelungen der Goodwillbilanzierung im jeweiligen Rechnungslegungssystem, wie z. B. derjenigen von Einflussgrößen des Goodwill oder der Ermittlungstechnik. Dabei wird die Zielsetzung verfolgt, die zu Tage tretenden Gemeinsamkeiten und Unterschiede bei der Goodwillbilanzierung aufzudecken und zu analysieren, um nicht zuletzt die (vermeintliche) Überlegenheit internationaler Regelungen gegenüber dem HGB zumindest im Punkt der Geschäftswertbilanzierung zu prüfen. Gerade die Anpassungsarbeit durch das BilMoG an die IFRS legt den Schluss von dessen Überlegenheit zumindest nahe.

Die Erkenntnisse, die aus der Untersuchung beider Rechnungslegungssysteme gewonnen werden, bereiten schließlich den Boden, für das reformierte HGB den Versuch zu unternehmen, Vorschläge zur Veränderung einiger Goodwill-relevanter Vorschriften zu formulieren. Denn der Reform des HGB zur Bilanzrechtsmodernisierung zum Trotz bzw. zum Teil auch gerade aufgrund der Überarbeitung der Goodwill-relevanten Regelungen bestehen oder ergeben sich

53 S. zum Zweck der Kapitalkonsolidierung § 4 B. I. 2.

54 S. hierzu § 6 B. I. 2.

55 Dies wird sogleich gezeigt unter § 2 B. I.

Ungereimtheiten, Auslegungs- und Ermessenspielräume sowie Konkretisierungsbedarf, wie sich im Verlauf der Untersuchung zeigen wird.

Eine sinnvolle Untersuchung des Goodwill und seiner ihn bestimmenden Regelungen sowie deren vergleichende Untersuchung kann allerdings nur vor dem Hintergrund der Zwecksetzung und der geltenden Grundsätze des jeweiligen Rechnungslegungssystems geschehen.[56] Denn bereits hier bestehende Abweichungen können zu Unterschieden im Hinblick auf Bilanzierungsregeln, Regelungsschwerpunkte, Auslegungsfragen etc. führen und müssen bei der Analyse der Regelungen berücksichtigt werden. Dabei von besonderem Interesse ist die Informationsfunktion des (Konzern-) Abschlusses im jeweiligen Rechnungslegungssystem, die verbreitet als einziger Zweck aufgefasst wird[57] und deren Konkretisierung, soweit vorhanden, im Hinblick auf ihren Niederschlag in den Regelwerken bzw. in den unterschiedlichen Vorstellungen des Schrifttums zu untersuchen ist.

Die Erarbeitung der bilanziellen Grundlagen soll jedoch nicht nur Basis eines Regelungsvergleichs sein. Vielmehr bildet die Analyse der Wirkungsweise der Geschäftswert-bezogenen Regelungen im Hinblick auf Konzernbilanzzwecke und-grundsätze einen weiteren Schwerpunkt der Untersuchung. Mit anderen Worten ist es das Interesse der Untersuchung, zu klären, ob die jeweiligen Goodwill-Regelungen die Zwecke und Grundsätze ihres Systems eher befördern oder unterlaufen. Denn letzt-lich kann es in der Untersuchung nur darumgehen, die ermittelten Unterschiede in der Goodwill-Bilanzierung von HGB und IFRS und die Ergebnisse hinsichtlich deren Zweck- und Prinzipien-Effizienz zu nutzen, um Vorschläge zur Stärkung der Prinzipen für das HGB zu entwickeln. Dies wiederum schließt auch die angesprochenen Änderungsvorschläge für einige Goodwill-bezogene Regelungen mit ein, die eine gesteigerte Qualität der Rechnungslegungsvorschriften bzw. der durch sie ermittelten Informationen durch eine gleichsam gesteigerte Effektivität hinsichtlich der Rechnungslegungsprinzipien erreichen möchten.

II. Gang der Untersuchung

Nachdem die erste Annäherung an den Geschäftswert eingangs der Untersuchung zeigte, dass in beiden Regelungssystemen eine residuale Ermittlung des Goodwill vorgenommen wird, dem außerdem ein Unternehmenserwerb zugrunde liegen muss, kann nunmehr im Ersten Teil vor dem Hintergrund der beschriebenen Zielsetzung mit der Erarbeitung der im HGB und in IFRS geltenden

56 Etwa in diesem Sinne auch Storck, Bilanzpolitische Handlungsspielräume, 2004, S. 10.

57 S. hierzu § 3 A. I. 2. a) sowie B. I.

Bilanzierungszwecke und der besonders für den Geschäftswert relevanten Bilanzierungsgrundsätze begonnen werden. Diese bilden zusammen die konzeptionellen Grundlagen der (Konzern-)Rechnungs-legung in beiden Regelungssystemen. Zuvor werden jedoch kurz das Goodwill-Verständnis der Betriebswirtschaftslehre und des IASB zur Erweiterung des Blickswinkels hinsichtlich des Firmenwerts erörtert. Zudem sollen die ökonomische Relevanz des Wertes und sein Einfluss auf die Bilanzanalyse umrissen werden, um die praktische Bedeutung des „Forschungsgegenstands“ „Goodwill“ zu verdeutlichen.

Die anschließende Untersuchung der Konzernabschlussziele und –grundsätze nach HGB und IFRS mündet in eine Gegegenüberstellung und einen kurzen Abgleich dieser konzernbilanziellen Grundlagen, der damit auch ein erstes Zwischergebnis darstellt.

Bevor dann im Zweiten Teil der Untersuchung mit der eigentlichen Erarbeitung der wesentlichen Goodwill-relevanten Regelungen des HGB begonnen wird, erfolgt zunächst in § 4 A. im Sinne einer weiteren Arbeit am rechtlichen Kontext des Geschäftswerts die Darstellung der Voraussetzungen eines Konzernabschlusses und der wesentlichen, unternehmensrechtlichen Möglichkeiten von Unternehmenszusammenschlüssen. Diese erscheint für ein umfassendes Verständis der Position unumgänglich, ebenso wie die daran anschließende Diskussion der Rechtsnatur des Goodwill nicht ausge-spart werden kann, ohne einen gewichtigen Aspekt des Postens zu vernachlässigen. Dementsprechend wird die These vom Geschäfts- oder Firmenwert als Bilanzierungshilfe untersucht und danach v. a. das Augenmerk auf die möglicherweise veränderte Rechtslage nach der Reform durch das BilMoG gerichtet. Zur Abrundung des „Goodwill-Bildes“ seien vor diesem Hintergrund ebenfalls Überlegungen zum originären Goodwill angestellt.

Aufbauend auf diesen Grundlagen soll es in der zweiten Hälfte des Vierten Kapitels (§ 4) möglich sein, die Goodwill-bezogenen Regelungen nach HGB zu untersuchen und anhand der Auseinandersetzung im Schrifttum zu bewerten. Das Kapitel endet mit einer Zusammenfassung der bislang erarbeiteten Ergebnisse, die Aufschluss über die Rechtsnatur des „post-HGB-Reform-Goodwill“, die Ansatzfähigkeit des originären Goodwill und die wesentlichen Regelungen und deren Inhalt geben.

Jene Regelungen werden im direkten Anschluss an ihre Untersuchung, aufbauend auf den erzielten Ergebnissen, an ihrer Wirkung auf die wesentlichen konzeptionellen Grundlagen des Konzernabschlusses gemessen, so dass die Goodwill-Bilanzierung aus Perspektive der elementaren Funktionen und Prinzipien des Rechnungslegungssystems betrachtet werden kann. In einer zusammenfassenden Betrachtung werden die Auswirkungen der Goodwill-relevanten Regelungen auf die jeweiligen Rechnungslegungszwecke und -prinzipien dargestellt und es kann, noch ohne Referenzsystem, ein vorläufiges Urteil über die Beförderung von Zwecken und Grundsätzen des Bilanzrechts insbesondere durch die modernisierten HGB-Regelungen formuliert werden.

Dem gleichen Aufbau folgend werden im Dritten Teil der Arbeit die Grundlagen des IFRS-Konzern-abschlusses in Form der Anwendung von IFRS 3 auf mögliche Ausprägungen von Unternehmenszusammenschlüssen und der Rechtsnatur des IFRS-Goodwill erarbeitet, wobei hier eine Unterscheidung zwischen dem sogenannten „*purchased goodwill*" und dem „*full goodwill*" notwendig erscheint. Danach werden wiederum die relevanten Goodwill-Regelungen und deren Wirkungsweise auf die Rechnunglegungszwecke und –grundsätze, diesmal im Rahmen der IFRS, untersucht.

Im Anschluss daran können im Vierten Teil der Arbeit die Ergebnisse einem Vergleich unterzogen und die bestehenden Gemeinsamkeiten und Unterschiede der Regelungen und ihrer Wirkungsweise auf Zwecke und Grundsätze der Rechnungslegung herausgearbeitet und auf ihre möglichen Ursachen hin analysiert werden. Dabei wird sich zeigen, dass beide Rechnungslegungssysteme (inzwischen) bedeutende Gemeinsamkeiten aufweisen, die z. B. die Rechtsnatur des Geschäfts- oder Firmenwerts oder die Ermittlungsmethode im Rahmen der Kapitalkonsolidierung betreffen. In letzterem Punkt bestehen jedoch auch erhebliche Unterschiede, die noch über die Normierung der Goodwill-Ermittlung in zwei verschiedenen IFRS verkompliziert werden. Eine weitere Gemeinsamkeit stellt die Bewertung von im Rahmen eines Unternehmenszusammenschlusses erworbenen Positionen dar, die, wie meist, auf HGB-Anpassungen an die IFRS zurückzuführen und überwiegend kritisch zu bewerten ist.

Letztlich gilt es im vorletzten Kapitel der Untersuchung vor dem Hintergrund der gewonnenen Erkenntnisse Vorschläge zu entwickeln, wie die HGB-Regelungen in Bezug auf den (Konzern-)Goodwill verändert werden können, damit die prinzipienbezogene Effizienz der einzelnen Regelungen und damit insgesamt der Informationsnutzen des Konzernabschlusses erhöht wird. Dabei wird sich zeigen, dass sowohl konzeptionelle, grundlegende Neuerungen bzw. Kodifizierungen als auch „handwerkliche" Anpassungsarbeit bei einigen Normen im Kontext von Kapitalkonsolidierung und Goodwillbilanzierung zielführend erscheinen.

Das letzte Kapitel fasst in § 10 die zentralen Ergebnisse der Untersuchung noch einmal zusammen.

Erster Teil: Sichtweisen und ökonomische Bedeutung des Goodwill

§ 2 Goodwill als ökonomischer Wert und seine Bedeutung für die wirtschaftliche Praxis

Neben den bereits dargestellten bilanzrechtlichen Definitionen des Goodwill in den einschlägigen Vorschriften des HGB bzw. der IFRS existiert der eingangs erwähnte marketingpolitische Begriff des Goodwill.

Von wesentlicher Bedeutung jedoch für den bilanzrechtlichen Geschäfts- oder Firmenwert ist dessen allgemeines betriebswirtschaftliches Verständnis. Die Bedeutung für die Vorschriften des Bilanzrechts ergibt sich einmal daraus, dass nur Überlegungen hinsichtlich der ökonomischen Bestandteile des Geschäftswerts zu den Komponenten bzw. Einflussgrößen führen, die eine bilanzielle Regelung zur Goodwillermittlung nach Möglichkeit einbeziehen sollte. Zum anderen entsteht aus der ökonomischen Realität „Goodwill" erst die Notwendigkeit seiner bilanziellen Abbildung.

Dehalb werden zu Beginn dieses Kapitels wirtschaftswissenschaftliche Auffassungen zusammengefasst. Zudem wird das Goodwill-Verständnis des IASB dargestellt, das diese Auffassungen teilweise rezipiert.

A. Betriebswirtschaftliches Verständnis des Goodwill

In der Betriebswirtschaftslehre exisitieren unterschiedliche Ansätze, den Goodwill in seiner ökonomischen Bedeutung zu erfassen. Die verschiedenen Betrachtungsweisen lassen sich im Wesentlichen den vordergründig gegensätzlich wirkenden Konzepten des so genannten *„top down"*- Ansatzes bzw. *„bottom up"*-Ansatzes zuordnen.[58]

---

58 S. hierzu Haaker, Potential der Goodwill-Bilanzierung, 2008, S. 90 -141, der eine ausführliche Untersuchung des ökonomischen Phänomens Goodwill vornimmt und den Goodwill im Einzelnenen als intellectual capital, Kapitalwert, Übergewinn- und Synergiepotential beschreibt, die hier jedoch unter die genannten Ansätze subsumiert werden. Haaker vollzieht zudem eine Weiterentwicklung der Goodwill-Konzepte, die eine wirtschaftliche Betrachtung hinsichtlich cash generating units vornimmt, s. ders., Potential der Goodwill-Bilanzierung, 2008, S. 139 ff.

I. „Top-down"-Ansatz

Beim Geschäfts- oder Firmenwert handelt es sich aus der ökonomischen Perspektive einmal um den Unterschiedsbetrag zwischen Ertrags- und Substanzwert eines Unternehmens.[59]

Letzterer ist das bilanzielle Vermögen, das, aufgeteilt in betriebsnotwendiges und nicht betriebsnotwendiges Vermögen, zu Wiederbeschaffungskosten bzw. zu Liquidationswerten bewertet wird; Schulden werden ebenso unterteilt und zu Nominalwerten bzw. Ablösebeträgen angesetzt.[60] Es handelt sich also um eine Einzelbewertung des Nettovermögens.

Der erstgenannte Ertragswert eines Unternehmens wird im Gegensatz dazu aus den zukünftigen, diskontierten Einnahmenüberschüssen bzw. Zahlungsmittelzuflüssen und ersparten Zahlungsmittelabflüssen eines Unternehmens hergeleitet.[61] Damit erfolgt beim Ertragswert eine Gesamtbewertung des Unternehmens.[62]

Als alternative Komponente dieses Goodwill-Ansatzes wird anstelle des Ertragswerts auch der Entscheidungswert als „Konzessionsgrenze des Bewertungssubjekts"[63]herangezogen, also der Wert, den ein potentieller Käufer eines Unternehmens aufzuwenden bereit ist.[64] Die Erklärung für die Existenz eines Geschäftswerts erfolgt nach diesem Verständnis ohne weitere Differenzierungen über die im Kaufpreis enthaltenen, erwarteten Übergewinne.[65] Übergewinne sind ihrerseits im Grundsatz als abgezinste Erträge abzüglich Substanzwertverzinsung aufzufassen; deshalb kann der Goodwill auch als Barwert der erwarteten Übergewinne interpretiert werden.[66]

---

59 Fasselt/Brinkmann in Beck HDR, B211 a, Rn. 2; ähnlich Baumbach/Hopt/Merkt, HGB, § 255 Rn. 24 mit Rekurs auf BFH, BB 1993, 1914, der statt Ertragswert den Mehrwert eines lebenden Unternehmens nennt.

60 Ballwieser, Unternehmensbewertung, 2004, S. 182.

61 ADS, § 255 Rn. 257; Ballwieser, Unternehmensbewertung, 2004, S. 12 ff.

62 Vgl. die Verfahrenseinteilung zur Unternehmensbewertung im Überblick bei Ballwieser, Unternehmensbewertung, 2004, S. 8 ff.

63 Brösel/Müller, KoR 2007, 34.

64 Zum Entscheidungswert als Ergebnis der Unternehmensbewertung mit dem Zweck der Beratung vgl. z. B. Schultze, Methoden der Unternehmensbewertung, 2003, S. 9, Ballwieser, Unternehmensbewertung, 2004, S. 3.

65 Richter, Die Bewertung des Goodwill, 2004, S. 25 f, zitiert bei Küting, DB 2005, 2757, 2758.

66 S. zum Goodwill als Übergewinnpotetial Haaker, Potential der Goodwill-Bilanzierung, 2008, S. 99 ff. mit Rekurs auf Spacek, The Journal of Accountancy 1964, 35, 36; Ellis, in: Chew/Gillan (Hrsg.), Corporate Governance at the Crossroads – A Book of Reading, 2005, 462, 465; Colley/Volcan, Accounting Horizons 1988, 35; Preinreich, Journal of Accountancy, July 1939, 169, 197. S. auch zu Übergewinnen im

In der betriebswirtschaftlichen Literatur werden diese Herleitungen des Goodwill als *„top-down"*-Ansatz bezeichnet.[67] Die Betriebswirtschaftslehre will mit diesem Verständnis des Goodwill sowohl den derivaten als auch den originären Geschäfts- oder Firmenwert umfasst wissen.[68] Beim derivaten Goodwill handelt es sich, wie eingangs bereits beschrieben wurde, um den im Wege einer Unternehmensübernahme erworbenen Geschäftswert.[69] Der Erwerber kauft also „mehr" ein, als lediglich die ansatzfähigen Positionen des erworbenen Vermögens.

In weiten Teilen des Schrifttums wird der derivate Geschäftswert als „Teilmenge" des originären Goodwill verstanden.[70] An der nachfolgenden Betrachtung des Goodwill aus anderer Perspektive im Rahmen des so genannten *„bottom-up"* zeigt sich jedoch deutlich, dass sich bei einem Unternehmenskauf Komponenten des derivaten Goodwill ergeben und dessen Wert erhöhen, die nicht dem eigentlichen Verständnis des derivaten Goodwill als Preis für den höheren Ertragswert entsprechen –sogleich zu sogenannten Zahlungen à fond perdu -und ebenso wenig dem vor dem Kauf vorhandenen originären Goodwill des erworbenen Unternehmens,[71] da sie bspw. erst durch den Kauf aus Synergieeffekten entstehen. Insofern erscheint umgekehrt der derivate Goodwill je nach dem konkreten Einzelfall über den originären Goodwill hinausreichen zu können.

II. „Bottom-up"-Ansatz

Im Gegensatz zum *„top-down"*-Ansatz steht der *„bottom-up"*-Ansatz, der die Gründe für die Existenz eines Goodwill in Potenzialen sieht, die nicht einzeln bilanzierbar sind sowie in Kombinationseffekten von „einzelnen betrieblichen

---

Rahmen bewertungswissenschaftlicher Methoden für die Bewertung ganzer Unternehmen Ballwieser, Unternehmensbewertung, 2004, S. 185.

67 S. hierzu Küting, DB 2005, 2757, 2758. Den Ansatz referieren auch Brösel/Müller, KoR 2007, S. 34 f, Haaker, Potential der Goodwill-Bilanzierung, 2008, S. 78, 99 ff., der den Goodwill als Kapitalwert mit einer Betrachtung als Barwert der Übergewinne, also als Übergewinnpotential, verbindet und so mittels einer „differenzierenden Betrachtung" einen „Übergang vom Top Down- auf den Bottom Up-Ansatz" vollzieht. Grundlegend zum top down-Ansatz Richter, Die Bewertung des Goodwill, 2004, S. 21 ff.

68 ADS, § 255 Rn. 257, Fasselt/Brinkmann in Beck HDR, B211 a, Rn. 1.

69 ADS, § 255 Rn. 257.

70 Vgl. statt vieler Knopp/Küting in Küting/Weber, HdR, § 255 Rn. 423 sowie Velte, Intangible Assets und Goodwill, 2008, S. 197, der diese Auffassung referiert m. w. N.

71 Ebenso Velte, Intangible Assets und Goodwill, 2008, S. 197; Pfauth, Goodwillbilanzierung nach US-GAAP, 2008, S. 13

Komponenten“ oder potenziellen Erfolgen durch Umstrukturier-ungen.[72] Somit ist der derivate Goodwill einerseits als Summe von Effekten aus dem Zusammenschluss von Unternehmen zu verstehen, die zu einem Wert führen, der unter Restrukturierungs- bzw. Synergie-Goodwill firmiert.[73]

Andererseits stellt der Goodwill sich als Summe von Komponenten dar,[74] die nicht bewertbare und folglich nicht bilanzierte Positionen sind, wie z. B. Kundenstamm, Mitarbeiter–Know-how und –Leistungsfähigkeit[75] sowie evtl. leichter Marktzugang im Hinblick auf Absatz- und/oder Beschaffungsmarkt, optimierte Aufbau- und Ablauforganisation, Unternehmensrentabilität,[76] Ruf der Firma, Standortvorteile und Bekanntheitsgrad.[77]

Zur Summe der Komponenten wird teilweise zudem der Kapitalisierungsmehrwert als die Summe der Mehrwerte ausgewiesener Posten hinzugenommen, die zwar bilanziert, aber aufgrund ihrer reproduktionswertbezogenen Bewertung im Vergleich zu einer ertragsabhängigen Bewertung unterbewertet sind.[78] Mit anderen Worten setzt sich der Goodwill nach dieser Auffassung auch aus Beträgen aus Unterbewertungen zusammen, die das Ergebnis einer Einzelbewertung von Positionen im Gegensatz zu einer Gesamtbewertung sind. Dieser Unterschiedsbetrag wird auch als *going concern goodwill* bezeichnet.[79]

---

72 Brösel/Müller, KoR 2007, S. 34 f. Ebenfalls den Bottom-up-Ansatz sprechen an Küting, DB 2005, S. 2757, 2758 sowie Richter, Die Bewertung des Goodwill, 2004, S. 21 ff.

73 Zum Synergie-Goodwill s. z. B. die Systematisierung von Johnson/Petrone, Accounting Horizons 1998, 293 ff; darauf rekurrierend Streim/Bieker, Verschärfte Anforderungen für eine Aktivierung von Kaufpreisdifferenzen, S. N 7, abrufbar unter http://www.arqus.inf/paper/arqus_80.pdf, Abfrage 10.09.09; Pellens/Fülbier/Gassen, Internationale Rechnungslegung, 2005, S. 693; sowie sogleich im nachfolgenden Unterabschnitt die Überlegeungen des IASB.

74 Knop/Küting in Küting, Weber, HdR § 255 Rn. 424; Fasselt/Brinkmann in Beck HDR, B211 a, Rn. 2 beschreiben identische Komponenten, jedoch als Bestandteile des originären Goodwill.

75 Großfeld/Luttermann, Bilanzrecht, 2005, S. 164.

76 Söffing, FS Döllerer, 1988, S. 594 f.

77 Knop/Küting in Küting, Weber, HdR § 255 Rn. 424.

78 Fasselt, Brinkmann in Beck HdR, B211a, Rn. 2; Knop/Küting in Küting, Weber, HdR § 255 Rn. 424.

79 Johnson/Petrone, Accounting Horizons 1998, 293 ff; darauf rekurrierend Streim/Bieker, Verschärfte Anforderungen für eine Aktivierung von Kaufpreisdifferenzen, S. N 8, abrufbar unter http://www.arqus.inf/paper/arqus_80.pdf, Abfrage 10.09.09; Lopatta, Goodwillbilanzierung und Informationsvermittlung nach internationalen Rechnungslegungstandards, 2006, S. 96.

Zum Teil wird zu diesen Goodwill-Komponenten außerdem ein Betrag gezählt, der auf Überzahlungen durch den Käufer ohne Gegenwert zurückgeht, so genannt à fond perdu, weil der Käufer das jeweilige Unternehmen buchstäblich „um jeden Preis" erwerben wolle und ihm dies sonst nicht gelänge.[80]

III. Ökonomisches Verständnis des IASB

Das IASB stellt über die bereits Eingangs der Untersuchung zitierte Definition des Goodwill hinaus ebenfalls Überlegungen an, den ökonomischen Gehalt des Goodwill zu erfassen und zu konkretisieren. Es erkennt in den Materialien zum neuen IFRS 3, jedoch ebenso auch bereits zu IFRS 3 a. F.,[81] dem Goodwill zwei Kernbestandteile, den so genannten *core goodwill*, zu:[82] Zum einen handelt es sich nach Auffassung des IASB um den *going concern*-Goodwill des akquirierten Unternehmens, wobei das *going concern element* die Fähigkeit des bestehenden Unternehmens repräsentiere, höhere *„returns"* auf einen organisierten Verbund von Vermögenswerten (*assembled collection of net assets*) zu generieren, im Vergleich zu denen, die durch den Erwerb einzelner Werte erzielt werden könnten; dieser Wert stamme aus Synergien des Nettovermögens des Erwerbers und aus anderen Nutzen, wie z. B. Monopolstellung und Marktzutrittsschranken.[83]

Zum anderen sieht das IASB einen Synergie-Goodwill im Zusammenhang mit Unternehmenszusammenschlüssen gegeben, der darin besteht, dass Synergien und andere *benefits* durch die Zusammenführung der erworbenen Vermögenswerte mit den bereits vorhandenen des Konzerns erzeugt werden.[84] Diese seien einzigartig für jeden Unternehmenszusammenschluss, so dass jeder Erwerb verschiedene Synergien und folglich Werte erzeuge.

Das IASB versucht damit für IFRS 3 a. und n. F. anhand mehrerer Ebenen, auf denen sich Goodwillkomponenten ergeben können, - die Ebene des akquirierten Unternehmens und die des (Teil- und Gesamt-) Konzerns - seine wirtschaftlichen Bestandteile greifbar zu machen; in der ursprünglichen Regelung,

---

80 Wöhe, StuW 1980, 99 zitiert bei Küting, DStR 2008, 1795, 1796; ähnlich Johnson/Petrone, Accounting Horizons 1998, 293 ff., Streim/Bieker, Verschärfte Anforderungen für eine Aktivierung von Kaufpreisdifferenzen, S. N 7, abrufbar unter http://www.arqus.inf/paper/arqus_80.pdf, die jedoch eine Aktivierung dieses Goodwillbestanteils unter „Performance"-Gesichtspunkten ablehnen, da dadurch keine Einzahlungspotenziale geschaffen werden. S. zudem die Erläuterung zu derartigen Zahlungen bei Knop/Küting in Küting, Weber, HdR § 255 Rn. 433.

81 Vgl. zu den Kernbestandteilen des Goodwill, going concern- und Synergie-Goodwill, nur IFRS 3 (2004) BC130.

82 Vgl. IFRS 3 BC.

83 So auch Hachmeister/Kunath, KoR 2005, 62, 65.

84 IFRS 3 BC313; Hachmeister/Kunath, KoR 2005, 62, 65.

IAS 22 und der zugehörigen *basis for conclusions*, wurde der Synergie-Goodwill nicht thematisiert, in IAS 22.42 war mit Goodwill sogar ausschließlich der *going concern-goodwill* angesprochen.[85]

Neben dem *core goodwill* bestehen weitere Komponenten, die nach dem IASB konzeptionell jedoch keine Bestandteile des Goodwill darstellen: Dies sind die stillen Reserven der Vermögenswerte, also die Beträge, um die die *fair values* die Buchwerte des Nettovermögens des erworbenen Unternehmens übersteigen und die den jeweiligen Posten zuzurechenen sind.[86] Ebenfalls nicht wahrer Goodwill-Bestandteil ist nach dieser Auffassung der Zeitwert nicht bereits beim erworbenen Unternehmen angesetzten Nettovermögens, in erster Linie immaterielle Vermögenswerte.[87] Ebensowenig konzeptionelles Goodwill-Element seien Überbewertungen der erbrachten Gegenleistung, z. B. weil aufgrund eines Unternehmenszusammenschlusses gegen Austausch von Aktien bei einer vorliegenden Marktenge die hingegebenen Aktien zu einem höheren Wert als bei ihrem Verkauf veranschlagt wurden.[88] Zu guter Letzt sind nach dem IASB Kaufpreisüber- oder -unterzahlungen keine konzeptionellen Goodwill-Bestandteile, bspw. weil der Preis während der Verhandlungen in die Höhe getrieben wurde bzw. weil ein *distressed sale* oder *fire sale* vorliegt.[89]

Das IASB versucht ausdrücklich, die nicht dem *core goodwill* zugehörigen Bestandteile durch entsprechende Regelungen im reformierten IFRS 3, bspw. durch den *fair value*-Ansatz des erworbenen Nettovermögens, zu vermeiden.[90]

Obwohl das *board* den Goodwill als *residual* ermitteln lässt, da er nach IFRS 3.32 (a) und (b) die Differenz zweier Beträge darstellt,[91] erklärt es seine Existenz entsprechend dem *bottom-up*-Modell. Dabei kommt es jedoch im Grundsatz zum Ergebnis, dass nur der Kern-Goodwill aus Synergie- und *going-concern*-Goodwill einem konzeptionellen, also „echten" Goodwill entspricht. Dies ist eine Auffassung, die denjenigen sehr ähnlich ist, die bereits im älteren handelsrechtlichen Schrifttum exisitieren; sie werden in einem späteren Abschnitt zur Rechtsnatur des HGB-Goodwill dargestellt.[92]

---

85 Vgl. die Untersuchung hierzu bei Hachmeister/Kunath, KoR 2005, 62, 66.

86 S. zu component 1, IFRS 3 BC313 f.

87 Zu component 2, IFRS 3 BC313 f.

88 Component 5, IFRS 3 BC313, .315.

89 Component 6, IFRS 3 BC313, .315.

90 IFRS 3 BC317 (b).

91 S. nur IFRS 3 BC328 und bereits eingang der Untersuchung die entsprechenden Ausführungen unter § 1 A. II.

92 S. § 3 A. III.

IV. Folgerungen

Es fragt sich nun, welche Folgerungen aus den wirtschaftswissenschaftlichen Betrachtungen des Geschäftswerts und denen des IASB gezogen werden können.

An dem erstgenannten Verständnis nach dem *top-down*-Ansatzes wird deutlich, dass die Herleitung des Goodwill mit zukünftigen Erwartungen zu tun hat. Der Ertragswert errechnet sich aus Planzahlen, die Ertragsprognose steht dabei im Mittelpunkt.[93] Daher ist er systembedingt mit Unsicherheit belegt.[94] Dies gilt entsprechend für ähnliche, hierunter zu fassende Methoden, bspw. die Ermittlung des Goodwill als „Übergewinnpotential"[95], da auch dann der Goodwill mittels Diskontierung von prognoseweise gewonnenen Werten errechnet wird.[96]

Die *bottom-up*-Herleitung des Goodwill zeigt wiederum auf, welche bilanziell nicht bzw. wenig greifbaren Werte ebenfalls den Goodwill ausmachen. Synergieeffekte sind einer Bewertung nicht ohne Weiteres zugänglich und jedenfalls auch von Annahmen abhängig. Bezieht man den Kapitalisierungsmehrwert mit ein, würde eine Anwendung von Ertragswertverfahren nur auf bilanzierte Vermögenswerte nötig, die nicht zu bewerkstelligen wäre, da immer auch die nicht bilanzierten Werte ihren Anteil am Ertrag haben.[97] Daran zeigt sich, dass eine „intersubjektiv nachvollziehbare" Aufteilung des Goodwill in die verschiedenen Beträge kaum möglich ist.[98] Dementsprechend wird dieser Ansatz auch als Erklärungs- und nicht als Ermittlungsansatz qualifiziert,[99] ganz so, wie es das IASB mit den vorangehend dargestellten Ausführungen in den Materialien zu IFRS 3 vollzieht. Daran lässt sich erkennen, dass beide Ansätze nicht miteinan-

93 S. zur Ertragsprognose Ballwieser, Unternehmensbewertung, 2004, S. 46 ff., Moxter, Grundsätze ordnungsgemäßer Unternehmensbewertung, 1983, insb. S. 102 ff; Kraus-Grünewald, Ertragsermittlung bei der Unternehmensbewertung, 1982, S. 148-180; Kleber, Prognoseprobleme in der Unternehmensbewertung, 1989, insb. S. 353 ff.; Schmidt, Unternehmensbewertung mit Hilfe strategischer Erfolgsfaktoren, 1997, insb. S. 35-45; Born, Unternehmensanalyse und Unternehmensbewertung, 2003, insb. S. 80-95; Schutze, Methoden der Unternehmensbewertung, 2003, S. 76 ff.

94 Diese Einschätzung teilen Fasselt/Brinkmann in Beck HDR, B211 a, Rn. 4.

95 Haaker, Potential der Goodwillbilanzierung, 2008, 99 ff.

96 S. Haaker, Potential der Goodwillbilanzierung, 2008, 102, der eine Diskontierung von erwarteten Übergeninnen vornimmt.

97 Fasselt, Brinkmann in Beck HdR, B211a, Rn. 3; Küting/Ulrich, DStR 2001, 1001.

98 Fasselt/Brinkmann in Beck HDR, B211 a, Rn. 3. Ebenfalls kritisch zu einer direkten Goodwill-Ermittlung Haaker, Potential der Goodwill-Bilanzierung, 2008, S. 78.

99 Ebenso Haaker, Potential der Goodwillbilanzierung, 2008, 79; Brösel/Müller, KoR 2007, 34, 35. Anders Küting, DB 2005, 2757, 2758, der auch den top down-Ansatz als Erklärungsansatz bezeichnet.

der konkurrieren, sondern vielmehr den gleichen Sachverhalt nur aus verschiedenen Perspektiven betrachten.[100]

Dennoch kann aus den verschiedenen betriebswirtschaftlichen Betrachtungsweisen des Geschäfts- oder Firmenwerts im Ergebnis zweierlei abgeleitet werden:

Zum einen wird eine Aufteilung des Goodwill in seine werthaltigen Komponenten und deren Einzelbewertung für einige Bestandteile, jedoch kaum für alle möglich sein. Zum anderen ist erkennbar, dass der Geschäftswert einen starken Bezug zur Unternehmensbewertung aufweist. Dieser Bezug, wollten Rechtswissenschaft oder Normgebungsorgane ihm in ihren Bemühungen bei bilanzrechtlicher Rechtsentwicklung und -setzung Rechnung tragen, führte direkt in die Unsicherheiten und Unwägbarkeiten der Unternehmensbewertungslehre.[101]

Es ergibt sich ein Spannungsfeld zwischen Betriebswirtschaft und Rechtswissenschaft, da aus dem Einbezug ökonomischer Auffassungen in das Bilanzrecht dessen Nachprüfbarkeit und Objektivierung in Gefahr zu geraten droht. Dies zeigt sich in außergewöhnlich deutlicher Weise an dem schwierigen Weg, den IFRS 3 in seinem Normgebungsverfahren durchschreiten musste und in dessen Verlauf von einer, so meinte man mehrheitlich, vollständigeren und entscheidungsnützlicheren Darstellung[102] des Goodwill durch die Bewertung des erworbenen *acquiree* zum *fair value* im Entwurf von IFRS 3 wieder Abstand genommen werden musste.[103]

Die intensiven Bemühungen des Bilanzrechts um eine sachgerechte Abbildung des Geschäftswerts werden allerdings zu Recht unternommen und dies nicht nur, da wie eingangs beschrieben, die nationalen und internationalen Vor-

---

100 Vgl. hierzu etwa Knop/Küting in Küting, Weber, HdR § 255 Rn. 424, die den Goodwill zwar als Differenzbetrag sehen, der jedoch unstreitig aus diversen Komponeneten besteht; ähnlich ADS § 255 Rn. 257; Richter, HdJ, Abt. II/9 (1990) Rn. 10; Haaker, Potential der Goodwill-Bilanzierung, 2008, S. 78.

101 Die Unsicherheiten der Unternehmensbewertung im Hinblick auf Ertrags- bzw. Discounted Cashflow-Verfahren im Rahmen eines durch den Referentenentwurf des BilMoG geplanten Zeitwertansatzes von Finanzinstrumenten für die bilanzielle Beteiligungsbewertung sieht auch der Arbeitskreis Bilanzrecht, BB 2008, 209, 211.

102 S. hierzu nur ED IFRS 3 BC17, wonach im Umkehrschluss die Auffassung des IASB, die Goodwilll-Informationen seien nach den Regelungen des IFRS 3 (2004) weniger vollständig und entscheidungsnützlich, geschlossen werden kann, dass diese Attribute dem verbindlich zu aktivierenden full goodwill des ED IFRS 3 offensichtlich in größerem Maße zuerkannt werden.

103 So gelangte man zum Ansatzwahlrecht des full goodwill bzw. purchased goodwill, da - wohl nach der geäußerten Kritik zu ED IFRS 3 von dieversen Seiten - keine Variante mehrheitsfähig war, s. IFRS 3 (2008) BC210.

schriften im Gesamten für die Darstellung der Vermögens-, Finanz- und Ertragslage Realitätsnähe fordern. Vielmehr ist es das enorme ökonomische Gewicht des Konzern-Goodwill, das diesem Wert seine Bedeutung verleiht.

B. Goodwill als Wert in der wirtschaftlichen Praxis

Deshalb soll im nun folgenden Abschnitt die wirtschaftliche Bedeutung der bilanziellen Position des Geschäfts- oder Firmenwerts in der ökonomischen Praxis veranschaulicht werden. Dabei zeigt sich, dass diese in der Praxis (kapitalmarktorientierter) Konzerne gar nicht hoch genug eingeschätzt werden kann. Denn es handelt sich bei diesen Unternehmen um einen der größten Posten im Anlagevermögen überhaupt, wie nun anhand der Darstellung empirischer Untersuchung belegt werden wird.

Durch den enormen Anteil am Vermögen von Unternehmen gewinnt der Goodwill auch für die Analyse von Geschäftsberichten entscheidende Bedeutung. Sein Einfluss auf die Bilanzanalyse wird deshalb im darauffolgenden Abschnitt in der gebotenen Kürze erläutert.

I. Wirtschaftliche Bedeutung des Goodwill

Die herausragende Stellung des Goodwill wird an einer Untersuchung von Abschlüssen aus dem Geschäftsjahr 2004 bzw. 2003/2004 deutlich: Sie ergibt, dass über 90 % der rund 130 untersuchten kapitalmarkorientierten Konzerne einen Geschäftswert ausweisen, der bei acht Konzernen das Eigenkapital übersteigt, während sich die höchsten Relationen des Goodwill zum Gesamtkapital bei neun der Unternehmen zwischen 30% und 46% bewegen.[104]

Ähnliche Ergebnisse hinsichtlich der extremen Verhältniszahlen von Goodwill zu Eigen- bzw. Gesamtkapital zeitigt bereits eine Studie über die Konzernabschlüsse aus den Jahren 2000/2001 des HDAX.[105] Beim HDAX handelt es sich um einen so genannten All-Share-Index, der bspw. gegenüber dem prominenten DAX einen verbreiterten, branchenübergreifenden Index der größten Werte aus dem Prime Standard darstellt.[106]

Wiederholte Analysen der Geschäftsjahre 2005, 2006 und 2007[107] von ca. 125 bzw. von über 130 kapitalmarktorientierten Konzernen der Geschäftsjahre

---

104 Küting, DB 2005, 2757, 2761.

105 Focken/Plawky, KoR 2004, 298, 299.

106 S. hierzu die Beschreibung der Deutschen Börse Group, http://deutsche- boerse.com/dbag/dispatch/de/kir/gdb_navigation/listing/10_Market_Structure/32_all_share_indizes/550_HDAX, Abfrage 23.04.2009.

107 Küting, DStR 2006, 1665, 1667 f.; ders., DStR 2007, 2025 sowie ders., DStR 2008, 1795.

2008[108] und 2009[109] bestätigen erneut dieses Bild: Wieder weisen über 90 % der Unternehmen einen Goodwill aus, insbesondere alle im DAX gelisteten Unternehmen, mit Ausnahme eines einzigen Unternehmens im Jahr 2009. Der Goodwill übersteigt bei einigen Unternehmen das Eigenkapital - und dies gilt als wichtigste Kennziffer[110] - , in 2007[111] und 2009 ist dies bei elf Unternehmen der Fall, 2008 sogar bei 17 Konzernen. Die höchsten Relationen des Goodwill zur Bilanzsumme betragen wiederum bis zu 50 %, im Jahr 2008 wird bei zwei Unternehmen diese Marke sogar überschritten. Darüber hinaus zeigt sich, dass der Geschäftswert beim Gros der deutschen Konzernunternehmen den weitaus größten Anteil am bilanziell ausgewiesenen immateriellen Vermögen hat. Denn er macht bei knapp einem Drittel der Unternehmen 80 % und mehr des immateriellen Anlagevermögens aus, in 2008 stellt er bei mehr als 10 % der Konzerne über 90 % des immateriellen Vermögens dar. Im Jahr 2009 lassen sich 15 Konzerne finden, bei denen der Restbuchwert Geschäfts- oder Firmenwert einen Anteil von 90% oder mehr des immateriellen Vermögens hat.[112] Insgesamt ergibt der Jahresvergleich ab 2004 eine jährliche Steigerung des Goodwill um ca. 15%,[113] im „Krisenjahr" 2008 liegt sie immerhin noch bei knapp 8 %; in absoluten Zahlen ausgedrückt ergibt sich eine Steigerung des Firmenwerts von rund 133 Mrd. € im Jahr 2005[114] über 189 Mrd. € in 2008[115] und über 192 Mrd. € in 2009.[116]

Die Ergebnisse der empirischen Erhebungen, deren Analyse und Ursachenforschung einer anderen Arbeit vorbehalten bleiben müssen, sind für diese Untersuchung von Interesse, da sie die enorme Höhe des Goodwill absolut und im Verhältnis zu anderen bilanzierten Werten bzw. Größen, wie z. B. dem Eigenkapital, eindrucksvoll belegen. Es versteht sich von selbst, dass ein Wert von solcher Größe hohe Bedeutung einerseits für die Darstellung der Vermögens- und Finanzlage, andererseits aber auch für die Analyse der Konzernlage hat.

---

108 Küting, DStR 2009, 1863, 1864.

109 Küting, DStR 2010, 1855, 1858.

110 Küting, DStR 2009, 1863, 1865.

111 Eine weitere Übersicht der Dax-Unternehmen für die Geschäftsjahre 2006 und 2007 belegt ebenfalls, dass bei rund einem Drittel der Unternehmen der Goodwill zwischen knapp 50% und bis zu über 200% des Eigenkapitals beträgt, vgl. Streim/Bieker, Diskussionsbeitrag Nr. 80, S. N 4, in Löffler (Hrsg.), arqus Arbeitskreis Quantitative Steuerlehre, abrufbar unter http://www.arqus.inf/paper/arqus_80.pdf, Abfrage 10.09.09.

112 Küting, DStR 2010, 1855, 1859.

113 Küting, DStR 2008, 1795, 1798.

114 Küting, DStR 2008, 1795, 1798.

115 Küting, DStR 2009, 1863, 1864.

116 Küting, DStR 2010, 1855, 1858.

Ebenso hängt die Geschäftsberichtsanalyse von der Vergleichbarkeit der Unternehmen untereinander ab.

II. Bedeutung für die Bilanzanalyse

Im vorangehenden Abschnitt wurden bereits einige Beziehungen hergestellt, in denen der Goodwill betrachtet werden kann: Das Verhältnis Goodwill zu Eigen- oder Gesamtkapital oder zum immateriellen Anlagevermögen kann von Interesse bei der Bilanzanalyse sein. Aber auch andere, „klassische" Bilanzkennzahlen[117], wie die Vermögensintensität als Verhältnis von Anlagevermögen zu Umlaufvermögen, oder das Verhältnis von Anlagevermögen zu Eigenkapital sind direkt vom Einfluss des Goodwill betroffen. Dies gilt ebenso für die Relation der immateriellen Vermögenswerte zum Gesamtvermögen, die die Intensität des immateriellen Vermögens repräsentiert.[118] Die Kennzahl wird wohl in Zeiten verpflichtender IFRS-Bilanzierung für kapitalmarktorientierter Konzerne und eines BilMoG-veränderten HGB zunehmend an Bedeutung gewinnen – denn durch beide Regelungswerke wird der Ansatz immateriellen Vermögens erleichtert.[119]

Nimmt der Goodwill bei einer der Bezugs- oder Basisgrößen der jeweilig zu betrachtenden Verhältniszahl einen großen, wenn nicht sogar weit überwiegenden Anteil ein, wie dies nach den vorangehend dargestellten empirischen Untersuchungen bspw. beim immateriellen Vermögen häufig der Fall ist, dann liegt sein erheblicher Einfluss auf das Analyseergebnis auf der Hand. Eine Einschätzung geht sogar soweit, fast die gesamte Bandbreite bedeutender Bilanzkennzahlen vom Geschäfts- oder Firmenwert beinflusst zu sehen und zieht daraus die Schlussfolgerung, dass ihm unbestritten eine zentrale Schlüsselrolle bei der Konzern-Beurteilung zukomme.[120]

Daraus ergibt sich die Konsequenz, dass die Ermittlung eines Geschäftswerts über Rechnungslegungsvorschriften von grundlegender Bedeutung für die Bilanzanalyse ist, denn nur angemessene Regelungen können für einen realisti-

---

117 S. zu Bilanzkennzahlen statt vieler Coenenberg, Jahresabschluss, 2005, S. 971 ff.

118 Coenenberg, Jahresabschluss, 2005, S. 988.

119 Während das Verständnis des immateriellen Vermögenswerts der IFRS grundsätzlich weiter war als das von dessen Pendant im HGB wird nach dem BilMoG nunmehr grundsätzlich der Ansatz von selbstgeschaffenen immateriellen Vermögensgegenständen zugelassen, § 248 Abs. 2 HGB, vgl. die Ausführungen unter § 4 B. V. 2. a) und s. hierzu nur Hennrichs, DB 2008, 537,539, sowie kritisch, aber nicht ablehnend (noch zum Aktivierungsgebot) der Arbeitskreis Bilanzrecht, BB 2008, 152, 157. Zum durch den Bundesrat favorisierten Ansatzwahlrecht von immateriellen Werten, welches vom Bundestag übernommen wurde s. Burwitz, NZG 2008, 694, 695.

120 Küting, DB 2005, 2757, 2765.

schen, nachvollziehbaren Wert des Goodwill sorgen. Erfüllen die Regelungen bestimmte Anforderung nicht,[121] dann bleibt es dabei, dass der nach ihnen ermittelte Goodwill eines der größten Hindernisse bei einer sachgerechten Lagebeurteilung von Konzernunternehmen darstellt.[122] Auf diesem Gedanken bauen die Ausführungen des nächsten Kapitels auf.

§ 3 Konzeptionelle Grundlagen der Konzernrechnungslegung nach HGB und IFRS

Nachdem bisher deutlich wurde, warum der Geschäfts- oder Firmenwert eine überaus bedeutende Rolle unter den Bilanzposten einnimmt, werden im nun folgenden Abschnitt die konzeptionellen Grundlagen des Geschäfts- oder Firmenwerts dergestalt erörtert, dass die Zwecke der Konzernrechnungslegung[123] und zudem diejeinigen Konzernrechnungslegungsgrundsätze herausgearbeitet werden, für die eine besondere Relevanz hinsichtlich des Goodwill zu vermuten ist. Dies dient auch dem späteren Vergleich der Goodwill-Regelungen im HGB und in den IFRS. Denn es müssen für einen sinnvollen Vergleich, worauf bereits hingewiesen wurde, Ziele und Grundsätze der Rechtskreise vergleichbar sein.[124]

In erster Linie ist jedoch die Zielsetzung der in diesem Abschnitt folgenden Untersuchungen, wesentliche Elemente der Konzernabschluss-Konzeption im Sinne von Konzernabschlussfunktionen und –grundsätzen und damit Grundlagen der Goodwill-Vorschriften zu erarbeiten, um diese innerhalb des konzeptionellen Rahmens einer Beurteilung unterziehen zu können. Denn Vorschriften des Handelsrechts sollten einerseits entsprechend der Aufgaben der handelsrechtlichen Rechnungslegung entwickelt werden.[125] Dann aber sollten andererseits diese Vorschriften eine Rechnungslegung bzw. konkret den Ausweis von Werten befördern, die die Anforderungen der Zwecke und Grundsätze einhalten,

121 Vgl. zu den Anforderungen aus den Bilanzierungsgrundsätzen nachfolgend § 3 A. und B.

122 Dieses Urteil findet sich bei Lachnit/Müller, KoR 2003, 540.

123 Zu den Zwecken sogleich, während auf die Grundsätze der Konzernrechnunglegung im nachfolgenden Abschnitt eingegangen wird, s. § 3 A. II.

124 So in etwa auch Storck, Bilanzpolitische Handlungsspielräume, 2004, S. 16.

125 Dies entspricht der früher üblichen deduktiven Methode zur Herleitung von GoB aus den Zwecken des Jahreabschlusses, die jedoch auch Bestandteil der hermeneutischen Methode ist; diese stellt ihrerseits die rechtswissenschaftliche Methode der Gesetzesinterpretation dar. S. hierzu nur Baetge/Kirsch/Thiele, Bilanzen, 2005, S. 106 ff; Baetge/Kirsch/Thiele, Konzernbilanzen, 2009, S. 65 f., sowie allgemein zur Hermeneutik Larenz, Methodenlehre der Rechtswissenschaft, S. 195 f. sowie S. 298-332; MünchKommBGB/Busche, § 133 Rn. 7; Bydlinsky, Juristische Methodenlehre und Rechtsbegriff, 1991; Kramer, Juristische Methodenlehre, München, 1998, S. 39 ff.

mithin mit diesen im Einklang stehen.[126] Darüber hinaus bestimmen die Zwecke und Grundsätze wiederum die Auslegung von Vorschriften innerhalb des handelsrechtlichen Systems von sogenannten Grundsätzen ordnungsgemäßer Buchführung (GoB)[127] und können zu ihrer Beschränkung, bspw. im Hinblick auf den Umfang von Wahlrechten oder Ermessenspielräumen, herangezogen werden.[128]

Diese (mehrfachen) Wechselwirkungen, die im handelsrechtlichen Rechnungslegungsystem bestehen, vollständig aufzudecken, wird nicht möglich sein. Dennoch soll im Rahmen dieser Untersuchung mindestens erarbeitet werden, ob die für den Geschäfts- oder Firmenwert elementaren Vorschriften im Einklang mit den Zwecken der Konzernrechnungslegung und denjenigen Grundsätzen stehen, die für sie besonders relevant erscheinen.

Eingangs der Untersuchung wurde bereits auf die wesentlichen Vorschriften des Goodwill im Rahmen von HGB und IFRS hingewiesen. Auch die allermeisten anderen bilanzrechtlich relevanten Regelungen finden sich im HGB.[129] In den Internationalen Standards finden sich die maßgeblichen Goodwill-Bilanzierungsregeln in den IFRS/IAS, während allerdings konzeptionelle Grundlagen sowie der Zweck von IFRS-Abschlüssen im sogenannten Rahmenkonzept (*framework*) geregelt sind. Das IFRS-Rahmenkonzept wird vor diesem Hintergrund im nachfolgenden Abschnitt im Mittelpunkt stehen,[130] während sogleich den Konzernabschluss-Grundlagen gemäß HGB nachgegangen werden soll.

A. Ziele und Grundsätze des Konzernabschlusses nach HGB

In diesem Abschnitt wird nun also untersucht werden, welche Zielsetzung bzw. welche Zwecke oder Funktionen Konzernabschlüsse nach HGB verfolgen bzw. übernehmen und woraus sich diese ermitteln lassen. Denn Konzernabschlüsse

---

126 Dies kommt in der Anforderung der Generalnorm des § 297 Abs. 2 S. 2 HGB zum Ausdruck, die sogleich behandelt wird, § 3 A. I. 2 c).

127 Die Auslegung von Vorschriften richtet sich u.a. nach dem Bedeutungszusammenhang der auszulegenden Vorschrift zu den anderen GoB, Baetge/Kirsch/Thiele, Bilanzen, 2005, S. 109.

128 Vgl. hierzu nur die Untersuchung der Begrenzung von Spielräumen im HGB durch GoB bei Storck, Bilanzpolitische Handlungsspielräume, 2004, S. 310 -334.

129 Vgl. die knappe, aber hinreichende Darstellung von Rechnungslegungspflichten und Rechtsgrundlagen in Deutschland bei Storck, Bilanzpolitische Handlungsspielräume, 2004, S. 17.

130 S. § 3 B.

sind Mittel zur Erfüllung bestimmter Zwecke,[131] die, wie gerade beschrieben wurde, u. a. Teil des „Bezugsrahmens“ darstellen, der zur Auslegung der konzernrechtlichen Einzelregelungen heranzuziehen ist.[132]

Die bilanzrechtlichen Regelungen innerhalb des Dritten Buchs des HGB, wenngleich Ergebnis der im Jahr 1985 vollzogenen Umsetzung europäischen Rechts in Gestalt des Bilanzrichtliniengesetzes[133], sind gestaltet im Stile deutscher Gesetze. Der Aufbau des Gesetzes folgt daher im Gegensatz zu den IFRS, das nach anglo-amerikanischer Tradition geschaffen ist,[134] nicht einer Struktur, die explizit die Zielsetzung ganzer Gesetze oder einzelner Normen, z. B. jeweils eingangs der Vorschriften oder einzelner Abschnitte, nennt. Ebenso ist die Zielsetzung bzw. der Zweck der Rechnungslegung als solcher nicht normiert. Daher gilt es zunächst, Zweck(e) des HGB-Konzerabschlusses zu erarbeiten. Als Grundlage zur Ableitung der (Konzern-)Abschlussfunktionen dienen dem Schrifttum, wie sogleich deutlich werden wird, einerseits bilanzrechtliche Einzelnormen, andererseits jedoch auch der entsprechend dem Bedeutungsgehalt vorhandene Kontext, in dem sich die Vorschriften befinden.

I. Zwecke der HGB-Abschlüsse

Die Regelungen des Konzernabschlusses, eigens im zweiten Unterabschnitt der Ergänzenden Vorschriften für Kapitalgesellschaften normiert, verweisen zum größten Teil auf die Vorschriften für den Einzelabschluss der Kapitalgesellschaften.[135] Diese bauen ihrerseits auf den Vorschriften für alle Kaufleute auf. Aus diesem Aufbau des Gesetzes ergibt sich, dass grundlegende Bestimmungen sowohl für den Jahresabschluss als auch für den Konzernabschluss gelten. Insofern erscheint es erhellend, ebenfalls in Bezug auf die Funktion des Konzernabschlusses zunächst nach derjenigen des Einzelabschlusses zu fragen.

1. Zwecke des Einzelabschlusses

Nach einhelliger Meinung im Schrifttum dient der Einzelabschluss nach HGB einer ganzen Reihe von Zwecken:[136]

Im Einzelnen handelt es sich dabei um die Informationsfunktion, die einmal zur Selbstinformation des Kaufmanns über die Lage seines Vermögens dient, §

131 Diese Feststellung wird analog für Jahresabschlüsse getroffen von Baetge/Kirsch/Thiele, Bilanzen, 2005, S. 91.

132 Baetge/Kirsch/Thiele, Konzernbilanzen, 2009, S. 39.

133 Bilanzrichtlinien-Gesetz vom 19.12.1985 (Bundesgesetzbl. I S. 2355).

134 S. hierzu MünchKommBilR/Watrin Einf. Rn 36.

135 S. § 298 Abs. 1 HGB.

136 Moxter spricht hier von „Aufgabendivergenz“, Moxter, Grundsätze ordnungsgemäßer Rechnungslegung, 2003, S. 7.

238 Abs. 1 S. 1 HGB.[137] Zum Anderen dient sie zur Information Dritter und ist materiellrechtlich im Gebot des *true and fair view* in § 264 Abs. 2 S. 1 HGB verankert,[138] wonach unter Beachtung der Grundsätze ordnungsgemäßer Buchführung ein den tatsächlichen Verhältnissen entsprechendes Bild der Vermögens-, Finanz- und Ertragslage der Kapitalgesellschaft zu vermitteln ist.

Nach einer vertretenen Ansicht ergibt sich für den Einzelabschluss aus dem Bedeutungszusammenhang der gesetzlichen Vorschriften wie z. B. der Buchführungspflicht nach § 238 Abs. 1 HGB und Aufstellungspflicht nach § 242 HGB der Zweck der Rechenschaft im Sinne der „Offenlegung der Verwendung anvertrauten Kapitals".[139] Auch § 264 Abs. 2 S. 1 HGB wird als Anhaltspunkt für die Rechenschaft in den Vorschriften für Kapitalgesellschaften genommen,[140] während die Informationsfunktion in dieser Zweckkonzeption nicht eigens angeführt, aber insofern wohl als der Rechenschaftsfunktion immanent oder sogar zu dieser synonym betrachtet wird. Beide Zwecke werden jedoch auch nebeneinander angeführt,[141] wobei dann wohl Rechenschaft als spezielle Information der Unternehmenseigner verstanden wird.

Ein weiter Adressatenkreis, der durch die Abschlussinformationen angesprochen wird, ist dabei unstreitig.[142] Er wird aus mehreren Einzelnormen unterschiedlicher Gesetze abgeleitet, denen gemeinsam ist, dass sie in ihrem jeweiligen Kontext auf den Jahresabschluss verweisen.[143] So ließe sich bspw. die Adressierung der Gläubiger daraus ableiten, dass sich Banken nach § 18 S. 1

---

137 Moxter, Grundsätze ordnungsgemäßer Rechnungslegung, 2003, S. 4 f.

138 Arbeitskreis Bilanzrecht der Hochschullehrer Rechtswissenschaft, BB 2002, 2372, 2373; ähnlich Lorson, in: Küting/Pfitzer/Weber, Das neue deutsche Bilanzrecht, 2008, S. 6 mit Rekurs auf Moxter, Bilanzlehre. Bd. I: Einführung in die Bilanztheorie, 1986, S. 156.

139 Leffson, Grundsätze ordnungsgemäßer Buchführung, 1987, S. 64, zitiert bei Baetge/Kirsch/Thiele, Konzernbilanzen, 2009, S. 43; Lüdenbach/Hoffmann in Haufe IFRS-Komm § 1 Rn. 10. Die Rechenschaftsfunktion gegeben aufgrund von § 264 Abs. 2 HGB sehen Winkeljohann/Schellhorn in BeckBil-Komm, § 264 Rn. 35.

140 Anlässlich des BilMoG bemerken Vertreter der Rechenschaftsfunktion, dass Ziel des Gesetzgebers die Stärkung der Informationsfuktion sei und folgern daraus das Ziel der Stärkung der Rechenschaft, s. Solmecke/Baetge, in: , „Wetterfest": Die deutsche Bilanzrechtsmodernisierung, SR 2009, 124.

141 Winkeljohann/Schellhorn in BeckBil-Komm, § 264 Rn. 35; Lüdenbach/Hoffmann in Haufe IFRS-Komm § 1 Rn. 10.

142 S. hierzu nur Baetge/Kirsch/Thiele, Bilanzen, 2005, S. 102; MünchKomm-HGB/Reiner, § 264 Rn. 18; Winkeljohann/Schellhorn in Beck Bil-Komm, § 264 Rn. 36.

143 S. hierzu MünchKommHGB/Reiner, § 264 Rn. 18 mit Hinweisen zu den entsprechenden Regelungen.

KWG für Kredite bestimmter Größenordnungen die Jahresabschlüsse der Kreditnehmer vorlegen lassen müssen. Arbeitnehmer werden wiederum aufgrund von § 108 Abs. 5 BetrVG als Abschlussadressaten angesehen, da nach der Norm dem Wirtschaftsausschuss unter Beteiligung des Betriebsrats der Jahresabschluss vorzulegen ist.

Eine weitere Funktion des Jahresabschlusses stellt die Gewinnermittlungsfunktion für die Ausschüttungsbemessung (Kapitalerhaltungsfunktion) dar sowie aufgrund des weiterhin gültigen Maßgeblichkeitsprinzips[144] für die Bemessung des zu versteuernden Gewinns.[145] Außerdem kommt dem Jahresabschluss eine Dokumentationsfunktion zu, abzuleiten aus der Buchführungspflicht der § 238 f. HGB[146] und aus § 257 ff., also z. B. aus der Aufbewahrungspflicht von Unterlagen gem. § 257 HGB.[147]

2. Funktion des Konzernabschlusses

Aufbauend auf den Funktionen des Jahresabschlusses können in der nun folgenden Untersuchung diejenigen des Konzernabschlusses bestimmt werden. Das Schrifttum zeigt hier in den vertretenen Auffassungen weit weniger Einigkeit.

a) Informationsfunktion

Für den Konzernabschluss ist bis heute die weit verbreitete Meinung, dass dieser (ausschließlich) dem Zweck der Informationsvermittlung diene.[148] Nach einer differenzierten Ansicht werden zwar „Informationsaufgaben“ als einzige Aufga-

---

144 Durch das BilMoG wurde indes die umgekehrte Maßgeblichkeit abgeschafft, S. hierzu nur Bieg u.a., Bilanzrechtsmodernisierungsgesetz, 2009, S. 30 f sowie instruktiv zu den Gründen Arbeitskreis Bilanzrecht, DStR 2008, 1057-1060.

145 Arbeitskreis Bilanzrecht der Hochschullehrer Rechtswissenschaft, BB 2002, 2372, 2373; ähnlich Lorson, in: Küting/Pfitzer/Weber, Das neue deutsche Bilanzrecht, 2008, S. 6 mit Rekurs auf Moxter, Bilanzlehre. Bd. I: Einführung in die Bilanztheorie, 1986, S. 156; Moxter fasst die Funktion zur Gewinnermittlung für Ausschüttungs- und steuerliche Zwecke als „Gewinnanspruchsbemessung“ zusammen, Moxter, Grundsätze ordnungsgemäßer Rechnungslegung, 2003, S. 7.

146 MünchKommHGB/Reiner § 264 Rn. 18; Baetge/Kirsch/Thiele, Bilanzen, 2005, S. 94 f.

147 MünchKommHGB/Reiner § 264 Rn. 17 f.; Winkeljohann/Philipps in Beck Bil-Komm, 7. Aufl., § 257 Rn. 1. Vgl. im Übrigen die hinreichenden Ausführungen zu den Funktionen des Einzelabschlusses bei Storck, Bilanzpolitische Handlungsspielräume, 2004, S. 16 ff.

148 Vgl. Baumbach/Hopt/Merkt, HGB, § 297 Rn. 2; Coenenberg/Haller/Schultze, Jahresabschluss, 2009, S. 595; Küting/Weber, Konzerabschluss, 1997, S. 56; Scherrer, Konzernrechnungslegung,1994, S. 8; Schildbach, Der handelsrechtliche Konzernabschluss, 1996, S. 15; Storck, Bilanzpolitische Handlungsspielräume, 2004, S. 21; v. Wysocki/Wohlgemut, Konzernrechnungslegung, 1996, S. 4.

ben anerkannt, diese schließen jedoch die Dokumentation und Rechenschaft mit ein.[149]

Als Adressaten der Informationen werden in erster Linie die aktuellen und potentiellen Anteilseigner von Mutter- und Tochterunternehmen verstanden, daneben jedoch auch die Arbeitnehmer, Lieferanten, sonstige Gläubiger und die Öffentlichkeit sowie intern die Konzernleitung und Geschäftsführung der Tochterunternehmen.[150] Insofern wird auch hier von einem weiten Adressatenkreis ausgegangen.

b) Zweckbündel

Nach a. A. ergibt die Auslegung der konzernbilanzrechtlichen Vorschriften und insbesondere der Generalnorm im engeren Sinne,[151] des *true and fair view* in § 297 Abs. 2 S. 2 HGB, ebenso für den Konzernabschluss ein ganzes Zweckbündel:

Aus der Pflicht, die Einzelabschlüsse unter Anpassung der für das Mutterunternehmen geltenden Ansatz- und Bewertungsregeln zu einem Konzernabschluss zusammenzuführen [152] und zudem aufgrund der zwingend nachzuweisenden Entstehung des Geschäfts- oder Firmenwerts aus der Kapitalkonsolidierung ergebe sich ebenfalls eine Dokumentationsfunktion.[153] Ebenso sei für den Konzernabschluss der Zweck der Rechenschaft, hier wieder verstanden als Offenlegung der Verwendung anvertrauten Kapitals,[154] gegeben, da aufgrund des *true and fair view* ein zutreffender Einblick in die wirtschaftliche Lage des Konzerns zu gewähren sei und dieser der entscheidende Bestandteil der Rechenschaft sei.[155] Daneben ergäbe sich für den Konzernabschluss noch der Zweck der Kapitalerhaltung aufgrund von Information, da für diesen dieselben, so genannten Kapitalerhaltungsgrundsätze gelten würden wie für den Einzelabschluss.[156] Dabei werden als Kapitalerhaltungsgrundsätze die Prinzipien der Im-

---

149 Lorson, in Küting/Pfitzer/Weber, Das neue deutsche Bilanzrecht, Stuttgart, 2008, S. 28.

150 Küting/Weber, Konzernabschluss, 2005, S. 81; ähnlich MünchKommHGB/Busse von Kolbe Vor § 290 Rn. 27; Beck HdR, Hartle, C10 Rn. 12.

151 MünchKommHGB/Busse von Colbe § 297 Rn. 1.

152 S. die §§ 290, 300, 308 HGB.

153 Vgl. die Erläuterungen bei Baetge/Kirsch/Thiele, Konzernbilanzen, 2009, S. 41 f.

154 Baetge/Kirsch/Thiele, Konzernbilanzen, 2009, S. 43 mit Rekurs auf Leffson, Grundsätze ordnungsgemäßer Buchführung, 1987, S. 64.

155 Baetge/Kirsch/Thiele, Konzernbilanzen, 2009, S. 43.

156 Baetge/Kirsch/Thiele, Konzernbilanzen, 2009, S. 44 ff.

parität und der Vorsicht aufgefasst.[157] Dem Konzernabschluss komme schließlich auch ein Kompensationszweck hinsichtlich der Mängel der Einzelabschlüsse zu, da diese für sich genommen aufgrund der Konzernstruktur teils unzutreffende Informationen vermitteln.[158] Die Informationsfunktion wird hier wieder nicht eigens als (Konzern-)Abschlusszweck genannt, darf jedoch wohl, wie für den Jahresabschluss, als in der Rechenschaftsfunktion und zusätzlich in der Kapitalerhaltungsfunktion durch Information konkretisiert betrachtet werden.

Eine andere Auffassung geht in Bezug auf das Konzernkapital noch weiter. Bekanntlich bildet zwar der Konzernabschluss rechtlich nicht die Grundlage für die Gewinnverwendung, sondern allein der Einzelabschluss stellt deren Basis stellt dar.[159] Damit kommt dem konsolidierten Abschluss keine formale Ausschüttungsbemessungsfunktion zu.[160] Allerdings bilde der Konzernabschluss häufig die Grundlage für den Ausweis des Jahreserfolgs und für die Bemessung der Ausschüttung des Mutterunternehmens; Konzernerfolg und Ergebnis des Mutterunternehmens würden in der Praxis oft in gleicher Höhe ausgewiesen, um eine Verwirrung der Aktionäre über Unterschiede zwischen Konzernerfolg und Ertrag der Konzernmutter zu vermeiden.[161] Aus diesem Grund konstatiert diese Auffassung eine mittelbare Ausschüttungsbemessungsfunktion des Konzernabschlusses. [162] Infolge dieser Praxis wird auch zunehmend diskutiert, ob der Kon-

---

157 Baetge/Kirsch/Thiele, Bilanzen, 2005, S. 135 ff. S. zu diesen Grundsätzen nachfolgend § 3 A. II. 4. d).

158 Baetge/Kirsch/Thiele, Konzernbilanzen, 2009, S. 46 ff. Den Kompensationszweck deutet ebenfalls an Beck HdR, Hartle, C10 Rn. 12. MünchKommHGB/Busse von Colbe, Vor § 290 Rn. 29 spricht ebenfalls die unzureichende Aussagekraft der Einzelabschlüsse durch die „Konzernwirkungen" an, begründet damit jedoch die Bedeutung des Konzernabschlusses als „Informationsinstrument".

159 Vgl. z. B. für die Aktiengesellschaft § 58 AktG, der die Verwendung des Jahresüberschusses aus dem Jahresabschluss regelt.

160 Insoweit besteht im Schrifttum Einigkeit, s. nur Baetge/Kirsch/Thiele, Konzernbilanzen, 2009, S. 44; MünchKommHGB/Busse von Colbe Vor § 290 Rn. 33; Coenenberg/Haller/Schultze, Jahresabschluss, 2009, S. 595; Küting/Weber, Konzerabschluss, 2005, S. 81.

161 MünchKommHGB/Busse von Colbe Vor § 290 Rn. 33; Busse von Colbe/Ordelheide/Gebhardt/Pellens, Konzernabschlüsse, 2006, S. 31.

162 MünchKommHGB/Busse von Colbe Vor § 290 Rn. 33,f, 63; ebenso Beck HdR, Hartle, C10 Rn. 12. Nicht ganz so deutlich Küting/Weber, Konzernabschluss, 2005, S. 81, die befinden, es spräche nichts dagegen, u. a. den Konzererfolg als Entscheidungskriterium für die Angemessenheit der Gewinnausschüttung des Mutterunternehmens heranzuziehen.

zernabschluss de lege ferenda die Grundlage für die Ausschüttung der Muttergesellschaft und auch der Tochterunternehmen bilden sollte.[163]

Weitgehend Einigkeit besteht im Schrifftum jedenfalls insoweit, als dass national der Konzerngewinn nicht besteuert wird, sondern nur die Gewinne der einzelnen Konzernunternehmen: Der Konzernabschluss ist daher nicht Besteuerungsgrundlage.[164]

So, wie der Konzernabschluss jedoch faktisch Einfluss auf den Abfluss finanzieller Mittel über die Ausschüttung von Gewinnen habe, wird ihm außerdem noch zuerkannt, auch die Finanzplanung und Finanzierung zu beeinflussen: Er sei zu einem internen Steuerungsinstrument geworden, mittels dessen daneben auch die Kontrolle der Rentabilität betrieben werde, also sei er mithin ein Lieferant für konsolidierte Werte zur Analyse in Kennzahlensystemen.[165]

c) Würdigung der vertretenen „Funktionskonzepte“

Im Hinblick auf die Funktionen des Konzernabschlusses und die diesbezüglich existierenden Auffassungen erscheint es sachgerecht, die Untersuchung bei der materiell-rechtlichen Grundlage der Informationsfunktion zu beginnen. Eine Betrachtung des Adressatenkreises danach kann möglicherweise zusätzlich Aufschluss über diesen Zweck geben. Wird die Frage des Informationszwecks positiv beantwortet, entsteht daraus eine weitere nach der konkreten Konzeption dieser Funktion, wie also der Zweck der Informationsvermittlung zu konkretisieren ist.

aa) Informationsfunktion

Zunächst gilt es insofern, die materiell-rechtliche Grundlage des Konzernabschluss-Informationszwecks zu bestimmen und zu interpretieren. Dabei liegt es nahe, § 297 Abs. 2 S. 2 HGB heranzuziehen, der die konzernrechtliche Entsprechung des § 264 Abs. 2 S. 1 HGB bildet. Letztere Vorschrift gilt, wie vorange-

---

163 So MünchKommHGB/Busse von Colbe Vor § 290 Rn. 34; Busse von Colbe/Ordelheide/Gebhardt/Pellens, Konzernabschlüsse, 2006, S. 31.; Coenenberg, Jahresabschluss, 2005, S. 553; Pellens, in: Elschen, Unternehmenssicherung, 1995, S. 162 ff.

164 MünchKommHGB/Busse von Colbe Vor § 290 Rn. 35 ff; Coenenberg/Haller/Schultze, Jahresabschluss, 2009, S. 595; Storck, Bilanzpolitische Handlungsspielräume, 2004, S. 21; Küting/Weber, Konzernabschluss, S. 81. S. allerdings Küting/Weber/Reuter, DStR 2008, 1602-1610, worin eine „(partielle) Steuerbemessungsfunktion“ aufgrund der Zinsschrankenregelung, § 4 h EstG sowie § 8a KStG, moniert wird.

165 MünchKommHGB/Busse von Colbe Vor § 290 Rn. 39; Hoyos/Ritter-Thiele in Beck Bil-Komm. § 290 sRn. 1.

hend beschrieben wurde, als materielle Grundlage des Informationszwecks des Jahresabschlusses.

(1) § 297 Abs. 2 S. 2 HGB als Grundlage des Informationszwecks

Bei der Regelung des § 264 Abs. 2 S. 1 HGB handelt es sich um das Gebot des *true and fair view*, das auf einer europarechtlichen Grundlage basiert[166] und auf Britisches Recht zurückgeht.[167] Dennoch ist der Regelungsgehalt dieser nationalen Norm - und ebenso derjenigen Vorschrift, die die nationale Umsetzung der europarechtlichen Vorgaben für den Konzernabschluss darstellt, § 297 Abs. 2 S. 2 HGB - in erster Linie aus dem Wortlaut der nationalen Vorschrift gemäß ihrem Wortsinn zu gewinnen.[168]

Die Formulierung des Gebots in § 297 Abs. 2 S. 2 HGB, „ein den tatsächlichen Verhältnissen entsprechendes Bild der Vermögens- Finanz- und Ertragslage (...) zu vermitteln", deutet auf das Ziel der Vorschrift hin, die Betrachtung der Konzernlage zu ermöglichen. Denn ein Bild zeigt ein Motiv bzw. es bildet das darzustellende Objekt, die darzustellende Situation ab - und ist bestimmt für einen Betrachter, also einen Empfänger der im Bild verkörperten Informationen. Damit dient es der Information derer, die es betrachten sollen und folglich dient das Bild der Konzernlage der Information der Konzernabschlussadressaten. Dies spricht dafür, ebenso wie für den Einzelabschluss im Gebot des „getreuen Bildes" die materiellrechtliche Grundlage im HGB für die Informationsfunktion des Konzernabschlusses zu sehen[169] und diese als einen (Haupt-) Abschlusszweck anzuerkennen.[170]

---

166 S. Art 2 der 4. EG-Bilanzrichtlinie 78/660/EWG und Art. 16 der 7. EG-Richtlinie 83/349/EWG. Auch nach der Rechtssprechung des EuGH sind Angaben so zu machen, dass sie das Informationsbedürfnis Dritter befriedigen, EuGH Urt. v. 14.09.1999 – RS C-275/97, Sgl. 1999, I-5331. RdNr. 27 – DE + ES Bauunternehmung GmbH gegen Finanzamt Bergheim sowie ausführlich zum Hintergrund und zur Auslegung des true and fair view MünchKommHGB/Reiner § 264 Rn. 14 ff.

167 S. MünchKommAktG/Luttermann § 264 HGB Rn. 45 ff; MünchKommHGB/Reiner § 264 Rn. 16.

168 S. zum Ausgangspunkt einer in erster Linie anzuwendenden logisch-grammatischen Gesetzesinterpretation MünchKommBGB/Säcker Einl. Rn. 128 f.

169 MünchKommHGB/Busse von Colbe, Vor § 290 Rn. 29 spricht ebenfalls § 297 Abs. 2 HGB im Hinblick auf das „Informationsinstrument" Konzernabschluss an, während Baetge/Kirsch/Thiele, Konzernbilanzen, 2009 S. 43 aus dem Wortlaut der Generalnorm den Zweck der Rechenschaft ableiten.

170 Den Konzernabschluss als primären Informationsabschluss bezeichnet Lorson, in: Küting/Pfitzer/Weber, Das neue deutsche Bilanzrecht, Stuttgart 2008, S. 9. Ähnlich Hoyos/Ritter-Thiele in Beck Bil-Komm., § 290 Rn. 1. Ablehnend gegenüber einem

Eine Erhöhung der Informationsfunktion von Einzel- und Konzernabschluss beabsichtigt im Übrigen das BilMoG.[171] Insofern geht auch der Gesetzgeber in selbstverständlicher Weise von der bestehenden Informationsfunktion aus, die durch reformierte Regelungen verbessert werden soll.

(2) Informationskonzeption

Allerdings wird als nicht eindeutig geregelt beurteilt, wie die Informationsfunktion zu konkretisieren sei. Es wird die Frage nach dem dem HGB zugrundeliegenden Informationsverständnis gestellt und mit verschiedenen denkbaren Informationskonzepten beantwortet.[172]

(a) Konkretisierung der Informationsfunktion durch § 297 Abs. 2 S. 2 HGB

Die Anwort auf die Frage nach dem konkreten Informationsverständnis ist vorranging dort zu suchen, wo die Informationsfunktion als verankert zu sehen ist: Dies ist nach den soeben angestellten Überlegungen für den Konzernabschluss § 297 Abs. 2 S. 2 HGB.

Dort wird der Fokus auf die Vermögens-, Finanz- und Ertraglage gerichtet. Die Vermögenslage stellt dabei den Saldo zwischen den Vermögensgegenständen und den Schulden der Gesellschaft dar, das sogenannte Reinvermögen.[173] Die Finanzlage erläutert indessen die Finanzstruktur,[174] also die Herkunft des Unternehmenskapitals, dessen Verwendung und gegebenenfalls[175] die gegenwärtige und zukünftige Liquidität des Unternehmens.[176] Die Ertragslage hingegen betrifft den Erfolg des Wirtschaftens im Sinne des pagatorischen Gewinns, der sich als Unterschiedsbetrag von generierten Erträgen und Aufwendungen darstellt[177] und der identisch mit dem Jahresüberschuss ist.[178]

Vorrang der Informationsfunktion im Einzelabschluss insbesondere gegenüber dem Vorsichtsprinzip MünchKommHGB/Reiner, § 264 Rn. 36.

171 S. hierzu die Ausführungen im Referentenentwurf, BilMoG-RefE, S. 1 und S. 164.

172 Vgl. zu den möglichen Konzepten nur Jessen/Haaker, DStR 2009, 499, 500 f., die sich allerdings auf den Jahresabschluss beziehen.

173 MünchKommHGB/Reiner, § 264, Rn. 69.

174 MünchKommHGB/Reiner, § 264, Rn. 71 mit Rekurs auf ZB WP-Hdb., 2006, Bd. I, F RdNr. 72. Nach etwas a.A. ist Vermögen auf Eigenkapital und Finanzlage auf Fremdkapital bezogen, s. Ekkenga, Anlegerschutz, Rechnungslegung und Kapitalmarkt, 1998, S. 107 ff.

175 MünchKommHGB/Reiner, § 264 Rn. 71 mit Rekurs auf HdR/Baetge/Commandeur RdNr. 26 aE.

176 Soweit nach der Konzeption des Jahresabschlusses möglich, s. MünchKommHGB/Reiner, § 264, Rn. 71; ADS, § 264 Rn. 73, 74; Baumbach/Hopt/Merkt, § 264 Rr. 11; WP-Hdb., 2006, Bd. I, F Rn. 72 HdR/Baetge/Commandeur § 264 Rn. 26.

177 MünchKommHGB/Reiner, § 264 Rn. 72 mit Rekurs auf Kommission Rechnungswesen im Verband der Hochschullehrer für Betriebswirtschaft e. V., DBW 1980, 589,

Nach der Formulierung der Vorschrift wird keine Hierarchie zwischen den einzelnen Komponenten, sondern Gleichwertigkeit angenommen.[179] Nach h. M. genügt allein die Abbildung aller Komponenten dem gesetzlichen Gebot des § 297 Abs. 2 S. 2 HGB.[180]

Als Begründung des gleichgestellten Nebeneinanders wird angeführt, dass in die HGB Bilanzierungs-regelungen von Kapitalgesellschaften nicht ausschließlich eine Bilanztheorie einging, sondern Bruchstücke insbesondere der statischen Bilanztheorie[181] -international *asset-liability approach* genannt - und der dynamischen Bilanztheorie[182] -international firmierend unter *revenue-expense approach* – Einfluss nahmen.[183] Nach der statischen Bilanztheorie stellt die jährliche Ermittlung des Vermögens Hauptanliegen dar und Gewinn wird als Zuwachs des Reinvermögens aufgefasst.[184] Demgegenüber sieht die dynamische Bilanztheorie die Aufgabe der Rechnungslegung in der periodengerechten Ermittlung des Erfolgs, wobei es darauf ankomme, präzise Aufwendungen und

---

594; ADS, § 264 Rr. 78; HuRB/Coenenberg S. 155, 160; Baumbach/Hopt/Merkt § 264 Rr. 12; HdR/Baetge/Commandeur, § 264 Rn. 16.

178 S. hierzu Küting, DB 2006, 1441, nachdem der pagatorischer Gewinnbegriff im buchhalterischen, bilanziellen Sinne dem Jahresüberschuss entspricht, der das Ergebnis der Differenz von Erträge und Aufwendungen ist sowie darauf Bezug nehmend MünchKommHGB/Reiner, § 264 Rn. 72.

179 MünchKommHGB/Reiner, § 264 Rn. 68; HdR/Baetge/Commandeur, § 264 Rn. 14; Ebenroth/Boujong/Joost/Strohn/Wiedmann § 264 RdNr. 26.

180 MünchKommHGB/Reiner, § 264 Rn. 68, Bezug auf Selchert, BB 1993, 753, 754 ff.; Moxter, AG 1979, 141 f.; Schildbach, BFuP 1987, 1, 5 f., 13; Schulze-Osterloh, ZHR 1986, 532, 542; Havermann, WPg 1988, 612 ff.

181 S. hierzu die knappen, aber hinreichenden Ausführungen über die statische Bilanztheorie statt vieler bei Baetge/Kirsch/Thiele, Bilanzen, 2005, S. 12 f mit Rekurs auf Simon, Die Bilanzen der Aktiengesellschaften, 1899 bzw. Moxter, Bilanzlehre, Bd. I, S. 5-79 zu den klassischen Bilanztheorien.

182 S. hierzu wiederum in der Kürze Baetge/Kirsch/Thiele, Bilanzen, 2005, S. 17-23 mit Rekurs auf Schmalenbach, Dynamische Bilanz, 1953, oder ausführlich Moxter, Bilanzlehre, Bd. I, S. 5-79.

183 MünchKommHGB/Reiner, § 264 Rn. 68; Winkeljohann/Schellhorn in Beck Bil-Komm, § 264 Rn. 35 sprechen davon, dass der Jahresabschluss der Kapitalgesellschaften der „neostatischen" und der „neodynamischen" Bilanztheorie folgt, keine aber dominiere. S. hierzu auch Küting, DB 2006, 1441, 1442 ff.; Seicht, Bilanztheorien, 1982, S. 17 ff.; HdWW/Moxter Stichwort Bilanztheorien S. 670 ff., 675 ff., 682 ff.; Baetge/Thiele, FS Beisse, 1997, S. 11, 12 ff.; Ballwieser, FS Clemm, 1996, S. 1 ff.; Budde/Steuber, AG 1996, 542 ff.

184 S. Küting, DB 2006, 1441, 1442 f.

Erträge, die in der Totalperiode –der gesamten Zeit der Geschäftstätigkeit – anfallen, den einzelnen Geschäftsjahren zuzuordnen.[185]

Bedeutung gewinnt diese unterschiedliche bilanztheoretische Basis für den Informationszweck des Abschlusses deshalb, weil das daraus resultierende Nebeneinander der zu ermittelnden Größen, insbesondere Vermögen und Erfolg, im betriebswirtschafltichen Schrifttum als konfliktionär betrachtet wird: Danach sei eine gleichmäßige Ermittlung von Vermögen und Ertrag nur im neoklassischen mikroökonomischen Szenario eines vollkommenen, vollständigen Marktes möglich.[186] Ansonsten gilt die „richtige" Ermittlung von Vermögen und Ertrag als unvereinbar.[187]

An dieser Stelle muss indessen ungeklärt bleiben, ob tatsächlich von einem Antagonismus hinsichtlich dieser Größen auszugehen ist. Das zu untersuchen möge einer anderen Arbeit vorbehalten bleiben, da die Thematik über den begrenzten Gegenstand dieser Untersuchung hinausreicht. Zur Informationsfunktion des Konzernabschlusses seien jedoch die folgenden Überlegungen erlaubt:

Aufgrund des unstreitig weiten Adressatenkreises, den der (Konzern-)Abschluss anspricht, drängt sich der Gedanke auf, dass die Rechnungslegung für die jeweilige Adressatengruppe die *typischerweise nachgefragten* Informationen bereitzustellen hat. Ansonsten würde ein Abschluss seine Informationsfunktion hinsichtlich derjenigen Adressaten verfehlen, deren Informationsbedürfnis er nicht oder kaum befriedigt. Insofern ist das jeweilige Informationsinteresse der Adressatengruppen zu ermitteln und zu untersuchen, ob ein Interessenwiderstreit zwingend ist. Die IFRS scheinen bspw. nicht von dieser Prämisse auszugehen, was noch erläutert werden wird.[188]

---

185 Wieder Küting, DB 2006, 1441, 1442 f, hierauf bezogen MünchKommHGB/Reiner, § 264 Rn. 68.

186 Hitz, Fair value in der IFRS-Rechnungslegung, Wpg 2005, 1013, 1017; Moitzi, Fair Value Accounting, 2007, S. 26 f., Ballwieser/Küting/Schildbach, Fair value, BFuP 2004, 529, 530 f.

187 S. Jessen/Haaker, Zur Fair Value-Bewertung im „modernisierten" Handelsbilanzrecht, DStR 2009, 499, 501 und auch schon Moxter, Bilanzlehre, Bd.I, 1984, S. 6. S. grundsätzlich zur Problematik des bilanziellen Vermögens und G+V-Ertrags Streim/Bieker, Diskussionsbeitrag Nr. 80, S. N5 in Löffler (Hrsg.), arqus Arbeitskreis Quantitative Steuerlehre, abrufbar unter http://www.arqus.inf/paper/arqus_80.pdf, Abfrage 08.10.10; Streim/Bieker/Leippe, in Schmidt/Ketzel/Prigge (Hrsg.), Wolfgang Stützel, 2001, S. 177, 181, nach denen einer Erfolgsgröße nur dann Prognoseeignung und Entscheidungsrelevanz zuzuerkennen ist, wenn sie –unter konstanten wirtschaftlichen Bedingungen - nicht von einmaligen oder seltenen Ereignissen beeinflusst ist, während Bilanzpositionen nur als Ertragswerte Einzahlungspotenzial aufwiesen.

188 S. nachfolgend § 3 B. I.

(b) Informationsinteressen der Gläubiger

Als im Interesse der (Darlehens-) Gläubiger liegend werden bekanntlich Bestimmungen zur Kapitalerhaltung für Kapitalgesellschaften beurteilt, wie z. B. § 30 Abs. 1 GmbHG, der als „zentrale Gläubigerschutzvorschrift" bezeichnet wird.[189] Daraus wird ersichtlich, dass das Vermögen des Unternehmens insofern von Relevanz ist, als dass es ausreichendes Haftungskapital darstellt.[190] Folglich nehmen die Informationsinteressen der Gläubiger Bezug auf das Vermögen des rechnungslegenden Unternehmens, das zur Befriedigung der Gläubiger zur Verfügung zu stehen hat.

Geht man nun aber nicht vom Insolvenz-, sondern vom wirtschaftlichen „Normalfall" aus, kann allerdings angenommen werden, dass für die Adressatengruppe der Gläubiger in ihrer Beziehung zum Schuldner in erster Linie bedeutsam ist, vereinbarte Zinszahlungen zu erhalten und Darlehenssummen via Tilgungsraten zurückgewährt zu bekommen.[191] Dabei werden Zins- und Tilgungszahlungen im besten Fall - auch im Interesse der Gläubiger - nicht aus der Vermögenssubstanz, sondern aus erwirtschafteten Zahlungsmittelzuflüssen bestritten.[192] Würde die Vermögenssubstanz für Zins- und Tilgungszahlungen angegriffen, so wirkte sich dies nachteilig im Hinblick auf die als für die Gläubiger von überragender Bedeutung beurteilte Kapitalerhaltung aus, da dann die „Verdienstquelle" mitnichten mehr gesichert wäre.[193] Insofern ist für nachhaltige Zins- und Tilgungsleistungen die Erwirtschaftung von Zahlungsmittelzuflüssen relevant, denen, wie (zukünftigen) Gewinnen auch, die Ertragskraft eines Unternehmens zugrundeliegt.[194] Insofern erscheint die Annahme gerechtfertigt, dass das Potenzial, zukünftige Einzahlungen in das Unternehmen zu gewährleisten,

---

189 Altmeppen in Roth/Altmeppen, GmbHG, § 30 Rn .1; ebenso Wicke, GmbHG, § 30 Rn .1; Hueck/Fastricht in Baumbach/Hueck, GmbH-Gesetz, § 30 Rn .1.

190 Vgl. für den Einzelabschluss in diesem Sinne auch Storck, Bilanzpolitische Handlungsspielräume, 2004, S. 18; Pooten, in: Gräfer/Demming, Internationale Rechnungslegung, 1994, 307, 314.

191 Ebenso Streim/Bieker, Diskussionsbeitrag Nr. 80, S. N 5, in Löffler (Hrsg.), arqus Arbeitskreis Quantitative Steuerlehre, abrufbar unter http://www.arqus.inf/paper/arqus_80.pdf, Abfrage 08.10.10; Streim, BFuP 2000, 111, 120; Streim/Bieker/Leippe, in Schmidt/Ketzel/Prigge (Hrsg.), Wolfgang Stützel, 2001, S. 177, 181; Hüning, Kongruenzprinzip und Rechnungslegung von Sachanlagen nach IFRS, 2007, S. 21 f. mit Rekurs auf Busse von Colbe, 1966, S. 96.

192 So sieht das auch das IASB in ED Conceptual Framework, OB.6b.

193 S. zur Kapitalerhaltung als Sicherung der Verdienstquelle Baetge/Kirsch/Thiele, Konzernbilanzen, 2009, S. 44 und dies., Bilanzen, 2005, S. 99 ff.

194 Vgl. bspw. zur Ertragskraft im Sinne des Potentials, zuküntig Erfolge zu erwirtschaften, Coenenberg/Haller/Schultze, Jahresabschluss, 2009, S. 1085.

für die Gläubiger mindestens ebenso entscheidend wie der Substanzerhalt ist. Schließlich ist auch Substanz- bzw. Kapitalerhalt nur durch Zahlungsmittelzuflüsse gewährleistet,[195] da jährliche Abschreibungen das Vermögen vermindern und durch Einnahmen und Reinvestitionen kompensiert werden müssen. Auch die Tatsache, dass es im Verlustfall zu einer nach und nach eintretenden Aufzehrung des Eigenkapitals kommt, spricht für das Interesse der Gläubiger an der Ertragslage.[196]

Neben der Ertragslage kann die Finanzlage, im Konzernabschluss insbesondere durch die Kapitalflussrechnung gem. § 297 Abs. 1 S. 2 HGB dargestellt, als relevant für die Beurteilung der Gesamtlage des Unternehmens angesehen werden: So wird beschrieben, dass die Kapitalflussrechung den Adressaten vor allem dazu diene, das Potenzial des Unternehmens zur Erwirtschaftung künftiger Einzahlungsüberschüsse zur Bedienung von Gläubigern und Gewinnausschüttungen von Anteilseignern besser zu beurteilen.[197] Damit zeigt sich gleichzeitig an diesem Instrument zur Abbildung der Finanzlage, dass das Interesse am Einzahlungspotenzial auch für Gläubiger vorhanden ist.

Insgesamt beziehen sich also die hauptsächlichen Informationsinteressen der Gläubiger auf das Potenzial des Unternehmens, Zahlungsmittel für Zins und Tilgung im Sinne von Zahlungsmittelzuflüssen zu erwirtschaften[198] und daneben auf das Vermögen als Hafungskapital.

Dies betrifft freilich die Gläubiger bspw. als Darlehensgeber der einzelnen Konzernunternehmen. Da aufgrund des Konzerverbunds jedoch der jeweilige Einzelabschluss nur begrenzt darüber informiert, ob der Schuldner gesichert ist und die wirschaftliche Lasger des einzelnen Unternehmens eng mit der Konzernlage verknüpft ist, richten sich die Informationsinteressen bei Unternehmen im Konzernverbund gegen den Konzern und seine Bestandssicherheit.[199] Dessen wirtschaftliche Lage und damit dessen Leistungsfähigkeit werden im Konzern-

195 Baetge/Kirsch/Thiele, Bilanzen, 2005, S. 101 mit Zitat Leffson, Grundsätze ordnungsgemäßer Buchführung, S. 94.

196 Hüning, Kongruenzprinzip und Rechnungslegung von Sachanlagen nach IFRS, 2007, S. 22.

197 MünchKommHGB/Busse von Colbe, § 297 Rn. 18. Zur Kapitalflussrechnung grundlegend Coenenberg, Jahresabschluss, 2005, S. 743 ff.

198 Zu den Gläubigerinteressen ebenso Kußmaul/Weiler, Fair Value-Bewertung im Licht aktueller Entwicklungen, KoR 2009, 163, 166. Vgl. hierzu auch die ähnlichen Erwägungen, die das IASB im ED zum conceptual framework vom 29.05.2008 im Zusammenhang mit Kapitalgebern und Einheitstheorie hinsichtlich der Interessen der „lenders“ anstellt, ED conceptual framework, OB.6 b.

199 S. hierzu ganz ähnliche Ausführungen bei Baetge/Kirsch/Thiele, Konzernbilanzen, 2009, S. 45.

abschluss offengelegt wird und sind als entscheidend für Lage und Entwicklung der Konzernunternehmen zu beurteilen.

(c) Informationsinteressen der Unternehmenseigentümer und anderer Adressaten

Hinsichtlich der Interessen der Eigenkapitalgeber kann wohl im Grundsatz angenommen werden, dass sie auf Erträge und daraus folgende Gewinnausschüttungen gerichtet sind: Dies zeigt sich bspw. an § 58 Abs. 4 AktG, der den Anspruch der Aktionäre auf den Bilanzgewinn festschreibt, wobei dieses Recht auf Gewinnbeteiligung als „das wichtigste mitgliedschaftliche Vermögensrecht des Aktionärs bezeichnet (wird) [Erg. d. Verf.].“[200]

Freilich werden, wie vorangehend bereits erörtert wurde, im Konzern selbst keine Ausschüttungen vorgenommen. Insofern richten sich die Informationsinteressen der Konzerneigentümer auf die Konzernertragslage als mittelbarer Ausschüttungsbemessungsgrundlage. Da diese Art von Informationsnutzen jedoch auch als eigenständige Funktion des Konzernabschlusses betrachtet wird, erfolgt deren Erörterung sogleich in einem nachfolgenden Unterabschnitt zu den der Informationsfunktion vor- und nachgelagerten Konzernabschlusszwecken.[201]

Neben der Ertragslage wird grundsätzlich auch die Vermögenslage eines Unternehmens für die Eigentümer von Bedeutung sein, repräsentiert das Vermögen doch das Kapital, das Eigner und Gläubiger investiert halten und stellt eben jene „Verdienstquelle“[202] dar, die überhaupt ausschüttungsfähige Gewinne ermöglicht. Insofern wird seit langem die nominelle Kapitalerhaltung u. a. deswegen als notwendig erachtet, da nur dann Unternehmen „ (…) Eigentümern und Arbeitnehmern als nachhaltige Einkommensquelle dienen können.“[203]

---

200 MünchKommAktG/Bayer, § 58 Rn. 56. Vgl. hierzu für die GmbH § 29 GmbHG, der den Gesellschaftern die Verwendung des Geschäftsergebnisses zuweist, s. Hueck/Fastricht in Baumbach/Hueck, GmbH-Gesetz, § 29 Rn. 1, und dem daraus resultierenden Gewinnanspruch, Roth in Roth/Altmeppen, GmbHG, § 29 Rn. 52 f. Gleicher Auffassung über Eigenkapitalinformationsinteressen hinsichtlich Einkommenszahlungen in Form von Ausschüttungen Streim/Bieker, Diskussionsbeitrag Nr. 80, S. N 5 in Löffler (Hrsg.), arqus Arbeitskreis Quantitative Steuerlehr, abrufbar unter http://www.arqus.inf/paper/arqus_80.pdf, Abfrage 08.10.10; Streim, BFuP 2000, 111, 120; Streim/Bieker/Leippe, in Schmidt/Ketzel/Prigge (Hrsg.), Wolfgang Stützel, 2001, S. 177, 181; Hüning, Kongruenzprinzip und Rechnungslegung von Sachanlagen nach IFRS, 2007, S. 18 f.

201 S. § 3 A. I. 2. c)bb).

202 Baetge/Kirsch/Thiele, Konzernbilanzen, 2009, S. 44 und dies., Bilanzen, 2005, S. 99 ff.

203 Leffson, Grundsätze ordnungsgemäßer Buchführung, 1987, S. 93, zitiert bei Baetge/Kirsch/Thiele, Bilanzen, 2005, S. 101.

Freilich ist nicht gänzlich die Annahme von der Hand zu weisen, dass das Interesse an einem Verbleib des Kapitals im Unternehmen nur so lange vorhanden sein wird, so lange mit Ausschüttungen zu rechnen ist.[204] Einerseits wird aber auch das Interesse an Thesaurierungen zumindest bei Eignern großer Unternehmensanteile aufgrund ihres tendenziell eher langfristigen Engagements und aufgrund der daraus resultierenden Hoffnungen auf spätere höhere Ausschüttungen vermutet und generell höher eingeschätzt als bspw. bei Kleinaktionären.[205] Auf der anderen Seite existiert die These, dass sich auch „in der breiten Masse des anlagesuchenden Publikums die Einsicht durchsetzt, dass die Ertragskraft eines Unternehmens von der gegenwärtigen innerbetrieblichen Kapitalbildung (Selbstfinanzierung) abhängig ist."[206]

Jedenfalls sind aber für oder gegen eine Entscheidung über den Verbleib des Kapitals im Unternehmen Informationen über die „Verdienstquelle" erforderlich. Nicht zuletzt sind Informationen auch über deren Stand und Entwicklung nötig, um Rückzahlungen auf das bereitgestellte Kapital zu prognostizieren.[207] Damit beziehen sich die Informationsinteressen der Eigner auch auf die Vermögenslage der Gesellschaft, während die Konzernvermögenslage wiederum Bedeutung insbesondere für die Kapitalverminderungskontrolle aufweist.[208]

Arbeitnehmer sind in der Hauptsache zweifellos an der langfristigen Sicherung ihrer Arbeitsplätze interessiert, so dass für sie neben der Generierung von Zahlungströmen zur Sicherstellung der Entlohnung und Leistung von Sozialabgaben[209] insbesondere auch zukunftssichernde Investitionen und damit wiederum das (Anlage-)Vermögen von Interesse sein dürften. Ihr Arbeitgeber stellt freilich wieder das einzelne Konzernunternehmen dar, jedoch beinflussen die Konzernverflechtungen die jeweiligen Potenziale, so dass der Konzern Bedeutung auch für Arbeitnehmer gewinnt.

---

204 S. zu dieser so genannten Dividendenthese Hüning, Kongruenzprinzip und Rechnungslegung von Sachanlagen nach IFRS, 2007, S. 19 mit Rekurs auf Perridon/Steiner, 2004, S. 532 und dem Thesenbegründer Gordon, 1963, S. 266 ff.

205 S. hierzu Hüning, Kongruenzprinzip und Rechnungslegung von Sachanlagen nach IFRS, 2007, S. 19 f. rekurrierend auf Egner, 1974, S. 68 f.

206 Gutenberg, Grundlagen der Betriebswirtschaftslehre, 1987, S. 255, der eine Verbindung zwischen der vorgenannten Dividendenthese und deren Gegenthese, der Gewinnthese unternimmt.

207 So auch Hüning, Kongruenzprinzip und Rechnungslegung von Sachanlagen nach IFRS, 2007, S. 19 f. mit Rekurs auf Moxter, 1966, S. 38.

208 S. hierzu sogleich, § 3 A. I. 2. c)bb).

209 Ähnlich Storck, Bilanzpolitische Handlungsspielräumen, 2004, S. 18 f.; Clemm, Unternehmerische Rechnungslegung in FS Goerdeler, 93, 97 f.; Heinold in HWB Sp. 525, 527.

Neben den Informationsinteressen der Arbeitnehmer sind weitere, bspw. der Öffentlichkeit, vorstellbar.[210]

(d) Widerstreit oder Gleichklang der Informationsinteressen?

Im Hinblick auf den Einzelabschluss wird im Schrifttum nun jedoch die These vertreten, dass dem Erhalt der für die Gläubiger vorgesehene Haftungsmasse am Besten damit gedient sei, den Eignern so wenig Dividenden wie möglich auszuschütten, sich also die Interessen von Gesellschaftern und Gläubigern bezüglich der Ausschüttung von Gewinnen zuwiderlaufen.[211]

Daraus wird der Gegensatz hinsichtlich der Informationsbedürfnisse dieser Adressatengruppen abgeleitet. Zwar wird angenommen, dass es in aller Interesse liege, umfassende Informationen über die tatsächliche Lage zu erhalten; insbesondere Anleger und Gläubiger betrachteten das Unternehmen aber aus unterschiedlichen Perspektiven, so dass unterschiedliche Informationen von Interesse seien bzw. Informationen unterschiedlich gewichtet würden.[212] Die Kapitalschutz- und die Informationsfunktion könnten in Konflikt zueinander stehen.[213] Die Folge sei, dass gegebenenfalls die Frage, ob und wie ein spezieller Sachverhalt gem. dem *true and fair view* und zur Ermittlung des „richtigen“ Gewinns zu bilanzieren ist, aus der gesellschaftsrechtlichen bzw. insolvenzrechtlichen Perspektive der Kapitalerhaltung zur Insolvenzvermeidung anders zu beantworten sei, als aus Sicht des auf den Kapitalmarkt bezogenen Anleger und als Basis dessen wirtschaftlicher Entscheidungen.[214] Im Konflikt der statischen und dynamischen Bilanztheorie spiegele sich denn auch dieser so genannte „Zielkonflikt“.[215]

Gerne wird der Gegensatz auch am Beispiel der bilanziellen Bewertung zum beizulegenden Zeitwert offen gelegt: Eine „realistische“, informative, zeitwertbezogene Vermögensermittlung führe in konsequenter Durchführung zum Ansatz von Zeitwerten über Anschaffungskosten hinaus und in Folge dessen zur

210 MünchKommHGB/Busse von Colbe, Vor § 290 Rn. 27; zweifelnd scheinbar MünchKommHGB/Reiner, § 264 Rn. 36; Winkeljohann/Schellhorn, Beck Bil-Komm, § 264 Rn. 36.

211 S. hierzu bspw. Kußmaul/Weiler, KoR 2009, 163, 166; Bieg/Kußmaul, Externes Rechnungswesen, 2006, S. 43; Teichmann, NJW 2006, 2444, 2446.

212 Vgl. hierzu statt vieler MünchKommHGB/Reiner, § 264 Rn. 24.

213 Schön, Entwicklung und Perspektiven, ZHR 161 (1997), 133, 134; MünchKommHGB/Reiner, § 264 Rn. 24, wobei er die Annahme eines Konflikts in MüchKommHGB, § 264 Rn. 30 in Frage stellt und jüngst Kußmaul/Weiler, KoR 2009, 163 ff.

214 MünchKommHGB/Reiner, § 264 Rn. 24.

215 MünchKommHGB/Reiner, § 264 Rn. 24.

Ausschüttung unrealisierter Gewinne.[216] Diese liege im Vorteil von Eigenkapitalgebern, während sie den Gläubigerinteressen widerspreche.

Diese Annahme ist freilich nicht generell zu widerlegen, zeigt sich bspw. doch eindrucksvoll an der - über die Gläubigerschutzvorschriften des GmbH-Gesetzes durch Kapitalerhaltungsregeln hinausgehenden - richterlichen Rechtsfortbildung im Sinne einer so genannten Existenzvernichtungshaftung, dass gelegentlich der Schutz der Gläubiger vor einem sogar ruinösen Zugriff der Gesellschafter geboten ist.[217]

Immerhin kann dem jedoch entgegen gehalten werden, dass einerseits der (übermäßigen) Ausschüttung von (unrealisierten) Gewinnen wohl weitgehend durch entsprechende bilanzrechtliche Regelungen – am effektivsten wohl über Ausschüttungssperren - vorgebeugt werden kann.[218] Dies entkräftet jedoch frei-

---

216 S. zu den Konsequenzen der Zeitwert-Bewertung Kußmaul/Weiler, KoR 2009, 163, 166. S. auch zur Zeitwertbewertung nach IAS 40 und IAS 39, die im Fall eines IFRS-Abschlusses als Ausschüttungsbemessungsgrundlage den Effekt einer möglichen Ausschüttung unrealisierter Gewinne mit sich bringen würden, von der Laage/Reusch, NZG 2009, 245, 247. Die Ausübung von Bewertungswahlrechten im Kontext der Zielkonflikte spricht an Ebenroth/Boujong/Joost/Strohn/Wiedmann § 264 RdNr. 26.

217 S. zur Existenzvernichtungshaftung die hierfür grundlegenden Entscheidungen BGHZ 149, 10, 16 f. = NJW 2001, 3622 = NZG 2002, 38 – „Bremer-Vulkan“; BGHZ 150, 61, 67 f. = NZG 2002, 520 = NJW 2002, 1803 – „L-Kosmetik“; BGHZ 151, 181, 186 ff. = NZG 2002, 914 = JZ 2002, 1047 m. Anm. Ulmer – „Kindl Backwaren Vertriebs-GmbH (KBV)“; s. zudem Habersack in Emmerich/Habersack, Aktien- und GmbH-Konzernrecht, Anhang zu § 318, Rn. 33 ff. sowie instruktiv zur weiteren Entwicklung des Rechtsinstituts in der Rechtssprechung des BGH Kleindiek, NZG 2008, 686-690.

218 Man denke nur an die Möglichkeit von Neubewertungs- oder Zeitwertrücklagen, die eine Erfassung der Wertveränderungen direkt im Eigenkapital ermöglicht, vgl. bspw. Art. 42c Abs. 2 der Fair Value-Richtlinie 2001/165/EG des Europäischen Parlaments und des Rates vom 27.09.2001. Freilich führen auch diese nicht dazu, dass die Erfolgsrechnung gänzlich von Aufwertungsbeträgen als Ertrag verschont bleibt, vgl. hierzu zu den IFRS Küting/Reuter, KoR 2009, 172, ff., insb. 173. Auch besteht die Möglichkeit von Ausschüttungsperren bspw. analog dem neuen § 268 Abs. 8 HGB, für den Fall, dass selbst geschaffene, immaterielle Werte angesetzt werden, s. hierzu Hennrichs, NZG 2009, 921, 923. Zur Forderung nach Ausschüttungsperren s. auch Hüning, Kongruenzprinzip und Rechnungslegung von Sachanlagen nach IFRS, 2007, S. 22; Jessen/Haaker, DStR 2009, 499, 504 f., auch mit Rekurs auf die Stellungnahme der Deutschen Bundesbank zum BilMoG. Ebenfalls auf diese Ausschüttungsprerre rekurrieren von der Laage/Reusch, NZG 2009, 245, 249, die zudem ein GuV-„Sperrkonto“ als Lösungsmöglichkeit vorschlagen mit Rekurs auf Hennrichs, ZGR 2008, 361, 375 ff.; ders., BFuP 2008, 415, 425 ff. und in Ausschüttungssperren einen „gehbaren Weg“ im Hinblick auf einen IFRS-Jahresabschluss beurteilen. Kritisch zu Ausschüttungssperren, da aufwendig, Kleindiek, BB-Special 5, 2007, 2; ebenso Wüstemann/Bischof/Kierzek, BB-Special 5, 2007, 13, 16 ff.

lich nicht die These eines Interessengegensatzes, sondern dämmt vielmehr nur dessen mögliche Folgen ein.

Dennoch erscheint die der Annahme implizite Unterstellung, Anteilseignern komme es nur auf Gewinnvereinnahmung an, zu pauschal. Der Erhalt des investierten Kapitals dürfte, wie vorangehend ausgeführt wurde, wohl grundsätzlich zumindest auch im Interesse der Anleger liegen. Einzuschränken ist dies allenfalls für kurzfristig orientierte, spekulative Anleger von am Kapitalmarkt teilnehmenden Gesellschaften. In deren Fokus dürfte dann allerdings noch mehr als der Ertrag die wertmäßige Entwicklung der Unternehmensanteile im Sinne des Börsenkurses stehen, wobei sich die kurzfristigen Erwartungen der spekulativen Anleger nach den mutmaßlichen Erwartungen anderer Finanzmarktteilnehmer richten und dabei zunehmend vom realwirtschaftlichen Geschehen und darin erzielten Erfolgen abkoppeln.[219] Eine weitere Einschränkung ergibt sich gegenenfalls für Gesellschafter, deren Unternehmen sich in der Krise befindet und die im Gegensatz zu den Gläubigern buchstäblich „(...) nichts mehr zu verlieren (...)“ haben, da das Kapital zur Gläubigerbefriedigung gebunden und mit Ausschüttungen nicht mehr zurechnen ist.[220]

Ein Zielkonflikt zwischen den Einzelabschlusszwecken Informationsvermittlung und Kapitalerhaltung mag also in bestimmten Fällen existieren. Jedoch wird dieser rein auf der Ebene der Informationsinteressen allenfalls mittelbar merklich, während die primären Informationsinteressen für die wesentlichen Adressatengruppen auf die Größen Konzern-Vermögen und -Ertrag bzw. -Cashflows gerichtet sind.

Im Übrigen wird in diesem Kontext auch vertreten, dass vielfach eine Kompatibilität der Zwecke Rechenschaft, respektive Information und Kapitalerhaltung bestehe: Dies zeige sich gerade am Anschaffungskostenprinzip, das die Berücksichtigung gestiegener Werte im Rahmen einer Neubewertung auf den „ ‚tatsächlichen‘ Marktwert“ verhindere, was auch im Interesse der Rechenschaft liege, da diese willkürfreie bzw. intersubjektiv nachprüfbare Bewertungen erfordere.[221] Diese Auffassung erscheint vorzugswürdig gegenüber jener, die jeglichen *fair value* als dem Informationsinteresse (besser) gerecht werdend unterstellt[222] und ist hinsichtlich der Konsequenz interessant, dass dann auch der *fair*

219 Vgl. zu den Erwartungen von spekulativen Anlegern am Finanzmarkt bspw. Möhring-Hesse, Die demokratische Ordnung der Verteilung, 2004, S. 193 f.

220 Teichmann, NJW 2006, 2444, 2447.

221 Baetge/Kirsch/Thiele, Bilanzen, 2005, S. 104.

222 So jedoch –interessanter Weise –für den IFRS-fair value wiederum Baetge zusammen mit Lienau aus dem gleichen Jahr wie vorgenanntes Buch in FS Siegel, S. 65, 76; ebenso für internationale Vorschriften zu Rechnungslegung, wobei hierauf nachfolgend eingegangen wird in § 7 D. I., G. II., Streim/Bieker/Esser, FS Siegel, 87, 88, 107;

value-approach nicht uneingeschränkt als „Bewertungsmaßstab der Eigenkapitalgeber" gelten kann.

Um allen Adressaten gerecht zu werden, ist jedenfalls eine unterschiedliche Akzentuierung der (Informations-)Interessen, soweit überhaupt vorhanden, im Sinnc der gesetzlichen „Interessenregelung" in Ausgleich zu bringen.[223] Dabei wird vorgeschlagen, den Anhang als entsprechcndes Instrument zum Ausgleich zu benutzen.[224]

Nicht uneingeschränkt unterstützt werden kann nach alledem die These, dass die Informationsinteressen der Adressatengruppen nicht „allgemeingültig" festgelegt werden können.[225] Zumindest die primären Informationsbedürfnisse können wohl in der vorangehend vollzogenen Weise, ausgehend von der zugrundeliegenden Beziehung der Adressaten zum rechnungslegenden Unternehmen,[226] für alle Angehörigen einer Adressatengruppe identifiziert werden. Dabei ist, wie gesehen, für den unternehmerischen Regelfall – also mit Absehen von rein spekulativen Anlagen und Unternehmenskrisen -durchaus ein Gleichklang der primären Informationsinteressen zu verzeichnen.[227]

(e) Defizite in Verständnis und Kodifikation des Informationszwecks

Festzuhalten bleibt jedoch die Tatsache, dass die Informationsfunktion nicht normiert und dadurch freilich auch nicht weiter konkretisiert ist, sondern aus einzelnen Vorschriften bzw. deren Bedeutungszusammenhang abgeleitet wird – wobei dabei insbesondere der Generalnorm des *true an fair view* mit den gegebenfalls antagonistischen Größen Vermögen und Ertrag eine bedeutende Rolle zukommt.

Streim/Bieker/Leippe, in Schmidt/Ketzel/Prigge (Hrsg.), Wolfgang Stützel, 2001, S. 177, 201; Siegel, Wirtschaftsprüferkammer-Mitteilungen, 36. Jg. (1997); Sonderheft Juni 1997, 81, 83; Willis, Wpg 1998, 854.

223 Baetge/Kirsch/Thiele, Bilanzen, 2005, S. 103; Baetge, FS Leffson, S. 11, 21.

224 Ebenroth/Boujong/Joost/Strohn/Wiedmann § 264 RdNr. 26; Winkeljohann&/Schellhorn in Beck Bil-Komm, § 264 Rn. 38.

225 So aber Haaker, Potential der Goodwill-Bilanzierung, 2008, S. 49.

226 Das IASB spricht bspw. im Zusammenhang mit den capital providers, also den Eigen- wie Fremdkapitalgebern, von those with a claim to the entity´s resources, ED Conceptual Framework, OB.5.

227 In weitgehender Entsprechung zu dieser Auffassung fasst denn auch neuerdings das IASB Eigen- und Fremdkapitalgeber sowie Arbeitnehmer als eine andere Form von Gläubiger zur primären user group der Rechnungslegung nach IFRS zusammen, ED conceptual framework, OB.6f: Es wird von gemeinsamen Interessen gesprochen. Ebenso zumindest in Bezug auf das gemeinsame Interesse an Zahlungsstromgenerierung Hüning, Kongruenzprinzip und Rechnungslegung von Sachanlagen nach IFRS, 2007, S. 27 f.

Dadurch besteht jedoch zum einen die Gefahr, dass sich unterschiedliche Auffassungen hinsichtlich des Verständnisses der Informationfunktion ausbilden, wie bereits in der vorangehenden Untersuchung deutlich wurde, und dies in Abhängigkeit von einzelnen, womöglich Wandlungen unterworfenen Normen. Zum anderen kann dies ein theoretisch nicht eindeutig orientiertes Reformieren von Vorschriften provozieren, bei dem einmal eher der einen, dann eher der anderen Bilanztheorie gefolgt wird, um eine – unspezifische - Verbesserung der Informationsvermittlung zu erreichen.[228]

Des Weiteren lassen sich außer den Zielgrößen Vermögen und Ertrag bzw. Cashflows aus der gesetzlichen Regelung des Gebots des *true and fair view* keine Konkretisierungen des Informationszwecks entnehmen. Qualititve Merkmale der zu vermittelnden Informationen sind durch die benannten „Informationsobjekte“ in keiner Weise bestimmt.

Freilich ergeben sich aus den Grundsätzen der Rechnungslegung indirekt Anforderungen an die (Konzern-)Abschlussinformationen, die sogleich im nachfolgenden Abschnitt untersucht werden.[229] Dennoch lassen auch diese, soviel sei vorweggenommen, klare Qualitätskriterien hinsichtlich der zu vermittelnden Informationen vermissen.

bb) Vor- und nachgelagerte Zwecke der Informationsfunktion

Wie vorangehend ausgeführt, reduziert eine verbreitete Auffassung den Konzernabschluss auf seine Informationsfunktion. Dies ist insofern nachvollziehbar, als formal keine Gewinnermittlungsfunktion zur Bemessung von Ausschüttungen oder Steueransprüchen besteht. Überlegungen hinsichtlich weiterer Funktionen erscheinen deshalb jedoch nicht von vornherein obsolet.

Vielmehr sprechen einige Argumente für die Existenz weiterer Zwecke. Denn aus dem Informationszweck des Konzernabschlusses ergeben sich denknotwendig andere Funktionen bzw. eher noch Voraussetzungen zur Erfüllung des *true and fair view*:[230] Die Zusammenfassung der Einzelabschlüsse muss wahrheitsgemäß und nachvollziehbar dokumentiert sein, um die Lage des Konzerns in nachprüfbarer Weise darzustellen. Konzernbuchführungs- bzw. Aufbe-

---

228 So wurde vor dem BilMoG konstatiert, das die einzelnen HGB-Vorschriften zumeist jeweils einen Zweck verfolgen, Baetge/Kirsch/Thiele, Bilanzen, 2005, S. 103.

229 S. § 3 A. II.

230 Baetge/Kirsch/Thiele, Konzernbilanzen, 2009, S. 50 f. kommen zum Ergebnis, dass Dokumentation und Kompensation Voraussetzungen von Rechenschaft, Kapitalerhaltung aufgrund von Information und Kompensation sind, wobei Rechenschaft und Kapitalerhaltung aufgrund von Information in einem ausgewogenen Verhältnis zueinander stehen.

wahrungspflichten[231] müssen nicht speziell normiert oder im Wege der Verweisung anwendbar sein,[232] um diese Anforderung an den Konzerabschluss bzw. das rechnungslegende Mutterunternehmen zu stellen. Das Ziel redlicher Informationsvermittlung gibt das Erfordernis nachprüfbarer Anpassungs- und Konsolidierungsvorgänge vielmehr inzident vor. Die Dokumentationsfunktion des Konzernabschlusses ergibt sich insofern quasi vorgelagert zur Beförderung des Hauptzwecks.

Ebenso verhält es sich mit der Rechenschaftsfunktion, die, wie bereits erwähnt, auch als eine Konkretisierung der Informationsfunktion, nämlich der Information gegenüber Eigenkapitalgebern, verstanden werden kann. Aus der Konzernverflechtung ergibt sich die Notwendigkeit, den Einsatz des Kapitals der Anteilseigner darzulegen und v. a. dessen Rendite zu belegen.[233] Die Darstellung der Ertragslage im Sinne des § 297 Abs. 2 S. 2 HGB ist denn auch - entsprechend den vorangehenden Ausführungen - wesentliche Aufgabe der Konzernrechnungslegung. Dies gilt auch, obwohl formalrechtlich die Gewinnausschüttung nicht auf dem Konzernabschluss basiert.[234]

Dafür kann jedoch die Verwendung des Gewinns, also die Gewinnausschüttungen der Tochtergesellschaften, i. d. R. durch die Konzernmutter aufgrund ihres beherrschenden Einflusses bestimmt werden.[235] Da dies stets mit Augenmerk auf die Konzernertragslage geschehen wird,[236] ergibt sich, dass das Konzernergebnis auch für Maßnahmen der Kapitalerhaltung maßgebend ist. Dementsprechend ist den vorangehend dargestellten Auffassungen zuzustimmten, dass der Konzernabschluss der „Kapitalverminderungskontrolle“[237] bzw. sogar als mittelbare Grundlage für die Gewinnausschüttung des Mutterunternehmens dient, falls die vorangehend geschilderte Praxis im jeweiligen Konzern herrscht, nach der das Konzernergebnis mit dem des Mutterunternehmens „synchronisiert“ wird.

---

231 Vgl. §§ 238 f, 257 ff HGB für den Einzelabschluss, aus denen die Dokumenationsfunktion hergeleitet wird, MünchKommHGB/Reiner § 264 Rn. 18.

232 § 298 Abs. 1 HGB verweist nicht auf die §§ 238 f, 257 ff HGB, aus denen sich die Dokumentationsfunktion ergibt.

233 Ähnlich Baetge/Kirsch/Thiehle, Konzernbilanzen, 2009, S. 43.

234 S. § 297 Abs. 1 HGB, der die zwingenden Elemente des Konzerabschlusses aufzählt.

235 Vgl. § 290 HGB in der Fassung des BilMoG, das ein Mutter-Tochter-Verhältnis nunmehr nur noch über die Möglichkeit der Kontrolle entstehen lässt.

236 Großfeld/Luttermann, Bilanzrecht, 2005, S. 332 schreiben, das „Wohl und Wehe“ des Konzernunternehmens hänge vom Konzern ab.

237 Leffson, Die Grundsätze ordnungsgemäßer Buchführung, 1987, S. 98-107, zitiert bei Baetge/Kirsch/Thiele, Konzernbilanzen, 2009, S. 44 f.

Diese Zwecke können jedoch ebenso wie die Vorgenannten dem allgemeinen Informationszweck aus dem *true and fair view*-Gebot des Konzernabschlusses untergeordnet werden. Schließlich zählt zum Adressatenkreis, wie vorstehend angeführt wurde, auch die Konzernleitung. In deren Fokus steht zweifellos die Informationsgewinnung hinsichtlich des Konzernertrags, bzw. -eigenkapitals, um daraus entsprechende Empfehlungen abzuleiten bzw. die Gewinnverwendung bei den Tochterunternehmen zu bestimmen. Damit stellt die (mittelbare) Kapitalerhaltung insofern auch Folge der Informationsgewinnung aus dem Konzernabschluss dar.

Der Kompensationszweck des Konzernabschlusses folgt hingegen nicht aus dem Informationszweck. Kompensation bildet vielmehr dessen Voraussetzung, da sie die wahrheitsgemäße und redliche[238] Darstellung der wirtschaftlichen Lage des Konzerns erst ermöglicht: Der Konzernabschluss sorgt für die Abbildung des Konzerns, als wären die einbezogenen Unternehmen ein einziges Unternehmen, § 297 Abs. 3 S. 1 HGB. Ohne an dieser Stelle die Diskussion des kodifizierten Einheitsgrundsatz vorwegzunehmen,[239] kann konstatiert werden, dass bereits aus dem Wortlaut Folgendes deutlich wird: In einem Konzernabschluss geht es um den Ausgleich der Tatsache verschiedener Unternehmen, mithin um das Ausschalten konzernbedingter Verflechtungen. Denn die einzelnen Abschlüsse der einzubeziehenden Unternehmen berücksichtigen nicht die innerkonzernlichen Beziehungen.[240] Somit entstünde bei einer Betrachtung nur von Einzelabschlüssen ein verfälschtes Bild, anstelle eines, das den Konzern als *eine* wirtschaftliche Unternehmung zeigt, die er de facto dastellt. Ohne die „Entflechtung" im Konzernabschluss kann daher nicht die wahre Lage des Konzerns dargestellt werden.[241] Letzlich ist damit jedoch die Kompensationsfunktion gleichermaßen Voraussetzung einer sachgerechten Informationsvermittlung und Erfüllung des Informationszwecks.

Im Gegensatz dazu bedeutet die Controllingfunktion, die dem Konzernabschluss auch zugesprochen wird, eine Verwertung der Informationen, die der Konzerabschluss bereitstellt. Damit darf sie wohl als nachgelagerter Zweck des Konzerabschlusses aufgefasst werden, den die Informationsfunktion erst ermöglicht.

---

238 Vgl. zur Begrifflichkeit in Bezug auf den true and fair view MünchKommHGB/Reiner § 264 Rn. 16.

239 Der Einheitsgrundsatz wird untersucht in § 3 A. II. 2.

240 ADS, Vor §§ 290-315 Rn. 12 f; Hoyos/Ritter-Thiele in Beck Bil-Komm. § 290 Rn. 1.

241 Ähnlich Hoyos/Ritter-Thiele in Beck Bil-Komm. § 290 Rn. 1, die als Ziel der Konzern-Rechnungslegungsvorschriften Information über die Konzernlage formulieren, die über die Einzelabschlüsse nicht gewährleistet wäre.

cc) Zwischenergebnis

Als Resümee der vorstehenden Untersuchung kann damit festgehalten werden, dass die Konzernrechnungslegung in erster Linie dem Zweck dient, Informationen hinsichtlich Zahlungsmittelzuflüssen, Ertrag und Vermögen für die Adressaten zu vermitteln, wobei weitere Zwecke von dieser umfasst sind bzw. vor- oder nachgeschaltet die Hauptfunktion begleiten. Dies sind namentlich die (Unter-) Zwecke der Dokumentation und Rechenschaft, der faktischen Gewinnbemessung, der Kompensation und Steuerung.

Ein weitgehender Gleichklang der Informationsinteressen unterschiedlicher Adressatengruppen kann zumindest hinsichtlich der elementaren Informationsbedürfnisse für den wirtschaftlichen Normalfall festgestellt werden.

Dennoch lässt das Gesetz eine explizite Regelung der Informationfunktion vermissen, die zu einem unterschiedlichen Verständnis des Informationszwecks, zu auseinanderlaufenden Reformbemühungen und schließlich zu mangelnder Konkretisierung von qualitativen Kriterien führen kann oder bereits führt.

II. Ausgewählte Grundsätze der HGB-Rechnungslegung für den Konzernabschluss

Die Zwecksetzung der HGB-Konzernrechnungslegung ist maßgeblich an der Gewinnung von Grundsätzen für die Konzernrechnungslegung beteiligt, die wiederum die Funktionen des Konzernabschlusses befördern können.[242] Im nun folgenden Abschnitt werden als weitere Bestandteile des konzeptionellen Rahmens der Goodwillbilanzierung die von den Abschlussfunktionen dergestalt beeinflußten Prinzipien der Konzernrechnunglegung in den Blick genommen werden, nachdem vorangehend die Konzernabschlusszwecke erarbeitet wurden.

Als Grundsätze der Konzernrechnungslegung gelten die Generalnorm des § 297 Abs. 2 S. 2 HGB, Vollständigkeit, Einheitsgrundsatz, Einheitlichkeit bezogen auf bestimmte „Themen" wie z. B. Bewertungsmethoden oder Währungen, der Grundsatz der Stetigkeit, der Wirtschaftlichkeit[243] und Wesentlichkeit[244].

Es können systematisierte Einteilungen der „Grundsätze ordnungsgemäßer Konzernrechnungslegung" vorgenommen werden.[245] Sie umfassen nach richtiger Auffassung die Grundsätze ordnungsgemäßer Buchführung, die ihrerseits in

---

242 Vgl. zur Gewinnung von bilanzrechtlichen Grundsätzen nach der hermeneutischen Methode Baetge/Kirsch/Thiele, Bilanzen, 2005, S. 106 ff sowie Storck, Bilanzpolitische Handlungsspielräume, 2004, S. 12.

243 MünchKommHGB/Busse von Colbe Vor § 290 Rn. 41 ff; Coenenberg, Jahresabschluss, 2005, S. 556 ff.

244 Förschle/Lust in Beck Bil-Komm § 297 Rn. 195.

245 Vgl. hierzu die Übersicht bei Baetge/Kirsch/Thiele, Konzernbilanzen, 2009, S. 66 und die daran anschließenden Ausführungen, S. 67 ff.

erster Linie für den Einzelabschluss - als heute zumeist gesetzlich geregelte, formelle und materielle Prinzipien der Rechnungslegung - gelten:[246] Auch in der Generalnorm des § 297 Abs. 2 S. 2 HGB finden die Grundsätze ordnungsgemäßer Buchführung Erwähnung: Der *true and fair view* im Konzernabschluss ist unter Beachtung der GoB zu erreichen;[247] schon deshalb sind die Grundsätze ordnungsgemäßer Buchführung auch für den Konzernabschluss wirksam. Hier sind sie sinnvoller Weise jedoch in einem weiteren Sinne der für den Konzernabschluss geltenden Grundsätze zu verstehen.[248]

Im Rahmen dieser Untersuchung gewinnen allerdings vorrangig diejenigen Grundsätze an Bedeutung, die für die Konzern-Goodwill-Vorschriften, bezogen auf den Erstansatz des Geschäftswerts, den bilanzrechtlichen Rahmen abstecken. Freilich muss hier eingeräumt werden, dass insbesondere wegen des Differenz-Charakters des Goodwill für den Geschäftswert aus der Erstkonsolidierung beinahe sämtliche Grundsätze Relevanz aufweisen können, da sie die Bilanzierung der in den Geschäftswert einfließenden oder auch nicht eingehenden Posten beinflussen – bei einem Unternehmenskauf übernommene, aber separat anzusetzende Positionen verringern naturgemäß den Goodwill. Zudem betreffen die GoB immer den Abschluss als Gesamtdarstellung.

Dennoch scheinen einige Grundsätze ordnungsgemäßer Konzernrechnungslegung/Buchführung gewissermaßen „unmittelbarer" auf die Position Goodwill Einfluss zu nehmen als andere bzw. stellen elementare Grundlagen der Konzernrechnunglegung dar. Dazu zählen bspw. der *true and fair view* als „Basisgrundsatz" sowie der Einheitsgrundsatz und die Einheitstheorie als grundlegende Konzepte der Konzernabschlussdarstellung bzw. –perspektive, die letztlich sogar Auswirkungen auf die Goodwill-Höhe zeitigen - dies wird am Beispiel der IFRS deutlich werden. Der Grundsatz der Wirtschaftlichkeit gewinnt besondere Bedeutung im Hinblick auf (aufwendige) Bewertungsverfahren auch zur Goodwill-Ermittlung und wird insoweit ergänzt vom Erfordernis der Wesentlichkeit. Richtigkeit, Willkürfreiheit und Verlässlichkeit stehen zum Good-

---

246 Baetge/Kirsch/Thiele, Konzernbilanzen, 2009, S. 63, 66. Es existieren jedoch andere Meinungen, die den GoB eingeschränkter Geltung zusprechen bzw. die Geltung an Voraussetzungen knüpfen, vgl. die Darstellung des Meinungsspektrums bei Klein, Internationale Rechnungslegung und Konzernabschluss, 2003, S. 86 ff. mit Rekurs u. a. auf Wysocki/Wohlgemuth, Konzernrechnungslegung, 1996, S. 177 ff., Busse von Colbe/Ordelheide, Konzernabschlüsse, 1993, S. 26, S. 673.

247 Vgl. Baetge/Kirsch/Thiele, Bilanzen, 2005, S. 104 ff sowie die Darstellung der Entwicklung der GoB bei Storck, Bilanzpolitische Handlungsspielräume, S. 12 f.

248 Baetge/Kirsch/Thiele, Konzernbilanzen, 2009, S. 63 f. mit Hinweis auf die Begründung des Gesetzentwurfs der Bundesregierung , die zu den GoB auch die Grundsätze ordnungsgemäßer Konsolidierung rechnet, BT-Drucksache 10/3340, S. 35.

will in besonderer Beziehung aufgrund der ihm immanenten Unsicherheiten, die bereits angesprochen wurden und die im Verlauf der Untersuchung deutlich werden. Das Prinzip der Vergleichbarkeit ist wiederum aufgrund von Bewertungsmethoden, die bei der Goodwill-Ermittlung relevant sind, von Interesse. Überdies erfuhr es Neuerungen durch das BilMoG, durch die es an Bedeutung gewinnen wird.

Diese und weitere Grundsätze, die als wesentlich für die Konzern- und Goodwill-Bilanzierung beurteilt werden, gilt es in den folgenden Abschnitten der Untersuchung zu erarbeiten.

1. true and fair view

Der *true and fair view* wurde bisher schon häufig erwähnt und ist als materiellrechtliche Grundlage des Informationszwecks des Konzernabschlusses zu sehen.[249] Gleichzeitig stellt er jedoch einen Grundsatz dar, der die Bilanzersteller verpflichtet, unter Beachtung der GoB ein den tatsächlichen Verhältnissen entsprechendes Bild der Vermögens-, Finanz- und Ertragslage des Konzerns zu vermitteln.

Es ist umstritten, welchen Stellenwert der *true and fair view* im Rahmen des HGB einnimmt. Das Spektrum der Meinungen reicht von der Annahme eines Vorrangs der Generalklausel[250] bis hin zu deren Nachrang[251] und mit Bedeutung nur für zusätzliche Anhangangaben.[252] Aus der „Beachtung“ der GoB gem. § 297 Abs. 2 S. 2 HGB gegenüber der anders lautenden Formulierung in Art. 16 Abs. 5 der 7. EG-Richtlinie[253] – wonach gegebenenfalls von Vorschriften zugunsten des getreuen Bildes abzuweichen ist - dürfte indes zu schließen sein, dass es sich beim „getreuen Bild“ nicht um ein sogenanntes *overriding principle*

---

249 S. § 3 I. 2.

250 MünchKommAktG/Luttermann § 264 HGB Rn. 140.

251 MünchKommHGB/Busse von Colbe Vor 290 Rn. 41, § 297 Rn. 37; Küting/Weber, Konzernabschluss, 2005, S. 80, Förschle/Lust in Beck Bil-Komm § 297 Rn. 185; ADS § 264 Rn. 50; Winkeljohann/Schellhorn in Beck Bil-Komm, § 264 Rn. 25 ff. bezogen auf den Einzelabschluss, ebenso Ohms, Rechnungslegung, 2005, S. 60 ff. A.A. MünchKommHGB/Reiner § 264 Rn. 44 , der weder „Vorrang“ noch „Nachrang“ des getreuen Bilds belegt sieht, sondern die Vorschrift als sich mit den Einzelregelungen wechselseitig ergänzend betrachtet. S. hier ebenfalls einen Abriss des Meinungsspektrums und ebenso bei ADS § 264, Rn. 59 m. w. N.

252 FG Hamburg 22.04.1999 – II 23/97, EFG 1999, 1022 zitiert in MünchKomm-HGB/Reiner § 264 Rn. 42.

253 Siebente Richtlinie 83/349/EWG des Rates vom 13. Juni 1983 aufgrund von Artikel 54 Absatz 3 Buchstabe g) des Vertrages über den konsolidierten Abschluß, Amtsblatt Nr. L 193 vom 18/07/1983 S. 0001 - 0017

handelt. Sein Charakter ist von subsidiärer Natur, wie es der h. M. entspricht.[254] Somit geht der Grundsatz weder Einzelnormen noch ungeschriebenen GoB vor.[255] Deutlich wird dies auch durch Abs. 2 S. 3 des § 297 HGB, da dieser im Fall einer Abweichung vom getreuen Bild zusätzliche Angaben im Anhang erfordert. GoB sind jedoch grundsätzlich einzuhalten.[256] Dennoch geht der Gesetzgeber davon aus, dass in Ausnahmefällen ein nicht getreues Bild vermittelt wird. Dies kann denknotwenig nur dadurch geschehen, dass unter Anwendung von GoB die Generalnorm des § 297 Abs. 2 S. 2 HGB verletzt wird. Ansonsten würde bei einem Vorrang der Generalnorm unter Abweichung von einer Einzelnorm immer ein getreues Bilds erreicht werden müssen, Abs. 2 S. 3 des § 297 HGB wäre obsolet.[257] Für eine Sonderrolle des *true and fair view* unter den Grundsätzen des Bilanzrechts spricht allerdings, dass die Maßgabe, das getreue Bild unter Beachtung der GoB herzustellen, eine „Zirkularität" bedeuten würde, wäre die Generalnorm einer von diesen.[258] Von daher wird eine sprachliche Trennung des *true and fair view* von den GoB vorgeschlagen.[259]

Trotz des nicht vorliegenden *override*- Charakters ist der *true and fair view* richtungsweisend und von besonderer Bedeutung für den Konzernabschluss, da er als Generalnorm der Auslegung von Einzelregelungen dient; zudem nützt er bei der Anwendung von Vorschriften auf nicht vom Gesetzgeber bedachte Fälle entsprechend ihrem Gesetzeszweck – Gesetzeslücken werden also mit Hilfe des *true and fair view* geschlossen.[260] Für den Konzernabschluss wird der General-

---

254 S. nur MünchKommHGB/Busse von Colbe Vor § 290 Rn. 41, § 297 Rn. 37; Förschle/Kroner in Beck Bil-Komm, 7. Aufl., § 297 Rn. 186 sowie Winkeljohann/Schellhorn in Beck Bil-Komm, 7. Aufl., § 264 Rn. 33.

255 MünchKommHGB/Busse von Colbe § 297 Rn. 37; im Ergebnis gleich Förschle/Lust in Beck Bil-Komm § 297 Rn. 186, die allerdings einen Konflikt zwischen ungeschrieben GoB und der Generalnorm für ausgeschlossen halten.

256 Besteht in begründeten Ausnahmefällen die Möglichkeit, von GoB abzuweichen, wie nach den §§ 252 Abs. 2, 265 Abs. 1 S. 1 HGB, dann nur, um durch eine indirekte Wirkung des „getreuen Bildes" bei der Auslegung des Tatbestandsmerkmals „begründete Ausnahmefälle" eine Abweichung davon zu vermeiden, ähnlich MünchKommHGB/Reiner, § 264 Rn. 64, 29, 41,

257 Für den Einzelabschluss vgl. Ohms, Rechnungslegung, 2005, S. 61; im Ergebnis ähnlich Förschle/Lust in Beck Bil-Komm § 297 Rn. 187. A.A. MünchKommHGB/Reiner § 264 Rn. 49, der der Angabepflicht keine „Indizwirkung" hinsichtlich der Nachrangigkeit des getreuen Bilds zuerkennt.

258 MünchKommHGB/Ballwieser § 243 Rn. 13.

259 MünchKommHGB/Ballwieser § 243 Rn. 13; Beisse, FS Döllerer, S. 25; ders., FS Moxter, S. 3; Moxter, FS Budde, 1995, S. 419.

260 MünchKommHGB/Busse von Colbe 297 Rn. 38 mit Rekurs auf die Begründung des Regierungsentwurfs eines Gesetzes zur Durchführung der Vierten Richtlinie, BR-

norm im Übrigen ein höheres Gewicht beigemessen als für den Jahresabschluss, da für Fragen hinsichtlich des Ausweises und der Darstellung nur schwer auszulegende und in ihrer Anzahl beschränkte Einzelvorschriften zur Verfügung stünden.[261]

Zur inhaltlichen Bedeutung des Grundsatzes sei derweil auf die vorangehenden Ausführungen zum Informationszweck verwiesen.[262]

2. Einheitsgrundsatz

Eine weitere Vorschrift von grundlegender Bedeutung findet sich in § 297 Abs. 3 S. 1 HGB, der den den Einheitsgrundsatz normiert. Im Rahmen der Ausführungen zum Kompensationszweck des Konzernabschlusses wurde er bereits angesprochen. Es klang ebenfalls schon an, dass der Einheitsgrundsatz gewissermaßen die Basis der „Entflechtung" der Konzernunternehmen bildet, indem er gebietet, die Lage der Konzernunternehmen so darzustellen, als wären diese nur ein Unternehmen. Im Schrifttum besteht allerdings Uneinigkeit darüber, welche Bedeutung dieser Forderung der „Einheitsfiktion" zukommt. Einerseits wird diskutiert, welcher Art die Fiktion ist und andererseits, ob in der Vorschrift gleichermaßen die Kodifizierung der Einheitstheorie zu sehen ist.

a) Fiktion der rechtlichen Einheit

In Streit steht, ob mit der Fiktion eines einzigen Unternehmens die rechtliche oder die wirtschaftliche Einheit der Konzernunternehmen fingiert bzw. beschrieben werden soll. Es wird die Auffassung vertreten, der Konzernabschluss sei als ein Jahresabschluss der zu einer *wirtschaftlichen* Einheit zusammengefassten Unternehmen aufzufassen,[263] da die zu einem Konzern zugehörigen rechtlich eigenständigen Tochterunternehmen eine wirtschaftliche Einheit bilden.[264] Die *Tatsache* der wirtschaftlichen Einheit genüge für einen Einblick in die Konzernlage vollauf.[265] Nach einer weitergehenden Ansicht sei sogar die *Fiktion* der wirtschaftlichen Einheit in § 297 Abs. 3 S. 1 HGB normiert.[266]

Drucks. 257/83 S. 76; HuRB/Großfeld S. 192 ff.; Förschle/Kroner in Beck BilKomm, 7. Aufl., § 297 Rn. 187.

261 S. hierzu Förschle/Kroner in Beck Bil-Komm, 7. Aufl., § 297 Rn. 187 mit konkretisierenden Beispielen.

262 § 3 A. I. 2.

263 Vgl. Förschle/Lust in Beck Bil-Komm, § 297 Rn. 190. Ebenfalls die Fiktion der rechtlichen Einheit ablehnend ADS § 297 Rn. 40.

264 Wöhe, Bilanzierung, 1992, S. 943.

265 ADS § 297 Rn. 40.

266 Förschle/Lust in Beck Bil-Komm, § 297 Rn. 190, 192.

Nach der wohl h. M. ist von einer Fiktion der rechtlichen Einheit im Rahmen des Einheitsgrundsatzes auszugehen.[267] Durch die Fiktion der rechtlichen Einheit sei der Konzernabschluss so aufzustellen, dass er mit dem Jahresabschluss eines Unternehmens übereinstimmt, in welchem alle dem Konzern zugehörigen Unternehmen als unselbständige Teilbetriebe umfasst werden.[268] Demnach ist eine Fusion zu fingieren, die die rechtliche Selbständigkeit der Konzernunternehmen gedanklich beseitigt, während dem Konzern eine fiktive Rechtspersönlichkeit zuerkannt wird.[269] Dies wird von Kritikern als problematisch gesehen, da eine Fusion ökonomisch gesehen weit reichende Folgen nach sich ziehen würde, z. B. im Hinblick auf Ertragssteuern[270] oder im Hinblick auf eine für notwendig erachtete Eliminierung von Vorgängen, die auf der rechtlichen Selbständigkeit der Konzernunternehmens basieren.[271] Nach der wohl h. M. ist die Annahme einer rechtlichen Einheitsfiktion hingegen nicht nur aufgrund der Regelung des § 297 Abs. 3 S. 1 HGB geboten. Sie ist auch insofern unproblematisch, weil die fiktive Fusion einen ausschließlich buchhalterischen Vorgang darstellt; eine Eliminierung von Vorgängen aufgrund rechtlicher Selbständigkeit erfolgt nicht, die tatsächlichen Vorgänge werden als Daten aufgefasst.[272]

Für die h. M sprechen zudem zahlreiche Argumenten - z. B. basierend auf § 304 Abs. 1 HGB, der ausdrücklich für die Behandlung von Zwischenergebnissen die Fiktion der rechtlichen Einheit normiert und keine nachvollziehbaren Gründe dafür ersichtlich sind, dass der Gesetzgeber in § 297 Abs. 3 S. 1 HGB dem Konzernabschluss eine dazu unterschiedliche Fiktion zugrunde legen wollte.[273] Eines der Argumente, die die h. M. anführt, erweist sich als von besonderer Überzeugungskraft: Die wirtschaftliche Einheit eines Konzerns ist mit ihm bereits Realität, der Konzern stellt gerade das ökonomische Gebilde dar, dessen

---

267 So Baetge/Kirsch/Thiele, Konzernbilanzen, 2009, S. 8; Baumbach/Hopt/Merkt, § 297 Rn. 4; MünchKommHGB/Busse von Colbe § 297 Rn. 48 f; Großfeld/Luttermann, Bilanzrecht, 2005, S. 370; Coenenberg, Jahresabschluss, 2005, S. 556; Hartle in Beck-HdR, C10 Rn. 90; Küting/Weber, Konzernabschluss, 2005, S. 227; Küting, AG 2000, S. 97.

268 Coenenberg/Haller/Schultze, Jahresabschluss, 2009, S. 598.

269 Zur fiktiven Rechtspersönlichkeit s. Coenenberg/Haller/Schultze, Jahresabschluss, 2009, S. 598.

270 Vgl. Förschle/Lust in Beck Bil-Komm, § 297 Rn. 190.

271 Küting/Weber, Konzernabschluss, 2005, S. 77.

272 MünchKommHGB/Busse von Colbe § 297 Rn. 52; Busse von Colbe/Ordelheide/Gebhart/Pellens, Konzernabschlüsse, 2006, 1. Kap. III.3.1.

273 Vgl. zu den Argumenten für die h. M. statt vieler MünchKommHGB/Busse von Colbe § 297 Rn. 46 ff.

rechtlich selbständige Bestandteile ökonomisch von einander abhängen.[274] Dies lässt sich anhand der Betrachtung von Bewertungsgegenständen in der Unternehmensbewertungswissenschaft und -praxis aufzeigen: Das Bewertungsobjekt, die wirtschaftliche Unternehmenseinheit, stellt nicht das Unternehmen in seinen rechtlichen Begrenzungen dar, sondern es ist das nach wirtschaftlichen Kriterien definierte Objekt, z. B. die strategische Geschäftseinheit oder der Konzern.[275] Ersichtlich wird damit, dass in der Unternehmensbewertung die wirtschaftliche Einheit ein Faktum darstellt, die im Falle des Bewertungsobjektes „Konzern" im Gesamten den Bewertungsgegenstand bildet.

Auch im bilanzrechtlichen Kontext bedarf es angesichts der ökonomischen Realität für die wirtschaftliche Einheit der Konzernunternehmen keiner Fiktion. Die gesetzliche Regelung des § 297 Abs. 3 S. 1 HGB würde sich insofern als obsolet erweisen, würde sie nur die Fiktion einer wirtschaftlichen Einheit fordern. Dass die Regelung stattdessen die *Tatsache* der wirtschaftlichen Einheit proklamiere, ist mit ihrem Wortlaut, der Konzernabschluss sei so aufzustellen, *als ob* die Konzernunternehmen insgesamt ein einziges Unternehmen *wären*, nicht vereinbar. Der Konjunktiv deutet allzu klar auf ein nicht der Realität entsprechendes Gedankenkonstrukt hin. Eine eigenständige, dem Wortlaut angemessene Bedeutung kommt der Regelung hingegen dann zu, wenn sie als Fiktionsgebot bezogen auf die rechtliche Einheit der Konzerunternehmen verstanden wird.

Die Fiktion der rechtlichen Einheit ist erforderlich, da die rechtliche Selbständigkeit der Konzernunternehmen für Konzernrechnungslegungszwecke auszulöschen ist, um den konsolidierten Abschluss samt Steuerabgrenzung einer fiktiven Rechtseinheit „Konzern" zu erhalten. Genauer gesagt erfordert die Fiktion der Rechtseinheit Konzern überhaupt erst, die Zusammenfassung der Konzernunternehmen in einer Weise vorzunehmen, die über die reine Addition der Posten hinausgeht, denn nur dann wird das Bild eines einzigen Unternehmens möglich. Folglich werden dann erst die für den Konzernabschluss prägenden Maßnahmen der Kapitalkonsolidierung, Schuldenkonsolidierung etc. als Korrekturen der konzerninternen Beziehungen an sich rechtlich selbständiger Einheiten nötig.[276]

---

274 S. zu diesem und weiteren Argumenten MünchKommHGB/Busse von Colbe § 297 Rn. 49. Vom „Einblick in die tatsächliche wirtschaftliche Einheit" spricht im Übrigen Lorson vor dem Hintergrund des BilMoG-veränderten Konsolidierungskreises, vgl. Lorson, in: Küting/Pfitzer/Weber, Das neue deutsche Bilanzrecht, Stuttgart 2008, S. 28.

275 Ballwieser, Unternehmensbewertung, 2004, S. 6; IDW S1 (2008), Rn. 19.

276 So in etwa Coenenberg/Haller/Schultze, Jahresabschluss, 2009, S. 598; MünchKommHGB/Busse von Colbe § 297 Rn. 49.

Aus der Fiktion der rechtlichen Einheit ergeben sich zudem weitere Grundsätze für den Konzernabschluss, da nur dann die Rechtseinheit in Gestalt eines fiktiven Konzern-Einzelabschlusses dargestellt werden kann: Dies sind die Grundsätze von der Einheitlichkeit von Ansatz- und Bewertungsmethoden, Währung, Bilanzstichtag, Berichterstattung und eingeschränkt der Besteuerung.[277] Die Annahme der Fiktion einer rechtlichen Einheit ist damit grundlegend für Verständnis und Abbildung des Konzerns im Konzernabschluss. Dieses Verständnis wird der Arbeit fortan zugrunde gelegt.

b) Einheitstheorie

Die h. M sieht im Einheitsgrundsatz auch die Einheitstheorie, im angloamerikanischen Sprachraum als *entity theory* bezeichnet, kodifiziert.[278] Nach ihrem Verständnis wird der Konzern als Einheit, Konzernunternehmen als unselbständige Betriebsstätten und der Konzern als eigenes, rechnungslegendes Unternehmen aufgefasst.[279] Dies ist Folge einer mit dem Ansatz verbundenen Sichtweise, die sich von der Perspektive des entgegengesetzten Ansatzes, der Interessentheorie in „Reinform" (*proprietary concept*) bzw. in Ausprägungen (*parent company (extension) theory*) fundamental unterscheidet: Die Gestaltung des Konzernabschlusses erfolgt nach der Einheitstheorie aus dem Blickwinkel aller Anteilseigner und nicht nur der des Mutterunternehmens wie nach der Interessentheorie; Minderheitsgesellschafter der Konzernunternehmen stellen den Mehrheitsgesellschaftern des Mutterunternehmens gleichgestellte Eigenkapitalgeber des Konzerns dar – nach der Interessentheorie werden diese als Konzernaußenstehende und insofern je nach Ausprägung als Fremd- bzw. zumindest nicht als Eigenkapitalgeber aufgefasst.[280]

Im heutigen Schrifttum wird die zugrunde liegende Überlegung der auf den ersten Blick „demokratischer" anmutenden Einheitstheorie dabei zumeist nicht referiert: Die einheitstheoretische Betrachtung „gleicher" Gesellschafter resul-

---

277 S. zum Ganzen ausführlich Busse von Colbe/Ordelheide/Gebhardt/Pellens, Konzernabschlüsse, 2006, S. 38-50 sowie MünchKommHGB/Busse von Colbe Vor § 29 Rn. 47 ff.

278 So MünchKommHGB/Busse von Colbe § 297 Rn. 46; Baumbach/Hopt, Merkt, HGB, § 297 Rn. 4; Coenenberg/Haller/Schultze, Jahresabschluss, 2009, S. 597; Busse von Colbe, Konzernabschluss, ZfbF 1985, 76; Biener, DB 1983, Beilage 19 zu Heft 35, 8; Storck, Bilanzpolitische Handlungsspieräume, S. 304; Gräfer/Scheld, Konzernrechnungslegung, 2003, S. 57; im Anschluss daran Ohms, Konzernabschluss, 2005, S.16.

279 Vgl. die Beschreibungen bei Coenenberg/Haller/Schultze, Jahresabschluss, 2009, S. 596; Küting/Weber, Konzernabschluss, 2005, S. 75.

280 Vgl. die Darstellungen der beiden Ansätze bei MünchKommHGB/Busse von Colbe Vor § 290 Rn. 45; Küting/Weber, Konzernabschluss, 2005, S. 76 f; Haaker, KoR 2006, S. 451, 452.

tiert nämlich aus der Tatsache, dass die Anteilseigner der Muttergesellschaft aufgrund ihrer Beherrschungsmacht über die Konzernunternehmen ihre Interessen gegenüber den Minderheitsgesellschaftern der „Tochterunternehmen" durchsetzen können.[281] Daher werden die Minderheitsinteressen schlicht vernachlässigt; eine homogene Interessenlage sämtlicher Eigentümer kann infolge dessen unterstellt werden.[282] Erst aus ihrer Abhängigkeit ergibt sich die Sichtweise der nicht kontrollierenden Gesellschafter als dem Konzern zugehörige Gesellschafter.[283]

Als bereits angesprochene Folge dieses Verständnisses werden in den Interpretationen der Einheitstheorie sämtliche Gesellschafter als Anteilseigner des Konzerns gesehen,[284] und der Konzernabschluss kann mangels Interessengegensatz zum fiktiven Einzelabschluss sämtlicher Eigenkapitalgeber werden.[285] In Konsequenz dessen werden alle Vermögensgegenstände und Schulden, Aufwendungen und Erträge der Konzernunternehmen ohne Rücksicht auf die Beteiligungsquote des Mutterunternehmens nach dem „Bruttoverfahren", also vollständig, in den Konzernabschluss übernommen,[286] was grundsätzlich ebenso für den Geschäfts- oder Firmenwert gilt. Konzerninterne Vorgänge werden wie innerbetriebliche Lieferungen oder -Leistungen aufgefasst und dementsprechend im Konzernabschluss (konsolidierungstechnisch) eliminiert, indem Verrechnungen, Neubewertungen und Umgliederungen vorgenommen werden.[287]

Hierzu gegenteilig geht die Interessentheorie von einem Interessenwiderstreit aus, der sich derge-stalt äußert, dass für Mehrheitsgesellschafter auch ein Interesse am Konzern als Gesamtheit bestehe, während andere Eigner in erster Linie an ihrem Beteiligungsunternehmen interessiert seien.[288] Der Konzerabschluss wird hier als erweiterter Abschluss des Mutterunternehmens aufgefasst

---

281 Baetge/Kirsch/Thiele, Konzernbilanzen, 2009, S. 15 mit Rekurs auf Bores, Konsolidierte Erfolgsbilanzen, 1935, S. 136.

282 Baetge/Kirsch/Thiele, Konzernbilanzen, 2009, S. 15 f., Bores, Konsolidierte Erfolgsbilanzen, 1935, S. 130.

283 Baetge/Kirsch/Thiele, Konzernbilanzen, 2009, S. 16, Bores, Konsolidierte Erfolgsbilanzen, 1935, S. 136.

284 Baetge/Kirsch/Thiele, Konzernbilanzen, 2009, S. 16; Küting/Wirth, BB-Special 10, 2005, 2; gleichermaßen wird die Ansicht referiert in MünchKommHGB/ Busse von Colbe, Vor § 290 Rn. 45.

285 Vgl. Schmidt, FS Siegel, 161, 163 f.

286 Vgl. Baetge/Kirsch/Thiele, Konzernbilanzen, 2009, S. 16 mit Rekurs auf Dreger, Der Konzernabschluß, 1969, S. 41; ähnlich MünchKommBilR/Watrin/Hoehne/Lammert, IFRS, IAS 27 Rn. 23;

287 MünchKommHGB/Busse von Colbe Vor § 290 Rn. 45; Küting/Weber, Konzernabschluss, 2005, S. 77.

288 Vgl. Schmidt,FS Siegel, 161, 163 f.

[289] und die Positionen der Tochtergesellschaften sind nur quotal, entsprechend der Beteiligungsquote des Mutterunternehmens nach dem „Nettoverfahren“,[290] in den Konzernabschluss einzubeziehen (*proprietary concept*).[291]

Die Gegenauffassung sieht hingegen keine Kodifizierung der Einheitstheorie im Einheitsgrundsatz.[292] Die Berücksichtigung der Forderung einer Darstellung des Konzerns als (hier so verstandene) wirtschaftliche - Einheit könne nämlich auch dadurch erfolgen, dass eine Vollkonsolidierung im Rahmen der „abgeschwächten“ Interessentheorie (*parent company theory* bzw. *parent company extention theory*) erfolge,[293] mithin eine vollständige statt nur quotale Übernahme der Posten der Tochterunternehmen in den Konzernabschluss.[294] Denn sowohl Einheits- wie auch die genannten Ausprägungen der Interessentheorie gingen von der Beherrschung des kompletten Reinvermögens der Tochterunternehmen durch die Anteilseigner des Mutterunternehmens aus, so dass es jeweils zur Vollkonsolidierung im Konzernabschluss komme.[295]

Die h. M. verdient jedoch den Vorzug. Es mag zwar zutreffend sein, dass auch über Varianten der Interessentheorie zu einer Vollkonsolidierung, wie sie die §§ 300 ff. HGB vorschreiben, gelangt wird. Dies stellt jedoch keine hinreichende Begründung dafür dar, dass die Einheitstheorie *nicht* ihren Niederschlag in § 297 Abs. 3 S. 1 HGB gefunden habe. Für die h. M. spricht hingegen, dass nicht ersichtlich ist, inwieweit überhaupt zwischen dem Einheitsgrundsatz im Sinne der Fiktion der rechtlichen Einheit und der Einheitstheorie zu differenzieren ist.[296] Entsprechend den vorangehenden Ausführungen werden sowohl im

289 Coeneberg/Haller/Schultze, Jahresabschluss, 2009, S. 597; Baetge/Kirsch/Thiele, Konzernbilanzen, 2009, S. 17.

290 Baetge/Kirsch/Thiele, Konzernbilanzen, 2009, S. 18 mit Rekurs auf Dreger, Der Konzernabschluß, 1969, S. 43.

291 MünchKommBilR/Watrin/Hoehne/Lammert, IFRS, IAS 27 Rn. 23; Küting/Weber, Konzernabschluss, 2005, S. 73 f.

292 Küting/Weber, Konzernabschluss, 2005, S. 75 f, die die andere Meinung jedoch als die h.M. anerkennen; Hayn, Konsoldierungstechnik, 1999, S. 39; Wirth, Firmenwertbilanzierung, 2005, S. 96 f.

293 Ähnlich Hayn, Konsoldierungstechnik, 1999, S. 28.

294 Vgl. die Regelungen im Zweiten Abschnitt, Vierter Titel. Vollkonsolidierung, §§ 300 ff HGB.

295 Ähnlich Schmidt, FS Siegel, 161, 164, der dies sogar für die Interessentheorie schlechthin beschreibt. Nach der (reinen) Interessentheorie ist jedoch auch möglich, die Minderheitsbeteiligung nicht auszuweisen, „(‚Quotenkonsolidierung‘ ohne Minderheitenausweis)“, Wöhe, Bilanzierung, 1992, S. 952.

296 S. bspw Baumbach/Hopt/Merkt, HGB, § 297 Rn. 4, der die Fiktion der rechtlichen Einheit mit der Einheitstheorie gleichsetzt, während Beck-HdR, Hartle, C19 Rn. 91 erstere Fiktion auf letzterem Grundsatz aufbauen sieht.

Rahmen der Einheitstheorie als auch nach dem Einheitsgrundsatzes Tochterunternehmen als unselbständige Betriebsstätten und der Konzern als Einheit aufgefasst. Die Gesellschafter der fiktiven (rechtlichen) Einheit Konzern müssen folglich im Rahmen der Fiktion gleichberechtigt als Eigner des *einen* Unternehmens, als das der Konzern anzusehen ist, nebeneinander stehen. Für einen Interessengegensatz ist innerhalb dieses Bildes kein Raum. Nur ausgehend von der im vorangegangenen Abschnitt dargestellten Gegenauffassung, der Einheitsgrundsatz bedeute die Tatsache bzw. Fiktion der wirtschaftlichen Einheit, ist die Vorstellung möglich, dass eine mehr oder weniger eng verbundene wirtschaftliche Konzerneinheit über verschiedene Kapitalgeber mit divergierenden Interessen verfüge. Aus den oben genannten Gründen ist diese Auffassung jedoch abzulehnen. Demzufolge handelt es sich bei der Regelung des § 297 Abs. 3 S. 1 HGB um den kodifizierten Einheitsgrundsatz, der gleichzeitig die Einheitstheorie als Konzernabschlusskonzeption beinhaltet. Den Vorstellungen der Einheitstheorie wird gleichermaßen konsolidierungstechnisch über die Fiktion der rechtlichen Einheit Rechnung getragen.[297]

Der so verstandene Einheitsgrundsatz ist für diese Untersuchung ebenso wie für den Konzernabschluss im Gesamten[298] von erheblicher Bedeutung, da er zum einen die Basis der Kapitalkonsolidierung in §§ 300 ff. HGB, also der buchhalterischen Zusammenfassung der Konzernunternehmen zu einer fiktiven rechtlichen Einheit bildet; zum anderen ist er auf die gleiche Weise wie der *true and fair view* für die Auslegung dieser Vorschriften und das Ausfüllen von Regelungslücken bedeutsam.[299]

3. Wirtschaftlichkeit und Wesentlichkeit

Der Grundsatz der Wirtschaftlichkeit beansprucht als nicht-kodifizierter GoB Geltung und kommt bspw. in § 256 HGB zum Ausdruck,[300] einer Regelung, die für alle Abschlüsse gilt und die der Vereinfachung der Bewertung von Vorratsvermögen dient. Generell kann der Grundsatz als Forderung nach einem ausge-

---

297 So wohl auch die Ansicht von MünchKommHGB/Busse von Colbe Vor § 290 Rn. 45. Den entsprechenden Abschnitt überschreibt Busse von Colbe denn auch folgendermaßen: Interessen- versus Einheitsheorie: Fiktion der rechtlichen Einheit.

298 Str., bejahend MünchKommHGB/Busse von Colbe § 297 Rn. 55; Beck Bil-Komm/Förschle/Lust § 297 Rn. 192; Beck, HdR/Hartle Rn. 96-104. A.A. ADS § 297 Rn. 40, die den Einheitsgrundsatz allein auf die Konsolidierung beziehen.

299 MünchKommHGB/Busse von Colbe Vor § 290 Rn. 45; Coenenberg/Haller/Schultze, Jahresabschluss, 2009, S. 596; Küting/Weber, Konzernabschluss, 2005, S. 78, die jedoch auch vor einer überzogenen Interpretation des HGB in Sinne des Einheitsgrundsatzes warnen, S. 77.

300 Ellrott in Beck Bil-Komm, § 256 Rn. 9, 38; Baetge/Kirsch/Thiele, Bilanzen 2005, S. 123.

wogenen Verhältnis von Kosten und Nutzen der „Informationsrechnung“ [301] verstanden werden. Denn eine Steigerung des Informationsgehalts des Abschlusses entsprechend seinem Zweck ist nur dann vertretbar, wenn die zusätzlich entstehenden Kosten für den Bilanzersteller vom zusätzlichen Nutzen übertroffen werden.[302] Der Grundsatz ist deshalb von großer Bedeutung für den Konzernabschluss, da in Vollzug der übrigen Grundsätze ordnungsgemäßer Konzernrechnungslegung von den Unternehmen gegebenenfalls ein Konzernabschluss aufzustellen wäre, dessen Informationsnutzen außer Verhältnis zu den dafür aufzuwendenden Kosten stehen würde[303] und der konsolidierte Abschluss generell einen hohen technischen Aufwand erfordert.[304]

Als speziellen Konzernabschluss-Regelungen kann der Grundsatz der Wirtschaftlichkeit den §§ 291 Abs. 1, 293 HGB entnommen werden.[305] Diese befreien unter bestimmten Umständen von der Konzernrechnungslegungspflicht und ersparen damit den jeweiligen Mutterunternehmen die damit verbundenen Aufwendungen. Der Grundsatz zeigt sich auch im neu angefügten § 290 Abs. 5 HGB, der von der Aufstellungspflicht für den Fall befreit, dass nur Tochterunternehmen nach § 296 HGB existieren, also solche, für die Einbeziehungswahlrechte aufgrund wirtschaftlicher Erwägungen bestehen und die deshalb aus Gründen von unverhältnismäßigen Kosten für die Informationsbeschaffung oder Verzögerungen bei dieser bzw. wegen ihrer untergeordneten Bedeutung für die Konzernlage nicht in den Konzernabschluss einbezogen werden müssen.[306] Neben weiteren Konzernabschluss-spezi-fischen Vorschriften[307] stellen zudem auch die §§ 303 Abs. 2, 304 Abs. 2 HGB Konkretisierungen des Wirtschaftlichkeitsgrundsatzes dar.[308] Die Vorschriften gestatten es rechnungslegenden Unternehmen, auf die Konsolidierung von Schulden bzw. Zwischenergebnissen zu verzichten, wenn sie von untergeordneter Bedeutung für die Abbildung der Konzernlage sind.[309]

---

301 MünchKommHGB/Busse von Colbe Vor § 290 Rn. 55.

302 Ähnlich Baetge/Kirsch/Thiele, Bilanzen 2005, S. 122.

303 MünchKommHGB/Busse von Colbe Vor § 290 Rn. 55.

304 Coenenberg/Haller/Schultze, Jahresabschluss, 2009, S. 599.

305 Förschle in Beck Bil-Komm, § 300 Rn. 1.

306 Förschle/Kroner in Beck-BilKomm, 7. Aufl., § 297 Rn. 195.

307 S. hierzu die Auflistung von Vorschriften, in denen der Wirtschaftlichkeitsgrundsatz zum Ausdruck kommt bei Förschle/Kroner in Beck-BilKomm, 7. Aufl., § 297 Rn. 195.

308 S. hierzu HuRB/Leffson, S. 434 ff; Förschle in Beck Bil-Komm § 296 Rn. 33; MünchKommHGB/Busse von Colbe Vor § 290 Rn. 55; Winkeljohann/Beyersdorff in Beck Bil-Komm, § 303 Rn. 60 ff.

309 Förschle/Kroner in Beck-BilKomm, 7. Aufl., § 297 Rn. 195, Winkeljohann/Beyersdorf in Beck Bil-Komm, 7. Aufl., § 303 Rn. 60 ff; § 303 Rn. 66 f.

Der Grundsatz der Wirtschaftlichkeit wird dementsprechend flankiert vom Grundsatz der Wesentlichkeit, da sich die Wirtschaftlichkeit aufgrund des nicht bewertbaren Informationsnutzens im Hin-blick auf die diversen Adressaten kaum messen lässt.[310] Eine Ansicht möchte daher das Wirtschaftlichkeitsprinzip ersetzt sehen durch ein „genormtes Kriterium der Relevanz",[311] welches de lege lata jedoch nicht exisitert. Jedenfalls dient der Grundsatz der Wesentlichkeit einer Beschränkung der Information noch jenseits des Kosten-Nutzen-Aspekts: Generell besagt er, dass für die Abschlussadressaten bedeutsame Sachverhalte zu berücksichtigen, Sachverhalte von untergeordneter Bedeutung zu vernachlässigen sind.[312] Alle Informationen, die für die Beurteilung der Vermögens-, Finanz- und Ertragslage von Bedeutung sind, müssen im Konzernabschluss enthalten sein.[313]

Umstritten erscheint indessen, wie die Wesentlichkeit eines Postens zu beurteilen ist. Im HGB finden sich keine Relevanz-Maßstäbe, sondern lediglich eine Reihe von Ausdrucksformen des Wesentlichkeitsgrundsatzes, so bspw. in § 265 Abs. 7 HGB, der einen zusammengefassten Ausweis von Posten erlaubt und damit u. U. das Weglassen eines unwesentlichen Betrags.[314] Nach einer Auffassung werden durch den Grundsatz quantitative Schwellen angesprochen und Beträge unwesentlich, wenn sie aufgrund ihrer Größe ohne Einfluss auf das Jahresergebnis sind,[315] während nach einer anderen Meinung bspw. im Hinblick auf den Verzicht der Schuldenkonsolidierung nach § 303 Abs. 2 HGB eine Gesamtbetrachtung als geboten erachtet wird, die sich über einen Einfluß auf den Erfolg hinaus an diversen quantitativen Kriterien orientiert.[316] Nach der Gegenauffassung ist demgegenüber gerade aufgrund fehlender normierter Schwellenwerte eine Beurteilung angezeigt, die sich an qualitativen Merkmalen orientiert.[317] Hier mag eine vermittelnde Auffassung angezeigt sein, denn es erscheint angemessen, angesichts der vielvältigen Ausdrucksformen des Wesentlichkeitsgrundsatzes im HGB jeweils bezogen auf die Einzelregelung eine angemessene Beurteilung der Wesentlichkeit an qualitativen oder quantitativen Merkmalen festzumachen.

310 Baetge/Kirsch/Thiele, Bilanzen 2005, S. 122.

311 Baetge/Kirsch/Thiele, Bilanzen 2005, S. 123.

312 Winkeljohann/Geißler in Beck Bil-Komm, § 252 Rn. 70 f; ADS § 252 Rn. 127.

313 Förschle/Kroner in Beck-BilKomm, 7. Aufl., § 297 Rn. 196.

314 MünchKommHGB/Ballwieser § 243 Rn. 63; MünchKommHGB/Reiner/Haußer § 265 Rn. 20.

315 Winkeljohann/Geißler in Beck Bil-Komm, § 252 Rn. 70 f; ADS § 252 Rn. 127.

316 MünchKommHGB/Fischer/Haller, § 303 Rn. 303, ADS, § 303 Rn. 49.

317 Diese Konsequenz sehen Baetge/Kirsch/Thiele, Bilanzen, 2005, S. 123.

4. Weitere Grundsätze

Die speziellen Grundsätze für den Konzernabschluss ergänzen, wie bereits erwähnt, das System der GoB, das ursprünglich für den Einzelabschluss entwickelt wurde.[318] Insofern beanspruchen auch die allgemeinen Grundsätze Geltung, soweit keine konzernspezifischen Besonderheiten oder Spezialnormen dem entgegenstehen. Dies ergibt sich in erster Linie über die Verweisungsnorm des § 298 Abs. 1 HGB auf kodifizierte GoB unter dem eben genannten Vorbehalt hinsichtlich Konzernspezifika. Daneben erscheint eine Ableitung von Grundsätzen aus einer Zusammenschau von - auch auf den Konzernabschluss anzuwendenen - Vorschriften sinnvoll.[319]

Wie vorangehend zum Teil bereits beschrieben, lassen sich als im Kontext dieser Untersuchung relevante Grundsätze insbesondere der Grundsatz der Richtigkeit und Willkürfreiheit nennen, daneben jedoch auch die Prinzipien Verlässlichkeit, Unternehmensfortführung, Vorsicht sowie die Grundsätze der Periodenabgrenzung und der Pagatorik. Diese werden im folgenden Unterabschnitt dargestellt.

a) Grundsatz der Richtigkeit und Willkürfreiheit

Nach dem Grundsatz der Richtigkeit haben die Regeln für die Darstellung der wirtschaftlichen Vorgänge objektiv im Sinne von intersubjektiv nachprüfbar zu sein, wobei Nachprüfbarkeit eine Einhaltung von GoB und sonstigen bilanzrechtlichen Vorschriften erfordert.[320] Noch weitergehend wird für die Einhaltung von Richtigkeit – und eng damit verbunden – Willkürfreiheit eine zweckgerichtete Erfüllung der Bilanzierungsregeln gefordert.[321] Das Willkürverbot wird dabei als Freiheit von „sachfremden Erwägungen"[322] bzw. auch als ein Ausgehen des Bilanzierenden von „„von ihm für zutreffend gehaltene" Annahmen'[323] ver-

---

318 Baetge/Kirsch/Thiele, Konzernbilanzen, 2009, S. 63 ff.

319 Die hermeneutische Herleitung von GoB umfasst auch eine aus dem Bedeutungszusammenhang der Vorschriften, vgl. die Darstellung bei Baetge/Kirsch/Thiele, Bilanzen 2005, S. 108, 112.

320 Baetge/Kirsch/Thiele, Bilanzen, 2005, S. 116; ähnlich Coenenberg/Haller/Schultze, Jahresabschluss, 2009, S. 38 f.

321 MünchKommHGB/Ballwieser § 243 Rn. 13. Ähnlich Baumbach/Hopt, Merkt, HGB, § 243, Rn. 5, der Bilanzwahrheit versteht als Richtigkeit vor dem Hintergrund des Bilanzzwecks.

322 Winkeljohann/Geißler in Beck Bil-Komm, § 252 Rn. 68.

323 Baetge/Kirsch/Thiele, Bilanzen 2005, S. 117 mit Zitat bei Leffson, Grundsätze ordnungsgemäßer Buchführung, 1964, S. 203; Coenenberg/Haller/Schultze, Jahresabschluss, 2009, S. 39; Bitz/Scheeloch/Wittstock, Jahresabschluß, 2000, S. 100; Heinold, Jahresabschluß, 1996, S. 51; Storck, Bilanzpolitische Handlungsspielräume, 2004, S. 23.

standen. Eine Ansicht fordert zudem, dass aufgrund der Rechenschaftsfunktion des Abschlusses eine objektive Übereinstimmung zwischen dessen Aussagen und den zugrunde liegenden Sachverhalten vorliegen muss.[324]

Wohl auch wegen der Rechenschaftsfunktion, die letztlich dem Interessenschutz dient, wird daneben ein generelles Objektivierungsprinzip für die Rechnungslegung nach HGB anerkannt.[325] Als Beispiel für die Notwendigkeit der Objektivierung wird das in § 252 Abs. 1 Nr. 3 HGB normierte Gebot der Einzelbewertung von Vermögensgegenständen und Schulden angeführt.[326] Danach sind die Bilanzposten einzeln zu bewerten. Eine Gesamtbewertung von Bilanzbeständen wird untersagt. Da auf diese Weise Kombinationseffekte als Mehrwerte von kombinierten Vermögensgegenständen und Schulden ausgeschaltet werden, führt der Grundsatz zu einer Objektivierung der Rechnungslegung.[327]

Insofern stellt das auf investitionstheorethischer Basis beruhende Konzept der (Unternehmens-) Gesamtbewertung einen nach dem HGB bilanzrechtlich unerwünschten Gegensatz zur Einzelbewertung dar: Dabei werden unter Heranziehung von Ertragswerten oder diskontierten Cashflows, die auf Prognosen basieren, Verbundeffekte berücksichtigt; solche Effekte können nicht willkürfrei auf einzelne Positionen verteilt werden.[328] Die Problematik der Gesamtbewertung im bilanziellen Kontext wird in der nachfolgenden Arbeit noch angesprochen werden. Allerdings klingt hier bereits an, dass sich ein Widerspruch zum Grundsatz der Richtigkeit und Willkürfreiheit bzw. zur Einzelbewertung abzeichnet, wenn über ebensolche Gesamtbewertungsverfahren bilanzielle Werte ermittelt werden.

Nach den dargestellten Auffassungen lässt sich wohl als Resümee festhalten, dass der Grundsatz der Richtigkeit bzw. die ihm anverwandten Prinzipien im Wesentlichen darauf abzielen, einen (Konzern-) Abschluss vor dem Hintergrund der Konzernabschlusszwecke so objektiv wie möglich zu gestalten und deshalb den Bilanzersteller dazu anzuhalten, nach bestem Gewissen, unter Einhaltung des Bilanzrechts Darstellungen eingedenk ihres tatsächlichen ökonomischen Gehalts vorzunehmen.

b) Grundsatz der Verlässlichkeit

Von der soeben dargestellten Anforderung der Richtigkeit und ihren Ausprägungen nicht weit entfernt liegt der Grundsatz der Zuverlässigkeit. Er wird als

---

324 Coenenberg/Haller/Schultze, Jahresabschluss, 2009, S. 38.

325 MünchKommHGB/Ballwieser § 243 Rn. 40 f.

326 Baetge/Kirsch/Thiele, Bilanzen 2005, S. 116.

327 MünchKommHGB/Ballwieser § 252 Rn. 18.

328 MünchKommHGB/Ballwieser § 252 Rn. 18; Baetge/Kirsch/Thiele, Bilanzen 2005, S. 116.

eigener Grundsatz im Schrifttum formuliert,[329] vielfach jedoch auch nicht erwähnt. Daher steht zu vermuten, dass ihm neben dem Grundsatz der Richtigkeit und dessen „verwandten“ Grundsätzen keine erheblich weitergehende, eigenständige Bedeutung im nationalen Bilanzrecht zuerkannt wird.

Zu seiner inhaltlichen Bedeutung wird ausgeführt, dass es bei dem Grundsatz v. a. in Bezug auf Informationen über Zukünftiges um die Abwägung plausibler und weniger plausibler Informationen geht, so dass die Unternehmensführung eine noch hinreichende Verlässlichkeit vor dem Hintergrund der Relevanz der betreffenden Information zu beurteilen habe.[330] Diese Auffassung scheint bereits stark von einem Einfluss der IFRS geprägt, in denen die Merkmale der Verlässlichkeit und Relevanz eine besondere Bedeutung einnehmen. Diese werden sogleich dargestellt werden.[331]

c) Grundsatz der Unternehmensfortführung

Nach § 252 Abs. 1 Nr. 2 HGB ist bei der Bewertung von Vermögensgegenständen und Schulden von der Fortführung des Unternehmens auszugehen, sofern dem nicht tatsächliche oder rechtliche Gegebenheiten entgegenstehen.[332] Damit ist eine Vermutung hinsichtlich des *going concern* anzustellen, die nach h. M. das ganze Geschäftsjahr nach dem Bilanzstichtag abdecken muss,[333] wobei im Einzelfall hiervon abgewichen werden kann.[334] Die Annahme bringt es mit sich, dass vom Verbleiben des Vermögens im Unternehmen und von dessen weiterer Nutzung auszugehen ist und damit von anderen Werten als z. B. bei Liquidation.[335]

Über eine reine Bewertungsregel hinaus ist der Grundsatz der Unternehmensfortführung auch für den Bilanzansatz von Bedeutung, da Schulden, die sich speziell aus einer Zerschlagung eines Unternehmens ergeben, erst passiviert werden dürfen, wenn die Zerschlagung hinreichend sicher ist.[336]

---

329 MünchKommHGB/Ballwieser § 243 Rn. 66; Ellrott in Beck Bil-Komm, § 315 Rn. 4 zum Konzernlagebericht nach DRS 15.14-19, ebenso mit Rekurs darauf Busse von Colbe/Ordelheide/Gebardt/Pellens, Konzerabschlüsse, 2006, S. 632.

330 MünchKommHGB/Ballwieser § 243 Rn. 66 f.

331 S. hierzu nachfolgend § 3 B. II. 2. b).

332 S. hierzu Kleindiek in GroßKomm.Bilanzrecht, § 252 Rn. 10.

333 Die h. L. zitiert Baumbach/Hopt/Merkt, HGB, § 252 Rn. 7 mit Rekurs auf Lück, DB 2001, 1945; Winkeljohann/Geißler in Beck Bil-Komm, § 252 Rn. 10.

334 Kleindiek in GroßKomm.Bilanzrecht, § 252 Rn. 11; ADS, § 252 Rn .24; Winkeljohann/Geißler in Beck-BilKomm, § 252 Rn. 11; Lück, DB 2001, 1945, 1947.

335 Winkeljohann/Geißler in Beck Bil-Komm, § 252 Rn. 9; MünchKommHGB/Ballwieser § 243 Rn. 16. Zur Fortbestehensprognose siehe auch Groß/Amen, WpG 2001, 225.

336 MünchKommHGB/Ballwieser § 243 Rn. 16.

Für eine Bewertung unter dieser Prämisse gelten die allgemeinen Bewertungsvorschriften des HGB,[337] insbesondere §§ 253 ff. HGB, die bspw. auch die Abschreibung von abnutzbarem Anlagevermögen regeln; obwohl durch den *going concern* keine konkreten Abschreibemodi vorgegeben werden, führt das Prinzip nach wohl h. M. dazu, dass die fortgeführten Werte nicht den jeweiligen Markt- oder Liquidationswert approximieren müssen.[338]

d) Grundsatz der Vorsicht

Der Grundsatz der Vorsicht gilt trotz der Formulierung in § 252 Abs. 1 Nr. 4 HGB, es sei vorsichtig zu bewerten, ebenfalls nicht nur für die Bewertung, sondern allgemeiner:[339] Einerseits geht aus dem Wortlaut der Vorschrift hervor, dass der Grundsatz ein eigenständiges (Bewertungs-)Prinzip darstellt,[340] das jedoch andererseits zusätzlich ausgefüllt wird durch zwei Unterprinzipien, das sogenannte Realisationsprinzip sowie das Imparitätsprinzip; diese haben wiederum Relevanz für den Bilanzansatz, da sie die Berücksichtigung von Gewinnen und Verlusten regeln.[341] Es gilt, dass Verluste und Risiken auch dann erfasst werden, wenn sie bis zum Abschlussstichtag entstanden, also vorhersehbar sind und dem vorherigen Geschäftsjahr zugerechnet werden müssen (Imparitätsprinzip, § 252 Abs. 1 Nr. 4 HS 1);[342] Gewinne werden hingegen erst dann berücksichtigt, wenn sie am Abschlussstichtag realisiert sind (Realisationsprinzip, § 252 Abs. 1 Nr. 4 HS. 2).[343] Aus den beiden Unterprinzipien ergeben sich weitere Grundsätze des

---

337 Kleindiek in GroßKomm.Bilanzrecht, § 252 Rn. 13, wobei freilich die Vorschriften, auf die hier ebenfalls verwiesen wird, inzwischen durch das BilMoG weggefallen sind. S. auch MünchKommHGB/Ballwieser § 243 Rn. 17; Winkeljohann/Geißler in Beck Bil-Komm, § 252 Rn. 17.

338 MünchKommHGB/Ballwieser, § 243 Rn. 17, § 253 Rn. 26; Gross, FS Budde, S. 250 ff; Ballwieser, Lexikon des Rechnungswesens 1998, S. 6; a. A. Beck-HdR/Siegel/Schmidt B161Rn. 106; Siegel, Zeitwertbilanzierung,B FuP 1998, 593, 601.

339 Baumbach/Hopt, Merkt, HGB, § 252 Rn. 10; MünchKommHGB/Ballwieser § 243 Rn. 19; ADS, § 252 Rn. 23,31 ff.; Küting/Weber, HdR, § 252 Rn .40.

340 Vgl. zu den über das Realisations- und Imparitätsprinzip hinausgehenden Wirkungen des Vorsichtsprinzips Kleindiek in GroßKomm.Bilanzrecht, § 252 Rn. 23, der konkret das Gebot der Bewertungsvorsicht gegeben sieht sowie MünchKommHGB/Ballwieser § 243 Rn. 20 ff, § 252 Rn. 56 und die Ausführungen bei Storck zum Vorsichtsprinzip i. e. S., Storck, Bilanzpolitische Handlungsspielräume, 2004, S. 26.

341 Ähnlich MünchKommHGB/Ballwieser § 243 Rn. 18.

342 Kleindiek in GroßKomm.Bilanzrecht, § 252 Rn. 33; Winkeljohann/Geißler in Beck-BilKomm, § 252 Rn. 34; ADS, § 252 Rn. 93 ff.

343 Kleindiek in GroßKomm.Bilanzrecht, § 252 Rn. 25 ff; Winkeljohann/Geißler in Beck-BilKomm, § 252 Rn. 43.

HGB, wie z. B. das strenge Niederstwertprinzip,[344] § 253 Abs. 4 HGB, nach dem bei Vermögensgegenständen des Umlaufvermögens Abschreibungen auf den Börsen- oder Marktpreis vorzunehmen sind.

Der Vorsichtsgrundsatz beansprucht auch insofern Geltung für den Ansatz, als dass er z. B. in Bilanzierungsverboten zum Ausdruck kommt: So hatte er vor dem BilMoG Niederschlag gefunden im Verbot des Ansatzes eines selbst geschaffenen, originären Goodwill[345] sowie im früheren Aktivierungsverbot für selbst erstellte immaterielle Vermögenswerte, § 248 Abs. 2 HGB a. F.[346]

Das demzufolge als Ansatz- und Bewertungsregel zu verstehende Vorsichtsprinzip wird im Allgemeinen dahingehend beschrieben, dass die wirtschaftliche Lage des Unternehmens „vorsichtig zurückhaltend" und nicht zu optimistisch darzustellen sei.[347] Wegen seiner weitreichenderen Wirkung wird ihm traditionell eine grundlegende Bedeutung für alle Fragen der Bilanzierung und Bewertung nach HGB eingeräumt.[348]

Insofern ist fraglich, ob der Grundsatz gegenüber anderen Grundsätzen dominierend ist.[349] Befürworter im älteren Schrifttum maßen dem Vorsichtsprinzip eine solch überragende Stellung zu.[350] Heute wird dies jedoch abgelehnt[351]

---

344 Kleindiek in GroßKomm.Bilanzrecht, § 252 Rn.33. Vgl. die Darstellung der Vorschriften, in denen die Prinzipien ihren Niederschlag gefunden haben bei Winkeljohann/Geißler in Beck Bil-Komm, § 252 Rn. 29, 41.

345 Vor dem BilMoG Arg. e § 255 Abs. 4 S. 1 HGB.

346 Kleindiek in GroßKomm.Bilanzrecht, § 248 Rn. 11. Zu letzterem Aktivierungsvebot und weiteren Konkretisierungen des Vorsichtsgebots vgl. MünchKomm-HGB/Ballwieser § 243 Rn. 18; ebenso Storck, Bilanzpolitische Handlungsspielräume, 2004, S. 27

347 Coenenberg/Haller/Schultze, Jahresabschluss, 2009, S. 40 und Coenenberg, Jahresabschluss, 2005, S. 45; diesem folgend Storck, Bilanzpolitische Handlungsspielräume, 2004, S. 25.

348 Winkeljohann/Geißler in Beck Bil-Komm, § 252 Rn. 30; Beck-IFRS-HB/Bohl/Mangliers § 2 Rn. 18. von der besonderen Stellung des Vorsichtsprinzips spricht MünchKommHGB/Ballwieser § 243 Rn. 19

349 So wohl Lüdenbach/Hoffmann in Haufe IFRS-Komm, § 1 Rn. 20, die die HGB-Rechnungslegung konzeptionell vom Vorsichtsprinzip geprägt sehen; Kleindiek in GroßKomm.Bilanzrecht, § 252 Rn. 22, 36 nennt ihn immerhin „zentral" und „von wesentlicher Bedeutung für den Gläubigerschutz.

350 Vgl. Storck, Bilanzpolitische Handlungsspielräume, 2004, S. 24, mit Verweis auf Beisse, FS Beusch, S. 77, 79 ff.

351 In diesem Sinne wohl auch zu verstehen MünchKommHGB/Ballwieser § 243 Rn. 23, der (lediglich) die Kenntnisnahme des Prinzips fordert.

bspw. mit Blick auf die Rechenschaftsfunktion[352] bzw. wegen der Grundsätze Richtigkeit und Klarheit.[353] Denn diesen Funktionen bzw. Prinzipien könnte ein Abschluss nicht gerecht werden, würde z. B. - unter Hintanstellung der Willkürfreiheit - eine vorsichtige (Unter-) Bewertung von Vermögenswerten vorgenommen, die zur Legung von stillen Reserven führte; deren Auflösung in späteren Perioden führte zu Buchgewinnen, die eine bessere als die reale Ertragslage vermitteln würden.[354] Der Grundsatz, der Kaufmann möge sich im Zweifel eher „ärmer“ als „reicher“ rechnen,[355] gilt demgemäß nicht mehr.[356]

Im Zuge des BilMoG ist im Übrigen nunmehr ein Wahlrecht zur Aktivierung von selbst geschaffenen immateriellen Vermögenswerten in § 248 Abs. 2 S. 1 HGB aufgenommen worden.[357] War das bisherige Ansatzverbot als Ausdrucksform des Vorsichtsgebot zu verstehen, kann die neue Möglichkeit eines Ansatzes nur als (weitere) Zurückdrängung des Vorsichtsprinzips gewertet werden.

Dem Vorsichtsprinzip - in seiner Ausprägung als Bewertungsprinzip - kommt im Rahmen des HGB von daher vornehmlich die Funktion einer Bewertungsregel im Sinne eines Maßstabs für Schätzungen zu, wenn es Beurteilungsspielräume auszufüllen gilt; daneben wird das Vorsichtsprinzip als Bewertungsanweisung aufgefasst, die u. U. ein bestimmtes Bewertungsverfahren gebieten kann.[358] Das Gebot einer vorsichtigen Bewertung fordert jedoch auch, in Zweifelsfällen eher pessimistischere Schätzwerte anzunehmen.[359]

e) Grundsatz der Vergleichbarkeit

Im Rahmen des HGB umfasst der Grundsatz der Vergleichbarkeit formelle und materielle Stetigkeit; erstere bezieht sich dabei auf formale Aspekte, wie z. B.

---

352 Kleindiek in GroßKomm.Bilanzrecht, § 252 Rn. 24; Baetge/Kirsch/Thiele, Bilanzen, 2005, S. 138, 140. Ebenfalls keinen Vorrang gegenüber der Grundsätzten Bilanzwahrheit, -klarheit und -vollständigkeit sieht Baumbach/Hopt, Merkt, HGB, § 252 Rn. 10.

353 Coenenberg, Jahresabschluss, 2005, S. 46; diesem folgend Ohms, Rechnungslegung, 2005, S. 78.

354 Hier verkürzt wiedergegeben Baetge/Kirsch/Thiele, Bilanzen, 2005, S. 138 m. w. N.

355 Schmalenbach, Dynamische Bilanz, 1953, S. 83 ff.; Leffson, Grundsätze ordnungsgemäßer Buchführung, 1964, S. 466.

356 Kleindiek in GroßKomm.Bilanzrecht, § 252 Rn. 24; Storck, Bilanzpolitische Handlungsspielräume, 2004, S. 26. Im Ergebnis ebenso Baetge/Kirsch/Thiele, Bilanzen, 2005, S. 138.

357 S. Art. 1, 6. BilMoG, BGBl. 2009 I, 1102, 1102.

358 Coenenberg/Haller/Schultze, Jahresabschluss, 2009, S. 41 und Coenenberg, Jahresabschluss, 2005, S. 45; im Umkehrschluss wohl ebenso MünchKommHGB/Ballwieser § 243 Rn. 12; ähnlich Baetge/Kirsch/Thiele, Bilanzen, 2005, S. 139 f.

359 Kleindiek in GroßKomm.Bilanzrecht, § 252 Rn. 23.

Bilanzidentität nach § 252 Abs. 1 Nr. 1 HGB, wonach Eröffnungs- und Schlussbilanz übereinstimmen müssen und dient der Vergleichbarkeit eines Unternehmens über die Zeit sowie von verschiedenen Unternehmen untereinander.[360]

Materielle Stetigkeit bedeutet Bewertungstetigkeit gem. § 252 Abs. 1 Nr. 6 HGB, die der Vergleichbarkeit und Objektivierung von Abschlüssen dient.[361] Sie veranlasst die Beibehaltung von auf den vorangehenden Jahresabschluss angewandte Bewertungsmethoden, wobei umstritten ist, ob dies inklusive Wertansatzwahlrechte gilt,[362] welche die Wahl zwischen verschiedenen Werten oder Wertarten bedeuten.[363] Bewertungsmethoden sind ihrerseits als Maßnahmen zur Bewertung zu verstehen, die „planmäßig, systematisch und zielgerichtet" unternommen werden.[364] Nach einem anderen Verständnis stellen sie Verfahren zur Wertermittlung dar, deren Ablauf festgelegt ist und die den Grundsätzen der ordnungsgemäßen Buchführung und Bilanzierung entsprechen.[365]

Seit dem BilMoG ist die Regelung des § 252 Abs. 1 Nr. 6 HGB zwingend, wobei aufgrund der bestehen bleibenden Ausnahmeregelung des Abs. 2 der Vorschrift allerdings eine Änderung zur bisherigen Rechtslage kaum gesehen wird.[366] Danach darf in Ausnahmefällen von dem Grundsatz abgewichen werden, wobei hierfür in gesetzlich nicht zwingend gebotenen oder gestatteten Fäl-

---

360 Vgl. hierzu statt vieler Baetge/Kirsch/Thiele, Bilanzen, 2005, S. 117 ff.

361 Kleindiek in GroßKomm.Bilanzrecht, § 252 Rn. 41; ADS, § 252 Rn. 103; Winkeljohann/Geißler in Beck Bil-Komm, § 252 Rn. 55. Skeptisch hinsichtlich der Wirkungsweise des Prinzips äußert sich Moxter, Grundsätze ordnungsgemäßer Rechnungslegung, 2003, S. 140 f.

362 Befürwortend Winkeljohann/Geißler in Beck Bil-Komm, § 252 Rn. 56; Storck, Bilanzpolitische Handlungsspielräume, 2004, S. 320. Ablehnend, insbesondere für Abschreibungswahlrechte Kleindiek in GroßKomm.Bilanzrecht, § 252 Rn. 43; ebenfalls ablehnend Coenenberg, Jahresabschluss, 2005, S. 47, Küting/Tesche, DStR 2009, 1491, 1495.

363 Storck, Bilanzpolitische Handlungsspielräume, 2004, S. 320 mit Rekurs auf Gräfer, WiSt 1981, 353, 356 f., Sieben, in: Freidank, Rechnungslegungspolitik, 1998, S. 3, 21 f.

364 Coenenberg, Jahresabschluss, 2005, S. 47, Küting/Tesche, DStR 2009, 1491, 1495.

365 Kleindiek in GroßKomm.Bilanzrecht, § 252 Rn. 42 mit Bezug auf IDW-HFA Stellungnahme 3/1997, Rn. 2, Wpg 1997, 540, 541.

366 Arbeitskreis Bilanzrecht, BB 2008, 209, 210.

len[367] „gewichtige Gründe“ vorliegen müssen.[368] Dennoch wird in der Änderung auch eine Verschärfung des Stetigkeitsgebots erblickt.[369]

Mit dem Gebot der materiellen Stetigkeit wird die Vergleichbarkeit von Abschlüssen über die Zeit befördert, so genannte vertikale Stetigkeit.[370] Umstritten ist, ob auch der gleiche Wertansatz für gleiche Güter gefordert ist - so genannte horizontale Stetigkeit -, wobei die wohl h. M. jedoch diese „innerperiodische Einheitlichkeit“[371] befürwortet.[372] Im Ergebnis kann dies jedoch dahinstehen, da sich die horizontale Stetigkeit zumindest aus dem Gebot der Willkürfreiheit herleiten lässt.[373] Prinzipiell ist durch das Prinzip vorgeben, dass Vermögensgegenstände mit den gleichen Methoden bewertet werden müssen, sofern sie von gleicher Art und Funktion sind.[374]

Nicht umfasst von dem Stetigkeitsgebot nach § 252 Abs. 1 Nr. 6 HGB a. F. waren nach h. M. hingegen Bilanzansatzwahlrechte, da dies dem Wortlaut des Gesetzes widersprochen hätte.[375] Der Referentenentwurf zum BilMoG sah explizit als wesentliche Neuerung vor, dass nunmehr gem. § 252 Abs. 1 Nr. 6 HGB n. F-E. „Ansatz- und Bewertungsmethoden“ beizubehalten seien.[376] Diese Änderung wurde prinzipiell von der Lehre begrüßt, allerdings wurde bemängelt, dass die erweiterte Fassung nicht mehr zu Überschrift des § 252 HGB, „Allgemeine Bewertungsgrundsätze“ passe.[377] Dies wurde im BilMoG berücksichtigt

---

367 Die Auswirkung von Bewertungswahlrechten auf die Anwendbarkeit von § 252 Abs. 2 HGB ist umstritten, s. MünchKommHGB/Ballwieser § 252 Rn. 117; Winkeljohann/Geißler in Beck Bil-Komm, § 252 Rn. 74;

368 Winkeljohann/Geißler in Beck Bil-Komm, § 252 Rn. 72 ff

369 Göllert, DB 2008, 1165, 1166; Küting/Tesche, DStR 2009, 1491, 1496.

370 MünchKommHGB/Ballwieser, § 252 Rn. 103.

371 Küting/Tesche, DStR 2009, 1491.

372 Ablehnend MünchKommHGB/Ballwieser, § 252 Rn. 103. Befürwortend ADS, § 252 Rn. 107; Coenenberg, Jahresabschluss, 2005, S. 47; Baetge/Kirsch/Thiele, Bilanzen, 2005, S. 117 ff; Baumbach/Hopt/Merkt, HGB § 152 Rn. 19; Küting/Tesche, DStR 2009, 149; Winkeljohann/Geißler in Beck Bil-Komm, § 252 Rn. 58; Storck, Bilanzpolitische Handlungsspielräume, 2004, S. 319 m.w. N.

373 MünchKommHGB/Ballwieser, § 252 Rn. 56.

374 Winkeljohann/Geißler in Beck Bil-Komm, § 252 Rn. 58; Förschle/Kropp, ZfB 1986, 873, 882; ADS § 252 Rn .107; Claussen/Korth, DB 1988, 921, 924.

375 Winkeljohann/Geißler in Beck Bil-Komm, § 252 Rn. 57; Arbeitskreis Bilanzrecht, BB 2008, 209, 210. Ebenfalls ablehenend gegenüber der Ansatzstetigkeit Kleindiek in GroßKomm.Bilanzrecht, § 252 Rn. 46. Vgl.zudem die Darstellung des Meinungsspektrums zur Ansatzstetigkeit vor dem BilMoG bei Storck, Bilanzpolitische Handlungsspielräume, 2004, S. 320 ff.

376 Vgl. Art. I, 9. des BilMoG-RefE, Neufassung des § 252 Abs. 1 Nr. 6 HGB.

377 So der Arbeitskreis Bilanzrecht, BB 2008, 209, 210 mit Hinweis auf Hennrichs, Wahlrechte im Bilanzrecht der Kapitalgesellschaften, 1999, S. 251 ff, 262 ff., 283 ff.

und das Gebot der Ansatzmethoden-Stetigkeit, einschließlich der entsprechenden Anwendbarkeit der Ausnahme-Regelung des § 252 Abs. 2 HGB, in einen neuen Abs. 3 des § 246 HGB aufgenommen; § 252 Abs. 1 Nr. 6 HGB kann insofern unverändert weiterhin nur Stetigkeit der„Bewertungsmethoden" fordern.[378]

Demzufolge ist aber das Stetigkeitsgebot nunmehr ausdrücklich auf den Ansatz ausgeweitet worden.[379] Es betrifft die Anwendung von Ansatzwahlrechten, z. B. für das neu geschaffene Wahlrecht des Ansatzes selbst erstellter immaterieller Vermögenswerte in § 248 Abs. 2 HGB.[380]

Ebenso soll die Ausübung von Ermessensspielräumen, z. B. hinsichtlich der Entscheidung, wann in gleich gelagerten Fällen bei selbsterstellten, immateriellen Vermögensgegenständen die Forschungsphase endet und die Entwicklungsphase beginnt, vom Grundsatz der Stetigkeit des Ansatzes umfasst sein.[381] Dem ist zuzustimmen, da ansonsten der Stetigkeitsgrundsatz angesichts durch das BilMoG reduzierter Wahlrechte[382] in seinen Wirkung erheblich beschränkt und die Vergleichbarkeit zwischen Abschlüssen vermindert wäre.

Die vorgenannten Ausprägungen des Stetigkeitsgrundsatzes gelten über § 298 Abs. 1 HGB auch für den Konzernabschluss; Ermessensspielräume dürfen im Gegensatz zu Ansatzwahlrechten im Rahmen der Neuausübung nach § 300 Abs. 2 HGB allerdings nicht neu ausgeübt werden dürfen, sondern sind stetig anzuwenden.[383]

Speziell für den konsolidierten Abschluss wird zudem in § 297 Abs. 3 S. 2 HGB die Stetigkeit der Konsolidierungsmethoden gefordert. Dies betrifft sämtliche Verfahren zur Aufstellung des Konzernabschlusses inklusive der Bestimmung des Konsolidierungskreises und der Konsolidierungsverfahren in Bezug auf Kapital[384], Schulden, Aufwand und Ertrag.[385] Nach dem BilMoG ist aus der

---

378 Vgl. §§ 246 Abs. 3, 252 Abs. 1 Nr. 6 HGB i. d. F. des BilMoG,BGBl. I 2009, 1102.

379 Arbeitskreis Bilanzrecht, BB 2008, 209, 210; Hoffmann/Lüdenbach, Beihefter zu DStR 30, 2008, 49, 52; Petersen/Zwirner, KoR Beihefter 1 zu Heft 5, 2009, 10; Bieg u.a., Bilanzrechtsmodernisierungsgesetz, 2009, S. 72.

380 Küting/Tesche, DStR 2009, 1491, 1493 f.

381 Küting/Tesche, DStR 2009, 1491, 1494; Küting/Weber, Die Bilanzanalyse, 2009, S. 41.

382 Vgl. hierzu die Begründung des BilMoG, Reg-E, S.34; Küting/Tesche, DStR 2009, 1491, 1494. S. zur Abschaffung von Wahlrechten durch das BilMoG auch Küting, BB 2008, 1330 ff., insb. 1332.

383 Küting/Tesche, DStR 2009, 1491, 1497 mit Rekurs auf Förschle in Beck Bil-Komm, § 300, Rn. 50.

384 Freilich sind die wesentlichen Wahlrechte in Bezug auf die Kapitalkonsolidierung bei Vollkonsolidierung, Buchwert- und Interessenzusammenführungsmethode nunmehr abgeschafft. S. hierzu bereits § 1 B. I. 1. c).

Soll-Vorschrift nun zwingendes Recht geworden. Es bleibt jedoch bei der Ausnahmeregelung in S. 3 der Vorschrift, nach der Abweichungen von Konsolidierungsmethoden in Ausnahmefällen möglich sind. Schon bisher wurden Abweichungen als nur im Ausnahmefall möglich erachtet,[386] so dass hier in der geänderten Regelung ebensowenig wie für § 252 Abs. 1 Nr. 6 HGB von einer wesentlichen Neuerung für die Praxis ausgegangen wird.[387] Eine Abweichung ist neben wenigen anderen Gründen insbesondere dann denkbar, wenn dadurch die Aussagefähigkeit des Konzernabschlusses wesentlich verbessert wird.[388]

Ebenso wie für die Bewertungsstetigkeit ist umstritten, ob die Stetigkeit der Konsolidierungsmethoden nur vertikal gilt und insofern die Anwendung gleicher Bewertungsmethoden über die Zeit erfordert, oder auch im Sinne einer sachlichen Stetigkeit, die die Anwendung gleicher Methoden auf vergleichbare Sachverhalte verlangt. Mit der h. M. ist davon auszugehen, dass entgegen dem Wortlaut der Vorschrift, die vom „vorhergehenden Konzernabschluss" spricht, auch die sachliche Stetigkeit mitumfasst ist.[389] Nur dies ist mit der europarechtlichen Grundlage der Norm, Art. 25 Abs. 1 7. EG-Richtlinie, die Stetigkeit in der Anwendung von Konsolidierungsmethoden fordert, und mit dem *true and fair view* vereinbar.[390] Ein getreues Bild ist nur dann gewährleistet, wenn gleiche Sachverhalte gleich abgebildet werden. Ansonsten könnte aus der unterschiedlichen Abbildung fälschlich auf unterschiedliche Sachverhalte geschlossen werden. An diesem Umstand vermag sich auch durch das BilMoG wohl nichts zu ändern. Zwar könnte aus der Tatsache, dass der Gesetzgeber im Zuge dessen eine Änderung der Vorschrift vornahm, nicht jedoch den Wortlaut „vorhergehenden Konzernabschluss" veränderte, geschlossen werden, dass er gewillt war, (allein) die zeitliche Vergleichbarkeit zu bestätigen. Dies würde jedoch die Bemühungen um einen verbesserten Informationsnutzen konterkarieren, der dem BilMoG zugrunde liegt.[391] Insofern ist wohl davon auszugehen, dass im unveränderten

385 MünchKommHGB/Busse von Colbe, § 297 Rn. 61 mit Rekurs auf ADS, § 279 Rn. 50-52; Förschle/Lust in Beck Bil-Komm, § 297 Rn. 200.

386 MünchKommHGB/Busse von Colbe, § 297 Rn. 67; Förschle/Lust in Beck Bil-Komm, § 297 Rn. 202.

387 Ebenso Petersen/Zwirner, KoR Beihefter 1 zu Heft 5, 2009, S. 29.

388 MünchKommHGB/Busse von Colbe, § 297 Rn. 67; Förschle/Lust in Beck Bil-Komm, § 297 Rn. 202.

389 MünchKommHGB/Busse von Colbe, § 297 Rn. 61; ADS, § 297 Rn. 47; Förschle/Lust in Beck Bil-Komm, § 297 Rn. 201. A.A. Schildbach, Konzernabschluss, C.3.4.

390 MünchKommHGB/Busse von Colbe, § 297 Rn. 61.

391 S. hierzu wiederum die Ausführungen im Referentenentwurf, BilMoG-RefE, S. 1 und S. 164.

Wortlaut ein Redaktionsversehen liegt bzw. eine Änderung angesichts der h. M. vom Gesetzgeber nicht für nötig befunden wurde.

f) Grundsatz der Periodenabgrenzung und Grundsatz der Pagatorik

Der Grundsatz der Pagatorik ist in § 252 Abs. 1 Nr. 5 HGB geregelt. Die Vorschrift beinhaltet ihrem Wortlaut nach jedoch das Periodisierungsprinzip[392] bzw. den Grundsatz der Periodenabgrenzung,[393] nach dem Aufwendungen und Erträge unabhängig von den Zeitpunkten der entsprechenden Zahl-ungen im Jahresabschluss zu berücksichtigen sind.[394] Damit wird ihre periodengerechte Zuordnung zur periodengerechten Gewinnermittlung erreicht.[395]

Gleichzeitig wird jedoch mit der Vorschrift postuliert, dass nur solche Bilanzposten abzubilden sind, die auf tatsächlichen Zahlungsvorgängen beruhen.[396] Mit diesem pagatorischen Grundsatz ergibt sich für die Bewertung von Vermögensgegenständen, dass ihre Bewertung nicht der Phantasie des Bewerters überlassen ist, sondern aus am Markt gezahlten Preisen resultiert. Damit liegt für Vermögensgegenstände eine Orientierung an zahlungsmäßig erbrachten oder zu erbringenden Preisen als Ersatzwerte vor, die als Pendants für die zu bewertenden Posten zu sehen und die durch den Markt objektiviert sind.[397]

g) Resümee

Die vorangehende Untersuchung der (Konzern-)Rechnungslegungsgrundsätze nach HGB veranschaulicht, dass über diese keine weitere Konkretisierung der Informationsqualität stattfindet. Entweder betreffen die Grundsätze ausnahmsweise die theoretische Konzeption, wie z. B. die Einheitstheorie, oder aber es handelt sich um Ansatz- und Bewertungsgebote bzw. –verbote, was auch ihrer Bezeichnung, Grundsätze ordnungsgemäßer Buchführung bzw. Konzernrechnungslegung, entspricht. Damit sind in den HGB-Normen weniger Zielvorgaben hinsichtlich der zu vermittelnden Informationen formuliert bzw. werden aus ihnen abgeleitet, sondern vielmehr Handlungsmaxime, die sich auf die Bilanzierung und Bewertung beziehen: So ist z. B. „vorsichtig" zu bewerten.

---

392 MünchKommHGB/Ballwieser, § 252 Rn. 99.

393 Winkeljohann/Geißler in Beck Bil-Komm, § 252 Rn. 53.

394 Kleindiek in GroßKomm.Bilanzrecht, § 252 Rn. 39; ADS, § 252 Rn. 94.

395 Baetge/Kirsch/Thiele, Bilanzen, 2005, S. 126.

396 MünchKommHGB/Ballwieser, § 252 Rn. 99; Baetge/Kirsch/Thiele, Bilanzen, 2005, S. 126. Moxter nenne das Prinzip der Pagatorik auch das dasjenige der Ausgabenbindung, das u. a. den Ansatz kalkulatorischer Kosten ausschließt, s. Moxter, Grundsätze ordnungsgemäßer Rechnungslegung, 2003, S. 178 f.

397 Baetge/Kirsch/Thiele, Bilanzen, 2005, S. 126 mit Rekurs auf Leffson, Grundsätze ordnungsgemäßer Buchführung, 1964, S. 145.

Freilich lassen sich sämtliche Handlungsgebote und –verbote auch als Eigenschaften der Abschlussinformationen umformulieren, z. B. Informationen müssen „zurückhaltend" im Sinne von vorsichtig bewertet sein. Dennoch wäre dies eine Interpretation des Gesetzestextes, soweit dieser überhaupt die jeweiligen Rechnungslegungsgrundsätze in einer Handlungsanweisung explizit normiert und sich diese nicht nur aus einzelnen Bilanzierungs- und Bewertungsregelungen herleiten lassen.

Dies wirft die Frage auf, ob nicht eine Normierung qualitativer Kriterien in Bezug auf die bereitzustellenden (Konzern-)Abschlussinformationen zur Beförderung der Informationsfunktion beitragen könnte, wenn damit zugleich die - zum Teil eben sogar nur induktiv ermittelten - Handlungsgrundsätze aufgegriffen würden.

B. Ziele und Grundsätze der Konzernrechnungslegung nach IFRS

Nachdem im vorangehenden Abschnitt Zweck und Grundsätze der Konzernrechnungslegung nach HGB ausgeführt wurden, erfolgt nunmehr eine Untersuchung der IFRS-Grundkonzeption. Die Darstellung orientiert sich dabei an der Konzeption des Rahmenkozepts (*conceptual framework*), das im Gegensatz zu den handelsbilanziellen Grundlagen, welche ohne eine Kodifizierung als abgeschlossenes Gesamt-System auskommen, den IFRS-Anwendern zur Verfügung steht.

Ein Zwischenresümee und eine Gegenüberstellung der Grundlagen am Ende des nachfolgenden Abschnitts sollen einen Überblick über die Vergleichbarkeit der Grundprinzipien der Systeme ermöglichen. Denn bei wesentlichen Übereinstimmungen in den konzeptionellen Grundlagen sollte eine vergleichende Analyse der Goodwill-Regelungen weitgehend unproblematisch erfolgen können, während grundlegende Unterschiede dabei stets Berücksichtigung finden müssen.

Das *conceptual framework* nimmt für sich in Anspruch, die konzeptionellen Grundlagen für die Rechnungslegung nach IFRS zu enthalten[398] und ist gegenwärtig in einem Reformprozess begriffen.[399] In F.6 wird explizit geregelt, dass

398 MünchKommBilR/Kleindiek IFRS Einf R. 84; MünchKommBilR/Watrin IFRS Einf Rn. 31; IFRS-Komm/Baetge/Kirsch/Wollmert/Brüggemann Teil A Kap II Rn. 14 sprechen vom Rahmenkonzept als „theorethischem Unterbau", mit Rekurs auf Heuser/Theile, IFRS-HB, 2007, Rn. 250 ff., Göbel, DB 1994, 2457.

399 Vgl. die Bekanntmachungen des IASB zum Projekt Conceptual Framework, von dem für Phase A, Objectives and Qualitative Characteristics ein exposure draft (ED) erschienen ist sowie für Phase B ein discussion paper, unter

das Rahmenkonzept auch für Konzernabschlüsse gilt. Insofern trifft es innerhalb seiner Regelungen, wie auch grundsätzlich die Standards selbst,[400] keine Unterscheidung zwischen Einzel- und Konzernabschlüssen, sondern es ist nach dem Willen des IASB[401] gleichermaßen auf alle Abschlüsse anzuwenden.

Das *framework* befasst sich als einem der ersten Themen mit der Zielsetzung von IFRS-(Konzern-) Abschlüssen.[402]

I. Zweck des IFRS-Konzernabschlusses

Das Rahmenkonzept bestimmt in F.12 als Zielsetzung von Abschlüssen, Informationen über die Vermögens-, Finanz- und Ertragslage sowie Veränderungen der Vermögens- und Finanzlage zu vermitteln, die für wirtschaftliche Entscheidungen nützlich sind (*decision usefulness*). Dies stellt nach h. M. die alleinige Zielsetzung von IFRS-(Konzern-) Abschlüssen dar.[403]

Aus dem Rahmenkonzept lässt sich weiterhin entnehmen, dass Informationen dann als nützlich (*useful*) anzusehen sind, wenn sie relevant und verlässlich sind.[404] Bei diesen qualitativen Anforderungen, die sogleich im nachfolgenden Abschnitt untersucht werden, handelt es sich nach h. M. um *die* „Prüfkriterien" hinsichtlich der Entscheidungsnützlichkeit von Informationen.[405] Demzufolge ist für die Beurteilung des Informationsnutzens in erster Linie danach zu fragen, ob die jeweilige Information relevant und verlässlich ist.

Nach F.14 werden neben entscheidungsnützlichen Informationen durch Abschlüsse auch die Ergebnisse der Führung des Unternehmens durch sein Management gezeigt und dessen Verantwortlichkeit für das ihm anvertraute Kapital. Darin ist die Normierung einer Rechenschaftsfunktion zu sehen, die nach

---

http://www.iasb.org/Current+Projects/IASB+Projects/Conceptual+Framework/Conceptual+Framework.htm, Abfrage 15.05.2008.

400 Vgl. bspw. IAS 1.2, IFRS 3.6 (2004); IFRS-Komm/Baetge/Kirsch/Wollmert/Brüggemann Teil A Kap II Rn. 21.

401 Im Jahr 2001 übernahm das IASB als Nachfolgeorganisation des IASC unverändert dessen Rahmenkonzept, vgl. Pellens, Fülbier , Gassen, Internationale Rechnungslegung, 2004, S. 98.

402 S. F 12 sowie MünchKommBilR/Watrin IFRS Einf Rn. 31 f.

403 Vgl. IFRS F12; MünchKommBilR/Kleindiek IFRS Einf Rn. 90;Lüdenbach/Hoffmann in Haufe IFRS-Komm § 1 Rn. 15; Baetge/Kirsch/Thiele, Konzernbilanzen, 2004, S. 85; IFRS-Komm/Baetge/Kirsch/Wollmert/Brüggemann Teil A Kap II Rn. 29. S. zum Zweck nach dem ED eines Conceptual Framework Kirsch, PiR 2008, 253.

404 S. die Formulierung in F.26 sowie F.31.

405 So bspw. Coenenberg/Deffner/Schultze, KoR 2005, 435, 436; zu den Prüfkriterien der Entscheidungsrelevanz hier mit Bezug zum fair value s. Kußmaul/Weiler, KoR 2009, 163, 169; Streim/Bieker/Esser, BFuP 457, 469 f.; Kessler, in: Bieg/Heyd, Fair Value, 2005, S. 57, 63 ff; Lorson, in: Bieg/Heyd, Fair Value, 2005, S. 5, 11 ff.

oben Gesagtem sowohl dem Einzel-, als auch dem Konzernabschluss zukommt.[406] Der Zweck der Rechenschaft wird von der Informationsfunktion des Abschlusses umfasst.[407] Denn es dient auch die Information der Kapitalentwicklung als Grundlage für wirtschaftliche Entscheidungen.[408]

Die Informationen sind für einen weiten Adressatenkreis bestimmt,[409] zu dem nach F.9 Investoren, Arbeitnehmer, Kreditgeber, Lieferanten und andere Gläubiger, Kunden, Regierungen und andere Institutionen sowie die Öffentlichkeit zählen.

Die Auflistung des *framework* enthält dementsprechend nicht explizit eine Priorisierung bestimmter Adressaten. Allerdings trifft das Rahmenkonzept ebenfalls die Feststellung, dass nicht alle Informationsbedürfnisse aller Adressaten befriedigt werden können, diejenigen der Investoren jedoch den Interessen der meisten anderen Adressaten entsprechen dürften, F.10. Im Schrifttum wird daraus zum Teil geschlossen, die IFRS würden hauptsächlich die Eigenkapitalgeber im Adressatenkreis fokussieren.[410] Nach a. A. stellt der Gleichklang der Interessen eine gedankliche Prämisse dar, auf der die IFRS-Rechnungslegung beruht.[411] Für letztere Auffassung spricht die zukünftige Entwicklung des Rahmenkonzepts: Es sollen nach dem ED zum *conceptual framework* Eigen-, wie auch Fremdkapitalgeber gleichermaßen als „*capital provider*“ und damit primäre Nutzer der Rechnungslegung im Mittelpunkt der Informationsvermittlung stehen.[412] Denn beide Arten von Kapitalgebern seien an der Generierung von (zu-

---

406 MünchKommBilR/Kleindiek IFRS Einf Rn. 90; ADS International, Konzeptionelle Grundlagen, Rn. 43;

407 MünchKommBilR/Kleindiek IFRS Einf Rn. 90. Nach a.A. handelt es sich bei der Rechenschaftsfunktion um einen eigenen, wohl nachrangigen Zweck, vgl. Pellens/Fülbier/Gassen/Sellhorn, Internationale Rechnungslegung, 2008, S. 113, während nach Beck-IFRS-HB/Wawrzinek, 3. Aufl., § 2 Rn. 10 lediglich „Gedanken der Rechenschaftsfunktion“ in den IFRS beinhaltet sind.

408 Vgl. die entsprechenden Ausführungen in F14.

409 Vgl. F.12; IAS 1.9; Beck-IFRS-HB/Wawrzinek, 3. Aufl., § 2 Rn. 6.

410 ADS International, Konzeptionelle Grundlagen, Rn. 39. In erster Linie die Investoren adressiert sehen ebenfalls Beck-IFRS-HB/Wawrzinek, 3. Aufl., § 2 Rn. 6 sowie Beck-IFRS-HB/Bohl/Mangliers, § 2 Rn. 3; letztere ziehen aus dem fiktiven „Gleichklang“ des Informationsbedürfnisses aber nicht diese Konsequenz;

411 MünchKommBilR/Kleindiek IFRS Einf R. 85; Lüdenbach/Hoffmann in Haufe IFRS-Komm § 1 Rn. 17.

412 ED Conceptual Framework, S2, OB 10; Lüdenbach/Hoffmann in Haufe IFRS-Komm § 1 Rn. 17.

künftigen) Cashflows[413] und Vermögen interessiert, so dass die IFRS auf die gleichzeitige Information über *cashflows* sowie *assets* und *liabilities* abzielen.[414]

Demzufolge wird zumindest zwischen diesen beiden Gruppen eine weitgehende Übereinstimmung der Interessen unterstellt. Dies ist v. a. deshalb interessant, da im nationalen Bilanzrecht traditionell entsprechend der vorangehend diskutierten Auffassung zwischen den unterschiedlichen Kapitalgebern ein Interessengegensatz gesehen wird.[415]

Eine formale Auschüttungsbemessungsfunktion kommt dem IFRS-Konzernabschluss ebenso wenig zu wie dem konsolidierten Abschluss nach HGB.[416] Allerdings wird die Auffassung vertreten, der IFRS-Konzernabschluss sei ähnlich dem HGB-Konzernabschluss eine faktische Grundlage für Ausschüttungen und ebenso ein Element der Konzernsteuerung.[417] Da der IFRS-Konzernabschluss für Konzerne mit Kapitalmarktorientierung deren HGB-Abschluss in Deutschland inzwischen vollumfänglich abgelöst hat,[418] liegt insofern der Schluss nahe, dass er Funktionen des handelsrechtlichen konsolidierten Abschlusses übernimmt.

Ebenfalls nicht fern liegend erscheint die Annahme, dass wie für den HGB-Abschluss auch für den IFRS-Konzernabschluss weitere „Zwecke" Voraussetzungen bzw. dem Informationszweck nachgelagerte Möglichkeiten und zu nutzende Vorteile darstellen und diesen insofern begleiten. Auch der Kompensationszweck kann als IFRS-Konzernabschlusszweck unterstellt werden: Die Regelungen von IFRS 3 und IAS 27 führen ebenfalls zum Konzernabschluss einer einzigen fiktiven Einheit, der die Mängel einer lediglich summierenden Darstellung aller *group*-Mitglieder kompensiert; daher gleichen die Konzernabschlussinformationen Defizite aus, die sich aus der Einzelabschluss-Betrachtung ergeben würden (Kompensationszweck).

---

413 ED Conceptual Framework, OB 10; Lüdenbach/Hoffmann in Haufe IFRS-Komm § 1 Rn. 17.

414 Vgl. hierzu nur das geplante Rahmenkonzept, in dem zunächst die Informationsbedürfnisse der capital providers bezüglich cashflows und dann Vermögen dargestellt werden, ED Conceptual Framework, OB.5 ff, OB.15 ff. Gleicher Auffassung Moitzi, Fair Value Accounting, 2007, S. 25.

415 Vgl. hierzu die Ausführungen oben zu den Zielkonflikten der HGB-Rechnungslegung, § 3 A. I. 2. c)aa)(2)(d).

416 S. zum IFRS-Konzernabschluss diesbezüglich MünchKommBilR/Kleindiek IFRS Einf R. 90.

417 MünchKommHGB/Busse von Colbe, § Vor 290 Rn. 63, 27 ff., 33 f., 39 f.

418 S. § 315 a Abs. 1 HGB i. V. m. Art. 4 Verordnung (EG) Nr. 1606/2002 des Europäischen Parlaments und des Rates vom 19.07.2002.

Freilich sind an den Aussagen des Rahmenkonzeptes derlei Konzernabschluss-Funktionen nicht direkt festzumachen. Die zu vermittelnden Informationen dienen nach dem Rahmenkonzept vielmehr dazu, die Fähigkeit des Unternehmens zu beurteilen, Zahlungsmittel zu generieren, F. 15. Dies sei besser zu bewerkstelligen, wenn Informationen über die wirtschaftliche Lage sowie deren Veränderungen bereitgestellt werden, F 15, die dann zudem zur Prognose für künftige wirtschaftliche Einschätzungen des Unternehmens dienen können.[419]

Dementsprechend gehen die IFRS von zwei Basisannahmen aus, in denen sich die Pointierung der (zukünftigen) Cashflow-Erzeugung zeigt: Periodenabgrenzung und *going concern*.

II. Basisannahmen, qualitative Anforderungen und das Gebot des true and fair view

Im Rahmen der Darstellung von IFRS-Grundlagen sollen wie vorangehend für das HGB vorrangig die Grundsätze dargestellt werden, die gewissermaßen eine erhöhte Relevanz für den Konzern-Goodwill aufweisen. Dennoch wird aus Gründen des besseren Verständnisses dem Aufbau des Rahmenkonzepts insoweit gefolgt, als dass zunächst die den IFRS-Abschlüssen zugrundeliegenden Basisannahmen und danach weitere Prinzipien vorgestellt werden.

Das Rahmenkonzept des IASB enthält nämlich Bilanzierungsgrundsätze für eine Rechnungslegung nach IFRS, die zuallererst in den sogenannten grundlegenden Annahmen (*underlying assumptions*) der Periodenabgrenzung (*accrual basis*) und des *going concern* liegen.[420] Daneben exisitieren, auf einer nachgelagerten Ebene, eine Reihe von so genannten qualitativen Anforderungen (*qualitative characteristics*) sowie Beschränkungen für relevante und verlässliche Informationen (*constraints on relevant and reliable information*). Das Gebot des getreuen Bildes ist in dieser Abfolge als letzter Grundsatz des Rahmenkonzepts enthalten.[421]

1. Grundlegende Annahmen

Die grundlegenden Annahmen unterstützen die Zielsetzung des Abschlusses, entscheidungsnützliche Informationen zu vermitteln:[422] *accrual basis* und *going concern*.

---

419 S. die Ausführungen des IASB zur Prognosfähigkeit der IFRS-Abschluss-Daten in F.28.

420 Vgl. F 22 f.

421 F.24-46.

422 MünchKommBilR/Kleindiek IFRS Einf Rn. 91; IFRS-Komm/Baetge/Kirsch/Wollmert/Brüggemann Teil A Kap II Rn. 29.

a) Konzept der Periodenabgrenzung und Pagatorik

Das Konzept der Periodenabgrenzung dient wie für das HGB der periodengerechten Darstellung von Erträgen und Aufwendungen, und wird als „allgemeines Abgrenzungskonzept" verstanden, das u. a. das Realisationsprinzip und den Grundsatz der sachlichen Abgrenzung umfasst.[423] Nach letzterem sind Aufwendungen und Erträge in der Periode zu erfassen sind, in der die Erträge als realisiert gelten (*matching principle*, F. 95).[424] Demnach ist der Zeitpunkt der Ein- und Auszahlung für den Erfassungszeitpunkt von Vermögenswerten, Schulden sowie entsprechenden Erträgen und Aufwendungen irrelevant.[425]

Der Grundsatz der Pagatorik wird im Rahmenkonzept der IFRS und, soweit dies zu beurteilen ist, in der diesbezüglichen Kommentarliteratur nicht explizit erwähnt. Jedoch stellt wohl bereits für eine Schaffung des Konzepts der *accrual basis* eine Voraussetzung dar, dass grundsätzlich Zahlungsströme vorhanden sind, denen aber nach dem *accrual* für die Erfassung von Posten keine Bedeutung zukommt. Nicht ausgedrückt ist damit jedoch, dass Zahlungen zwingend für die Erfassung von Posten vorliegen müssen. Dennoch wird den IFRS das Prinzip zuerkannt bzw. indirekt entnommen und der Grundsatz der Periodenabgrenzung als „Anknüpfungspunkt" dafür verwendet.[426]

b) Going concern

Der Grundsatz des *going concern* ist bei der Aufstellung des Abschlusses zu beachten und es ist wie nach HGB von einer Fortsetzung der Unternehmenstätigkeit auszugehen.[427]

Die Annahme der Unternehmensfortführung ist relevant bei der Bewertung von Abschlusspositionen: Es müssen Fortführungswerte ermittelt werden, da grundsätzlich davon auszugehen ist, dass die Unternehmung noch einen absehbaren Zeitraum weiter betrieben wird.[428] Ergeben sich für das Management gegenteilige Hinweise bei einer Betrachtung, die mindestens 12 Monate nach dem Bilanzstichtag umfasst, IAS 1.24, oder gegenteilige Absichten, kann gegebenenfalls diese Grundlage für den Abschluss nicht aufrecht erhalten werden, F.23, und entsprechende Angaben sind gem. IAS 1.23 von Nöten.

423 IFRS-Komm/Baetge/Kirsch/Wollmert/Brüggemann Teil A Kap II Rn. 36.

424 F.22; MünchKommBilR/Kleindiek IFRS Einf Rn. 91; Beck-IFRS-HB/Wawrzinek, 3. Aufl., § 2 Rn. 16.

425 MünchKommBilR/Zülch/Fischer, IAS 1 Rn. 43.

426 Hüning, Kongruenzprinzip und Rechnungslegung von Sachanlagen nach IFRS, 2007, S. 146 f.

427 IFRS-Komm/Baetge/Kirsch/Wollmert/Brüggemann Teil A Kap II Rn. 30.

428 MünchKommBilR/Kleindiek IFRS Einf Rn. 92.

2. Qualitative Anforderungen

Das Rahmenkonzept benennt bestimmte Eigenschaften als qualitative Anforderungen, die an die Abschlussinformationen gestellt werden, da die Informationen für die Adressaten durch die Anforderungen erst nützlich werden.[429] Sie ergänzen die Basisgrundsätze[430] und dienen damit der Entscheidungsnützlichkeit der vermittelten Informationen. Die qualitiven Anforderungen bestehen aus dem hier nicht weiter zu erörternden Grundsatz Verständlichkeit (*understandability*) sowie aus den *characteristics* Relevanz (*relevance*), Verlässlichkeit (*reliability*) und Vergleichbarkeit (*comparability*); hinzu kommen die jeweiligen Sekundärgrundsätze.[431]

a) Relevanz und Wesentlichkeit

Nach den Ausführungen des *framework* ist eine Information relevant, wenn sie wirtschaftliche Entscheidungen beeinflussen kann, indem sie den Adressaten bei der Beurteilung vergangener, derzeitiger oder zukünftiger Ereignisse hilft oder seine Beurteilungen aus der Vergangenheit bestätigt oder korrigiert, F 26.[432] Daher wird auch gesagt, eine Information sei als relevant einzustufen, wenn sie „predictive value" oder „feedback value" besitze,[433] wobei ebenfalls gefordert wird, sie müsse eine „Aussage über die Rendite/Risikostruktur eines Unternehmens" bieten, mithin zeitliche, strukturelle und zusätzlich oder stattdessen auf die Sicherheit von Zahlungsströmen bezogene Inhalte aufweisen.[434]

Die Wesentlichkeit (*materiality*) stellt ein Unterprinzip der so umschriebenen Relevanz dar. Von ihr und gleichermaßen von der Art der Information hängt die Relevanz einer Abschlussinformation ab.[435] Die Wesentlichkeit ergibt sich dabei in erster Linie aus einer quantitativ orientierten, einzelfallbezogenen Sichtweise:[436] Sie wird in Abhängigkeit gesetzt zur Größe des Postens oder des Fehlers, die aufgrund des Unterlassens der Information oder fehlerhaften Dar-

429 F.24; MünchKommBilR/Kleindiek IFRS Einf Rn. 93.

430 Lüdenbach/Hoffmann in Haufe IFRS-Komm § 1 Rn. 17.

431 Vgl. F 24-42.

432 IFRS-Komm/Baetge/Kirsch/Wollmert/Brüggemann Teil A Kap II Rn. 42.

433 Streim/Bieker, FS Siegel, 87, 98.

434 Hüning, Kongruenzprinzip und Rechnungslegung von Sachanlagen nach IFRS, 2007, S. 29.

435 F 29; MünchKommBilR/Kleindiek IFRS Einf Rn. 95; Pellens/Fülbier/Gassen/Sellhorn, Internationale Rechnungslegung, 2008, S. 115.

436 MünchKommBilR/Kleindiek IFRS Einf Rn. 95; IFRS-Komm/Baetge/Kirsch/Wollmert/Brüggemann Teil A Kap II Rn. 45; Beck-IFRS-HB/Bohl/Mangliers § 2 Rn. 13; Lüdenbach/Hoffmann in Haufe IFRS-Komm § 1 Rn. 68.

stellung entstehen und wirtschaftliche Entscheidungen der Adressaten beeinflussen könnten.[437] Jedoch auch allein die Art einer Information kann, auf Grundlage einer eher qualitativen Betrachtung, die Relevanz einer Information nach sich ziehen.[438]

Ohne freilich durch einen expliziten Niederschlag in den Regelungen des *framework* belegt zu sein, ist nach einer vertretenen Auffassung der enge Zusammenhang zwischen dem Grundsatz der Relevanz und dem der Verlässlichkeit, der sogleich zu erörtern ist, zu beachten: Denn Verlässlichkeit stelle eine Voraussetzung für Relevanz dar, da es ohne erstere keine relevanten Informationen geben könne.[439]

Dem ist zuzustimmen, denn wirtschaftliche Entscheidungen in *sinnvoller* Weise beeinflussen kann nur ein im bilanziellen Sinne „richtiger" Wert. Ansonsten besteht die Gefahr, jeglicher finanziellen Information insbesondere mit Zukunftsbezug Relevanz zuzusprechen, ungeachtet der realen wirtschaftlichen Bedeutung. Besonders erheblich ist dies dann, wenn die Wahrscheinlichkeit, mit der mit finanziellen Zu- bzw. Abflüssen zu oder von einem Posten zu rechnen ist, nicht mehr beim Ansatz der Positionen zu prüfen ist.[440] Schließlich kann es nicht um irgendeinen, verzerrenden oder gar irreführenden Einfluss gehen, der mit Relevanz umschrieben ist, sondern ausschließlich um sinnvolle, entscheidungsnützliche Hinweise. Der Zusammenhang von Relevanz und Verlässlichkeit ist demnach so eng, dass Verlässlichkeit als der Relevanz inhärent betrachtet werden muss.

b) Verlässlichkeit

Das Prinzip Verlässlichkeit (*reliability*) leistet nach den Bestimmungen des Rahmenkonzepts zur Nützlichkeit der Informationen seinen Beitrag, indem es die Fehlerfreiheit der Informationen und das Ausklammern verzerrender Einflüsse erfordert sowie die Übereinstimmung vom Anschein der Information und ihrem wirklichen Gehalt.[441]

---

437 F.30.

438 Vgl. F.29; ADS International, Konzeptionelle Grundlagen, Rn. 62; IFRS-Komm/Baetge/Kirsch/Wollmert/Brüggemann Teil A Kap II Rn. 45; Ohms, Rechnungslegung, 2005, S. 141 f.

439 Pfaff/Kukule, KoR 2006, 542, 548.

440 Auf die Problematik in Bezug auf Ansatzkriterein von Posten, die im Rahmen eines Unternehmenserwerbs erworben wurden, wird nachfolgend eingegangen, s. § 6 A. I. 4. sowie B. IV. 1.

441 Vgl. F 31.

Das Gebot der Verlässlichkeit wird durch fünf Sekundärgrundsätze konkretisiert.[442] Dazu zählen das Gebot der glaubwürdigen Darstellung (*faithful representation*), das hier nicht weiter untersuchte Gebot der wirtschaftlichen Betrachtungsweise (*substance over form*), Neutralität (*neutrality*), Vorsicht (*prudence*) und, hier vernachlässigt, Vollständigkeit (*completeness*):

Eine glaubwürdige Darstellung ist nach dem Rahmenkonzept dann gegeben, wenn Informationen über Geschäftsvorfälle und andere Ereignisse glaubwürdig wiedergeben, was nach ihrem Inhalt oder vernünftigerweise zu erwarten ist.[443] Es wird jedoch auch formuliert, dass Geschäftsvorfälle und Ereignisse „den tatsächlichen Verhältnissen entsprechend" dargestellt werden müssen, was die Angabe von Schätzwert-Parametern mit sich bringe.[444]

Das Prinzip der Neutralität erfordert nach dem Rahmenkonzept die Freiheit von verzerrenden Einflüssen; diese liegt nicht vor, wenn Entscheidungen oder Beurteilungen durch die Informationen in eine vorher bestimmte Richtung gelenkt werden sollen.[445]

Das Vorsichts-Gebot erfordert nach F. 30 ein gewisses Maß an Sorgfalt bei der Ermessensausübung, so dass Bilanzposten nicht zu hoch und nicht zu niedrig in den Abschluss eingehen. Damit betrifft der Grundsatz der Vorsicht im Rahmen der IFRS-Rechnungslegung in erster Linie die Handhabung von Spielräumen bei Schätzungen und Ermessensausübungen.[446] Ausdrücklich nicht gestattet ist die Bildung von stillen Reserven aufgrund von Erwägungen in Anwendung des Vorsichtsprinzips.[447]

Mehr Gewicht, als es durch das Rahmenkonzept den Anschein hat, gewinnt der Vorsichtsgrundsatz auf der Ebene der Einzelregelungen: Bspw. wird in IAS 11.32 gefordert, Verluste aus Fertigungsaufträgen sofort in voller Höhe zu erfassen, während Gewinne daraus gem. IAS 11.32 a) nur in Höhe der angefallenen Auftragskosten, die wahrscheinlich zu erringen sind, erfasst werden dürfen.

---

442 MünchKommBilR/Kleindiek IFRS Einf Rn. 96; Beck-IFRS-HB/Bohl/Mangliers § 2 Rn. 16; IFRS-Komm/Baetge/Kirsch/Wollmert/Brüggemann Teil A Kap II Rn. 48.

443 So in etwa die Forderung des F.33; Pellens/Fülbier/Gassen/Sellhorn, Internationale Rechnungslegung, 2008, S. 115.

444 IFRS-Komm/Baetge/Kirsch/Wollmert/Brüggemann Teil A Kap II Rn. 49 mit Rekurs auch Baetge/Zülch, HdJ, Abt. I/2, Rn. 241 f.

445 Vgl. F.36; MünchKommBilR/Kleindiek IFRS Einf Rn. 97; IFRS-Komm/Baetge/Kirsch/Wollmert/Brüggemann Teil A Kap II Rn. 55; Heuser/Theile, IFRS-HB, 2007, Rn. 274.

446 MünchKommBilR/Kleindiek IFRS Einf Rn. 99; IFRS-Komm/Baetge/Kirsch/Wollmert/Brüggemann Teil A Kap II Rn 58; Lüdenbach/Hoffmann in Haufe IFRS-Komm § 1 Rn. 18; Pellens/Fülbier/Gassen/Sellhorn, Internationale Rechnungslegung, 2008, S. 116.

447 F.37.

Ähnliches gilt für latente Steuern nach IAS 12. Dies wird als „implizite Imparitätsanforderung" aufgefasst.[448] Insofern enthalten die Einzelregelungen hier Prinzipien, die in den Rahmenkonzept-Sekundär-grundsatz der Vorsicht nicht hineinzulesen sind. Aufgrund mehrerer Einzelregelungen kann jedoch wohl auf deren Geltung geschlossen werden.[449] Zusätzlich tragen v. a. Anhang-Angaben dem Vorsichtsprinzip Rechnung.[450]

c) Vergleichbarkeit

Das Erfordernis der Vergleichbarkeit in F.39 verlangt, dass die Adressaten Abschlüsse sowohl eines Unternehmens über die Zeit hinweg als auch von Unternehmen untereinander vergleichen können. Damit hat die Anforderung zweierlei Ebenen.[451] Der Grundsatz erfordert Stetigkeit hinsichtlich der Darstellung und Bewertung von Sachverhalten innerhalb eines Unternehmens über die Zeit hinweg sowie für verschiedene Unternehmen. Dies kann sowohl für Ansatz und als auch Bewertung als Forderung vertikaler und horizontaler Stetigkeit aufgefasst werden. Erstere ist explizit in IAS 1.27 enthalten, in IAS 8.13 können zeitliche und sachliche Stetigkeit durch Auslegung ermittelt werden. Die Vorschrift spricht von stetiger Auswahl und Anwendung der Rechnungslegungsmethoden. Auch in IAS 1.36 in der Forderung von Vergleichsinformationen ist die zeitliche und sachliche Stetigkeit zu finden, die einen Vergleich sowohl zeitlich als zwischenbetrieblich ermöglichen sollen.[452]

Speziell für den Konzernabschluss fordert IAS 27.24 für ähnliche Geschäftsvorfälle und andere Ereignisse unter vergleichbaren Umständen einheitliche *accounting policies*. Die Forderung ist insofern gleichlautend zu IAS 8.13 und kann in gleichmäßiger Auslegung ebenfalls so verstanden werden, dass gleiche Sachverhalte in den Konzernunternehmen und über die Zeit gleich abgebildet werden müssen.[453] Dies schließt echte und unechte Wahlrechte, also Er-

---

448 Vgl. zu Vorsichts- und Imparitätsprinzip Lüdenbach/Hoffmann in Haufe IFRS-Komm § 1 Rn. 19 ff; Lüdenbach in Haufe IFRS-Komm § 18 Rn. 37 ff.

449 Hierzu relativierend muss allerdings ein Verzicht auf das Imparitätsprizip bei der Bilanzierung von Finanzderivaten angeführt werden, IAS 39.9, vgl. Lüdenbach/Hoffmann in Haufe IFRS-Komm § 1 Rn. 22; Lüdenbach in Haufe IFRS-Komm § 28 Rn. 216 f.

450 Vgl. z. B. IAS 37.84 ff., IAS 30.50 worauf IFRS-Komm/Baetge/Kirsch/Wollmert/Brüggemann Teil A Kap II Rn. 61 sich in diesem Kontext beziehen.

451 Ähnlich MünchKommBilR/Kleindiek IFRS Einf Rn. 101; IFRS-Komm/Baetge/Kirsch/Wollmert/Brüggemann Teil A Kap II Rn. 65.

452 MünchKommBilR/Zülch/Fischer IFRS IAS 1 Rn. 63; MünchKommHGB/Busse von Colbe § 297 Rn. 62.

453 Lüdenbach in Haufe IFRS-Komm § 24 Rn. 5; 7 f.

messensentscheidungen, mit ein,[454] zu denen gegenenfalls auch Konsolidierungsmethoden gehören können. Unstreitig fallen Konsolidierungsmethoden unter den weiten Begriff der *accounting policies*.[455]

Ausnahmen vom Stetigkeitsgebot sind nur in engen Grenzen möglich, und zwar aufgrund Gesetz oder verbindlicher Regel oder falls zu einer angemesseneren bzw. relevanteren oder verlässlicheren Darstellung gelangt wird.[456]

d) Beschränkungen für relevante und verlässliche Informationen

Den qualitativen Anforderungen stehen gegensätzliche, ebenfalls zu beachtende Beschränkungen (*constraints on relevant and reliable information*) gegenüber, die sich aus dem – hier nicht untersuchten - Erfordernis der Zeitnähe (*timeliness*) und einer Abwägung von Nutzen und Kosten (*balance between benefit and cost*) sowie einer Abwägung der qualitativen Anforderungen untereinander (*balance between qualitative characteristics*) ergeben.[457] Die IFRS gehen also von bestehenden Zielkonflikten zwischen den Grundsätzen aus, die eine Abwägung dieser gegeneinander erforderlich machen, wobei auch hier eine Konfliktvermeidung über Anhangangaben empfohlen wird.[458]

Als einer der wichtigsten Grundsätze ist hier das Wirtschaftlichkeitsprinzip herauszustellen. Der Nutzen einer Information muss danach höher sein, als die Kosten ihrer Bereitstellung, F.44.[459] Der Grundsatz führt folglich zu einer Begrenzung von Informationen, wenn eine Kosten/Nutzenabwägung keinen gerechtfertigten Mehrwert hinsichtlich des Informationsgehalts ergibt. Wie weitgehend dies ist, ist allerdings nicht leicht zu beurteilen. Es wird die Auffassung vertreten, dass der Grundsatz nur im Ausnahmefall dazu führen wird, Bilanzierungs- und Bewertungsmethoden nicht anwenden oder Anhangangaben unterlassen zu können; denn es sei davon auszugehen, dass sich das IASB dem Aufwand bewusst sei, den seine Standards erfordern und von einer grundsätzlich angemessenen Kosten-Nutzen-Relation ausgeht.[460] Diese Meinung erscheint dann gerechtfertigt, wenn die rechtlichen Handlungsanweisungen an den Bilanzierer relativ präzise gefasst sind. Je weiter allerdings Ermessens- und Beurteilungsspielräume sind, die dem IFRS-Anwender eingeräumt werden, desto weniger ergiebig ist das Argument.

---

454 Lüdenbach in Haufe IFRS-Komm § 24 Rn. 5; 7 f.

455 Vgl. die Definition in IAS 8.5.

456 Lüdenbach in Haufe IFRS-Komm § 24 Rn. 17 ff.

457 Vgl. F 43-45.

458 IFRS-Komm/Baetge/Kirsch/Wollmert/Brüggemann Teil A Kap II Rn. 67.

459 MünchKommBilR/Kleindiek IFRS Einf Rn. 102; Coenenberg/Haller/Schultze, Jahreabschluss, 2009, S. 67.

460 Beck-IFRS-HB/Bohl/Manglier § 2 Rn. 19.

Aus der Rahmenkonzept-Regelung, F.45 (*balance between qualitative characteristics*), wird deutlich, dass ein ausgewogenes Verhältnis zwischen den qualitativen Anforderungen anzustreben ist.[461] Damit soll grundsätzlich kein Grundsatz die anderen dominieren, wobei die Gewichtung im Einzelfall eine Abwägungsfrage ist.[462]

c) True and fair view

Der Grundsatz des getreuen Bildes wird im Rahmen der Qualitativen Anforderungen gleichsam als deren Ergebnis (zurückhaltend) formuliert: Ihre Anwendung und die der IFRS im Allgemeinen führte nämlich regelmäßig zu etwas, was im Allgemeinen als Vermittlung eines den tatsächlichen Verhältnissen entsprechenden Bildes verstanden werde, F. 46. Ansonsten seien dies keine Überlegung des Rahmenkonzepts, F.45.

Demgegenüber scheint es Sache des IAS 1.13 zu sein, den *true and fair view* zu präzisieren: Sogar als grundlegende Überlegung (*overall considerations*) im Stile einer Generalnorm[463] gewinnt er dort eine herausragende Bedeutung: Es wird explizit die Darstellung eines den tatsächlichen Verhältnissen entsprechenden Bildes der Vermögens-, Finanz, und –Ertragslage einschließlich der Cashflows gefordert. IAS 1.15 proklamiert in wesentlich deutlicherer Wortwahl, dass dieses Bild auch so gut wie immer über die Anwendung der IFRS erreicht werde. [464] Sollte es in einem äußerst seltenen Fall einmal nicht so sein und ein Standard oder eine Interpretation in die Irre führen, so dass es zu einem Konflikt mit dem Zweck des Rahmenkonzepts komme, kann zur Erreichung des getreuen Bildes von der betroffenen Vorschrift abgewichen werden, IAS 1.17. Aus dieser Bestimmung ist im Sinne einer nach dem IASB erstrebenswerten, prinzipienbasierten Rechnungslegung ein gewisser Vorrang der *true and fair presentation* vor Einzelregelungen herauszulesen (*overriding principle*).[465]

---

461 MünchKommBilR/Kleindiek IFRS Einf Rn. 102.

462 Baetge/Kirsch/Thiele, Bilanzen, 2005, S. 147;Coenenberg/Haller7Schultze, Jahreabschluss, 2009, S. 67; Pellens/Fülbier/Gassen/Sellhorn, Internationale Rechnungslegung, 2008, S. 118.

463 Vgl. Pellens/Fülbier/Gassen, Internationale Rechnungslegung 2004, S. 109; Beck-IFRS-HB/Bohl, Mangliers § 2 Rn. 7; Ohms, Rechnungslegung, 2004, S. 135.

464 Ebenso Lüdenbach/Hoffmann in Haufe IFRS-Komm § 1 Rn. 72.

465 MünchKommBilR/Zülch/Fischer IFRS, IAS 1 Rn. 29; IFRS-Komm/Baetge/Kirsch/Wollmert/Brüggemann Teil A Kap II Rn. 51; Lüdenbach/Hoffmann in Haufe IFRS-Komm § 1 Rn. 71; Ohms, Rechnungslegung, 2005, S. 135. A.A. offenbar Lüdenbach/Hoffmann in Haufe IFRS-Komm § 1 Rn. 76, die schreiben, es handele sich um kein overriding principle. Relativiert wird die Aussage durch den Nebensatz, dass das Prinzip nicht nach Belieben Vorrang vor Einzelbestimmungen habe.

III. Rechtsverbindlichkeit der Grundsätze

Das Rahmenkonzept bildet einen „konzeptionellen Bezugsrahmen für die IFRS-Rechnungslegung."[466] Es stellt allerdings selbst keinen Standard dar; sollten Anforderungen des Rahmenkonzepts und Standard-Regelungen divergieren, genießen letztere Vorrang; damit hat das Rahmenkonzept letztlich „Empfehlungscharakter".[467] Als „nicht-Standard" wurde das *framework* auch nicht im Wege der EU-Übernahmeverordnung in europäisches Recht übernommen.[468] Dies ist zwar rechtspolitisch als pro-blematisch zu beurteilen,[469] im Hinblick auf die hier interessierenden Grundsätze der Rechnungslegung wird die Problematik jedoch relativiert: Denn die Prinzipien und ebenso der Zweck der IFRS Rechungslegung finden sich weitgehend vollständig in IAS 1 wieder:

Die Aufgabe der Informationsvermittlung wird in IAS 1.7 wiederholt, einschließlich der darin enthaltenen Rechenschaftsfunktion. Die Bedeutung des *true and fair view* in IAS 1.13 wurde im vorangegangenen Unterabschnitt erläutert. Für die Vermittlung des realistischen Bildes wird auf die im Rahmenkonzept enthaltenen Definitionen und Erfassungskriterien für Vermögenswerte, Schulden, Erträge und Aufwendungen Bezug genommen, denen insoweit bei der Rechnungslegung zu entsprechen ist, IAS 1.13. Nicht explizit erwähnt werden die qualitativen Anforderungen des Rahmenkonzepts. Ein Unternehmen muss jedoch nach IAS 1.15 (b) zur Erreichung des *true and fair view* eine Darstellung von Informationen vornehmen, die zu relevanten, verlässlichen, vergleichbaren und verständlichen Informationen führt. Damit werden die qualitativen Anforderungen des Rahmenkonzepts vollständig wieder aufgegriffen und erhalten rechtsverbindlichen Status bzw. Standard-Rang.[470] Sie sind deshalb von allen Unternehmen, die nach IFRS Rechnung legen müssen, zu beachten.

Da jedenfalls die vorangehend angeführten Anforderungen – insoweit unabhängig vom Rahmenkonzept - in IAS 1 enthalten sind und ebenso die Generalnorm „*true and fair view*", bleiben diese Prinzipien auch im Fall von Überarbeitungen des Rahmenkonzepts - bis zu einer gegenenfalls neuen Fassung des IAS 1 und dessen Übernahme durch die EU - als elementare Grundsätze der internationalen Rechnungslegung erhalten. An ihnen müssen sich Vorschriften der

---

466 MünchKommBilR/Watrin IFRS Einf Rn. 31.

467 MünchKommBilR/Watrin IFRS Einf Rn. 31; Baetge/Kirsch/Thiele, Bilanzen, 2005, S. 52.

468 MünchKommBilR/Kleindiek IFRS Einf Rn. 86; MünchKommBilR/Hennrichs IFRS Einf Rn. 59.

469 MünchKommBilR/Hennrichs IFRS Einf Rn. 59.

470 MünchKommBilR/Watrin IFRS Einf Rn. 34; MünchKommBilR/Zülch/Fischer IFRS, IAS 1 Rn. 25.

IFRS insofern messen lassen, als ihretwegen die Darstellung von Abschlussinformationen erreicht werden soll, die mit den dargelegten Grundsätzen in Einklang stehen.

IV. Einheitsgrundsatz und Einheitstheorie

Neben den bereits dargestellten Grundsätzen und Annahmen, die die IFRS für alle Abschlüsse normieren, ist fraglich, ob für den Konzernabschluss auch im Rahmen der IFRS weitere Prinzipien existieren. Konkret ist im Kontext der Untersuchung von besonderem Belang, ob ebenfalls der Einheitsgrundsatz bzw. die Einheitstheorie dem IFRS-Abschluss zugrunde liegen.

Mangels entsprechender Hinweise im Rahmenkonzept kommen als Regelungsorte von Einheitsgrundsatz und Einheitstheorie in erster Linie IFRS 3 (*business combinations*) und IAS 27 (*consolidated and separate financial statements*) in Betracht. Beide Standards sind zentral für den Konzernabschluss und regeln den bilanzrechtlichen Umgang mit den elementaren Beziehungsgeflechten von Mutter- und Konzernunternehmen.[471]

In IAS 27 aus dem Jahr 1994 fand sich denn auch in Par. 4 eine Definition des Konzernabschlusses, die in ihrer Formulierung dem Einheitsgrundsatz nach HGB weitgehend vergleichbar war: Danach handelte es sich bei einem Konzernabschluss um den fiktiven Abschluss eines einzigen Unternehmens (*enterprise*). Offen ließ die Begriffsbestimmung, ob eine rechtliche oder wirtschaftliche Einheit fingiert werden sollte. In einer Anpassung an US-GAAP wurde der Begriff *„enterprise"* in IAS 27.4 (2003) ersetzt durch *„economic entity"*, wobei die GAAP allerdings nur von *„entity"* sprachen, die eine nicht ausschließlich rechtliche Einheit meinte.[472]

Nunmehr ist mit IAS 27.4 (2008) der Abschluss einer *group*, also von *parent and all its susidiaries* gefordert, der diese darstellt, als handelte es sich um eine wirtschaftliche Einheit. Formuliert ist demnach der Einheitsgrundsatz in Ausprägung der zum HGB geschilderten Gegenauffassung.[473] Die Einzelvorschriften hingegen, wie z. B. Regelungen über die Konsolidierung in IAS 27.18 (*consolidation procedures*) bzw. IFRS 3.4 ff. (*the acquistion method*) beschreiben letztlich bilanzielle Vorgehensweisen, die trotz des ausdrücklichen Hinweises auch in Par. 18 von IAS 27, diese seien nötig zur Darstellung der Gruppe als

471 Ähnlich Lüdenbach in Haufe IFRS-Komm § 32 Rn. 2.

472 Küting/Weber, Konzernabschluss, 2005, S. 77.

473 IFRS-Komm./Baetge/Hayn/Ströher, IAS 27 Rn. 36 sehen durch IAS 27.4 die rechtliche Einheit in den Hintergrund treten, jedoch nicht die Einheitstheorie enthalten, da mit dem Einheitsgrundsatz auch die Interessentheorie mit Vollkonsolidierung vereinbar sei.

eine wirtschaftliche Einheit, in Wahrheit nur über die Fiktion einer Rechtseinheit erklärbar sind.[474]

Die Einheitstheorie findet nach Teilen des Schrifttums ebenfalls in IAS 27.4 in der Forderung nach wirtschaftlicher Einheit ihren Niederschlag.[475] Zudem wird im neugefassten IAS 27.4 (2008) eine abweichende Definition des *non controlling interest* gegenüber der des *minority interest* in der Vorgänger-Regelung vorgenommen, die nur noch auf die Anteile am Eigenkapital abstellt und nicht mehr auch auf den Anteil der Minderheiten am Ergebnis oder Nettovermögen. Diese führe dazu, dass nunmehr über eine „Negativ- bzw. Residualabgrenzung" auf den Bilanzstichtag der *non controlling interest* als der Teil des Eigenkapitals zu ermitteln ist, der nicht bereits schon dem beherrschenden Anteil zugerechnet wird.[476] Die Neufassung ergebe sich aus der Umsetzung der Einheitstheorie, da durch die einheitstheorethische Betrachtung eine Differenzierung in Bezug auf die Gesellschafter im Rahmen der IFRS hinsichtlich der Vermögenswerte und Schulden eines Unternehmens obsolet werde.[477]

Weitere Einzelregelungen werden ebenfalls herangezogen, um mit deren (verändertem) Regelungsgehalt die (zunehmende) einheitstheoretische Prägung des IFRS-Abschlusses zu belegen: Bspw. ist nach der Überarbeitung im Jahr 2003 der Ausweis der Minderheitenanteile gem. IAS 27.33 (2003), heute IAS 27.27 (2008) innerhalb des Konzerneigenkapitals vorzunehmen – wie es dem einheitstheoretischen Verständnis von Minderheits-Gesellschaftern als Eigenkapitalgebern entspricht. Seit IFRS 3 (2004) ist die Buchwertmethode abgeschafft und seit IFRS 3 (2008) ist die Anwendung der *full goodwill method* möglich.[478] Diese Methode wird in der nachfolgenden Untersuchung noch breiten Raum einnehmen; ihre Implikation auf die Einheitstheorie wird dabei ebenfalls untersucht werden.[479]

---

474 Vgl. hierzu die inhaltlich übertragbaren Ausführungen zum HGB in MünchKomm-HGB/Busse von Colbe IFRS § 297 Rn. 49 sowie die Ausführungen zum Einheitsgrundsatz des HGB, § 3 A. II. 2.

475 Beck-IFRS-HB/Senger/Brune, § 33 Rn. 1 i. V. m. Sachverzeichnis, S. 1315 (Einheitstheorie); Wagenhofer, Internationale Rechnungslegungsstandards, 2009, S. 398. Vgl. hierzu die Ausführungen bei Busse von Colbe/Ordelheide/Gebhardt/Pellens/ Konzernabschlüsse, 2006, S. 26, die entsprechend der Auffassung, dem IFRS-Konzernabschluss liege ebenfalls die Fiktion der rechtlichen Einheit zugrunde und diese gleichermaßen als Einheitstheorie verstehen, die Einheitstheorie als Prinzip in den IFRS enthalten sehen.

476 Freiberg, PiR 2009, 210, 211 f.

477 Freiberg, PiR 2009, 210, 211.

478 S. diese Argumente bspw. bei IFRS-Komm/Baetge/Hayn/Ströher, Teil B, IAS 27 Rn. 28 f.

479 S. hierzu § 6 B. II, insb. 2. b), 3; § 7 D.

Die Einheitstheorie ist von daher (inzwischen) wohl unstreitig (zumindest ein) Prinzip von IFRS-Konzernabschlüssen. Zudem liegt nach hier vertretener Auffassung, entsprechend den Ausführungen zum HGB, dem IFRS-Konzernabschluss entgegen dem Wortlaut in IAS 27 ebenfalls der Einheitsgrundsatz im Sinne der Fiktion der rechtlichen Einheit zugrunde.

C. Zwischenresümee: Vergleich von Zielen und Grundsätzen einer Rechnungslegung nach HGB und IFRS

In den vorangehenden Abschnitten wurden die konzeptionellen Grundlagen einer Konzernrechnungslegung nach HGB und IFRS vor dem Hintergrund des Themas der nachfolgenden Untersuchung zusammengetragen, der erstmaligen Bilanzierung des Goodwill in einem Konzernabschluss nach HGB bzw. IFRS. Von daher wurden die Grundlagen im Hinblick auf die Goodwill-Regelungen der Rechnungslegungssysteme ausgewählt und neben der elementaren Zwecksetzung des jeweiligen Rechnungslegungssystems einige besonders relevante Grundsätze der HGB-und IFRS-Bilanzierung betrachtet. Im folgenden Abschnitt werden die wichtigsten Gemeinsamkeiten und Unterschiede dieser Grundlagen zusammengefasst.

Die erarbeiteten Grundkonzeptionen für Konzernabschlüsse nach HGB und IFRS stellen für die weitere Untersuchung die Basis dar, von der ausgehend es gilt, die unterschiedlichen Goodwill-Regelungen des HGB und der IFRS zu analysieren und zu bewerten.

I. Gemeinsamkeiten und Unterschiede von Rechnungslegungszwecken und -grundsätzen

Entsprechend dem Aufbau des HGB wurden von den Zwecken des Einzelabschlusses ausgehend die Zwecke des Konzernabschlusses beleuchtet: Dabei kann als Ergebnis festgehalten werden, dass der Konzernabschluss nach HGB in der Hauptsache der Informationsvermittlung für einen heterogenen Kreis von Adressaten dient. Obwohl über einer andere Tradition und Struktur hinsichtlich der Regelungen verfügend, erfüllt der IFRS-Konzernabschluss ebenfalls in erster Linie eine Informationsfunktion für einen gleichermaßen weiten Adressatenkreis. Während für die IFRS häufig die Fokussierung der Anteilseigner angenommen wird, ist vom IASB jedenfalls für die Zukunft geplant, alle *capital providers*, also Eigner und Gläubiger, als Hauptadressaten zu betrachten.

Die materielle Verankerung des Informationszwecks im Gebot des *true and fair view* hinsichtlich der Vermögens-, Finanz- und Ertragslage sowie Überlegungen hinsichtlich der typischen Informationsinteressen der Adressaten führen für das HGB zum Ergebnis, dass gleichermaßen über Vermögen und Ertrag bzw. Cashflows zu informieren ist – ungeachtet eventueller Zielkonflikte, die zumeist in ökonomischen Ausnahmesituationen, wie z. B. einer Unternehmenskrise, virulent werden dürften. Es erscheint für den wirtschaftlichen Normalfall sachgerecht, von einem weitgehenden Gleichklang der primären Informationsinteressen der Adressaten Eigner und Gläubiger und Arbeitnehmer auszugehen.

Im HGB findet keine weitere Konkretisierung der Informationsqualität statt, wie insgesamt in den HGB-Normen weniger Zielvorgaben hinsichtlich der zu vermittelnden Informationen formuliert bzw. aus ihnen abgeleitet werden, als Ansatz- und Bewertungsgebote und -verbote zu entnehmen sind: So ist z. B. „vorsichtig" zu bewerten.

Indessen zeichnen sich in den IFRS Informationen durch ihre Entscheidungsnützlichkeit aus, die wiederum in erster Linie an Relevanz und Verlässlichkeit zu messen ist. Der Fokus ist wie nach HGB auf die Informationsvermittlung von Vermögens-, Finanz- und Ertragslage gerichtet.

Andere Zwecke sind neben dem Informationszweck für den HGB-Konzernabschluss anzuerkennen, namentlich die Zwecke Dokumentation, Rechenschaft und Kompensation; zudem erfüllt der Konzernabschluss die Funktionen der Kapitalverminderungskontrolle/faktische Ausschüttungsgrundlage und des Controlling. All diese Funktionen sind dem Informationszweck entweder vorgeschaltet, um diesen zu ermöglichen, werden durch ihn umfasst oder nachgelagert durch die Informationen aus dem Konzernabschluss überhaupt erst möglich. Sie sind insofern untrennbar mit der Informationsfunktion verbunden und werden von ihr dominiert.

Explizit erwähnt wird in den IFRS die Rechenschaftsfunktion, die auch hier von der Informationsfunktion umfasst wird. Ohne dass weitere Zwecke im Rahmenkonzept normiert sind, erscheint dennoch die Annahme begründet, dass wie für das HGB weitere Funktionen den Informationszweck flankieren: Die Informationen des IFRS-Konzernabschlusses können den Eignern und mittelbar der Kapitalerhaltung dienen, während daneben dieselben Informationen die Möglichkeit der Konzernsteuerung bieten. Schließlich wird durch die bereitgestellten Informationen das Informationsdefizit, das allein aus den unkonsolidierten Einzelabschlüssen rühren würde, kompensiert. Damit erscheint als Fazit einer Zweck-Betrachtung vertretbar, trotz unterschiedlicher Normierung von weitgehend vergleichbaren Funktionen einer Konzern-Rechnungslegung nach HGB und IFRS auszugehen.

Nachdem ein weitgehender Gleichklang der Konzernabschlusszwecke von HGB und IFRS an dieser Stelle konstatiert werden kann, erscheint es nicht allzu überraschend, dass auch die vorrangig relevanten Grundsätze der Konzernrechnungslegung einige Übereinstimmungen aufweisen.

Für Konzernabschlüsse ergeben sich nach HGB und IFRS folgende ausgewählte und im Kontext einer Goodwill-Bilanzierung relevante Grundsätze.

Abb.: „Gegenüberstellung ausgewählter (Konzern-)Rechnungslegungsgrundsätze nach HGB und IFRS"

HGB	*IFRS*
Grundsatz des getreuen Bildes	True and fair view
Einheitsgrundsatz/Einheitstheorie	Einheitsgrundsatz/Einheitstheorie
Wirtschaftlichkeit und Wesentlichkeit	Balance between benefit and cost Relevanz und Wesentlichkeit
Richtigkeit und Willkürfreiheit	Faithful representation Neutrality
Verlässlichkeit	Verlässlichkeit
Going concern	Going concern
Vorsicht	Vorsicht
Vergleichbarkeit	Vergleichbarkeit
Periodenabgrenzung	Periodenabgrenzung
Pagatorik	Pagatorik

Für alle im Kontext der Goodwill-Bilanzierung ausgewählten HGB-Grundsätze existieren Entsprechungen in den internationalen Rechnungslegungsvorschriften. Ein nahezu identischer rechtlicher Rahmen der Goodwill-Bilanzierung besteht indessen nur vordergründig. Die Grundsätze unterscheiden sich teilweise in Enzelheiten ihres Regelungsgehalts:

Der Grundsatz des *true and fair view* dient im Handelsrecht als Generalnorm u.a. der Auslegung von Einzelregelungen und Regelungslücken, in IFRS hingegen kann er Einzelvorschriften als eine Art *overriding principle* im Ausnahmefall sogar überwinden. Einheitsgrundsatz/Einheitstheorie liegen sowohl HGB-als auch IFRS-Konzernabschlüssen zugrunde, die Ausprägung ist allerdings unterschiedlich, wie noch exemplarisch für die Bilanzierung des (Minderheiten-)Goodwill zu untersuchen sein wird.

Die Prinzipien Wirtschaftlichkeit und Wesentlichkeit dürften im Kern hingegen wenig differieren und auch für die deutsche Richtigkeit und Willkürfreiheit ist zu unterstellen, dass über eine *faithful representation* ohne verzerrende Einflüsse (*neutrality)* auf eine gleichermaßen objektivierte Informationsvermittlung abgezielt wird, bei der sich Realität und Darstellung entsprechen mögen. Eine darüber hinausgehende Bedeutung des Prinzips Verlässlichkeit ist im HGB fraglich, während es im Rahmenkonzept zwar (noch) als Hauptprinzip fungiert. Dennoch dürfte die Verlässlichkeit der IFRS mit der Forderung nach Fehlerfreiheit, Freiheit von verzerrenden Einflüssen sowie Übereinstimmung von Anschein und wirklichem Gehalt, das durch *faithful representation* und *neutrality* konkretisiert wird, kaum ein anderes Anliegen verfolgen als die genannten nationalen Grundsätze.

Keine vollkommene Deckungsgleichheit besteht zwischen dem IFRS-Prinzip der Relevanz im Sinne eines möglichen Einflusses einer Information auf wirtschaftliche Entscheidungen, der eher quantitativ zu bemessen ist, und dem der Wesentlichkeit des HGB, dessen Beurteilung nach Qualität oder Quantität umstritten ist. Jedoch wird die Relevanz der IFRS durch die Wesentlichkeit als qualitativer wie quantitativer Maßstab ergänzt.

Eine weitere Übereinstimmung kann für das Prinzip des *going concern* als grundlegende Bewertungsprämisse angenommen werden. Ohne im HGB auf einer anderen Ebene als die übrigen Grundsätze angesiedelt zu sein, liegt die Annahme der Unternehmensfortführung dennoch grundsätzlich allen Bewertungsvorgängen zugrunde. Insofern ist durch die Qualifzierung als *unterlying assumption* in den IFRS keine fundamentalere Bedeutung des *going concern* als für das HGB erkennbar.

Das Prinzip der Vorsicht hingegen wird im HGB teilweise als dominanter beurteilt, da insbesondere „Sekundärgrundsätze“ wie das Imparitätsprinzip aus ihm abgeleitet werden, während (noch) Vorsicht im Rahmen der IFRS v. a. bei der Ermessensausübung walten zu lassen ist. Die Ebene der Einzelregelungen ist hier allerdings dazu geeignet, den Unterschied der Systeme etwas zu relativieren, da sich hier teilweise impartitätische Einzelregelungen wiederfinden – dem Regelungsgehalt des IFRS-Vorsichtsgrundsatzes zum Trotz. Auch kommt dem HGB-Vorsichtsprinzip keine dominante Position unter den Grundsätze mehr zu, zumal es als Maßstab für Schätzungen bzw. als Bewertungsanweisung im Hinblick auf anzuwendende Bewertungsverfahren qualifiziert wird.

Das Prinzip der Vergleichbarkeit erfordert hingegen hier wie dort horizontale und vertikale Stetigkeit und nach den Neuerungen durch das BilMoG nunmehr gleich den IFRS neben der Bewertungs- auch die Ansatzstetigkeit im HGB-Abschluss. Speziell für den Konzernabschluss gilt auf beiden Seiten Stetigkeit der Konsolidierungsmethoden. Abgewichen werden darf nach beiden Systemen von der Stetigkeit hauptsächlich dann, wenn eine (wesentliche) Verbesserung der Informationen zu erwarten ist.

Auch das Prinzip der Pagatorik findet sich in den in beiden Systemen, wenngleich es nirgendwo explizit geregelt ist. Dennoch kann es den Einzelnormen entnommen werden, wobei sowohl nach HGB als auch nach IFRS jeweils das Prinzip der Periodenabgrenzung - ebenfalls Grundlage beider Rechnungslegungssysteme - einen Bezugspunkt darstellt.

Die Systeme gleichen sich letztlich auch darin, dass mit Ausnahme des *true and fair view* in den IFRS kein Prinzip vor den anderen Vorrang genießt.

An der Anmerkung zum IFRS-Vorsichtsgrundsatz, die Ebene der Einzelregelungen könne die Wirkung von Bilanzierungsgrundsätzen relativieren, wird allerdings deutlich, dass ein Vergleich auf der Ebene der Bilanzierungszwecke und (nur) einiger ausgewählter Bilanzierungsprinzipien offenkundig zu kurz greift, wollte man einen umfassenden Vergleich der Systeme anstellen. Neben der Ebene der Grundsätze bedürfte es einer detaillierten Betrachtung insbesondere von IFRS-Einzel-regelungen, um festzustellen, inwieweit die vordergründig gleichermaßen vorhandenen Prinzipien durch die Regelungen bestätigt werden bzw. ihnen zu einer „Verstärkung“ verholfen oder umgekehrt ihre Wirkung durch inkonsistente Regelungen unterlaufen wird. Zudem wäre nur dann eine gleichmäßige Betrachtung der Bilanzierungsgrundlagen sichergestellt. Die Ebene der Einzelregelungen für das HGB wurde in der vorstehenden Untersuchung nämlich ungleich mehr einbezogen als die einzelnen Regelungen der IFRS, mag sich dies für das HGB auch notwendig daraus ergeben, dass im nationalen Bilanzrecht traditionell vielfach nicht explizit kodifizierte Grundsätze Geltung beanspruchen. Ebenfalls in eine umfassenen Betrachtung einzubeziehen wäre die Ebene der tatsächlich umgesetzten Prinzipien und Regelungen, also die Ebene der Bilanzierungspraxis,[480] die, wie zu vermuten steht, zu einer weiteren Relativierung der normierten Regelungen führen kann.

Indes kann es nicht Aufgabe dieser Arbeit sein, einen allumfassenden Vergleich der Bilanzierungsgrundlagen anzustellen. Vielmehr mögen für die weitere

480 Vgl. zu den verschiedenen Ebenen eines Vergleichs von Rahmenkonzept und IFRS-Regelungen einerseits und HGB-Regelungen andererseits Lüdenbach/Hoffmann in Haufe IFRS-Komm, § 1 Rn. 8 f.

Untersuchung die vorangegangenen und folgenden Feststellungen als Arbeitsgrundlage genügen.

II. Zwischenergebnis

Die untersuchten Bilanzierungsgrundlagen des Konzernabschlusses nach HGB bzw. IFRS, allen voran die Bilanzierungszwecke, aber genauso die Grundsätze der Rechnungslegung können zwar nur hinsichtlich ihrer Bezeichnungen als nahezu identisch beurteilt werden. Inhaltlich erweisen sie sich jedoch immerhin noch als *weitgehend vergleichbar*. Die Informationsfunktion des Konzernabschlusses hinsichtlich Vermögen, Ertrag und Cashflows ist dabei fundamentaler Zweck, der in den Ausprägungen von Rechenschaft bzw. in Begleitung flankierender Zwecke für beide Systeme die Zielsetzung jeglicher Konzernrechnungslegung darstellt.

Die größten Unterschiede der Rechnungslegungsgrundsätze sind wohl im Bereich des Vorsichtsprinzips auszumachen, hingegen in Bezug auf den Grundsatz der Vergleichbarkeit erfolgte in jüngster Zeit durch das BilMoG eine wesentliche Annäherung an die IFRS durch die Normierung der Ansatzstetigkeit. Jedenfalls geht die Übereinstimmung der Grundlagen so weit, um auf deren Basis die Untersuchung der jeweiligen Einzelregelungen des Konzern-Goodwill angehen zu können. Mögen auch Unterschiede in Details zwischen den konzeptionellen Grundlagen vorhanden sein, so hindern diese eine Untersuchung der Regelungen vor dem Hintergrund der jeweiligen Zwecke und Grundsätze ebensowenig, wie schließlich eine vergleichende Analyse der HGB- und IFRS-Vorschriften. Die Gemeinsamkeiten der Systeme überwiegen im Ergebnis.

Relevanten Unterschieden der konzeptionellen Basis der Bilanzierungssysteme ist im Rahmen der weiteren Untersuchung Rechnung zu tragen.

III. Fortgang der Untersuchung

Im ersten Teil der Untersuchung wurden mit den konzeptionellen, (Konzern-)bilanzrechtlichen Grundlagen nach HGB und IFRS auch die Grundlagen der vorliegenden Untersuchung erarbeitet. Dabei wurden die Zwecke der Konzernrechnungslegung und zudem ausgewählte Grundsätze beleuchtet, die Bezug zur erstmaligen Bilanzierung des Konzern-Goodwill aufweisen. Es zeigte sich, dass neben Unterschieden im Detail auf einer weiten Ebene vergleichbare Zwecke und Prinzipien für Konzernabschlüsse nach HGB und IFRS gelten.

Ausgehend von dieser Konzernabschluss-Basis sollen nun im zweiten Teil der Untersuchung die spezifischen Grundlagen der Goodwill-Bilanzierung nach HGB und IFRS erarbeitet werden. Diese umfassen zunächst die Voraussetzungen eines Konzernabschlusses und danach Formen von Unternehmenszusammenschlüssen, um den unternehmensrechtlichen Kontext und damit den Hintergrund des bilanzrechtlichen Goodwill zu veranschaulichen.

Auf dem Fundament des ökonomischen Ereignisses „Unternehmenszusammenschluss“ in seinen rechtlichen Ausprägungen wird dann die Rechtsnatur des Goodwill nach HGB untersucht werden. Das bilanzielle Verständnis des Geschäfts- oder Firmenwerts erscheint ebenso wie die bereits erarbeiteten Grundlagen relevant, um diesen Bilanzposten in seiner gesamten Erscheinungsform zu erfassen. Zudem wird in der gebotenen Kürze die Thematik des originären Goodwill erörtert, der von den Neuerungen des BilMoG nicht gänzlich unberührt zu bleiben scheint.

Damit mögen die Ausgangsbedingungen geschaffen sein, um im Anschluss daran die eigentlichen HGB-Goodwill-Regelungen untersuchen zu können. Für die IFRS steht im Dritten Teil der Arbeit eine analoge Untersuchung an. Direkt an die Erörterung der HGB-Regelungen soll jedoch zuvor eine Analyse dahingehend erfolgen, ob und wie die Goodwill-relevanten Vorschriften im Hinblick auf die Rechnungslegungsziele und –grundsätze des HGB effektiv sind, mit anderen Worten, ob sie sich in ihrer Wirkungsweise als eher Prinzipien-stärkend oder aber eher –schwächend erweisen. Eine entsprechende Erörterung der Wirkungsweise der Regelungen erfolgt im Dritten Teil für die IFRS. Dadurch wird eine vergleichende Analyse von Regelungsunterschieden und Effektivität hinsichtlich der Konzernbilanzzwecke- und -prinzipien ermöglicht, die im Vierten Teil der Untersuchung, dort in § 8, durchgeführt werden wird.

Zweiter Teil: Grundlagen des Konzern-Goodwill, Vorschriften des HGB zur Goodwillermittlung und deren Auswirkungen auf die Qualität des Konzernabschlusses

Vor einer umfassenden Untersuchung der Geschäftswert-Regelungen des HGB ergibt sich die Notwendigkeit, weitere grundlegende Aspekte zum Thema Goodwill zu beleuchten. Relevant erscheint hier einmal der Grund für das Entstehen des bilanziellen Phänomens „Goodwill". Dazu bedarf es einer Betrachtung der bilanzrechtlichen Voraussetzungen eines Konzerabschlusses sowie der unternehmensrechtlichen Vorgänge, die Voraussetzung seiner Entstehung sind. Außerdem gibt die Untersuchung des bilanziellen Charakters des Postens einen Eindruck davon, welche Sonderrolle er unter den Bilanzposten einnimmt. Dies möge zu einem vertieften Verständis der Position beitragen.

§ 4 Grundlegendes und Regelungen zum Goodwill nach HGB

Bevor nun also die Goodwill-Regelungen des HGB untersucht werden, mögen weitere bilanz- und unternehmensrechtliche Aspekte im Kontext des Geschäfts- oder Firmenwerts erarbeitet werden.

A. Grundlagen des HGB-Konzern-Goodwill

Dem konzernbilanziellen Goodwill liegt ein komplexer, gleichermaßen ökonomischer und rechtlicher Vorgang zugrunde: Er ist Folge einer bestimmten rechtlichen Gestaltung von Unternehmenserwerben. Voraussetzung für einen Goodwill nach § 301 HGB ist dabei grundsätzlich, dass eine Konzernrechnungslegungspflicht gem. §§ 290 ff. HGB für den entstandenen Unternehmensverbund begründet wird.[481] Denn die Regelungen zum Konzern-Goodwill kommen regelmäßig nur zur Anwendung, wenn die Pflicht nach §§ 290 ff. HGB besteht, einen Konzernabschluss aufzustellen.

I. Aufstellungspflicht eines Konzernabschlusses

Damit die Konzernrechnungslegungsvorschriften mit ihren erhöhten Anforderungen an die Rechnungslegung zur Anwendung kommen, muss grundsätzlich,

481 Vgl. zur Aufstellungspflicht grundlegend MünchKommHGB/Busse von Colbe, § 290 1-12 und für die durch das BilMoG geänderten Voraussetzungen Busse von Colbe/Schurbom-Ebneth, BB 2008, 98; Kirsch, PiR 2008, 16 f.; Oser, PiR 2009, 121, 122; Petersen/Zwirner, Beihefter 1 zu Heft 5, KoR 2009, S. 27 ff.

entsprechend der Lokalisation der Konzernvorschriften im Teil der besonderen Vorschriften für Kapitalgesellschaften, das den Regelungen der §§ 290 ff. HGB unterliegende Unternehmen mit Sitz im Inland eine Kapitalgesellschaft oder Personengesellschaft gem. § 264 a HGB ohne persönlich haftenden Gesellschafter sein.[482] Daneben kann sich eine Konzernrechnungslegungspflicht für große Unternehmen anderer Rechtsformen nach § 11 PublG bzw. für die Finanzbrache nach §§ 340 i, 341 i HGB ergeben.

Nach dem BilMoG wird die nunmehr einzige weitere Voraussetzung, damit gem. § 290 Abs. 1 S. 1 HGB die gesetzlichen Vertreter des Mutterunternehmens die Konzernabschluss-Aufstellungspflicht trifft, erfüllt, wenn das (Mutter-)Unternehmen unmittelbar oder mittelbar einen beherrschenden Einfluss auf ein anderes Unternehmen (Tochterunternehmen) ausüben *kann*.[483] Die Möglichkeit dazu genügt folglich. Das bisherige alternative Kriterium der einheitlichen Leitung ist abgeschafft.[484] Ohne Legaldefinition des beherrschenden Einflusses erschließt sich jedoch aus der Gesetzesbegründung der Wille des Gesetzgebers dahingehend, dass ein solcher Einfluss dann anzunehmen ist, wenn ein Unternehmen die Geschäfts- und Finanzpolitik eines anderen Unternehmens dauerhaft bestimmen kann, um aus dessen Tätigkeit nutzen zu ziehen.[485]

In § 290 Abs. 2 HGB normiert der Gesetzgeber des Weiteren Tatbestände, die unwiderlegbar zu einer Erfüllung des Beherrschungs-Kriteriums führen und konkretisiert dieses damit.[486] Dabei handelt es sich um die Stimmrechtsmehrheit für ein anderes Unternehmen, zudem um das Recht, die Mehrheit der Geschäftsleitung bzw. der Aufsichtsorgane zu bestimmen, wenn gleichzeitig eine Gesellschafterposition vorliegt, des Weiteren um den Tatbestand eines Beherrschungsvertrags, aufgrund dessen die Geschäfts- und Finanzpolitik bestimmt werden kann oder um den einer Zweckgesellschaft, bei der es sich bspw. auch um eine juristische Person oder um unselbständiges Sondervermögen des Privatrechts handeln kann und die bei wirtschaftlicher Betrachtung die Mehrheit an Risiken

482 Föschle/Deubert in Beck Bil-Komm, § 290 Rn. 1; s. auch Theile, GmbHR 2000, 215 ff;

483 Hier erfolgte gegenüber dem Regierungsentwurf eine weitere Anpassung an IAS 27 und SIC 12, vgl. BT-Drucks. 16/12407, S. 89.

484 Vgl. zur Rechtslage nach dem BilMoG nur Bieg u.a., Bilanzrechtsmodernisierungsgesetz, 2009, S. 172 ff. oder Schurbohm-Ebneth/Zoeger, DB, Beilage 5 zu Heft 23, 2009, 53.

485 Vgl. BT-Drucks. 16/12407, S. 89 sowie Küting/Seel, Belhefter zu DStR, 26, 2009, 37, 38.

486 Bieg u.a., Bilanzrechtsmodernisierungsgesetz, 2009, S. 173.

und Chancen trägt.[487] Hinzu kommt die Möglichkeit einer faktischen Beherrschung durch dauernde Mehrheit auf den Hauptversammlungen.[488]Eine Befreiung von der Konzernrechnungslegungspflicht ist gem. § 290 Abs. 5 HGB dann gegeben, wenn ein Mutterunternehmen nur Tochterunternehmen hat, die gem. § 296 HGB nicht in den Konzernabschluss einbezogen werden müssen, z. B. wegen Unwesentlichkeit. Damit ist die h. M., die hier eine „faktischen Befreiung" von der Konzernrechnungslegungspflicht über den Konsolidierungskreis annahm,[489] nunmehr kodifiziert. Zu den übrigen Befreiungen muss auf die einschlägige Literatur verwiesen werden.[490]

II. Formen von Unternehmenszusammenschlüssen

Damit nun also ein Konzernabschluss aufzustellen ist, muss nach den vorangegangenen Ausführungen primär die Beherrschungsmöglichkeit über ein Tochterunternehmen gegeben sein, die in erster Linie bei einer Mehrheit der Stimmrechte gegeben ist. Eine Stimmrechtsmehrheit wird erworben, indem Gesellschaftsanteile erworben werden - hierzu sogleich.

Daneben bestehen jedoch noch andere Formen von Unternehmenserwerben, nämlich der Erwerb über Einbringung und Verschmelzung sowie die Kombination verschiedener Elemente der diversen Formen einschließlich Umstrukturierungen, die vor und nach einem Erwerb vollzogen werden, jedoch als Teil der gesamten Transaktion zu sehen sind.[491] Zunächst soll die Ausgestaltung eines Erwerbs als Singularzession bzw. sogenannter *asset deal* kurz veranschaulicht werden. Die Art seiner bilanziellen Abbildung zeigt sich nämlich relevant für das Verständnis der Erwerbsmethode.

1. Singularzession

Der *asset deal* stellt im Gegensatz zu dem sogleich zu besprechenden Anteilserwerb einen unmittelbaren Erwerb von Vermögensgegenständen und Schulden

487 Vgl. hierzu die genaue Formulierung in § 290 Abs. 2 HGB. S. zu den Control-Tatbeständen des § 290 Abs. 2 Nr. 1-3 HGB und dem der wirtschaftlichen Betrachtungsweise nach § 290 Abs. 2 Nr. 4 HGB sowie die erhebliche Kritik hieran Küting/Seel, Beifter zu DStR, 26, 2009, 37, 38 ff.

488 S. zu diesem Fall, der früher unter die einheitlichen Leitung erfasst wurde und der nun unter den control-Tatbestand zu subsumieren ist BT-Drucks. 16/12407, S. 89 sowie Küting/Seel, Beihefter zu DStR, 26, 2009, 37, 40.

489 Föschle/Deubert in Beck Bil-Komm, § 294, Rn. 2; Sahner/Sauermann in Küting/Weber, HdK, § 294 Rn. 4; MünchKommHGB/Pfaff, § 294 Rn. 7

490 Vgl. zur den veränderten Befreiungstatbeständen und Größenkriterein nur Bieg u.a., Bilanzrechtsmodernisierungsgesetz, 2009, S. 176 ff.

491 Schüppen/Walz, in: Ballwieser/Beyer/Zelger, Unternehmenskauf, 2005, S. 39.

dar (Singularzession).[492] Für den schuldrechtlichen Kaufvertrag über das Unternehmen im Ganzen ist nach heute h. M. primär § 453 BGB einschlägig.[493] Die dingliche Übertragung eines Unternehmen „als solches“ ist jedoch ausgeschlossen, so dass es bei der Singularzession besonderer Sorgfalt bedarf, eine Auflistung und Erfassung der dem Unternehmen gehörenden und ihm dienenden Vermögensgegenstände schon bei der Abfassung des Kaufvertrags, der Grundlage für die Rechtsübertragung, vorzunehmen.[494]

Grundsätzlich sind Gegenstand des Kaufvertrags beim Unternehmenskauf - der rechtliche Kaufgegenstand - entsprechend einer wirtschaftlichen Gesamtbetrachtung die zum Unternehmen gehörenden beweglichen und unbeweglichen Sachen wie z. B. Waren, Maschinen und Grundstücke, daneben Forderungen, Rechte wie z. B. Firmen-, Namensrechte, gewerbliche Schutz- und Nutzungsrechte, darüber hinaus jedoch auch Werte wie die betriebliche Organisation des Unternehmens, seine kaufmännischen und technischen Kenntnisse und Geheimnisse, Absatzmöglichkeiten mit Kundenkreis (Goodwill) etc.[495]

Die einzelnen Kaufgegenstände werden sachenrechtlich übereignet oder als Recht abgetreten; Passiva können als einzelne Schuldverhältnisse übernommen werden.[496] Insbesondere ist dabei das sachenrechtliche Bestimmtheitsgebot zu beachten, bloße Bestimmbarkeit genügt nach h. A. nicht.[497] Anderes gilt bei der Abtretung von Forderungen.[498] Die bei einem *asset deal* regelmäßig zu übertragenden Sachgesamtheiten können nur durch qualitative Zurechnung ausreichend

---

492 So zu entnehmen Klumpp in: Beisel/Klumpp, Unternehmenskauf, 2009, 4. Kap. Rn. 4 ff.

493 Palandt/Weidenkaff, § 453, Rn. 7; Klumpp in Beisel/Klumpp, Unternehmenskauf, 2009, 4. Kap. Rn. 1.

494 Klumpp in Beisel/Klumpp, Unternehmenskauf, 2009, 4. Kap. Rn. 14; MünchKomm-HGB/Lieb, § 25 Anh Rn 3 ff; Klein-Blenkers, NZG 1999, 185, 186.

495 So etwa Klumpp in Beisel/Klumpp, Unternehmenskauf, 2009, 4. Kap. Rn. 4; Staudinger/Beckmann, § 453 Rn 22; GroßKommHGB/Hüffer, Vor § 22 Rn 8 ff; Canaris, ZGR 1982, 395, 398 f, 401; Koszinski in Semler/ Volhard, Arbeitsrechtshandbuch, § 13 Rn 27 f

496 Ähnlich Schüppen/Walz, Ablauf und Formen eines Unternehmenskaufs, in Ballwieser/Beyer/Zelger, Unternehmenskauf, 2005, S. 42 f.; Klumpp in Beisel/Klumpp, Unternehmenskauf, 2006, 4. Kap., Rn. 4 ff.

497 Klumpp in Beisel/Klumpp, Unternehmenskauf, 2009, 4. Kap. Rn. 26; BGH NJW 1995, 2348, 2350; Palandt/Bassenge, § 930 Rn. 2 m.w.N.

498 MünchKommBGB/Roth, § 398 Rn 67 ff.; Klumpp in Beisel/Klumpp, Unternehmenskauf, 2009, 4. Kap., Rn. 32.

bestimmt werden, während eine rein quantitative Erfassung grundsätzlich nicht ausreicht.[499]

Auch unter den Erwerb von Reinvermögen fallen u. U. Formen von Spaltungen nach dem UmwG[500], falls sie nicht bereits zu Anteilserwerben führen, ebenso wie das sogenannte Anwachsungsmodell.[501]

Bilanziell wird der Unternchmenserwerb derart abgebildet, dass die einzelnen Vermögensgegen-stände und evtl., bei Übernahme der vorhandenen Schulden, auch diese direkt in die Einzelbilanz des Erwerbers übernommen werden. Eine etwaige Überzahlung ist dort zu aktivieren,[502] seit der Bilanzrechtsmodernisierung gem. § 246 Abs. 1 S. 4 HGB als Geschäfts- oder Firmenwert im Einzelabschluss. Ein Konzernabschluss wird für den Erwerb von Reinvermögen hingegen mangels Erfüllung der Voraussetzungen gem. §§ 290 ff. HGB nicht erforderlich. Es besteht nicht die Notwendigkeit zur Konzernrechnungslegung und Zusammenfassung der Abschlüsse der Konzernunternehmen, als wären sie einziges Unternehmen, da hier keine wirtschaftliche Einheit rechtlich selbständiger Unternehmen vorliegt.[503]

Die Aufnahme der Positionen in den Einzelabschluss findet - unter Aufdeckung der darin vorhandenen stillen Reserven und Lasten - in einer Weise statt, wie sie in der nachfolgenden Untersuchung ebenfalls für den Konzernabschluss dargestellt werden wird. Denn hier fingiert insoweit der Konzernabschluss den Einzelerwerb der Bilanzposten des Tochterunternehmens.[504]

Es wird mit Verweis auf die DRS auch vertreten, dass auf den Erwerb von Reinvermögen in Form des *asset deals* eine analoge Anwendung von § 301 HGB erfolgen darf, obwohl dieser formal nur für die Vollkonsolidierung von Tochterunternehmen gilt.[505]

---

499 MünchKommBGB/Quack, § 929 Rn 81 ff.; Klumpp in Beisel/Klumpp, Unternehmenskauf, 2009, 4. Kap., Rn. 27.

500 Umwandlungsgesetz vom 28. Oktober 1994 (BGBl. I S. 3210, (1995, 428)), das durch Artikel 5 des Gesetzes vom 24. September 2009 (BGBl. I S. 3145) geändert worden ist.

501 IFRS-Komm./Baetge/Hayn/Ströher, IFRS 3 Rn. 27 mit Rekurs auf Knop/Küting, HdR, 5. Aufl., § 255 Rn. 486 bzw. Rn. 97 ff.

502 MünchKommHGB/Ballwieser, § 255 Rn. 103; Coenenberg, Jahresabschluss, 2005, S. 616; Senger/Brune/Elprana in Beck IFRS-HB, § 33 Rn. 30.

503 S. hierzu die Erläuterung v.v. zum share deal bei Coenenberg/Haller/Schultze, Jahresabschluss, 2009, S. 652.

504 S. § 4 B. IV. 3.

505 S. Förschle/Deubert in Beck Bil-Komm, 7. Aufl., § 301 Rn. 5 mit Verweis auf DRS 4.1b), .1 c); Anm. 22, 25.

2. Anteilserwerb

Bei einem Anteilserwerb, einem so genannten *share deal,* erwirbt das erwerbende Unternehmen Anteile am Kapital des erworbenen Unternehmens, das dabei seine Rechtspersönlichkeit beibehält.[506] Der Kauf von Gesellschaftsanteilen oder Mitgliedschaftsrechten stellt einen Rechtskauf dar.[507] Ist das Mitgliedschaftsrecht allerdings gleichzeitig in einem Wertpapier, wie z. B. in einer Aktie verkörpert, so liegt neben dem Rechtskauf auch ein Sachkauf vor.[508]

Beim Erwerb von Beteiligungen an einer Personengesellschaft ist durch eine dezidierte Beschreibung des Kaufgegenstands zu klären, ob zusätzlich zum Kapitalanteil weitere Rechte und Pflichten wie z. B. Guthaben auf den Gesellschaftskonten, also Darlehens-, Kapitalrücklage- oder allgemeine Verrechnungskonten, die mit dem Mitgliedschaftsrecht einhergehen, ebenfalls übertragen werden sollen; mitübertragen werden können auch Ausgleichspflichten hinsichtlich der Konten. Regelmäßig gehen sämtliche Rechte und Pflichten des Gesellschaftsverhältnisses auf das erwerbende Unternehmen über, wenn sie im Zeitpunkt des Vertragsschlusses im Abschluss der Gesellschaft enthalten sind.[509]

Daneben sind besondere Formen von Anteilserwerben nach dem UmwG als übertragende Umwandlungen im Sinne von Spaltungen (Auf-, Abspaltung und Ausgliederung)[510] möglich, bei denen das erwerbende Unternehmen Anteile an den bestehenden oder neu gegründeten Unternehmen erhält.[511]

Bilanziell erfolgt bei einem „normalen" *share deal* der Ansatz der erworbenen Anteile im Einzelabschluss des Erwerbers als Kapitalgesellschaft unter A.III. Finanzanlagen gem. § 266 HGB als Anteile an verbundenen Unternehmen, Beteiligungen etc., entsprechend dem Umfang der Anteile bzw. der Leitungsmacht. Es entsteht kein Geschäfts- oder Firmenwert im Einzelabschluss, da eine Überzahlung in den Anschaffungskosten für die erworbenen Anteile enthal-

---

506 Pellens/Fülbier/Gassen/Sellhorn, Internationale Rechnungslegung, 2008, S. 684.

507 MünchKommBGB/H.P.Westermann, § 453 Rn. 20 ff.; Staudinger/Beckmann, § 453 Rn. 17, 32; Klumpp in Beisel/Klumpp, Unternehmenskauf, 2009, 4. Kap. Rn. 7; Palandt/Weidenkaff, § 453, Rn. 7, 23; Hiddemann, ZGR 1982, 435 f, 438 f mit Rechtsprechung; zum neuen Recht Wälzholz, DStR 2002, 500, 501.

508 Klumpp in Beisel/Klumpp, Unternehmenskauf, 2009, 4. Kap. Rn. 7; MünchKommBGB/H.P. Westermann, § 433 Rn 14.

509 Klumpp in Beisel/Klumpp, Unternehmenskauf, 2009, 4. Kap. Rn. 8; BGHZ 45, 221, 223; BGH LM Nr 29 zu § 105 HGB; Günther, Unternehmenskauf, Münch. VertragsHB, Anm. 2 [2]; BGH DB 1988, 281.

510 S. § 123 UmwG.

511 S. zu Formen von Unternehmenszusammenschlüssenach dem UmwG IFRS-Komm/Baetge/Hayn/Ströher, IFRS 3 Rn. 25.

ten ist. Die Anteile werden dementsprechend der Kasse oder den Verbindlichkeiten gegengebucht.[512]

Entsteht durch den Erwerb ein Mutter-Tochter-Verhältnis, da der Erwerber über das erworbene Unternehmen die Beherrschung ausüben kann, ist entsprechend der vorangehenden Ausführungen bei Erfüllung der Voraussetzungen nach §§ 290 ff. HGB die Aufstellung eines Konzernabschlusses erforderlich. Dann muss der Unternehmenserwerb zusätzlich zum Einzelabschluss auch im Konzernabschluss dargestellt werden, und zwar auf eine Weise, die gewissermaßen den Anteilserwerb als *asset deal* auf Konzernebene widerspiegelt bzw. fingiert und dabei die Vermögensgegenstände und Schulden des Tochterunternehmens in den Konzernabschluss vollständig und wie einzeln erworben übernimmt.[513] Dies wird im Rahmen der Untersuchung zu Erwerbsmethode und Einzelerwerbsfiktion erläutert.[514]

3. Verschmelzung

Nach den Regelungen des UmwG[515] exisitieren mehrere Varianten der Umwandlung, wovon eine die Verschmelzung (Fusion) darstellt.[516] Umwandlungen nach dem UmwG sind dadurch gekennzeichnet, dass Vermögensübertragungen nicht als Einzelrechtsnachfolge nach allgemeinen Vorschriften stattfinden, sondern eine Gesamtrechtsnachfolge möglich ist.[517] Allen Umwandlungsarten ist außerdem gemeinsam, dass sich aus der Gesamtrechtsnachfolge ein Verzicht auf die Durchführung einer Liquidation der erloschenen Rechtsträger ergibt[518] sowie Anteilskontinuität, da weder Anteile übertragen noch neue gezeichnet werden; die Anteile am ursprünglichen Rechtsträger setzen sich vielmehr kraft Gesetzes in Anteilen am neuen, am übernehmenden (oder bei Rechtsformänderung an dem in seiner Rechtsform gewandelten Rechtsträger) fort.[519]

512 MünchKommHGB/Ballwieser, § 255 Rn. 103.

513 Ähnlich Coenenberg/Haller/Schultze, Jahresabschluss, 2009, S. 652.

514 § 4 B. I 3., II.

515 Umwandlungsgesetz vom 28. Oktober 1994 (BGBl. I S. 3210, (1995, 428)), das zuletzt durch Artikel 73 des Gesetzes vom 17. Dezember 2008 (BGBl. I S. 2586) geändert worden ist.

516 S. zu den Arten der Umwandlung § 1 UmwG.

517 J. Semler in Semler/Stengel, Umwandlungsgesetz, § 1, Rn. 11 f. Vgl. auch K. Schmid, Gesellschaftsrecht, §12 IV 3

518 J. Semler in Semler/Stengel, Umwandlungsgesetz, § Rn. 1, 14; Beisel in Beisel/Klumpp, Unternehmenskauf, 2009, 6. Kap. Rn. 30. Nach A. von Kallmeyer in Kallmeyer, § 1, Rn. 4 ist dies kein eindeutiges Abgrenzungskriterium zu sonstigen Arten von Änderungen an Rechtsträgern; auch bei Anwachsung sowie Realteilung finde keine Abwicklung statt.

519 J. Semler in Semler/Stengel, Umwandlungsgesetz, § Rn. 1, 15.

Bei der Verschmelzung (Fusion) vereinigen sich zwei Unternehmen; das Vermögen des einen Unternehmens wird durch ein anderes aufgenommen (Verschmelzung durch Aufnahme) oder das Vermögen von zwei oder mehreren Unternehmen wird auf ein zu diesem Zwecke neu gegründetes Unternehmen übertragen (Verschmelzung durch Neubildung).[520] Die Fusionen vollziehen sich bei Personen- und Kapitalgesellschaften im Detail verschieden,[521] aber immer als Gesamtrechtsnachfolge. Der Übergang von Vermögen und Schulden des übertragenden Unternehmens auf das übernehmende und der Erwerb der Anteile an dem aufzunehmenden Rechtsträger durch die Eigner des übertragenden erfolgen durch die Eintragung der Verschmelzung kraft Gesetzes;[522] dafür ist der insofern nicht dinglich wirkende Verschmelzungsvertrags Voraussetzung. Die Anteile der übertragenden Gesellschaft erlö-schen in diesem Zuge, § 20 Abs. 1 Nr. 1 UmwG. Für Verschmelzungen durch Neugründung gilt dies entsprechend.[523]

Bilanziell ist der Übergang von Aktiven und Passiven wie bei einem *asset deal* durch die Aufnahme des Vermögens in die Einzelbilanz des übernehmenden Unternehmens darzustellen.[524] Nach der rechtsformunabhängignen Sonderregel des § 24 UmwG können - auch nach dem BilMoG - in den Jahresbilanzen des übernehmenden Rechtsträgers als Anschaffungskosten im Sinne des § 253 Abs. 1 HGB die in der Schlußbilanz eines übertragenden Rechtsträgers bilanzierten Werte angesetzt werden. Faktisch ist über die Regelung jedoch auch die vor der Bewertung stehende Frage betroffen, ob und in welcher Höhe das übergehende Vermögen bei dem übernehmenden Unternehmen anzusetzen ist, so dass nach allgemeiner Auffassung ebenso ein Bezug zu den Ansatzvorschriften der §§ 246 ff. HGB besteht.[525] Es darf im Ergebnis eine Buchwertforführung der

520 S. § 2 Nr. 1 und 2 UmwG sowie zum Ganzen Beisel in Beisel/Klumpp, Unternehmenskauf, 2009, 6. Kap., Rn. 30 ff.

521 Beisel in Beisel/Klumpp, Unternehmenskauf, 2009, 6. Kap., Rn. 32; s. zu den Unterschieden im Einzelnen Beisel in Beisel/Klumpp, Unternehmenskauf, 2006, 6. Kap., Rn. 33-50.

522 S. § 20 Abs.1 Nr.1 UmwG; J. Semler in Semler/Stengel, Umwandlungsgesetz, § 4 Rn 6; Lutter/Drygala in Lutter, § 4, Rn. 6; Stratz in Schmitt/Hörtnagl/Stratz, § 4, Rn. 8; Mayer in Widmann/Mayer § 4, Rn 31. A.A. Limmer in Peter/Crezelius, Gesellschaftsverträge und Unternehmensformen, Rn. 2429.

523 S. § 36 UmwG, der die meisten Vorschriften der Verschmelzung durch Aufnahme für entsprechend anwendbar erklärt.

524 Pellens/Fülbier/Gassen/Sellhorn, Internationale Rechnungslegung, 2008, S. 684.

525 Moszka in Semler/Stengel, Umwandlungsgesetz, § 24 Rn. 1; Priester in Lutter, § 24, Rn 38; Müller in Kallmeyer, § 24 Rn. 14.

übernommenen Positionen entsprechend ihrem Ansatz in der Schlussbilanz stattfinden.[526]

Die bislang vertretene Auffassung, dass Vermögensübergänge, die die Verschmelzung eines Unternehmens mit einem Tochter- oder Mutterunternehmen bedeuten, bei zusätzlicher Erfüllung von dessen Vorraussetzungen gem. § 302 HGB nach der Interessenzusammenführungsmethode abgebildet werden,[527] hat sich nach dem BilMoG aufgrund der ersatzlosen Streichung des § 302 HGB erledigt.

III. Rechtsnatur des Goodwill

Es wurde also im vorausgehenden Abschnitt in der gebotenen Kürze erarbeitet, welche Formen von Unternehmenszusammenschlüssen im Wesentlichen existieren, aus denen ein Goodwill entstehen kann. Für den hier im Zentrum stehenden konzernbilanziellen Goodwill ist dies grundsätzlich ein *share deal*.

Ergibt sich bei einem Anteilserwerb, wie regelmäßig, eine Kaufpreisdifferenz, entsteht die bilanz-rechtliche Fragestellung, nach welchen Regelungen diese in einem Rechenwerk abzubilden ist und woraus sich die Bilanzierungsfähigkeit ergibt. Dies betrifft die Frage der Rechtsnatur des Geschäfts- oder Firmenwerts, die lange Zeit ungeklärt war. Die folgende Untersuchung widmet sich der Diskussion des bilanziellen Charakters des Goodwill, wobei zunächst auf die Rechtslage vor dem BilMoG eingegangen und im Anschluss diejenige nach der Bilanzrechtsmodernisierung erörtert wird.

Dabei erscheint wiederum eine Unterscheidung zwischen den „zwei Geschäftswerten" des HGB sinnvoll: Das Handelsgesetz nimmt bekanntlich eine Regelung des Goodwill jeweils getrennt für den Einzel- bzw. den Konzernabschluss vor.[528] Da die Einzelabschluss-Regelung im HGB als Vorschrift für alle Kaufleute gem. § 298 Abs. 1 HGB analog auf den Konzernabschluss anzuwenden ist, wird ausgehend von der Rechtsnatur des Einzelabschluss-Goodwill in einem zweiten Schritt die des Konzern-Goodwill erörtert.

1. Rechtsnatur des Einzelabschluss-Goodwill

Die Rechtsnatur des Geschäfts- oder Firmenwerts wurde in der Vergangenheit vielfach diskutiert und war bis vor Kurzem streitig. Durch das BilMoG ist (vor-

526 Moszka in Semler/Stengel, Umwandlungsgesetz, § 24 Rn. 26 ff.; s.Gassner, FS Widmann, S. 352. Im Einzelnen Förschle/Hoffmann in Sonderbilanzen, I Rn. 70 ff.

527 Förschle/Deubert in Beck Bil-Komm, § 302 Rn. 6; ebenso DRS 4.4. In Wirtschaftsprüfer-Handbuch, Band I, M 432 wird es hingegen als erforderlich angesehen, dass im Rahmen des § 302 HGB die beteiligten Unternehmen als selbständige Rechtsträger fortbestehen.

528 Vgl. hierzu bereits § 1 A. I.

dergründig?) eine Lösung des Meinungsstreits erfolgt: § 246 Abs. 1 S. 4 HGB legt nunmehr fest, dass der Unterschiedsbetrag, um den die für die Übernahme eines Unternehmens bewirkte Gegenleistung den Wert der einzelnen Vermögensgegenstände des Unternehmens abzüglich der Schulden im Zeitpunkt der Übernahme übersteige (entgeltlich erworbener Geschäfts- oder Firmenwert) als zeitlich begrenzt nutzbarer Vermögensgegen-stand gelte. In den Begründungen der BilMoG-Entwürfe wird hierzu ausgeführt, dass der erworbene Geschäfts- oder Firmenwert durch eine Fiktion zum Vermögensgegenstand erhoben werde.[529]

a) Bisheriger Meinungsstand

Die zum HGB in der Fassung vor dem BilMoG vertretenen Auffassungen reichten vom Geschäftswert als immateriellem Vermögensgegenstand,[530] über die Annahme einer Bilanzierungshilfe[531] oder eines Rechnungsabgrenzungsposten[532] bis hin zu einem Wert eigener Art[533].[534]

aa) Auffassungen im älteren Schrifttum

Nach Auffassungen im älteren Schrifttum ist demgegenüber die Aufteilung des Geschäftswerts in mehrere Komponenten nötig, die ihrerseits unterschiedliche bilanzielle Charaktere aufweisen.[535] Der Geschäftswert besteht danach bspw. aus adjunktiven Gütern, wie Kundenstamm oder Firmenname, die Vermögensgegenstände darstellen, des Weiteren aus dem Kapitalisierungsmehrwert und Zahlungen „à fonds perdu", welche Bilanzierungshilfen seien.[536] Eine weitere Auffassung möchte hingegen nur jenen Teil des Geschäftswerts aktiviert wissen, der Gewinnchancen widerspiegelt, im Ergebnis also solche Zahlungen sofort abschreiben, die bspw. in subjektiv bewerteten Möglichkeiten des Kaufmanns

529 BilMoG-Ref-E, S. 93 sowie BilMoG-RegE, S. 47.

530 Vgl. Ellrott/Brendt in Beck Bil-Komm, § 255 Rn. 511. Vgl. die weiteren Nachweise bei Kleindiek in Großkomm. HGB, § 255 Rn. 40.

531 Söffing, FS Döllerer, S. 600, Baumbach/Hopt, § 255 Rn. 23, Knop/Küting in Küting, Weber, HdR, § 255 Rn. 432.

532 Vgl. Müller-Dahl, BB 1981, 274, 281 f.

533 Vgl. Krolak, Bilanzielle Behandlung, 2000, S. 16; Baetge/Kirsch/Thiele, Bilanzen, 2005, S. 306; ADS § 255 Rn. 272; Fasselt/ Brinkmann in Beck HDR, B211 a, Rn. 24, Goßfeld/Luttermann, Bilanzrecht, 2005, S. 164.

534 Vgl. zum bilanziellen Charakter ausführlich die Untersuchung bei Krolak, Bilanzielle Behandlung, 2000, S. 8 – 16.

535 So Küppers, DB 1986, 1633 ff und anders, aber ebenfalls für eine Aufteilung des Geschäftswerts Moxter, BB 1979, 744, 747.

536 Küppers, DB 1986, 1633.

zur beruflichen Entwicklung und Entfaltung oder in dessen Interesse begründet liegen, den vielbeschworenen „lästigen Gesellschafter" los zu werden.[537]

Diese Auffassungen erinnern mit der vorgeschlagenen Zerlegung des Geschäftswerts an die vorangehend dargestellten ökonomischen Elemente des Goodwill und an die Auffassung des IASB, die einige Goodwill-Elemente nicht als Teil des konzeptionellen Goodwill begreift.[538] Die Schwierigkeiten einer Bewertung wurden bereits dort angedeutet. Die praktische Schwierigkeit einer Zerlegung des Geschäftswerts räumen dementsprechend die Vertreter dieser „Teilungs-Theorien" selbst ein.[539] Im neueren Schrifttum wird die Rechtsnatur des Geschäft- oder Firmenwerts denn auch nur noch als einheitlicher Posten diskutiert.

bb) Geschäftswert als Vermögensgegenstand

Als h. L. konnte bis zum BilMoG die Auffassung vom Geschäftswert als Bilanzierungshilfe bezeichnet werden.[540] Der Bilanzierungshilfe-Charakter wird mit der mangelnden selbständigen Verkehrsfähigkeit „im Sinne von Verwertungsfähigkeit (Einzelverwertbarkeit)"[541]des Geschäftswerts begründet; dabei schließe die Einzelverwertbarkeit die selbständige Bewertbarkeit mit ein.[542] Der Geschäftswert stellt demzufolge keinen - immateriellen - Vermögensgegenstand dar, da dieser als unkörperlicher Gegenstand[543] selbständig verkehrsfähig, also einzeln verwertbar, und implizit selbständig bewertbar sein müsste. Einzelverwertbarkeit bedeutet dabei, dass der fragliche Gegenstand veräußert, oder aber aber in sonstiger Weise wirtschaftlich „ausgesaugt" werden kann, bspw. durch Verarbeitung oder Verbrauch, Überlassung eines Rechts bzw. Gegenstands zur

537 Moxter, BB 1979, 744, 747.

538 Vgl. bereits § 2 II und III.

539 Küppers, Der Firmenwert in der Handels- und Steuerbilanz, DB 1986, 1636 und Moxter, BB 1979, 744.

540 Vgl. die w. N. bei ADS § 255 Rn. 271; ebenso wird dies so gesehen von Söffing, FS Döllerer,S. 600 und von Knop/Küting in Küting, Weber, HdR, § 255 Rn. 432.

541 Kleindiek in Großkomm. HGB, § 255 Rn. 41.; Kleindiek in GroßKomm.Bilanzrecht, § 246 Rn. 5 f; auf die selbständige Verwertbarkeit stellen ebenfalls ab Baetge/Kirsch/Thiele, Bilanzen, 2005, s. 159. A.A. offenbar MünchKommHGB/ Ballwieser, § 246 Rn.

542 Kleindiek in Großkomm. HGB, § 255 Rn. 41; in diese Richtung ebenfalls Schulze-Osterloh in Baumbach/Hueck, GmbHG-Kommentar, § 42 Rn. 77; wohl auch ADS § 256 Rn. 29. Nach MünchKommHGB/Ballwieser, § 246 Rn. 14 ff. geht die Einzelverwertbarkeit über die Einzelverkehrsfähigkeit hinaus und wird als Kriterium zur Abgrenzung des Vermögensgegenstands als zu weit abgelehnt.

543 Vgl. Hoyos/F. Huber in Beck Bil-Komm, § 253 Rn. 319.

Nutzung durch Dritte: Entscheidend kommt es dabei auf das ökonomische Verwertungspotenzial eines Postens gegenüber Dritten an.[544]

Nach a. A. müssen immaterielle Vermögensgegenstände für eine handelsrechtliche Aktivierungsfähigkeit selbständig verkehrsfähig *und* selbständig bewertbar sein.[545] Selbständige Bewertbarkeit wurde dann bei immateriellen Gütern des Anlagevermögens nur angenommen, wenn sie entgeltlich erworben wurden; ansonsten bestehe für sie ein Bilanzierungsverbot, § 248 Abs. 2 HGB a. F.[546]

Dem wird jedoch entgegengehalten, es handele sich bei dem Merkmal der selbständigen Bewertbarkeit um einen Teil der „steuerlichen Aktivierungskonzeption", während sich die handelsrechtliche Aktivierungsfähigkeit vielmehr aus dem Aktivierungsgrundsatz, also der abstrakten Aktivierungsfähigkeit ergebe.[547] Zur handelsrechtlichen Ansatzpflicht komme man aus dem Zusammenspiel von abstrakter und konkreter Aktivierungsfähigkeit aus § 248 HGB a. F.: Die Vorschrift enthielt Ansatzverbote für Positionen, die die abstrakte Aktivierungsfähigkeit grds. erfüllen würden,[548] nicht hingegen Anforderungen an den Vermögensgegenstand. Die abstrakte Aktivierungsfähigkeit entstehe aus dem Potenzial der Schuldendeckungsfähigkeit[549] und damit nach unterschiedlichen Konkretisierungsansätzen im handelsrechtlichen Schrifttum aus der konkreten Einzelveräußerbarkeit,[550] der abstrakten Einzelveräußerbarkeit[551], der selbständigen Verwertbarkeit[552] oder Einzelvollstreckbarkeit[553].

544 Vgl. Kleindiek in Großkomm.Bilanzrecht, § 246 Rn. 5 m. w. N. ; ADS § 246 Rn. 28 ff. Ähnlich auch jüngst zur Rechtslage nach dem BilMoG Laubach/Kraus/Bornhofen, DB, Beilage 5 zu Heft 23, 2009, 19, 20 sowie Kozikowski/F. Huber in Beck Bil-Komm, 7. Aufl., § 247 Rn. 390, die auf die Übertragung gemäß dem wirtschaftlichen Wert abstellen.

545 Vgl. Baumbach/Hopt/Merkt § 246 Rn. 4 f.; Laubach/Kraus, DB 2008, 16; ebenso Heckel/Luwig/ Lüdke, DB 2008, 196, 197, die zudem im Sinne der BFH-Rspr. „Greifbarkeit" fordern.

546 Baumbach/Hopt/Merkt § 246 Rn. 4. A.A. MünchKommHGB/Ballwieser, § 246 Rn. 27, der auf andere Methoden der Bewertung setzt im Gegensatz zum Bezug allein auf Ausgaben für den (erworbenen) Vermögensgegenstand.

547 Baetge/Kirsch/Thiele, Bilanzen, 2005, S. 156 f. Ähnlich die Darstellung der Eigenschaften von handelsrechtlichen Vermögensgegenständen und steuerrechtlichen Wirtschaftsgütern in MünchKommHGB/Ballwieser, § 246 Rn. 13-29.

548 Mit Bezug auf die Fassung des HGB vor dem BilMoG Baetge/Kirsch/Thiele, Bilanzen, 2005, S. 154. Dies nehmen auf ADS § 246 Rn. 22.

549 Kleindiek in GroßKomm.Bilanzrecht, § 246 Rn. 5; Baetge/Kirsch/Thiele, Bilanzen, 2005, S. 156.

550 Knapp, DB 1971, 1121, 1122; Maul, ZfBF 1973,16, 26; Freericks, 1976, S. 141-145 und Moxter, BB 1978, 821, 823.

Diese Merkmale werden zum Teil, wie bereits dargestellt wurde, auch zur Ausfüllung der „selbständigen Verkehrsfähigkeit“ herangezogen, die insofern als entscheidend für den Vermögensgegen-standsbegriff beurteilt wird.[554] Unter Einzelverkehrsfähigkeit wird aber auch die Einzelbeschaffbarkeit des Vermögensgegenstands genannt.[555] Überlegen sei dieser jedoch das Merkmal der Einzelveräußerbarkeit, da es im Gegensatz zur Einzelbeschaffbarkeit nicht das Problem der „Zurechenbarkeit bestimmter Ausgaben zu einem bestimmten Objekt“[556] – insbesondere problematisch bei zusammengesetzten Gütern – mit sich bringe.[557] Vielmehr müssen Güter hiernach bei wirtschaftlicher Betrachtung selbständig veräußerbar sein, ohne dass das Bestehen von gesetzlichen oder vertraglichen Veräußerungsverboten der Aktivierung entgegenstehe (abstrakte Veräußerbarkeit) bzw. ohne dass nach engerer Auffassung solche Verbote existieren (konkrete Veräußerbarkeit).[558]

Für die selbständige Verkehrsfähigkeit „im Sinne von Verwertungsfähigkeit (Einzelverwertbarkeit)“[559] als entscheidendes Kriterium spricht, dass es im Rahmen der handelsrechtlichen Bilanzierung – man möchte einfügen: auch - auf „die Existenz eines wirtschaftlich verwertbaren Potentials zur Deckung der Schulden des Unternehmens“[560] ankomme. Schließlich soll sich in den aktivierten Vermögensgegenständen das Vermögen des Unternehmens in der Weise

551 MünchKommAktG/Kropff, 1. Aufl., § 149 Rn. 47; Crezelius in Scholz, GmbHG, § 42 a Rn. 115.

552 Kleindiek in Großkomm. HGB, § 255 Rn. 41; Lamers, Aktivierungsfähigkeit und Aktivierungspflicht, 1981, S. 205-216; Fabri, Grundsätze ordnungsgemäßer Bilanzierung entgeltlicher Nutzungsverhältnisse, 1986, S. 48-51; Baetge/Kirsch in Küting/Weber, HdR-E, 5. Aufl., Kapitel 4 Rn. 98; Kussmaul in Küting/Weber, HdR-E, 5. Aufl., Kapitel 6 Rn. 11.

553 Schulze-Osterloh in Baumbach/Hueck, GmbHG-Kommentar, § 42 Rn. 70; Tiedchen, Der Vermögensgegenstand im Handelsbilanzrecht, 1991, S. 44-59.

554 So nach ADS, § 246 Rn. 15 die weit h. M; ebenso Kleindiek in Großkomm. HGB, § 255 Rn. 41 mit dem genannten Bedeutungsgehalt.

555 S. diese Meinung referiert, jedoch nicht geteilt in MünchKommHGB/Ballwieser, § 246 Rn. 14 mit Nachweis bei Schneider, Betriebswirtschaftslehre, Bd. 2, 2. Aufl., S. 123.

556 ADS, § 246 Rn. 16.

557 Vgl. ADS, § 246 Rn. 16.

558 ADS, § 246 Rn. 19; siehe auch die in den vorangehenden Fußnoten aufgeführten Vertreter der jeweiligen Konkretisierungsansätze.

559 Kleindiek in Großkomm. HGB, § 255 Rn. 41.

560 Baetge/Kirsch, in Küting /Weber, HdR-E, 5. Aufl. Kap.4 Rr. 96, zitiert bei Baetge/Kirsch/Thiele, Bilanzen, 2005, S. 158. Gleiche Ansicht Fasselt, Brinkmann in Beck HDR, B211 a, Rn. 19; ADS § 246 Rn. 28.

darstellen, wie es wirtschaftliche Vorteile zur Verwertung gegenüber Dritten in sich birgt.[561]

Gerade aber die einzelne Verwertbarkeit ist beim Geschäfts- oder Firmenwert nicht gegeben,[562] ebenso wenig die (konkrete und abstrakte) Einzelveräußerbarkeit. Die vorangehend dargestellten Hauptbestandteile des Geschäftswerts, (Ertrags-)Wert des nicht-bilanzierten Vermögens, Kapitalisierungsmehrwert sowie Synergiepotenziale, sind nur in Bezug auf ein bestimmtes Unternehmen existent und damit unlösbar mit diesem verbunden, so dass der Geschäftswert allenfalls mit einem Teilunternehmen, jedoch nie alleine übertragbar ist.

Gleichermaßen ist angesichts der eingangs beschrieben residualen Ermittlung des Goodwill seine selbständige Bewertbarkeit, die im Rahmen der Einzelverwertbarkeit miteinzubeziehen ist, ausgeschlossen. Nach a. A. genügt zwar für eine selbständige Bewertbarkeit die Möglichkeit der Anwendung der Restwertmethode, so dass z. B. nach dem Kauf eines Teilbetriebs einer von zwei darin existenten Werten durch den Kaufpreis abzüglich des anderen Werts errechnet werden könne; wenngleich daher für den Firmenwert die selbständige Bewertbarkeit und der Vermögensgegenstands-Charakter bejaht wird, muss diese Auffassung dennoch einräumen, dass im Fall des Geschäftswerts nicht unabhängig von den angesetzen Vermögensgegenständen und Schulden und daher in diesem Sinne nicht selbständig bewertet werden kann.[563]

Damit ist die Charakterisierung des Geschäftswerts als Vermögensgegenstand abzulehnen.

Hieran kann letztlich auch die Aufzählung des Geschäftswerts in § 266 Abs. 2 A.I.3. HGB unter den immateriellen Vermögensgegenständen nichts ändern, da die Gliederungsvorschrift des § 266 HGB nur deklaratorisch ist und nicht konstitutiv den Geschäfts- oder Firmenwerts als Vermögensgegenstand qualifizieren kann.[564]

cc) Geschäftswert als Rechnungsabgrenzungsposten

Gleichermaßen abzulehnen ist die Klassifizierung des GoF als Rechnungsabgrenzungsposten, wie sie das ältere Schrifttum[565] vor dem Bilanzrichtlinien-Gesetz zum Teil vorgenommen hat.[566]

561 Baetge/Kirsch/Thiele, Bilanzen, 2005, S. 159.
562 Vgl. Kleindiek in Großkomm. HGB, § 255 Rn. 41.
563 MünchKommHGB/Ballwieser, § 246 Rn. 28.
564 Knop/Küting in Küting, Weber, § 255 Rn. 430.
565 Vgl. Müller-Dahl, BB 1981, 274, 281 f.
566 Siehe Krolak, Bilanzielle Behandlung, 2000, S. 14, der die hierzu vertretenen Auffassungen diskutiert.

Rechnungsabgrenzungsposten i. S. d. § 250 Abs. 1 HGB (i. V. m. § 298 Abs. 1 HGB für den Konzernabschluss) erfordern, dass Ausgaben, die Aufwand für eine bestimmte Zeit danach darstellen, vor dem Abschlussstichtag erfolgt sind. Versteht man den Geschäftswert gewissermaßen als Investition des Unternehmens in die Zukunft, scheitert eine Qualifizierung als Rechnungsabgrenzungsposten dennoch daran, dass eine „bestimmte Zeit", für die er aufgewendet wurde, weder nach „enger" noch „weiter"[567] Begriffsauslegung der „Bestimmtheit" des Zeitraums gegeben ist.[568]

dd) Geschäftswert als Bilanzierungshilfe

Für die Auffassung, es handle sich beim Geschäftswert um eine Bilanzierungshilfe, sprach vor dem BilMoG insbesondere, dass § 255 Abs. 4 S. 1 HGB a. F. ein Aktivierungswahlrecht einräumt, ebenfalls wie in § 269 HGB a. F. (Aufwendungen für die Ingangsetzung und Erweiterung des Geschäftsbetriebs) und § 274 Abs. 2 HGB a. F. (Abgrenzung aktivischer latenter Steuern), die explizit Bilanzierungshilfen gewährten.

Die mit Letzteren verbundenen Ausschüttungssperren, §§ 269 S. 2, 274 Abs. 3 S. 3 HGB a. F., können richtigerweise nicht dazu dienen, dem Geschäftswert den Charakter einer Bilanzierungshilfe abzusprechen, denn sie sind nicht per definitionem unabdingbares Merkmal einer Bilanzierungshilfe.[569] Zudem kann in der Möglichkeit, den Firmenwert nach § 255 Abs. 4 S. 2 HGB a. F. pauschal um mindestens ein Viertel abzuschreiben, ein Hinweis auf eine Bilanzierungshilfe gesehen werden:[570] Auch die Bilanzierungshilfe des § 269 a. F. HGB ist jährlich pauschal um ein Viertel durch Abschreibung zu tilgen, § 282 HGB a. F.

ee) Goodwill als Vermögenswert eigener Art

Die Charakterisierung als „Wert eigener Art", wie sie nach wieder a. A. wegen der eben zum Teil dargestellten „widersprüchlichen Hinweise" des Handelsgesetzbuchs vorgenommen wird,[571] ist gleichfalls nicht überzeugend. Die Widersprüchlichkeit der Vorschriften erschwert zwar in der Tat die Klassifizierung, jedoch wird die Beurteilung als Wert eigener Art mit der „Werthaltigkeit" begründet, die grundsätzlich bei der Abschreibung des Firmenwertes zu berücksichtigen sei; denn es dürfe auch eine planmäßige Abschreibung des Firmen-

567 Vgl. zur Lehre vom Mindestzeitraum Herzig/Söffing, BB 1993, 465.

568 Vgl. die Darstellung vertretener Meinungen vor dem BiRiLiG bei Krolak, Bilanzielle Behandlung, 2000, S. 14.

569 Kleindiek in Großkomm. HGB, § 255 Rn. 41 m. w. N.

570 Baetge/Kirsch/Thiele, Bilanzen, 2005, S. 305.

571 Vgl. ADS, § 255 Rn. 272, ebenso Baetge/Kirsch/Thiele, Bilanzen, 2005, S. 306, Krolak, Bilanzielle Behandlung, 2000, S. 16.

werts entsprechend der Nutzungsdauer gem. § 255 Abs. 4 S. 3 HGB a. F. wie bei einem Vermögensgegenstand erfolgen.[572]

Die gesetzlich nach altem HGB eingeräumte Möglichkeit, in den Folgejahren mit dem Firmenwert wie mit einem Vermögensgegenstand mit schätzbarer Nutzungsdauer zu verfahren, mag ein Argument für seine Einordnung als Vermögensgegenstand sein. Sie kann jedoch nicht den entscheidenden Hinweis auf den bilanziellen Charakter liefern, zumal das Gesetz in § 255 Abs. 4 S. 2 HGB a. F. die pauschale Abschreibung ebenfalls zulässt. Allenfalls die „Widersprüchlichkeit" lässt sich hier erneut belegen, nicht hingegen die „eigene Art" des Firmenwertes.

Zuzustimmen ist dementsprechend der Auffassung, dass es sich beim Firmenwert nach dem unreformierten HGB um eine Bilanzierungshilfe handelt.

b) Rechtslage nach dem BilMoG

Durch die Neuregelung in § 246 Abs. 1 S. 4 HGB gilt der Goodwill nunmehr als Vermögensgegen-stand. Damit könnte der Meinungsstreit über die Goodwill-Rechtsnatur obsolet geworden sein. Aus der Tatsache allerdings, dass der Gesetzgeber entsprechend der Formulierung des Gesetzes von einer Fiktion der Rechtsnatur ausgeht, wird geschlossen, dass dieser selbst nicht von der Erfüllung der Merkmale eines Vermögensgegenstands durch den Firmenwert ausgeht.[573]

Fraglich erscheint damit, ob die bisher vertretenen Auffassungen zum bilanziellen Charakter des Goodwill neben dem fiktiven Modell als dessen „wahrer" Wesensgehalt aufrecht erhalten werden können oder ob ein neues Verständnis des Terminus „Vermögensgegenstand" durch die Neufassung der Goodwill-Vorschrift eingeführt worden ist. Jedoch erscheint sogar angebracht, zu diskutieren, ob neue Kategorien von Vermögensgegenständen neben dem bisherigen Vermögensgegenstand geschaffen wurde.

aa) Abschaffung der Bilanzierungshilfen

Nach einer Auffassung verbleibt Raum, unbeschadet der Neuregelung die wahre Rechtsnatur des Goodwill in einem Vermögensgegenstand eigener Art zu erkennen.[574]

Den Vertretern der Auffassung, beim Geschäftswert handele es sich bislang um eine Bilanzierungshilfe, erscheint indes die Haltung, an der „wahren" Rechtsnatur festzuhalten, versperrt: Der Gesetzgeber schafft nämlich im Zuge

---

572 ADS, § 255 Rn. 272.

573 So in etwa der Rückschluss bei Velte, KoR 2008, 61, 68; Arbeitskreis Bilanzrecht, BB 2008, 152, 156.

574 Velte, KoR 2008, 61, 68.

des BilMoG sämtliche Bilanzierungshilfen ab;[575] § 269 HGB a. F. – Ingangsetzungs- und Erweiterungsaufwendungen – wird gestrichen.[576] § 274 HGB – Steuerabgrenzung – erfährt grundlegende Veränderungen und ist nach den Erläuterungen des Regierungsentwurfs im Fall aktiv abgegrenzter Steuern weder als Vermögensgegenstand, Rechnungsabgrenzungsposten noch Bilanzierungshilfe zu qualifizieren.[577] Dies gilt korrespondierend für § 306 HGB, dessen Anpassungen in S. 1 und 2 redaktioneller Natur und den Änderungen des § 274 geschuldet sind.[578]

In der Folge scheinen Bilanzierungshilfen im reformierten HGB nicht weiter zu existieren und die Annahme für den Goodwill einer nicht-fiktiven, „wahren" Rechtsnatur Bilanzierungshilfe kaum vertretbar.[579]

bb) (Kein) Neues Verständnis des Vermögensgegenstands

Eine Meinung stellt ein neues Verständnis des Vermögensgegenstands in den Raum, wobei nicht im Einzelnen erklärt wird, wie eine neue Auffassung des Begriffs konkret auszusehen hätte; dominierend sei dann jedenfalls nicht mehr die selbständige Verwertbarkeit bzw. Einzelveräußerbarkeit.[580]

Nach a. A. ist gerade kein verändertes Verständnis des Vermögensgegenstands nötig, da eben das BilMoG über eine Fiktion die für den Vermögensgegenstand (bisher und weiterhin) geltenden Regeln für den Goodwill zur Anwendung bringt, ohne ihn zum Vermögensgegenstand zu machen: Damit müssten die geltenden Grundlagen zur Qualifizierung eines Vermögensgegenstands folglich nicht einer Veränderung unterzogen werden.[581]

Nach einer weiteren Auffassung ergebe sich „eine gewisse Weiterentwicklung" des Vermögensgegenstandsbegriffs, da nach den Ausführungen des Referentenentwurfs[582] Einzelverwertbarkeit das entscheidende Kriterium sei, aber im Sinne von Veräußerung, Verbrauch oder Nutzungsüberlassung etc., die über die im handelsrechtlichen Schrifttum vorherrschende Auffassung von der Einzelverwertbarkeit im Sinne von einer Verwertbarkeit *nur außerhalb* eines Unternehmens hinausgehe.[583]

---

575 So auch Stibi/Fuchs, DB 2008, 6, 11.

576 S. Art. 1 Nr. 21 BilMoG.

577 S. BilMoG-RegE, S. 67.

578 S. die Ausführungen des Rechtsausschusses in BT-Drs. 16/12407, S. 90.

579 Im Ergebnis ebenso Petersen/Zwirner, KoR, Beihefter 1 zu Heft 5 2009, 1, 32.

580 Fülbier/Gassen, DB 2007, 2605, 2611 f.

581 Schulze-Osterloh, DStR 2008, S. 63 f.

582 Vgl. BilMoG-RefE, S. 98.

583 So Kirsch, PiR 2009, 185, 186 mit Rekurs hinsichtlich der hier angenommenen h. M. u.a. auf Baetge/Kirsch/Thiele, Bilanzen, 2007, S. 161; Coenenberg, Jahresanschluss,

cc) Neue Arten von Vermögensgegenständen

Nach wieder a. A. werden durch die Reform neben den Vermögensgegenständen im bisherigen Sinne zudem „Sonderposten eigener Art“ gem. § 274 HGB[584] sowie „Vermögensgegenstände eigener Art“ geschaffen; letztere ergäben sich als eigene „Klasse“ aus der Verbindung von wahlweise[585] anzusetzenden selbst geschaffenen immateriellen Vermögensgegenständen mit der Ausschüttungssperre des § 268 Abs. 8 HGB und unterschieden sich aufgrund ihrer schwierigen Bewertung[586] von anderen Vermögensgegenständen.[587]

Hinzu kommt nach dieser Auffassung eine vierte Kategorie bzw. eine dritte neu geschaffene, nämlich „Vermögensgegenstände qua Fiktion“[588], mittels derer der Goodwill, an sich weder einzelveräußerbar oder –verwertbar, in die allgemeinen Vorschriften zur Bilanzierung, allen voran die Ansatzpflicht, einbezogen werde.[589]

c) Würdigung der Neuregelungen

Zur weiteren Qualifizierung des Goodwill als Bilanzierungshilfe entbehrt es entsprechend den vorangehenden Ausführungen jeder vergleichbaren Grundlage im reformierten HGB. Die Beurteilung des aktuellen HGB-Vermögensgegenstands-Verständis mit Relevanz für den Goodwill bedarf hingegen weiterer Ausführungen.

aa) Merkmale des Vermögensgegenstands

In den Erläuterungen zum Regierungsentwurf wird - noch im Zusammenhang mit der zunächst vorgeschlagenen Aktivierungspflicht selbst erstellter immaterieller Vermögensgegenstände – davon gesprochen, dass diese Posten zunächst die für den Vermögensgegenstand handelsrechtlich geltende Aktivierungsvoraussetzung der Einzelverwertbarkeit erfüllen müssen.[590] Die Kopplung mit ei-

---

2005, S. 76. Diese Weiterentwicklung wollen auch erkennen Stibi/Fuchs, DB, Beilage 5 zu Heft 23, 2009, 9, 14.

584 Siehe hierzu die Ausführungen des BilMoG-RegE, S. 67; hier wird die Qualifizierung zu Sonderposten eigener Art explizit vorgenommen.

585 Siehe zum neuen Aktivierungswahlrecht Förschle/Usinger in Beck Bil-Komm, 7. Aufl., § 248 Rn. 11; Petersen/Zwirner, KoR, Beihefter 1 zu Heft 5, 11; Ernst/Seidler, BB 2009, 766, 767; Kirsch, PiR 2009, 185.

586 Vgl. zur Aussage der schwierigen Bewertung selbst geschaffener, immaterieller Vermögensgegenstände BilMoG-RegE, S. 64.

587 Vgl. Stibi/Fuchs, DB 2008, 6, 11 und jüngst Stibi/Fuchs, DB, Beilage 5 zu Heft 23, 2009, 9, 13 f.

588 Stibi/Fuchs, DB 2008, S. 6, 11.

589 Stibi/Fuchs, DB 2008, S. 6, 11.

590 BilMoG-RegE, S. 50.

ner Ausschüttungssperre in § 268 Abs. 8 HGB stelle hingegen keine Änderung des handelsrechtlichen Vermögensgegenstandsbegriffs dar.[591]

Interessanterweise begründet die Bundesregierung die eingeschränkte Aufrechterhaltung des bisherigen Aktivierungsverbots in § 248 Abs. 2 S. 2 HGB damit, dass den genannten selbst geschaffenen Vermögensgegenständen wie Marken, Verlagsrechte etc. teilweise nicht zweifelsfrei Herstellungskosten zugerechnet, sie also teilweise nicht selbständig bewertet werden können.[592] Bei der Abgrenzung derjenigen Positionen, die mit diesen Vermögensgegenständen vergleichbar seien und die ebenfalls einem Aktivierungsverbot unterfallen sollen, kommt die Bundesregierung wiederum auf die Herstellungskosten zu sprechen: Vergleichbare, (nicht entgeltlich erworbene[593]), immaterielle Vermögensgegenstände des Anlagevermögens umfassen danach alle Posten, bei denen die Abgrenzung der Herstellungskosten von Aufwendungen, die auf den – originären - Goodwill entfallen, nicht zweifelsfrei möglich ist.[594]

Aufgrund der Tatsache, dass sowohl die Einzelverwertbarkeit und als auch die selbständige Bewertbarkeit in der Begründung erwähnt werden, wird die Auffassung vertreten, dass die selbständige Bewertbarkeit ein eigenständiges Aktivierungkriterium darstelle.[595]

Dagegen spricht jedoch, dass in der Begründung des BilMoG zunächst die vorangehend zitierte Beibehaltung des handelsrechtlichen Vermögensgegenstandsbegriffs bestimmt wird, um im darauf folgenden Textabschnitt zu erklären, dass von einem Vermögensgegenstand auszugehen sei, wenn er einzeln verwertbar sein, was es in jedem Einzelfall zu überprüfen gelte.[596] Dies entspricht ganz einer abschließenden Darstellung des einzigen, zu prüfenden Merkmals „Einzelverwertbarkeit". Denn die Ausführungen zur selbständigen Bewertbarkeit erfolgen erst im nachfolgenden Abschnitt, der bereits das Thema „Ausnahmen vom Aktivierungsgrundsatz" behandelt. Es ist nicht ersichtlich, warum die Erläuterung erst in einem späteren Abschnitt mit bereits neuer Thematik ein weiteres Tatbestandsmerkmal des Vermögensgegenstands einbringen sollte.

---

591 BilMoG-RegE, S. 50.

592 BilMoG-RegE, S. 50. Freilich bezieht sich die Erläuterung hier noch auf den § 248 Abs. 1 S. 4 HGB-E, der weitgehend dem nun normierten § 248 Abs. 2 S. 2 HGB entspricht.

593 Das Merkmal des nicht entgeltlichen Erwerbs in § 248 Abs. 1 S. 4 HGB-E wurde nicht in § 248 Abs. 2 S. 2 übernommen.

594 BilMoG-RegE, S. 50.

595 Küting/Pfirmann/Ellmann, KoR, 2008, 698, 690. Diesen folgend Laubach/Kraus/Bornhofen, DB, Beilage 5 zu Heft 23, 2009, 19, 20.

596 BilMog-RegE, S. 50.

Es spricht vielmehr alles dafür, dass die Einzelverwertbarkeit alleiniges, ungeschriebenes Tatbestandsmerkmal des Vermögensgegenstands verbleibt und zwar in einem Sinne, der entgegen der vorangehend gefolgten Auffassung die selbständige Bewertbarkeit nicht miteinschließt. Insofern kann dann eine nicht vorliegende selbständige Bewertbarkeit dazu führen, dass ein Posten vorliegt, der den in § 248 Abs. 2 S. 2 HGB genannten Vermögensgegenständen vergleichbar ist. Mithin ist diese bei der Auslegung des vergleichbaren Vermögensgegenstands im Sinne des Abs. 2 S. 2 der Vorschrift als negatives Tatbestandsmerkmals miteinzubeziehen.

Unterstützt wird diese These wiederum durch den Wortlaut der Regelung in § 248 Abs. 2 S. 2 HGB, der von vergleichbaren *Vermögensgegenständen* spricht. Würde der Vermögensgegenstands-Charakter bereits positiv die selbständige Bewertbarkeit erfordern, lägen schon definitionsgemäß bei Marken, Drucktitel, etc. keine Vermögensgegenstände vor, da ihnen nach der Begründung der Bunderegierung ja gerade Herstellungskosten nicht zweifelsfrei zugeordnet und sie damit nicht selbständig bewertet werden können. Somit wäre die Formulierung in S. 2 der Vorschrift unzutreffend. Nur nach der hier v. A. kann es sich bei Marken etc. um – einzelverwertbare - Vermögensgegenstände handeln, die jedoch mangels selbständiger Bewertbarkeit im Sinne einer negativen Anforderung einem partiellen Ansatzverbot unterliegen und welche zur Identifizierung vergleichbarer Vermögensgegenstände heranzuziehen ist.

Gegenüber dem Referentenentwurf enthält die Begründung im Regierungsentwurf keine Definition mehr, wie also das im Ergebnis einzige positive Merkmal der Einzelverwertbarkeit zu verstehen sei.[597] Soll die Einzelverwertbarkeit dennoch nach dem Willen des Gesetzgebers weiterhin auch Verwertungsmaßnahmen wie den Verbrauch, entsprechend den zunächst erfolgten Erläuterungen, umfassen, so ist wohl deswegen entgegen vorstehend angeführter Auffassung nicht von einer Weiterentwicklung des Vermögensgegenstandsbegriffs auszugehen. Denn wie bereits zum Verständnis dessen vor dem BilMoG ausgeführt wurde, ist nach wohl h. M. Einzelverwertbarkeit als Veräußerung, Verbrauch, Nutzungsüberlassung etc. zu verstehen. Dabei kommt es jedoch auf das Verwertungspotezial gegenüber Dritten an, so dass nicht davon auszugehen ist, dass durch die Übernahme dieses Verständnisses durch das BilMoG auch „rein intern verwendbare Güter“[598] als Vermögensgegenstände zu klassifizieren seien. Vielmehr liegt die Annahme nahe, dass hier eine Verarbeitung oder ein Verbrauch durch Dritte angesprochen ist, ebenso, wie eine Nutzungsüberlassung gegenüber Dritten erfolgt.

597 Vgl. BilMoG-RefE, S. 98 gegenüber BilMoG-RegE, S. 50.

598 Diese Konsequenz sieht aber Kirsch, PiR 2009, 185, 186.

bb) Vermögensgegenstands-Kategorien

Die Annahme von unterschiedlichen Vermögensgegenstands-Kategorien, die durch das BilMoG im HGB nunmehr vorliegen, erscheint hingegen vertretbar. Dadurch wird einerseits der nach dem Willen des Gesetzgebers beizubehaltene und eben diskutierte Begriff des Vermögensgegenstands nicht über Bord geworfen.

Andererseits erfolgt nunmehr eine Verknüpfung der immateriellen, selbsterstellten Posten mit einer Ausschüttungssperre, die das HGB bisher für Vermögensgegenstände nicht kannte.[599] Auch beim verpflichtenden Ansatz des Geschäftswerts gem. § 246 Abs. 1 S. 4 HGB wird in Bezug auf den Vermögensgegenstand eine Neuerung eingeführt, nämlich die *Fiktion,*[600] die gewissermaßen als Mittel zur Aktivierung eines nicht ansatzfähigen Postens gesehen werden kann. Der Goodwill erfüllt ja gerade nicht das Kriterium der Einzelverwertbarkeit und wird daher nur *wie* ein Vermögensgegenstand bilanziert. Damit stellt er einen weiteren Sonderfall neben den Vermögensgegenständen mit Ausschüttungssperre dar. Insofern hat sich nicht der eigentliche Vermögensgegenstands-Begriff verändert, der „echte" Vermögensgegenstand existiert weiterhin. Der Goodwill ist aber neben den „Sonderposten eigener Art", bspw. aus § 274 HGB, und „unsicheren" Vermögensgegenständen mit Ausschüttungssperre als Vermögensgegenstand via Fiktion eine (weitere) Klasse für sich.

2. Rechtsnatur des Konzernabschluss-Goodwill

Aus den unterschiedlichen Vorschriften im HGB für den Geschäftswert im Einzel- und im Konzernabschluss ergibt sich die Frage, ob die Position in den verschiedenen Abschlüssen unterschiedliche bilanzielle Cahraktere aufweist. Wieder sei im nachfolgenden Unterabschnitt zuerst auf die bisher bestehende Rechtslage eingegangen, um im Anschluss daran diejenige nach Inkrafttreten des BilMoG zu erörtern.

a) Bisheriger Meinungsstand

Auch bezüglich des konzernbilanziellen Firmenwerts gingen die Meinungen über die Rechtsnatur des Postens auseinander.[601]

Zum Teil wird die Argumentation im Schrifttum für und wider die Qualifizierung als Vermögensgegenstand, die im Hinblick auf den Firmenwert im Einzelabschluss vorgenommen wurde, unterschiedslos auf den Geschäftswert im

---

599 Bislang exisitierten Ausschüttungssperren im Zusammenhang mit Bilanzierungshilfen, §§ 269 S. 2, 274 Abs. 2 S. 3 HGB a. F.

600 BilMoG-RegE, S. 47.

601 Vgl. Kraft in Großkomm. HGB, § 309 Rn. 8; Baetge/Kirsch/Thiele, Konzernbilanzen, S. 240.

Konzernabschluss angewendet und wiedergegeben: Die Stellung in § 266 Abs. 2 A.I.2. i. V. m. § 298 Abs. 1 HGB a. F., nachdem der Goodwill unter den Vermögensgegenständen darzustellen sei und das Kriterium der planmäßige Abschreibung nach § 309 Abs. 1 S. 2 HGB a. F werden auch hier als „Pro-Vermögensgegenstands-Argumente“ angeführt.[602] Gegen den Vermögensgegenstands-Charakter spricht jedoch auch hier die mangelnde selbständige Verwertbarkeit.[603]

Die Argumentation für eine Bilanzierungshilfe wird auch im Rahmen des Konzernabschlusses aufrechterhalten: Zwar formuliert § 301 Abs. 3 S. 1 HGB a. F. eine Ansatzpflicht,[604] die insofern gegen eine Bilanzierungshilfe zu sprechen scheint, der ein Ansatzwahlrecht mehr entsprechen würde. Die Argumentation für einen Bilanzierungshilfe-Charakter auch im Konzernabschluss bricht deswegen jedoch nicht weg: Denn § 309 Abs. 1 S. 3 HGB a. F. gewährt die offene Verrechnung des Geschäfts- oder Firmenwerts mit den Rücklagen. Hintergrund der Verrechnungsmöglichkeit ist, dass im britischen Bilanzrecht, dem sie entstammt,[605] eine Gleichbehandlung mit dem originären Firmenwert angestrebt war und eine außerordentliche Ergebnisbelastung vermieden werden sollte - der Firmenwert diente damit als Korrekturposten zum Eigenkapital.[606] Durch die Verrechnungsmöglichkeit entsteht faktisch ein Ansatzwahlrecht für Konzern-Goodwill:[607] Ein Unternehmen kann die Entscheidung treffen, eine vollständige Verrechnung des Geschäftswerts mit den Rücklagen im Jahr der Erstkonsolidierung vorzunehmen - dies ist nach einer Auffassung die einzig zulässige Verrechnungsvariante -[608] und damit jeglichen Eingang des Firmenwerts in die Bilanz vermeiden.[609]

---

602 Vgl. die Darstellung der Meinungen bei Dusemond/Weber/Zündorf, in Küting/Weber, HdK, § 301 Rn. 80 f m.w. N., die selbst für eine Bilanzierungshilfe plädieren; Baetge/Kirsch/Thiele, Konzernbilanzen, 2004, S. 240 f. lassen diese Argumente ebenfalls gelten, obwohl sie die Auffassung vom Goodwill eines Wertes eigener Art vertreten. Ebenfalls einen Vermögensgegenstand befürworten Ellrott/Krämer in Beck Bil-Komm, § 247 Rn. mit Rekurs auf Moxter, FS Semler, S. 854 sowie Ellrott/Brendt in Beck Bil-Komm, § 255 Rn. 511. Für einen Grenzfall zwischen Vermögensgegenstand und Bilanzierungshilfe Förschle/Hoffmann in Beck Bil-Komm, § 309 Rn. 9.

603 Hierzu sei auf die vorangehend geführte Diskussion zur Rechtsnatur des Goodwill im Einzelabschluss verwiesen, § 4 A. III. 1.

604 Vgl. ADS, § 309 Rn. 9; MünchKommHGB/Busse von Colbe, § 301 Rn. 128.

605 Baetge/Kirsch/Thiele, Konzernbilanzen, 2004, S. 243; ADS, § 309 Rn. 11.

606 ADS, § 309 Rn. 11; Baetge/Kirsch/Thiele, Konzernbilanzen, 2004, S. 240.

607 Krolak, Bilanzielle Behandlung, 2000, S. 29.

608 Vgl. Baetge/Kirsch/Thiele, Konzernbilanzen, 2004, S. 244, Krolak, Bilanzielle Behandlung, 2000, S. 30; nach a. A. ist auch eine vollständige Verrechnung im Folgejahr

Damit ist festzuhalten, dass bislang einer Klassifizierung auch des „Konzern-Geschäftswerts“ als Bilanzierungshilfe kaum entgegengehalten werden kann, es bestünde eine Ansatzpflicht. Vielmehr widerspricht es der Rechtsnatur als Vermögensgegenstand, den Wertansatz entgegen dem Vollständigkeitsgrundsatzes nicht anzusetzen.[610] Da auch keine weiteren Argumente für ein „aliud“ ersichtlich sind, ist der Geschäfts- oder Firmenwert im Konzernabschluss einheitlich mit dem aus dem Einzelabschluss als Bilanzierungshilfe zu beurteilen.

b) Rechtslage nach dem BilMoG

Die für den Goodwill konzernbilanziell maßgebliche Vorschrift des § 301 Abs. 3 S. 1 HGB enthält keine dem § 246 Abs. 1 S. 4 HGB vergleichbar formulierte Fiktion hinsichtlich der Rechtsnatur des Geschäftswerts. Auch die entsprechenden Erläuterungen im Regierungsentwurf zum BilMoG enthalten keine Hinweise, die Aufschluss über die Rechtsnatur des Konzern-Goodwill geben könnten. Von daher kann die Frage Raum greifen, ob sich Auswirkungen durch das BilMoG auf dessen bilanziellen Charakter ergeben.

Nach einhelliger Auffassung gilt jedoch der neue Charakter des Geschäftswerts als (fiktiver) Vermögensgegenstand ebenso wie für den Einzelabschluss-Geschäftswert auch für den Goodwill aus der Kapitalkonsolidierung. Verschiedene Argumente werden hierfür ins Feld geführt:

Dies ergebe sich aus der Verweisung des § 298 Abs. 1 HGB auf § 246 Abs. 1 HGB.[611] Die Diskussion um eine Bilanzierungshilfe sei beendet.[612] Dies zeige sich daran, dass der Begriff „Bilanzierungshilfe“ aus § 300 Abs. 1 S. 2 HGB-E gestrichen werde.[613] Fortan werden aufgrund der Abschaffung der Bilanzierungshilfen anstelle der Beteiligung nur noch die Vermögensgegenstände, Schulden, Rechnungsab-grenzungsposten und Sonderposten des erworbenen

bzw. ratierliche Verrechnung zulässig, vgl. Förschle/Hoffmann in Beck Bil-Komm, § 309 Rn. 21.

609 Diese Praxis der erfolgsneutralen Verrechnung im Erwerbsjahr war bis in die zweite Hälfte der 1990iger Jahre in Deutschland nicht selten, vgl. MünchKommHGB/Busse von Colbe, § 309 Rn. 29.

610 Kraft in Großkomm. HGB, § 309 Rn. 8, der den Geschäftswert selbst allerdings als Posten eigener Art betrachtet, Rn. 9.

611 Oser, PiR 2009, 121, 124. Ähnlich wohl Küting, BB 2008, 1330, 1332, der aus dem Wortlaut des § 246 Abs. 1 HGB die Repräsentation eines Vermögensgegenstands durch den Goowill im Einzelabschluss und folglich auch für den Konzernabschluss als gegeben sieht.

612 Küting, BB 2008, 1330, 1332.

613 Petersen/Zwirner, KoR 2008, Beilage 1 zu Heft 2, 22; dies., KoR 2008, Beilage 3 zu Heft 7/8, 25 sowie dies., KoR 2009, Beihefter 1 zu Heft 5, 32.

Unternehmens in den Konzernabschluss übernommen. Die Fiktion der Rechtsnatur eines Vermögensgegenstands und eine daraus resultierende Aktivierungspflicht auch im Konzernabschluss könnten überdies, auch ohne dass diese in den spezifischen Vorschriften für den konsolidierten Abschluss nochmals ausdrücklich normiert würde, aus der Beziehung von § 301 Abs. 3 HGB und § 309 Abs. 1 HGB gefolgert werden: Nach diesen Vorschriften richtet sich die Abschreibung des konzernbilanziellen Goodwill nach den Vorschriften des ersten Abschnitts, also nach denjenigen für den Einzelabschluss; aus der gleichmäßigen Folgebewertung der Geschäftswerte in Einzel- und Konzernabschluss wird auf eine einheitliche Rechtsnatur geschlossen.[614] Als Folge der einheitlichen Abschreibung entfällt zudem die erfolgsneutrale Rücklagenverrechnung im Konzernabschluss.[615] Damit entfällt auch dieses vorangehend angeführte Argument gegen einen Vermögensgegenstand.

Entsprechend der zum Einzelabschluss-Goodwill vertretenen Auffassung, dass neue Kategorien von Vermögensgegenständen eingeführt wurden, ist v. a. aufgrund der Anwendbarkeit des § 246 Abs. 1 auf den Konzernabschluss gem. § 298 Abs. 1 HGB für den Konzern-Goodwill ebenfalls anzunehmen, dass er in die neue Klasse von „Vermögensgegenständen via Fiktion" einzuordnen ist. Diese umfasst damit den Goodwill des Einzelabschlusses und den konzernbilanziellen Goodwill.

IV. Originärer Goodwill

Können nun also die derivaten Geschäfts- oder Firmenwerte in Jahres- und Konzernabschlüssen als Vermögenswerte via Fiktion aufgefasst werden, liegt nahe, auch Überlegungen hinsichtlich möglicher Auswirkungen der Bilanzrechtsmodernisierung auf den originären Goodwill anzustellen. Besonders aufgrund der Neuregelungen der §§ 246 Abs. 1 S. 4 HGB und 248 Abs. 2 HGB stellt sich die Frage, ob ein Ansatz des originären Goodwill weiterhin als verboten zu betrachten ist. Dieser soll im Folgenden nachgegangen werden, um ein möglichst vollständiges Bild des Phänomens „Goodwill" zu zeichnen.

Ein Blick in die Begründung des Gesetzentwurfs zur Erforschung des gesetzgeberischen Willens zeigt, dass dieser weiterhin ein Ansatzverbot beabsichtigt, da explizit dessen weiteres Bestehen für selbst geschaffene Geschäftswerte erwähnt wird.[616] Fraglich ist dann allerdings, woraus sich dieses Verbot ergibt.

---

614 Stibi/Fuchs, KoR 2008, 97, 102; Petersen/Zwirner, KoR 2009, Beihefter 1 zu Heft 5, 32. Im Ergebis ebenso Busse von Colbe/Schurbohm-Ebneth, BB 2008, 98, 100; Fülbier/Gassen, DB 2007, 2605, 2611; Ernst/Seidler, BB 2007, 2557, 2558; Hoffmann/Lüdenbach, Beihefter zu DStR ,30, 2008, 49.

615 S. hierzu bereits § 1 B. I. 1. c).

616 BilMoG-RegE, S. 47.

Vor dem BilMoG wurde das Ansatzverbot als kaufmännische Übung akzeptiert[617] und nach ganz h. M. analog § 248 Abs. 2 HGB aus dem Ansatzverbot für nicht entgeltlich erworbene Vermögensgegenstände hergeleitet.[618]

1. Keine Fiktion des Vermögensgegenstands für den originären Goodwill

Aus der Neuregelung in § 246 Abs. 1 S. 4 HGB ist unzweifelhaft zu entnehmen, dass der originäre Goodwill keinen Vermögensgegenstand via Fiktion darstellt. Denn die Fiktionen der §§ 246 Abs. 1 S. 4, 301 Abs. 3 S. 1, Abs. 1 S. 1, 298 Abs. 1 HGB beziehen sich ihrem Wortlaut nach nur auf einen Differenzbetrag, dem ein entgeltlichen Unternehmenserwerb zugrunde liegt.

Darüber hinaus findet sich in der Literatur die Auffassung, dass sich aus dem Umkehrschluss zu § 246 Abs. 1 S. 4 HGB ein Ansatzverbot des originären Goodwill ergebe.[619] Dies erscheint nahe liegend, zumal diese Konsequenz im Einklang mit dem Willen des Gesetzgebers steht. Zwingend ist sie indes nicht.

2. Analoge Anwendung des § 248 Abs. 2 S. 1 HGB?

Da der originäre Goodwill jedenfalls nicht positiv mitgeregelt wurde, hat sich gegenüber der Situation vor dem BilMoG insofern keine Änderung ergeben. Bislang wurde also in einer vergleichbaren Situation die Vorschrift für selbst erstellte, immaterielle Vermögenswerte, § 248 Abs. 2 HGB a. F. nach einhelliger Meinung analog auf den originären Geschäftswert angewendet, so dass für den Firmenwert ebenfalls deren Ansatzverbot galt. Eine direkte Anwendung des § 248 Abs. 2 HGB a. F. kam freilich schon deshalb nicht in Betracht, da der originäre Goodwill, ebenso wenig wie der derivate Firmenwert, einzeln verwertbar ist. Insofern kann gefragt werden, ob auch nach dem BilMoG weiterhin eine analoge Anwendung der Vorschrift im Raum steht.

Der Gesetzgeber hat entsprechend den vorangegangenen Ausführungen deutlich gemacht, dass die Vermögensgegenstand-Eigenschaft für einen Ansatz nach § 248 Abs. 2 HGB erfüllt sein muss. Dies wäre allerdings anders, würde die Vorschrift in einer Analogie zur Anwendung kommen.

Dann könnte eine entsprechende Anwendung des § 248 Abs. 2 HGB und damit ein analoges Ansatzwahlrecht des originären Goodwill möglich sein. Eine Analogie erfordert jedoch bekanntlich u. a. eine planwidrige Regelungslücke,

617 S. ADS, § 255 Rn. 257.

618 ADS, 248 Rn. 14; Baetge/Kirsch/Thiele, Bilanzen, S. 296; Fasselt/Brinkmann in HdR, § 255 Rn. 5; Großfeld/Luttermann, Bilanzrecht, 2005, S. 164; Kahle, StuB 2002, 849.

619 Hennrichs, FS Schaumburg, S. 369. Aufgrund mangelnder „Wertkonkretisierung“ wird ebenfalls ein Aktivierungsverbot hinsichtlich des originären Geschäftswerts angenommen, s. Engel-Ciric, BRZ 2009, 445.

die angesichts der Neuregelung und des Hinweises in den Gesetzesmotiven fraglich erscheint.

Aufgrund der vorangehend beschriebenen vergleichbaren Situation des originären Goodwill vor der Bilanzrechtsmodernisierung, dem keine explizite Regelung zuteil wurde, lässt sich jedoch wohl nicht von vornherein für die nunmehr überarbeitete Vorschrift des § 248 Abs. 2 HGB eine analoge Anwendung völlig ausschließen. Denn nach wie vor regelt diese den Ansatz selbst erstellter immaterieller Vermögenswerte – wenn auch mit anderer Rechtsfolge, so dass nun kein generelles Ansatzverbot für nicht entgeltlich erworbene immaterielle Vermögensgegenstände, sondern das bereits angrsprochene Aktivierungswahlrecht enthalten ist.

Damit könnte der originäre Geschäftswert wahlweise aktivierbar sein gem. § 248 Abs. 2 S. 1 HGB analog, falls nicht sein Ansatz nach Abs. 2 S. 2 der Vorschrift ausgeschlossen wäre.

3. „Vergleichbarer immaterieller Vermögensgegenstand“ nach § 248 Abs. 2 S. 2 HGB

§ 248 Abs. 2 S. 2 HGB schließt selbst geschaffene Marken, Drucktitel, Verlagsrechte, Kundenlisten oder vergleichbare immaterielle Vermögensgegenstände des Anlagevermögens von einem Ansatz aus.

Die Begründung des BilMoG liefert hier keine weiteren Anhaltspunkte, welche immateriellen Vermögenswerte als ähnlich angesehen werden können. Es wird lediglich, wie vorangehend im Kontext der Rechtsnatur des Goodwill bereits ausgeführt wurde, bestimmt, dass dies alle immateriellen Vermögensgegenstände des Anlagevermögens umfasse, bei denen „eine Abgrenzung der Herstellungskosten von den auf den Geschäfts- oder Firmenwert entfallenden Aufwendungen nicht zweifelsfrei bzw. eine alternative Zurechnung möglich ist (…).“[620]

Ohne aus dieser Ausführung positiv weitere immaterielle Vermögensgegenstände identifizieren zu können, ergibt sich jedenfalls, dass der originäre Geschäftswert hier nicht gemeint sein kann. Denn es geht in der Ausführung gerade darum, zu beschreiben, dass solche Posten, deren Herstellungskosten gegebenfalls dem originären Firmenwert zugeordnet werden können, unter die Werte fallen, die nicht aktiviert werden dürfen. Da es denklogisch ausscheidet, dass hier der originäre Geschäftswert planmäßig in der Kreis der Posten einbezogen ist, deren Kosten gerade schwerlich von ihm abgegrenzt werden können, kann der Geschäfts- oder Firmenwert, unabhänging von denkbaren, anderen Argu-

620 BilMoG-RegE, S. 50.

menten gegen eine solche Auslegung, gar kein „vergleichbarer immaterieller Vermögensgegen-stand im Sinne des § 248 Abs. 2 S. 2 HGB sein.

Damit wäre wiederum nur eine analoge Anwendung der Vorschrift auf den originären Goodwill denkbar. In der Literatur wird denn auch vertreten, dass sich das Ansatzverbot des originären Goodwill aus der Norm ableiten ließe.[621] Mag dieses Ergebnis wiederum naheliegend und komform mit dem gesetzgeberischen Willen sein, so wäre doch angesichts der nicht völlig eindeutigen Rechtslage eine Klarstellung von Seiten des Gesetzgebers, entsprechend dem Vorbild der IFRS, empfehlenswert.[622]

B. Goodwillermittlung nach § 301 HGB

Im vorangehenden Kapitel wurde in der Hauptsache die Rechtsnatur des derivaten Geschäfts- oder Firmenwerts diskutiert. Im Rahmen der gefundenen Ergebnisse wird deutlich, dass der Posten auch in dieser Hinsicht eine Sonderstellung einnimmt: Er stellt eine neue, eigene Kategorie von Vermögensgegenständen dar und zwar im Einzel- wie auch im Konzernabschluss.

Wie nun dieser Goodwill bilanziell zustande kommt, ist im Grundsatz in den bilanzrechtlichen Vorschriften des HGB verankert. Da in dieser Untersuchung der Fokus auf den Goodwill-Regelungen für den Konzernabschluss liegt, ist hier, wie eingangs der Untersuchung bereits angesprochen wurde, die Vorschrift des § 301 HGB elementar. Darin wird die Kapitalkonsolidierung im Rahmen der Vollkonsolidierung nach §§ 300 ff. geregelt.[623] Diese Regelung steht im Mittelpunkt der nunmehr folgenden Analyse.

Der nächste Abschnitt soll daher dazu dienen, die Grundlagen der Kapitalkonsolidierung gem. § 301 HGB zu erarbeiten, aus dessen Anwendung sich der Konzern-Geschäftswert ergibt. Dabei steht zu Beginn die Frage, welche Relevanz § 301 HGB für den Konzern-Goodwill besitzt. Im Anschluss an die Klärung dieser Frage wird der Zweck der Kapitalkonsolidierung beleuchtet und dabei die grundlegende methodische Vorgehensweise beschrieben, um schließlich die fundamentale Methode der Kapitalkonsolidierung nach § 301 HGB a. und n. F. im Grundsatz und in ihren Varianten vorzustellen. Erst dann erfolgt eine eingehende Auseinandersetzung mit der Regelung des § 301 HGB n. F. und die Vorschriften, auf die darin verwiesen werden.

621 Hennrichs, FS Schaumburg, S. 369, noch mit Bezug auf den insofern inhaltsgleichen § 248 Nr. 4 HGB in der Entwurfsfassung nach BilMoG-RegE.

622 S. hierzu den Vorschlag einer expliziten Regelung des Ansatzverbots am Ende der Untersuchung, § 9 II.

623 Vgl. die Überschriften des Vierten Titels, Zweiter Unterabschnitt im Zweiten Abschnitt des Dritten Buchs des HGB, Vollkonsoldidierung, §§ 300 ff., § 301 HGB Kapitalkonsolidierung.

I. Grundlagen der Kapitalkonsolidierung

Zunächst ist also zu klären, welche Bedeutung die Vorschrift des § 301 HGB für den Goodwill hat.

1. Bedeutung der Kapitalkonsolidierung nach § 301 HGB für den Goodwill

Aus § 301 Abs. 3 S.1 HGB und Abs. 1 S.1 der Vorschrift ergibt sich, dass der aktivische Unterschiedsbetrag aus einer Verrechnung des Eigenkapitals mit den erworbenen Anteilen, der Kapitakonsolidierung, als Geschäfts- oder Firmenwert zu bilanzieren ist. In Folge dessen stellt die Regelung der Kapitalkonsolidierung eine technische Voraussetzung für die Entstehung des konzernbilanziellen Goodwill dar.

Dies müsste nicht zwingend so sein, denn nach dem eingangs der Arbeit referierten betriebswirtschaftlichen Verständnis des *bottom-up*-Ansatzes[624] existiert der derivate Goodwill in der ökonomischen Realität eines Unternehmens als Summe von Effekten und Potentialen. Wollte man dem gerecht werden, wäre insofern eine direkte Ermittlung des Goodwill über diese Elemente erforderlich, die jedoch im HGB nicht stattfindet. Die Lektüre der Regelungen des § 301 HGB und auch die Vorschrift des Geschäfts- oder Firmenwerts für den Jahresabschlusses in § 246 Abs. 1 S. 4 HGB zu Beginn der Untersuchung gab bereits Aufschluss darüber, dass der Goodwill jeweils als Residuum zu ermitteln ist. Dementsprechend handelt es sich beim Geschäftswert aus bilanzrechtlicher Perspektive um einen „technischen Differenzbetrag“[625], der im Fall des Konzernabschlusses eine Folge der Kapitalkonsolidierung darstellt.

Mit dieser Feststellung entsteht sich die Anschlussfrage, warum diese Verrechnung vorgenommen wird, welchen Zweck also die Kapitalkonsolidierung verfolgt, deren Ergebnis der Geschäfts- oder Firmenwert darstellt.

2. Zweck der Kapitalkonsolidierung

Aus § 297 Abs. 3 S. 1 HGB ergibt sich der bereits diskutierte Einheitsgrundsatz mit dem Gebot, die Vermögens-, Finanz- und Ertragslage der in den Konzernabschluss einbezogenen Unternehmen so darzustellen, als ob es sich bei ihnen um insgesamt ein einziges Unternehmen handelte.[626]

Wie die Untersuchung ergab, ist für die Konzernunternehmen aufgrund dieses Gebots gedanklich eine Fusion vorzunehmen. Diese zeitigt bilanzielle Auswirkungen: Gem. § 300 Abs. 1 S. 1 HGB ist im Konzernabschluss der Jahresabschluss des Mutterunternehmens mit den Jahresabschlüssen der Tochterunter-

624 Vgl. hierzu § 2 A. II.
625 Moxter, BB 1979, 741, 743.
626 Vgl. bereits § 3 A. I., II., insb. 2 c)aa)(1).

nehmen zusammenzufassen, womit das Grundprinzip des Konzernabschlusses geregelt ist.[627]

Es hat sich herausgebildet,[628] dass Zusammenfassung im Sinne des § 300 Abs. 1 HGB - eingedenk des Einheitsgrundsatzes und der konsolidierungsbezogenen Vorschriften der §§ 300 ff. HGB – bedeutet, zunächst bestimmte Maßnahmen zur Vereinheitlichung der Rechnungslegung von Mutter- und Tochterunternehmen zu unternehmen, wie z. B. die Anwendung einheitlicher Bewertungsmethoden gem. § 308 HGB oder die Umrechnung von auf fremde Währungen lautende Abschlüsse gem. dem durch das BilMoG eingeführten § 308 a HGB. In diesen Handlungen liegt die „Aufbereitung" der zusammenzufassenden Einzelabschlüsse zu „konsolidierungsfähigen Abschlüssen II"[629].

Danach werden gleichartige Posten aus den Einzelabschlüssen zeilenweise zu einem summierten Abschluss zusammengefügt, zum sogenannten „Summenabschluss". Sämtliche Vermögensgegen-stände, Schulden, Rechnungsabgrenzungs- und Sonderposten der Tochterunternehmen werden - auch bei einer Beteiligung des Mutterunternehmens von unter 100% an einem Tochterunternehmen - vollständig aufgenommen, § 300 Abs. 2 HGB; dies ist das Prinzip der Vollkonsolidierung.[630]

Daher kommt es im Summenabschluss zu Mehrfacherfassungen, denn es geht neben sämtlichen Tochter-Positionen auch die Beteiligung des Mutterunternehmens am jeweiligen Tochterunternehmen ein („Anteile an verbundenen Unternehmen", § 266 Abs. 2 lit. A.III.1. HGB) – daher wird ein Tochterunternehmen zweifach berücksichtigt; entsprechendes geschieht auf der Ebene des Eigenkapitals und hinsichtlich der Gewinn- und Verlustrechung.[631]

Diese Doppelerfassungen sind mit dem Einheitsgrundsatz jedoch unvereinbar, da sie nicht die Vermögens-, Finanz-und Ertragslage in zutreffender Weise darstellen. Folglich hat eine Beseitigung der Mehrfacherfassung im Interesse des

---

627 MünchKommHGB/Busse von Colbe, § 300 Rn. 1; Trützschler, in: Küting/Weber, HdK, § 30 Rdnr. 9 ff.

628 Über die Vorgehensweise bei der Zusammenfassung von Abschlüssen besteht Einigkeit, s. MünchKommHGB/Busse von Colbe, § 300 Rn. 2; Busse von Colbe/Ordelheide/Gebardt/Pellens, Konzernabschlüsse, 2006, S. 197; ADS, § 300 Rn. 3 ff. oder auch die zusammenfassende Abbildung bei Coenenberg, Jahresabschluss, 2005, S. 633.

629 MünchKommHGB/Busse von Colbe, § 300 Rn. 2.

630 Coenenberg/Haller/Schultze, Jahresabschluss, 2009, S. 656.; MünchKomm-HGB/Busse von Colbe, § 300 Rn. 6.

631 Ähnlich Busse von Colbe/Ordelheide/Gebardt/Pellens, Konzernabschlüsse, 2006, S. 198; bezogen nur auf die Summenbilanz Förschle/Deubert in Beck Bil-Komm, § 301 Rn. 1; Henssler in Heymann Komm. zum HGB, § 301 Rn. 11.

§ 297 Abs. 3 S. 1 HGB und entsprechend des zu Beginn der Untersuchung dargestellten Kompensationszwecks[632] des Konzernabschlusses zu erfolgen. Dies geschieht über die Konsolidierungsmaßnahmen nach § 301 ff. HGB und dabei insbesondere durch die Kapitalkonsolidierung als Verrechnung von Beteiligungswert und Eigenkapital, die detailliert nach dem nächsten Unterabschnitt erläutert wird.[633]

Damit sind auch Funktion und Zweck der Kapitalkonsolidierung beschrieben: Sie findet statt, um die aus Perspektive des Einheitsgrundsatzes unzulässigen Doppelerfassungen des Reinvermögens zu beseitigen und damit eine Korrektur der sich aus der Konzernstruktur ergebenden Kapitalverflechtungen zu bewirken.[634] Denn der Wert der Beteiligung des Mutterunternehmens drückt den entsprechenden Anteil am Eigenkapital des erworbenen Unternehmens aus, also übereinstimmende Werte, die eliminiert werden müssen.[635]

Fundamental für diese Vorgänge ist die so genannte Erwerbsmethode.

3. Erwerbsmethode und Einzelerwerbsfiktion

Die Erwerbsmethode, die international als *„purchase method"* bezeichnet wird[636] und in Umsetzung von Art. 19 der 7. Richtlinie ins HGB eingeführt wurde, betrachtet eine Erweiterung des Konzerns, bspw. um ein Tochterunternehmen, in Bilanz und Gewinn- und Verlustrechung wie den Kauf eines Anlageguts: Ein solches geht mit seinen Anschaffungskosten in die Vermögensrechnung ein, während die erwirtschafteten Erfolge in den späteren Geschäftsjahren, an denen die Investition ihren Anteil hat, durch Abschreibungen über deren Nutzungsdauer vermindert wird. Ebenso wird das Tochterunternehmen behandelt, dessen Aktiva und Passiva in den Konzernabschluss eingehen und über die Jahre in der Höhe der Anschaffungskosten der Beteiligung reduziert werden.[637] Hierin liegt auch der wesentliche Unterschied zu einer Darstellung des Unternehmenserwerbs im Einzelabschluss: Die Anschaffungskosten für den Unternehmensan-

---

632 Siehe hierzu bereits § 3 A. 2. b), c)bb).

633 Siehe zu Kapitalkonsolidierung § 4 B. III.

634 Förschle/Deubert in Beck Bil-Komm, 7. Aufl., § 301 Rn. 1; dies., in Beck Bil-Komm, § 301 Rn. 1; Busse von Colbe/Ordelheide/Gebardt/Pellens, Konzernabschlüsse, 2006, S. 198; MünchKommHGB/Busse von Colbe, § 300 Rn. 4; Küting/Weber, Der Konzernabschluss, 2005, S. 227; Coenenberg/Haller/Schultze, Jahresabschluss, 2009, S. 656.

635 Coenenberg/Haller/Schultze, Jahresabschluss, 2009, S. 656.

636 Vgl. nur die bislang in IFRS 3 (2004) übliche Bezeichnung der Erwerbsmethode, IFRS 3.14 ff.

637 Vgl. zum Ganzen Busse von Colbe/Ordelheide/Gebardt/Pellens, Konzernabschlüsse, 2006, S. 203; Ordelheide, Wpg 1984, 238 f.; MünchKommHGB/Busse von Colbe, § 301 Rn. 3; Kühn, Ausgestaltungsformen der Erwerbsmethode, 2004, S. 21 ff.

teil werden periodisiert, indem die Bewertungsvorschriften für Vermögensgegenstände, Schulden und Goodwill auf die erworbenen Postionen Anwendung finden.[638]

Dabei lebt die Erwerbsmethode im Rahmen der Konzernbilanzierung von einer weiteren Fiktion: Als zweiter Schritt der Vollkonsolidierung erfolgt entsprechend vorstehender Ausführungen die Aufnahme sämtlicher Aktiva und Passiva der Tochterunternehmen in den Summenabschluss. Diese Maßnahme wird ermöglicht durch die so genannte Fiktion des Einzelerwerbs, nach der davon ausgegangen wird, dass das Mutterunternehmen nicht Anteile am Tochterunternehmen, sondern einzeln dessen Vermögenswerte und Schulden erwerbe.[639]

Die Vorgehensweise im Rahmen der Kapitalkonsolidierung ergibt sich folglich aus der auf der Einzelerwerbsfiktion basierenden Erwerbsmethode: Es werden die Positionen des Tochterunternehmens in den Konzernabschluss aufgenommen, wobei ihr Wertansatz zu einem Betrag erfolgt, den der Konzern dafür aufgewendet hätte, diese zum Zeitpunkt des Entstehens des Mutter-Tochter-Verhält-nissen[640] einzeln zu erwerben – also zu fiktiven Anschaffungskosten des Konzerns.[641] Insofern findet eine Verteilung des Beteiligungswerts auf die auzunehmenden Aktiva und Passiva statt, wobei diese prinzipiell im Rahmen der Erwerbsmethode mit dem jeweiligen, ihnen zugedachten Wert in den Konzernabschluss eingehen.

Damit wird deutlich, dass zunächst einmal durch die Verankerung der Erwerbsmethode im HGB auf Grundlage des fiktiven Einzelerwerbs an Stelle der Beteiligung – so, wie es § 300 Abs. 1 S. 2 HGB fordert - Aktive und Passive der Tochterunternehmen in den Konzernabschluss eingehen, als wären sie und nicht Beteiligungen erworben worden. Dies entspricht einer Vorgehensweise, wie sie bei einem *asset deal* erfolgen würde, obwohl eigentlich ein Anteilserwerb stattfand.[642]

Der Verrechnung nach § 301 Abs. 1 HGB ist wiederum geschuldet, dass es zu keiner Dopplung der Werte der Tochterunternehmen kommt. In dieser Vorschrift ist die konkrete Ausgestaltung der Erwerbsmethode in Form einer bestimmten Methode der Kapitalkonsolidierung verankert, der sogenannten Neu-

638 Busse von Colbe/Ordelheide/Gebardt/Pellens, Konzernabschlüsse, 2006, S. 203, f.

639 Wöhe, Bilanzierung, 1992, S. 985; Förschle/Deubert in Beck Bil-Komm, § 301 Rn. 2f.; Großfeld/Luttermann, Bilanzrecht, 2005, S. 382.

640 Vgl. nunmehr den einzigen Bewertungszeitpunkt nach dem BilMoG, § 302 Abs. 2 HGB.

641 Förschle/Deubert in Beck Bil-Komm § 301 Rn. 3; Großfeld/Luttermann, Bilanzrecht, 2005, S. 382.

642 MünchKommHGB/Busse von Colbe, § 301 Rn.42.

bewertungsmethode. Die Neubewertungsmethode soll im nachfolgenden Abschnitt erarbeitet werden, um damit die gleichzeitig die Ermittlungsmethode des HGB für den Goodwill darzustellen. Jedoch soll ebenfalls erläutert werden, welche Auswirkungen eine weitere Konsolidierungstechnik hatte, die so genannte Buchwertmethode, während die Auswirkungen ihrer Abschaffung auf Bilanzierungszwecke und grundätze in einem späteren Kapitel erörtert werden.[643]

II. Ausprägungen der Erwerbsmethode

Kapitalkonsolidierung bedeutet also, dass die erworbenen Anteile am Tochterunternehmen gegen das anteilige, erworbene Eigenkapital des Tochterunternehmens verrechnet werden.[644] Genau dies fordert § 301 Abs. 1 S. 1 HGB mit der Bestimmung, dass der Wertansatz der dem Mutterunternehmen gehörenden Anteile mit dem auf diese Anteile entfallenden Betrag des Eigenkapitals des Tochterunternehmens zu verrechnen sei.

Die Neubewertungsmethode ist jedoch nicht durch die Verrechnung selbst gekennzeichnet, da diese ebenso bei der so genannten Buchwertmethode stattfand, die vor der Bilanzrechtsmodernisierung in § 301 Abs. 1 S. 1 Nr.1 HGB a. F. als einer weiteren Variante der Erwerbsmethode geregelt war.[645] Prägend für die Methode ist vielmehr der Wertansatz des Eigenkapitals der zu konsolidierenden Tochterunternehmen, den das unreformierte HGB unterschiedlich für die Buchwert- und Neubewertungsmethode normierte.

1. Unterschiede von Neubewertungsmethode und Buchwertmethode gem. § 301 Abs. 1 HGB a. F.

Das Wahlrecht zwischen der Neubewertungs- und der Buchwertmethode nach § 301 Abs. 1 S. 2 Nr. 1 HGB a. F. wurde durch das BilMoG abgeschafft,[646] um nach dem Willen des Gesetzgebers eine bessere Vergleichbarkeit des handelsrechtlichen Konzernabschlusses und eine Annäherung an die internationalen

643 S. nachfolgend § 5 A.

644 Ähnlich Coenenberg/Haller/Schultze, Jahresabschluss, 2009, S. 656. Vgl. die Darstellung der grundsätzlichen Vorgehensweise nach der Erwerbsmethode statt vieler bei Busse von Colbe/Ordelheide/Gebardt/Pellens, Konzernabschlüsse, 2006, S. 204 oder international bei Pellens/Fülbier/Gassen, Internationale Rechnungslegung, 2004, S. 633 ff.

645 S. nur § 301 Abs. 1 S. 1 HGB a. F., der einheitlich die Verrechnung vom Wertansatz der Anteile mit dem entsprechenden Eigenkapital forderte.

646 Busse von Colbe/Schurbohm-Ebneth, BB 2008, 98; Stellungnahme des DRSC zum Referentenentwurf eines BilMoG, S. 22, Abfrage unter www.standardsetter.de/drsc/docs/press_releases/080121_SN_BilMoG-FV.pdf, 08.03.2008; Ernst/Seidler, BB 2007, 2557, 2561; Kirsch, PiR 2008, 16,19; Küting, DStR 2008, 1396, 1398.

Rechnungslegungsstandards zu erreichen.[647] International war die Buchwertmethode unbedeutend,[648] während sie jedoch in Deutschland, wie sich aus Untersuchungen ergibt, bislang die mit großem Abstand am häufigsten verwendete Methode darstellte.[649]

Nach der Regelung für die Buchwertmethode in § 301 Abs. 1 S. 2 Nr. 1 HGB a. F. ist das Eigenkapital mit dem Betrag anzusetzen, der dem Buchwert der in den Konzernabschluss aufzunehmenden Vermögensgegenständen, Schulden und sonstige Positionen entspricht; ein sich ergebender Unterschiedsbetrag ist sodann nach Abs. 1 S. 3 der Vorschrift den Wertansätzen von in der Konzernbilanz anzusetzenden Posten des jeweiligen Tochterunternehmens insoweit zuzuschreiben oder mit diesen zu verrechnen, als deren Wert höher oder niedriger ist als der bisherige Wertansatz.

Was hier mit der gesetzlichen Regelungen des HGB a. F. beschrieben wird, ergibt nach einhelliger Meinung formell eine zur Neubewertungsmethode unterschiedliche Handhabung der Verrechnung des Kapitals und der in den Positionen der Tochterunternehmen verborgen liegenden stillen Reserven und Lasten.[650] Denn die Verrechnung des Eigenkapitals mit dem Beteiligungswert nach § 301 Abs. 1 S. 1 HGB a. F. erfolgt nach der Buchwertmethode zuerst und erst danach werden die stillen Reserven und Lasten aufgedeckt, indem der dieser Verrechnung entstammende Unterschiedsbetrag nach Abs. 1 S. 3 der Vorschrift auf die übernommenen Posten verteilt wird. Da nach der Neubewertungsmethode direkt auf den zweiten Schritt, die Aufnahme der Posten in die Summenbilanz, die Neubewertung der Positionen erfolgt, § 301 Abs. 1 S. 1 Nr. 2 HGB a. F., und dann die Kapitalkonsolidierung im e. S., ist hier ein konsolidierungstechnischer Unterschied in der zeitlichen Abfolge der Maßnahmen zu erblicken.

Der materiell bedeutendste Unterschied zwischen den Methoden besteht hingegen nach ganz h. M. darin, dass im Rahmen der Buchwertmethode die

647 BilMoG-RegE, S. 80.

648 Küting, DStR 2008, 1396, 1389 mit Rekurs auf Dusemond/Weber/Zündorf in Küting/Weber, HdK, 1998, § 301 Rn. 10 ff.

649 Küting, DStR 2008, 1396, 1389; ders., BB 207, Heft 48, Die erste Seite ;Wohlgemut/Ruhnke, Die Kapitalkonsolidierung, HdJ, Abt. V/2 (1998), Rn. 49 bezogen auf eine Untersuchung aus dem Jahr 1995. In diesem Sinne auch aktueller Küting/Wirth, Die Kapitalkonsolidierung, DStR 2003, 475, 478; Oser/Reichart/Wirth, in: Küting/Pfitzer/Weber, Das neue deutsche Bilanzrecht, 2008, S. 407, 412; von einer Bevorzugung der Buchwertmethode sprechen Busse von Colbe/Schurbohm-Ebneth, BB 2008, 98 sowie Küting/Seel, Beihefter zu DStrR, 26, 2009, 37, 49.

650 Förschle/Deubert in Beck Bil-Komm, § 301 Rn. 60; ADS § 301 HGB Rn. 41; Baetge/Kirsch/Tiehle, Konzernbilanzen, 2004, S. 233; MünchKommHGB/Busse von Colbe, § 301 Rn. 6; Großfeld/Luttermann, Bilanzrecht 2005, S. 384-396, 397; Coenenberg, Jahresabschluss, 2005, S. 630.

Aufdeckung der stillen Reserven und Lasten nach der Verrechnung nur entsprechend der Beteiligungshöhe des Mutterunternehmens am jeweiligen Tochterunternehmen durchzuführen sei,[651] während bei der Neubewertungsmethode, um dies ebenfalls vorwegzunehmen, eine Neubewertung der erworbenen Vermögenswerte zu 100% unabhängig von der Beteiligungsquote erfolgt. Im Schrifttum wird die Vorgehensweise im Rahmen der Buchwertmethode mit Hinweis auf den Einheitsgrundsatz und die Einzelerwerbsfiktion damit begründet, dass für eine nur beteiligungsproportionale Aufdeckung der stillen Reserven der allenfalls anteilig vom Erwerber vergütete Zeitwert der Positionen spreche.[652] Dem Wortlaut des § 301 Abs. 1 S. 3 HGB a. F. ist ein Gebot der nur anteiligen Aufdeckung indessen freilich nicht direkt zu entnehmen. Mit Abschaffung der Methode durch das BilMoG kann ein Diskurs hierüber jedoch unterbleiben.

Ein weiterer Unterschied besteht zwischen den Methoden darin, dass nach h. M. für die Buchwertmethode eine Beschränkung bei der Aufdeckung der stillen Reserven und Lasten auf die Höhe der Anschaffungskosten besteht – so genannte Anschaffungskostenrestriktion,[653] während es diese nach der Neubewertungsmethode seit dem TransPuG[654] nicht mehr gilt. Denn mit dem Gesetz wurde der entsprechende § 301 Abs. 1 S. 4 HGB a. F. abgeschafft. Bei Annahme einer Restriktion kommt es zu schwierigen, Ermessensspielraum-eröffnenden Aufteilungsproblemen der stillen Reserven und Lasten im Rahmen der Buchwertmethode, wenn diese in größerem Umfang vorhanden sind als ein vertei-

---

651 Vgl. MünchKommHGB/Busse von Colbe, § 301 Rn. 102; Baetge/Kirsch/Tiehle, Konzernbilanzen, 2004, S. 213 f; Pellens/Fülbier/Gassen/Sellhorn, Interntionale Rechnungslegung, 2008, S. 697 ff.; Förschle/Deubert in Beck Bil-Komm, § 301 Rn. 60; 105; ADS § 301, Rn. 42; Coenenberg, Jahresabschluss, 2005, S. 630; Großfeld/Luttermann, Bilanzrecht 2005, S. 384, 396 f; Kusterer in HeidelbergerKomm-HGB, S. 815; Kraft in Großkomm, § 301 Rn. 86; Küting/Seel, Beihefter zu DStrR, 26, 2009, 37, 49.

652 ADS, § 301 Rn. 76; diesen folgend Förschle/Deubert in Beck Bil-Komm, § 301 Rn. 105.

653 Baetge/Kirsch/Thiele, Konzernbilanzen, 2004, S. 200, 234 ff; Küting/Weber, Konzernabschluss, S. 235; Dusemond/Weber/Zündorf in Küting/Weber, HdK § 301 Rn. 106; Kessler/Strickmann in Saarbrücker Handbuch, S. 746.; Küting/Seel, Beihefter zu DStrR, 26, 2009, 37, 49. A.A. MünchKommHGB/Busse von Colbe, § 301 Rn. 73; Förschle/Deubert in Beck Bil-Komm, § 301 Rn. 95, die eine erweitere Auslegung des § 301 Abs. 1 S. 3 HGB a. F. für vertretbar halten, so dass auch für die Buchwertmethode keine Anschaffungskostenrestriktion mehr gegolten hätte.

654 Gesetz zur weiteren Reform des Aktien- und Bilanzrechts, zu Transparenz und Publizität (Transparenz- und Publizitätsgesetz), BGBl. I 2002, 2681.

lungsfähiger Unterschiedsbetrag.[655] Diese Schwierigkeiten entfallen freilich durch Abschaffung der Methode.

Die Anwendung der Buchwertmethode nach dem Verständnis der ganz h. M. führt jedenfalls im Ergebnis regelmäßig - bei vorhandenen Minderheitsgesellschaftern - zu niedrigeren Bilanzansätzen bei den erworbenen Posten, als dies nach der Neubewertungsmethode bei nicht nur anteiliger Aufdeckung stiller Reserven der Fall wäre; folglich liegt in der Regel auch eine niedrigere Bilanzsumme vor.[656]

Deshalb kann sich im Rahmen einer Bilanzanalyse je nach angewendeter Methode ein unterschiedliches Bild des Konzerns zeigen.[657] Der sogleich zu erörternde Ausgleichsposten für Minderheiten gem. § 307 HGB fällt bei Anwendung der Neubewertungsmethode in der Regel höher aus.[658] Dies kann, insbesondere da dem Ausgleichsposten in den Konzernbilanzen erhebliche Bedeutung zukommt, zu signifikanten Abweichungen der Vermögensstruktur führen.[659] Durch die Erhöhung des Eigenkapitals sind Auswirkungen auf die Eigenkapitalquote zu konstatieren, die sich ebenfalls erhöht, wobei in den Folgejahren über die erfolgswirksame Auflösung der stillen Reserven eine größere Belastung des Konzernergebnisses zu bemerken ist.[660]

2. Auswirkungen der Methoden auf den Goodwill

Allein für den Goodwill betrachtet ist die Wahl der einen oder anderen Methode nach dem HGB a. F. allerdings unerheblich. Wie Bilanzierungsbeispiele in der Literatur zeigen, ergeben sich für den Geschäftswert selbst *ceteri paribus* keine Unterschiede bei Anwendung der beiden Methoden, mögen nun Minderheitsgesellschafter vorhanden sein oder nicht.[661] Dies ist damit zu begründen, dass die Anteilseigner des Mutterunternehmens und die Minderheitsgesellschafter asymmetrisch im Rahmen der Konsolidierung nach HGB behandelt werden: Es erfolgt nach h. M. hinsichtlich des Geschäftswerts bei keiner der Varianten der

655 S. zur Zuordnung statt vieler MünchKommHGB/Busse von Colbe, § 301 Rn. 75-80.

656 Baetge/Kirsch/Tiehle, Konzernbilanzen, 2004, S. 233; Pellens/Fülbier/Gassen/Sellhorn, Internationale Rechnungslegung, 2008, S. 700; Küting, DStR 2008, 1396, 1398; Küting/Seel, Beihefter zu DStR, 26, 2009, 37, 49.

657 Vgl. Baetge/Kirsch/Thiele, Konzernbilanzen, 2004, S. 231.

658 Vgl. ADS § 307, Rn. 31 ff; Förschle/Hoffmann in Beck Bil-Komm, § 307 Rn. 26; Küting/Seel, Beihefter zu DStrR, 26, 2009, 37, 49.

659 Weber, Kapitalkonsolidierung, 1991, S. 154.

660 Küting/Seel, Beihefter zu DStrR, 26, 2009, 37, 49.

661 Vgl. hier die Konsolidierungsbeispiele bei Baetge/Kirsch/Tiehle, Konzernbilanzen, 2004, S. 230 ff.; Pellens/Fülbier/Gassen/Sellhorn, Internationale Rechnungslegung, 2008, S. 699 f. oder Coenenberg, Jahresabschluss, 2005, S. 626 ff. Ähnlich auch Oser, PiR 2009, 121, 122.

Erwerbsmethode, wie sie gem. den Regelungen des HGB interpretiert werden, eine Hochrechnung des Anteils am Geschäftswerts auf die Minderheiten; diese wird nämlich für unzulässig gehalten.[662]

Als entscheidendes Argument gegen eine Erhöhung des Goodwill um den Anteil der Minderheiten daran wird der Wortlaut von § 301 Abs. 3 S. 1 HGB a. F. beurteilt, der fordert, dass ein bei der Verrechnung „entstehender…Unterschiedsbetrag" als Geschäfts- oder Firmenwert ausgewiesen wird; der Wortsinn wird als kaum eine Ausdehnung des Firmenwertes auf die Anteile anderer Gesellschafter deckend beurteilt;[663] Entsprechendes muss für die Formulierung der Vorschrift in Bezug auf die Buchwertmethode gelten.

Diese Auffassung erscheint zutreffend. Denn die Hochrechnung wird weder als technischer Schritt der Kapitalkonsolidierung gefordert, noch der hochgerechnete Teil des Goodwill als solcher beschrieben – geschweige denn eine andere Art der Berrechnung des Minderheiten-Goodwill an irgendeiner stelle des Gesetzes normiert. Somit erfolgt eine Aufdeckung von Tageswertrücklagen und –lasten im Goodwill grundsätzlich nur in Höhe der Mehrheitsbeteiligung, die Minderheiten sind am Goodwill folglich nicht beteiligt.[664]

Die Definition des Geschäfts- oder Firmenwerts wurde im Zuge des BilMoG redaktionell an die nunmehr einzig zulässige Variante der Erwerbsmethode nach § 301 Abs. 1 HGB angepasst und eingangs der Untersuchung bereits dargestellt. Gleich bleibt daher wohl sein soeben diskutiertes Verständnis in der Hinsicht, dass der Geschäftswert das Ergebnis der Verrechnung im Stile der Neubewertungsmethode ohne weitere Hochrechnung – oder andere Bewertung - der Minderheitsanteile an diesem darstellt.

---

662 Busse von Colbe/Ordelheide/Gebhardt/Pellens, Konzernabschlüsse, 2006, S. 11; MünchKommHGB/Busse von Colbe, § 307 Rn. 11; Busse von Colbe/Müller/Reinhard, ZfbF Sonderheft 21, 1989, Rn. 69; Ordelheide in HdR C 401 Rn. 64; ADS § 307 Rn. 31 ff; Förschle/Deubert in Beck Bil-Komm, § 307 Rn. 26. A.A. offenbar Weber/Zündorf in Küting/Weber, HdK, § 307 Rn. 2, 9 sowie Storck, Bilanzpolitische Handlungsspielräume, 2004, S. 304 m. w. N., die aufgrund der Abschaffung des Anschaffungskostenprinzips für die Neubewertungsmethode davon ausgeht, dass deshalb eine Hochrechnung des Minderheiten-Goodwill nach dem HGB zulässig ist.

663 MünchKommHGB/Busse von Colbe, § 301 Rn. 106.

664 Baetge/Kirsch/Tiehle, Konzernbilanzen, 2004, S. 231; Kusterer in Heidelberger KommHGB, S. 815.

III. Technisches Vorgehen im Rahmen der Neubewertungsmethode gem. § 301 HGB n. F.

Die Neubewertungsmethode gibt nun gewissermaßen den Rahmen vor, in dem eine Vielzahl von Bilanzierungsvorgängen durchzuführen sind, deren erste Schritte wie eine eventuelle Währungsumrechnung bereits umrissen wurden.[665]

Für die anschließende Verrechnung der Beteiligungen mit dem neubewerteten Eigenkapital des jeweiligen Tochterunternehmens als Kapitalkonsolidierung müssen notwendig beide Verrechnungsposten angesetzt und (neu) bewertet werden. Dazu ist eine Festlegung zu treffen, aus welchen Einzelpositionen sich die anzusetzenden Verrechnungsposten zusammensetzen und in welcher Höhe ihr Ansatz erfolgt. Es stellt sich mithin die Frage, welche Beteiligungen „Anteile" im Sinne des § 301 HGB darstellen und wie ihre Bewertung zu erfolgen hat. Gleichermaßen muss bestimmt werden, welche Eigenkapitalpositionen für die Verrechnung heranziehen sind bzw. wie das Eigenkapital ermittelt wird.

Zur Neubewertung des Eigenkapitals, die technisch und gemäß der vorangehend dargestellten Erwerbsmethode über die Neubewertung der Aktiva und Passiva des jeweiligen Tochterunternehmens erfolgt, werden zunächst die Bilanzpositionen des jeweiligen Tochterunternehmens der Handelsbilanz II entnommen, soweit diese vorhanden und erforderlich ist,[666] ansonsten dem jeweiligen Einzelabschluss des Tochterunternehmens.[667]

Der dann erfolgende Schritt der Neubewertung soll nach einer Auffassung in einer dafür vorgesehenen Ergänzungsrechnung, der so genannten Neubewertungsbilanz oder Handelsbilanz III vorgenommen werden.[668] Nach a. A. wird es für zulässig erachtet, die Anpassung an die konzerneinheitliche Bewertung und die Zuordnung der stillen Reserven und Lasten in einem Schritt vorzunehmen.[669] Eine höhrere Transparenz der buchhalterischen Vorgänge spricht allerdings für ersteres Vorgehen.[670] Nach Ansatz und Neubewertung von Vermögen bzw. Ei-

665 Vgl. zu den technischen Vorgängen die Darstellung bei Pellens/Fülbier/Gassen/Sellhorn, Internationale Rechnungslegung, 2008, S. 699 f.

666 Förschle/Deubert in Beck Bil -Komm, § 301 Rn. 61; MünchKommHGB/Buss von Colbe, § 301 Rn. 102.

667 Vgl. zur technischen Vorgehensweise Oser/Wirth, in: Küting/Pfitzer/Weber, Das neue deutsche Bilanzrecht, 2008, S. 429, 431 ff.; Pellens/Fülbier/Gassen/Sellhorn, Internationale Rechnungslegung, 2008, S. 600 f.

668 Förschle/Deubert in Beck Bil-Komm, § 301 Rn. 60; Hachmeister in BHdR, C 401 Rn. 32.

669 Wohlgemut/Ruhnke, HdJ, Abt. V/2 (1998), Rn. 94 halten dies bei einzelnen transparenten Vorgängen für zulässig. Ohne Einschränkung offenbar MünchKomm-HGB/Busse von Colbe, § 301 Rn. 102.

670 Gleicher A. ist Hachmeister in BHdR, C 401 Rn. 32.

genkapital des jeweiligen Tochterunternehmens erfolgt die Kapitalkonsolidierung im e. S. in der sogenannten Konsolidierungsspalte, so dass danach der Posten „Anteile an verbundenen Unternehmen" und der entsprechende Eigenkapitalanteil eliminiert sind. Das Ergebnis der Verrechung stellt im Regelfall der Geschäfts- oder Firmenwert dar, auszuweisen nach § 301 Abs. 3 S. 1 HGB.[671]

Technisch erfolgt nach der Aktivierung des Goodwill die Einbuchung der Minderheitenanteile am neubewerteten Eigenkapital des jeweiligen Tochterunternehmens, die als Bestandteil der Kapitalkonsolidierung zu sehen ist.[672] Dies ist der Ausgleichsposten für Minderheiten nach § 307 Abs. 1 HGB, der ebenfalls redaktionell an die nunmehr einzig zulässige Neubewertungsmethode angepasst ist.[673] Er wird nach der „Komplemetärvorschrift" zu § 301 Abs. 1 S. 1 HGB,[674] gebildet, um den nicht auf die Mehrheitsgesellschafter entfallenden Anteil am Eigenkapital des erworbenen Tochterunternehmens darzustellen. Denn die neubewertete Vermögensgegenstände und Schulden des jeweiligen Tochterunternehmens wurden in voller Höhe im Rahmen der Vollkonsolidierung in den Konzernabschluss aufgenommen. Die Bildung des Postens ist gleichsam eine technische Notwendigkeit und folgt bereits aus dem Prinzip der Doppik.[675] § 307 Abs. 1 HGB bestimmt, dass die Minderheitenanteile gesondert, unter einer entsprechenden Bezeichnung im Eigenkapital auszuweisen sind.

Aus dem erforderlichen Ansatz der Positionen der Tochterunternehmen und deren Neubewertung ergibt sich, wie nunmehr deutlich wurde, denknotwendig eine Abhängigkeit der Position Goodwill in von diesen Posten und den sie bestimmenden Regelungen. Folglich hängt ebenso die „Qualität" des Goodwill von den maßgeblichen Ansatz- und Bewertungsregelungen der Posten ab. Wollte man umfassend die Einflussfaktoren des Goodwill untersuchen, wäre deshalb auch die Prüfung derjenigen Vorschriften erforderlich, die im Einzelnen die Bilanzierung von Positionen im Konzernabschluss regeln. Ein derartiges Vorgehen ist allerdings in dieser Untersuchung nicht darstellbar, da es ihren beschränkten Rahmen sprengen würde.

---

671 S. hierzu § 4 C.

672 MünchKommHGB/Busse von Colbe, § 307 Rn. 1. Vgl. wieder zur technischen Vollziehung der Kapitalkonsolidierung und der Einbuchung des Minderheitenanteils Pellens/Fülbier/Gassen/Sellhorn, Internationale Rechnungslegung, 2008, S. 699, f. sowie Oser/Wirth, in: Küting/Pfitzer/Weber, Das neue deutsche Bilanzrecht, 2008, S. 429, 433.

673 Vgl. § 307 HGB; BilMoG-RegE, S. 83.

674 MünchKommHGB/Busse von Colbe, § 307 Rn. 3; Förschle/Hoffmann in Beck BilKomm, § 307 Rn. 7.

675 MünchKommHGB/Busse von Colbe, § 307 Rn. 1;

Nachdem bislang konzeptionelle Grundlagen im Sinne von Zwecken und Grundsätzen der HGB-Konzernbilanzierung und elementare Grundlagen für die Goodwillbilanzierung, wie Formen des Unternehmenserwerbs, dargestellt wurde und nun die Ermittlungsvorschrift des Goodwill und die darin verankerte Erwerbsmethode einschließlich ihrer Varianten, gilt es im nächsten Abschnitt nun also die Regelungen zu untersuchen, die in der Hauptsache gem. § 301 HGB bzw. im Rahmen von Bilanzierungsmaßnahmen nach dieser Vorschrift auf den Geschäftswert Einfluss nehmen bzw. auf die die Vorschrift kraft Verweisung Bezug nimmt.

IV. Erster Verrechnungsposten des Goodwill: Anteile am Tochterunternehmen

Mit den Ausführungen zur Vorgehensweise bei der Kapitalkonsolidierung zeigt sich, dass zwei „Verrechnungsposten" nach § 301 Abs. 1 S. 1 HGB gegeneinander aufzurechnen sind. Zum ersten Rechenposten beinhaltet die Vorschrift in S. 1 eine Regelung hinsichtlich seines Ansatzes und seiner Bewertung: Dort normiert ist der „Wertansatz der Anteile", den es zu verrechnen gilt.

Dabei ergeben sich eingedenk der vorangehenden Fragestellungen zwei unterschiedliche Aspekte, die einer Diskussion bedürfen: Dies ist zum einen, wie der Anteils-Begriff des § 301 HGB auszulegen ist und zum anderen, wie der Wertansatz des Postens, also seine Bewertung, vorzunehmen ist.

1. Bilanzrechtliches Verständnis der „Anteile"

Grundlegend gilt es zunächst festzuhalten, dass keine Anhaltspunkte auf eine beabsichtige Veränderung des Anteilsbegriffs im Zuge der Neufassung des § 301 Abs. 1 S. 1 HGB exisitieren : Weder wurde die Formulierung „Anteile" geändert, noch geben die entsprechenden Erläuterungen der Vorschrift in den BilMoG-Materialien einen diesbezüglichen Hinweis.[676]

Wie bisher stellen Anteile im Sinne des § 301 Abs. 1 S. 1 HGB daher nach h. M. alle Beteiligungen am Eigenkapital der Tochterunternehmen dar, mithin gesellschaftsrechtliche Anteile,[677] die Mitgliedsrechte in Form von Vermögens- und Verwaltungsrechten mit sich bringen.[678] Davon zu unterscheiden sind

676 Vgl. hierzu nur BilMoG RefE, S. 164; BilMoG-RegE, S. 80 f.

677 ADS § 301, Rn. 11; WP-Handbuch 1996 Bd. I, M Rn. 326; Küting/Weber, Konzernabschluss, 2005, S. 283; Weber/Zündorf in Küting/Weber, HdK, 1998, § 301 Rn. 15; Wohlgemut/Ruhnke, Die Kapitalkonsolidierung, HdJ, Abt. V/2 (1998), Rn. 15.

678 Förschle/Deubert in Beck Bil-Komm, § 301 Rn. 10; dies. in Beck-BilKomm, 7. Aufl., § 301 Rn. 10; ADS § 271 Rn. 6.

schuldrechtliche Ansprüche[679] wie bspw. Wandelschuldverschreibungen, Genussrechte, Optionsanleihen und kapitalersetzende Darlehen.[680]

Alle Anteile des Mutterunternehmens, an denen es rechtliches, oder auch nur wirtschaftliches Eigentum inne hat, sind konsolidierungspflichtig,[681] also z. B. auch Anteile, die zur Sicherung an einen Dritten übereignet wurden,[682] darüber hinaus aber auch alle Anteile, die wiederum den vollkonsolidierten Tochterunternehmen gehören.[683] Letzlich kann dies auf den Einheitsgrundsatzes nach § 297 Abs. 3 S. 1 HGB zurückgeführt werden[684] oder aber auch aus § 290 Abs. 3 HGB entnommen werden, der Rechte eines Tochterunternehmens auch dem Mutterunternehmen für zustehend erklärt.[685] Die darüber hinaus zum Teil umstrittenen Besonderheiten im Fall von mehrstufigen Konzernen und die analoge Anwendung des § 301 HGB bspw. auf quotal konsolidierte Unternehmen[686] sind jedoch nicht Gegenstand der vorliegenden Untersuchung, so dass letzterer Hinweis an dieser Stelle genügen möge.

2. Wertansatz der Anteile

Stehen die Anteile fest, die zur Verrechnung nach § 301 Abs. 1 S. 1 HGB heranzuziehen sind, gilt es als Nächstes, die Höhe des Rechenpostens zu bestimmen. Nach einhelliger Meinung im Schriftum ergibt sich der Wertansatz grundsätzlich nach den allgemeinen Bestimmungen der §§ 252 HGB ff. und damit aus den Anschaffungskosten der Beteiligung gem. § 255 HGB.[687] Dies enspricht der Konzeption der Erwerbsmethode, die den Unternehmenserwerb wie eine Investition behandelt.[688]

Sind die zu verrechnenden Anteile bereits mit den historischen Anschaffungskosten in die Bücher des Mutterunternehmens eingegangen, dann werden grundsätzlich diese für die Konsolidierung herangezogen.[689]

---

679 ADS § 301 Rn. 11.

680 Förschle/Deubert in Beck Bil-Komm, § 301 Rn. 10.

681 ADS § 301 Rn. 13; Kessler/Strickmann in Saarbrücker Handbuch, S. 743; Förschle/Deubert in Beck Bil-Komm, § 301 Rn. 10.

682 Kraft in Großkomm. HGB, § 301 Rn. 23.

683 ADS § 301, Rn. 19; Meyer, Bilanzierung, 2005, S. 240.

684 ADS § 301 Rn .15; Förschle/Deubert in Beck Bil-Komm, § 301 Rn. 13.

685 MünchKommHGB/Busse von Colbe, § 301 Rn. 19.

686 S. zum Ganzen statt vieler ADS, § 301 Rn. 15-25.

687 MünchKommHGB/Busse von Colbe, § 301 Rn. 34; ADS § 301 Rn. 26, Förschle/Deubert in Beck Bil-Komm, § 301 Rn. 17; Wohlgemut/Ruhnke, HdJ, Abt. V/2 (1998), Rn. 18.

688 S. zur Erwerbsmethode bereits oben, § 4 B. I. 3., II.

689 Ähnlich MünchKommHGB/Busse von Colbe, § 301 Rn. 34.

a) Zeitpunkt der Bewertung

Durch das BilMoG hat sich der Zeitpunkt verändert, auf den die Bewertung für die Verrechnung nach § 301 Abs. 1 S. 1 HGB vorzunehmen ist: Nunmehr ist nach § 301 Abs. 2 HGB im Regelfall ausschließlich der Zeitpunkt maßgeblich, zu dem das Unternehmen Tochterunternehmen geworden ist. Dies ist der Zeitpunkt, an dem die Verfügungsmacht über das Tochterunternehmen erlangt bzw. an dem zum ersten Mal ein Mutter-Tochterverhältnis im Sinne des § 290 HGB entsteht, und zwar unabhängig davon, ob ein hier nicht näher zu vertiefender Fall des sukkzessiven Erwerbs von Anteilen oder ein einmaliger Erwerbsvorgang vorliegt.[690]

aa) Entstehung des Mutter- Tochterverhältnisses

Hintergrund der Änderung ist u. a., dass sich dieser Zeitpunkt günstiger als der zunächst als maßgeblich vorgesehene Erwerbszeitpunkt[691] für einen sukkzessiven Erwerb von Anteilen auswirkt.[692] Jedoch auch beim einstufigen Erwerb ergeben sich Konsquenzen aus der Neuregelung.[693] Es wird konstatiert, dass mit der Neuregelung regelmäßig bei unterjährigem Erwerb ein Zwischenabschluss auf den Erwerbszeitpunkt aufgestellt werden muss.[694] Denn die bis zum Konsolidierungszeitpunkt, dem Zeitpunkt des Entstehens des Mutter-Tochter-Verhältnisses, im Geschäftsjahr angefallenen Erträge und Aufwendungen sind, da vor der Konzernzugehörigkeit entstanden, als Bestandteil des konsolidierungspflichtigen Eigenkapitals über einen Zwischenabschluss zu ermitteln.[695]

bb) „Ein-Jahres-Fenster"

Eine Bewertungserleichterung besteht nach dem BilMoG nunmehr für den Fall, dass die Wertansätze zu dem Zeitpunkt, an dem das Unternehmen Tochterunternehmen geworden ist, nicht endgültig ermittelt werden können. Dann ist nach § 301 Abs. 2 S. 2 HGB eine Anpassung innerhalb der darauf folgenden zwölf Monate vorzunehmen, die sich jedoch nur auf „werterhellende", nicht hingegen auf „wertbegründende Erkenntnisse" beziehen darf.[696] Die Vorschrift dient dazu,

690 So Küting/Seel, Beifter zu DStR, 26, 2009, 37, 49.

691 Vgl. BilMoG-RefE, S. 164 f.

692 S. die Begründung im BilmoG-RegE, S. 81.

693 Vgl. hierzu die Darstellungen zur Rechtslage vor dem BilmoG bei Küting/Weber, Konzernabschluss, 2005, S. 276 ff, 284 sowie Oser/Reichart/Wirth, in: Küting, Das neue deutsche Bilanzrecht, 2008, 409, 412 f mit Darstellung der verschiedenen Erwerbs- und Konsolidierungszeitpunkte nach dem BilMoG.

694 Oser/Reichart/Wirth, in: Küting, Das neue deutsche Bilanzrecht, 2008, 409, 414; Küting, DStR 2008, 1396, 1398; Küting/Seel, Beifter zu DStR, 26, 2009, 37, 49.

695 S. hierzu das Beispiel bei Bieg u.a., Bilanzrechtsmodenisierungsgesetz, 2009, S. 192 f.

696 Küting/Seel, Beifter zu DStR, 26, 2009, 37, 50.

den Unternehmen die Möglichkeit zu geben, Erkenntnisse über ein Tochterunternehmen und dessen Werte nach dem Kauf in die Kapitalkonsolidierung mit einfließen zu lassen; darüber hinaus soll vermieden werden, dass aufgrund zeitlicher Engpässe um den Bilanzstichtag herum externe Berater beauftragt werden müssen.[697] Es dürfen in Folge der Regelung erfolgsneutral Änderungen vorgenommen werden, die zu einer Änderung des Geschäfts- oder Firmenwerts bzw. negativen Unterschiedsbetrags führen.[698] Dabei kann aus der Formulierung der Vorschrift, die nur von „Wertansätze(n) [Erg. d. Verf.]" spricht, geschlossen werden, dass gleichgültig ist, ob es sich um Fehlerkorrekturen oder die Änderungen von Schätzungen handelt.[699]

Es wird konstatiert, dass das strenge Stichtagsprinzip dadurch erheblich relativiert werde; denn der Wertaufhellungszeitraum wird vom bisher geltenden Datum des Tags der Aufstellung des Konzernabschlusses auf nunmehr zwölf Monate ausgeweitet.[700]

cc) Weitere Bewertungszeitpunkte

§ 301 Abs. 2 S. 3 und 4 HGB enthält schließlich Regelungen für Sonderfälle von Unternehmenserwerben, die kurz angedeutet seien. Für den Fall, dass ein Mutterunternehmen bei Überschreiten der Schwellenwerte des § 293 HGB erstmals einen Konzernabschluss aufstellen muss und das Tochterunternehmen nicht erst in demselben Geschäftsjahr erworben wurde, wird die Bewertung dadurch erleichtert, dass sie auf den Zeitpunkt vorzunehmen ist, zu dem das Tochterunternehmen erstmalig in den Konzernabschluss einzubeziehen ist.[701] Damit ist keine Rückrechnung auf den Zeitpunkt erforderlich, zu dem das Unternehmen Tochterunternehmen geworden ist.[702]

Das Gleiche gilt nach Abs. 2 S. 4 des § 301 HGB, wenn erstmals ein Tochterunternehmen einbezogen werden soll, auf das bisher gem. § 296 HGB ver-

---

697 BilMoG-RegE, S. 81; Bieg u.a., Bilanzrechtsmodernisierungsgesetz, 2009, S. 193.

698 S. BilMoG-RegE, S. 81 zur Erfolgsneutralität der Änderungen, im Übrigen s. Oser, PiR 2009, 121, 123; Oser/Reichar/Wirth, in: Küting/Pfitzer/Weber (Hrsg.), Das neue deutsche Bilanzrecht, 2008, S. 407, 414; Küting/Seel, Beifter zu DStR, 26, 2009, 37, 50.

699 Küting, DStR 2008, 1396, 1398.

700 Küting, DStR 2008, 1396, 1398 f. mit Hinweis auf das auch im Konzernabschluss anzuwendende Wertaufhellungsprinzip gem. § 252 Abs. 1 Nr.4 HGB i. V. m. § 298 Abs. 1 HGB.

701 § 301 Abs. 2 S. 3 HGB; BilMoGRegE, S. 81; Küting/Seel, Beifter zu DStR, 26, 2009, 37, 49.

702 Bieg u.a., Bilanzrechtsmodernisierungsgesetz, 2009, S. 193.

zichtet wurde. Diese Erleichterungen werden im Schrifttum durchaus positiv aufgenommen.[703]

Unbeschadet etwaiger Anpassungen ergeben sich im Grundsatz jedoch die Anschaffungskosten, die für den Wertansatz der Anteile maßgeblich sind, auch nach der Modernisierung des Bilanzrechts aus den §§ 301 Abs. 1 S. 1, 255 Abs. 1 HGB und werden in den nachfolgenden Unterabschnitten erarbeitet.

b) Anschaffungspreis

Nach § 255 Abs. 1 HGB sind Anschaffungskosten Aufwendungen, die geleistet werden, um einen Vermögensgegenstand zu erwerben und ihn in einen betriebsbereiten Zustand zu versetzen, soweit diese einzeln zurechenbar sind; nach S. 2 der Vorschrift zählen zudem Anschaffungsnebenkosten sowie nachträglichen Anschaffungskosten hinzu, während nach S. 3 Anschaffungspreisminderungen abzuziehen sind.

Damit sind also die geleisteten Aufwendungen fundamentales Element der Anschaffungskosten. Diese stellen die Gegenleistung dar, während die Hauptleistung im Kontext eines Unternehmenserwerbs in der Übertragung der Gesellschaftsanteile zu sehen ist. Damit wird dem für Anschaffungsvorgänge geltenden Prinzip der Maßgeblichkeit der Gegenleistung[704] entsprochen. Erbracht werden kann die Gegenleistung, indem Zahlungsmittel hingegeben, sonstige Vermögensgegenstände übertragen, eigene Anteile ausgegeben oder Schulden übernommen werden[705] oder durch eine Kombination dieser Varianten der Kaufpreiserbringung.[706]

Wird der Erwerb gegen Barzahlung vollzogen, bestimmt den Kaufpreis die Summe an Barmitteln, die für die Anteile hingegeben wurden.[707] Dies ist der jeweils entrichtete Euro-Betrag; für die Umrechnung von Kaufpreisen in Fremdwährungen ist nach h. M. nicht der Zahlungszeitpunkt für den Wechselkurs entscheidend, sondern der Erwerbszeitpunkt.[708]

---

703 Oser/Reichar/Wirth, in: Küting/Pfitzer/Weber (Hrsg.), Das neue deutsche Bilanzrecht, 2008, S. 407, 413 f. S. auch Küting, DStR 2008, 1396, 1398, der grundsätzlich für die Beibehaltung der Vereinfachungsregel der Bewertung auf den erstmaligen Konsolidierungszeitpunkt plädiert.

704 Vgl. Förschle/Deubert in Beck Bil-Komm, § 301 Rn. 17; Ellrott/Brendt in Beck Bil-Komm, § 255 Rn. 20; ADS, § 255 Rn. 5; Wohlgemut, HdJ Abt. I/9 Rn. 2.

705 Förschle/Deubert in Beck Bil-Komm, § 301 Rn. 17.

706 Küting/Weber, Konzernabschluss, 2005, S. 284.

707 Küting/Weber, Konzernabschluss, 2005, S. 284.

708 Vgl. Förschle/Deubert in Beck Bil-Komm, 7. Aufl., § 301 Rn. 21, Ellrott/Brendt ebd., § 255 Rn. 52 ff.; Förschle/Deubert in Beck Bil-Komm, § 301 Rn. 18 sowie Ellrott/Brendt ebd., § 255 Rn. 52.

Alle anderen Fälle der Anteilsvergütung stellen einen „Tauschvorgang“ dar, der dem Bilanzierenden im HGB nach h. M. verschiedene Wahlmöglichkeiten eröffnet, die Bewertung vorzunehmen:[709] Es ist ein Ansatz der Beteiligung möglich entsprechend dem Buchwert der erbrachten Gegenleistung, entsprechend deren Zeitwerten – der Wertmaßstab des beizulegenden Zeitwerts wird in einem späteren Unterabschnitt im Detail besprochen[710] - oder zu ihrem Buchwert unter Berücksichtigung eines zusätzlichen Betrages, der angesetzt wird, um die anfallende ertragssteuerliche Belastung auszugleichen, so genannter erfolgsneutraler Zwischenwert.[711] Dabei wird es als zulässig erachtet, wenn das Mutterunternehmen sein Wahlrecht gem. § 308 Abs. 1 S. 2 HBG vor der Erstkonsolidierung bei Aufstellung der HB II unterschiedlich zu der von ihm gewählten Variante im Einzelabschluss ausübt.[712]

Ursache für die drei Methoden ist ein Einfluss des Steuerrechts, durch den die Annahme einer Gewinnverwirklichung beim Tauschvorgang ebenfalls im Handelsrecht Verbreitung fand; ursprünglich wurde nach Handelsrecht keine Gewinnrealisierung angenommen und es musste der Buchwert fortgeführt werden.[713] Dementsprechend bildeten und bilden heute bei Wahl der Buchwertfortführung die ursprünglichen Anschaffungskosten der erbrachten Gegenleistung, vermindert um notwendige Abschreibungen, die Obergrenze für den Wertansatz; als zulässig wird jedoch auch ein niedrigerer Wert erachtet, der sich am letzten Buchwert orientiert.[714] Bei der Gewinnrealisierung erfolgt der Ansatz nach Rechtssprechung des BFH und wohl h. M. zum Zeitwert des hingegebenen Gegenstandes,[715] nach a. A. zum Zeitwert des erworbenen Vermögensgegenstandes.[716] Bei der dritten Methode, die eine ergebnisneutrale Behandlung vor-

---

709 ADS, § 255, Rn. 89 ff; Förschle/Deubert in Beck Bil-Komm, § 301 Rn. 19; MünchKommHGB/Busse von Colbe § 301 Rn. 37; Dusemond/Weber/Zündorf in Küting, Weber, HdK § 301 Rn. 36; Focken/Lenz, Spielräume der Kapitalkonsolidierung, DB 2000, 2437-2442.

710 Vgl. zum Zeitwert § 4 B. V. 3.

711 Vgl. Küting/Weber, Konzernabschluss, S. 284; Förschle/Deubert in Beck Bil-Komm, § 301 Rn. 19; dies. in BeckBil-Komm, 7. Aufl., § 301 Rn. 28; Förschle in HWRechnungslegung, S. 330 ff.

712 Vgl. Förschle/Deubert in Beck Bil-Komm, § 301 Rn. 19.

713 Vgl. ADS § 255 Rn. 89.

714 Vgl. ADS § 255 Rn. 90.

715 St. Rechtsspr., z. B. BFH v. 14.12.82, VIII R 53/81, BStBl. II 83, 303, 304 = DB, 1983, 804, 805; ebenso ADS § 255 Rn. 91; Döllerer, BB 1966, 1405, 1406; Wohlgemuth, HdJ (1998), Abt. I/9, Rn. 55; Schulze-Osterloh in Baumbach/Hueck, GmbHG, § 42 Rn. 278.

716 Lang in Ruppe (Hrsg.), Gewinnrealisierung, S. 45, 88 f.; Scholz/Crezelius, GmbHG, Anhang § 42 a Rn. 155.

sieht, wird im Grundsatz der Buchwert fortgeführt und nur zum Ausgleich von anfallenden Ertragssteuern ein höherer Wert angesetzt, so dass die Belastung aus dem Ergebnis neutralisiert ist.[717]

Durch das BilMoG scheinen sich an dieser Praxis keine Änderungen zu ergeben.[718]

Für eine Zeitwertbewertung spricht, dass nur dann die Bewertung der Anteile im Einklang zur Bewertung des zweiten Verrechnungspostens der Kapitalkonsolidierung, dem (anteiligen) Eigenkapital steht. Denn dieses ist nach dem BilMoG gem. § 301 Abs. 1 S. 2 HGB mit dem Zeitwert der in den Konzernabschluss aufzunehmenden Posten des Tochterunternehmens anzusetzen. Werden die erworbenen Anteile im Falle eines Tauschvorgangs also nach dem Wert der Gegenleistung, hier dem Zeitwert der für diese hingegebenen Vermögensgegenstände bewertet, findet ein gleichmäßiger Wertansatz dergestalt statt, dass die Leistung, die im Rahmen des fiktiven Einzelerwerbs statt in den Anteilen in den Vermögensgegenständen und Schulden besteht, ebenfalls zu Zeitwerten bewertet wird.[719]

Allerdings wird eine Bewertung zum beizulegenden Zeitwert, wie sie nunmehr seit dem BilMoG im HGB kodifiziert ist, aus anderen Gründen nicht unkritisch gesehen. Dies wird im nachfolgenden Abschnitt deutlich werden.[720]

Im Übrigen sind für den Wertansatz der Anteile Konzernanschaffungskosten zu ermitteln; dies bedeutet, dass bei einem Erwerb von Unternehmensanteilen von Unternehmen, die zum Konsolidierungskreis zählen, etwaige Zwischenergebnisse aus den Anschaffungskosten herauszurechnen sind.[721]

c) Weitere Elemente der Anschaffungskosten

Für die weiteren Elemente der Anschaffungskosten nach § 255 Abs. 1 S. 2 und 3 HGB, insbesondere Anschaffungsnebenkosten, ergeben sich aus dem BilMoG keine Änderungen. Die Anschaffungsnebenkosten erhöhen damit wie bisher die Anschaffungskosten und damit letztlich den Goodwill aus der Kapitalkonsolidierung.

Im Einzelnen kommen bei einem Anteilserwerb zum Kaufpreis als Anschaffungsnebenkosten „Beurkundungs- und Eintragungsgebühren, Kosten einer Gründungsprüfung, Druckkosten (Aktienurkunden) und Maklerprovision in Be-

717 Vgl. ADS Rn. 92.

718 S. hierzu Förschle/Deubert in Beck Bil-Komm, 7. Aufl., § 301 Rn. 22, sowie Ellrott/Brendt ebd., § 255 Rn. 142.

719 Eine ähnliche Argumentation zu IFRS 3 verfolgen Beck-IFRS-HB/Senger/Brune/Elprana, § 33 Rn. 43.

720 S. § 4 B. VI.

721 MünchKommHGB/Busse von Colbe § 301 Rn. 34; ADS, § 301 Rn. 28

tracht (...)“[722] hinzu, nicht hingegen Beratungs- und Gutachterkosten; letztere fallen häufig im Vorfeld an, um die Kaufentscheidung zu ermöglichen bzw. zu erleichtern, werden aber im handelsrechtlichen Schrifttum nicht als Anschaffungsnebenkosten beurteilt.[723]

Fremdkapitalkosten sind ebenfalls nicht in die Anschaffungskosten mit einzubeziehen. § 255 Abs. 3 HGB, nach dem Fremdkapitalzinsen eventuell als Herstellungskosten berücksichtigt werden dürfen, gilt nach h. M. auch ausschließlich für Herstellungskosten und wird nicht etwa analog für Anschaffungskosten angewendet.[724]

Im Zusammenhang mit einem Anteilserwerb kommen als wichtigster Fall von nachträglichen Anschaffungskosten ergebnisabhängige Preisvereinbarungen, so genannten Kaufpreisanpassungsklauseln oder „*earn outs*“ in Betracht. Bei dieser Art von Vereinbarungen steht der Kaufpreis endgültig erst nach dem Eintritt bestimmter Bedingungen fest. Bspw. kann der Kaufpreis von der Erfüllung festgelegter Ziele innerhalb eines bestimmten Zeitraums abhängen, wobei Erfolgsindikatoren Finanzkennzahlen wie z. B. Umsätze, Cashflows oder Gewinne darstellen können.[725] Die hierauf zu leistenden Nachzahlungen erhöhen grundsätzlich als nachträgliche Anschaffungskosten den Buchwert der Anteile.[726] Es wird zutreffend gefordert, dass diese Kosten (bei wahrscheinlichem Bedingungseintritt) bereits im Zeitpunkt der Kapitalkonsolidierung zu berücksichtigen sind.[727] Entsprechend der Einzelerwerbsfiktion des § 301 HGB sind sie den betreffenden Vermögensgegenständen des Tochterunternehmens und evtl. dem Goodwill zuzuordnen.[728] In der Zukunft auftretende Abweichungen von den vereinbarten Klauseln müssen im Einzel- und im Konzernabschluss ergebniswirksam behandelt werden.[729]

---

722 Vgl. Ellrott, Brendt in Beck Bil-Komm, § 255 Rn. 141.

723 MünchKommHGB/Busse von Colbe § 301 Rn. 36; Förschle in HWRechnungslegung, S. 334, Dusemond/Weber/Zündorf in Küting/Weber, HdK § 301 Rn. 35 m. w. N.

724 MünchKommHGB/Ballwieser § 255 Rn. 14 f.; Baetge/Kirsch/Tiehle, Bilanzen, 2005, S. 198. ADS, § 255 Rn. 37 weisen hingegen darauf hin, dass der Wortlaut von § 255 Abs. 3 S. 2 HGB die Aktivierung von Fremdkapitalkosten als Anschaffungskosten nicht ausschließen würde.

725 Weiser, Wpg 2005, S. 269, 271; MünchKommHGB/Busse von Colbe § 301 Rn. 39.

726 Weiser, Wpg 2005, S. 269, 275.

727 MünchKommHGB/Busse von Colbe § 301 Rn. 39; Dusemond/Weber/Zündorf in Küting/ Weber, HdK § 301 Rn. 37; Förschle in HWRechnungslegung, S. 334.

728 Vgl. ADS § 301 Rn. 180.

729 Vgl. Dusemond/Weber/Zündorf in Küting/Weber, HdK § 301 Rn. 37.

Nachträgliche Anschaffungskosten sind als Zukunftswerte auf den Zeitpunkt ihrer Erfassung abzuzinsen, so dass sich die Anschaffungskosten um den Barwert der zu erwartenden Zahlung erhöhen.[730]

V. Zweiter Verrechnungsposten des Goodwill: Anteiliges Eigenkapital

Wurde im vorangegangenen Unterabschnitt nunmehr also der Wertansatz der zu verrechnenden Anteile gem. § 301 HGB, wie er für die Kapitalkonsolidierung zu erfolgen hat, in Grundzügen darge-stellt, so erfolgt in diesem Abschnitt die Erörterung des zweiten Verrechnungspostens der Vorschrift, des auf diese Anteile entfallenden Betrags des Eigenkapitals.

Wie für die zu konsolidierenden Anteile stellt sich dabei einmal die Frage nach dem Verständnis des Postens und zum anderen die Frage nach seiner Bewertung. Diesen Fragestellungen gilt es nun nachzugehen, mit dem Ziel, durch ihre Beantwortung die wesentlichen Goodwill-Parameter identifiziert zu haben.

Das Ergebnis der Verrechnung wird daran anschließend in Abschnitt C. des § 4 analysiert.

1. Konsolidierungspflichtige Eigenkapitalpositionen

Da § 301 Abs. 1 HGB den Begriff „Eigenkapital“ verwendet, ihn jedoch nicht näher definiert, ist fraglich, wie der Terminus im Kontext der Kapitalkonsolidierung sachgerechterweise aufzufassen ist.

Einerseits kann Eigenkapital im Sinne des § 266 Abs. 3 lit. A. HGB als bilanzrechtliche Kategorie verstanden werden, jedoch andererseits auch im Sinne der Betriebswirtschaftslehre als wirtschaftlicher Begriff. Bei einer Auslegung nach letzterer Sichtweise erfolgt die Ermittlung des Eigenkapitals des Tochterunternehmens ohne Bindung an ein Gliederungsschema und wird über eine „progressive (indirekte)“ Methode als Residuum von Aktiven und Passiven ermittelt.[731]

Die h. M. geht jedoch von einer bilanzrechtlichen Auslegung des Eigenkapitals aus[732] und ermittelt es daher nach der so genannten direkten Methode: Dabei

730 Förschle/Deubert in Beck Bil-Komm, 7. Aufl., § 301 Rn. 28.

731 Vgl. Kraft in GroßkommHGB, § 301 Rn. 41, der ein Eigenkapital-Verständnis nach der Betriebswirtschaftslehre und die indirekte Ermittlungsmethode als eher der Gestaltung des § 301 Abs. 1 HGB entspechend zu sehen scheint.

732 ADS § 301 Rn. 47 ff; Förschle/Deubert in Beck Bil-Komm, § 301 Rn. 30 ff; Küting/Weber, Konzernabschluss, S. 287 f.; Meyer, Bilanzierung, 2005, S. 240; Baetge/Kirsch/Thiele, Konzernbilanzen, 2009, S. 179; Coenenberg/Haller/Schultze, Jahresabschluss, 2009, S. 658; Wohlgemut/Ruhnke, HdJ, Abt. V/2 (1998), Rn. 36; Kessler/Strickmann in Saarbrücker Handbuch, S. 745. A.A., wie in vorangehender

werden die fraglichen Eigenkapitalpositionen direkt aus der Handelsbilanz II des Tochterunternehmens, das sein Eigenkapital (als Kapitalgesellschaft) gem. der Ordnung des § 266 HGB und den Maßgaben der §§ 268 Abs. 1, 272 HGB und evtl. § 264 c HGB darstellt, entnommen.[733] Für diese Methode spricht, dass der Gesetzgeber einst ausgeführt hatte, dass sich das zu verrechnende Eigenkapital aus den unter dieser Bezeichnung gem. § 266 HGB auszuweisenden Bilanzposten zusammensetze.[734] Daher sollte der h. A. gefolgt werden.

Damit ergibt sich der Ansatz des Eigenkapitals des jeweiligen Tochterunternehmens aus seinen Jahresabschluss- bzw. Handelsbilanz II-Eigenkapitalpositionen und wird zunächst auch in der entsprechenden Höhe zusammen mit dem Eigenkapital des Mutterunternnehmens in der Summenbilanz dargestellt.[735] Als nächster Schritt hat nunmehr seine Neubewertung zu erfolgen, die über die erneute Bewertung der erworbenen Posten des Tochterunternehmens erfolgt.

2. Für das Eigenkapital anzusetzende Bilanzpositionen des Tochterunternehmens

Die Bewertung des Eigenkapitals des Tochterunternehmens als eigentlicher Kern der Neubewertungsmethode richtet sich nach dem reformierten § 301 Abs. 1 S. 2 HGB. Danach ist es mit dem Be-trag anzusetzen, der dem Zeitwert der in den Konzernabschluss aufzunehmenden Vermögensgegen-stände, Schulden, Rechnungsabgrenzungsposten und Sonderposten entspricht, der diesen an dem für die Verechnung nach Absatz 2 maßgeblichen Zeitpunkt beizulegen ist. Abs. 1 S. 3 der Vorschrift enthält zudem eine neu eingefügte Bewertungsvorschrift für Rückstellungen und latente Steuern, auf die später noch einzugehen sein wird.[736]

Der Vorgang von Ansatz und Neubewertung wird auch als Kaufpreisallokation bezeichnet.[737] Der Vorschrift lässt sich wie bisher entnehmen, dass die Aufdeckung der stillen Reserven und stillen Lasten technisch vor der Verrechnung

---

Fußnote erwähnt, wohl Kraft in GroßkommHGB, § 301 Rn. 41 sowie Weber/Zündorf in Küting/Weber, HdK § 301 Rn. 58.

733 Förschle/Deubert in Beck Bil-Komm, § 301 Rn. 30.

734 Dies referieren Küting/Weber, Konzernabschluss, 2005, S. 287 sowie Dusemond/Weber/Zündorf in Küting/Weber, HdK § 301 Rn. 41.

735 Vgl. zur technischen Darstellung der Neubewertungsmethode wiederum statt vieler Pellens/Fülbier/Gassen/Sellhorn, Internationale Rechnungslegung, 2008, S. 699 f.

736 Siehe hierzu unten § 4 B. VIII.

737 Dieser Begriff hält sich im Schrifttum, obwohl IFRS 3, dem er wohl, dort als purchase price allocation bezeichnet, entstammt, ihn selbst nicht mehr verwendet, vgl. nur die Überschrift in Abschnitt C des § 34 in Beck-IFRS-HB/Sener/Brune/Elprana, § 34 Rn. 65.

des Wertansatzes der Anteile mit dem (neubewerteten) anteiligen Eigenkapital und daher vollständig erfolgt, unabhängig vom Anteil der anderen Gesellschafter.[738] Damit wird das Eigenkapital insgesamt auf der Basis der neubewerteten Werte mit einem neuen Bewertungsmaßstab berechnet.[739]

Die Höhe des zu verrechnenden Eigenkapitals ergibt sich also aus den Positionen des jeweiligen Tochterunternehmens und hängt damit unmittelbar vom Ansatz der Positionen und zudem von deren Bewertung ab. Vor der Frage nach dem anzuwendenen Wertkonzept ist folglich die Frage zu stellen, welche Positionen einer Neubewertung zu unterziehen sind.

Da jedoch eine umfassende Darstellung aller aktiven und passiven bei einem Unternehmenszusammenschluss zu erwerbenden Positionen den Rahmen dieser Untersuchung sprengen würde, seien nun lediglich einige relevante Positionen für eine Betrachtung herausgegriffen.

a) Aktiva

Die h. M. nahm bislang an, dass alle Vermögensgegenstände und weitere Posten in die Neubewertungsbilanz aufzunehmen wären, also auch solche, die im Einzelabschluss des Tochterunternehmens nicht enthalten waren.[740]

Die Problematik bislang nicht angesetzter Werte bezog sich in erster Linie auf selbsterstellte immaterielle Vermögensgegenstände des Tochterunternehmens, die in dessen Einzelabschluss aufgrund des früheren Ansatzverbotes des § 248 Abs. 2 HGB nicht bilanziert waren. Die h. M. vertrat jedoch, dass ein Ansatz im Konzernabschluss zulässig sein muss, da im Rahmen der Einzelerwerbsfiktion auch diese Positionen miterworben wurden; somit ergäbe sich keine Bindung an das „Mengengerüst“ des Einzelabschlusses bei der Festlegung der in den Konzernabschluss eingehenden Posten.[741] Dem ist zuzustimmen, da sich in dieser Auffassung die Erwerbsmethode konsequent umgesetzt sieht. Im Ergebnis wurde damit ignoriert, dass die konkrete Bilanzierungsfähigkeit nicht gegeben war.

---

738 Funk, in: Busse von Colbe/Coenenberg, Unternehmensakquisition, 1992, S. 281, 283; Förschle/Deubert in Beck BilanzKomm, § 301 Rn. 60; MünchKommHGB/Ballwieser § 301 Rn. 102.

739 Vgl. Kraft in Großkomm. HGB, § 301 Rn. 58; Dusemond/Weber/Zündorf in Küting/Weber, HdK § 301 Rn. 63.

740 Busse von Colbe/Ordelheide/Gebhardt/Pellens, Konzernabschlüsse, 2006, S. 220; Förschle/Deubert in Beck BilanzKomm, § 301 Rn. 65, ADS § 301 Rn. 104; Hachmeister in BHdR, C 401 Rn. 36 Dusemond/Weber/Zündorf in Küting/Weber, HdK § 301 Rn. 62. Die h. M. anerkennend, jedoch eigentlich ablehnend Kraft in Großkomm. HGB, § 301 Rn. 60 ff.

741 Hachmeister in BHdR, C 401 Rn. 36. Hierzu ausführlich Ordelheide, DB 1986, 493, 494 f; Busse von Colbe, BB 2004, S. 2068.

Durch die Änderung des § 248 Abs. 2 HGB im Zuge der Bilanzrechtsmodernisierung besteht nunmehr ein Wahlrecht zum Ansatz selbst geschaffener immaterieller Vermögensgegenstände, das in der Untersuchung bereits mehrfach Erwähnung fand. Dadurch werden die selbst geschaffenen immateriellen Werte nach der Regierungsbegründung des BilMoG „(…) stärker als bisher in den Fokus der Abschlussadressaten (…)“ gerückt, da dies dem Übergang von der produktions- zur wissensbasierten Gesellschaft Rechnung trage.[742] Unabhängig von der Stichhaltigkeit dieser Absicht kann konstatiert werden, dass bei einer Ausübung des Wahlrechts sich die Ansatzproblematik im Konzernabschluss wohl erledigt hat. Wird auf die positive Ausübung des Wahlrechts durch die Tochterunternehmen verzichtet, werden Vermögensgegenstände dieser Art wohl entsprechend der bislang h. M. dennoch angesetzt, so dass sich vordergründig für den Konzernabschluss keine wesentlichen Auswirkungen aus dem neuen Ansatzwahlrecht ergeben. Es wird jedoch vermutet, dass immaterielle Vermögensgegenstände durch die Neuregelungen an Bedeutung gewinnen, u. a. da diese durch das Ansatzwahlrecht bereits im Jahresabschluss steige und immaterielle Werte als maßgeblich für den Wert eines Unternehmens häufig in das „Kaufpreiskalkül“ eingingen.[743]

Voraussetzung für eine Bilanzierung der selbst erstellten, immateriellen Vermögenswerte ist jedenfalls immer die Erfüllung des Merkmals Einzelverwertbarkeit und damit das Vorliegen eines Vermögensgegenstands; geschäftswertähnliche Vermögenswerte wie Kundenstamm[744], auf die Besonderheiten des Unternehmens zugeschnittene Web-Seiten, unternehmensspezifische Betriebs- oder Nutzungsrechte, Anlagekonzepte, günstige Arbeitsverträge, Mitarbeiterfähigkeiten u. ä. stellen keine separat ansatzfähigen Vermögensgegenstände dar.[745] Eine Ansatzpflicht gilt hingegen für bereits vollständig abgeschriebene Anlagen des Tochterunternehmens, die übernommen und mitabgegolten wurden.[746] Strei-

742 BilMoG-RegE, S. 49. Zu den Motiven des Gesetzgebers hinsichtlich der Einführung des Aktivierungswahlrechts kritisch Bieg/Sopp, Stb 2008, 129, 131.

743 Stibi/Klaholz, BB 2009, 2582, 2584.

744 Auf eine Probelmatik der Unschärfe bei der Abgrenzung des Kundenstamms über das Merkmal der Einzelverwertbarkeit weist hin MünchKommHGB/Ballwieser, § 246 Rn. 17 mit Rekurs auf Hommel, Bilanzierung immaterieller Anlagewerte, 1998, S. 96.

745 Hennrichs, DB 2008, 537, 539; Förschle/Deubert in Beck Bil-Komm, § 301 Rn. 75; ADS, § 301 Rn. 104.

746 Vgl. Förschle/Deubert in Beck Bil-Komm, § 301 Rn. 65 ff zum Ansatz in der Neubewertungsbilanz.

tig in der handelsrechtlichen Lehre ist indessen der Posten Auftragsbestand.[747] Die nicht ansatzfähigen Posten gehen im Unterschiedsbetrag nach § 301 Abs. 3 HGB auf.[748]

b) Passiva

Der Ansatz der Passiven in der Konzernbilanz wurde wie derjenige der Aktiva nicht ganz einheitlich gesehen. Durch das BilMoG ergeben sich Veränderungen.

aa) Restrukturierungsrückstellungen u. a.

Umstritten war bisher insbesondere die Behandlung von zukünftigen Schulden, die aus Konzernsicht geplant waren und sich durch den Erwerb ergaben, etwa Sozialplanverpflichtungen oder andere zukünftige Aufwendungen wegen Aufgabe oder Umstrukturierung von Teilbetrieben des Tochterunternehmens. Im HGB findet sich zur Frage, ob und wann solche so genannten Restrukturierungsrückstellungen angesetzt werden dürfen, keine explizite Regelungen.[749] Die h. L. bejahte bis zur Bilanzmodernisierung eine Ansatzpflicht für derartige Verpflichtungen.[750]

Nunmehr stellt sich die Frage, ob hier die Änderungen der Rückstellungsbilanzierung durch das BilMoG Auswirkungen zeitigen. Für einige Sachverhalte, für die bislang Rückstellungen gebildet werden durften, besteht nämlich diese Möglichkeit nicht mehr, nachdem § 249 Abs. 1 S. 3, Abs. 2 HGB a. F. gestrichen wurde und das Verbot anderer Rückstellungen gem. § 249 Abs. 2 S. 1 HGB n. F. als derjenigen, die in Abs. 1 der reformierten Vorschrift abschließend aufgeführt sind, eingeführt wurde. Es handelt sich bei den abgeschafften Rückstellungen einerseits um solche für unterlassenen Instandhaltungen, die innerhalb des vierten bis zwölften Monats des folgenden Geschäftsjahres nachgeholt werden.[751] Andererseits sind im neuen HGB zukünftig Aufwandsrückstellungen verboten, die bislang für Aufwendungen gebildet werden durften, die ihrer Ei-

747 Eine Aktivierung befürwortend Hoyos/F. Huber in Beck Bil-Komm, § 247 Rn. 392, ebenso unter bestimmten Voraussetzungen ADS § 246 Rn. 42. Aktivierung als unfertiges Erzeugnis Siegel, DB 1997, 941, 943. Ablehend Flies, DB 1996, 846, 848.

748 Dusemond/Weber/Zündorf in Küting/Weber, HdK § 301 Rn. 76.

749 DRS 4.19 enthält im Gegensatz hierzu detaillierte Hinweise.

750 Vgl. Kraft in Großkomm. HGB, § 301 Rn. 60; Busse von Colbe/Ordelheide/Gebhardt/Pellens, Konzernabschlüsse, 2006, S. 224; Förschle/Deubert in Beck Bil-Komm, § 301 Rn. 68; Dusemond/Weber/Zündorf in Küting/Weber, HdK § 301 Rn. 77.

751 Weigl/Weber/Costa, BB 2009, 1062.

genart nach genau umschrieben, aber ihrer Höhe oder ihrem Eintrittszeitpunkt nach ungewiss sind.[752]

Folglich müssen Restrukturierungsrückstellungen für einen Ansatz nunmehr zwingend unter § 249 Abs. 1 HGB, der über § 298 Abs. 1 HGB auf den Konzernabschluss Anwendung findet, subsumiert werden können. Dies erscheint vor dem Hintergrund des Erfordernisses einer „Außenverpflichtung" bei ungewissen Verbindlichkeiten[753] im Fall von Rückstellungen für Umstrukturierungsmaßnahmen zweifelhaft. Dementsprechend wird ein Ansatz von Restrukturierungsrückstellungen als Aufwandsrückstellungen im Schrifttum abgelehnt und für einen möglichen Ansatz auf die erforderliche Außenverpflichtung abgestellt.[754]

bb) Latente Steuern

Die bereits im Rahmen des Goodwill-Charakters angesprochene, durch das BilMoG bewirkte Veränderung des § 274 HGB bewirkt auch eine Veränderung hinsichtlich des Ansatzes latenter Steuern im Konzernabschluss nach § 306 HGB,[755] der lex spezialis zu erstgenannter Norm für den Konzernabschluss darstellt.[756] Bislang erfolgte ein Ansatz latenter Steuern nach dem sogenannten Gewinn- und Verlust-orientierten Konzept (*timing*-Konzept), das nur solche sich in der Gewinn- und Verlustrechung auswirkende, zeitlich begrenzte Abweichungen des handelsrechtlichen Jahresüberschusses zum steuerlichen Gewinn erfasste.[757] Nunmehr erfolgt die Abgrenzung nach dem international gebräuchlichen, bilanzorientierten *temporary* –Konzept, so dass auch alle sich ausgleichenden (und nun auch quasi-permanenten[758]) erfolgsneutralen, direkt im Eigenkapital erfass-

---

752 § 249 Abs. 2 HGB. S. zu ungewissen Verbindlichkeiten statt aller Kleindiek in GroßKomm.Bilanzrecht, § 249 Rn .69 ff.

753 Kleindiek in GroßKomm.Bilanzrecht, § 249 Rn. 24; MünchKommHGB/Ballwieser, § 249 Rn. 10; Bieg u.a., Bilanzrechtsmodernisierungsgesetz, 2009, S. 51. S. jüngst zur Kritik zum Kriterium der Außenverpflichtung bei Drinhausen/Ramsauer, DB, Beilage 5 zu Heft 23, 2009, 46, 49.

754 Vgl. Förschle/Deubert in Beck Bil-Komm, 7. Aufl., § 301 Rn. 65 f.; Stibi/Klaholz, BB 2009, 2582, 2585.

755 Wendholt/Wesemann, DB, Beilage 5 zu Heft 23, 2009, 64, 73.

756 MünchKommHGB/Busse von Colbe, § 306 Rn .1.

757 Vgl. BilMoG-RegE, S. 67 sowie zur Steuerabgrenzung MünchKommHGB/Reiner, § 274, 2 ff.

758 Diese Differenzen sind zwar theoretisch zeitlich begrenzt, ihr Ausgleich ist aber zum Zeitpunkt ihrer Entstehung nicht vorhersehbar, MünchKommHGB/Reiner, § 274 Rn. 14; Hoyos/Fischer in Beck Bil-Komm, § 274 Rn. 9.

ten Abweichungen (sowie Verlustvorträge, Steuergutschriften und Zinsvorträge)[759] berücksichtigt werden.[760]

Nach h. M. fielen gem. alter Rechtslage Abweichungen aus der Neubewertung der erworbenen Vermögensgegenstände und Schulden im Rahmen der Erstkonsolidierung nicht unter die Steuerabgrenzung nach § 306 HGB a. F., da die Aufdeckung der stillen Reserven und stillen Lasten ergebnisneutral erfolgte.[761] In der nunmehr nach dem reformierten § 306 HGB erfolgenden Erfassung dieser erfolgsneutralen, aber sich wieder ausgleichenden Differenzen aus der Erstkonsolidierung liegt der wesentliche Unterschied hinsichtlich des Umfangs der Steuerabgrenzung zur früheren Situation.[762]

Es erfolgt im Übrigen eine Gesamtbetrachtung, so dass eine sich insgesamt ergebende Steuerbelastung als passive latente Steuern auszuweisen sind, was vice versa für eine Steuerentlastung gilt.[763] Dabei führt ein positiver Saldo der latenten Steuern zur Verminderung des Geschäftswerts, während ein negativer Saldo umgekehrt zu dessen Erhöhung führt.[764] Es darf jedoch auch ein unsaldierter Ansatz erfolgen, § 306 S. 2 HGB, während allerdings nach S. 6 der Vorschrift die Posten mit denen nach § 274 HGB zusammengefasst werden dürfen.

Ausgenommen von einem Ansatz sind jedoch gem. § 306 S. 3 HGB Differenzen aus dem erstmaligen Ansatz eines Goodwills bzw. passivischen Unterschiedbetrags nach § 301 Abs. 3 HGB.[765] Dies wird insofern mit seinem Resi-

---

759 Die Berücksichtigung dieser wird sehr kritisch gesehen, da hier auf künftige Steuerentlastungen gesetzt wird, die künftige Erträge voraussetzen, welche jedoch zum Zeitpunkt der Berücksichtigung nicht feststehen. S. Arbeitskreis Bilanzrecht, BB 2008, 209, 214.

760 BilMoG-RegE, S. 67, S. 83; Petersen/Zwirner, KoR, Beihefter 1 zu Heft 5 2009, 1, 31; Küting/Seel, DB 2009, 922, 922, 925; Wendholt/Wesemann, DB, Beilage 5 zu Heft 23, 2009, 64, 65 f.

761 MünchKommHGB/Weißenberger, § 306, Rn. 26; Förschle/Deubert in Beck Bil-Komm, § 301 Rn. 81,; ADS § 306 Rn. 26; Dusemond/Hayn, BB 1997, 983 f. m. w. N.

762 BilmoG-RegE, S. 83; Kozikowski/Fischer in Beck Bil-Komm, 7. Aufl., § 306 Rn. 11; Petersen/Zwirner, KoR, Beihefter 1 zu Heft 5 2009, 1, 31. Ähnlich Kirsch, PiR 2008, 16, 18. Vgl. auch Oser/Wirth, in: Küting/Pfitzer/Weber, Das neue deutsche Bilanzrecht, 2008, S. 429, 431; Kessler/Leinen/Paulus, KoR 2010, 46.

763 Vgl. § 306 S. 1 HGB. Petersen/Zwirner, KoR, Beihefter 1 zu Heft 5 2009, 1, 31. Es ist jedoch auch ein unverrechneter Ansatz möglich, § 306 S. 2 HGB.

764 So Küting/Seel, Beihefter zu DStrR, 26, 2009, 37, 43.

765 Küting, DStR 2008, 1396, 1400; Loitz, DB 2009, 913, 917; Küting/Seel, Beihefter zu DStR, 26, 2009, 37, 43; Wendholt/Wesemann, DB, Beilage 5 zu Heft 23, 2009, 64, 73 f.; Kessler/Leinen/Paulus, KoR 2010, 46.

duums-Charakter begründet,[766] als dass der Geschäftswert eine Residualgröße nach der Aufdeckung von stillen Reserven und stillen Lasten darstelle.[767] Dies erscheint zutreffend, zumal angeführt wird, dass der Ansatz latenter Steuern auf den Geschäfts- oder Firmenwert zu dessen Erhöhung führte, die ihrerseits einen zusätzlichen Ansatz latenter Steuern erfordern würde, sich ohne das Ansatzverbot also eine „Endlosschleife" ergebe.[768]

3. Bewertung der Bilanzpositionen zum beizulegenden Zeitwert

Wurden nun also einige Positionen hinsichtlich ihres Ansatzes in der Konzerbilanz untersucht, stellt sich daran anschließend die Frage ihrer Bewertung. Erst durch Bilanzierung und (Neu-) Bewertung ergibt sich am Ende der Verrechnungsposten Eigenkapital, der wiederum für die Goodwill-Ermittlung im Rahmen der Kapitalkonsolidierung nötig ist.

Auch im Hinblick auf den grundsätzlich anzulegenden Bewertungsmaßstab für die neu zu bewertenden Bilanzpositionen wird die nun erfolgende Untersuchung zeigen, dass sich durch die Bilanzmodernisierung einschneidende Veränderungen gegenüber der bisherigen Rechtslage ergeben:

§ 301 Abs. 1 S. 2 HGB bestimmt den Ansatz der Positionen des Tochterunternehmens zum „Zeitwert", der diesen „beizulegen" ist. Bislang lautete die Formulierung in § 301 Abs. 1 S. 2 Nr. 2 HGB a. F., der Ansatz habe zum dem „Wert" zu erfolgen, der den Posten „beizulegen ist". Nachdem im Gesetz dazu keine Legaldefinition enthalten war, stellte sich die Frage nach der sachgerechten Auslegung des Begriffs.

Dieses Defizit wurde nunmehr durch das BilMoG ausgeglichen. Nach den Ausführungen zum Reformgesetz wurde durch die begriffliche Umstellung vom beizulegenden Wert auf den beizulegenden Zeitwert an den neugefassten § 255 Abs. 4 HGB angeknüpft.[769] Die Vorschrift enhält anstelle einer Regelung zum Goodwill nunmehr die Festlegung, was unter dem Terminus zu verstehen ist: Nach § 255 Abs. 4 S. 1 HGB entspricht der beizulegende Zeitwert dem Marktpreis.[770]

---

766 BilMoG-RegE, S. 83; Bieg u.a., Bilanzrechtsmodernisierungsgesetz, 2009, S. 185; Küting/Seel, Beihefter zu DStR, 26, 2009, 37, 43.

767 Kozikowski/Fischer in Beck Bil-Komm, 7. Aufl., § 306 Rn. 12 mit Verweis auf BilMoG-RegE, S. 81. Im Schrifttum wird der Ansatz latenter Steuern auf den Geschäfts- oder Firmenwert diskutiert bspw. von Karrenbrock, Wpg 2008, 334 f.; Küting, DB 2009, 2053 ff.

768 Kessler/Leinen/Paulus, KoR 2010, 46 sowie Kessler/Leinen/Strickmann (Hrsg.), Bilanzrechtsmodernisierungsgesetz, 2008, S. 319, jeweils mit Rekurs auf Loitz, Wpg 2004, 1177, 1180.

769 BilMoG-RegE, S. 81.

770 Vgl. § 255 Abs. 4 S. 2 HGB.

Ursprünglich war die Vorschrift als erforderlich erachtet worden, da zu Handelszwecken erworbene Finanzinstrumente nach den Regierungsplänen im Zuge der HGB-Reform gem. § 253 Abs. 1 HGB-E zum beizulegenden Zeitwert bewertet werden sollten.[771] Diese Pläne wurden jedoch angesichts der Finanzmarkt- und Wirtschaftskrise aufgegeben, so dass die Bewertung zum Zeitwert nur für Finanzinstrumente von Kredit- und Finanzdienstleistungsinstituten in geltendes Recht umgesetzt wurde.[772] Was als „erste(r) [Erg. d. Verf.] Einbruch des Fair-Value-Prinzips in die vom Anschaffungskostenprinzip geprägte Welt des HGB“[773] gewertet worden war, beschränkt sich für den Einzelabschluss grundsätzlich auf den speziellen, jedoch bekanntlich einflussreichen Bereich der Rechnungslegung der Kreditwirtschaft.

Im nun folgenden Unterabschnitt ist zu zeigen, wie die *fair value*-Regelung vor dem Hintergrund der Kaufpreisallokation zu interpretieren ist. Zugleich wird eine weitere, ungeschriebene Voraussetzung der Bewertung zum beizulegenden Zeitwert in die Erörterungen miteinbezogen und es sind Überlegungen anzustellen, welche rechtlichen Konsequenzen sich ergeben, wenn eine Bewertung der erworbenen Positionen zu diesem Wertmaßstab nicht möglich ist. Die Auswirkung der Bewertung zum beizulegenden Zeitwert auf Bilanzierungszwecke und -grundsätze wird dann im nachfolgenden Kapitel diskutiert werden.

a) Zweck und Auslegung der Regelungen der §§ 301 Abs. 1 S. 2, 255 Abs. 4 HGB

Im Rahmen der Kaufpreisallokation findet der beizulegende Zeitwert gem. § 301 Abs. 1 S. 2 f. HGB bis auf wenige Ausnahmen für alle Positionen des Tochterunternehmens Anwendung. Nach den Ausführungen der Bundesregierung zum BilMoG dient die Anpassung des § 301 Abs. 1 S. 2 HGB für den Konzernabschluss an § 255 Abs. 4 HGB alleine der Objektivierung der Bewertung im Rahmen der Konsolidierung und zwar dergestalt, dass nicht mehr auf die Sicht des erwerbenden Unternehmens abgestellt werde.[774]

Mit dieser Anmerkung rekurriert die Regierung offensichtlich den bisherigen Meinungsstand in der Literatur und die Handhabung in der Praxis rechnungslegender Unternehmen. Denn der beizulegende Wert wurde danach in der Regel als Wiederbeschaffungswert betrachtet und angesetzt, bei dem die konkre-

---

771 BilMoG-RegE, S. 61.

772 Ebenso Ernst/Seidler, BB 2009, 766, 767. Vgl. hierzu auch § 340 e HGB als eine der Sonderregelungen für die Kreditwirtschaft. S. die Kritik gegen eine Sonderregelung für Banken bei Haaker, PiR 2009, 50.

773 Arbeitskreis Bilanzrecht, BB 2008, S. 209, 211.

774 BilMoG-RegE, S. 81. Darauf Rekurs nehmen auch Oser/Reichart/Wirth, in: Küting, Das neue deutsche Bilanzrecht, 2008, 409, 416.

te Verwendung des Gegenstands, insbesondere die weitere Nutzung oder Veräußerung, berücksichtigt wurde.[775] Damit enthielt die Bewertung als subjektives Element den Willen des Erwerbers, der maßgeblich Einfluß auf die Bewertung nehmen konnte.

Fraglich ist allerdings, ob für den Bereich der Konzernrechnunglegung die Regelung des angepassten § 301 Abs. 1 S. 2 HGB i. V. m. § 255 Abs. 4 HGB nur den Verzicht auf dieses subjektive, ungeschriebene Tatbestandsmerkmal mit sich bringt. Dies wäre nur denkbar, wenn die Anknüpfung an den beizulegenden Zeitwert des § 255 Abs. 4 HGB bedeutete, dass der gleiche Wertmaßstab wie im Rahmen der Bewertung zum beizulegenden Wert zur Anwendung kommen, dabei jedoch auf die Berücksichtigung der Verwendungsabsicht verzichtet würde.

Dies erscheint jedoch eher abwegig. In der Begründung des Referentenentwurfs zum BilMoG hin-sichtlich der Bewertung bei der Kaufpreisallokation war der Hinweis auf § 255 Abs. 4 HGB nämlich noch nicht enthalten. Er wurde erst in die Begründung zum Regierungsentwurf eingefügt.[776] Damit sollte vermutlich klargestellt werden, dass der Terminus „beizulegender Zeitwert" im Rahmen des § 301 HGB in der gleichen Weise aufzufassen ist, wie in der allgemeinen Bewertungsvorschrift. In der von daher etwas irreführenden weitergehenden Begründung, nicht mehr auf die Sicht des erwerbenden Unternehmens abzustellen, ist wohl eher nur der Anspruch erhöhter Objektivität zu sehen. Dieses Objektivierungsbestreben wird in der weiteren Begründung auch explizit ausgesprochen und sogar mit einem Verweis auf die international übliche Wertermittlung versehen. Letztere setzt im Rahmen der Kaufpreisallokation die Posten des Tochterunternehmens grundsätzlich zum *fair value* an.[777] Damit spricht alles dafür, dass der Gesetzgeber eine vollständige Bezugnahme auf den beizulegenden Zeitwert des § 255 Abs. 4 HGB anstrebte.[778]

---

775 S. statt vieler zur Ermittlung des beizulegenden Werts nach alter Rechtslage Dusemond/Weber/Zündorf in Küting/Weber, HdK § 301 Rn. 84 ff.; Förschle/Deubert in Beck Bil-Komm, § 301 Rn. 77 ff. oder jüngst Küting/Seel, Beifter zu DStR, 26, 2009, 37, 50 mit identischen Nachweisen. Ebenfalls jüngst Förschle/Deubert in Beck Bil-Komm, 7. Aufl., § 301 Rn. 77 mit Hinweisen zur Bewertung vor der Bilanzrechtsmodernisierung.

776 BilMoG, RegE, S. 81.

777 S. IFRS 3.18 ff. Vgl. zur Problematik des Erwerbs von nicht zur Nutzung bestimmter Vermögenswerte und deren fair value-Bewertung ohne Berücksichtigung der Verwendungsabsicht im Rahmen eines Unternehmenzusammenschlusses Hoffmann, PiR 2009, 87, 88.

778 So fassen auch den Verweis auf Förschle/Deubert in Beck Bil-Komm, 7. Aufl., § 301 Rn. 78; Küting/Seel, Beifter zu DStR, 26, 2009, 37, 50.

In diesem Sinne verstanden, führt die Anknüpfung an § 255 Abs. 4 HGB dazu, dass ein neuer Wertmaßstab in den Konzernabschluss eingeführt wird, der ein eigenes Bewertungskonzept darstellt.

Dies ergibt sich aus der Regelung selbst, die in S. 1 den beizulegenden Zeitwert als Marktwert definiert, und in S. 2 auf allgemein anerkannte Bewertungsmethoden abstellt. Dies wird erstaunlicherweise im Schrifttum zur Erstkonsolidierung nicht ausreichend zur Kenntnis genommen.

b) Marktpreise

Im Rahmen der Anwendung von § 255 Abs. 4 HGB stellt sich die Frage, wie der in S. 1 der Vorschrift geforderte „Marktpreis" im Sinne des nationalen Bilanzrechts aufzufassen ist.

Zunächst bietet S. 2 des § 255 Abs. 4 HGB hier eine gewisse Auslegungshilfe. Die Vorschrift regelt zwar eigentlich die Anwendung von Bewertungsmethoden, dies jedoch unter der Voraussetzung, dass kein aktiver Markt besteht, anhand dessen sich der Marktpreis bestimmen ließe. Im Umkehrschluss kann daher ein Marktpreis als Wert verstanden werden, der auf einem aktiven Markt ermittelt wird. Damit ergibt sich allerdings die Anschlussfrage, wann ein aktiver Markt im Sinne des § 255 Abs. 4 HGB vorliegt.

Der „aktive" Markt kann im Gegensatz zum „organisierten" Markt nach § 2 Abs. 5 WpHG[779] gesehen werden, wobei letzterer eng gefasst ist und eine Regelung und Überwachung durch staatlich anerkannte Stellen erfordert.[780] Positive Erfordernisse des „aktiven" Markts gehen aus dem Gesetzeswortlaut hingegen nicht hervor. Die Vorschrift bleibt damit hinter entsprechenden Regelungen der IFRS zurück, die Definitionen des aktiven Markts enthalten.[781]

Nur die Begründung zum Regierungsentwurf des BilMoG enthält weiterführende Hinweise. Nach den Erläuterungen kann dann ein Marktpreis als auf einem aktiven Markt ermittelt angesehen werden, wenn er an einer Börse, von einem Händler, Broker, einer Branchengruppe, einem Preisberechnungsservice oder einer Aufsichtsbehörde leicht und regelmäßig zu erhalten ist und auf aktuellen und regelmäßig auftretenden Markttransaktionen zwischen unabhängigen Dritten beruht.[782] Nicht von einem aktiven Markt könne hingegen ausgegangen werden, wenn beispielsweise wegen einer geringen Anzahl umlaufender Aktien

779 Wertpapierhandelsgesetz in der Fassung der Bekanntmachung vom 9. September 1998 (BGBl. I S. 2708), das zuletzt durch Artikel 4 des Gesetzes vom 31. Juli 2009 (BGBl. I S. 2512) geändert worden ist.

780 Vgl. die Definition in § 2 Abs. 5 WpHG sowie die Ausführungen zu beiden Märkten bei Böcking/Torabian, BB 2008, S. 265, 266.

781 Vgl. bspw. IAS 38.8 und 36.6.

782 BilMoG-RegE, S. 61.

im Verhältnis zum Gesamtvolumen der emittierten Aktien nur kleine Volumina gehandelt werden oder in einem engen Markt keine aktuellen Preise verfügbar seien.[783]

Einerseits kommt es damit offenbar auf die leichte und ständige Zugänglichkeit der Preise an; deshalb müssen sie an einem der genannten Handelsplätze bzw. bei anderen Stellen öffentlich geführt werden. Andererseits ist offenbar von Bedeutung, dass ein Preiskonsens unabhängiger Käufer in ausreichender Anzahl besteht, der nicht von Angebotsverknappungen verfälscht wird.

Da die Bundesregierung wiederum wohl (ausschließlich) Finanzinstrumente vor Augen hatte, führt sie das genannte Beispiel an, das Aktien zum Gegenstand hat. Bei diesen ist Gleichartigkeit vorhanden. Ob der Gesetzgeber im Hinblick auf andere Handelsgüter Homogenität als Merkmal des aktiven Markts voraussetzt,[784] geht aus der Begründung nicht zweifelsfrei hervor. Nach einer Auffassung des Schrifttums ist diese Anforderung wohl gegeben, da sich der Marktpreis als Preis „(…) für Waren einer bestimmten Gattung von durchschnittlicher Art und Güte (…)“[785] ergebe. Dem ist zuzustimmen, da sich für völlig uneinheitliche Güter keine notierten Preise vorstellen lassen. Jedenfalls erscheint gemäß der Begründung die Aktualität der Preise von Bedeutung zu sein.

Zusammengefasst und als positive Voraussetzungen formuliert stellen sich die Anforderungen an einen aktiven Markt im Rahmen des § 255 Abs. 4 HGB danach folgendermaßen dar: öffentlich notierte Preise, angemessene Umschlagsmenge, angemessene, daher aktuelle Umschlagshäufigkeit, Homogenität der Waren und Unabhängigkeit der Vertragspartner.

Der Bilanzersteller scheint damit in der Hauptsache zweierlei Überlegungen anstellen zu müssen: Ist generell ein aktiver Markt mit den genannten Anforderungen hinsichtlich des zu bewertenden Vermögensgegenstands vorhanden und erfüllt er die Voraussetzungen noch im Erwerbszeitpunkt?

Ist eine dieser Fragen abschlägig zu beantworten, kommt S. 2 des § 255 Abs. 4 HGB zum Zuge, der für den Fall, dass kein Marktpreis zu ermitteln ist, die Anwendung von allgemein anerkannten Bewertungsmethoden zur Wertermittlung fordert. Im Folgenden sei daher der Versuch unternommen, die Vorgabe des § 255 Abs. 4 S. 2 HGB hinsichtlich der Bewertungsmethoden zu interpretieren.

---

783 BilMoG-RegE, S. 61. S. hierzu Jessen/Haaker, DStR 2009, 499, 500, die zu Recht darauf hinweisen, dass ebenso wie inaktive auch „hyperaktive“ Märkte für eine Bewertung zum „fairen“ Wert in der Rechnungslegung nicht taugen.

784 So die IFRS in IAS 36.6 und 38.8.

785 Ellrott/Roscher in Beck Bil-Komm, 7. Aufl., § 253 Rn. 512 mit Zitat bei WPH I, 13. Aufl., E Rn. 341 und Rekurs auf ADS, § 253 Rn. 508.

c) Allgemein anerkannte Bewertungsmethoden

Der neue, unbestimmte Rechtsbegriff der „allgemein anerkannten Bewertungsmethoden“ erfordert ebenso wie der Terminus „Marktpreis“ eine Auslegung. Hilfestellung können hier wiederum die Erläuterungen zum BilMoG leisten, nach denen ein Vergleich mit dem vereinbarten Marktpreis jüngerer vergleichbarer Geschäftsvorfälle zwischen sachverständigen, vertragswilligen und unabhängigen Geschäftspartnern als „denkbar“ erachtet wird oder die Verwendung von anerkannten wirtschaftlichen Bewertungsmethoden.[786]

Hier folgt der Gesetzgeber offensichtlich im Grundsatz dem Stufenkonzept der *fair value*-Bewertung der IFRS, das bspw. in IAS 38.39 ff. bzw. in IAS 39.43 f, A.53 ff. festgelegt ist und nachdem in einem mehrstufigen[787] Aufbau Marktpreise, Vergleichspreise aus jüngsten Geschäftsvorfällen und Bewertungsmethoden zum Einsatz kommen.

Allerdings sind nach der Erläuterung des BilMoG Vergleichspreise und Bewertungsmethoden nicht in einem Verhältnis strikter Subsidiarität zu sehen, welches bspw. für IAS 38, nicht aber für IAS 39 angenommen wird,[788] sondern befinden sich wohl zusammen auf einer zweiten Ebene hinter dem Marktpreis.[789] Denn es wird - verkürzt dargestellt - ausgeführt, die Anwendung von Bewertungmethoden diene dazu, den Zeitwert an einen Marktpreis anzunähern, wobei dann - also im Kontext der Bewertungsmethoden - der denkbare *Vergleich* mit jüngeren Geschäftsvorfällen angeführt wird.[790] Die Annahme von Vergleichspreisen und Bewertungsmethoden auf einer Stufe scheint auch durch den Wortlaut in § 255 Abs. 4 S. 2 HGB bestätigt, in dem neben Marktpreisen lediglich von allgemein anerkannten Bewertungsmethoden die Rede ist. Folglich sind Vergleichspreise nach dem BMJ offenbar unter diese zu subsumieren und befinden sich damit auf einer Hierarchie-Stufe mit so genannten, durch Bewertungsmethoden ermittelten *marking-to-model*-Preisen. Nach a. A. sind durch §

786 BilMoG-RegE, S. 61.

787 Freilich ist IAS 38.41 nicht explizit zu entnehmen, dass die Ebene der Bewertungsmethoden erst dann beschritten werden darf, wenn die ersten beiden Stufen nicht erfüllt sind. Dennoch wird in der Literatur von drei zueinander subsidären Stufen augegangen, vgl. statt vieler MünchKommIFRS/Böcking/Wiederhold, IAS 38, Rn. 98 ff; Hitz, Wpg 2005, 1013, 1015. S. hierzu allerdings auch die Ausführungen zum IFRS –fair value im Rahmen des IFRS 3 nach dem Vorbild des IAS 39, der eher einem zweistufigen Aufbau zu folgen scheint, § 6 B. IV. 2. bb).

788 So zu verstehen für IAS 38 MünchKommBilR/Böcking/Wiederhold, IFRS, IAS 38 Rn. 101, für IAS 39 MünchKommBilR/Varain, IFRS, IAS 39 Rn. 300.

789 Gleicher Auffassung sind Bieg u.a., Bilanzrechtsmodernisierungsgesetz, 2009, S. 94.

790 BilMoG-RegE, S. 61.

255 Abs. 4 HGB auch für das HGB drei Stufen vorgesehen.[791] Der Wortlaut der Vorschrift und ihrer Begründung sprechen indes freilich gegen diese Auffassung.

Keinerlei Anhaltspunkte bietet die Regelung des § 255 Abs. 4 HGB, welche konkreten Bewertungsmethoden zur Anwendung kommen sollen. Auch in der Gesetzesbegründung wird nur die „(…) Verwendung von anerkannten wirtschaftlichen Bewertungsmethoden“ als „(…) beispielsweise (…)“ „denkbar (…)“ in den Raum gestellt.[792] Ebensowenig wird näher ausgeführt, ob Vergleiche mit tatsächlich erzielten Preisen von Gütern oder Analogiemethoden oder beide Vorgehensweisen zulässig sein sollen.[793] Ebenfalls ist eine Hierarchie innerhalb der Bewertungsmethoden, z. B. die Anwendung marktorientierter vor kapitalwertorientierten Verfahren,[794] weder in der Vorschrift zum Zeitwert noch in deren Begründung enthalten.

Somit überlässt es der Gesetzgeber offensichtlich bewusst der Auslegung durch Schrifttum und Praxis, welche Methoden als anerkannt gelten und angewendet werden dürfen.[795] Die Art und Weise der Anwendung und ebenfalls die etwaige Vornahme einer hierarchischen Einordnung wird ebenfalls den Unternehmen nach deren Ermessen überlassen. Damit ist freilich ein beinahe grenzenloser Auswahl-, Beurteilungs- und Ermessensspielraum eröffnet.

d) Voraussetzung der verlässlichen Bewertung

Immerhin ist nach den Ausführungen in der Begründung zum BilMoG eine weitere Anforderung an die *fair value*-Bewertung zu stellen. Danach müssen die Werte gem. S. 1 und 2 des § 255 Abs. 4 HGB verlässlich zu ermitteln sein.[796] Es handele sich um ein ungeschriebenes Tatbestandsmerkmal, das hier stets Geltung beanspruche.[797] Keine verlässliche Ermittlung liege z. B. dann vor, wenn die angewandten Bewertungsmethoden eine Bandbreite von Werten zuließen, deren „(…) Abweichung (…) signifikant ist (…)“ und deren Gewichtung nach der Wahrscheinlichkeit ihres Eintritts scheitere.[798]

---

791 So Böcking/Torabian, BB 2008, S. 265, 266; Böcking/Flick, DB 2009, 185.

792 BilMoG-RegE, S. 61.

793 Vgl. zu Analogiemethoden bspw. Küting/Hayn, BB 2006, 1211, 1212 f. sowie zur Bewertung ganzer Unternehmen Mand/Rabl, Unternehmensbewertung, 1997, S. 42 ff.

794 Diese Hierarchie wurde bspw. in ED IFRS 3, E 19 ff vorgeschlagen.

795 S. hierzu die Bewertungshinweise bei Förschle/Deubert in Beck Bil-Komm, 7. Aufl., § 301, Rn. 78 ff.

796 S. BilMoG-RegE, S. 61.

797 S. zu der Anforderung und ihren Folgen BilMoG-RegE, S. 61.

798 BilMog-RegE, S. 61.

Da aus verschiedenen Bewertungsmethoden naturgemäß so viele bzw. unter Verwendung von Varianten und Kombinationen von Methoden noch mehr Werte als angewandte Methoden resultieren können, stellt sich die Frage, wann ein betragsmäßiger Unterschied zwischen den ermittelten Werten „signifikant" ist. Dies läßt die Gesetzesbegründung freilich offen. Die Gewichtung nach Risken stellt bekanntlich ebenfalls einen subjektiven Vorgang dar, von dem im Übrigen ebenfalls aus der Begründung nicht hervorgeht, wie er durchgeführt werden soll.

Sollte der Fall eintreten, dass eine Position als nicht verässlich bewertbar zu qualifizieren ist, stellt sich wiederum die Frage nach den bilanzrechtlichen Konsequenzen. Damit einher geht die Frage, ob die weiteren Vorschriften des § 255 Abs. 4 S. 3 f. HGB im Kontext der Kaufpreisallokation zur Anwendung gelangen. Denn in S. 3 der Vorschrift wird dem Wortlaut nach der Fall geregelt, nach dem eine Bewertung nach § 255 Abs. 1 S. 1 und 2 HGB nicht möglich ist.

4. Regelungen des § 255 Abs. 4 S. 3 f. HGB und Folgen mangelnder Verlässlichkeit

Zu den Folgen einer mangelnden Verlässlichkeit des beizulegenden Zeitwerts im Rahmen der Kaufpreisverteilung wird vertreten, dass dann ein Ansatz der entsprechenden Position als Vermögensgegenstand oder Schuld ausgeschlossen sei; denn es sei nicht möglich, auf § 255 Abs. 4 S. 3 HGB, der für diesen Fall die Fortführung von Anschaffungs- und Herstellungskosten bestimme, zurückzugreifen - die Vorschrift beziehe sich ihrem Wortlaut nach ausschließlich auf die Folgebewertung.[799] Abs. 4 S. 4 der Vorschrift fingiert als solche Anschaffungs- und Herstellungskosten im Übrigen den zuletzt ermittelten *fair value.*

Der These ist insoweit zuzustimmen, als dass § 255 Abs. 4 S. 3 HGB im Zusammenhang der Kaufpreisverteilung keine Anwendung finden kann. In der Gesetzesbegründung wird nämlich ebenfalls ausgeführt, § 255 Abs. 4 S. 3 regele den Fall, dass ein Finanzinstrument, das verpflichtend zum beizulegenden Zeitwert zu bewerten sei, zu irgendeinem späteren Zeitpunkt nicht mehr nach § 255 Abs. 4 S. 1 und 2 HGB bewertet werden könne; dabei muss es jedoch einmal möglich gewesen sein, diesen Wertmaßstab verlässlich anzuwenden, da andernfalls schon kein zu Handelszwecken erworbenes Finanzinstrument vorliegen würde.[800] Insofern wird hier eine Konstellation geregelt, in der zumindest irgendwann einmal eine Zeitwertbewertung erfolgreich durchgeführt werden

799 Stibi/Klaholz, BB 2009, 2582, 2583. Ebenso Ellrott/Brendt in Beck Bil-Komm, 7. Aufl., § 255 Rn. 521. S. auch die ablehende Haltung gegen eine Anwendung der Vorschrift bei der Kaufpreisallokation, wenn auch mit anderer Begründung bei Stibi, KoR 2008, 517, 521, Fußn. 42.

800 BilMoG-RegE, S. 61. Ebenso Ellrott/Brendt in Beck Bil-Komm, 7. Aufl., § 255 Rn. 522.

konnte, während Fälle, in denen niemals ein verlässlicher Zeitwert existierte, offenbar nicht zum Regelungsgegenstand der Vorschrift zählen.

Fraglich bleibt dennoch, ob der Auffassung, ein Ansatz als Vermögensgegenstand oder Schuld sei mangels verlässlicher Bewertbarkeit ausgeschlossen, gefolgt werden muss. Die Positionen würden dann nämlich unmittelbar in den Unterschiedsbetrag nach § 301 Abs. 3 S. 1 HGB eingehen und folglich im Fall von Aktiva einen Goodwill erhöhen.

Für Finanzinstrumente ergibt sich dann, wenn von vornherein kein verlässlicher *fair value* ermittelt werden kann, eine Zugangsbewertung zu fortgeführten Anschaffungs- oder Herstellungskosten nach allgemeinen Vorschriften[801] - die Verpflichtung zur *fair value*-Bewertung ist mangels Zugehörigkeit zum Handelsbestand ja ohnehin entfallen.

Diese Vorgehensweise könnte sich auch für erworbene Positionen im Rahmen der Kaufpreisallokation empfehlen, da sie eine nachvollziehbare Bewertung bedeutet und den Informationsgehalt der Abschlussinformationen gegenüber einer undifferenzierten Steigerung des Goodwill jedenfalls erhöhen dürfte. Freilich liegt die Sachlage bei Finanzinstrumenten insofern anders, als dass ihr Ansatz aufgrund mangelnder Verlässlichkeit ausgeschlossen wäre, würde kein alternativer Ansatz zu Verfügung stehen. Hingegen die erworbenen Positionen würden immerhin im Goodwill berücksichtigt. Dennoch erscheint die Frage begründet, ob nicht ein Ansatz zu fortgeführten Anschaffungs- oder Herstellungskosten aufgrund der erheblichen wertmäßigen Bedeutung des Goodwill im Konzernabschluss[802] gegenüber einer weiteren Erhöhung des Geschäftswerts vorzuziehen wäre.

Diese Lösung erscheint vorzugswürdig, wenngleich international ein anderer Weg gewählt wurde. Hierauf wird noch einzugehen sein.[803] Diese Lösung entspricht immerhin dem Ansatz des IASB, möglichst viele Werte vom Goodwill zu separieren.[804]

An den verschiedenen Auffassungen hinsichtlich der Konsequenzen mangelnder Verlässlichkeit bei der Kaufpreisallokation zeigt sich jedoch, dass zwar die Regelungen des § 255 Abs. 4 S. 3 HGB nicht einschlägig sind, aber auch keine endgültige Klarheit über die weiteren Rechtsfolgen in diesem Fall besteht. Hier erscheint Regelungsbedarf gegeben.

---

801 BilMoG-RegE, S. 61, Ellrott/Brendt in Beck Bil-Komm, 7. Aufl., § 255 Rn. 522.

802 S. hierzu nur eingangs § 2 B.

803 Vgl. hierzu § 6 B. IV. 2. b).

804 Vgl. hierzu nur die Ausführungen zu den Erleichterungen hinsichtlich der Ansatzkriterien, § 6 A. II. 4.

Nebenbei stellt sich die Frage, ob eine Regelung des Tatbestands *nicht mehr verlässlich bewertbarer* Finanzinstrumente zu Handelszwecken des § 255 Abs. 4 S. 3 f. HGB tatsächlich ihren rechten Platz im Rahmen der allgemeinen Bewertungsvorschriften finden. Denn schließlich besteht nicht allgemein für solche Finanzinstrumente ein Bewertungsgebot zum *fair value*, sondern nur für diejenigen von Kredit- und Finanzdienstleistungsunternehmen.[805] Eine Sonderregelung andernorts, bspw. in § 340 e Abs. 3 HGB erschiene sachgerechter.

Wird jedoch der Ansatz nicht verlässlich bewertbarer Positionen zu fortgeführten Anschaffungs- oder Herstellungskosten vertreten, stellt sich die Frage, wie die Fortführung gestaltet ist. In § 255 Abs. 4 S. 3 wird für eine Fortführung auf § 253 Abs. 4 HGB verwiesen, nach dem Abschreibungen auf Anschaffungs- oder Herstellungskosten vorzunehmen sind.

Nach den vorangehenden Ausführungen ist jedoch die Anwendbarkeit der erstgenannten Norm im vorliegenden Kontext abzulehnen. Im Übrigen würde sich die Vorschrift, auf die verwiesen wird, als ungeeignet für die Anwendung im Rahmen der Kaufpreisverteilung darstellen: Wiederum ausschließlich Finanzinstrumente vor Augen, hielt der Gesetzgeber offenbar eine Rechtsgrundverweisung für sachgerecht, da Finanzinstrumente dem Umlaufvermögen zugehören, für das in der Verweisungsnorm des § 253 Abs. 4 HGB die Abschreibungen geregelt werden. Indes sind im Rahmen der Kapitalkonsolidierung sämtliche Posten des Vermögens zu bewerten. Diese wären dann wie Umlaufvermögen gem. § 253 Abs. 4 HGB abzuschreiben und würden dem dort enthaltenen Niederstwertprinzip unterliegen, wonach auf den niedrigeren Wert gegenüber historischen Anschaffungs- oder Herstellungskosten oder dem Vorjahres-Buchwert abzuschreiben ist.[806] Offensichtlich kann damit weder § 255 Abs. 4 S. 3 HGB noch § 253 Abs. 4 HGB über dessen Verweisung hier zur Anwendung kommen.

Würden jedoch mangels besonderer Regelung die allgemeinen Vorschriften, §§ 252 ff. HGB, zur Bewertung der nicht verlässlich zum Zeitwert bewertbaren Positionen angewendet, ergibt sich eine weitere Problematik für Vermögensgegenstände des Umlaufvermögens. Denn zu den allgemeinen Vorschriften zählt auch eben jene Norm des § 253 Abs. 4 S. 1 HGB, die eine Abschreibung auf den Börsen- oder Marktpreis vorsieht.

Da aber gerade kein Marktpreis nach § 255 Abs. 4 S. 1 und 2 HGB für diese Positionen gegeben ist, kommt zwangsläufig immer S. 2 des § 253 Abs. 4 HGB zur Anwendung, der für den Fall, dass kein Bösen- oder Marktpreis existiert und die Anschaffungs- oder Herstellungskosten den *Wert* übersteigen, der den Pos-

805 S. § 340, 340 e HGB; Ellrott/Brendt in Beck Bil-Komm, 7. Aufl., § 255 Rn. 512.

806 Vgl. zum Niederstwertprinzip des HGB nach dem BilMoG Ellrott/Reusch in Beck Bil-Komm, 7. Aufl., § 253, Rn. 506 ff.

ten *beizulegen ist*, die Abschreibung auf diesen Wert vorsieht. Dabei handelt es sich also offenbar um den „beizulegenden Wert", wie er sich bereits als Wertmaß-stab im HGB vor der Bilanzrechtsmodernisierung befand.

Am Ende könnte daher eine aufwendige, jedoch ohne zuverlässiges Ergebnis verlaufende *fair value*-Bewertung des erworbenen Umlaufvermögens zu dem widersinnig anmutenden Ergebnis führen, dass dieses mit dem beizulegenden Wert des unreformierten HGB anzusetzen ist.

Jedoch auch ohne Berücksichtigung dieser –theorethisch denkbaren - Anwendungsprobleme und der Problematik nicht vorhandener Regelungen zur *fair value*-Bewertung im Rahmen der Kaufpreisallokation ist der Zeitwert-Ansatz einer Fülle von Kritikpunkten in der Literatur ausgesetzt. Die Wesentlichsten seien vor dem Hintergrund der Thematik dieser Untersuchung im nächsten Abschnitt herausgegriffen.

VI. Grundzüge der Debatte zum (HGB-) fair value

Im Folgenden werden daher die wesentlichen Argumente, die für und wider eine Bewertung zum beizulegenden Zeitwert im Rahmen der nationalen Kapitalkonsolidierung angeführt werden, vorgestellt und im Anschluss an diesen Abschnitt diskutiert. Damit wird das Ziel verfolgt, die Einführung eines neu ausgestalteten Wertmaßstabs in das HGB zu beleuchten, da dieser gerade für die in den Konzernabschluss aufzunehmenden und grundsätzlich danach zu ermittelnden Positionen maßgeblich ist und damit auch für die Höhe und bilanzielle Richtigkeit des Goodwill.

Generell ist zu den Auffassungen zum beizulegenden Zeitwert des § 255 Abs. 4 HGB zu konstatieren, dass sie sich größtenteils auf die *fair value*-Thematik vor dem Hintergrund der Einführung des Bewertungs-Konzepts im Einzelabschluss für den speziellen Fall der Bewertung von Finanzinstrumenten beziehen. Die in diesem Kontext vorgebrachten Argumente sind nicht immer auf den vorliegenden Zusammenhang, die *fair-value*-Bewertung im Rahmen der Erstkonsolidierung, übertragbar. Beispielsweise kann das (scheinbare) Argument zugunsten der ursprünglich geplanten Regelung eines Zeitwert-Ansatzes von Finanzinstrumenten gem. § 253 Abs. 1 S. 3 HGB-E i. V. m. § 268 Abs. 8 HGB-E und § 340e Abs. 3 HGB-E[807], es sei ja keine umfassende Zeitwertbilanzierung für das HGB vorgesehen,[808] hier nicht greifen, denn beinahe die gesamte Neubewertung der erworbenen Posten ist davon betroffen.

Für die weitere Darstellung seien jedoch auch all die Argumente herausgegriffen, die auf eine Zeitwert-Konzeption des HGB hinsichtlich der Bewertung

807 Vorschriften in der Fassung des BilMoG-RegE.

808 So Zülch/Hoffmann, DB 2009, 189.

von Finanzinstrumenten bezogen sind, aber den Bewertungsmaßstab in seiner grundlegenden Konzeption betreffen. Gleichzeitig werden Meinungen herangezogen, die sich zum IFRS-*fair value* gebildet haben, soweit die Aussagen übertragbar sind.

1. Fair value als Wert von größerer Relevanz

Bekanntlich wird dem beizulegenden Zeitwert als ökonomischem Wert gegenüber fortgeführten Anschaffungskosten vor allem auf internationaler Ebene größere Relevanz im Sinne von Entscheidungsnützlichkeit zugesprochen. Diese These stellt überhaupt den Grund dar, warum der Wertmaß-stab eine immer weitergehende Verbreitung über alle maßgeblichen Rechnungslegungssysteme fand - wenngleich im aktuellen nationalen Schrifttum anlässlich des BilMoG dieser Vorteil, soweit ersichtlich, nicht mehr herausgestellt wird.

Die Prämisse gründet auf der Annahme, dass der *fair value* einen Wertmaßstab bilde, der eine Ertrags- und Vermögenswertappoximation darstelle, also in der Lage sei, den *shareholder value* des bilanzierenden Unternehmens ausweisen zu können.[809] Er sei besser als jedes andere Konzept geeignet, die Schätzung der Höhe zukünftiger Zahlungsströme, die Kaufkraft von monetären Zahlungsmitteln, den Preis für das Risiko, das mit den Zahlungsströmen einhergeht bzw. deren Unsicherheit und andere Aspekte erkennen zu lassen.[810] Dies stellt die so genannte, auf den *fair value* bezogene „Preis- und Marktwertbildungshypothese" dar, aus der die - die Anforderung der Entscheidungsnützlichkeit (*decision usefulness*) fortführende - „Informationsverarbeitungshypothese" resultiere.[811] Danach spiegele also ein hypothetischer Marktpreis unter idealisierten Bedingungen „*annahmegemäß*" die aus Sicht des Markts erwarteten künftigen Zahlungsmittelüberschüsse wider und bilde damit die Basis für individuelle, jedoch differierende Erwartungen oder Informationen einbeziehende Annahmen hin-

---

809 So in etwa Kümmel, Grundsätze für die Fair Value-Ermittlung, 2002, S. 261; Lüßmann, Unternehmenskontrolle, Kapitalmärkte und Fair Value-Accounting, 2004, S. 130.

810 So in etwa Moitzi, Fair Value Accounting und Anreizwirkungen, 2007, S. 29, der die Ausführungen des FASB rekurriert, FASB, Statement of Financial Accounting Standards: Fair Value Measurement, Norwalk, 2006, Absatz A2; Bei Hitz sind es nur Höhe, zeitlicher Anfall und Unsicherheit der Cashflows, Hitz, Rechnungslegung zum fair value, 2005, S. 33.

811 Hitz, Rechnungslegung zum fair value, 2005, S. 33 mit Rekurs auf Bromwich, Michael, Aspects of the Future in Accounting, in : Leuz/Pfaff/Hopwood (Hrsg.), The Economics and Politics of Accounting, 2004, S. 32-57.

sichtlich des „individuellen Zielstrombeitrags“,[812] vereinfacht ausgedrückt, für die subjektiven Cashflow-Erwartungen des jeweiligen Kapitalmarktanleger. Dies wird insgesamt auch als „*fair value*-Paradigma“[813] bezeichnet.

2. Fair value als Mittel der Objektivierung

Nach einer der wenigen Stimmen, die den neuen HGB *fair value* offenbar befürworten, trägt dieser Wertmaßstab zur Objektivierung der Bewertung der erworbenen Posten des Tochterunternehmens bei. Nunmehr seien objektive Marktpreise und nicht mehr subjektive Käuferinteressen relevant.[814]

Offenbar schließen sich die Vertreter dieser Meinung dem vorangehend dargestelltem Argument der Bundesregierung für eine Anpassung des § 301 Abs. 1 S. 2 HGB an. Teilweise wird in der Literatur aus dem gleichen Grund nur eine erhebliche Veränderung zur bisherigen Praxis konstatiert, jedoch ohne diese zu bewerten.[815]

3. Uneinheitlicher Wertbegriff

Von Vertretern einer ablehnenden Haltung gegenüber dem beizulegenden Zeitwert wird hingegen moniert, dass es sich bei diesem Bewertungsmaßstab nicht um einen transparenten Wert handele, der von Marktnähe geprägt sei; vielmehr stelle er aufgrund der Bewertungsstufen einen ungenauen und auslegungsbedürftigen „Oberbegriff“ von unterschiedlichsten Wertekonzepten dar.[816]

4. Entobjektivierung der Bilanz

Damit einher geht der Vorwurf gegen den *fair value*, für eine Entobjektivierung der Bilanz zu sorgen.[817] Denn für 95% aller Vermögenswerte einschließlich der Finanzinstrumente seien keine Marktwerte im Sinne objektiv zu beurteilender

812 Hitz, Rechnungslegung zum fair value, 2005, S. 33 mit Bezug auf die Joint Working Group of Standard Setters, Draft Standard and Basis for Conclusions: Financial Instruments and Similar Items, 2000, Par. 1.8 (b).

813 Hitz, Rechnungslegung zum fair value, 2005, S. 31 ff.

814 Oser/Reichart/Wirth, in: Küting, Das neue deutsche Bilanzrecht, 2008, S. 407, 416.

815 Schurbohm-Ebneth/Zoeger, DB 2008, 40, 41; Stibi, KoR 2008, 517, 521. Förschle/Deubert in Beck Bil-Komm, 7. Aufl., § 301, Rn. 78 rekurrieren ebenfalls die Objektivierungsabsichten der Bundesregierung.

816 Bieg/Bofinger/Küting/Kussmaul/Waschbusch/Weber, DB 2008, 2549; Baetge/Lienau, FS Siegel, S. 65, 83 sprechen – für den fair value des IASB, was hier jedoch unschädlich ist – von einem „Werte-Konglomerat“.

817 Bieg/Bofinger/Küting/Kussmaul/Waschbusch/Weber, DB 2008, 2549, f; Küting/Hayn, BB 2006, 1211, 1217; Jessen/Haaker, DStR 2009, 499, 501. Ähnlich Jäger/Himmel, BFuP 2003, 477, 478, die durch die umfassende fair-value-Bewertung bei der Erstkonsolidierung nach IFRS den Objekitivitätsgedanken zurückgedrängt sehen.

Werte vorhanden.[818] Damit müssten Bewertungsmethoden zur Anwendung kommen und die aus der Unternehmensbewertung bekannten Unsicherheiten würden auf die Rechnungslegung überführt.[819] Außerdem ergäben sich immense bilanzpolitische Gestaltungspotenziale, da sich durch die unbestimmten Rechtsbegriffe viele (versteckte) Wahlrechte, Spielräume für Ermessen etc. bildeten.[820] Dem wird entgegengehalten, dass auch der beizulegende Wert nach HGB a. F. Ermessenspielräume mit sich bringe.[821]

Zudem leide die Nachprüfbarkeit der Werte durch den beizulegenden Zeitwert, da die Wahl des Bilanzierers im Hinblick auf einen Zeitwert aus einer Bandbreite möglicher Werte nicht von außen nachvollzogen werden könne,[822] während für den Bilanzersteller die Bewertung schwieriger und aufwendiger werde.[823]

Schließlich kann ein weiterer Kritikpunkt in den Kontext der These eine „Entobjektivierung der Bilanz durch den Zeitwert" eingeordnet werden: Es wird beklagt, dass mit erhöhten bilanzpolitischen Gestaltungsmöglichkeiten die Bilanzanalyse erschwert werde.[824]

5. Verstoß gegen Bewertungsgrundsätze

Des Weiteren handelt sich der beizulegende Zeitwert – freilich in Bezug auf den Einzelabschluss - den Vorwurf ein, gegen traditionelle Bewertungsprinzipien zu verstoßen.[825] So werde z. B. das Anschaffungskostenprinzip verletzt, das die Bilanzierung von Buchgewinnen aufgrund von Neubewertungen zum Zeitwert und

---

818 Bieg/Bofinger/Küting/Kussmaul/Waschbusch/Weber, DB 2008, 2549.

819 So der Arbeitskreis Bilanzrecht, BB 2008, 209, 211, der diese Feststellung im Hinblick auf die Zeitwertbewertung von Finanzinstrumenten trifft. Im Ergebnis ebenso Bieg u.a., Bilanzrechtsmodernisierungsgesetz, 2009, S. 94 f.

820 Bieg/Bofinger/Küting/Kussmaul/Waschbusch/Weber, DB 2008, 2549; ebenso bereits für den IFRS-Zeitwert Baetge/Lienau, FS Siegel, S. 65, 76. Ebenfalls eine Entobjektivierung auch aufgrund mangelnder Ausgestaltung der Ermittlungsvorschriften der IFRS, was gleichermaßen jedoch für das HGB gilt, sieht Hitz, Wpg 2005, 1013, 1025; ebenso Pfaff/Kukule, KoR 2006, 542, 549.

821 Böcking/Flick, DB 2009, 185, 186.

822 Bieg/Bofinger/Küting/Kussmaul/Waschbusch/Weber, DB 2008, 2549; ebenso bereits für den IFRS-Zeitwert Baetge/Lienau, FS Siegel, S. 65, 79.

823 Bieg/Bofinger/Küting/Kussmaul/Waschbusch/Weber, DB 2008, 2549, 2550.

824 Bieg/Bofinger/Küting/Kussmaul/Waschbusch/Weber, DB 2008, 2549, 2551.

825 Bieg/Bofinger/Küting/Kussmaul/Waschbusch/Weber, DB 2008, 2549 mit Rekurs auf Ballwieser/Küting/Schildbach, BFuP 2004, 545 f.

deren erfolgswirksame Erfassung verhindern soll und als Ausprägung des Realisationsprinzips gem. § 252 Abs. 1 Nr. 4 HGB enthalten sei.[826]

6. Größere Volatilität des Gewinn- und Eigenkapitalausweises

Gegen eine theorethische Überlegenheit des Wertmaßstab *fair value* spricht schließlich, dass er zu einer erhöhten Volatilität in Abschlüssen führt. Am Beispiel der IFRS kann gezeigt werden, dass sich jedenfalls bei einer regelmäßigen Neubewertung zum *fair value* zu - sich stetig verändernden Marktpreisen - eine erheblich größere Volatilität des Gewinn- und Eigenkapitalausweises ergibt.[827]

Der Grund hierfür ist darin zu sehen, dass bspw. auch im Zuge einer an sich erfolgsneutral von Statten gehenden werterhöhenden Neubewertung im Eigenkapital, dort in der Neubewertungsrücklage, die eine vorangehende erfolgswirksame Abschreibung rückgängig macht, eine erfolgswirksame Buchung des Aufwertungsbetrags, des „Ertrags", erforderlich sei. [828] Sind wie in den IFRS die planmäßgen Abschreibungen bei abnutzbaren Vermögenswerten an die Wertveränderungen anzupassen, können zudem erhöhte Abschreibungsaufwendungen die Folge sein.[829] Außerdem erfolge zudem durch die „konzeptionelle Durchbrechung (...) des Anschaffungskostenprinzips" eine erfolgswirksame Vereinnahmung nicht realisierter Gewinne, die zu großen Abweichungen führen könnten.[830]

7. Prozyklizität

Nicht unerwähnt bleiben soll ein Argument der *fair value*-Gegner, das wiederum hauptsächlich für den Einzelabschluss und dessen Gewinnermittlungsfunktion bedeutsam ist, jedoch aufgrund der mittelbaren Ausschüttungsbemessungsfunktion des Konzerabschlusses durchaus auch für den Konzernabschluss Relevanz aufweist.

Der beizulegenden Zeitwert, so urteilt das Schrifttum, führe zu dem vorstehend beschrieben volatileren Gewinn- und Eigenkapitalausweis, wobei einer

826 Bieg/Bofinger/Küting/Kussmaul/Waschbusch/Weber, DB 2008, 2549. Zum Realisationsprinzip, das das Anschaffungsprinzip impliziere s. MünchKommHGB/Ballwieser, § 274 Rn. 74 sowie § 253 Rn. 1.

827 Küting/Reuter, KoR 2009, 172, 173 mit Rekurs auf Schimmer, ZfgK 2003, S. 567. Ebenfalls die deutlich höhere Ergebnisvolatilität bestätigen Bieg/Bofinger/Küting/Kussmaul/Waschbusch/Weber, DB 2008, 2549, 2551; Obermaier, KoR 2009, 545, 546 m.w. N.

828 Küting/Reuter, KoR 2009, 172, 173 mit Rekurs auf Scheffler, Eigenkapital im Jahres- und Konzernabschluss nach IFRS, 2006, S. 21.

829 Vgl. IAS 38.80 sowie IAS 16.35; Küting/Reuter, KoR 2009, 172, 173; MünchKomm-BilR/Böcking/Wiederhold, IFRS, IAS 38 Rn. 134.

830 Bieg/Bofinger/Küting/Kussmaul/Waschbusch/Weber, DB 2008, 2549, 2551.

„Bewertungsblase“ in wirtschaftlich prosperierenden Zeiten Vorschub geleistet werde.[831] Denn es werden buchmäßige Gewinne erfasst, die gegebenenfalls nie tatsächlich erzielt werden, die aber - und das gilt freilich besonders für den Bankensektor und dessen *fair value*-Bewertung von Finanzinstrumenten nach § 340 e Abs. 3 HGB - das Eigenkapital unrealistisch aufblasen und damit unter Umständen weitere riskante (Bank-)Geschäfte getätigt werden können, während umgekehrt erhebliche Wertminderungen durch eine *fair value*-Bewertung in der Krise einen ökonomischen Abwärtstrend verstärken können.[832]

8. „Aufgeweichter“ Gewinnbegriff

Eine erfolgsneutrale Einstellung der durch den *fair value*-Ansatz erzielten Buchgewinne ins Eigenkapital - in einer Neubewertungsrücklage wie in den IFRS - führt überdies nach Auffassung des Schrifttums dazu, dass das Eigenkapital solche nicht Erfolgsrechnungs-bezogenen Gewinne neben den üblichen Gewinn- und Verlust-Rechnungs-Gewinnen aufweist. Damit stehe letztlich in Frage, welches nun der richtige Gewinn sei: Beide Größen im Sinne eines Gesamtertrag oder –aufwands nach dem Vorbild von IAS 1.96 (c) oder nur eine davon?[833]

---

831 Bieg/Bofinger/Küting/Kussmaul/Waschbusch/Weber, DB 2008, 2549, 2551; hierauf nehmen Rekurs Jessen/Haaker, DStR 2009, 499 sowie auf das Jahresgutachten 2008/09 des Sachverständigenrats zur Begutachtung der gesamtwirtschaftlichen Entwicklung (Hrsg.). Einschränkend Hitz, Rechnungslegung zum fair value, 2005, S. 298 ff., 313, f. Auch Obermaier, KoR 2009, 545, 546, 554 räumt die prozyklischen fair value-Effekte ein.

832 Dementsprechend wurde im Zuge der Finanzmarktkrise auch ein Änderungsstandard zu IAS 39 und IFRS 7 veröffentlicht, der letztlich Wertminderungen eindämmen soll, vgl. hierzu Lüdenbach/Freiberg, PiR 2008, 385. Inzwischen wurde im November 2009 IFRS 9 zur Klassifizierung und Bewertung von Finanzinstrumenten verabschiedet, um am Ende eines drei-Phasen-Projects IAS 39 zu ersetzten, s. Lüdenbach/Freiberg, BB 2009, 2750, f. und die Verlautbarungen des IASB unter http://www.iasb.org/Current+Projects/IASB+Projects/Financial+Instruments+A+Replacement+of+IAS+39+Financial+Instruments+Recognitio/Phase+I+-+Classification+and+measurement/Phase+I+-+Classification+and+measurement.htm, Abfrage 05.01.10. Gleichzeitig wurde ein Exposure Draft zu Abschreibungen und Wertminderungen veröffentlicht, abzurufen unter http://www.iasb.org/NR/rdonlyres/9C66B0E5-E177-4004-A20B-C0076FCC3BFB/0/vbEDFIImpairmentNov09.pdf; Abfrage 05.01.2010.

833 Bieg/Bofinger/Küting/Kussmaul/Waschbusch/Weber, DB 2008, 2549, 2550. S. zur Problematik erfolgswirksamer und erfolgsneutraler Eigenkapitalkomponenten im IFRS-Abschluss Küting/Reuter, PiR 2009, 44-49.

VII. Würdigung des fair value als Bewertungsmaßstab

Nach der vorangehenden Rezeption der wesentlichen Argumente für und wider den Wertmaßstab *fair value* sollen diese im nun folgenden Abschnitt diskutiert werden.

1. Keine nachgewiesene erhöhte Relevanz des Zeitwerts

Zu den konzeptionellen Grundlagen der Konzernabschlüsse nach HGB und IFRS wurde eingangs der Untersuchung erarbeitet, dass das Merkmal der Relevanz im Sinne von Entscheidungsnützlichkeit für wirtschaftliche Entscheidungen keine wirkliche Entsprechung im HGB findet. Die Wesentlichkeit einer Information nach HGB für den Abschluss bzw. das Ergebnis des HGB ist in ihrer Beurteilung nach Qualität oder Quantität umstritten.

Insofern kann die IFRS-Anforderung der *decision usefulness* im Rahmen des HGB vordergründig nicht uneingeschränkt einen Maßstab zur Beurteilung des beizulegenden Zeitwerts darstellen.

Die Untersuchung der Informationsfunktion des HGB ergab indessen, dass wesentlicher Zweck des Konzernabschlusses ist, Informationen hinsichtlich Vermögen und Ertrag für die Adressaten bereitzustellen. Allein diese Aufgabe über eine (bessere) Ertrags- und Vermögensapproximation zu erfüllen, wird jedoch dem Wertmaßstab *fair value* über die vorangehend referierte „Preis- und Marktwertbildungsthese“ als Teil des „*fair-value*-Paradigmas“[834] zugesprochen. Stellte sich diese These als zutreffend heraus, wäre allein dadurch die Informationsfunktion des HGB-Abschlusses erhöht – auf eine Erfüllung des zweiten Bestandteils des paradigmatischen *fair value*-Modells, der Hypothese von der Informationsverarbeitung in Fortführung der Anforderung Entscheidungsnützlichkeit, käme es folglich nicht mehr an. Mit anderen Worten besteht für den beizulegenden Zeitwert jedenfalls die These, eine bessere Annäherung der Größen Vermögen und Ertrag zu bedeuten - womit gleichzeitig auch eine Annahme hinsichtlich der durch Zeitwerte gesteigerten Informationsfunktion des HGB getroffen werden kann.

Somit erscheint möglich, Ergebnisse von Analysen zur Relevanz des *fair value* nach IFRS auf den HGB-Zeitwert im Grundsatz übertragen werden, insbesondere, da sich die Wertmaßstäbe, wie noch zu zeigen sein wird, inhaltlich weitestgehend entsprechen.[835]

Dennoch muss festgestellt werden, dass eine weiterführende Untersuchung der Entscheidungsnützlichkeit des *fair value*-Konzepts den Rahmen der vorliegenden Untersuchung sprengen würde. Es existieren jedoch bereits international

834 Hitz, Rechnungslegung zum fair value, 2005, S. 31.

835 S. § 6 B. IV. 2 a).

diverse empirische Studien, die auch im deutschsprachigen Schrifttum berücksichtigt werden[836] sowie weitere Untersuchungen und Beiträge, in denen bspw. die Entscheidungsnützlichkeit einer bilanziellen Bewertung zum *fair value* u. a. vor dem Hintergrund des „informationsökonomischen Ansatzes" und des „entscheidungstheoretischen Ansatzes" sowie die *decision usefulness* eines *fair value*-Gewinns aus mehreren Perspektiven beurteilt werden.[837]

Insgesamt gelangt das Schrifttum zu durchaus kontroversen Ergebnissen; dabei weist allerdings wohl die weit überwiegende Mehrzahl der Meinungen in eine Richtung, in der die *fair value*-Konzeption das Relevanz-Versprechen als nicht oder nur eingeschränkt einlösend und folglich als eher ungeeignet zur Beförderung der Informationsfunktion erachtet wird.[838]

Für diese Untersuchung kann dies nur bedeutet, dass eine abschließende Beurteilung des *fair value* hinsichtlich seiner Wirkung auf die Relevanz wegen des begrenzten Untersuchungsgegenstands nicht getroffen werden kann. Der Meinungsstand im Schrifttum zur Entscheidungsnützlichkeit des beizulegenden Zeitwerts wird jedoch in der Untersuchung rezipiert und fortan weiteren Überlegungen zugrunde gelegt.

---

836 Vgl. hierzu nur Moitzi, Fair value Accounting und Anreizwirkungen, 2007, S. 36-44, 51 f., der das Ergebnis aus einer Untersuchung diverser Studien als uneinheitlich beurteilt, tendenziell eine höhere „Wertrelevanz" von fair values annimmt, jedoch auch die „Aussagekraft der empirischen für die Beurteilung des fair value accounting eingeschränkt" sieht.

837 Hitz, Rechnungslegung zum Fair Value, 2005, S. 256, ins. 258 ff., 264 ff., S. 270-320.

838 S. nur Kußmaul/Weiler, KoR 2009, 163 und dies., KoR 2009, 209; die Verfasser sehen den fair value nur in Ausnahmefällen als entscheidungsnützlich an. S. auch die Arbeit von Blaufus, Fair Value Accounting, 2005, insbesondere S. 349: Dort wird dem fair value als Vermögenswertapproxiamtion eine Absage erteilt. Einschränkend Hitz, Wpg 2005, 1013, 1017, der in der fair value-Bewertung eine „Ökonomisierung der bilanziellen Vermögensermittlung" sieht, bzw. in: Rechnungslegung zum fair value, 2005, S. 326 f. über die Entscheidungsnützlichkeit des fair value unter bestimmten, engen Bedigungen resümiert. Weitere Beiträge zu fair value legten vor Bieker, Ökonomische Analyse des Fair Value Accounting, 2006; und zum Spannungsverhältnis des fair value in Wunsch und Wirklichkeit Schildbach in Küting/Pfitzer/Weber, Internationale Rechnungslegung: Standortbestimmung und Zukunftsperspektiven, 2006, S. 7 ff; fair value-kritisch Ballwieser/Küting/Schildbach, BFuP 2004, 529 ff; Küting/Zwirner/Reuter, DStR 2007, 500, 506 und grundlegend wie bereits zitiert, Bieg/Bofinger/Küting/Kussmaul/Waschbusch/Weber, DB 2008, 2549. Eine höhere Relevanz des IFRS-fair value sehen hingegen Streim/Bieker/Esser, FS Siegel, 87, f. 107; Streim/Bieker/Leippe, in: Schmidt/Ketzel/Prigge (Hrsg.), Wolfgang Stützel, S. 177, 201; Siegel, Wirtschaftsprüferkammer-Mitteilungen, 36. Jg. (1997); Sonderheft Juni 1997, 81, 83; Willis, Wpg 1998, 854.

2. Objektivierung verfehlt

Dem Argument der Objektivierung der Konzernrechnungslegung durch den *fair value* ist zuzugeben, dass es die bisherige Praxis z. B. mit sich bringen konnte, einen Vermögensgegenstand, vielleicht eine übernommene Marke, der am „Markt" ein bestimmter Wert zukommen mag, ungeachtet dessen bei der Bilanzierung nicht zu berücksichtigen, da ihre Weiternutzung vom Erwerber nicht geplant war.[839]

Indessen erscheint fraglich, ob sich in einem solchen Fall nach der Neuregelung etwas ändert. Dazu müsste für den fraglichen Vermögensgegenstand ein aktiver Markt vorhanden sein, damit ein „echter" Marktpreis angesetzt werden könnte. Nach der Beurteilung im Schrifttum handelt es sich bei den erworbenen Vermögensgegenständen jedoch fast ausschließlich um „gebrauchte" bzw. einzigartige Gegenstände.[840] Ebenfalls wird ja, wie bereits geschildert, konstatiert, dass nur für die geringste Anzahl der Werte aktive Märkte zur Verfügung stehen,[841] so dass in der Konsequenz in aller Regel auf die „allgemein anerkannten Bewertungsmethoden" zurückgegriffen werden müsse.

Diese enthalten unstreitig deutlich subjektive Momente, die sogleich im nachfolgenden Unterabschnitt skizziert werden.[842] Insofern erscheinen Zweifel gegenüber einem „mehr" an Objektivität des *fair value* angebracht.

3. Wertkonzeptionen-Mix

Dem Argument eines uneinheitlichen Wertkonzepts hingegen, das dem *fair value* zugrunde liege, kann uneingeschränkt zugestimmt werden. Der beizulegende Zeitwert nach § 255 Abs. 4 HGB vereint mehrere unterschiedliche Bewertungskonzeptionen in sich: Einerseits stehen „echte" Marktpreise im Raum.

Neben den Marktpreisen stehen Vergleichspreise im Raum, wie allerdings nur der Begründung des BilMoG zu entnehmen ist. Konzeptionell unterscheiden sie sich von Marktpreisen,[843] da gerade kein aktiver Markt mit entsprechend ho-

839 S. hierzu auch das Beispiel bei Schurbohm-Ebneth/Zoeger, DB 2008, 40, 41 bzw. das Beispiel bei Busse von Colbe/Schurbohm-Ebneth, BB 2008, 98, 99.

840 Baetge/Lienau, FS Siegel, S. 65, 72 sprechen von „Unikaten", die die meisten Vermögensgegenstände und Schulden darstellen. Ebenso Castedello/Klingbeil/Schröder, Wpg 2006, 1028, 1030 in Bezug auf immaterielle Werte, für die aufgrund ihrer Einzigartigkeit kein aktiver Markt gegeben sei.

841 Siehe zu diesem Argument sogleich, § 5 B. V.6. c).

842 S. zur fair value-Bewertung von übernommenen Posten im Rahmen der Erstkonsoldidierung die Bewertungshinweise des IDW, mangels Stellungnahme zum HGB hier für IFRS, IDW RS HFA 16.46, .24 ff., 34.

843 Vergleichspreise werden entweder den marktorientierten Bewertungsmethoden zugerechnet oder als Methode auf einer zweiten Ebene vor Bewertungsmethoden aufge-

her Anzahl gehandelter Posten und Häufigkeit von Geschäftsvorfällen vorhanden ist, sondern einige wenige Geschäftsvorfälle der jüngeren[844] Zeit heranzuziehen sind.

Völlig „aus der Art" schlagen schließlich Bewertungsmethoden, wobei zunächst einmal zu klären wäre, welche Methoden als allgemein anerkannt gelten können. In Deutschland scheint dies jedenfalls für Discounted-Cashflow- und Ertragswertverfahren der Fall zu sein.[845] Dabei handelt es sich um grundsätzlich um Gesamtbewertungskonzepte, bei denen die zukünftigen Zahlungsmittelzuflüsse eines Postens ermittelt werden müssen.[846] Sie beruhen auf subjektiven Schätzungen mit nicht zu vermeidenden Fehlern bei den Prognosen.[847]

Aufgrund der subjektiven Schätzwerte stehen kapitalwertorientierte Verfahren mit der grundlegenden Marktorientierung des *fair value* im Sinne einer Ausrichtung an allgemeinen, durch den Markt bestätigten Preisen nicht in Einklang.[848] Dem steht auch nicht entgegen, dass nach der neoklassichen Mikroökonomie im Marktpreis der Barwert als diskontierter Einzahlungsüberschuss gesehen wird:[849] Denn die Theorie differiert von der Praxis, in der das bilanzierende Mutterunternehmen potentielle Erträge der Vermögensgegenstände des Tochterunternehmens nach Gutdünken abzinst, ganz entscheidend dadurch, dass nach der Modellwelt der Preis (Barwert) durch alle Marktteilnehmer zustande kommt. Diese maximieren im vollkommenen und vollständigen

---

fasst. Zu Ersterem tendieren im Kontext von IFRS 3 bspw. der IDW, IDW RS HFA 16.21 f., Wpg 2005, 1415, 1418 sowie Küting/Hayn, BB 2006, 1211, 1212. Letztere Einteilung nehmen im Kontext von ED IFRS 3 vor Pellens/Sellhorn/Amshoff, DB 2005, 1749, 1753. Marktpreise eines aktiven Markts werden jedenfalls immer von Vergleichspreisen unterschieden.

844 S. BilMoG-RegE, S. 61: „jüngerer vergleichbarer Geschäftsvorfälle".

845 Ebenso Böcking/Torabian, BB 2008, 265, 266 und bspw. Ballwieser, Unternehmensbewertung, 2004, S. 8 ff. zur Bewertung ganzer Unternehmen sowie IDW S1 (2008), Rn. 101-139.

846 S. Küting/Hayn, BB 2006, 1211, 1213 f.; zum Gesamtbewertungskonzept hinsichtlich ganzer Unternehmen s. Mandl/Rabl, Unternehmensbewertung, 1997, S. 29; Ballwieser, Unternehmensbewertung, 2006, S. 8; Moxter, Grundsätze ordnungsgemäßer Unternehmensbewertung, 1983, S. 75.

847 Baetge/Lienau, FS Siegel, S. 65, 76, ebenso Castedello/Klingbeil/Schröder, Wpg 2006, 1028, 1036; Dawo, in: Küting/Pfitzer/Weber, Herausforderungen und Chancen durch weltweite Rechnungslegungsstandards, 2004, S. 43, 73.

848 Zum gleichen Ergebnis gelangen für den IASB-Fair Value Pfaff/Kukule, KoR 2006, 542, 548; Hitz, Wpg 2005, 1013, 1027.

849 S. zur Ermittlung von Marktpreisen in der ökonomischen Theorie statt vieler Blaufus, Fair Value Accounting, 2005, S.11 ff.

Markt[850] unter gleichmäßiger Informationsverteilung rational ihren Nutzen. Der Preis ergibt sich im Modell insofern aus dem Wissen aller Marktteilnehmer unter idealen Bedingungen und ist dadurch als Konsens dieser objektiviert, während sich in der Praxis der Rechnungslegung ein Unternehmen an unternehmensinternen, subjektiven Planzahlen orientiert.

Noch vor diesen so genannten kapitalwertorientierten Verfahren wendet die Praxis im Rahmen der Kaufpreisallokation marktpreisorientierte Verfahren an, bei denen u. a. Multiplikatoren und andere Kennziffern zum Einsatz kommen.[851] Die nationale, betriebswirtschaftliche Theorie favorisiert im Gegensatz zu den IFRS erstere Verfahren.[852] Inwieweit die marktorientierten Verfahren auch im Rahmen einer HGB-Zeitwert-Bewertung zu allgemein anerkannten Bewertungsverfahren zählen, ist kaum zu beurteilen, wobei Skepsis angebracht ist.[853]

Als weiteres „Zeitwert-Verfahren" steht, wie für die IFRS, das kostenorientierte Verfahren im Raum:[854] Hier wird ohne Bezug auf einen aktiven Markt oder auf Zahlungsströme davon ausgegangen, dass der *fair value* nicht die Wiederbeschaffungskosten (Wiederbeschaffungskostenmethode) oder die Kosten zu Herstellung eines Duplikats (Reproduktionskostenmethode) übersteigen darf.[855]

An den vorstehenden Ausführungen zeigt sich, dass eine Reihe konzeptionell völlig unterschiedlicher Bewertungsverfahren im Rahmen der *fair value*-Bewertung zum Einsatz gelangen können.

4. Erhöhte Subjektivität

Dem „Entobjektivierungsargument" durch Bewertungsverfahren wird nach der dazu angeführten Literaturmeinung zu seiner Entkräftung die Rechtslage vor dem BilMoG gegenübergestellt: Die Bewertung zum beizulegenden Wert habe in der Vergangenheit die Bilanzierer ebenfalls mit einem auslegungsbedürftigen, unbestimmten Rechtsbegriff konfrontiert. Dies ist insoweit zutreffend.

Allerdings hatten sich in der Vergangenheit „Gepflogenheiten" bei der Ermittlung des beizulegenden Werts herausgebildet: In der Regel wurde er aus ei-

850 S. Blaufus, Fair Value Accounting, 2005, S. 11; Kruschwitz, Finanzierung und Investition, 2002, S. 157; Schmidt/Terberger, Grundzüge der Investitions- und Finanzierungstheorie, 1997, S. 57.

851 Vgl. hierzu nur die Vorgaben des IDW in seiner Stellungnahme zur Abbildung von Unternehmenserwerben nach IFRS, freilich noch in Bezug auf IFRS 3 (2004), IDW RS HFA 16.18-23.

852 Castedello/Klingbeil/Schröder, Wpg 2006, 1028, 1030; dies schlug sich nieder in IDW S1, vgl. insb. IDW S1.167, .171.

853 So werden bspw. keine marktorientierten Verfahren im Kontext der Kaufpreisallokationerwähnt von Förschle/Deubert in Beck Bil-Komm, 7. Aufl., § 301 Rn. 79.

854 Förschle/Deubert in Beck Bil-Komm, 7. Aufl., § 301 Rn. 79.

855 S. IDW RS HFA 16, Wpg 2005, 1415, 1420.

nem fortgeführten Wiederbeschaffungsneuwert unter Berücksichtigung der bereits erfolgten und zukünftig noch möglichen Nutzungdauer ermittelt.[856] Im Übrigen kommt diese Wertermittlung der soeben angesprochenen Wiederbeschaffungs-kosenmethode nahe. Das Niederstwertprinzip wurde dabei in der Weise berücksichtigt, dass bei bei einer Gegenüberstellung von Anschaffungs- oder Herstellungskosten und Börsen- oder Marktpreisen der jeweils niedrigere Wert die Obergrenze des Wertansatzes bildete.[857] War die Bewertung damit zwar nicht primär am Marktpreis eines aktiven Markts orientiert, so eröffneten die bestehenden Konventionen doch weit weniger Wahlmöglichkeiten hinsichtlich ganzer Bewertungsansätze und diesen teilweise immanenten Prognosespielräumen. Im Gegenteil war dem „kundigen“ Bilanzleser das Zustandekommen der Werte weitgehend bekannt und damit intersubjektiv nachvollziehbar.

Demgegenüber bringt die Möglichkeit, verschiedenste Bewertungsmethoden einzusetzen, ohne Zweifel Unsicherheiten mit sich - und dies sicherlich bei der weit überwiegenden Anzahl der Bewertungen. Freilich kann hier nicht abschließend beurteilt werden, ob die angeführte Zahl von mehr als 95% aller Positionen ohne Marktwert zutreffend ist. Ein aktiver Markt für das Gros der einzigartigen und nicht neu zu erwerbenden Vermögensgegenstände eines Tochterunternehmens erscheint allerdings wenig vorstellbar.

Die Unsicherheiten beim Einsatz von Bewertungsmethoden ergeben sich einerseits aus Ermessensspielräumen bei Auswahl- und Anwendung der Methoden sowie in der Konzeption der Methoden selbst: Kapitalwertorientierte Methoden basieren auf den genannten Prognosewerten, denen aufgrund des Zukunftsbezug die Unsicherheit immanent ist.[858] Marktwertorientierte Methoden beruhen wiederum auf Vergleichswerten, die ebenfalls mit Unsicherheiten behaftet sind und oftmals das Problem einer mangelnden bzw. nicht vergleichbaren Datenbasis aufweisen.[859] Vergleichsmethoden werden teilweise im Kontext der Bewertung

---

856 S. zur Ermittlung des beizulegenden Werts statt vieler Dusemond/Weber/Zündorf in Küting/Weber, HdK § 301 Rn. 84 ff.

857 Ellrott/St. Ring in Beck Bil-Komm. § 253 Rn. 509; ADS § 253 Rn. 484.

858 S. zur Kritik v. a. aufgrund der Unsicherheiten kapitalwertorientierter Methoden Küting/Hayn, BB 2006, 1211, 1213 ff. mit Zitat von Küting, in: Küting/Schnorbus (Hrsg.), Betriebswirtschaftslehre heute, 1994, S. 117; Cheridito/Schneller, Der Schweizer Treuhänder, 2004, 735, 737; Ballwieser, Unternehmensbewertung 2004, S. 176; Kruschwitz/Löffler, DB 2003, 1401, 1402 sowie dies., Unendliche Probleme bei der Unternehmensbewertung, DB 1998, 1041, ff. und hierzu ablehnend Blaufus, DB 2002, 1517 ff.; Lüdenbach, in: Barthel, HdUBew, Teil 3, S.6; Lausterer, in: Barthel, HdUBew, Teil 3, 2001, S. 6; Niehues, BB 1993, 2241, 2247.

859 S. hierzu für die IFRS Beck-IFRS-HB/Senger/Brune/Elprana, § 34 Rn. 85. Grundlegend zur Bewertung ganzer Unternehmen Mandl/Rabl, Unternehmensbewertung, 1997, S. 265; Ballwieser, in: Ballwieser/Beyer/Zelger (Hrsg.), Unternehmenskauf nach

ganzer Unternehmen als nur dazu geeignet beurteilt, die Plausibilität von kapitalwertorientierten Verfahren nachzuweisen.[860]

5. Verletzung von Bewertungsgrundsätzen

Dem Argument der Verletzung des Anschaffungskostenprinzips als Ausfluss des Realisationsprinzips mag man entgegenhalten, dass in einigen Fällen ohnehin bereits von einem strikten Realisationsprinzip abgewichen wird, z. B. für die langfristige Fertigung, so dass es zu Vereinnahmung unrealisierter Gewinne komme[861] und überdies eine *fair value*-Verankerung in Umsetzung der *fair value*-Richtlinie in einigen Vorschriften bereits stattgefunden habe.[862]

An Ausnahmen vom Bewertungsprinzip, höchstens zu Anschaffungs- oder Bewertungskosten zu bewerten, dürfen indes keine allzu großen Indizwirkungen in Richtung eines gewandelten Prinzipienverständnisses geknüpft werden. Ist im Sonderfall der Langfristfertigung auch eine Vereinnahmung unrealisierter Gewinne möglich, so dient dies sogar der verbesserten Darstellung der Vermögens- und Ertragslage, da bei Aufträgen über mehrere Perioden andernfalls bis zur Lieferung und Leistung eventuell sogar Verluste auszuweisen wären, denen eine Überkompensation im Jahr der Auftragserfüllung gegenüber stehe; dies wird als nicht sachgerecht empfunden.[863]

Zudem ist jedoch auch hier eine Lockerung des Realisationsprinzips keinesfalls unumstritten, sondern wird auch vielfach abgelehnt.[864] Ebenso wenig wie die Tatsache, dass unter dem „*fair value*-Zwang“ internationaler Gesetzgebung

---

IFRS, 2005, 73, 78 f.; Ballwieser, in Heintzen/Kruschwitz (Hrsg.), Unternehmen bewerten, Berlin 2003, S. 13. Grundsätzlich befürwortend, jedoch die Vielzahl an Prognosen im Rahmen des marktorientierten Verfahrens kritisch beurteilt Kellernes, Risikoneutrale Unternehmensbewertung und Multiplikatoren, 2004, 286; ebenfalls kritisch Küting/Hayn, BB 2006, 1211, 1213. Kritisch zu unterschiedlichen Wachstumsperpsektiven von Bewertungs- und Vergleichsobjekt Schmidbauer, BB 2004, 148, 151. Als nachvollziehbar sehen das marktorientierte Verfahren hingegen Peemöller/Keller, Saarbrücker Handbuch, 2004, 1041 f.

860 IDW S1.101, 167 (2008). A.A. Barthel, DB 2007, 586, 589 ff., der Vergleichswerte als konzeptionell überlegen gegenüber kapitalwertorientierten Verfahren beurteilt.

861 Böcking/Flick, DB 2009, 185, 186 mit Rekurs auf Selchert, in; Küting/Weber, HdR, 2008, § 252 R. 113 ff.

862 S. Böcking/Flick, DB 2009, 185, 186, die hierzu die §§ 285 S. 1 Nr. 18, 19, S. 3, 314 Abs. 1 Nr. 10, 11 HGB anführen.

863 S. zur Gewinnrealisation bei Langfristfertigung MünchKommHGB/Ballwieser, § 252 Rn. 78.

864 S. bspw. Döllerer, BB 1982, 778; Krawitz DStR 1997, 886, 892; eingeschränkt Euler, Gewinnrealisierung, 1989, S. 94-96, der eine vorgezogenen Teilgewinnrealisierung bei qualifizierter Teilleistung befürwortet.

der Bewertungsmaßstab bereits Eingang in das HGB fand, weist jedenfalls das Argument unrealisierter Gewinnvereinnahmung bei Langfristaufträgen Eignung auf, über die Verletzung der genannten Bilanzierungsprinzipien durch den Wertmaßstab des beizulegenden Zeitwerts hinweg zu argumentieren.

6. Volatilität und Prozyklizität

Die erhöhte Volatilität des Vermögens- und Gewinnausweises durch *fair values* ist wohl im Kern unumstritten.[865]

Im Schrifttum wird allerdings der Versuch unternommen, die krisenverstärkende Wirkung des *fair value* zu relativieren, indem die primären Ursachen der Finanzkrise, die bekanntlich im Herbst 2008 offenbar wurde, erneut benannt werden.[866]

Ein prozyklischer Effekt, der bspw. eine Euphorie der Märkte verstärken kann, wird damit jedoch nicht widerlegt, zumal dieser auch unter umgekehrten Vorzeichen durch das IASB selbst belegt wird: Im Zuge der Finanzkrise wurde es im Ergebnis ermöglicht, bestimmte Finanzinstrumente nicht mehr zu ihrem beizulegenden Zeitwert, sondern nach dem Anschaffungskostenprinzip (*cost or amortised cost* gem. IAS 39.9) zu bilanzieren.[867] Damit soll vermieden werden, die Eigenkapitalbasis der Unternehmen durch Abschreibungen immer weiter zu belasten und so die Spirale nach unten zu verstärken. An dieser „ad hoc-Maßnahme" von IASB und EU-Kommission wird offensichtlich, dass eine stetige, sich selbst verstärkende Steigerung ins „Negative" hinein durch eine *fair value*-Bewertung verhindert werden sollte.

7. „Aufgeweichter" Gewinnbegriff

Freilich ließe sich ein „Gesamtertrag- und aufwand" als erweitertes Verständnis des Gewinnbegriffs auffassen und als zusätzlicher Informationsgewinn für die Bilanzanalyse werten.[868] Dennoch bleiben Zweifel bestehen, inwieweit ein

865 Sie wird sogar von den fair value-Befürwortern eingeräumt, so bspw. Böcking/Flick, DB 2009, 185, 187. Ausführlich zum „Volatilitätsargument" Hitz, Rechnunglsegung zum fair value, 2005, S 271 ff., 328 f., der dieses zumindest für ein partielles fair value-accounting uneingeschränkt für zutreffend bewertet.

866 Böcking/Flick, DB 2009, 185, 187.

867 S. hierzu IASB, Press Release, vom 13. Oktober 2008, www.iasb.org; Deloitte, Oktober 2008 – Special edition unter http://www.iasplus.de/standards/ias_39.php#reclass, Abfrage 28.09.2009 und die EU-Verordnung (EG) Nr. 1004/2008 vom 15.10.2008, S. 37 ff.

868 So geschehen durch Böcking/Flick, DB 2009, 185, 187 mit Rekurs auf Coenenberg/Deffner/Schultze, KoR 2005, 435-443, die eine Aufspaltung des Erfolgs und differenzierte Analysemöglichkeiten von IFRS-Abschlüssen gegenüber HGB-Abschlüssen aufzeigen, konkret die Erfolgskategorien „ordentliches Betriebsergebnis",

Bruch mit dem tradierten Gewinnausweis des HGB lohnend ist, findet schon in den IFRS ein Gewinnbegriffs-Konglomerat Anwendung,[869] das verwirrend wirken mag. Zudem ist es lediglich der Bewertung zu einem Wertmaßstab geschuldet, der aufgrund der vorangehend genannten Kritikpunkte wenig überzeugend scheint.

8. Resümee

Nach der vorangehenden Würdigung der Auffassungen zum beizulegenden Zeitwert kann festgehalten werden, dass die (inzwischen) überwiegende Meinung dem Bewertungskonzept ablehnend gegenüber steht und die Argumente wider den *fair value* bei Weitem überwiegen. Mag vordergründig auch im Zusammenhang der Kaufpreisallokation ein Fokus auf Marktwerte anstelle subjektiver, nutzungsbezogener Wert-Einschätzungen erfolgen, so wird wohl die Bewertung für nahezu alle erworbenen Vermögensgegenstände des Tochterunternehmens ausgesprochen subjektiv bleiben. Denn mangels echter Marktwerte kommen subjektive Bewertungsmethoden zum Einsatz, wobei überdies die Fragen der Methodenauswahl und -anwendung im Ermessen der Bilanzierer liegt. Insofern wird wohl zu Recht eine Entobjektivierung der Bilanz befürchtet, die ihre Ursache auch in einem Wertekonzeptionen-Mix findet, den der *fair value* darstellt.

Darüber hinaus kann eine Bewertung zum *fair value* negative Auswirkungen auf zentrale Bilanzierungsgrundsätze, wie z. B. das Realisationsprinzip, zeitigen und zudem zu einer Relativierung des Gewinnbegriffs führen. Dem Gewinn mittels *fair values* muss noch dazu, wie korrespondierend einem über *fair values* ermittelten Vermögen, erhebliche Volatilität bescheinigt werden. Insgesamt scheint eine durch den *fair value* geprägte Bilanzierung geeignet, gesamtwirtschaftliche Tendenzen im Guten wie im Schlechten zu verstärken. Argumente gegen diese Thesen ziehen nicht scharf, zumal das so genannte „fair value-Paradigma“[870] vor dem Hintergrund der dargestellten Ergebnisse diverser Untersuchungen nicht oder nur beschränkt bestehen zu können scheint.

Insgesamt ist damit die Bewertungskonzeption des beizulegenden Zeitwert als nicht überzeugend zu beurteilen und ihre Anwendung auf beinahe sämtliche erworbene Positionen im Rahmen der Kaufpreisallokation problematisch.

„aperiodisches betriebliches Ergebnis“, „ordentliches betriebsfremdes Ergebnis“, „aperiodisches betreibsfremdes Ergebnis“ sowie „nicht fortgeführtes Ergebnis“ sowie direkt im Eigenkapital zu erfasste Erfolgsbestandteile.

869 Bieg/Bofinger/Küting/Kussmaul/Waschbusch/Weber, DB 2008, 2549, 2550 mit Rekurs auf Reuter, Eigenkapitalausweis nach IFRS, 2008, S. 59 ff.

870 Hitz, Rechnungslegung zum fair value, 2005, S. 31.

VIII. Spezialregelungen zur Zeitwert-Bewertung

Das reformierte HGB regelt explizit zwei Ausnahmen zur Bewertung nach dem beizulegenden Zeitwert, die es nunmehr zum Abschluss des Diskurses über die Bewertung im Rahmen der Neubewertungsmethode zu erörtern gilt.

Dic Bewertung von Rückstellungen und die von latenten Steuern würde durch die Zeitwertbewertung von den Vorgaben der Bewcrtungsvorschriften gem. § 253 HGB und § 274 HGB abweichen.[871] Diesen Konflikt löst, nachdem in den Entwürfen des Bundesministeriums der Justiz und der Bundesregierung eine entsprechende Regelung noch nicht enthalten war, nunmehr der neugeregelte Abs. 1 S. 3 des § 301 HGB der BilMoG-Endfassung. Darin wird normiert, dass Rückstellungen nach § 253 Abs. 1 S. 2 und 3, Abs. 2 HGB und latente Steuern nach § 274 Abs. 2 HGB zu bewerten sind. Insofern findet hier eine Ausnahme von der *fair value*-Bewertung statt und es erfolgt eine Bewertung nach den allgemeinen Vorschriften bzw. nach der besonderen Bewertungsvorschrift für latente Steuern. Diese dient dazu, den bilanzierenden Unternehmen Anpassungsbuchungen zu ersparen.[872]

1. Rückstellungen

Rückstellungen sind folglich in Höhe des nach vernünftiger kaufmännischer Beurteilung notwendigen Erfüllungsbetrags anzusetzen.[873] Der Begriff stellt im Hinblick auf Rückstellungen - für Verbindlichkeiten wird er nun ebenfalls benutzt – klar, dass bei deren Bewertung zukünftig unter Einschränkung des Stichtagsprinzips künftige Preis- und Kostensteigerungen berücksichtigt werden müssen, um eine zukunftsgerichtete Rückstellungsbewertung zu gewährleisten.[874]

Die Frage der Berücksichtung von Preis- und Kostensteigerungen war umstritten und wurde von der finanzgerichtlichen Rechtsprechung mit Verweis auf das Stichtagsprinzip abgelehnt.[875] Da der Gesetzgeber jedoch insoweit von einer

---

871 Bieg u.a., Bilanzrechtsmodernisierungsgesetz, 2009, S. 72. S. hierzu Busse von Colbe/ Schurbohm-Ebneth, BB 2008, 98, 101, die auf diesen Konflikt zwischen allgemeinen und speziellen Bewertungsvorschriften nach dem RefE des BilMoG im Hinblick auf latente Steuern hinweisen, bevor noch die Neuregelung des § 301 Abs. 1 S. 3 HGB ins BilMoG Eingang fand.

872 Bieg u.a., Bilanzrechtsmodernisierungsgesetz, 2009, S. 72.

873 § 253 Abs. 1 S. 2 HGB. Förschle/Deubert in Beck Bil-Komm, 7. Aufl., § 301 Rn. 90.

874 BilMoG-Reg, S. 52; Ernst/Seidler, BB 2007, 2557, 2558; Bieg u.a., Bilanzrechtsmodernisierungsgesetz, 2009, S. 80; Petersen/Zwirner/Künkele, StuB 2008, S. 693, 696; Arbeitskreis Bilanzrecht, BB 2008, 209; Weigl/Weber/Costa, BB 2009, 1062, 1063.

875 BilMoG-RegE, S. 52. Befürwortend Hoyos/M. Ring in Beck Bil-Komm, § 253 Rn. 152; Ballwieser, FS Forster, 1992, S. 62. Ablehnend BFH 1982, S. 106; BFH 1987, S. 848; BFH 1992, S. 911; BFH 1993, S. 900.

der Neuregelung entsprechenden, bereits bestehenden Praxis und insofern von einer Weiterentwicklung der Grundsätze ordnungsgemäßer Rechnungslegung ausgeht,[876] nahm er die Anpassung im BilMoG über den Terminus Erfüllungsbetrag dennoch vor. Es werden aber objektive Hinweise für das Vorliegen der Preis- und Kostensteigerung verlangt, da weiterhin nur der nach vernünftiger kaufmännischer Beurteilung notwendige Betrag anszusetzen ist.[877]

Eine Abzinsung von Rückstellungen mit einer Laufzeit über einem Jahr unter Berücksichtigung der Restlaufzeit ist erstmals ebenfalls vorzunehmen, § 253 Abs. 2 HGB. Im Umkehrschluss ergibt sich aus der Regelung, dass Rückstellungen mit Laufzeiten darunter nicht abzuzinsen sind.[878] Die Abzinsung sollte nach dem Referentenentwurf erst bei längerer Laufzeit und einem Fünf-Jahres-Durchschitts-Zinsatz erfolgen.[879] Nunmehr wurde dieser Zeitraum auf sieben Jahre verlängert, da sich ein genügender Ausgleich von Schwankungen des Ertrags ohne eine dafür ursächliche Geschäftstätigkeit des Unternehmens erst nach diesem Zeitraum einstellen würde.[880]

Für die Bewertung von Altersversorgungsverpflichtungen sowie deren Abzinsung und ähnlich langfristiger Verpflichtungen und für Rentenverpflichtung finden sich spezielle Regelungen gem. §§ 301 Abs. 1 S. 3, 253 Abs. 1 S. 3, Abs. 2 S. 2 bzw. S. 3 HGB.

Aufgrund der Sonderregelungen für Rückstellungen und latente Steuern in § 301 Abs. 1 S. 3 HGB ist anzunehmen, dass für andere Positionen ausnahmslos die Bewertung zum beizulegenden Zeitwert vorzunehmen ist. Dies erstaunt insbesondere für Verbindlichkeiten. Sie werden nach allgemeinen Vorschriften, konkret § 253 Abs. 1 S. 2 HGB, wie angesprochen, zu ihrem Erfüllungsbetrag angesetzt und mangels entsprechender Erwähnung in Abs. 2 der Vorschrift nicht abgezinst. Auch hier dürften in Folge den Unternehmen Anpassungen nicht erspart bleiben, wie es für Rückstellungen ohne die Ausnahme vom Zeitwert-Ansatz nötig geworden wäre. Denn ein „ künstlicher Bruttoansatz“[881] langfristiger Verbindlichkeiten wird kaum dem *fair value* ensprechen. International werden (langfristige) Verbindlichkeiten im Rahmen der Kaufpreisallokation jeden-

---

876 BilMoG-RegE, S. 52.

877 BilMoG-RegE, S. 52; Ernst/Seidler, BB 2007, 2557, 2558; Weigl/Weber/Costa, BB 2009, 1062, 1063.

878 BilMoG-RegE, S. 54;

879 § 253 Abs. 2 HGB in der Fassung des BilMoG-RefE.

880 BilMoG-RegE, S. 54.

881 Den Ausdruck für den weiterhin nicht abgezinsten Ansatz von Verbindlichkeiten gebrauchen Fülbier/Gassen, DB 2007, 2605, 2610. Grundsätzlich kritisch zur Abzinsung und insb. zur Ungleichbehandlung von Rückstellungen und Verbindlichkeiten Schulze-Osterloh, DStR 2008, 63, 70.

falls (noch) mit ihrem Barwert unter Berücksichtigung angemessener, derzeit gültiger Marktzinsen bewertet.[882]

2. Latente Steuern

Latente Steuern sind wiederum nach § 274 Abs. 2 HGB mit den unternehmensindividuellen Steuersätzen im Zeitpunkt des Abbaus der Differenzen zu bewerten und nicht abzuzinsen.[883] Eine Abzinsung kommt nach der BilMoG-Begründung aufgrund des Charakters der Positionen als Sonderposten eigener Art nicht in Betracht, obwohl passive latente Steuern Rückstellungselemente beinhalten können.[884]

C. Ergebnis der Verrechnung und dessen bilanzieller Ausweis

In den vorangehenden Abschnitten wurden einige ausgewählte Aspekte des Ansatzes der erworbenen Anteile bzw. der Vermögensgegenständenund Schulden erörtert sowie deren Bewertung nach verschiedenen Bewertungsansätzen und insbesondere zum beizulegenden Zeitwert gem. § 255 Abs. 4 HGB diskutiert. Damit wurde der Versuch unternommen, direkt im Zusammenhang mit der Erstkonsolidierung stehende und zumeist reformierte Regelungen zu erarbeiten und einige wesentliche Fragen des Ansatzes und der Bewertung der erworbenen Werte zu beantworten. Denn die gefundenen Anworten zeitigen erheblichen Einfluss auf das Ergebnis der Eliminierung des Wertansatzes der Beteiligung gem. § 301 Abs. 1 HGB und des entsprechenden Eigenkapitalanteils.

Bei diesem Ergebnis handelt es sich im Gegensatz zur Buchwertmethode im Fall eines aktivischen Betrags direkt um den Geschäfts- oder Firmenwert, da die Aufdeckung der stillen Reserven und Lasten bei der Neubewertungsmethode vor der Kapitalaufrechnung erfolgt; somit kann der Wert nur diesen Charakter aufweisen.[885]

Wie eingangs der Untersuchung bereits beschrieben, wird § 301 Abs. 3 S. 3 durch das BilMoG aufgehoben. Damit entfällt die Möglichkeit einer Saldierung

882 Vgl. IFRS 3.B16 (j); Lüdenbach in Haufe IFRS-Kommentar, § 31 Rn. 61 halten bis zu konkreten Vorgaben aus dem fair value measurement-Projekts die Anwendung der Vorgaben des IFRS 3 (2004) für zulässig.

883 Förschle/Deubert in Beck Bil-Komm, 7. Aufl., § 301 Rn. 96; Küting/Seel, Beihefter zu DStrR, 26, 2009, 37, 43; Wendholt/Wesemann, DB, Beilage 5 zu Heft 23, 2009, 64, 74.

884 BilMoG-RegE, S. 68. Kozikowski/Fischer in Beck Bil-Komm, § 274 Rn. 64.

885 ADS § 301 Rn. 128; Hachmeister in BHdR, C401 Rn. 33; Oser/Wirth, in: Küting/Pfitzer/Weber, Das neue deutsche Bilanzrecht, 2008, S. 429, 432.

von aktivischen und passivischen Unterschiedsbeträgen.[886] Goodwills und passive Unterschiedsbeträge sind fortan getrennt auszuweisen.[887]

Auch der Ausweis des passivischen Unterschiedsbetrags erfuhr durch das BilMoG eine Veränderung, da dieser nunmehr durchgängig gem. § 301 Abs. 3 S. 1 HGB unter dem Posten „Unterschiedsbetrag aus der Kapitalkonsolidierung" nach dem Eigenkapital erfolgt.[888] Bislang konnte sein Ausweis in Abhängigkeit vom bilanziellen Charakter erfolgen, da keine Stelle für die Einordnung in das Gliederungsschema des § 266 Abs. 3 HGB gesetzlich vorgeschrieben war;[889] ein einheitlicher Ausweis nach dem Eigenkapital wurde jedoch bereits nach alter Rechtslage und mit entsprechenden Anhangangaben für zulässig gehalten.[890]

Damit sind alle Geschäftswerte und passiven Unterschiedsbeträge ab dem Geschäftsjahr 2010 gleich zu behandeln.[891]

Dies gilt auch deshalb, weil zudem die bereits zur Rechtsnatur des Goodwill angesprochene, früher zulässige, erfolgsneutrale Verrechnung des aktiven Unterschiedbetrags mit den Rücklagen mit der Neufassung des § 309 Abs. 1 HGB entfallen ist. Dadurch konnte auf einen Goodwillausweis verzichtet werden und die volle Verrechnung war nur einmal im Konzernabschluss offen zu zeigen.[892] In den Folgejahren konnte so eine Ergebnisbelastung vermieden werden, was v. a. aufgrund der sich daraus ergebenden Einbußen beim Informationsnutzen Gegenstand von Kritik im Schrifttum war.[893] Zudem entfallen die bislang ebenfalls für zulässig erachteten, aber insbesondere kritisch gesehenen Varianten der Verrechnung; neben der vollen wurde nämlich auch eine ratierliche praktiziert bzw. eine, die teilweise erfolgswirksam und teilweise erfolgsneutral erfolgte.[894]

Nach einer Zusammenfassung der bislang erarbeiteten Ergebnisse soll im Folgenden nun geklärt werden, inwieweit diese Vorschriften, insbesondere vor dem Hintergund der Neuregelung durch das BilMoG, mit den Zwecken und Grundsätzen der HGB-Rechnungslegung vereinbar sind.

---

886 BilMoG-RegE, S. 81; Petersen/Zwirner, KoR, Beihefter 1 zu Heft 5 2009, 1, 30; Küting, DStR 2008, 1396, 1400.

887 BilMoG-RegE, S. 81. Küting, DStR 2008, 1396, 1400.

888 BilMoG-RegE, S. 81; Petersen/Zwirner, KoR, Beihefter 1 zu Heft 5 2009, 1, 30.

889 Küting/Seel, Beifter zu DStR, 26, 2009, 37, 51; ADS § 301, Rn. 129; Förschle/Deubert in Beck Bil-Komm, § 301 Rn. 163 ff.

890 ADS § 301, Rn. 128; Förschle/Deubert in Beck Bil-Komm, § 301 Rn. 163 ff.

891 Petersen/Zwirner, KoR, Beihefter 1 zu Heft 5, 2009, 1, 30. S. Art. 66 Abs. 3 HGB sowie die Ausführungen im § 1 B. II. 1.

892 MünchKommHGB/Busse von Colbe, § 309 Rn. 23.

893 Coenenberg, Jahreabschluss, 2005, S. 634; ADS § 309 Rn. 85; Förschle/Deubert in Beck Bil-Komm, § 309 Rn. 20.

894 S. zu dieser Praxis Küting, DStR 2008, 1396, 1399 und der Kritik an der Verrechnung Weber/Zündorf in Küting/Weber, HdK, § 309 Rn. 35 m. w. N.

D. Zwischenergebnis

Die grundlegenden Untersuchungsergebnisse des vorangehenden Kapitels können nun zusammenfassen dargestellt werden.

Nach den für inländische Kapital- oder bestimmte Personengesellschaften geltenden Regelungen des reformierten HGB ist von diesen Unternehmen bzw. deren gesetzlichen Vertretern ein Konzernabschluss aufzustellen, wenn sie einen beherrschenden Einfluss auf ein anderes Unternehmen ausüben können. Dem Konzernabschluss liegt regelmäßig ein Anteilserwerb, ein so genannter *share deal*, zugrunde, während ein *asset deal* als Singularzession ebenso wie Fusionen als Formen der Gesamtrechtsnachfolge im Einzelabschluss abgebildet werden. Bei letzteren ist eine Fortführung der Buchwerte der zu übernehmenden Positionen möglich, während bei einem *asset deal* eine Neubewertung der erworbenen Posten stattfindet und eine aktive Kaufpreisdifferenz als Geschäfts- oder Firmenwert angesetzt wird. Somit bestehen hier Parallelen zur Abbildung eines Unternehmenserwerbs im Konzernabschluss, die sich in der nachfolgenden Untersuchung zeigen wird.

Die Rechtsnatur des (Konzern-)Goodwill, bislang nach richtiger Auffassung als Bilanzierungshilfe zu qualifizieren, stellt nach dem BilMoG einen fiktiven Vermögensgegenstand dar. Obwohl der Gesetzgeber eine Beibehaltung des bislang geltenden Vermögensgegenstandsbegriff erklärt, kommt auch er an der Tatsache nicht vorbei, dass nunmehr „echte“ Vermögensgegenstände, daneben solche mit Ausschüttungssperre, zudem Sonderposten eigener Art und schließlich Einzel- und Konzernabschluss-Goodwills existieren, die Vermögensgegenstände via Fiktion darstellen. Insofern erscheint es sachgerecht, von mehreren Vermögensgegenstands-Kategorien auszugehen. Grundsätzlich verbleibt es jedoch bei dem einzigen, für den Vermögensgegenstand maßgeblichen Kriterium der Einzelverwertbarkeit, während die nicht selbständige Bewertbarkeit nach hier v. A. ein negatives Tatbestandsmerkmal im Rahmen der Abgrenzung nach § 248 Abs. 2 S. 2 HGB darstellt.

Der originäre Goodwill soll nach dem in den Gesetzesmotiven ausgedrückten Willen des Gesetzgebers weiterhin nicht ansatzfähig sein. Gleichwohl lässt sich allein aus der gesetzlichen Normierung nach dem BilMoG, konkret aus den Regelungen des §§ 246 Abs. 1 S. 4, 248 Abs. 2 HGB, nicht eindeutig ein Ansatzverbot ableiten. Vielmehr erscheint eine Ansatz als immaterieller, nicht erworbener Vermögensgegenstand nicht ausgeschlossen, so dass hier eine gesetzliche Klarstellung zu begrüssen wäre.

Der zu bilanzierende Konzernabschluss-Geschäftswert entsteht jedenfalls aus der Konsolidierung des Kapitals von Mutter- und Tochterunternehmen, die neben anderen Konsolidierungsmaßnahmen zur Eliminierung von Dopplungseffekten aus der Summenbilanz dient, um die Lage des Konzerns als die eines einzigen Unternehmens abzubilden (Einheitsgrundsatz). Entscheidende Verrechnungsnorm ist § 301 Abs. 1 HGB. Dabei hat sich der deutsche Gesetzgeber zur Anwendung der Erwerbsmethode entschlossen, die den Unternehmenskauf wie die Anschaffung einer Investition behandelt, so dass ein erworbenes Unternehmen zu seinen Anschaffungskosten in den Konzernabschluss eingeht. Allerdings werden tatsächlich dessen Vermögensgegenstände und sonstige Posten in den Konzernabschluss aufgenommen, als wären diese im Rahmen eines *asset deals* erworben worden (Einzelerwerbsfiktion). Die erwerbsmethoden-bedingte Aufnahme zu Anschaffungskosten erfordert deren Neubewertung, wobei der Goodwill davon ausgenommen ist. Daher wendet das HGB in der reformierten Gestaltung durch das BilMoG ausschließlich die sogenannte Neubewertungsmethode als Ausprägung der Erwerbsmethode an.

Die durchzuführende Verrechnung des Wertansatzes der Anteile des Tochterunternehmens mit dem anteiligen, neubewerteten Eigenkapital bedarf der Bilanzierung dieser Verrechnungsposten. Zeitpunkt der Bewertung stellt dafür nunmehr ausschließlich derjenige dar, zu dem das erworbene Unternehmen Tochterunternehmen geworden ist, wobei unter bestimmten Umständen Erleichterungen vorgesehen sind, § 301 Abs. 2 HGB, und überdies Anpassungen der vorgenommenen Bewert-ungen innerhalb eines „Ein-Jahres-Fensters“ vorgenommen werden können.

Die Anschaffungskosten der Anteile bestimmen nach allgemeinen Vorschriften schließlich deren Wertansatz, für die die geleisteten Aufwendungen maßgeblich sind. Wurde ein „Tauschvorgang“ vollzogen, können wie bisher verschiedene Wertmaßstäbe, u. a. der Zeitwert, gewählt werden.

Das anteilige Eigenkapital im Sinne einer bilanzrechtlichen Kategorie wird über die erworbenen, neubewerteten Positionen des Tochterunternehmens ermittelt. Die Bilanzrechtsmodernisierung bringt gegebenfalls eine gesteigerte Bedeutung immaterieller Vermögensgegenstände auch im Konzernabschluss mit sich. Änderungen egeben sich überdies für den Ansatz von Aufwands- und Restrukturierungsrückstellungen, wobei erstere nicht und letztere nur bei Vorliegen einer Außenverpflichtung berücksichtigt werden können sowie für die Bilanzierung latenter Steuern. Als Sonderposten eigener Art und mit an internationale Regelungen angepasster Konzeption nimmt ihr Ansatz ebenfalls zu.

Die Bewertung der erworbenen Positionen erfolgt zum beizulegenden Zeitwert gem. § 301 Abs. 1 S. 2 i. V. m. § 255 Abs. 4 HGB, der als allgemeiner Bewertungsmaßstab Einzug in das HGB hält und einem Marktpreis entspricht. Der Marktpreis erfordert wiederum – in einer Interpretation des Gesetzes und dessen Erläuterungen – öffentlich notierte Preise und eine angemessene Umschlagsmenge und –häufigkeit für ausreichende Aktualität, wobei die Güter homogen und die Vetragspartner unabhängig voneinander sein müssen. Für den Anwender ergeben sich dabei Herausforderungen bei der Anwendung neuer Rechtsbegriffe sowie bei der Ausübung von Ermessens- und Beurteilungsspielräumen. Letzteres gilt jedoch besonders, wenn mangels Marktpreisen „allgemein anerkannte Bewertungsmethoden" zum Einsatz kommen, die nach der BilMoG-Begründung auch Vergleichspreise aus jüngeren Geschäftsvorfällen umfassen. Damit ergibt sich ein zweistufiger *fair value*-Bewertungsmaßstab. Generell hat sich im Schrifttum eine überwiegende Mehrheit gefunden, die den *fair value* als Bewertungskonzept für das HGB aus diversen, zutreffenden Gründen ablehnt, z. B. aufgrund der Tatsache, dass er einen uneinheitlichen Wertbegriff umfasst, die Bilanz entobjektiviert und prozyklisch wirkt, während sein erhöhter Informationsnutzen nicht oder nur teilweise bestätigt wird.

Eine verlässliche Bewertung ist nach der Gesetzesbegründung aufgrund des Vorsichtsgrundsatzes geboten. Die Rechtsfolgen mangelnder Verklässlichkeit sind indes ungeklärt. Die Bezugnahme auf den *fair value* des § 255 Abs. 4 HGB in § 301 Abs. 1 S. 2 HGB kann jedenfalls nicht die Sätze 3 und 4 der erstgenannten Vorschrift inklusive deren Verweis auf § 253 HGB miteinschließen. Denn diese Regelungen umfassen einen anderen, speziellen Tatbestand, nicht hingegen den der Bewertung von Posten im Rahmen der Kaufpreisverteilung, die nicht verlässlich zum Zeitwert zu bewerten sind. Vorzugswürdig wäre nach hier v. A. ein Ansatz zu fortgeführten Anschaffungs- bzw. Herstellungskosten nach allgemeinen Bewertungsvorschriften, wobei eine explizite Regelung dieser Rechtsfolge nötig würde. Bei der Bewertung nach den §§ 252 ff. HGB könnte es für das Umlaufvermögen zur Anwendung des Niederstwertprinzips des § 253 Abs. 4 HGB und folglich zur Anwendung des Wertmaßstabs des *beizulegenden Werts* kommen. Dies ist der Wertmaßstab, der vor der Bilanzrechtsmodernisierung für alle erworbenen Positionen anzulegen war.

Ausnahmen vom beizulegenden Zeitwert werden für Rückstellungen und latente Steuern getroffen.

Der Ausweis des Goodwill erfolgt nunmehr unsaldiert neben negativen Unterschiedsbeträgen, die nunmehr ihren festen Platz in der Bilanzgliederung nach dem Eigenkapital einnehmen.

§ 5 Wirkungsweise der HGB-Goodwill-Regelungen in Bezug auf Bilanzzwecke und Rechnungslegungsgrundsätze

Nachdem im vorangehenden Kapitel die wesentlichen Regelungen zum Geschäfts- oder Firmenwert im Rahmen der Erstkonsolidierung, insbesondere § 301 Abs. 1 bis 3 HGB und § 255 Abs. 4 HGB dargestellt und diskutiert wurden, kann nunmehr der Zusammenhang der Regelungen mit den Konzernabschlusszwecken und –grundsätzen beleuchtet werden.

Eingangs des Kapitels zu Funktionen und Grundsätzen der HGB-Konzernrechnungslegung wurde bereits ausgeführt, dass wechselseitige Abhängigkeiten bzw. Einflussnahmen zwischen Vorschriften, Grundsätzen ordnungsgemäßer (Konzern-)Rechnungslegung und (Konzern-)Rechnungslegungszwecken bestehen. Diese mögen im Nachfolgenden nun hauptsächlich insoweit untersucht werden, als sie gewissermaßen in eine Richtung wirken: Insofern ist als elementare Fragestellung für das nun folgende Kapitel der Untersuchung zu formulieren, inwieweit die erarbeiteten, für den Geschäftswert relevanten Vorschriften mit den zuvor erörterten Zwecken und Grundsätzen des Konzernabschlusses in Einklang stehen, sie also in ihrer konkreten Ausgestaltung die Aufgaben und Prinzipien der Konzernrechnungslegung einhalten bzw. befördern, beeinträchtigen oder etwa uneinheitliche Wirkungen entfalten.

Dabei ist zu bemerken, dass die Anforderung, ein den tatsächlichen Verhältnissen des Konzerns entsprechendes Bild hinsichtlich der Vermögens-, Finanz- und Ertragslage bereit zu stellen, mit dem Informationszweck in der Weise korreliert, dass dessen Förderung bzw. Beeinträchtigung zwangsläufig eine positve bzw. negative Auswirkung auf den *true and fair view* zukommt. Insofern können die Wirkungen der untersuchten Regelung auf den Informationszweck und auf das getreue Bild gleichzeitig erfasst werden. Ebenso erscheint es sachgerecht, die Grundsätze der Richtigkeit, Willkürfreiheit, Objektivierung und Verlässlichkeit teilweise zusammenzufassen, da ihre Zielrichtung einheitlich ist.

Der Aufbau dieses Kapitels folgt grundsätzlich dem des vorangegangenen, benennt dabei aber in jedem Abschnitt eine Thema, dem eine (Neu-)Regelung des HGB zugrunde liegt und das sich auf bestimmte Zwecke bzw. Prinzipien des Konzernbilanzrechts auswirkt oder das wiederum in verschiedene Themenbereiche zu untergliedern ist, die ihrerseits Wirkungen auf die Grundlagen der Konzernrechnungslegung entfalten.

A. Abschaffung der Buchwertmethode

Eine der bedeutendsten Neuerungen für den Konzernabschluss durch das BilMoG ist wohl in der Abschaffung der Buchwertmethode als der bislang am Häufigsten angewandten Ausprägung der Erwerbsmethode zu sehen.[895] Als Grund für die Abschaffung der Buchwertmethode wird neben der Annäherung an die internationalen Vorschriften eine bessere Vergleichbarkeit des handelsrechtlichen Konzernabschlusses genannt.[896]

---

895 S. hierzu bereits die Ausführungen und Nachweise in § 4 B. II.1.

896 BilMoG-RegE, S. 80.

Es gilt daher zu untersuchen, ob der Grundsatz der Vergleichbarkeit durch die Neufassung von § 301 Abs. 1 HGB und die damit erfolgte Methodenabschaffung eine Stärkung erfahren hat. Außerdem erscheint im Kontext der Buchwertabschaffung von besonderem Interesse, ob diese gesetzgeberische Maßnahme dem Ziel des BilMoG insofern gerecht wird, als dadurch eine kostengünstigere, einfachere Kapitalkonsolidierung ermöglicht, mithin der Grundsatz der Wirtschaftlichkeit gestärkt wird.[897]

I. Grundsatz der Vergleichbarkeit

Der Grundsatz der Vergleichbarkeit dient nach den Ausführungen im Ersten Teil der Untersuchung[898]der Möglichkeit eines Vergleichs des Unternehmens über die Zeit hinweg als auch verschiedener Unternehmen untereinander. Daher waren auch bislang (Kapital-)Konsolidierungsmethoden grundsätzlich beizubehalten, also stetig anzuwenden und zwar sowohl über die Zeit hinweg, als auch nach der zutreffenden h. M. hinsichtlich gleichartiger Sachverhalte. Die Auslegung der Gleichartigkeit konnte freilich dazu führen, dass bereits Tochterunternehmen, an denen eine Mehrheitsbeteiligung gehalten wird, nach einer anderen Methode als ein Tochterunternehmen konsolidiert werden konnte, das zu 100% im Eigentum des Mutterunternehmens steht.[899]

Dieses Wahlrecht der Konsolidierung des Kapitals besteht nun nicht mehr, da zwingend die Neubewertungsmethode anzuwenden ist. Damit findet theoretisch eine gleichmäßige Konsolidierung aller Unternehmenserwerbe statt, so dass auch allgemein von einer besseren Vergleichbarkeit zwischen den Unternehmen ausgegangen wird.[900]

Fraglich bleibt indes, ob damit eine Erhöhung der Vergleichbarkeit in der Praxis tatsächlich bewirkt ist. Zweifellos war bislang, wie auch vorstehend ausgeführt wurde, eine erhebliche Beeinflussung der Vermögensstruktur und Eigenkapitalquote durch Wahl der einen oder anderen Methode möglich. Damit war ein erheblicher Gestaltungsspielraum durch die Methodenwahl an die deutschen Konzerne gegeben[901] und Raum für Bilanzpolitik im Sinne einer zweck-

897 S. zu den grundlegenden Reformzielen des BilMoG in gebotener Kürze bereits § 1 B. 1 a).

898 S. Erster Teil, § 3 A. II.4. e).

899 Küting, DStR 2009, 1491, 1497; Förschle/Lust in Beck Bil-Komm, § 297 Rn. 201.

900 BilMoG-RegE, S. 80; Busse von Colbe/Schurbohm-Ebneth, BB 2008, 98; DRSC, Stellungnahme zum Referentenentwurf, S. 22; Meyer, DStR 2007, S. 2227, 2230; Stibi/Fuchs, KoR 2008, 97, 102.

901 Vgl. Storck, Bilanzpolitische Handlungspielräume, 2004, S. 304; Weber, Kapitalkonsolidierung, 1991, S. 154.

abhängigen Beeinflussung der veröffentlichten Unternehmensdaten eröffnet.[902] Wie bereits ausgeführt, wurde allerdings die Buchwertmethode von den nach HGB rechnungslegenden Konzernen fast ausschließlich angewendet. Damit wurde der Raum für Bilanzpolitik hier nicht genutzt. Vielmehr stand den Bilanzadressaten ohnehin ein Vergleich in der Breite durch eine fast einheitliche Anwendung der Buchwertmethode durch die nach HGB konsolidierenden Konzerne offen. Insofern stellt die Neuregelung des § 301 Abs. 1 HGB zwar eine Stärkung des Grundsatzes der Vergleichbarkeit dar und Gestaltungsspielräume wurden beseitigt, jedoch betrifft dies mehr die Kodifikation als die Praxis der Rechnungslegung.

II. Grundsatz der Wirtschaftlichkeit

Der Grundsatz der Wirtschaftlichkeit als Ausdruck eines ausgewogenen Verhältnisses von Kosten und Nutzen der Informationsrechnung[903] wird ebenfalls durch die Abschaffung der Buchwertmethode berührt.

Im Hinblick auf das ausgewogene Verhältnis ist anzumerken, dass sich bei Erhöhung des einen Parameters notwendig auch der andere erhöhen muss.[904] Dies gilt vice versa für eine Verminderung. Eine quantitative Messung des Informationsnutzens ist dabei freilich nicht möglich.[905]

Durch die Abschaffung der Buchwertmethode und der damit einhergehenden Aufhebungen der S. 3 und 4 des § 301 Abs. 1 HGB sowie des § 307 Abs. 1 S. 2 HGB wird von der Bundesregierung eine Vereinfachung der Kapitalkonsolidierung gesehen.[906] Die Änderung des Wahlrechts hinsichtlich Buchwert- und Neubewertungsmethode zeitigten keine messbaren Kostenerhöhungen.[907]

Nun wird demgegenüber im Schrifttum konstatiert, dass die Konsolidierung durch das BilMoG erheblich „aufwendiger und schwieriger“[908] werde. Diese Kostensteigerung wird freilich nicht allein in der Abschaffung des Wahlrechts gesehen, sondern mit den damit einhergehenden weiteren Änderungen, wie z. B. Zeitwertbewertung, Goodwill-Ausweis, zwingende Fortschreibung des Good-

902 Zur Bilanzpolitik Küting, in: Küting (Hrsg.), Saarbrücker Handbuch der Betriebswirtschaftlichen Beratung, 2004, S. 594, sowie Storck, Bilanzpolitische Handlungsspielräume, 2004, S. 66 f., m. w. N.

903 Vgl. hierzu vorangehend § 3 II. 3.

904 S. hierzu bereits die Ausführungen in § 3 II. 3.

905 Ähnlich Jessen/Haaker, DStR 2009, 499, 501.

906 BilMoG-RegE, S. 37; diese Auffassung zitiert und teilt damit offenbar Meyer, DStR 2007, 2227, 2230.

907 S. dazu BilMoG-RegE, S. 44, 80.

908 Küting, DStR 2008, 1396, 1401.

will etc. begründet.[909] Denn es sei eine andere Praxis der Konsolidierung mit einer vorausgehenden Nebenbuchhaltung erforderlich, in der eine umfassende Neubewertung zum beizulegenden Zeitwert erfolge sowie infolge dessen fast zwingend eine Handelsbilanz III.[910] Eine Erstellung dieser zusätzlichen Rechnung war bisher nach einer hier gefolgten Auffassung zu befürworten, für die Unternehmen jedoch fakultativ.[911] Nach a. A. wird hingegen im Allgemeinen durch die Novellierung des HGB das Ziel der Kostenersparnis erreicht.[912]

Eine Saldierung der Kostenerhöhung bzw. –verminderung der durch das BilMoG eingeführten Regelungen und damit eine Gesamtbeurteilung erscheint indessen nicht möglich, denn diese stellt sich letzenendes unternehmensspezifisch dar. Die Argumente bzw. Ausführungen zu nunmehr im Zuge der Neubewertungsmethode notwendigen Maßnahmen wirken jedoch überzeugend, so dass eine Kostensteigerung durch die *fair value*-basierte Kapitalkonsolidierung nach der Neubewertungsmethode anzunehmen ist.

Zu einer Belastung mit dem Aufwand für die Umstellung der Konsolidierungstechnik kommt es durch das BilMoG ebenfalls und es wird in diesem Zusammenhang bezweifelt, dass die daraus hevorgehende Vereinheitlichung der HGB-Konzenbilanzierung eine entsprechend befördernde Wirkung auf die Qualität der Informationen hat, die die damit einhergehenden Kosten aufwiegen könnte.[913]

B. Neubewertungsmethode

Der nun also zwingend anzuwendenden Neubewertungsmethode werden einige Vorteile nachgesagt, die sich zum Teil spiegelbildlich mit denjenigen decken, die zur Abschaffung der Buchwertmethode diskutiert wurden: So ist die Bundesregierung davon überzeugt, dass sich durch die Beschränkung des Wahlrechts auf die Neubewertungsmethode die bereits erörterte höhere Vergleichbarkeit

---

909 Vgl. hierzu statt vieler nur Küting, DStR 2008, 1396, 1401. Dawo, in Küting/Pfitzer/Weber (Hrsg.), Herausforderungen und Chancen durch weltweite Rechnungslegungsstandards, 2004, S. 43, 77 sieht ebenfalls eine Kostenerhöhung durch den fair value.

910 Küting, DStR 2008, 1396, 1401; Küting, BB 2007, Heft 48, S. 1. Ebenfalls von einer komplexeren Kapitalkonsolidierung geht aus Stibi, KoR 2008, 517, 522. Stibi/Fuchs, KoR 2008, 97, 102 gehen ebenfalls von einer leichteren Konsolidierung entsprechend der Buchwertmethode aus, halten die Einführung der Neubewertungsmethode jedoch für gerechtfertigt.

911 S. hierzu bereits § 4 B. III.

912 Lorson, in: Küting/Pfitzer/Weber (Hrsg.), Das neue deutsche Bilanzrecht, 2008, S. 31.

913 Petersen/Zwirner, KoR 2008, Beilage 1 zu Heft 2, 5, 31. Petersen/Zwirner, KoR 2009, Beihefter 1 zu Heft 5, 1, 45.

und die Vereinfachung der Kapitalkonsolidierung einstellen. Zudem wird von einer Erhöhung der Informationsfunktion durch die Neubewertungsmethode ausgegangen,[914] während eine durch sie verstärkte Ausrichtung auf die Einheitstheorie ebenfalls zur Diskussion gestellt werden muss – wird ihr doch nachgesagt, dieser Konzernbilanztheorie mehr zu entsprechen als die Buchwertmethode.[915] Der Grundsatz der Pagatorik erscheint ebenfalls durch die Neuerung des § 301 HGB beeinflusst.[916]

I. Informationsfunktion und *true and fair view*

Zunächst kann allerdings festgehalten werden, dass die Kapitalkonsolidierung als „Eliminierungsinstrument" hinsichtlich der Kapitalverflechtungen – nunmehr also ausschließlich nach der Neubewertungsmethode - dem Kompensationszweck des Konzernabschlusses als der Informationsfunktion vorgelagertem Zweck Rechnung trägt.[917]

Der entscheidende Vorteil der Neubewertungsmethode gegenüber der Buchwertmethode liegt nach der Begründung des Regierungsentwurfs in der Einbeziehung der stillen Reserven und Lasten, die auf die Minderheitsgesellschafter entfallen, insbesondere auch nach § 307 HGB: Damit würden nach erstere Methode nicht nur den Gesellschaftern des Mutterunternehmens, sondern auch denen der Tochterunternehmen relevante Informationen über ihr Nettovermögen vermittelt; infolge dessenwerde der Konzernabschluss seiner Informationsfunktion besser gerecht.[918]

Dieser Auffassung schließt sich die einhellige Meinung im Schrifttum an[919] bzw. die Autoren machen sich die Ausführungen in den BilMoG-Begründungen zu eigen.[920]Bereits vor dem BilMoG wurde diese Auffassung im Schrifttum vertreten und u. a. deshalb die verpflichtende Anwendung der Neubewertungsmethode gefordert.[921]

---

914 BilMoG-RegE, S. 37.

915 S. hierzu sogleich § 5 B. II.

916 Sogleich unter § 5 B. III. nachzulesen.

917 S. hierzu schon die Ausführungen und Nachweise bei Baetge/Kirsch/Thiele, Konzernabschluss, 2009, S. 46 ff.

918 BilMoG-RegE, S. 80. Ebenfalls die Informationsfunktion verbessert sehen Ernst/Seidler, BB 2007, 2557, 2561.

919 Bieg u.a., Bilanzrechtsmodernisierungsgesetz, 2009, S. 191; Ernst/Seidler, BB 2007, 2557, 2561; Lorson, in: Küting/Pfitzer/Wirth, Das neue deutsche Bilanzrecht, 2008, 28 f; Oser/Reichart/Wirth, in: Küting/Pfitzer/Wirth (Hrsg.), Das neue deutsche Bilanzrecht, 2008, 409, 412 f.; Stibi/Fuchs, KoR 2008, S. 97, 102.

920 Meyer, DStR 2007, 2227, 2230; Petersen/Zwirner, StuB 2007, 921, 925.

921 S. bspw. Storck, Bilanzpolitischen Handlungsspielräume, 2004, S. 397 f.; Kühn, Ausgestaltungsformen der Erwerbsmethode, 2004, S. 66 f.

Dem ist letztlich zuzustimmen. Zum Zweck der Informationsbereitstellung des Konzernabschlusses wurde im Rahmen dieser Untersuchung bereits ausgeführt, dass es sich dabei zwar um eine im Gesetz nicht über die „Informationsobjekte“ hinausgehend konkretisierte Funktion handelt.[922] Dennoch ist sie in dieser Ausgestaltung für einen unumstritten weiten Adressatenkreis aus § 297 Abs. 2 S. 1 HGB zu entnehmen. Werden auch die stillen Reserven und Lasten der Minderheitsgesellschafter aufgedeckt, wird grundsätzlich über real vorhandene, Konzern-gesteuerte Werte bzw. Verpflichtungen informiert, was mindestens dem Interesse der Minderheitsgesellschafter entsprechen wird.[923] Jedoch auch die Konzernleitung dürfte - eingedenk einer der Informationsfunktion inhärenten mittelbaren Ausschüttungsbemessungsfunktion - von einer solchen Darstellung profitieren, kann sie doch die Gewinnverwendung mit Blick auf die Konzernlage bestimmen bzw. vorschlagen:[924] Die Abschätzung zukünftiger Ergebnisbelastungen auch durch die (neubewerteten) Minderheitsanteile ermöglicht das entsprechend vollständige Bild.

Es muss zwar eingeräumt werden, dass die Tageswertrücklagen und –lasten der Minderheiten nicht dem Mutterunternehmen gehören - dies trifft aber bereits schon auf die Minderheitsanteile zu Buchwerten zu.[925] Entscheidet sich der Gesetzgeber für die Vollkonsolidierung und damit gegen eine Darstellung, die nur ausschließlich dem Mutterunternehmen eigene Positionen zeigt, so ist vom Informationsgedanken her betrachtet die Darstellung der Anteile der Minderheitsgesellschafter zum gleichen Wertmaßstab wie die der Mehrheitsgesellschafter konsequent. Dabei ist im Übrigen zu beachten, dass beide Methoden zunächst eine vollständige Neubewertung der erworbenen Positionen –nunmehr zum *fair value* -erfordern.[926] Wird alsdann nach der Buchwertmethode nur soviel der neubewerteten Werte bilanziert, wie dem erworbenen Anteil entspricht, macht dies indessen die Bewertung nicht verlässlicher. Es wird lediglich auf den Ausweis eines Teils der *fair values* verzichtet. Ein Verzicht auf den Ausweis der neu bewerteten Minderheitenanteile lässt sich insbesondere dann jedoch vor dem

922 S. § 3 A. 2. a).

923 Ähnlich Förschle/Deubert in Beck Bil-Komm, § 301 Rn. 127. Im Übrigen ist nicht ersichtlich, wieso die Mehrheitsgesellschafter daran kein Interesse haben sollten, interessiert doch wohl die Lage des gesamten Konzerns, wobei die Konzernunternehmen ihrerseits rechtliche und wirtschaftliche Einheiten darstellen und nicht nur Anteilspakte.

924 S. hierzu §§ 58, 174 AktG.

925 Ähnlich Pawelzik, Wpg 2004, 677, 682, der bereits mit der Vollkonsolidierung eine Abkehr vom Grundsatz der Pagatorik annimmt.

926 S. hierzu § 4 B. II.

Hintergrund der Informationsbereitstellung nicht begründen, wenn kein Gewinn an bilanzieller Richtigkeit bzw. Verlässlichkeit damit verknüpft ist.

II. Einheitstheorie

Damit in Zusammenhang steht auch der Diskurs über die einheitstheoretische Ausrichtung des nationalen Bilanzrechts. Wie sich zum Grundsatz der rechtlichen Einheit bzw. zur Einheitstheorie in der vorliegenden Untersuchung gezeigt hat, ist ersterer in § 297 Abs. 3 S. 1 HGB kodifiziert, während gleichzeitig in der Vorschrift die Einheitstheorie als Konzernabschlusskonzeption enthalten ist.[927]

Die Buchwertmethode wurde als interessentheoretische Einschlag ins HGB angesehen.[928] Zwar stellt sie eine Methode der Vollkonsolidierung dar, während die reine Interessentheorie nur eine quotale Aufnahmen der Posten des Tochterunternehmens und damit eine vollständige Vernachlässigung der Minderheitsanteile erfordert.[929] Dennoch wurde die Vernachlässigung der stillen Reserven und Lasten der Minderheitsanteile, die im Rahmen der Buchwertmethode stattfindet, als eine abgemilderte Interessentheorie aufgefasst.[930] Folglich wird in der nunmehr allein zulässigen Neubewertungsmethode eine „deutliche Hinwendung zur Einheitstheorie(…)“[931] gesehen.

Dem kann auf der theoretisch-konzeptionellen Ebene im Ergebnis zugestimmt werden. Werden durch die Einheitstheorie Minderheitsgesellschafter aufgrund ihrer mangelnden Kontrolle vernachlässigt und das erwerbende Unternehmen als „Beherrscher“ über alle Vermögensgegenstände und Schulden betrachtet, sind grundsätzlich alle erworbenen Positionen in den Konzernabschluss aufzunehmen. Somit ergibt sich aus der Einheitstheorie das Prinzip der Vollkonsolidierung.[932]

---

927 § 3 A. II. 2.

928 S. Storck, Bilanzpolitischen Handlungsspielräume, 2004, S. 304, die die Buchwertmethode als dem Konzept der Interessentheorie entsprechend beschreibt oder auch die Abbildung bei Pellens/Fülbier/Gassen/Sellhorn, Internationale Rechnungslegung, 2008, S. 697 Abb. 23.5: Bilanztheoretische Einordnung der von Konsolidierungsmethoden.

929 S. hierzu bereits § 3 A.II 2. b).

930 Ähnlich Busse von Colbe/Ordelheide/Gebhart/Pellens, Konzernabschlüsse, 2006, S. 211, die die Interessenzusammenführungsmethode im Rahmen der Buchwertmethode auf die Minderheitenanteile angewendet sehen.

931 Stibi/Klaholz, BB 2009, 2582 sowie Stibi/Fuchs, KoR 2008, S. 97, 102. Busse von Colbe/MünchKommHGB, 3 301 Rn. 9, Förschle/Deubert in Beck Bil-Komm, § 301 Rn. 127 beurteilen die Neubewertungsmethode als mehr der Einheitstheorie entsprechend.

932 S. hierzu bereits die Ausführungen zur Einheitstheorie im HGB, § 3 A. II 2.b).

Fraglich erscheint dann, ob die einheitstheoretische Betrachtung eine Neubewertung aller erworbenenen Positionen zum beizulegenden Zeitwert erfordert. Mit anderen Worten ist fraglich, ob zwingend mit einer einheitstheorethischen Perspektive die Erwerbsmethode verbunden ist und damit die für sie charakteristische Bewertung der erworbenen Positionen zu Anschaffungskosten einhergeht. Denn wenn nur die gleichmäßige, vollständige Aufnahme sämtlicher Posten in die Konzernbilanz im Vordergrund steht, könnte der anzuwendende Bewertungsmaßstab eine von der Konzerntheorie zu differenziernde Frage darstellen.[933] Unter den Aspekten von einheitstheoretisch motivierter Vollkonsolidierung erscheint sowohl eine Interessenzusammenführung mit Buchwertfortführung der erworbenen Posten, wie sie § 302 HGB a. F. vorsah, vereinbar, die dann überhaupt keine Zeitwerte bilanziert, die erworbenen Posten jedoch vollständig erfasst. Gleichermaßen vereinbar erscheint die *fresh start method* mit vollständiger Erfassung und Neubewertung sämtlicher Posten von Erwerber und Tochterunternehmen.[934]

Wurde allerdings von einem Rechnungslegungssystem die Entscheidung für die Erwerbsmethode getroffen und soll zugleich die Einheitstheorie umgesetzt werden, erfordert die Erwerbsmethode dic Bewertung der erworbene Posten zu (Konzern-)Anschaffungskosten im Stile der Bewertung einer Investition, also die vollständige Aufdeckung der stillen Reserven und stillen Lasten in den erworbenen Positionen.[935] Die Einheitstheorie erfordert wiederum in diesem Zusammenspiel eine vollständige Aufnahme der neubewerteten Positionen, da diese vollständig durch den Erwerber beherrscht werden und damit auch der Anteil der Positionen, der dem zumeist über den Buchwert hinausgehenden Zeitwert der Anteile der Minderheitsgesellschafter entspricht.

Insofern befördert die Neubewertungsmethode letztlich die durch den Gesetzgeber mit der Erwerbsmethode verbundene Einheitstheorie.

933 Ähnlich, aber mit anderem Ergebnis Haaker, KoR 2006, 451, 453 f., der die einzelnen Konsoldierungsmethoden nicht zwingend den Konzerntheorien zugeordnet sieht. Keinen direkten Zusammenhang zwischen Einheitstheorie und full goodwill-method sieht Pawelzik, Wpg 2004, 677, 678.

934 S. zu fresh start method bspw. Busse von Colbe/Ordelheide/Gebhardt/Pellens, Konzernabschlüsse, 2006, S. 198 ff., Pellens/Fülbier/Gassen/Sellhorn, Internationale Rechnungslegung, 2008, S. 704; Pellens/Sellhorn, BB 1999, 2125-2132; Krawitz/Klotzbach, Wpg 2000, 1164-1180.

935 S. zu den Charakteristika der Erwerbsmethode bereits § 4 B. I. 3.

Die Bestimmung des § 307 Abs. 1 HGB, die Minderheitenanteile unter einer entsprechenden Bezeichnung gesondert, aber im Eigenkapital auszuweisen, wird ebenfalls als einheitstheoretischer „Einschlag“ gewertet.[936]

Allerdings geht die Hinwendung zur Einheitstheorie nicht soweit, Minderheitsanteile in vollkommener Übereinstimmung zu Mehrheitsanteilen darzustellen, was aber die Konsequenz einer reinen Einheitstheorie – in Verbindung mit der Erwerbsmethode -darstellt.[937] Dazu müsste ihnen auch ein Geschäfts- oder Firmenwert zugeordnet werden; dies ist indes auch im modernisierten HGB nicht der Fall.[938] Denn es verbleibt, wie bereits ausgeführt wurde, durch die Neuregelung des § 301 HGB die Neubewertungsmethode als alleinige Konsolidierungsmethode und nach einhelliger Meinung ist deren grundlegendes Verständnis unverändert.[939]

III. Grundsatz der Pagatorik

Der Grundsatz der Pagatorik ist durch die ausschließlich anzuwendende Neubewertungsmethode ebenfalls berührt. Allerdings wird im Schrifttum bemerkt, dass bereits die Buchwertmethode als Methode der Vollkonsolidierung zum Teil auf einer Verletzung des Grundsatzes beruhe: Die Abwendung von den durch den Erwerber tatsächlich entrichteten Anschaffungskosten vollziehe sich bereits mit der Vollkonsolidierung.[940] Denn die Anteile der Minderheiten an den erworbenen Positionen des Tochterunternehmens werden in die Konzernbilanz aufgenommen, ohne dass sie durch den Erwerber erworben und bezahlt worden wären.

Erfahren die erworbenen Positionen nun allerdings im Rahmen der Neubewertungsmethode eine Aufdeckung der Tageswertrücklagen und -lasten zu 100%, liegen den Zeitwert-Anteilen der Minderheiten erst recht keine bezahlten

---

936 MünchKommHGB/Busse von Colbe, § 307 Rn. 1; Hendler, Abbildung des Erwerbs, 2002, S. 53 ff; Hendler/Zülch, Wpg 2005, 1155 ff.

937 Vgl. hierzu bspw. die Darstellung der full goodwill method bei Pellens/Fülbier/Gassen/Sellhorn, Internationale Rechnungslegung, 2008, S. 700 ff und Weber/Zündorf in Küting/Weber, HdK, § 307 Rn. 2, 9.

938 Explizit dies ablehend Stibi/Fuchs, KoR 2008, S. 97, 102.

939 Vgl. hierzu bereits § 3 A. II b) sowie die entsprechenden Ausführungen im BilMoG-RegE, S. 80 und die ebenso zu verstehenden Darstellungen der Änderungen bei Busse von Colbe/Schurbohm-Ebnet, DStR 2008, 98; Küting, DStR 2008, 1396, 1398; Ernst/Seidler, BB 2007, 2557, 2558; DRSC, Stellungnahme zum Referentenentwurf des BilMoG, S. 22.

940 So auch Pawelzik, Wpg 2004, 677, 682.

Anschaffungsvorgänge zugrunde. Somit wird im Schrifttum zu Recht eine durchaus noch weitergehende Abkehr vom pagatorischen Prinzip konstatiert.[941]

C. Wertansatz der Anteile

Die Regelung des Wertansatzes der Anteile nach § 301 Abs. 1 S. 1 HGB ist vor allem in zweifacher Hinsicht vor dem Hintergrund von Konzernrechnungslegungszwecken und –grundsätzen interessant: Einmal ist die Regelung eng mit dem Bewertungszeitpunkt verknüpft, der sich gem. § 301 Abs. 2 HGB ergibt. Zum anderen bietet sich an, die Anschaffungskostenregelung im Hinblick auf einen Tauschvorgang auf ihre Wirkungsweise in Bezug auf die HGB-Prinzipien hin zu untersuchen. Innerhalb der beiden Themenkomplexe erscheinen wiederum einige Zwecke und Grundsätze der Konzernrechnungslegung besonders durch die reformierte Regelungen zum Bewertungszeitpunkt bzw. die weiterhin nicht geregelte Bewertung von Tauschvorgängen beeinflusst.

I. Bewertungszeitpunkt

Der Wertansatz der Anteile hat ebenso wie das Nettovermögen regelmäßig auf den Zeitpunkt hin bewertet zu werden, zu dem das Unternehmen Tochterunternehmen geworden ist, § 301 Abs. 2 S. 1 HGB. Nach § 302 Abs. 2 S. 3 und 4 HGB dürfen aber vorläufige Werte bei Bewertungsunsicherheiten verwendet werden und Ausnahmeregelungen zum Bewertungszeitpunkt existieren für bestimmte Fälle.[942]

1. Informationsfunktion, true and fair view und Vergleichbarkeit

Zunächst einmal wurde durch die Neuregelung des Bewertungszeitpunkts zur Verrechnung nach § 301 HGB die bisherige Wahlmöglichkeit zwischen letztendes drei Zeitpunkten nach § 301 Abs. 2 HGB a. F. abgeschafft. Die Wahl des Zeitpunkts konnte Einfluss auf die Höhe der aufzudeckenden stillen Reserven und Lasten, auf den Geschäfts- oder Firmenwerts und auf den Konzernjahreserfolg nehmen.[943]

---

941 Dieser Auffassung sind Pellens/Basche/Sellhorn, KoR 2003, 1, 3 mit Rekurs auf Havermann, FS Goerdeler, 1987, S. 191, die im Gegensatz zu einer full goodwill method diese Verletzung der Pagatorik jedoch als gerechtfertigt betrachten. A.A. Pawelzik, Wpg 2004, 677, 682, da eine Kollision mit dem Grundsatz der Pagatorik aufgrund des Sacheinlagecharakters von Fremdanteilen auch bei der full goodwill method nicht stattfinde.

942 S. hierzu bereits die Ausführungen in § 4 B. IV. 2. a).

943 S. hierzu die Ausführungen bei Küting/Weber, Der Konzernabschluss, 2005, S. 278 ff. ADS § 301 Rn. 119 sprechen von beeinträchtigungen der Aussagekraft des Abschlusses bei Inanspruchnahme der Erleichterungen des § 301 Abs. 2 HGB a. F.

Damit war den Konzernen erhebliches bilanzpolitisches Gestaltungspotenzial an die Hand gegeben, das die Vergleichbarkeit der Abschlüsse zwischen Unternehmen, die Darstellung der Konzernlage und die Informationsfunktion des Konzernabschlusses erheblich beinträchtigen konnte. Durch die Abschaffung des Wahlrechts der Bewertungszeitpunkte für den Regelfall werden umgekehrt folglich die genannten Prinzipien und die Informationsaufgabe gestärkt.[944]

2. Grundsatz der Wirtschaftlichkeit

Mit den Neuregelungen wird einerseits dem Grundsatz der Wirtschaftlichkeit in positiver Weise entsprochen. § 301 Abs. 1 S. 2 HGB bewirkt, dass die bisherige Praxis für den Fall des sukkzessiven Anteilserwerbs beibehalten werden kann.[945] Da S. 2 der Vorschrift, wie erwähnt, vermeiden möchte, dass Unternehmen allein wegen zeitlicher Engpässe um den Bilanzstichtag herum Beratungsbedarf haben, dient er der Ersparnis von Aufwendungen. Die Erleichterungen der Sätze 3 und 4 bedeuten für die Unternehmen, dass aufwendige Rückrechnungen auf die möglicherweise Jahre zurückliegenden Zeitpunkte, zu denen die entsprechenden Unternehmen Tochterunternehmen geworden waren, entfallen können.[946] Dies trägt ebenfalls zur Kostenreduzierung im Rahmen der Konsolidierung bei.

Auf der anderen Seite stellt die Neuregelung des Bewertungszeitpunkts in § 301 Abs. 2 S. 1 HGB grundsätzlich jedoch eine kostenerhöhende Maßnahme dar, denn die bislang allgemein in Anspruch zu nehmende Erleichterung des Zeitpunkts der erstmaligen Einbeziehung nach § 301 Abs. 2 S. 1 HGB a. F. entfällt. Im Regelfall wird ein Zwischenabschluss auf den Erwerbszeitpunkt während des Geschäftsjahrs notwendig werden, was sich aufwendig darstelle[947] und im Hinblick auf den Mittelstand bedauert wird.[948]

3. Grundsatz der Wesentlichkeit

Die Regelung des § 301 Abs. 2 S. 4 HGB kann auch als eine gesetzlich normierte Ausprägung des Grundsatzes der Wesentlichkeit verstanden werden.[949] Dieser

---

944 Gestaltungsspielräume eingeschränkt sehen Stibi/Klaholz, BB 2009, 2582. Die Vergleichbarkeit gestärkt sieht Küting, DStR 2008, 1396, 1398.

945 BilMoG-RegE, S. 81; DRSC, Stellungnahmen zum Entwurf eines BilMoG, S. 22.

946 S. hierzu bereits die Ausführungen im § 4 B. IV. a)cc).

947 Stibi/Klaholz, BB 2009, 2582; Oser/Reichart/Wirth, in: Küting/Pfitzer/Weber, Das neue deutsche Bilanzrecht, 2005, S. 407, 414; Küting, DStR 2008, 1396, 1398

948 Oser/Reichart/Wirth, in: Küting/Pfitzer/Weber, Das neue deutsche Bilanzrecht, 2005, S. 407, 414; Küting, DStR 2008, 1396, 1398.

949 S. hierzu Kirsch, PiR 2008, 224, 229, der unter dem Verweis auf den Grundsatz der Wesentlichkeit eine Erleichterung der Bewertung im Stile des § 301 Abs. 2 F. 4 HGB für die IFRS für denkbar hält.

Grundsatz besagt ja, dass Sachverhalte von untergeordneter Bedeutung in der Rechnungslegung vernachlässigt werden können.[950] Konnte ein Tochterunternehmen bislang nach § 296 HGB aus der Konsolidierung herausgehalten werden, da es bspw. im Sinne des Abs. 2 der Vorschrift von untergeordneter Bedeutung war, dann würde es dem Grundsatz der Wesentlichkeit widersprechen, der Konzernmutter für ein solches Unternehmen aufwendige Rückrechnungen für eben diesen Zeitraum aufzuerlegen, in dem es nicht von Bedeutung war.

II. Anschaffungskosten

Für die Bewertung der Anschaffungskosten im Rahmen eines Tauschvorgangs besteht auch im reformierten HGB grundsätzlich noch die Möglichkeit, die erbrachte Gegenleistung mit dem Buchwert, dem Buchwert zuzüglich eines Betrages für die ertragssteuerliche Belastung oder zum Zeitwert zu bewerten.[951]

1. Informationsfunktion und true and fair view

Die Darstellung der wahren Konzernlage wird durch dieses Wahlrecht beeinträchtigt.

Wurde bspw. ein Unternehmenskauf über den Tausch von Anteilen vollzogen und die hingegeben Anteile zum Buchwert – der aufgrund stiller Reserven im Immobilienvermögen erheblich vom Markwert abweicht – bewertet, so dass dieser Wertansatz maßgeblich für die Bewertung der Anteile des Tochterunternehmens im Rahmen der Kapitalkonsolidierung ist, dann überträgt das Mutterunternehmen durch den Buchwertansatz stille Reserven auf die zu konsolidierenden Anteile. Bewertet im Gegensatz hierzu ein anderes Unternehmen in vergleichbarer Lage zum Zeitwert, generiert es im Ergebnis einen höheren Goodwill, der im Zuge der Abschreibung das Konzernergebnis mehr belastet, als dies in ersterem Fall gegeben ist. Im zweiten Fall erscheint die Ertragslage ceteri paribus schlechter als im ersten, obwohl sich an den Erträgen keine Änderung einstellt.

Dies beeinträchtigt offensichtlich auch die Informationsfunktion des Konzernabschlusses.

2. Vergleichbarkeit

Die Vergleichbarkeit u. a. der Konzernergebnisse ist folglich in diesem Szenario ebenfalls eingeschränkt.

Eine Einschränkung des Wahlrechts des Wertansatzes hinsichtlich der mittels Tausch erbrachten Gegenleistung ergibt sich andererseits aus dem Grundsatz der Stetigkeit im Sinne der horizontalen Stetigkeit, nach dem die einmal

---

950 S. § 3 A. II. 3.

951 S. § 4 B. IV. 2. b).

vom Mutterunternehmen gewählte Bewertungsmethode auf weitere gleichartige Sachverhalte anzuwenden ist. Damit wird immerhin die Vergleichbarkeit eines Konzerns über die Zeit hinweg erleichtert.

D. Eigenkapital

Der Ansatz des Eigenkapitals hat sich durch die Zeitwertbewertung nach § 301 Abs. 1 S. 2 i. V. m. § 255 Abs. 4 HGB drastisch verändert, so dass auch die konzeptionellen Grundlagen dadurch nicht unberührt bleiben und auf sie wiederum durch einige neu eingeführte unbestimmte Rechtsbegriffe besonders Einfluss genommen wird. Jedoch auch die neu in § 301 Abs. 1 S. 3 HGB eingefügten speziellen Bewertungsregelungen bleiben nicht ohne Wirkung auf Bilanzierungszweck(e) und verschiedene –grundsätze.

I. Beizulegender Zeitwert und weitere Regelungen gem. § 255 Abs. 4 HGB

Über den beizulegenden Zeitwert bestehen, seit er durch die internationale Rechnungslegung wieder an Bedeutung gewonnen hat, kontroverse Diskussionen im Schrifttum, die sich noch verstärkten, als dieser auf die nationalen Bilanzierungsvorschriften durchzuschlagen drohte. Insbesondere die Erhöhung oder die Verminderung des Informationsnutzens durch den Zeitwertansatz ist nicht unumstritten.

1. Informationsfunktion

Im Rahmen der zkizzierten Debatte zum (HGB-)*fair value* wurde bereits erläutert, dass betriebswirtschaftliche Erkenntnisse hinsichtlich der Relevanz des *fair value* nach IFRS herangezogen werden können, um die Erhöhung der Informationsfunktion des HGB im Sinne einer verbesserten Vermögenswert- und Ertragsapproximation durch den Zeitwert zu beurteilen.[952] Freilich ist diese Frage im Rahmen der Untersuchung nicht abschließend zu klären. Allerdings können, wie bereits vorangehend durchgeführt, die Erkenntnisse der betriebswirtschaftlichen Forschung und die Auffassungen im Schrifttum aufgegriffen und bewertet werden, wobei das nationale Schrifttum im Kontext des *fair value*-Diskurses übrigens ausnahmslos auf IFRS Bezug nimmt und auf IFRS-Terminologie zurückgreift.[953] Die dabei zu verzeichnende Tendenz in der betriebswirtschaftlichen Wissenschaft geht, wie vorangehend ausgeführt wurde, dahin, den *fair value* als nicht oder nicht uneingeschränkt relevant und insofern nicht oder nur

---

952 § 4 B. IV. 5. a)., 6. a).

953 So bspw. Kußmaul/Weiler, KoR 2009, 163 und dies., KoR 2009, 209; die den fair value der IFRS dahingehend prüfen, ob er für das HGB ein Vorbild für künftige Reormen dastellen kann.

eingeschränkt informationserhöhend zu beurteilen.[954] Ein höherer Informationsnutzen ist damit als nicht erwiesen anzusehen.

In der Untersuchung wurde bereits dargelegt, dass die Sätze 3 und 4 des § 255 Abs. 4 HGB einschließlich des Verweis auf § 253 Abs. 4 HGB zur Bewertung nach fortgeführten Anschaffungs- oder Herstellungskosten in der aktuellen Ausgestaltung für den Kontext der Kapitalkonsolidierung nicht anwendbar sind. Sollten in Folge mangelnder Regelung der Folgen nicht verlässlicher Zeitwert-Bewertung bei den Bilanzierern Unsicherheiten auftreten, trägt dies nicht eben zur Erhöhung des Informationsnutzens bei. Denn gegebenfalls findet entsprechend der diskutierten Auffassung im Schrifttum kein Ansatz der betroffenen Positionen statt oder es wird im Zweifelsfall „irgendwie" oder schlechterdings gezielt „politisch" bewertet und damit unsachgemäßer Einfluss auf die Größen Vermögen und Ertrag genommen.

2. Grundsätze für „richtige" Werte

Der beizulegende Wert des § 255 Abs. 4 HGB hat Einfluss auf sämtliche Grundsätze, die darauf abzielen, dem Abschlussadressaten „richtige" oder „wahre" Werte zu gewährleisten, wie der Grundsatz der Richtigkeit und der Verlässlichkeit oder auch der *true and fair view*.

a) Marktpreis gem. § 255 Abs. 4 HGB

In den Ausführungen zur Bewertung des Eigenkapitals und zu der Regelung des § 255 Abs. 4 HGB wurde bereits der Versuch unternommen, aus den Hinweisen der BilMoG-Motive die Merkmale eines „Marktpreises" und „aktiven Markts" zu identifizieren. Die Regelung ist für sich genommen wenig aufschlussreich, so dass sich die Frage nach den Auswirkungen auf Nachvollziehbarkeit und Objektiviertheit der Regelung bzw. der auf ihrer Grundlage generierten Abschlussinformationen stellt.

Indessen entspricht es der Tradition kontinentaleuropäischer Gesetzgebung, unbestimmte Rechtsbegriffe zu verwenden und ihre Ausfüllung Wissenschaft und Rechtsprechung zu überlassen; das HGB kennt unbestimmte Rechtsbegriffe, bspw. mit dem vor dem *fair value* geltenden Wertmaßstab im Kontext der Bewertung des erworbenen Nettovermögens, dem beizulegenden Wert.[955] Dennoch wird die Auslegung für Unternehmen nach der Novellierung durch das BilMoG ungewohnt schwierig, insbesondere in einer Übergangsphase.

Der Umgang mit dem Tatbestandsmerkmal eines „aktiven Markts" erscheint dadurch erschwert, dass grundsätzlich eine Reihe von Bedingungen gleichzeitig

954 S. wiederum die Ausführungen über die Erkenntnisse der betriebswirschaftlichen Forschung § 4 B. IV. 6. a).

955 So auch über den beizulegenden Wert Böcking/Flick, DB 2009, 185, 186.

erfüllt sein müssen, wie vorangehend geschildert wurde. Dennoch ist die leichte Erhältlichkeit von Preisen, bspw. von einem Händler, die die BilMoG-Begründung beschreibt, in der Praxis wohl das greifbarste Argument für dessen Vorhandensein. Allerdings wird angenommen, dass es für die Unternehmen kaum nachprüfbar sein wird, ob ein solch gehandelter Preis die Marktpreis-Kriterien tatsächlich erfüllt, ob bspw. der Markt noch aktiv ist oder ob die Umschlagshäufigkeit auf ein zu geringes Niveau abgesunken ist.[956]

Damit erscheinen die Hinweise der BilMoG-Begründung zum Teil nicht ausreichend hilfreich angesichts der Probleme in der Praxis und können Bewertungsfehler befördern: Bspw. kann die Vermögenslage des erworbenen Unternehmens verzerrt werden, indem vermeintliche Marktpreise für Finanzwerte angesetzt werden, ein aktiver Markt jedoch nicht mehr vorliegt, da das Handelsvolumen unter ein Mindestmaß zurückging.

Unabhängig von der Gestaltung einer *fair value*-Vorschrift oder der materiellen Bedeutung für die Zielgrößen des Abschlusses wurde vorangehend zum beizulegenden Zeitwert bereits der vehement vorgetragene Kritikpunkt genannt, dass der beizulegende Zeitwert zur Entobjektivierung führe, da Marktwerte schlicht kaum vorhanden seien.[957] Dies als Tatsache unterstellt, bedeutet, dass der beizulegende Zeitwert als Marktpreis einen für die meisten Vermögenswerte ungeeigneten Bewertungsmaßstab darstellt. Auch die grundlegende Konzeption des *fair value* als Wertmaßstab mit inhärenter Zwei-Stufen-hierarchie erscheint verfehlt, wenn durch den faktischen Wegfall der ersten Bewertungsebene die subjektiv geprägte zweite Ebene der *mark-to model*-Preise zum beinahe ausschließlichen Bewertungsmaßstab wird.

b) Allgemein anerkannte Bewertungsmethoden gem. § 255 Abs. 4 HGB

Als *fair value* der zweiten Ebene gilt ein Wert, der gem. § 255 Abs. 4 S. 2 HGB nach „allgemein anerkannten Bewertungsmethoden" ermittelt ist.

Der Begriff bedarf vollständig der Ausfüllung durch Bewertungswissenschaft und -praxis. In dieser Weite erscheit seine Eignung fraglich, die Nachvollziehbarkeit des Konzernabschlusses positiv be-einflussen zu können. Denn den bilanzierenden Unternehmen obliegt zunächst die Beurteilung, welche Bewertungstechniken unter allgemein anerkannten Bewertungsmethoden zu fassen sind, wenngleich sich zweifellos in der Praxis Gepflogenheiten entwickeln wer-

956 Ähnlich Kußmaul/Weiler, KoR 2009, 163, 170 mit Rekurs auf Ballwieser/Küting/Schildbach, BFuP 2004, 529, 543 sowie Schildbach, in: Küting/Pfitzer/Weber (Hrsg.), Internationale Rechnunglegung: Standortbestimmung und Zukunftsperspektiven, 2006, 7, 16 ff.

957 § 4 B. VI. 4.d).)

den.[958] Die weite Ausgestaltung der Regelungen kann dennoch dazu führen, dass trotz Anhangangaben nicht ersichtlich ist, mit welchen Methoden auf welche Weise im jeweiligen Abschluss bewertet wurde. Deshalb wird befürchtet, dass die *fair value*-Wertermittlung nicht nachvollziehbar ist.[959]

Als Folge einer mangelnder Nachvollziehbarkeit der Bewertungsmaßnahmen von externer Seite und infolge zahlreicher Wahlrechte und Ermessenspielräume bei der Methodenwahl und –anwendung kann jedoch unterstellt werden, dass die bilanzielle Richtigkeit des Konzernabschlusses durch die Einführung des Bewertungsmaßstabs reduziert ist. Denn nicht nachvollziehbare Werte sind in ihrer Qualität nicht überprüfbar, folglich manipulierbar und damit wertlos für die Abschlussadressaten. Denn nicht sachgerecht beeinflusste Abschlüsse werden als ohne Informationswert für die Adressaten beurteilt.[960]

Der je nach Bestreben des Bilanzautors höhere oder niedrigere Zeitwertansatz der erworbenen Positionen des Tochterunternehmens kann in den Folgejahren zu mehr oder weniger Abschreibungspotential führen. Zwar wird nach §§ 309 Abs. 1 i. V. m. 253 Abs. 3 HGB nunmehr auch der Geschäfts- oder Firmenwert, der durch die Unterschiede der Wertansätze beeinflusst wird, zwingend abgeschrieben, die Nutzungsdauer von Vermögenswerten und Goodwill können jedoch differieren, so dass hier kein Ausgleich der Effekte angenommen werden kann. Damit kann über gezielte höhere oder niedrigere Wertansätze mit ensprechenden Auswirkungen auf die Fortführung der Werte eine gegebenenfalls unsachgemäße Beeinflussung des Konzerngewinns erreicht werden. Zum Konsolidierungszeitpunkt kann der Vermögensausweis des Konzerns durch einen zu hohen oder niedrigen Ansatz der Positionen verzerrt sein. Hinzu kommt die sozusagen „systemimmantente" Unsicherheit jeglicher Prognosewerte, die bereits thematisiert wurde.[961]

---

958 Man denke nur an IDW RS HFA 16, eine Stellungnahme des Instituts der Wirschaftsprüfer, die seit 2005 die Bewertung bei der Abbildung von Unternehmenserwerben und bei Werthaltigkeitsprüfungen nach IFRS für die Berufsangehörigen regelt.

959 So z. B. Bieg/Bofinger/Küting/Kußmaul/Waschbusch/Weber, DB 2008, 2549. S. auch die Ausführungen zur Entobjekitivierung durch den fair value, § 4 B. VI. 4., VII. 4.

960 Küting/Hayn, BB 2006, 1211, 1217 konstatieren im Zusammenhang mit dem fair value-Konzept, dass „manipulierte Jahresabschlüsse ohne Informationswert sind", Zitat bei Hartle, Möglichkeiten der Entobjektivierung der Bilanz, 1984, S. 26 f. Eine Auffassung geht soweit, festzustellen, im beizulegenden Zeitwert liege in Bezug auf den „prognosefähigen Gewinn" ein „informationsschädlicher ‚Fremdkörper'", s. Jessen/Haaker, DStR 2009, 499, 501 und hierzu weiterführend Haaker, KoR 2007, 254 sowie ders., KoR 2007, 332.

961 S. bereits § 2 A. IV. sowie § 4 B. VI. 3. ff., VII. 3. ff.

Ermessensbehaftete Werte, die Gegenstand von Bilanzpolitik sind, beinträchtigen die Aussagekraft und Zuverlässigkeit der Abschluss-Informationen insgesamt[962] und sind ohne Informationswert,[963] da verlässliche, objektivierte Werte Voraussetzung für eine sinnvolle Rechnungslegung sind.[964]

Durch Bewertungsmethoden kann außerdem der Grundsatz der Einzelbewertung gefährdet sein, der, wie zu den HGB-Rechnungslegungsgrundsätzen ausgeführt wurde, zur Objektivierung und damit zur bilanziellen „Richtigkeit" erforderlich ist. Denn werden bspw. mittels zukünftiger, zu diskontierender Zahlungsströme Vermögensgegenstände bzw. Bewertungseinheiten[965] bewertet, ist dies problematisch, soweit diese nicht tatsächlich direkt Einzahlungen bewirken, sondern eine Zurechnung von Zahlungsströmen auf Vermögensgegenstände vorzunehmen ist. Denn dann erscheint die Gefahr der Übertragung von Verbundeffekten auf das Bewertungsobjekt gegeben, was stets als mit Willkür versehen beurteilt wird.[966]

Schließlich spricht allgemein gegen die Verlässlichkeit des *fair value*, dass nach dem Schrifttum bei regelmäßiger Neubewertung schwankende Marktpreise zu einer Volatilität von Gewinn- und Eigenkapitalausweis führen

Insgesamt ergibt sich nach alledem der Eindruck, dass ein negativer Einfluss des *fair value* auf die Objektivität und bilanzielle Richtigkeit kaum bestritten werden kann.

3. Grundsatz der Vergleichbarkeit

Die Zeitwert-Bewertung weist einen zweifachen, jedoch gegensätzlichen Bezug zum Grundsatz der Vergleichbarkeit auf.

---

962 Diese Auffassung vertreten im Hinblick auf den IFRS-fair value als primären Wertmaßstab auch Dawo, in: Küting/Pfitzer/Weber (Hrsg.), Herausforderungen und Chancen durch weltweite Rechnungslegungsstandards, 2004, S. 43, 67 sowie im Hinblick auf die fair value-Bewertung von Finanzinstrumenten im Bankensektor Bieg/Bofinger/Küting/Kussmaul/Waschbusch/Weber, DB 2549, 2551.

963 Ähnlich Hartle, Möglichkeiten der Entobjektivierung der Bilanz, 1984, S. 26 f, zitiert bei Küting/Hayn, BB 2006, 1211, 1217.

964 In diesem Sinne Baetge, BB-Special 7, 2005, S. 1.

965 Hier sind diese im Sinne von zusammengefassten Bewertungsobjekten nach Nutzungs- und Funktionszusammenhang zu verstehen, MünchKommHGB/Ballwieser, § 252 Rn. 20, und nicht etwa zu verwechseln mit den in § 254 HGB n. F. nunmehr geregelten Bewertungseinheiten von absicherungsfähigen Grundgeschäften mit Sicherungsinstrumenten, vgl. hierzu BilMoG-RegE, S. 58.

966 Zur willkürbehafteten Zurechnung von Verbundeffekten vgl . MünchKommHGB/Ballwieser, § 252 Rn. 18; nicht ganz so deutlich, aber jedenfalls die erforderlichen sujektiven Einschätzung bei Gesamtbewertungverfahren vor dem Hintergrund des Einzelbewertungsgrundsatzes rügen Baetge/Kirsch/Thiele, Bilanzen, 2005, 116.

Einerseits ist durch den Grundsatz der (horizontalen) Stetigkeit etwas Abhilfe von einem ausufernden Gebrauch der Spielräume hinsichtlich der Methodenauswahl gegeben, da Vermögensgegenstände mit den gleichen Methoden bewertet werden müssen, sofern sie von gleicher Art und Funktion sind.[967] Allein die Abgrenzung, wann vergleichbare Sachverhalte ihrer Art und Funktion nach vorliegen, gibt jedoch wiederum Spielraum für Bilanzpolitik. Außerdem ist der Grundsatz nach § 252 Abs. 2 HGB in Ausnahmefällen zu durchbrechen. Dabei ist fraglich, ob einer der hierfür notwendigen, schwerwiegenden Gründe[968] darin liegen kann, dass nach der bisher in einem Unternehmen verwendeten Methode ein Vermögensgegenstand gleicher Art nicht zuverlässig bewertet werden kann.[969] Mit dieser Begründung ließe sich der Grundsatz wohl häufig umgehen. Trotz allem ist eine gewisse Einschränkung bei der Methodenwahl durch den Grundsatz nicht von der Hand zu weisen.

Andererseits erschweren gerade die wohl vielfältigen „allgemein anerkannten Bewertungsmethoden" im Rahmen der *fair value*-Bewertung die Vergleichbarkeit zwischen den Unternehmen. Jedes Mutterunternehmen kann grundsätzlich bei seinem ersten Konzernabschluss gem. § 308 HGB die Bewertungsmethoden frei wählen, unabhängig von den bei Mutter- oder Tochterunternehmen angewendeten Bewertungstechniken.[970] Damit ergibt sich für die Konzerne erst einmal eine Vielzahl von Bewertungsmöglichkeiten, die auch im Fall von Konkretisierungen durch Schrifttum und Praxis im Kern erhalten bleiben.

4. Grundsatz der Wirtschaftlichkeit

Der Grundsatz der Wirtschaftlichkeit wird ebenfalls durch die Bewertung zum beizulegenden Zeitwert berührt.

Ungeachtet dessen, dass eine quantitative Messung des Informationsnutzen nicht möglich ist, wurde vorangehend ausgeführt, dass eine Beeinträchtigung des Informationsgehalts u. a. aufgrund der Unbestimmtheit der Regelungen und der daraus folgenden Probleme hinsichtlich der bilanziellen Richtigkeit zu befürchten sind. Damit müssten nach dem einfachen Ausgleichsprinzip die Kosten für die Ermittlung der Informationen sinken.[971]

Das Gegenteil ist jedoch zu erwarten. Zu den Auswirkungen auf die Rechnungslegungsprinzipien durch die Abschaffung der Buchwertmethode wurde bereits ausgeführt, dass nach wohl h. M mit erhöhten Aufwendungen der Unter-

---

967 S. hierzu bereits § 3 A. II. 4. e).

968 Vgl. hierzu bereits oben, vorangehende Fußnote sowie Winkeljohann/Geißler in Beck Bil-Komm, § 252 Rn. 75.

969 So jedenfalls Baetge/Kirsch/Thiele, Bilanzen, 2005, S. 118.

970 Vgl. § 308 Abs. 1 S. 2 und 3 HGB.

971 S. zu diesem Prinzip bereits § 3 A. II. 3.

nehmen durch eine *fair value*-Bewertung gerechnet wird.[972] Angesichts des eher verminderten Informationsnutzens ist insofern eine deutlich negative Bilanz für das Prinzip der Wirtschaftlichkeit zu ziehen.

5. Grundsatz der Vorsicht

Das ungeschriebene Tatbestandsmerkmal der verlässlichen Bewertbarkeit bei der *fair value*-Bewertung nach § 255 Abs. 4 S. 1 und 2 HGB resultiert nach den Ausführungen der Bundesregierung aus dem Grundsatz der vorsichtigen Bewertung.[973]

Gleichwohl entspricht es eher der Tradition des allgemeinen Vorsichtsprinzip im HGB, eine vorsichtige, zurückhaltende Zeitwert-Bewertung vorzunehmen.[974] Die Anforderung der Verlässlichkeit ergibt sich demgegenüber entweder als eigenständiges Prinzip oder aus den Grundsätzen wie Bilanzwahrheit und –richtigkeit.[975] Jedenfalls ist aber der Hinweis auf das ungeschriebene Tatbestandsmerkmal durch den Gesetzgeber positiv zu werten, mag es doch einem allzu „großzügigen Umgang" mit dem *fair value* entgegen wirken.

Allein fraglich erscheint, ob der Grundsatz als ungeschriebenes Tatbestandsmerkmal in der Praxis genügend Beachtung erfährt. Damit steht die Effizienz mangels expliziter Normierung im HGB in Frage. Eine Normierung könnte insofern von Vorteil sein.

II. Spezialregelungen des § 301 Abs. 1 S. 3 HGB zu Rückstellungen und latenten Steuern und korrespondierende Ansatzvorschriften

Durch die Neuregelungen zu Ansatz und Bewertung von Rückstellungen und latenten Steuern wird eine Vielzahl von Rechnungslegungsgrundsätzen des HGB tangiert, wobei sie uneinheitliche Wirkungen entfalten.

1. Informationsfunktion und true and fair view

Der Informationszweck bzw. *true and fair view* wird durch die gesetzlichen Neuerungen in mehreren Aspekten berührt.

a) Rückstellungen

Durch das Verbot von Aufwandsrückstellungen soll das Informationsniveau gestärkt werden, da deren Ansatz bislang zu einer Irreführung der Adressaten hinsichtlich der dargestellten Vermögens- und Ertragslage führte.[976] Dem ist zuzu-

972 § 5 A. II.

973 BilMoG-RegE, S. 61.

974 S. bereits zu den Grundsätzen § 3 A. II. 4. d).

975 § 3 A. II. 4. a), b).

976 BilMoG-RegE, S. 50; Kozikowski/Schubert in Beck Bil-Komm, 7. Aufl., § 249 Rn. 4; Bieg u.a., Bilanzrechtsmodernisierungsgesetz, 2009, S. 54.

stimmen, da vor der Bilanzrechtsmodernisierung die Grenzen von Rückstellungen und Rücklagen und damit diejenige zwischen Eigen- und Fremkapital durch die Aktivierungsmöglichkeit von Rückstellungen ohne Verpflichtungscharakter verwischt wurden; das Wahlrecht wurde zudem als Mittel zur Bilanzpolitik und Beeinflussung des Ergebnisses genutzt und lief damit der Rechenschaftsfunktion des Abschlusses zuwider.[977]

Der gleiche positive Effekt auf die Informationsqualität ergibt sich hinsichtlich solcher Restrukturierungsrückstellungen, die mangels Außenverpflichtung nur als Aufwandsrückstellungen anzusetzen wären, da es nun der Konzernmuttergesellschaft verwehrt ist, ihr Ergebnis zu verfälschen.

Durch die Bilanzierung des Erfüllungsbetrags für Rückstellungen unter Berücksichtigung künftiger Kosten- und Preisverhältnisse ist nach einer Auffassung die Informationsfunktion über eine bessere Darstellung der tatsächlich bestehenden Vermögens-, Finanz- und Ertragslage als gestärkt anzusehen.[978] Gleichzeitig werden jedoch erhebliche Ermessensspielräume durch die Erfassung der Kosten- und Preissteigerungen in das HGB eingeführt, da diese von den Unternehmen zu prognostizieren sind.[979] Dies kann die angestrebte verbesserte Informationsfunktion wiederum beeinträchtigen.[980]

Dagegen sieht die Bundesregierung den *true and fair view* bzw. die Informationsfunktion unterstützt durch die verpflichtende Abzinsung der Rückstellungen nach §§ 301 Abs. 1 S. 3, 253 Abs. 2 HGB, da dann eine realitätsgerechtere Information des Abschlussadressaten über die wahre Belastung des Unternehmens erfolge, die nämlich die Investitionsmöglichkeit der in Rückstellungen gebundenen Finanzmittel berücksichtige.[981]

b) Latente Steuern

Die Bilanzierung latenter Steuern soll einerseits einem zutreffenden Ausweis der Vermögenslage und andererseits der periodengerechten Erfolgsermittlung dienen.[982]

Die Saldierungsmöglichkeit der latenten Steuern im Konzernabschluss sowie die mögliche Zusammenfassung mit latenten Steuern aus dem Einzelabschluss bedeutet nach der Auffassung des Schrifttums hingegen eine Beeinträch-

---

977 Arbeitskreis Bilanzrecht, BB 2008, 209.

978 Bieg u.a., Bilanzrechtsmodernisierungsgesetz, 2009, S. 81.

979 Weigl/Weber/Costa, BB 2009, 1062, 1063 f., 1066; Bieg u.a., Bilanzrechtsmodernisierungsgesetz, 2009, S. 81.

980 Bieg u.a., Bilanzrechtsmodernisierungsgesetz, 2009, S. 81.

981 BilMoG-RegE, S. 54.

982 Kozikowski/Fischer in Beck Bil-Komm, 7. Aufl., § 306 Rn. 2, § 274 Rn. 4.

tigung der Informationsfunktion.[983] Der Einzelausweis fördert nämlich in jedem Fall die Nachvollziehbarkeit der Positionen. Ebenfalls konterkariert wird Erhöhung des Informationsnutzens auf Ebene des Einzelabschlusses durch ein Aktivierungswahlrecht hinsichtlich der sich aus einer insgesamt ergebenden Steuerentlastung resultierenden aktiven latenten Steuern,[984] während dieser Effekt jedoch aufgrund einer gleichmäßigen Ansatzpflicht im Konzernabschluss nicht gegeben ist.[985]

Der *true and fair view* wird dadurch als gestärkt betrachtet, dass beim Ansatz latenter Steuern § 301 HGB auf die unternehmensindividuellen Steuersätze der Tochterunternehmen verweist; denn dadurch werde der Fokus auf die Darstellung der tatsächlichen Vermögens-, Finanz- und Ertragslage gelegt.[986] Dieser ist mit tatsächlichen Steuersätzen besser Rechnung getragen als mit einen konzernübergreifenden Durchschnittssteuersatz.[987]

2. Grundsatz der Vergleichbarkeit

Der Vergleich zwischen den Unternehmen hingegen ist durch den wahlweise getrennten oder salidierten Ausweis der latenten Steuern nicht gerade befördert.

Die Abzinsung der Rückstellungen über Zinssätze der Bundesbank, die gem. § 253 Abs. 2 S. 4 HGB nach Maßgabe einer Rechtsverordnung diese über eine „Zinsstrukturkurve“[988] zu ermitteln und bekannt zu geben hat, trägt nach e. A. zu höherer Vergleichbarkeit von Abschlüssen bei.[989]

3. Grundsätze für „richtige“ Werte

Aus der Einbeziehung der Kosten- und Preissteigerungen in die Rückstellungsbewertung ergeben sich, wie bereits erwähnt, nach dem Schrifttum erhebliche

983 Loitz, DB 2009, 913, 917. Ebenso gegen ein Saldierungs- Wahlrecht im Einzelabschluss Küting/Seel, DB 2009, 922, 924; Wendholt/Wesemann, DB, Beilage 5 zu Heft 23, 2009, 64, 75 sehen die Nachteile des Aktivierungswahlrechts, befinden sie aber durch geforderte Angaben zumindest teilweise ausgeglichen.

984 Küting/Seel, DB 2009, 922, 924; Bieg u.a., Bilanzrechtsmodernisierungsgesetz, 2009, S. 183.

985 Bieg u.a., Bilanzrechtsmodernisierungsgesetz, 2009, S. 184.

986 Bieg u.a., Bilanzrechtsmodernisierungsgesetz, 2009, S. 187. Wendholt/Wesemann, DB, Beilage 5 zu Heft 23, 2009, 64, 75 sehen insgesamt durch die Neu-Regelungen zu latenten Steuern die Informationsfunktion gestärkt.

987 S. hierzu jedoch sogleich die Einschränkung des positiven Effekts vor dem Hintergrund des Wirtschaftlichkeitsgrundsatzes, § 5 D. II. 6.

988 Bieg u.a., Bilanzrechtsmodernisierungsgesetz, 2009, S. 84.

989 Stapf/Elgg, BB 2009, 2134, 2138.

Ermessenspielräume;[990] diese können eine Beeinträchtigung des Grundsatzes der Richtigkeit im Sinne von intersubjektiver Nachprüfbarkeit bzw. Verlässlichkeit bedeuten.

4. Grundsatz der Vorsicht

Die Neuregelungen von § 253 Abs. 1 und 2 HGB zur Bewertung von Rückstellungen werden zudem in einem weiteren Punkt kritisiert. Es wird ein Verstoß gegen das Realisationsprinzip konstatiert, da sich die nunmehr erfolgende Diskontierung von Rückstellungen ohne Zinsanteil[991] als eine Vorwegnahme künftiger Erträge darstelle; sich nicht immer und wenn, dann erst in Zukunft mit Bestimmtheit einstellende Erträge würden vorweggenommen.[992] Dem ist zuzustimmen, da zwar, wie der Gesetzgeber ausführt, die in den Rückstellungen gebundenen Finanzmittel wieder im Unternehmen ertragbringend eingesetzt werden können[993] – gerade mit dieser Begründung kommt jedoch deutlich zum Ausdruck kommt, dass die Erträge zum Bewertungszeitpunkt keinesfalls realisiert, sondern erst zu erwirtschaften sind. Diese Beeinträchtigung des Vorsichtsprinzips wird jedoch zugunsten eines Informationszugewinns in Kauf genommen.[994]

5. Einheitsgrundsatz

Nach der Bundesregierung bedeutet die Bewertung der latenten Steuern zum unternehmensindividuellen statt durchschnittlichem konzernbezogenen Steuersatz zugunsten des getreuen Bildes eine gleichzeitige Zurückdrängung der Einheitsfiktion.[995]

6. Grundsatz der Wirtschaftlichkeit und Wesentlichkeit

Die Änderungen der Rückstellungsbewertung, u. a. der im Rahmen dieser Untersuchung besprochene § 253 Abs. 1 S. 2, Abs. 2 HGB, bewirken nach der BilMoG-Begründung keinen messbaren Kostensteigerungen. Dem ist entgegenzuhalten, dass immerhin die Abzinsung durchzuführen und eine Informationseinholung über die monatlich von der Bundesbank bekannt gegeben Abzin-

---

990 Weigl/Weber/Cost, BB 2009, 1062, ff.; Bieg u.a., Bilanzrechtsmodernisierungsgesetz, 2009, S. 81.

991 Nur Rückstellungen mit Zinsanteil durften nach der alten Regelung abgezinst werden, vgl. § 253 Abs. 1 S. 2 HS 2 HGB a. F.

992 Arbeitskreis Bilanzrecht, BB 2008, 209; Bieg u.a., Bilanzrechtsmodernisierungsgesetz, 2009, S. 82; Schulze-Osterloh, DStR 2008, 63, 70.

993 BilMoG-RegE, S. 54.

994 Bieg u.a., Bilanzrechtsmodernisierungsgesetz, 2009, S. 83.

995 BilMoG-RegE, S. 83. Ebenso Bieg u.a., Bilanzrechtsmodernisierungsgesetz, 2009, S. 187.

sungssätze erforderlich ist. Nach a. A. würden den Unternehmen dadurch allerdings die Kosten für die Ermittlung der Zinssätze erspart.[996] Ferner gibt es die Forderung, die Zinseffekte im Rückstellungsspiegel gesondert darzustellen.[997] Dies würde zusätzlichen Aufwand bedeuten. Insgesamt wird denn auch ein durch die neuen Bilanzierungs- und Bewertungsregelungen -auch für Rückstellungen - größerer Aufwand erwartet.[998]

Für die Steuerabgrenzung im Konzernabschluss nach § 306 HGB urteilt die Bundesregierung, es resultiere daraus eine „(…) Ausdehnung des Umfangs der Steuerabgrenzung (…)“, die angemessenem Verhältnis zur Erhöhung von *true and fair view* und Informationsfunktion stehe.[999] In der Literatur wird von einer erheblichen Erhöhung des Aufwands für die Ermittlung und Fortführung der latenten Steuerposten ausgegangen.[1000] Ob auch eine erhebliche Steigerung des Informationsnutzens erfolgen wird, ist offen.

Für die Bewertung latenter Steuern soll jedenfalls nach den Motiven des BilMoG aus Gründen der Wirtschaftlichkeit und Wesentlichkeit im Einzelfall auch die Verwendung eines Konzerndurchschnittssteuersatzes zulässig sein.[1001]

E. Ausweis des Goodwill

Die Ausweisregelungen für den Goodwill bzw. den passiven Unterschiedsbetrag zeitigen zu guter Letzt ebenfalls Auswirkungen auf die Bilanzierungsgrundsätze sowie auf die Informationsfunktion.

I. Informationsfunktion

Indem § 301 Abs. 3 S. 3 HGB und damit die Saldierungsmöglichkeit hinsichtlich Geschäfts- oder Firmenwerten und passivischen Unterschiedsbeträgen entfällt, werden alle „Verrechnungsergebnisse“ der Kapitalkonsolidierungen dargestellt. Damit erhöht sich die Informationsfunktion, da über relevante Aktiv- sowie Passivposten separat berichtet und damit ein genauerer Vermögensausweis erreicht wird.

Umstritten ist indes, ob der Verzicht auf eine Differenzierung des Ausweises des passiven Unterschiedsbetrags entsprechend seinem bilanziellen Charakter zugunsten einer speziell für diesen geschaffenen Position den Informationsnut-

---

996 Stapf/Elgg, BB 2009, 2134, 2138.

997 Bieg u.a., Bilanzrechtsmodernisierungsgesetz, 2009, S. 84; Petersen/Zwirner/Künkele, StuB 2008, 693, 696.

998 Weigl/Weber/Costa, BB 2009, 1062, 1066.

999 BilMoG-RegE, S. 83.

1000 Bieg u.a, Bilanzrechtsmodernisierungsgesetz, 2009, S. 183; Loitz, DB 2009, 913, 919.

1001 BilMoG-RegE, S. 83. Bieg u.a., Bilanzrechtsmodernisierungsgesetz, 2009, S. 187.

zen erhöht. Die Bundesregierung befürwortet dies,[1002] während nach a. A. durch den differenzierten Ausweis eine verbesserte Interpretationsmöglichkeit bestand.[1003] Letzterem Argument ist grundsätzlich zuzustimmen, da aus der Positionierung bislang der Charakter des Unterschiedsbetrag ablesbar war und nicht auf den Anhang zurückgegriffen werden musste. Dies galt allerdings nur, so lange Unternehmen diese nicht zwingende Handhabung pflegten. Überdies war ein Ausweis nach dem Eigenkapital bei mehreren zu passivierenden Unterschiedsbeträgen mit unterschiedlichen Charakteren sinnvoll.[1004]

Die früher zulässige, erfolgsneutrale Verrechnung des Goodwill mit den Rücklagen ist mit der Reform des § 309 Abs. 1 HGB entfallen und bringt nach Auffassung der Bundesregierung eine „sachgerechtere Information" mit sich, die vom Schrifttum geteilt wird.[1005] Dem ist zuzustimmen, da die Vermögenslage dadurch besser dargestellt wird und insofern der Informationsnutzen für die Abschlussadressaten zunimmt.

II. Grundsatz der Vergleichbarkeit

Durch den Wegfall der Saldierungsmöglichkeit der Unterschiedsbeträge erhöht sich die Vergleichbarkeit der Abschlüsse verschiedener Konzerne,[1006] da bspw. eine Saldierung den Goodwill nicht mehr bei einem Unternehmen schmälern kann, während ein anderes einzelne Beträge ausweist.

Der Wegfall der erfolgsneutralen Verrechnung des Goodwill mit den Rücklagen trägt ebenfalls zur Erhöhung der Vergleichbarkeit von Konzernunternehmen bei.[1007] Denn durch die Verrechnung konnte bislang ein Ausweis im Konzernabschluss vermieden werden, was zu erheblichen Unterschieden zwischen Konzernen führte, die den Goodwill zunächst auswiesen und in den Folgejahren abschrieben und denen, die das vermieden.

1002 BilMoG-RegE, S. 81 f.

1003 Im Umkehrschluss so zu verstehen sind Bieg u.a., Bilanzrechtsmodernisierungsgesetz, 2009, S. 193 f.

1004 S. Förschle/Deubert in Beck Bil-Komm, § 301 Rn. 164.

1005 BilMoG-RegE, S. 84. Gleicher Ansicht offenbar Bieg u.a., Bilanzrechtsmodernisierungsgesetz, 2009, S. 194 sowie Petersen/Zwirner, KoR 2009, Beihefter 1 zu Heft 5, S. 31. Ebenfalls positiv nehmen diese Änderung auf Busse von Colbe/Schurbom-Ebneth, BB 2008, 98, 100; Küting, DStR 2008, 1398, 1399.

1006 BilMoG-RegE, S. 81; Petersen/Zwirner, KoR 2009, Beihefter 1 zu Heft 5, S. 31.

1007 BilMoG-RegE, S. 84. Petersen/Zwirner, KoR 2009, Beihefter 1 zu Heft 5, S. 32, Bieg u.a., Bilanzrechtsmodernisierungsgesetz, 2009, S. 194.

F. Wirkungsweise der Geschäftswert-relevanten Regelungen auf Zweck und Grundsätze der Konzernrechnungslegung nach HGB im Überblick

Damit ist die Untersuchung der Auswirkungen auf die Zwecke und Grundsätze des Konzernabschlusses nach HGB von größtenteils reformierten und für den Goodwill relevanten Regelungen des HGB abgeschlossen. Nunmehr können diese Effekte im Folgenden jeweils bezogen auf die einzelnen Funktionen bzw. Prinzipien zusammengeführt werden. Dadurch soll ein Überblick über die wesentlichen Wirkungweisen der Goodwill-relevanten Regelungen auf die konzeptionellen Grundlagen des Konzernbilanzrechts nach HGB ermöglicht werden.

I. Informationsfunktion und *true and fair view*

Die Untersuchung hat ergeben, dass die Informationsfunktion durch die Neuregelung des § 301 Abs. 1 HGB mit der allein zulässigen Neubewertungsmethode gestärkt wird. Es werden nunmehr Informationen über real im Konzern vorhandene Werte, also eine realistischere Konzernlage vermittelt, die mindestens den Informationsinteressen der Minderheitsgesellschafter sowie der Konzernleitung hinsichtlich des Zwecks der Kapitalverminderungskontrolle bzw. als mittelbarer Ausschüttungsbemessungsgrundlage entgegenkommen. Möglichkeiten der Bilanzpolitik über die Wahl der Konsolidierungsmethode bestehen nicht mehr. Der Kompensationsfunktion des Konzernabschlusses wird nunmehr (allein) über die Neubewertungsmethode Rechnung getragen.

Positive Wirkung auf *true and fair view* und Informationsfunktion entfaltet auch die Abschaffung der Wahlmöglichkeiten zwischen mehreren Konsolidierungszeitpunkten, die sich bislang verfälschend auf sämtliche Positionen einschließlich Goodwill, Ertrag und in Folge auf die Konzernlage auswirken konnte.

Hingegen nicht als erwiesen kann ein positiver Effekt auf den Informationszweck durch die Bewertung der übernommenen Vermögensgegenstände zum beizulegenden Zeitwert angesehen werden. Denn Erkenntnisse der betriebswirtschaftlichen Forschung zeigen für den *fair value* im Allgemeinen, dass der Wertmaßstab nicht oder nur bedingt für die Erfüllung der Informationsaufgaben geeignet ist.

Mangelnde Regelung der Folgen einer nicht verlässlichen Zeitwertbewertung können ebenfalls zu unsachgemäßen Bewertungen und damit negativen Effekten hinsichtlich des Informationszwecks führen.

Die speziellen Bewertungsregelungen des § 301 Abs. 1 S. 2 und 3 HGB führen hinsichtlich der Rückstellungsbewertung zu einer uneinheitlichen Wirkung auf die Informationsfunktion, da einerseits der Ansatz zum Erfüllungsbetrag inklusive künftiger Kosten- und Preisverhältnisse nach Auffassung des Schrifttums den Informationsnutzen erhöht, während gleichzeitig Ermessensspielräume diesen Effekt konterkarieren können. Letzteres trifft auch auf Saldierungs- und Zusammenfassungsmöglichkeiten in Bezug auf latente Steuern zu.

Der grundsätzliche Verzicht auf Aufwandsrückstellungen und damit regelmäßig von solchen zur Re-strukturierung erworbener Unternehmens ist hingegen als vorteilhaft in Bezug auf den Informationsnutzen zu sehen. Dies gilt gleichermaßen für den umfassenderen und konzeptionell veränderten Ansatz latenter Steuern sowie die Anwendung unternehmensindividueller Steuersätze, auf die jedoch u. U. aus Gründen der Wirtschaftlichkeit zugunsten eines konzernübergreifenden durchschnittlichen Satzes verzichtet werden kann.

Ein Verzicht auf die Rücklagenverrechnung des Goodwill sowie das Entfallen der Saldierungsmöglichkeit hinsichtlich der Unterschiedsbeträge aus der Verrechnung nach § 301 HGB erhöhen den Informationsnutzen, während der nicht mehr zulässige, differenzierte Ausweis des „negativen Goodwill" in seinen Auswirkungen umstritten ist.

II. Einheitsgrundsatz

Der Einheitsgrundsatz bzw. die Einheitstheorie wurde durch die nunmehr ausschließlich anzuwendende Neubewertungsmethode gestärkt. Denn ein Rechnungslegungssystem, das einen Unternehmenszusammenschluss nach der Erwerbsmethode darstellen will, erfordert bei gleichzeitig einheitstheoretischer Grundausrichtung eine Bewertung aller erworbener Posten zum Zeitwert und deren vollständige Aufnahme in die Konzernbilanz.

Den Einheitsgrundsatz zurückgedrängt sieht die Bundesregierung durch die Bewertung der latenten Steuern zum unternehmensindividuellen, statt zu einem durchschnittlichen Konzern-Steuersatz.

III. Grundsatz der Wirtschaftlichkeit und Wesentlichkeit

Der Grundsatz der Wirtschaftlichkeit ist betroffen, indem mit der allein zulässigen Neubewertungsmethode weitere Anforderungen an die Praxis einhergehen, wie z. B. Zeitwertbewertung und Goodwillfortschreibung, wobei als ebenfalls belastend die Umstellungskosten auf die Neubewertungsmethode beurteilt werden.

Eine grundsätzlich negative Auswirkung auf den Grundsatz der Wirtschaftlichkeit im Sinne einer Aufwandserhöhung ist auch der Neuregelung des Bewertungszeitpunkts gem. § 301 Abs. 2 HGB zu attestieren. Denn nach dem Schrifttum wird für den Regelfall des Unternehmenserwerbs die Notwendigkeit eines Zwischenabschlusses angenommen. Abgemildert wird dieser Effekt in bestimmten Sonderfällen durch die Erleichterungen der Sätze 3 und 4 der Vorschrift.

Zudem kann die bisherige Praxis bei der Darstellung sukzessiver Erwerbe beibehalten werden.

Die Bewertung zum beizulegenden Zeitwert stellt sich grundsätzlich aufwanderhöhend dar, um im Fall nicht verlässlich bewertbaren Umlaufvermögens u. U. schechterdings zu einer Bewertung zum beizulegenden Wert zu gelangen. Aber auch für die Ausnahmen vom Bewertungsmaßstabs des beizulegenden Zeitwerts, namentlich die Bewertung von Rückstellungen, und überdies für die Bilanzierung und Bewertung von latenten Steuern wird eine – in letzterem Fall erhebliche - Erhöhung des Aufwands für die bilanzierenden Unternehmen angenommen.

§ 301 Abs. 2 S. 4 HGB bringt eine Erleichterung zum grundsätzlich einheitlichen Bewertungszeitpunkt für bislang gem. § 296 HGB nicht konsolidierte Tochterunternehmen und wird auch als eine gesetzlich normierte Ausprägung des Grundsatzes der Wesentlichkeit aufgefasst, der Sachverhalte von untergeordneter Bedeutung in der Rechnungslegung zu vernachlässigen erlaubt.

IV. Grundsätze für Richtigkeit, Willkürfreiheit und Objektivität

Eine eher abträgliche Wirkung auf die bilanzielle Richtigkeit ist nach der Untersuchung der Einführung der Bewertung der übernommenen Vermögensgegenstände und Schulden zum beizulegenden Zeitwert gem. §§ 301 Abs. 1, 255 Abs. 4 HGB zu attestieren. Die Bewertungsregel, einen Marktpreis aus einem aktiven Markt anzusetzen, kann durch die damit eröffneten Beurteilungs- und Ermessensspielräume Gelegenheit für Fehler und Bilanzpolitik eröffnen, wobei schon der vom Bilanzersteller unbeeinflusste Marktpreis, bspw. aufgrund einer Marktenge, nicht zutreffend sein muss.

Diese negative Konsequenz ist auch für die weitere Zeitwert-Regelung zu unterstellen, die auf der zweiten Ebene die Anwendung „allgemein anerkannter Bewertungsmethoden“ fordert, jedoch nach dem Schrifttum mangels Marktwerten häufig heranzuziehen ist. Die Auslegungsbedürftigkeit des Begriffs führt zu Problemen hinsichtlich der Nachvollziehbarkeit; zudem führt die Anwendung der Methoden in die Probleme der Bewertungswissenschaft und –praxis und zeitigt, so das vertretene Urteil der Literatur, nicht nachvollziehbare, gegebenenfalls sachfremd beeinflusste Werten. Nicht nachvollziehbare Werte sind indessen ohne Wert für die Abschlussadressaten. Eine unsachgemäße Beeinflussung des Konzerngewinns und des Vermögens ist nicht auszuschließen, womit im Ergebnis eine negative Beeinflussung der Informationsfunktion verbunden ist.

Mangelnde Regelungen und daraus resultierend unterschiedliche Auffassung hinsichtlich der Folgen einer unzuverlässigen Zeitwertbewertung können ebenfalls zu Beeinträchtigungen der Willkürfreiheit führen.

Eine mögliche Beeinträchtigung der „Richtigkeit“ im bilanzrechtlichen Sinne bzw. Verlässlichkeit kann auch für die Rückstellungsbewertung unter Einbeziehung künftiger Preis- und Kostensteigerungen gesehen werden, da diese Neuerung nach dem Schrifttum erhebliche Ermessenspielräume mit sich bringt.

V. Grundsatz der Vorsicht

Nach den Gesetzesmotiven des BilMoG äußert sich das handelsrechtliche Vorsichtprinzip in der Anforderung, nur verlässliche *fair values* anzusetzen, wenngleich gem. dem herrschenden Verständnis dieses Prinzip eine vorsichtige, zurückhaltende Bewertung erfordert. Eine Zuordnung zu den Grundsätzen der Verlässlichkeit bzw. Richtigkeit und Willkürfreiheit erscheint sachgerechter. Überdies ist eine Normierung des Prinzips angesichts der „Bewertungsfreiheiten“ des *fair value* geboten.

Durch die Neuregelung der Rückstellungsbewertung wird nach Auffassung des Schrifttums ein Verstoß gegen das Realisationsprinzip als Ausprägung des Vorsichtsprinzips begangen, da in der verpflichtenden Diskontierung von zinsanteilsfreien Rückstellungen die Vorwegnahme nicht realisierter Erträge liege.

VI. Grundsatz der Vergleichbarkeit

Der ganz h. M entspricht auch, dass durch die Abschaffung des Wahlrechts zwischen Buchwert- und Neubewertungsmethode eine Verbesserung der Vergleichbarkeit von Abschlüssen erreicht wurde. Dem kann auf der theoretischen Ebene zugestimmt werden, durch die bislang vorherrschende Praxis, Unternehmenskäufe im HGB-Konzernabschluss nach der Buchwertmethode abzubilden, ist dieser Gewinn an Vergleichbarkeit jedoch zu relativieren.

Die Vergleichbarkeit bleibt auch nach dem BilMoG dadurch erheblich beeinträchtigt, dass weiterhin nach h. M. ein Wahlrecht zu Bewertung der Anschaffungskosten in Fällen von Tauschvorgängen zu Buchwerten, Buchwerten zuzüglich des Ausgleichsbetrags wegen ertragssteuerlicher Belastung oder zum Zeitwert besteht. Eine Abweichung vom Einzelabschluss wird dabei ebenfalls gebilligt.

Die Vergleichbarkeit ist zudem durch die Bewertung zum neu geregelten, beizulegenden Zeitwert aufgrund des Wertkonzeptionen-Mixes, unter dessen Bewertungsmethoden zunächst einmal Wahlfreiheit besteht, als erheblich eingeschränkt zu beurteilen. Allerdings sorgt ebenfalls der Grundsatz der Vergleichbarkeit in der Konkretisierung des Stetigkeitsgrundsatzes dafür, dass die Verletzung der Vergleichbarkeit dadurch eingeschränkt wird, dass gleichartige Sachverhalte grundsätzlich gleich bewertet werden müssen. Freilich steht bei der Beurteilung solcher Sachverhalte bereits ein nicht unerheblicher Spielraum zur

Verfügung. Auch eine Abweichung unter dem Vorwand verlässlicherer Bewertung erscheint möglich.

Die mögliche Saldierung latenter Steuern beeinträchtigt ebenfalls die Vergleichbarkeit.

Die nunmehr getrennt auszuweisenden Goodwills und passiven Unterschiedsbeträge durch den Wegfall der Saldierungsmöglichkeit von Unterschiedsbeträgen erhöht hingegen die Vergleichbarkeit der Abschlüsse verschiedener Konzerne, ebenso der Wegfall der erfolgsneutralen Verrechnung des Goodwill mit den Rücklagen. Denn nach dem Wegfall der Verrechnungsmöglichkeit durch das BilMoG kann der Goodwill-Ausweis nicht länger vermieden werden und in den Folgejahren muss in allen Konzernen eine planmäßige Abschreibung erfolgen.

VII. Grundsatz der Pagatorik

Die ausschließliche Anwendung der Neubewertungsmethode führt nach dem Schrifttum dazu, dass das Prinzip der Pagatorik im Fall von existenten Minderheitsgesellschaftern noch ein Stück weit mehr verlassen wird, als dies durch die Vollkonsolidierung ohnehin bereits geschieht. Denn die Minderheitsanteile, die nicht vom Mutterunternehmen erworben werden, jedoch im Konzernabschluss darzustellen sind, werden erst recht nicht zu Werten erworben, die sich aus der vollständigen Aufdeckung der stillen Reserven und Lasten ergeben.

G. Zwischenergebnis

Als Ergebnis des Zweiten Teils der Untersuchung lässt sich festhalten, dass die betrachteten Goodwill-Regelungen, die zumeist Bestandteil der HGB-Reform waren, im Großen und Ganzen Rechnungs-legungszwecke und -grundsätze des HGB mehr verletzen, als befördern. Ausnahmen können hierzu für die nunmehr allein zulässige Neubewertungsmethode festgestellt werden, die die Informationsfunktion sowie den Einheitsgrundsatz bzw. die Einheitstheorie des Konzernabschlusses eher unterstützt. Als besonders negativ hat sich die Einführung des *fair value* als ein Bewertungsmaßstab herausgestellt, der vielfältig negative Auswirkungen auf die Rechnungslegungsgrundsätze zeitigt, z. B. die bilanzielle Richtigkeit, Willkürfreiheit, den Grundsatz der Vergleichbarkeit und im Ergebnis auch die Informationsfunktion, während er das in dem so genannten „fair value-Paradigma“[1008] zum Ausdruck kommende Versprechen der Erhöhung des Informationsnutzens, soweit im Rahmen dieser Arbeit untersucht werden konnte, nicht oder nur eingeschränkt einhalten kann. Ebenso negativ wirkt sich die

---

1008 Hitz, Rechnungslegung zum fair value, 2005, S. 31.

konkrete Ausgestaltung der Regelungen des beizulegenden Zeitwerts im Kontext der Kaufpreisallokation aus.

Die Zielsetzung der Bilanzrechtsmodernisierung, die Informationsfunktion zu stärken, wird insofern nur partiell, nicht jedoch insgesamt erfüllt.

Dritter Teil: Grundlagen des Konzern-Goodwill, Regelungen der IFRS zur Goodwillermittlung und deren Auswirkungen auf die Qualität des IFRS-Konzernabschlusses

Im zweiten Teil der Arbeit wurden neben einer kurzen Darstellung der Ursachen eines Konzernabschlusses, dem Unternehmenserwerb in seinen Erscheinungsformen, in der Hauptsache diejenigen Vorschriften untersucht, die unmittelbar die Entstehung des Goodwill im Konzernabschluss betreffen. Für ein umfassendes Verständnis des Goodwill wurde zudem auch die rechtliche Entwicklung hinsichtlich seines bilanziellen Charakters im HGB dargestellt. Nunmehr soll der Goodwill nach internationalen Vorschriften genauer besehen werden, um zum Abschluss des Dritten Teils in § 7, analog zum Untersuchungsaufbau im handelsrechtlichen Teil der Arbeit, die Wirksamkeit der IFRS-Goodwill-Regelungen auf die bereits erarbeiteten IFRS-Rechnungslegungsziele und – grundsätze zu untersuchen.

§ 6 Grundlegendes und Regelungen zum Goodwill nach IFRS 3 (2008)

Zur Erarbeitung der Grundlagen des Geschäfts- oder Firmenwerts nach IFRS soll nun also für die internationalen Regelungen eine Vorgehensweise entsprechend derjenigen für die HGB-Regelungen verfolgt werden. Auf eine neuerliche Darstellung der Erscheinungsformen eines Unternehmenserwerbs ist indessen zu verzichten. Denn national liegen hier die Dinge gleich, während international freilich die unternehmensrechtlichen Regelungen der jeweiligen Staaten für die Transaktionen maßgeblich sind. Gleichermaßen erübrigen sich Ausführungen hinsichtlich der Pflicht, einen Konzernabschluss aufzustellen, da sich diese gem. § 315 a Abs. 1 HGB nach nationalem Recht beurteilt.[1009] Insofern kann die Darstellung im Rahmen der Goodwill-Grundlagen nach HGB in vollem Umfang Geltung beanspruchen.

Im Folgenden werden daher, diesem weitgehend analogen Aufbau angepasst, die Grundlagen des IFRS-Goodwill, namentlich die Anwendung des hier wesentlichen Regelungskomplexes, IFRS 3 *business combinations*, auf die verschiedenen Erscheinungsformen von Unternehmenszusammenschlüssen erarbei-

1009 Vgl. zur Thematik der Beurteilung der Aufstellungspflicht nach nationalem Recht Knorr/Buchheim/Schmidt, BB 2005, 2399, 2400 f., die zu eben diesem Ergebnis gelangen.

tet; danach erfolgt eine Untersuchung des bilanziellen Charakters des Geschäftswerts im Rahmen der IFRS, um dessen vermeintliche, eindeutige Zuordnung zu den „*assets*“[1010] einer Überprüfung zu unterziehen.

Schließlich werden im Zweiten Teil des Kapitels die „Ermittlungsmethode“ des Goodwill, also die Erwerbsmethode in der Ausgestaltung nach IFRS sowie die maßgeblichen Verrechnungsposten zur Kapitalkonsolidierung einer genauen Betrachtung unterzogen. Damit kann wie nach HGB am Ende des Kapitels das Ergebnis der Verrechnung und dessen Ausweis dargestellt werden.

A. Grundlagen des IFRS-Konzern-Goodwill

Zunächst wird also die Anwendung des IFRS 3 auf die verschiedenen Erscheinungsformen von Unternehmenszusammenschlüssen kurz umrissen.

I. Anwendung des IFRS 3 auf die verschiedenen Formen von Unternehmenszusammenschlüssen

Zu den Grundlagen des HGB-Goodwill wurden in der gebotenen Kürze die wesentlichen Erscheinungsformen von Unternehmenszusammenschlüssen erläutert. Dem IFRS-Goodwill liegen prinzipiell freilich die gleichen Ausprägungen von Erwerben zugrunde, da sich diese ja unabhängig vom jeweiligen Rechnungslegungssystem nach nationalen gesetzlichen Vorschriften vollziehen.

Nach IFRS 3 werden dabei im Grundsatz – abgesehen von wenigen Ausnahmen[1011] – alle Konstellationen von Unternehmenszusammenschlüssen abgebildet, bei denen ein Geschäftsbetrieb (*business*) erworben wird.[1012] Daher kann IFRS 3, wie eingangs der Untersuchung bereits erwähnt wurde, sowohl in einem Einzel-, als auch in einem Konzernabschluss angewendet werden.[1013]

Ein *business*, das notwendigerweise für die Anwendung von IFRS 3 erworben werden muss, wird nach IFRS 3.A als integrierte Gruppe von Tätigkeiten und Vermögenswerten verstanden, deren Führung und Managment möglich ist, um Erträge, geringere Kosten oder andere ökonomische Vorteile für Investoren,

1010 S. hierzu sogleich unter § 6 A. II. 2.

1011 Dabei handelt es sich nach IFRS 3.2 um Zusammenschlüsse zur Formierung eines Joint Venture und von Unternehmen unter gemeinsamer Beherrschung, vgl. hierzu Beck-IFRS-HB/Senger/Brune, 3. Aufl., § 34 Rn. 13, 20 -32; Förschle/Deubert in Beck Bil-Komm, 7. Aufl., § 301 Rn. 406.

1012 Beck-IFRS-HB/Senger/Brune, 3. Aufl., § 34 Rn. 12; Förschle/Deubert in Beck Bil-Komm, 7. Aufl., § 301 Rn. 405.

1013 Lüdenbach in Haufe IFRS-Komm., § 31 Rn. 1; S. auch IFRS 3 B6, worin die rechtlich unterschiedlichen Möglichkeiten einer business combination aufgeführt werden, die schließlich alle unter den Anwendungsbreich des IFRS 3 fallen.

andere Eigentümer oder Mitglieder zu generieren.[1014] IFRS 3 B7 enthält ausführliche Hinweise, die die Beurteilung eines Geschäftsbetriebs erleichtern mögen, indem charakteristische Elemente von Geschäftsbetrieben beschrieben werden.[1015]

1. Asset deal

Liegt ein *asset deal* vor, kommt es nicht zu einer Mutter- Tochter-Beziehung[1016] und die Erwerbsmethode nach IFRS 3 findet im Einzelabschluss statt und ebenso der Ansatz eines (Einzelabschluss)-Goodwill nach IFRS 3,[1017] wobei sich freilich nach nationalem Bilanzrecht für einen Jahresabschluss die Aufstellungspflichten nach §§ 242 ff. HGB, gegebenfalls i. V. m. §§ 264 ff. HGB hinsichtlich eines HGB-Jahresabschlusses ergeben.[1018]

Bestehen neben dem Erwerb von Reinvermögen andere Mutter-Tochter-Beziehungen, kann es – zumindest nach den Regelungen der IFRS - zu einer Anwendung von IFRS 3 im Einzel- und im Konzernabschluss kommen.[1019]

2. Share deal

Liegt ein *share deal* vor, entsteht regelmäßig ein Mutter-Tochterverhältnis nach IAS 27.1, .4, für das gem. IAS 27.9 ein Konzernabschluss nach den Vorgaben des IAS 27 aufzustellen ist.[1020] Dann kommt IFRS 3 nur im Konzernabschluss zur Anwendung,[1021] so dass nach IFRS 3 in diesem Fall ausschließlich ein Konzern-Goodwill ermittelt wird.

1014 S. zur veränderten business-Definition auch § 6 B. II. 1.

1015 S. hierzu die ausführliche Darstellung bei Beck-IFRS-HB/Senger/Brune, 3. Aufl., § 34 Rn. 3 -11 bzw. überblicksartig Hoffmann, PiR 2009, 281 f.

1016 IFRS-Komm./Baetge/Hayn/Ströher, IFRS 3 Rn. 27; Pellens/Fülbier/Gassen/Sellhorn, Internationale Rechnungslegung, 2008, S. 684.

1017 Beck-IFRS-HB/Senger/Brune/Elprana, § 33 Rn. 30 noch für IFRS 3 (2004). Vgl. auch die Anwendung der Akquisitionsmethode im Einzelabschluss nach Pellens/Fülbier/Gassen/Sellhorn, Internationale Rechnugnslegung, 2008, S. 687 ff.; IFRS-Komm./Baetge/Hayn/Ströher, IFRS 3 Rn. 27.

1018 Vgl. hierzu Winkeljohann/Philipps in Beck Bil-Komm, 7. Aufl., § 242 Rn. 1 ff., Winkeljohann/Schellhorn in Beck BilKomm, 7. Aufl., § 264 Rn. 1 ff.

1019 Lüdenbach in Haufe IFRS-Komm., § 31 Rn. 3.

1020 S. hierzu nachfolgend zum Verhältnis von IFRS 3 und IAS 27 § 6 B. I. 1 und 3. a), b), c) bzw. zur Aufstellungspflicht nach IAS 27 MünchKomm-BilR/Watrin/Hoene/Lammert, IFRS, IAS 27 Rn. 13.

1021 Lüdenbach in Haufe IFRS-Komm., § 31 Rn. 3; indirekt ebenso Pellens/Fülbier/Gassen/Sellhorn, Internationale Rechnungslegung, 2008, S. 687, 705 ff.; IFRS-Komm./Baetge/Hayn/Ströher, IFRS 3 Rn. 26.

3. Legal merger

Werden Umstrukturierungen durch Verschmelzung vorgenommen, kommt es für die Anwendung des IFRS 3 darauf an, ob eine Verschmelzung durch Aufnahme oder durch Neugründung vorliegt,[1022] so genannt *statutory merger* bzw. *statutory consolidation*.[1023] Bei ersterer Variante ist wie im Fall des *asset deals* IFRS 3 im Einzelabschluss und in einem gegebenfalls - nicht aufgrund der Verschmelzung, sondern wegen weiterer Tochterunternehmen auszustellenden – Konzernabschluss anzuwenden.[1024] Bei einer Verschmelzung durch Neugründung liegt kein Unternehmenszusammenschluss mit dem neugegründeten Unternehmen vor, sondern als Erwerber im Sinne des IFRS 3 ist das bzw. eines der eingebrachten Unternehmen anzusehen.[1025]

II. Rechtsnatur

Neben der Frage, aufgrund welcher Formen von Unternehmenszusammenschlüssen IFRS 3 im Konzernabschluss zur Anwendung und folglich ein konzernbilanzieller Goodwill zum Ansatz kommt, ist auch für die IFRS von grundlegendem Interesse, von welcher Rechtsnatur der IFRS-Geschäftswert ist.

Eine Unterscheidung zwischen dem Goodwill des Einzelabschlusses und einem konzernbilanziellen Goodwill ist dabei aber weder möglich, noch erforderlich. Denn es existiert, wie vorangehend ausgeführt wurde, nur eine einheitliche Regelung des Goodwill in IFRS 3. In Folge dessen finden sich auch im Schrifttum ausschließlich Auffassungen zur Rechtsnatur des Goodwill, die sich unterschiedslos auf den Firmenwert in beiden Abschlüssen beziehen.

Allerdings wird eine andere Unterscheidung notwendig, wie in den nun folgenden Ausführungen erläutert wird.

1. Vorbemerkung zum Mehrheiten- und Minderheiten-Goodwill

Zur Erarbeitung der Rechtsnatur des Goodwill erscheint die Vorbemerkung erforderlich, dass sich nach den Vorschriften des neuen IFRS 3 (rev. 2008) für die Mutterunternehmen die Möglichkeit eröffnet hat, im Konzernabschluss einen Minderheiten-Goodwill anzusetzen. Wie dies konkret von Statten geht, wird die weitere Untersuchung darstellen. Jedenfalls handelt es sich bei diesem Teil des Gesamt-Goodwill im Ergebnis um jenen, der als auf die Minderheiten entfallen-

1022 S. hierzu bereits § 4 A. II. 3.

1023 Vgl. zu den Begriffen IFRS-Komm./Baetge/Hayn/Ströher, IFRS 3 Rn. 23.

1024 Im Ergebnis ebenso Lüdenbach in Haufe IFRS-Komm., § 31 Rn. 3. Pellens/Fülbier/Gassen/Sellhorn, Internationale Rechnugnslegung, 2008, S. 684 ff. fassen vereinfachend die Fusion und den asset deal für ihre Darstellung der Anwendung des IFRS 3 zusammen.

1025 Lüdenbach in Haufe IFRS-Komm., § 31 Rn. 3, f.; IFRS 3 B18.

der Anteil daran nach HGB *nicht* angesetzt wird.[1026] Der (Mehrheiten-) Goodwill erhöht sich also um den auf die Minderheiten entfallenden Anteil daran.[1027]

Es erscheint erforderlich, im Rahmen der Analyse der Rechtsnatur immer wieder gesondert auf den Minderheiten-Goodwill bzw. den diesen enthaltenden Gesamt-Goodwill einzugehen, da nicht ausgeschlossen werden kann, dass sich dessen Rechtsnatur vom Mehrheiten-Goodwill unterscheidet.

2. Goodwill als immaterieller Vermögenswert

Der bilanzielle Charakter des (Mehrheiten-)Goodwill stellt im Rahmen der IFRS bisher eine Thematik dar, die ganz im Gegensatz zum – unreformierten - HGB als unumstritten bezeichnet werden kann. Es entspricht nämlich der ganz h. M., dass es sich beim Goodwill um einen immateriellen Vermögenswert (*intangible asset*) handelt.[1028] Prinzipiell handelt es sich dabei um einen Wert nicht monetärer Art und ohne physische Substanz.[1029] Eine Stütze der Auffassung von der *asset*-Qualität des Goodwill fand sich in IFRS 3.51 a) (2004) selbst, da dort eine Qualifizierung des Goodwill vorgenommen wurde. Die Vorschrift forderte, der Erwerber möge den Goodwill, der in einem Unternehmenszusammenschluss erworben wurde, als Vermögenswert ansetzen. Im neuen IFRS 3 Appenidx A ist nunmehr, wie bereits dargestellt wurde, der Goodwill definiert als *asset*, das zukünftigen ökonomischen Nutzen aus nicht einzeln identifizier- und aktivierbaren Vermögenswerten repräsentiere.

Obwohl das IASB den Goodwill als *asset* bezeichnet und die h. M. von einem solchen Charakter ausgeht, ist insbesondere aufgrund der Neuregelungen in IFRS 3 (2008) fraglich, ob der IFRS-Geschäfts- oder Firmenwert die konkreten und abstrakten Kriterien erfüllt, die ein immaterieller Vermögenswert für seine Bilanzierung generell zu erfüllen hat. Denn es ist nicht auf den ersten Blick ersichtlich, warum ein Posten mit der eben beschriebenen Definition selbst einen

1026 S. u. a. § 5 B. II.

1027 S. die Ausführung hierzu unten, § 6 B. II. 2 b), 3. c).

1028 Rammert in Haufe IFRS-Komm., § 51 Rn. 71; Beck-IFRS-HB/Senger/Brune/Elprana, § 33 Rn. 94; Fasselt/Brinkmann in Beck HDR, B211 a, Rn. 33; Baetge/Kirsch/Thiele, Bilanzen, 2005, S. 340, Pellens/Fülbier/Gassen, Internationale Rechnungslegung, 2004, S. 626, Schruff in Wiley-IAS/IFRS, 2004, Abschnitt 11, Rn. 56; Weber in Wiley-IFRS 2009, Abschnitt 11, Rn. 18; Krolak, Bilanzielle Behandlung, 2000, S. 19. A.A. Kühnberger, DB 2005, 677, 683 der die Vermögenswert-Eigenschaft des Goodwill zwar als Tatsache hinnimmt, die Qualifizierung als asset jedoch nicht überzeugend findet und schließlich negiert.

1029 Vgl. die Definition in IAS 38.8. Zur Definition und Einordnung immaterieller Güter vgl. Wulf, Immaterielle Vermögenswerte nach IFRS, 2008, S. 19 ff., Heyd/Lutz-Ingold, Immaterielle Vermögenswerte und Goodwill nach IFRS, 2005, S. 1 m.w. N.

Vermögenswert darstellt, gehen doch andere Werte, die gerade keine identifizierbaren und aktivierbaren Positionen verkörpern, in ihn ein.[1030]

Für eine Klassifizierung als immaterieller Vermögenswert hat ein Sachverhalt zunächst die Vermögenswertdefinition des Rahmenkonzepts der IFRS zu erfüllen.[1031]

3. Definitionskriterien des immateriellen Vermögenswerts

Ein *asset* liegt grundsätzlich dann vor, wenn es folgende Definitionskriterien auf der Ebene der abstrakten Aktivierungsfähigkeit erfüllt:[1032] Ein Unternehmen hat aufgrund von Ereignissen in der Vergangenheit (*past event*) eine Ressource in seiner Verfügungsmacht (*controlled*), von der ein künftiger wirtschaftlicher Nutzen (*future economic benefit*) erwartet wird, F.49 (a).[1033]

Die Vorschrift des Par. 49 (a) des IFRS- Rahmenkonzepts erhält verbindliche Wirkung durch die Bezugnahme in IAS 1.13 auf die Vorschriften des *framework*.[1034] Darin wird die Darstellung der tatsächlichen Verhältnisse der Vermögens-, Finanz- und Ertragslage postuliert, u. a. gemäß den im Rahmenkonzept enthaltenen Definitionen und Erfassungskriterien für Vermögenswerte und Schulden.

Die *asset*-Regelung des Rahmenkonzepts wird auch in IAS 38.8, 13 ff. für immaterielle Vermögenswerte nahezu gleichlautend aufgegriffen und weiter ausgeführt. Auf den Goodwill aus einem Unternehmenszusammenschluss nach IFRS 3 ist IAS 38 nach Par. 3 (f) der Vorschrift hingegen nicht anwendbar, vielmehr wird der Geschäftswert hier explizit aus dem Anwendungsbereich ausgenommen.

a) Ereignis der Vergangenheit

Mit dem Merkmal „Ereignis der Vergangenheit“ soll nach einer v. A. grundsätzlich verdeutlicht werden, dass zukünftige Ereignisse nicht bilanzierungsfähig sind, sondern ein Nutzen generierendes Gut beim Unternehmen bis zum Bilanzstichtag vorliegen oder der identifizierbare wirtschaftliche Vorteil bereits bis dahin eingetreten sein müsse.[1035] Nach a. A. kommt dem Kriterium offenbar

---

1030 In ähnlicher Weise begründet auch Kühnberger, DB 2005, S. 677 seine ablehnende Haltung zum Goodwill-Vermögenswertcharakter.

1031 MünchKommBilR/Böcking/Wiederhold, IFRS, IAS 38 Rn. 10; Hoffmann in Haufe IFRS-Komm., § 13 Rn. 13.

1032 Esser/Hackenberger, DStR 2005, 708; Lüdenbach/Hoffmann in Haufe IFRS-Komm., § 1 Rn. 88.

1033 MünchKommBilR/Kleindiek, IFRS, Einf Rn. 104.

1034 Vgl. Beck-IFRS-HB / Bohl, Mangliers, § 2 Rn. 42.

1035 MünchKommBilR/Böcking/Wiederhold, IFRS, IAS 38 Rn. 12. Ähnlich Beck IFRS-HB/Wawrzinek, 3. Aufl., § 2 Rn. 73.

keine solche Bedeutung zu, vielmehr wird es neben anderen der Grundlagendefiniton als nicht aussagekräftig beurteilt, da jedem ökonomischen Effekt ein Ereignis vorhergehen müsse.[1036] Im Zusammenhang mit IAS 10 betrachtet, der festlegt, wann Ereignisse bis zum Bilanzstichtag als eingetreten oder der Folgeperjode zugehörig anzusehen sind,[1037] ist erstgenannte Auffassung als vorzugswürdig zu beurteilen.

aa) Mehrheiten-Goodwill

Offen erscheint für den Geschäftswert im Kontext eines Unternehmenszusammenschlusses und als Residualwert, auf welchen Sachverhalt bei der Subsumtion unter die Voraussetzung *past event* von F 49 (a) abzustellen ist. Das IASB geht in seiner (knappen) Untersuchung der Erfüllung der *asset*-Definition des Rahmenkonzepts durch den Goodwill in den Materialien zu IFRS 3[1038] nicht auf dieses Tatbestandsmerkmal ein.

Maßgeblich könnte auf der einen Seite der immer vorliegende Unternehmenskauf, unabhängig von seiner konkreten rechtlichen Ausgestaltung, sein. Ereignisse der Vergangenheit könnten jedoch auch diejenigen darstellen, aufgrund derer das erworbene Unternehmen die im Goodwill enthaltenen Werte beherrscht.

Für erstere Lösung spricht, dass der Unternehmenserwerb jedenfalls als derjenige Erwerbsvorgang gilt, bei dem der Goodwill als derivater Geschäfts- oder Firmenwert erworben wird.[1039] Aufgrund des Residualcharakters erscheint andererseits ein Abstellen auf die im Goodwill enthaltenene Vermögenswerte denkbar, da dieser sich bilanziell, auch im Rahmen des IFRS 3, wie zu zeigen sein wird, grundsätzlich als Differenz aus dem Wert der Anteile und dem bilanziellen Eigenkapital ergibt.[1040] Letzteres richtet sich nach den übernommenen Werten und ein Gut, das (noch) keinen ansatzfähigen Vermögenswert darstellt, kann nicht im Rahmen der Kapitalkonsolidierung zur Goodwillermittlung angesetzt werden. Allerdings erscheint es wenig praktikabel, auf die einzelnen Erwerbe abzustellen. Außerdem wird der Goodwill als einheitlicher Wert angesetzt und

1036 Lüdenbach/Hoffmann in Haufe-IFRS Komm, § 1 Rn. 89 befinden das Kriterium als „nichts sagend“. Als „breit dehnbar“ beurteilen das Kriterium Wüstemann/Duhr, BB 2003, 247, 249.

1037 MünchKommBilR/Böcking/Wiederhold, IFRS, IAS 38 Rn. 12; Küting/Dawo, BFuP 2003, 397, 402.

1038 Basis für Conlusions on International Financial Reporting Standard, IFRS 3 Business Combination, IFRS 3 BC322, f.

1039 S. bereits die Ausführungen zu Beginn der Untersuchung, Erster Teil, A. I. 1.

1040 Vgl. die Beschreibung der Goodwill-Enstehung bei Lüdenbach in Haufe IFRS-Komm, § 31 Rn. 18; Beck-IFRS-HB/Senger/Brune/Elprana, § 33 Rn. 95.

nicht etwa entsprechend dem *bottom-up*-Ansatz[1041] in seine Komponenten zergliedert. Auch hinsichtlich des Erwerbszeitpunkts gilt für alle erworbenen Positionen einschließlich des Goodwill einheitlich derjenige des Kontrollerwerbs über das Unternehmen.[1042]

Damit kann angenommen werden, dass für den Mehrheiten-Goodwill das Ereignis der Vergangenheit im Erwerb des Tochterunternehmens liegt, der bis zum Bilanzstichtag eingetreten sein muss. Daher kann das Kriterium als erfüllt betrachtet werden.

bb) Gesamt- bzw. Minderheiten-Goodwill

Für den Minderheiten-Goodwill bestehen hinsichtlich der Erfüllung des Definitionskriteriums *past event* demgegenüber erhebliche Zweifel. Es ist fraglich, ob der Minderheiten-Goodwill im Falle eines Beteiligungserwerbs unter 100 % tatsächlich vollständig aus dem Unternehmenserwerb als früherer Begebenheit herrührt, mit anderen Worten, ob der Minderheiten-Goodwill ebenfalls miterworben wurde.

Ein Unternehmenserwerb bezieht sich bspw. im Fall des Anteilserwerbs rechtlich auf die Mehrheitsbeteiligung, die Minderheitsbeteiligung hingegen verbleibt bei konzernfremden Anteilseignern. Insofern ist fraglich, wofür Werte über den beizulegenden Zeitwert des anteiligen Nettovermögens am akquirierten Unternehmen hinaus entrichtet werden: Die Kern-Bestandteile des Goodwill, *going concern*- und Synergie-Goodwill mit den darin verkörperten Werten, werden schon, nach IFRS 3 a. und n. F., vollständig über den Mehrheiten-Goodwill erfasst, ebenfalls die anderen, jedoch nicht konzeptionell dem Goodwill zuzuschlagenen Elemente.[1043]

Die Potenziale des erworbenen Unternehmens hinsichtlich zukünftiger Einzahlungen in den Konzern und Synergieeffekte beziehen sich in der Regel anteilig auf die Mehrheitsbeteiligung. Der Minderheits-Goodwill hingegen umfasst die den Minderheiten zukommenden Potenziale.[1044] Zwar mögen sich die Potenziale von Mehrheits- und Minderheitsanteilen in der Kontrolle des Mutterunternehmens befinden,[1045] ein Erwerb der Minderheitsbeteiligung einschließlich ihrer Potenziale fand dennoch gerade nicht statt. Der Erwerber zahlt nur auf Kapitalisierungsmehrwerte und Synergieeffekte, die ihm zugute kommen - er bezahlt den Mehrheiten-Goodwill.[1046] Obwohl die Tageswertrücklagen und –lasten voll-

1041 S. hierzu nochmals § 2 II.

1042 S. zum Erwerbszeitpunkt § 6 B. II. 2. b).

1043 Vgl. hierzu § 2 A. III.

1044 Vgl. Haaker, KoR 2006, S. 451, 454.

1045 Hierzu sogleich die Ausführungen zum Definitionskriterium controlled.

1046 Ebenso Haaker, KoR 2006, S. 451, 455.

ständig im Rahmen der Aquisitionsmethode nach IFRS 3, die insofern, wie noch zu zeigen sein wird, der Neubewertungsmethode nach HGB entspricht, aufgedeckt werden, beeinflusst dies den anzusetzenden (Mehrheiten-)Goodwill nicht, da nur das *anteilige* neubewertete erworbene Nettovermögen zu seiner Ermittlung herangezogen wird. Damit wird für den Mehrheiten-Goodwill nur auf die tatsächlich erworbene Beteiligung rekurriert, während demgegenüber der *full goodwill* bzw. der Minderheiten-Goodwill nicht direkt als Ergebnis aus Ansatz und Verrechnung der Beteiligung und damit aus dem Erwerbsvorgang hervorgeht.[1047]

Hinsichtlich des Minderheiten-Goodwill kann daher als Ergebnis festgehalten werden, dass ein Erwerb nicht stattfand und dieser damit kein „*result of past events*“ darstellt.

b) Kontrolle

Kontrolle, als Kriterium nach F.49 zu erfüllen, besteht nach dem auf den Goodwill nicht anwendbaren IAS 38. 13 über immaterielle Werte grundsätzlich dann, wenn dem Unternehmen der künftige Nutzen der Ressource zufließt und andere vom Zugriff darauf ausgeschlossen werden können.[1048]

aa) Mehrheiten-Goodwill

Für den Goodwill erscheint – wenn der Unternehmenserwerb als maßgebliches Ereignis unterstellt wird –, das Merkmal „Beherrschung“ notwendig erfüllt: Bei einem Unternehmenskauf i. S. d. IFRS 3 ist ein Erwerber zu definieren nach IAS 3.6, der dann einen solchen darstellt, wenn er nach den Kriterien des IAS 27, konkret IAS 27.4 über das erworbene Unternehmen die Beherrschung übernimmt, IFRS 3.7.[1049] Damit besteht auch die Beherrschungsmöglichkeit über dessen Vermögenswerte und über den miterworbenen Goodwill.

Dies sieht das IASB in seinen Ausführungen zum Goodwill als Vermögenswert ähnlich. Aufgrund der Macht des Erwerbers, die Geschäftspolitik des

---

1047 S. hierzu nur Pellens/Sellhorn/Amshoff, DB 2005, 1749, 1752, die zu ED IFRS bemerken, dass nur Teile des full goodwill, also der Mehrheiten-Goodwill, im Rahmen der Akquisition erworben wurden. Deutlich wird dies auch bei Lüdenbach in Haufe-IFRS Komm, § 31 Rn. 123, der eine Modellrechnung des full goodwill zeigt. S. hierzu ebenfalls schon Zweiter Teil, A. II. 2. c), dessen Ausführungen für die Goodwill-Hochrechnung für die IFRS entsprechend gelten können.

1048 IAS 38.13; MünchKommBilR/Böcking/Wiederhold, IFRS, IAS 38 Rn. 10; Beck IFRS-HB/Wawrzinek, 3. Aufl., § 2 Rn. 74. Zur Kontrolle bei Unternehmenszusammenschlüssen IAS 27.4, vgl. dort und Watrin/Lammert, Konzeption des Beherrschungsverhältnisses nach IFRS, KoR 2008, 74-79 sowie Lüdenbach in Haufe-IFRS Komm, § 32 Rn. 18 ff.

1049 S. hierzu § 6 B. II. 2 a).

erworbenen Unternehmens zu bestimmen, sei Beherrschung gegeben, während es auf die Verfügungsmacht über einzelne Goodwill-Komponenten, wie z. B. Mitarbeiter-Know How, die nicht beherrschbar seien, nicht ankomme.[1050]

bb) Gesamt- bzw. Minderheiten-Goodwill

Diese Feststellungen trifft das IASB undifferenziert für *den* Goodwill, der nach neuem IFRS 3 auch den Minderheiten-Goodwill umfassen kann. Damit scheint das *board* - soweit es den Minderheiten-Goodwill gedanklich berücksichtigt – von einem *full goodwill* auszugehen, für den Verfügungsmacht gegeben sei.

Der Auffassung des IASB, es bestehe Beherrschung über den *full goodwill* und damit auch für den Minderheitenanteil daran kann gefolgt werden. Das Mutterunternehmen beherrscht aufgrund seines Kontrollerwerbs alle Werte des Tochterunternehmens und kann über einen Gesamt-Goodwill dank seiner Kontrollerlangung ebenso bestimmen wie über die anderen Positionen, die bei vorhandenen Minderheitsgesellschaftern ebenfalls nur anteilig erworben wurden.[1051]

c) Künftiger Nutzenzufluss

Der zukünftige wirtschaftliche Nutzen i. S. d. F.49 (a) repräsentiert das Potenzial, direkt oder indirekt zum Zufluss von Zahlungsmitteln und Zahlungsmitteläquivalenten beizutragen, F.53.[1052] Das Potenzial zur Zahlungsmittelgenerierung steckt nach dem Willen des IASB auch in Einsparungen, wie in F.53 erläutert wird, denn es ist auch dadurch gegeben, dass der Mittel*abfluss* (*cash outflows*) im Unternehmen vermindert werden kann, wie z. B. bei einer Verminderung von Produktionskosten durch ein alternatives Herstellungsverfahren.[1053]

aa) Mehrheiten-Goodwill

Fraglich ist, ob in dieser Weise der zukünftige Nutzen des Goodwill bestimmt werden kann. Die Eigenschaft des Goodwill als Restgröße lässt einige Autoren die Vereinbarkeit mit der Qualifizierung als „Vermögenswert" kritisch andenken; jedoch gelangt man zu dem Schluss, dass hierin kein Argument gegen den Geschäfts- als Vermögenswert liegt. Begründet wird dies damit, dass der Goodwill eine Zahlung sei, die das akquirierende Unternehmen aufgrund eines erwar-

---

1050 IFRS 3 BC323 ; Ähnlich schon Wüstemann/Duhr, BB 2003, 247, 249.

1051 Ebenso Haaker, KoR 2006, 451, 454; ED-IFRS 3 BC136 ff.

1052 MünchKommBilR/Kleindiek, IFRS, Einf Rn. 104; Beck IFRS-HB/Wawrzinek, 3. Aufl., § 2 Rn. 7 nennt dies „Beitrag zur Erhöhung des Cashflow".

1053 Beck IFRS-HB/Wawrzinek, 3. Aufl., § 2 Rn. 75 nennt dies „Verhinderung eines Abflusses von Geld".

teten künftigen ökonomischen Nutzens aus nicht einzeln identifizier- oder aktivierbaren Vermögenswerten geleistet hat.[1054]

Da sich grundsätzlich im Geschäftswert ein Potpourri aus Werten sammelt, die einem Unternehmen zu dessen Gewinnerzielung nutzen,[1055] und insbesondere Synergieeffekte als „Einsparungseffekte" enthalten sind, ist diese Voraussetzung wohl regelmäßig als erfüllt anzusehen.

Fraglich erscheint die Erfüllung der Voraussetzung „Nutzenzufluss" jedoch für den Sonderfall, dass der Geschäftswert nur aus Komponenten außerhalb des *core goodwill*, bspw. Überzahlungen und Bewertungsfehlern besteht.[1056] Das IASB stellte bereits schon früher fest, dass die Aktivierung nicht vom *core goodwill* umfasste *components* „aus rein typisierender Absicht" einschließe, obwohl sie keine *asset*-Eigenschaft haben und außerdem Bedenken gegen sie hinsichtlich ihrer „Abbildungstreue (Representational Faithfulness)" [1057] gehegt werden. Für den reformierten IFRS 3 äußert sich das IASB hingegen nur dahingehend, dass der *core goodwill* Ressourcen repräsentiere, die zukünftigen Nutzen erwarten ließen und die konzeptionellen Definitionskriterein erfülle.[1058] Eingangs der Untersuchung wurde indes schon die Haltung des IASB zu den weiteren Goodwill-Komponenten beschrieben, die es grundsätzlich nicht als konzeptionelle Goodwill-Bestandteile anerkennt.[1059] Da jedoch in IFRS 3, wie zu zeigen sein wird, eine, wenngleich residuale, so aber doch einheitliche Ermittlung eines Wertes geregelt ist, ist keine Aufspaltung vorzunehmen. Dennoch muss hinsichtlich des Merkmals „Nutzenzufluss" für den Fall, dass kein *core goowill* vorhanden ist, wohl gesagt werden, dass es per se nicht als erfüllt betrachtet werden kann.[1060]

bb) Gesamt- bzw. Minderheiten-Goodwill

Die soeben zitierte Feststellung des IASB, dass der Kern-Goodwill Ressourcen mit Nutzenzufluss repräsentiere, trifft das IASB ebenfalls undifferenziert und daher wohl für den Gesamt-Goodwill.

Es stellt sich die Frage, ob dem gefolgt werden kann. Problematisch erscheint, dass der Minderheiten-Goodwill, wie vorangehend ausgeführt, nicht tatsächlich erworben wird. Vielmehr verbleibt der Minderheitenanteil im Eigen-

---

1054 Vgl. hierzu Beck-IFRS-HB/Senger/Brune/Elprana, § 33 Rn. 94 bereits für IFRS 3. Nun ist dies so auch in der Definition in IFRS 3 Appenix A enthalten.

1055 Vgl. die Darstellung der ökonomische Bestandteile des Goodwill, § 2 A. II.

1056 S. zu diesen Goodwill-Bestandteilen bereits § 2 A. III.

1057 Wüstemann/Duhr, BB 2003, 247, 249.

1058 Vgl. IFRS 3 BC322 f. n. F.

1059 S. wiederum § 2 A. III.

1060 Gleicher Ansicht offenbar Hachmeister/Kunath, KoR 2005, 62, 65.

tum der Minderheitsgesellschafter. Es wird ihm jedoch ein fiktiver (Minderheiten-)Goodwill dergestalt zugeschlagen, dass er nicht bezahlt, sondern errechnet wird für den Bewertungszeitpunkt, der für die Erstkonsolidierung zugrundelegt wird.[1061]

Wird indessen ein zukünftiger Nutzen des Minderheiten-Goodwill unterstellt, ergibt sich die weitere Problematik, dass sich diese Werte nur in positiven Zahlungseffekten für die Minderheitsgesellschafter niederschlagen und auch nur die nicht kontrollierenden Gesellschafter davon profitieren, bspw. durch auf sie entfallende Gewinn-Ausschüttungen.[1062] Von einem interessentheoretisch ausgerichteten Standpunkt kann damit in erster Linie kein Nutzen für die Muttergesellschafter gesehen werden. Allenfalls könnte in dem Umstand auch ein Nutzen für diese erkannt werden, dass die im Minderheiten-Goodwill verkörperten Potenziale durch Gestaltungsmaßnahmen der Konzernmutter unter einzelnen Einheiten des Konzerns verschoben werden und so einen gewissen Wert für das Mutterunternehmen aufweisen können.[1063] Da die IFRS jedoch einen einheitstheoretischen Blickwinkel verfolgen, ist wohl davon auszugehen, dass der Nutzenzufluss aus den Minderheitspotenzialen den Konzerneignern einer tatsächlichen wirtschaftlichen Einheit Konzern zukommt.[1064]

d) Identifizierbarkeit

Die Bilanzierungsfähigkeit immaterieller Güter hängt im Gegensatz zu materiellen Vermögenswerten von einem weiteren Kriterium ab. Es handelt sich um die Voraussetzung, „identifzierbar" (*identifiable*) zu sein, die ein zusätzliches Definitionskriterium für immaterielle Vermögenswerte gem. IAS 38.8, .11 f. darstellt.[1065] In Frage steht, ob das Kriterium auch auf den Goodwill Anwendung findet, wenn nicht über IAS 38, so über die Anforderungen in IFRS 3 B31 ff., die sich weitgehend auf die Kriterien der erstgenannten Vorschrift beziehen.[1066]

Nach einer vertretenen Auffassung muss der Geschäftswert, ebenso wie alle anderen immateriellen Werte, identifizierbar sein; beim Geschäfts- oder Fir-

1061 Dies ergibt sich daraus, dass er über den fair value des Minderheiten-Anteils errechnet wird, s. dazu unten § 6 B. II. 3. c) bb). S. hierzu grundlegend Schmidt, FS Siegel, 161, 165.

1062 Ähnlich Haaker, PiR 2008, 188, 192; Haaker, PiR 2006, 27.

1063 Vgl. Haaker, KoR 2006, 451, 454 mit Rekurs auf Pellens/Neuhaus/Nölte, FS Graßhoff, 2005, S. 45 f.

1064 Im Ergebnis wohl ähnlich Harr/Eppinger/Zeyer, PiR 2009, 1, 2, die jedoch etwas missverständlich vom Kauf der Minderheitsanteile sprechen. Dieser findet jedoch gerade nicht statt.

1065 MünchKommBilR/Böcking/Wiederhold, IFRS, IAS 38 Rn. 14; so zu verstehen wohl auch Beck IFRS-HB/Wawrzinek, 3. Aufl., § 2 Rn. 77.

1066 Beck-IFRS-HB/Senger/Brune/Elprana, 3. Aufl., § 34 Rn. 106.

menwert sei das Kriterium nur schon dadurch erfüllt, „als dieser als Residualgröße nach der Identifizierung aller anderen immateriellen Vermögenswerte abgegrenzt werden kann und dann ‚identifizierbar' übrig bleibt."[1067]

Dem ist nur darin zuzustimmen, dass der Goodwill im Rahmen einer Subtraktion als Restwert errechnet wird. Jedoch wird die Anforderung „*identifiable*" durch IAS 38.12 (a), aber auch IFRS 3 B33 f. in der Weise konkretisiert und ausgelegt, dass Separierbarkeit des Werts – gegebenfalls im Kontext eines Vertrags oder anderer Vermögenswerte oder Verpflichtungen - vorliegen muss, mithin seine selbständige Veräußerbarkeit oder sonstige Übertragbarkeit oder Nutzbarkeit, z. B. durch Lizenzierung. Es kommt bei der Identifizierbarkeit darauf an, den Wert in irgendeiner Weise durch Hingabe wirtschaftlich nutzen und einen Gegenwert erhalten zu können,[1068] wobei die potenzielle Möglichkeit der Verwertung maßgeblich ist.[1069] Somit ist entscheidend – vergleichbar zum HGB - seine Einzelverwertbarkeit. „*Identifiable*" bedeutet hingegen nicht auf irgendeine Weise (wieder-) erkennbar, bestimmbar oder unterscheidbar.

Des weiteren kann sich die Identifizierbarkeit gem. IAS 38.12 b) daraus ergeben, dass der immaterielle Vermögenswert aus vertraglichen oder anderen gesetzlichen Rechten entsteht, unabhänging von deren Übertragbarkeit oder Separierbarkeit vom Unternehmen oder von anderen Rechten oder Verpflichtungen. Damit könne sich die die Identifizierbarkeit bspw. durch erworbene Besitzrechte oder Schutzrechte ergeben.[1070] In IFRS 3 B32 werden diese Anforderungen durch Beispiele konkretisiert, so können danach vorteilhaft ausgestaltete, aber nicht übertragbare Verträge oder behördliche, nicht übertragbare Genehmigungen das *contracual-legal* Kriterium erfüllen. Die „Fundierung" auf Rechten aus Vertrag oder Gesetz wird für immaterielle, im Rahmen eines Unternehmenszusammenschlusses erworbene Werte als relativ unproblematisch beurteilt, da für diese *assets* Verträge mit außenstehenden Dritten vorliegen werden.[1071]

Vor einer Untersuchung, inwieweit der Goodwill das eine oder andere Identifizierbarkeits-Kriterium erfüllen könnte, gilt es die Frage zu klären, ob diese Anforderung überhaupt auf den Geschäftswert Anwendung findet oder nicht vielmehr ausgeschlossen ist.

1067 Krolak, Bilanzielle Behandlung, 2000, S. 20.

1068 Beck-IFRS-HB/Senger/Brune/Elprana, § 33 Rn. 60; MünchKommBilR/Böcking/Wiederhold, IFRS, IAS 38 Rn. 14.

1069 Beck-IFRS-HB/Senger/Brune/Elprana, 3. Aufl., § 34 Rn. 107.

1070 Beck-IFRS-HB/Scheinpflug, 3. Aufl., § 4 Rn. 6, Zitat genommen bei Wehrheim, DStR 2000, 87.

1071 Beck-IFRS-HB/Senger/Brune/Elprana, 3. Aufl., § 34 Rn. 107.

aa) Anwendbarkeit des Kriteriums auf den Goodwill

In IFRS 3 B31 wird wie auch in IFRS 38.11 gefordert, dass ein Ansatz immaterieller Werte zu erfolgen habe, und zwar separat vom Goodwill. Letztere Vorschrift beschreibt den Zweck des Kriteriums darin, einen immateriellen Vermögenswert vom Goodwill unterscheiden zu können. [1072] Dementsprechend wird den Definitionskriterien und insbesondere der Identifizierbarkeit eine besondere Bedeutung für die Abgrenzung zum Goodwill aus einem Unternehmenszusammenschluss zuerkannt.[1073] Insbesondere die Regelung des IAS 38 wird so aufgefasst, dass Identifizierbarkeit positiv erfüllt ist, wenn ein Wert separierbar ist oder aus Rechten oder Verpflichtungen abgeleitet werden kann; negativ würde zunächst einmal die Unterscheidungsmöglichkeit vom Goodwill verlangt.[1074]

Ist auch die Annahme eines negativen Tatbestandsmerkmals nicht unbedingt unangreifbar, da in IAS 38.11 die Unterscheidbarkeit als Zielsetzung und in IFRS 3 B31 als Konkretisierung der Ansatzpflicht („*The acquirer shall recognise, separatly from goodwill*, (…)“) formuliert ist, so könnte hingegen aus der Zwecksetzung der Normen gefolgert werden, dass das Kriterium für den Goodwill nicht einschlägig sein soll. Eine Ansatzvoraussetzung nämlich, die nur den Zweck verfolgt, Vermögenswerte von einem anderen Vermögenswert, dem Geschäfts- oder Firmenwert, abzugrenzen, kann im Fall dieses Vermögenswerts selbst kaum Anwendung finden. Ein Abgrenzungskriterium wird nämlich dann obsolet, wenn es um denjenigen Gegenstand geht, von dem die Abgrenzung erfolgen soll - der Geschäfts- oder Firmenwert muss und kann nicht von sich selbst abgegrenzt werden. Insofern böte die mangelnde Erfüllung der Ansatzvoraussetzung Identifizierbarkeit dann auch keinen Anlass, die Ansatzfähigkeit des Geschäftswerts in Frage zu stellen.

Gegen einen solchen Lösungsansatz der „*identifiable*-Problematik“ spricht allerdings, dass das IASB selbst das Kriterium dazu verwendet, eine Ansatzfähigkeit des originären Goodwill abzulehnen: Das in IAS 38.48 enthaltene, explizite Ansatzverbot eines selbst geschaffenen Goodwill wird in Par. 49 des Standards nämlich damit begründet, dass dieser keine kontrollierte identifizierbare Ressource sei, da weder separierbar noch aus vertraglichen oder gesetzlichen Rechten entstanden. Ist insofern für den originären Goodwill das Kriterium von Bedeutung, muss es dies wohl auch für den derivaten Goodwill sein.

1072 Ebenso MünchKommBilR/Böcking/Wiederhold, IFRS, IAS 38 Rn. 14.

1073 Hoffmann in Haufe-IFRS Komm, § 13 Rn. 12; Lüdenbach in Haufe-IFRS Komm, § 31 Rn. 55 sowie noch zu IFRS 3 (2004) Beck-IFRS-HB / Senger/Brune/Elprana § 33 Rn. 60; Esser/Hackenberger, DStR 2005, 709.

1074 Hoffmann in Haufe-IFRS Komm, § 13 Rn. 10. Ähnlich Hennrichs, DB 2008, 537, 539, der Indentifizierbarkeit als Unterscheidbarkeit vom Goodwill ansieht.

Fraglich ist daher, ob der derivate Goodwill im Gegensatz zum originären Geschäftswert das Kriterium der Identifizierbarkeit erfüllen kann.[1075]

bb) Erfüllung der Voraussetzung durch den Goodwill

Bekanntlich kann ein Goodwill einerseits nicht separat vom Unternehmen veräußert oder sonst in irgendeiner Weise verwertet werden. Ebensowenig ist er in allen seinen Bestandteilen aus Verträgen oder gesetzlichen Rechten abzuleiten, da er sich als Residualwert aus einem Potpourri von einzelnen, im Rahmen des Zusammenschlusses erworbenen, aber nicht identifizierbaren Werten zusammensetzt und darüber hinaus aus erwarteten Synergie- und Restrukturierungseffekten.[1076] Wären seine Werte-Bestandteile identifizierbar, würden sie separat nach IFRS 3.10, B31 ff. angesetzt und ein Goodwill existierte nicht.

Der Kaufvertrag über das zu erwerbende Unternehmen könnte jedoch als vertragliche Grundlage des immateriellen Vermögenswertes Goodwill in seiner Gesamtheit betrachtet werden. Dies erscheint insofern konsequent, als auch im Rahmen der Untersuchung der weiteren Vermögenswert-Kriterien, bspw. hinsichtlich des Ereignisses der Vergangenheit, auf den Unternehmenserwerb abgestellt wurde, während es auf einzelne Goodwill-Komponenten nicht ankam.[1077] Die vertragliche Grundlage des Goodwill kann denn kaum als Basis des vertraglichen Rechts abgelehnt werden. Allerdings kann damit nur für den *purchased goodwill* die Identifizierbarkeit unterstellt werden, da der Minderheitenanteil und der darauf entfallende Goodwill gerade nicht Gegenstand des Unternehmenskaufvertrags und –erwerbs ist.

Folglich bleibt als Begründung der Bilanzierbarkeit des Minderheiten-Goodwill nur, eine andere Sichtweise anzulegen, nach der die dargestellte Problematik gar nicht erst zur Entstehung gelangt: IFRS 3.32 f. könnten als (spezielle) Ansatz- und Bewertungsregelungen für den Goodwill betrachtet werden, die den Anwendungshinweisen in Appendix B, wenn auch integraler Bestandteil des Standards, vorgehen. So gesehen fände also in IFRS 3.32 f. die Normierung einer Ansatzpflicht des Goodwill statt, ohne an diese über die allgemeinen *asset*-Definitionsmerkmale hinaus weitere definitorische Voraussetzungen zu knüpfen. Dies enspricht im Übrigen der Auffassung, dass auch der Ansatz von Posten

1075 Ablehnend Duhr, Grundsätze ordnungsgemäßer Geschäftswertbilanzierung, 2006, S. 293.

1076 S. hierzu den 2009 neu gefassten IAS 38.11, nach dem der Geschäftswert den künftigen wirtschaftlichen Nutzen von anderen erworbenen Vermögenswerten darstellt, die nicht einzeln identifiziert und getrennt angesetzt werden können. S. auch eingangs die Darstellung der ökonomischen Bestandteile des Goodwill, § 2 A.

1077 S. hierzu die vorangehende Untersuchung in diesem Kapitel, § 6 A. II. 3.

möglich ist, die *asset*-Kriterien nicht erfüllen, soweit ein Standard eine Aktivierungspflicht explizit vorsieht.[1078]

e) Weitere Definitionskriterien für immaterielle Werte

Nach der Definition in IAS 38.8 ist ein immaterieller Vermögenswert dann gegeben, wenn er neben der Tatsache, identifizierbar zu sein, ebenso nicht monetär ist und ohne physische Substanz.[1079] Der Standard findet jedoch explizit auf den Goodwill keine Anwendung,[1080] während sich in IFRS 3 keine vergleichbaren Regelungen finden.

4. Ansatzkriterien von immateriellen Vermögenswerten im Rahmen eines Unternehmenszusammenschlusses

Die Definitionskriterien für Bilanzposten werden in den IFRS grundsätzlich auf einer zweiten Ebene, der Ebene der konkreten Aktivierungsfähigkeit[1081] durch konkrete Ansatzkriterien (*recognition criteria*) ergänzt, die ebenfalls für eine Bilanzierung erfüllt sein müssen.[1082] Nach F 83 (a) muss ein Sachverhalt, der die Definition eines Abschlusspostens erfüllt, erfasst werden, wenn es wahrscheinlich (*probable*) ist, dass dem Unternehmen der wirtschaftliche Nutzen zufließen wird. Zusätzlich wird gefordert, dass Anschaffungs- und Herstellungskosten bzw. der Wert des Sachverhalts verlässlich (*reliable*) bewertet werden können, F 83 (b), F 86 f. Für immaterielle Werte erfolgt eine Wiederholung und Konkretisierung der Regelungen in IAS 38.18 b), 21 ff., wovon der Goodwill wiederum ausgenommen ist.

Das Ansatzkriterium des wahrscheinlichen Nutzenzuflusses ist aufgrund der Unsicherheit eingeführt, die mit der Prognose des wirtschaftlichen Nutzens, der durch einen Sachverhalt zu- oder abfließt, einhergeht.[1083] Dabei wird das Kriterium jedoch nicht weiter konkretisiert.[1084] Für den Fall des Erwerbs eines immateriellen Vermögenswertes im Rahmen eines Unternehmenszusammenschlusses

1078 So Beck-IFRS-HB/Wawrizinek, 3. Aufl., § 2 Rn. 71.

1079 MünchKommBilR/Böcking/Wiederhold, IFRS, IAS 38 Rn. 14; Hoffmann in Haufe-IFRS Komm, § 13 Rn. 8.

1080 S. IAS 38.3; Beck-IFRS-HB/Scheinpflug, 3. Aufl., § 34 Rn. 13.

1081 Esser/Hackenberger, DStR 2005, 708.

1082 MünchKommBilR/Kleindiek, IFRS, Einf Rn. 115 ff.; Beck IFRS-HB/Wawrzinek, 3. Aufl., § 2 Rn. 72; Baetge/Kirsch/Thiele, Bilanzen, 2005, S. 180; MünchKomm-BilR/Böcking/Wiederhold, IFRS, IAS 38 Rn. 40 für immaterielle Werte; Esser/Hackenberger, DStR 2005, 708.

1083 F.85; MünchKommBilR/Kleindiek, IFRS, Einf Rn. 116.

1084 MünchKommBilR/Kleindiek, IFRS, Einf Rn. 116; IFRS-Komm/Baetge/Kirsch/Brüggemann Teil A Kap II Rn. 99; Lüdenbach/Hoffmann in Haufe IFRS Komm, § 1 Rn. 91.

gilt nach dem im Zuge der Überarbeitung von IFRS 3 neu gefassten IAS 38.33, dass die Anschaffungskosten dem beizulegenden Zeitwert im Erwerbszeitpunkt entsprechen. Insofern spiegelt nach Auffasssung des IASB der *fair value* die Erwartungen über die Wahrscheinlichkeit des künftigen Nutzenzuflusses wieder und das Ansatzkriterium der Wahrscheinlichkeit nach IAS 38.21 (a) wird stets als erfüllt angesehen.[1085] Dies wurde bislang vor dem Hintergrund des IFRS 3 a. F. nicht unkritisch gesehen, da es dadurch zu ungleichen Anforderungen an materielle und immaterielle Vermögenswerte komme, die im Rahmen eines Unternehmenserwerbs übernommen werden:[1086] Für erstere gelte es, das Ansatzkriterium zu erfüllen, während letztere, obwohl als weniger greifbar und unsicherer eingeschätzt,[1087] privilegiert seien. Die Privilegierung gilt jedoch, wie der gesamte Standard, nicht für den Goodwill nach IFRS 3, so dass zunächst von der Geltung des Erfordernisses wahrscheinlichen Nutzenzuflusses für den Geschäftswert ausgegangen werden muss.

Als zweites Ansatzkriterium fordert das Rahmenkonzept generell für bilanziell abzubildende Sachverhalte, dass die Anschaffungs- und Herstellungskosten oder der Wert des Sachverhalts verlässlich zu bewerten sind.[1088] Das Kriterium stellt eine Anknüpfung an die *qualitative characteristic* der Verlässlichkeit dar.[1089] Dabei werden in erster Linie hinreichend genaue Schätzungen gefordert. Sollten diese nicht möglich sein, darf der Sachverhalt nicht in der Bilanz oder Gewinn- und Verlustrechnung angesetzt werden.[1090] Für immaterielle Vermögenswerte, die im Rahmen eines Unternehmenszusammenschlusses erworben werden, geht der angepasste IAS 38.35 davon aus, dass dann genügend Informationen zur Verfügung stehen, um Vermögenswerte verlässlich zum beizulegenden Zeitwert zu bestimmen, wenn sie verkehrsfähig oder in vertraglichen oder

---

1085 Vgl. IAS 38.33 i. V. m. . 21 (a) (2009) bzw. die im Zuge des reformierten IFRS 3 angepasste Regelung des IAS 38.33 in IFRS 3 C12. Ebenso MünchKommBilR/Böcking/Wiederhold, IFRS, IAS 38 Rn. 49; Hoffmann in Haufe IFRS Komm, § 1 Rn. 13, 18.

1086 MünchKommBilR/Böcking/Wiederhold, IFRS, IAS 38 Rn. 50; Hommel/Benkel/Wich, BB 2004, 1267, 1269. Hierauf nehmen ebenfalls Rekurs auch IFRS-Komm./Baetge/Hayn/Ströher, IFRS 3 Rn. 166.

1087 Vgl. hierzu nur die Regelung bis zu Überarbeitung des Standards 2004, die einen separaten Ansatz immaterieller Werte wegen Bedenken hinsichtlich des Nutzenzuflusses verhinderte, IFRS 3 BC89; Küting/Wirth, KoR 2004, 167, 171; MünchKommBilR/Böcking/Wiederhold, IFRS, IAS 38 Rn. 50.

1088 F.83 (b), .86 ff. MünchKommBilR/Kleindiek, IFRS, Einf Rn. 115, 117.

1089 MünchKommBilR/Kleindiek, IFRS, Einf Rn. 117. S. zur Verlässlichkeit als Rahmenkonzept-Grundsatz bereits § 3 B. II. 2. b).

1090 F. 86; MünchKommBilR/Kleindiek, IFRS, Einf Rn. 117.

gesetzlichen Ansprüchen begründet liegen.[1091] Jegliche Unsicherheit über die Höhe geht nach Auffassung des IASB in die *fair value*-Bewertung ein[1092] und das Kriterium der verlässlichen Bewertbarkeit gem. IAS 38.21 (b) wird vom IASB ebenfalls stets als erfüllt angesehen.[1093]

Hierzu wird im Schrifttum angemerkt, dass Feldstudien vor Verabschiedung des IFRS 3 die Unzuverlässigkeit der Bewertung erworbener immaterieller Vermögenswerte unter bestimmten Umständen aufzeigten.[1094] Auch die Befreiung von diesem Ansatzkriterium stellt eine - wohl ungerechtfertigte - Privilegierung immaterieller Werte dar, die jedoch aus vorgenannten Gründen des Anwendungsbereichs nicht für den Goodwill gelten kann.

a) Geltung der Kriterien im Rahmen von Unternehmenszusammenschlüssen gem. IFRS 3

Allerdings könnte sich eine Befreiung vom Erfordernis der Ansatzkriterien des Rahmenkonzepts für den Goodwill aus IFRS 3 selbst ergeben. Denn es findet zum neu gestalteten Ansatzprinzip in IFRS 3.10 - das dort freilich für im Rahmen eines Unternehmenszusammenschlusses erworbenen Postitionen, die vom Goodwill separierbar sind, normiert ist - in IFRS 3.11 ein Verweis auf die *definitions* des Rahmenkonzepts statt, die von den erworbenen Positionen zu erfüllen seien. Im Gegensatz zur Vorgänger-Regelung in IFRS 3.36 f. (2004) enthält IFRS 3 keinen zusätzlichen Verweis mehr auch auf die Ansatzkriterein des F. 82-91. Streitig ist insofern, ob diese von der Formulierung *definitions* erfasst sein sollen.

Das IASB lässt hierzu in den Standard-Erläuterungen, den *basis for conclusions* verlauten, das Kritierium der Verlässlichkeit sei verzichtbar, da es Teil der *over-all recognition criterion* des *framework* sei.[1095] Eine Auffassung im Schrifttum lässt diese Argumentation offenbar genügen: Danach bedeute der Verweis auf die *definitions*, dass neben den definitorischen Voraussetzungen der Posten auch die Erfüllung der allgemeinen und speziellen Ansatzkriterien zu prüfen sei.[1096]

1091 IAS 38.35 in der Fassung durch IFRS 3, S. IFRS 3 C12.

1092 S. IAS 38.35 in der Fassung durch IFRS 3, S. IFRS 3 C12.

1093 S. die Bestimmung des IAS 38.33.

1094 So IFRS-Komm./Baetge/Hayn/Ströher, IFRS 3 Rn. 167.

1095 IFRS 3 BC125. Diese Argumentation übernehmen auch Beck-IFRS-HB/Senger/Brune/Elprana, 3. Aufl., § 34 Rn. 79.

1096 MünchKommBilR/Berndt/Gutsche IFRS, IFRS 3 Rn. 64. Gleicher Auffassung ist Lüdenbach in Haufe IFRS-Komm, § 31 Rn. 56 ff. So zu verstehen wohl auch IFRS-Komm./Baetge/Hayn/Ströher, IFRS 3 Rn. 167, die die Auffassung des IASB repetieren.

Gerade aber der Verweis in IFRS 3.11 auf die *definitions* von Vermögenswerten und Schulden im Rahmenkonzept erscheint nicht hinreichend für eine Geltung der Ansatzkriterien, da diese gerade *nicht* in den Definitionen von Vermögenswerten und Schulden in F.49 (a) und (b) enthalten sind. Insofern wird im Schrifttum zu bedenken gegeben, dass die Argumentation des IASB hier nicht ganz zutreffend sei.[1097] Zudem werde der unterschiedliche Status von Rahmenkonzept und Standards nicht berücksichtigt.[1098]

Beiden kritischen Äußerungen ist zuzustimmen: Vom Wortsinn des Verweises unter Berücksichtung der Tatsache, dass damit im Gegensatz zu IFRS 3 a. F. die Ansatzkriterien nun nicht mehr erwähnt sind, müsste an sich auf eine reine Geltung der Definitionskriterein geschlossen werden. Es lässt sich jedoch aus der Verlautbarung des IASB, das Kriterium der verlässlichen Bewertbarkeit gelte als *overall recognition criterion*, entnehmen, dass die verlässliche Bewertbarkeit nach seinem Willen weiterhin gelten soll.[1099] Die unzureichende Verweisung wäre dann wohl als Redaktionsversehen zu verstehen. Freilich bleibt für die außerhalb des Goodwill anzusetzenden immateriellen Vermögenswerte insofern ein Widerspruch der Regelungen bestehen, als, wie soeben ausgeführt, nach IAS 38.33 die verlässliche Bewertbarkeit als stets erfüllt betrachtet wird, soweit das Kriterium der Identifizierbarkeit erfüllt ist.

Zur weiteren, in IFRS 3 a. F. noch enthaltenen Anforderung des wahrscheinlichen Nutzenzu- bzw. abflusses stellt das IASB in seiner Begründung zu IFRS 3 klar, dass es im reformierten Standard nicht mehr enthalten ist und insofern *assets* und *liabilites* auch ohne Rücksicht auf die Wahrscheinlichkeit des Nutzenzu-bzw. abflusses zu bilanzieren seien.[1100] Begründet wird diese Änderung nunmehr mit Überlegungen, die im Rahmen der Überarbeitung von IFRS 3 zu IAS 37, *provisions, contingent liabilites and contingent assets* angestellt worden waren. Dabei unterscheidet das IASB unabhängig von den eigentlichen Definitionen von Eventualschulden vielmehr zwischen bedingten und unbedingten Rechten, die nach seiner Auffassung im Ergebnis alle zu einem sicheren Nutzenabfluss führen.[1101] Somit sei die Anforderung des Rahmenkonzepts nach wahrscheinlichem Nutzenabfluss erfüllt und eine Regelung des Kriteriums in IFRS 3 unnötig.[1102]

1097 Vgl. Beyhs/Wagner, DB 2008, 73, 75, Fußnote 33, die ebenfalls auf diese Problematik hinweisen.

1098 Schwedler, KoR 2008, 125, 133 Fußn. 83.

1099 S. wiederum IFRS 3 BC125.

1100 IFRS 3 BC 126.

1101 IFRS 3 BC 128 ff.

1102 Vgl. IFRS 3 BC130 n. F.

Kritisch ist dabei zu beurteilen, dass die Tatsache, dass die Ansatzkriterien in IFRS 3 keine Erwähnung mehr finden, unterschiedliche Auswirkungen haben soll, nämlich einerseits die Geltung der verlässlichen Bewertbarkeit über das Rahmenkonzept, andererseits die Nicht-Berücksichtung des Rahmenkonzept-Kriteriums des wahrscheinlichen Nutzenzuflusses. Diese Ungereimtheit betrifft gleichermaßen den Verweis auf die *definitions,* der konsequenterweise entweder einheitlich Ansatzkriterein miteinschließen müsste oder nicht. Unabhängig von der Verweisungsnorm kann der Normadressat durch die bloße Nichterwähnung des Kriteriums in IFRS 3 nicht verlässlich auf dessen Nicht-Geltung schließen. Denn grundsätzlich werden die Regelungen des Rahmenkonzepts – außer im Falle abweichender Standards - als geltende Normen akzeptiert, wenn auch dessen Status nicht dem von der EU übernommener Standards gleichrangig ist und es vielmehr „Empfehlungscharakter“[1103] hat.[1104]

Nach einer Auffassung wird im Ergebnis die verlässliche Bewertbarkeit von erworbenen, immateriellen Positionen als nach dem Willen des IASB zu erfüllen angenommen, während die Wahrscheinlichkeit keine Geltung mehr beanspruchen kann bzw. als ohnehin erfüllt gilt und damit nicht zu prüfen ist.[1105] Dem steht jedoch gegenüber, dass entsprechend den vorangehenden Ausführungen der Verweis in IFRS 3.11 auf die *definitions* die Ansatzkriterien nicht einbezieht. Zudem wird entgegen der Verlautbarung des IASB in den - nicht als Standard-Bestandteil zu beurteilenden - *basis for conclusions* zu IFRS 3 inzwischen im neugefassten IAS 38 explizit bestimmt, dass sowohl die verlässliche Bewertbarkeit als auch der wahrscheinliche Nutzenzufluss für die im Rahmen eines Unternehmenszusammenschlusses nach IFRS 3 erworbenen immateriellen Ver-

---

1103 MünchKommBilR/IFRS/Watrin, Einf Rn. 31; Baetge/Kirsch/Thiele, Bilanzen, 2005, S. 52. S. hierzu auch MünchKommBilR/IFRS/Kleindiek, Einf Rn. 84 ff. S. hierzu bereits auch § 3 B. III.

1104 Die Akzeptanz des Rahmenkonzepts zeigt sich bspw. daran, dass die Kommentarliteratur das Rahmenkonzept zu grundlegenden Fragen des Bilanzansatzes rekurriert und die Standards als Konkretisierung versteht, vgl. Theile in Heuser/Theile, IFRS-HB, 2009, Rn. 300 ff. S. bspw. auch die Ausführungen zu den Ansatzregeln in Beck-IFRS-HB/Wawrizinek, 3. Aufl, § 2 Rn. 71-95; Hayn/Hold-Paetsch in Wiley-IFRS, 2009, Abschnitt 2 Rn. 29 ff.

1105 So zu verstehen wohl IFRS-Komm./Baetge/Hayn/Ströher, IFRS 3 Rn. 167, die zwar von der Abschaffung der Kriterien im Rahmen von IFRS 3 ausgehen, dennoch aber ebenfalls das IASB zitieren, das die verlässliche Bewertbarkeit über das Rahmenkonzept gelten sieht. Ähnlich Förschle/Deubert in Beck Bil-Komm, § 301 Rn. 421, die noch immer von einer widerleglichen Vermutung hinsichtlich der verlässlichen Bewertbarkeit ausgehen, dabei aber offensichlich die Rechtlage vor Neufassung des IAS 38 im Jahr 2009 im Blick haben. A.A. MünchKommBilR/Berndt/Gutsche IFRS, IFRS 3 Rn. 64, die sogar sämtliche Ansatzkriterien der F.82 ff. als zu erfüllen erachten.

mögenswerte stets als erfüllt zu betrachten sind. Diese eindeutige Standard-Regelung ist als vorrangig gegenüber Erläuterungen in IFRS 3 BC125 ff. zu bewerten. Folglich scheinen die besseren Argumente für die Auffassung zu sprechen, dass Ansatzkriterien für immaterielle Werte im Kontext von Unternehmenszusammenschlüssen de facto keine Geltung mehr beanspruchen sollen, da sie ohnehin als erfüllt anzusehen sind.

b) Geltung der Ansatzkriterien für den Goodwill und ihre Erfüllung

Da die in der geschilderten Weise zu interpretierende Regelung des IFRS 3.11 jedoch (nur) für die vom Goodwill separierbaren Vermögenswerte und Schulden nach IFRS 3.10 gilt und IAS 38 auf den Goodwill keine Anwendung findet, steht die Geltung der Ansatzkriterein für den Goodwill weiterhin in Frage.

Das IASB geht dieser Frage in seinen Ausführungen zur *asset*-Eigenschaft des Goodwill nicht nach und unterlässt in Gänze die Prüfung der Ansatzkriterien.[1106] Auf die gleiche Weise blieben diese bereits für ED IFRS 3 (2005) ungeprüft. Es wurde hierzu im Schrifttum angenommen, dass die Kriterien aufgrund der Ansatzpflicht des Goodwill in IFRS 3.51 (a) (2004) als erfüllt betrachtet werden.[1107]

Möglicherweise unterlässt das IASB indessen eine Prüfung, weil es von einer unproblematischen Erfüllung der Kriteriums durch den Goodwill ausgeht - was allerdings im Hinblick auf die verlässliche Bewertbarkeit gerade zweifelhaft erscheint. Wie schon für das HGB erörtert wurde, ist ein Residuum, das der Goodwill darstellt, abhängig von der Bewertung der einzubeziehenden Parameter. Diese werden im Verlauf der folgenden Untersuchung dargestellt und ebenfalls die Nachvollziehbarkeit und Willkürfreiheit ihrer Bewertung untersucht.[1108] Es sei insoweit dieser Thematik vorgegriffen, als die Auffassung einer Minderheit von *IASB-members* wiedergegeben wird, die hier interessant erscheint: Angesichts der vorgeschlagenen Neuerungen durch ED IFRS 3 zur verlässlichen Bewertbarkeit des *full goodwill* führten diese Mitglieder aus, dass die Methode der *purchased goodwill*-Ermittlung nach IFRS 3 (2004) zuverlässiger sei, da der Geschäftswert hier als Restwert aus dem Anteil am beizulegenden Nettozeitwert der erworbenen Vermögenswerte und Schulden und den Anschaffungskosten ermittelt wird; die Anschaffungskosten könnten regelmäßig verlässlich bewertet werden.[1109] Im Rahmen der Bewertung nach IFRS 3 bei Ausübung des Wahl-

1106 S. die Ausführungen in IFRS BC322f., die sich nur mit den Definitionskriterien befassen; zudem Wüstemann/Duhr, BB 2003, 247, 249.

1107 Wüstemann/Duhr, BB 2003, S. 247, 249.

1108 § 6 B. III., IV.

1109 Vgl. ED IFRS 3 AV6.

rechts zugunsten der *full goodwill method* kann dies demgegenüber nicht mehr ohne weiteres angenommen werden.

Auch in Bezug auf den wahrscheinlichen Nutzenzufluss drängen sich hinsichtlich bestimmter Goodwill-Bestandteile Zweifel auf, wie z. B. bei Überzahlungen, da dann schon der Nutzenzufluss selbst zweifelhaft erscheint. Für den *core-goodwill* hingegen und pauschalisierend für den (Mehrheiten - wie Minderheiten) -Goodwill insgesamt ist die Erfüllung der Wahrscheinlichkeits-Anforderung immerhin nicht von vornherein zu verneinen - angesichts häufig unrentabler Akquisitionen[1110] jedoch auch nicht ohne Weiteres zu bejahen.

Wesentlich wahrscheinlicher jedoch als die These unproblematisch erfüllter Ansatzkriterien durch den Goodwill ist, dass das IASB auf die Anforderungen aus (bilanz-)politischen Gründen verzichtet: Aufgrund seiner enormen ökonomischen Bedeutung ist ein Ansatz des Geschäfts- oder Firmenwerts erwünscht.[1111]

Die entsprechende Regelung, eine Ansatzfähigkeit jenseits der Ansatzkriterien herbeizuführen, ist wiederum mit IFRS 3.32 gegeben: In der Vorschrift kann nämlich auch insofern eine Spezialregelung gesehen werden, die neben der Anforderung der Identifizierbarkeit auch diejenige erfüllter Ansatzkriterein aufhebt, indem sie eine spezielle und vorrangige[1112] Ansatzpflicht normiert. Dies korrespondiert wiederum mit der bereits vorangehend erwähnten Auffassung, dass auch bei Nicht-Erfüllung von Vermögenswert-Kriterien ein Ansatz über Spezialregelungen in Standards möglich ist.[1113] Zudem stimmt diese These mit der ebenfalls angeführten Meinung zu IFRS 3 a. F., dass aufgrund der Bilanzierungsregelung des Goodwill die Ansatzkriterien als erfüllt betrachtet werden, in dem Ergebnis überein, dass diese einen Goodwill-Ansatz nicht hindern.

1110 Man vergleiche nur die Studie von Ernst & Young, Handeln wider besserers Wissen, 2006, S. 8, die jede zweite Akquisition als gescheitert bezeichen. Abzurufen unter http://www.ey.com/Publication/vwLUAssets/Studie_HandelnwiderWissen/$FILE/Handeln_2006_k.pdf, Abfrage 15.10.2009; ebenfalls auf unterdurchschnittliche „Performances“ von Unternehmenszusammenschlüssen deuten weitere Studien hin, wie z. B. Rau/Vermaelen, Glamour, value and the post-acquisition performance of acquirin firms, Journal of Financial Economics, 1998, S. 223-253; Sudarsanam/Mahate, Glamour Acquirers, Method of Payment ans Post-acquision Performance: The UK Evidence, Journal of Business Finance & Accounting, 2003, S. 299-341; Yook, The Measurement of Post-Acquisition Performance Using EVA, Quarterly Journal of Business & Econimics, 2004, S. 67-83, alle referiert bei Streim/Bieker, Disskussionsbeitrag Nr. 80, S. N 15 in Löffler, Andreas (Hrsg.), arqus Arbeitskreis Quantitative Steuerlehre, abrufbar unter http://www.arqus.inf/paper/arqus_80.pdf, Abfrage 10.09.09.

1111 S. hierzu bereits die Ausführungen zu § 2 B. II.

1112 Die Regelungen in Standards gehen dem Framework vor, F2. S. IFRS-Komm./Baetge/Hayn/Ströher, IFRS 3 Rn. 165.

1113 Vgl. wiederum Beck-IFRS-HB/Wawrzinek, 3. Aufl., § 2 Rn. 71.

Damit werden allerdings Definitions- bzw. Ansatzkriterien, die den Ansatz des Goodwill eigentlich verhindern würden, „ausgeschaltet", bzw. die Ansatzfähigkeit des Postens „künstlich" erzeugt. Dies kann im Ergebnis als einer Fiktion der Vermögenswert-Eigenschaft bzw. der Ansatzfähigkeit gleichkommend beurteilt werden.

B. Goodwillermittlung nach IFRS 3

Im vorangehenden Abschnitt wurde die Rechtsnatur des Goodwill nach dem reformierten IFRS 3 erarbeitet. Die Untersuchung der *asset*-Voraussetzungen und Ansatzkriterien, deren Erfüllung im Ergebnis nicht in vollem Umfang bestätigt werden konnte, erforderten zum Teil einen Vorgriff auf die Regelungen des Goodwill, wie sie in IFRS 3 ausgestaltet sind.

Nunmehr erfolgt die Untersuchung dieser Vorschriften, wobei wiederum mit den Grundlagen zur Kapitalkonsolidierung begonnen werden soll. Diese umfassen eine Erörterung des Verhältnisses zweier Standards zueinander im Kontext der Goodwillermittlung, so dass insofern eine IFRS-spezifische Problematik beleuchtet wird. Anschließend kann sodann der ebenfalls IFRS-spezifische Terminologiewechsel bei der Erwerbsmethode thematisiert werden.

Eine Erläuterung des Zwecks der Kapitalkonsolidierung nach IFRS, analog zur Untersuchung nach HGB, erübrigt sich, da er sich nicht von dem nach HGB unterscheidet: Gem. IAS 27.18 ist ein Summenabschluss zu erstellen. Die dabei entstehenden Doppelerfassungen sind zu eliminieren, IAS 27.18 (a), also die konzerninternen Kapitalverflechtungen zwischen den Konzernunternehmen herauszurechen, so dass der Konzern als ein Unternehmen präsentiert wird.[1114]

Im Anschluss an den nun folgenden Abschnitt wird schließlich die Ermittlungsmethode des Goodwill im Konzernabschluss nach IFRS erarbeitet und stellt damit den ersten Schwerpunkt der Untersuchung internationaler Vorschriften dar.

I. Grundlagen der Kapitalkonsolidierung

Im Rahmen der Erarbeitung dessen, was grundlegend für die Kapitalkonsolidierung in den IFRS ist, erscheint es also zweckmäßig, zunächst das Zusammenwirken der Vorschriften von IAS 27 und IFRS 3 zu untersuchen, bevor auf die Erwerbsmethode als grundlegende Ermittlungsmethode des Goodwill eingegangen wird.

1114 Ebenso MünchKommBilR/Watrin/Hoene/Lammert, IFRS, IAS 27 Rn. 154; 158; IFRS-Komm/Baetge/Hayn/Ströher IAS 27 Rn. 129 sowie IFRS-Komm./ Baetge/Hayn/Ströher, IFRS 3 Rn. 94; Beck-IFRS-HB/Senger/Brune/Elprana, § 33 Rn. 1. S. zum in IAS 27 verankerten Einheitsgrundsatz bereits § 3 B. IV.

1. Verhältnis von IAS 27 und IFRS 3

Der überarbeitete IFRS 3 verfolgt ausdrücklich das Ziel, Relevanz, Zuverlässigkeit und Vergleichbarkeit der Informationen über Unternehmenszusammenschlüsse zu verbessern, wobei dies über die Etablierung von Prinzipien und Anforderungen hinsichtlich der Bilanzierung der übernommenen Posten und des Minderheitenanteils, den Ansatz und die Bewertung des Goodwill (oder Gewinns aus einem *bargain purchase)* sowie über Ausweisvorschriften zu erreichen versucht wird.[1115] Dem gemäß wird IFRS 3 als „Ermittlungsvorschrift“ [1116] für den Goodwill aufgefasst.

IAS 27 soll nach dem IASB demgegenüber angewendet werden bei der Erstellung des Konzernabschlusses, aber nicht die Bilanzierungsmethoden von Unternehmenszusammenschlüssen und ihrer Effekte auf die Konsolidierung inklusive des daraus entstehenden Goodwills behandeln; hierfür wird auf IFRS 3 verwiesen.[1117]

Dennoch enthält nach einer Auffassung IAS 27 die Konzeption der Kapitalkonsolidierung,[1118] während nach a. A. die Kapitalkonsolidierung in IFRS 3 geregelt sei, wohl, weil darin die Akquisitionsmethode als Kapitalkonsolidierungsmethode enthalten ist.[1119] Erster Auffassung dürfte hingegen zugrunde liegen, dass IAS 27 einen Abschnitt beinhaltet, der mit *consolidation procedures* überschrieben ist und in dem nach einer Vereinheitlichung der Abschlüsse über die Anwendung einheitlicher Bilanzierungs- und Bewertungsmethoden gem. IAS 27.24 f. und nach der Erstellung der Summenbilanz[1120] die Kapitalkonsolidierung als erster Schritt einer Reihe von Maßnahmen enthalten ist, um den Konzern als Einheit darzustellen. Konkret bestimmt IAS 27.18 (a), dass der Buchwert der Investition des Mutterunternehmens in jedes Tochterunternehmen und der Anteil des Eigenkapitals des Mutterunternehmens an jedem Tochterunternehmen zu eliminieren sei.[1121] Dazu erfolgt ein Verweis auf IFRS 3, der die

---

1115 IFRS 3.1. MünchKommBilR/Berndt/Gutsche IFRS, IFRS 3 Rn. 9; IFRS-Komm./Baetge/Hayn/Ströher, IFRS 3 Rn. 16.

1116 Ebenfalls als Ermittlungsvorschrift bezeichen IFRS 3 Küting/Weber/Wirth, KoR 2008,139, 142.

1117 IAS 27.1 und 2.

1118 Küting/Weber/Wirth, KoR 2008, S. 139, 143. MünchKommBilR/Berndt/Gutsche IFRS, IFRS 3 Rn. 10. Nach MünchKommBilR/Watrin/Hoene/Lammert, IFRS, IAS 27 Rn. 154 beschreibt er das grundlegende Vorgehen bei einer Vollkonsolidierung.

1119 IFRS-Komm./Baetge/Hayn/Ströher, IFRS 3 Rn. 15.

1120 S. MünchKommBilR/Watrin/Hoene/Lammert, IFRS, IAS 27 Rn. 154 noch zum unreformierten IAS 27.

1121 IAS 27.18 (a).

Behandlung eines daraus resultierenden Goodwill beschreibe.[1122] Weitere Schritte, wie die (vollständige) Zwischenerfolgseleminierung werden danach aufgeführt.[1123]

Beide Auffassungen sind insofern zutreffend, als dass IAS 27 das Prinzip der Kapitalkonsolidierung im Sinne der Eliminierung von Dopplungseffekten enthält, jedoch für die weitere Ausgestaltung und Bestimmung der geltenden Varianten der Konsolidierungsmethode in IFRS auf die Regelungen in IFRS 3 verwiesen wird. Dies zeigt sich auch daran, dass inhaltlich die Regelungen des IAS 27 zu *consolidations procedures* trotz Überarbeitung des Standards in den wesentlichen Aussagen nicht verändert wurden, während IFRS 3 zu Goodwill-Ermittlung und Ausprägung der Kapitalkonsolidierungsmethode erheblichen Veränderungen unterlag.[1124] Dennoch ergibt sich aus dem Verweisungsverhältnis von IAS 29 und IFRS 3 ein Spannungsfeld, das im Rahmen der Goodwillermittlung im Konzernabschluss zu Tage tritt. Dies wird nachfolgend noch zu diskutieren sein.[1125]

2. Terminologiewechsel bei der Erwerbsmethode nach IFRS

In IFRS 3 (2004) wurden gem. Par. 14 alle Unternehmenszusammenschlüsse nach der Erwerbsmethode durchgeführt, nach der gem. Par. 15 der Vorschrift das erworbenen Nettovermögen des jeweiligen Tochterunternehmens einschließlich der nicht bilanzierten Positionen durch den Erwerber angesetzt wird und das nach IFRS 3.36 grundsätzlich zum beizulegenden Zeitwert zu bewerten ist. Damit entsprach die *purchase method* im Wesentlichen der Erwerbsmethode in der Ausprägung der Neubewertungsmethode nach HGB.[1126]

Im Zuge der Überarbeitung des IFRS 3 wurde ein Wechsel in der Teminologie vollzogen: In den Erläuterungen zu IFRS 3 beschreibt das IASB, dass ein Unternehmenszusammenschluss nach dem überarbeiteten Standard auch ohne eine *purchase transaction* erolgen könne.[1127] Dies sei bspw. möglich bei einer Kontrollerlangung, die über das Auslaufen von Veto-Rechten nicht-kontrollierender Gesellschafter zustande komme oder über einen Zusammen-

---

1122 MünchKommBilR/Watrin/Hoene/Lammert, IFRS, IAS 27 Rn. 154 noch zum unreformierten IAS 27.

1123 IAS 27.18 (b), (c), .20.

1124 Vgl. hierzu IAS 27.22 ff. (2004), ED IAS 27 (2005), der erst bei Par. 30 beginnt und insofern für die davor angesiedelten consolidation procedures keine Änderungen vorsah sowie nunmehr IAS 27.18 ff. (2008).

1125 S. § 6 B. II. 3.

1126 Beck-IFRS-HB Senger/Brune/Elprana, § 33 Rn. 90 ff.; MünchKommHGB/Buss von Colbe, § 301 Rn. 7; Pellens/Fülbier/Gassen/Sellhorn, Internationale Rechnungslegung, 2008, S. 697 ff.; IFRS-Komm./Baetge/Hayn/Ströher, IFRS 3 Rn. 95.

1127 Vgl. IFRS 3 BC 14.

schluss auf rein vertraglicher Basis.[1128] Deshalb wurde der Begriff „*purchase method*" ersetzt durch den der „*acquisition method*".[1129]

Aufgrund der Tatsache, dass nunmehr der Goodwill sowohl als beteiligungsproportionaler Geschäftswert wie auch als *full-goodwill* angesetzt werden kann und der Terminus „*acquisition method*" daher offensichtlich beide Ausprägungen der Erwerbsmethode, Neubewertungs- sowie *full goodwill method* umfasst, könnte hingegen angenommen werden, dass dieser Änderung terminologisch Rechnung getragen werden soll.[1130] Freilich deuten die Ausführungen des IASB jedoch nicht (mehr) in diese Richtung.

II. Akquisitionsmethode nach IFRS 3

Der nun folgende Abschnitt widmet sich den Regelungen des IFRS 3, die die Akquisitionsmethode zum Gegenstand haben. Damit wird beabsichtigt, die wesentlichen Regelungen und damit Einflussfaktoren des Geschäfts- oder Firmenwerts zu untersuchen, um insbesondere die Neuerungen in IFRS 3 einschließlich der Abweichungen zum HGB als dessen Vergleichsgrundlage zu erarbeiten. Dazu werden die Regelungen insbesondere im Hinblick auf ihren Einfluss auf das technische Vorgehen bei der Goodwillermittlung untersucht, woraus sich zugleich Folgerungen hinsichtlich deren theoretischer Konsistenz ziehen lassen.

1. Regelungen der acquisition method

Die Akquisitionsmethode findet sich in den Par. 4-53 des neuen IFRS 3 geregelt. Sie beinhaltet die Vorgehensweise bei der bilanziellen Abbildung eines Unternehmenszusammenschlusses, IFRS 3.4. Nun seien in diesem Abschnitt die elementaren Regelungen und die technische Vorgehensweise in Anwendung der Methode dargestellt, um danach auf die einzelnen Goodwill-Parameter und ihre speziellen Regelungen einzugehen.

Die Akquisitionsmethode des IFRS 3 n. F. beinhaltet gem. Par. 4 f. vier Anforderungen. Sie erfordert explizit

(a) die Identifizierung des *acquirer*;

(b) die Festlegung des *acquisition date*;

(c) Anatz und Bewertung von identifizierbaren, übernommenen Vermögenswerte und Schulden sowie von jedem Minderheiten-Anteil am *acquiree*;

(d) Ansatz und Bewertung des Goodwill oder *gain from a bargain purchase*.

1128 Vgl. IFRS 3.43 (a)-(c), B14 n. F.

1129 IFRS 3 BC14.

1130 Dies deutet auch an Lüdenbach in Haufe IFRS-Komm, § 31 Rn. 14.

Es wird vertreten, dass in die zeitliche und logische Abfolge der *acquisition method*-Anforderungen noch eine weitere Frage einzufließen hat und damit als erstes zu klären sei, ob das Erworbene ein *business* im Sinne des IFRS 3 darstellt.[1131] Nach a. A. ist dies eine Definitionsfrage im Kontext des Anwendungsbereichs (*scope*) von IFRS 3.[1132] Die Anforderungen des Anwendungsbereichs in Par. 2 des IFRS 3 verlangen negativ, dass bestimmte Sonderformen von Unternehmenszusammenschlüssen nicht vorliegen, also kein *joint venture* und kein Erwerb unter gemeinsamer Kontrolle gegeben sind, Par. 2 (a) und (c), während positiv in Lit. b) die *business*-Eigenschaft gefordert wird.

Zusätzlich wird die Anforderung an das erworbene Unternehmen, *business* zu sein, nochmals als Definitionskriterium eines Unternehmenszusammenschlusses in IFRS 3.3 gestellt. Darin wird gefordert, eine Prüfung hinsichtlich des Vorliegens eines Unternehmenszusammenschlusses vorzunehmen, wobei das entscheidende Tatbestandsmerkmal hier die Existenz eines *business* darstelle. Damit wird in redundanter Weise, zunächst im Anwendungsbereich, dann gleichsam als Vorfrage der Akquisi-tionsmethode die *business*-Eigenschaft eingefordert. Im Ergebnis kann das Merkmal Geschäftseinheit daher wohl als positives Kriterium zur Eröffnung des Anwendungsbereichs des IFRS 3 gewertet und ebenso als auf der Ebene der Tatbestandsmerkmale angesiedelt betrachtet werden.

Inhaltlich erfährt die *business*-Definition gegenüber IFRS 3 a. F. v. a. die Änderung, dass die Formulierung „*capable of*", also das Abstellen auf die *Möglichkeit* der Führung und Leitung der erworbenen Gruppe von Vermögenswerten und Aktivitäten, aufgenommen wurde. Obwohl dies zu ED IFRS 3 kritisiert wurde,[1133] war dem IASB weiterhin daran gelegen, restriktive Auslegungen, wie sie seiner Auffassung nach unter IFRS 3 (2004) exisitierten, zu vermeiden.[1134]

2. Anwendung der acquisition method

Nach Klärung der Frage, ob der Anwendungsbereich des IFRS 3 eröffnet ist, sind grundsätzlich die bilanziellen Maßnahmen durchzuführen, die in IFRS 3.5 als Anforderungen für die Akquisitionsmethode vorgebenen sind.

1131 Lüdenbach in Haufe IFRS-Komm, § 31 Rn. 17.

1132 Vgl. die Darstellung bei Beyhs/Wagner, DB 2008, 73. Vgl. wiederum Fink, PiR 2008, S. 114, f., der die Definitionsfrage „vor die Klammer zieht" und danach den Anwendungsbreich prüft.

1133 Vgl. Ernst&Young, S. 5. A.A. Deutsche Telekom, France Telecom, Telefonica, S. 5; JPMorganChase, S. 5; Axa, S. 4, letters of comment zu ED IFRS 3, Abfrage über www.iasb.org, 09.01.2007.

1134 Vgl. IFRS 3 BC18 (a) (2008).

Dazu zählt in erster Linie die Ermittlung desjenigen, der als Erwerber im Rahmen des Unternehmenszusammenschlusses zu werten ist sowie die Festlegung des Erwerbszeitpunkts. Außerdem ist der Ansatz und die Bewertung des erworbenen Nettovermögens erforderlich. Beides wird jedoch in einem späteren Abschnitt dargestellt werden, um der Vorgehensweise der Kapitalkonsolidierung im Konzernabschluss und weitgehend dem Aufbau der Untersuchung zum HGB zu entsprechen. Dennoch soll nach den Überlegungen zu Erwerber und Erwerbszeitpunkt bereits die Bewertung des Minderheitenanteils erläutert werden. Deren Erarbeitung ist nämlich Voraussetzung für das Verständnis der technischen Vorgehensweise bei Anwendung der Akquisitionmethode im Rahmen des Konzernabschlusses.

a) Identifizierung des Erwerbers

Bei einem Unternehmenszusammenschluss hat der Erwerber die Transaktion in seinem Konzernabschluss darzustellen; deshalb ist unter den an einem Zusammenschluss beteiligten Unternehmen der Erwerber zu bestimmen.[1135]

Gem. Par. 5 (a), 6 f. des IFRS 3 wird als Erwerber derjenige identifiziert werden, der die Kontrolle über den *acquiree* erwirbt.[1136] Hierzu verweist die Regelung auf die Kontrolldefinition in IAS 27, nach dem Kontrolle die Macht darstellt, die Finanz- und Geschäftspolitik des Unternehmens zu bestimmen und Nutzen aus den Geschäftsaktivitäten zu ziehen.[1137] Dabei richtet sich die Beurteilung nicht nach rechtlichen, sondern nach wirtschaftlichen Aspekten; dies kann daraus geschlossen werden, dass auch der formal Erworbene im Fall des umgekehrten Erwerbs als Erwerber zu qualifizieren ist.[1138]

b) Erwerbszeitpunkt

Zweiter Schritt der Akquisitionsmethode ist die Festlegung des Erwerbszeitpunkts.[1139] Der Erwerbszeitpunkt des Tochterunternehmens ist im Rahmen der Akquisitionsmethode deswegen von Bedeutung, da nach entsprechenden Regelungen in IFRS 3 der Goodwill, die erbrachte Gegenleistung und die erworbenen Positionen auf diesen Zeitpunkt angesetzt und bewertet werden müssen.[1140]

Den Erwerbszeitpunkt stellt nach IFRS 3.8 der Tag der Kontrollübernahme dar, für den in IFRS 3. 9 die Vermutung geäußert wird, er entspreche regelmäßig

1135 Zur Qualifizierung als Erwerber im Regelfall und in Sonderfällen s. ausführlich IFRS-Komm./Baetge/Hayn/Ströher, IFRS 3 Rn. 105-121.

1136 Lüdenbach in Haufe IFRS-Komm, § 31 Rn. 17; Zülch/Wünsch, KoR 2008, 466, 467; IFRS-Komm./Baetge/Hayn/Ströher, IFRS 3 Rn. 106.

1137 S. die Definition in IAS 27.4.

1138 Lüdenbach in Haufe IFRS-Komm, § 31 Rn. 17, 5. S. IFRS 3.21 bzw. IFRS 3. B19.

1139 S. IFRS 3.5 (b), 8 f. S hierzu IFRS-Komm./Baetge/Hayn/Ströher, IFRS 3 Rn. 122-127.

1140 Vgl. IFRS 3.32, .37, .10., 18.

dem Zeitpunkt, an dem der Erwerber rechtlich (*legally*) die Gegenleistung erbringe und die Vermögenswerte und Schulden und damit die Berrschung übernehme, der so genannte *closing date*.[1141] Fraglich erscheint hier, ob dies der Tag sein soll, an dem der *rechtliche* Eigentumsübergang von Leistung und Gegenleistung erfolgt. In Betracht kommt nämlich auch eine Auslegung dahingehend, dass das wirtschaftliche Eigentum an dem erworbenen Unternehmen erlangt sein muss, also die Möglichkeit der Bestimmung über die Geschäfts- und Finanzpolitik besteht.[1142] Für letztere Interpretation spricht, dass für IFRS-Abschlüsse nach dem Rahmenkonzept grundsätzlich eine wirtschaftliche Betrachtungsweise anzulegen ist.[1143] Dann kommt es für die Beurteilung des Erwerbszeitpunkts darauf an, welche Einflussmöglichkeiten des Erwerbers bereits bestehen, obwohl der dingliche Eigentumsübergang möglicherweise noch nicht vollzogen wurde, z. B. der Veräußerer nach dem Kaufvertrag keine alleinige Entscheidungsfreiheit hinsichtlich Investitionen, Finanzen oder Personal mehr innehat.[1144] Es ist eine Gesamtbetrachtung der relevanten Umstände vorzunehmen.[1145]

c) „Ein-Jahres-Fenster“

Als Ausnahme zu einer Bewertung auf den Erwerbszeitpunkt besteht, wie nunmehr nach HGB auch, die Möglichkeit, im Rahmen der maximal einjährigen *measurment period* zunächst vorläufig angesetzte Werte zu berichtigen. Dabei dürfen neue Informationen berücksichtigt werden, die zum Erwerbszeitpunkt vorhanden waren und, wären sie bekannt gewesen, die Bewertung beeinflusst hätten.[1146] Ebenfalls ist der Ansatz von Positionen betroffen, also auch hier sind gegebenfalls Berichtigungen vorzunehmen.[1147]

Diese Berichtigungsmöglichkeit hat zur Folge, dass eine Anpassung der Wertansätze so erfolgt, als seien die endgültigen Werte bereits zum *acquisiton date* bekannt gewesen und bei der Erstkonsolidierung verwendet worden; damit

---

1141 Lüdenbach in Haufe IFRS-Komm, § 31 Rn. 17, 26; Küting/Weber/Wirth, KoR 2008, 139, 141; Pellens/Amshoff/Sellhorn, BB 2008, 602.

1142 Dieser Auffassung sind Lüdenbach in Haufe IFRS-Komm, § 31 Rn. 25; Bultmann/Heuermann/Müller, KoR 2006, S. 508, 513. Ebenfalls von einem erforderlichen wirtschaftlichen Eigentumsübergang gehen aus IFRS-Komm./Baetge/Hayn/Ströher, IFRS 3 Rn. 124.

1143 Vgl. IFRS F. 35.

1144 S. zu den verschiedenen Erwerbszeitpunkten Lüdenbach in Haufe IFRS-Komm, § 31 Rn. 30 f.

1145 IFRS-Komm./Baetge/Hayn/Ströher, IFRS 3 Rn. 124.

1146 IFRS-Komm./Baetge/Hayn/Ströher, IFRS 3 Rn. 390 ff.

1147 S. IFRS 3.45 ff.

ergibt sich auch, dass der Goodwill in der *measuremet period* ohne Berührung der Gewinn- und Verlustrechung angepasst werden kann.[1148]

Nach Ende der Berichtigungsperiode findet eine Korrektur grundsätzlich[1149] nur unter den Voraussetzungen des IAS 8 statt.[1150]

d) Ansatz und Bewertung des non controlling-interest

Als dritten Schritt enthält die Akquisitionsmethode gem. IFRS 3.5 (c) neben der *fair value*-Bewertung der erworbenen Vermögenswerte und übernommenen Schulden die bereits erwähnte und neu eingeführte Anforderung, den Anteil der nicht-kontrollierenden Gesellschafter anzusetzen und zu bewerten.

Das IASB zieht übrigens nunmehr den Begriff „nicht-kontrollierende Anteile“ (*non-controlling interest*) dem Begriff des Minderheitenanteils vor. Es möchte damit der Tatsache Rechnung tragen, dass gegebenenfalls auch Minderheitsbeteiligungen Kontrolle ausüben können bzw. dass eine Mehrheitsbeteiligung nicht notwendigerweise die Kontrolle über ein Unternehmen ermöglicht.[1151] Auf die ebenfalls neue Definition des *non controlling interest* in IAS 27.4 wurde bereits hingewiesen.[1152]

aa) Bewertungswahlrecht für den non controlling-interest

IFRS 3.19 hält die Möglichkeit bereit, eine unterschiedliche Bewertung des Minderheitenanteils vorzunehmen: Jeder *non-controlling interest* am erworbenen Unternehmen kann entweder zum *fair value* oder *„at the non-controlling interest's proportionate share of the acquiree's identifiable net assets“* bewertet werden.[1153] Es handelt sich um ein echtes (Bewertungs-)Wahlrecht.[1154] Das IASB stellt allerdings klar, dass es sich dabei um eine Kompromisslösung handelt, da einige IASB-Miglieder die Bewertung des *non controlling-interest* zum

1148 Pellens/Fülbier/Gassen/Sellhorn, Internationale Rechnungslegung, 2008, S. 716; IFRS-Komm./Baetge/Hayn/Ströher, IFRS 3 Rn. 393.

1149 Mit IFRS 3.65 besteht hierzu nur noch eine Ausnahme, die sich auf Unternehmenszusammenschlüsse vor der erstmaligen Anwendung des IFRS 3 (2008) bezieht, vgl. hierzu IFRS-Komm./Baetge/Hayn/Ströher, IFRS 3 Rn. 398.

1150 IFRS 3.50; IFRS-Komm./Baetge/Hayn/Ströher, IFRS 3 Rn. 397; Pellens/Fülbier/Gassen/Sellhorn, Internationale Rechnungslegung, 2008, S. 717.

1151 S. Schwedler, KoR 2008, S. 125, 131. Ebenso Freiberg, PiR 2009, 210 f. mit Darstellung von Konstellationen, wann eine Kontrolle ohne Mehrheitsanteil möglich ist.

1152 Vgl. hierzu § 3 B. IV.

1153 IFRS 3.19 n. F.

1154 S. IFRS 3 BC 210; Lüdenbach in Haufe IFRS-Komm, § 31 Rn. 122; MünchKomm-BilR/Berndt/Gutsche IFRS, IFRS 3 Rn. 97; Pellens/Fülbier/Gassen/Sellhorn, Internationale Rechnungslegung, 2008, S. 710; IFRS-Komm./Baetge/Hayn/Ströher, IFRS 3 Rn. 253.

fair value nicht mittrugen.[1155] Dennoch ist die von der Mehrheit des *boards* favorisierte Bewertungsvariante diejenige der Zeitwertbewertung.[1156]

Hinsichtlich der beteiligungsproportionalen Variante der Minderheitsanteilsbemessung in IFRS 3.19 n. F. besteht zur bisherigen Bewertung nach IFRS 3.40 a. F. keine Abweichung: Nach dieser wurde ebenfalls jeder Minderheitsanteil am erworbenen Unternehmen zu dem Anteil am beizulegenden Nettozeitwert der übernommenen Posten bewertet, der den Minderheitsgesellschaftern zuzuordnen ist. Es wurde und wird also eine proportionale Berechnung des Minderheiten-Anteils entsprechend dem quotalen Anteil vorgenommen.[1157]

Im erstgenannten Fall der nunmehr möglichen Bewertungsvarianten liegt hingegen eine erhebliche Neuerung, sowohl gegenüber IFRS 3 als auch im Vergleich zu ED IFRS 3. Sie bedeutet offensichtlich eine Ausweitung des *fair value approach* gegenüber der Vorgänger-Regelung - dies wird nachfolgend noch angesprochen.[1158] Da die Wahl der jeweiligen Minderheiten-Bewertung auch die Bewertung des Goodwill bestimmt,[1159] wird bei dem Bewertungswahlrecht auch von einem Methodenwahlrecht hinsichtlich der *full goodwill method* bzw. der *purchased method* gesprochen.[1160]

Umstritten ist, ob das Wahlrecht für jeden Unternehmenszusammenschluss neu ausgeübt werden darf: Dies ist nach einer vertretenen Auffassung zulässig,[1161] nach a. A. nimmt IFRS 3 keine Stellung dazu, ob das Wahlrecht für alle Erwerbe gleichartig auszuüben sei,[1162] während nach wieder a. A. die einheitliche Ausübung des Wahlrechts für einen zutreffenderen Einblick in die Konzern-Vermögenslage zu fordern ist.[1163] Auch die Vertreter letztgenannter Auffassung räumen indessen ein, dass aus den *dissenting opinions* zu IFRS 3 geschlossen werden kann, dass das Wahlrecht nach dem Willen der Mehrheit der *board*-Mitglieder offenbar so ausgestaltet sein soll, dass es für jeden Unternehmenszusammenschluss frei ausübbar sein möge (*with a free choice in applying it*).[1164]

1155 IFRS 3 BC 210, 212.

1156 Vgl. IFRS 3 BC 209.

1157 Ähnlich IFRS-Komm./Baetge/Hayn/Ströher, IFRS 3 Rn. 255.

1158 S. § 6 B. IV. 2. a), § 7 D. I.

1159 S. hierzu sogleich, § 6 B. II. 3.

1160 Pellens/Fülbier/Gassen/Sellhorn, Internationale Rechnungslegung, 2008, S. 715; Pellens/Amshoff/Sellhorn, BB 2008, 602, 605. Wohl ebenso aufzufassen sind Harr/Eppinger/Zeyer, PiR 2009, 1, 2.

1161 Fink, PiR 2008, 114, 117; Lüdenbach in Haufe IFRS-Komm, § 31 Rn. 123; Pellens/Fülbier/Gassen/Sellhorn, Internationale Rechnungslegung, 2008, S. 710; IFRS-Komm./Baetge/Hayn/Ströher, IFRS 3 Rn. 256; Philippi, PiR 2009, 61.

1162 MünchKommBilR/Berndt/Gutsche IFRS, IFRS 3 Rn. 98.

1163 Küting/Weber/Wirth, KoR 2008, 139, 142.

1164 Vgl. IFRS 3.DO3 sowie Küting/Weber/Wirth, KoR 2008, 139, 142, Fußnote 21.

Ohne explizite (Ausnahme-)Regelung der jeweiligen Neuausübung im Standard selbst erschiene es wohl vor dem Hintergrund des Vergleichbarkeitsgrundsatzes dennoch vertretbar, von der Geltung der horizontalen Stetigkeit auszugehen und eine Bindungswirkung durch erstmalige Ausübung des Wahlrechts anzunehmen. Für eine freie Ausübung des Wahlrechts spricht allerdings - entgegen der zweitgenannten Auffassung - der Wortlaut von IFRS 3.19, nachdem der Erwerber für jeden Unternehmenszusammenschluss (*for each business combination*) den Minderheiten-Anteil entweder zum Zeitwert oder zum beteiligungsproportionalen Anteil zu bewerten habe.[1165] Insofern muss wohl ein für jeden Zusammenschluss neu auszuübendes Wahlrecht unterstellt werden, wäre freilich auch ein anderes Ergebnis vorzugswürdig.

bb) Bewertung des Minderheitenanteils

Wenige weitere Regelungen zur Bewertung des *non-controlling interest* wurden in Anhang B des IFRS 3 aufgenommen. Darin wird beschrieben, dass es dem Erweber in manchen Fällen möglich sein wird, die Bewertung anhand von Preisen auf aktiven Märkten für nicht vom Erwerber gehaltene Anteile vorzunehmen.[1166] In anderen Fällen sei eine Ermittlung des *non controlling interest -fair value* nötig anhand von anderen Bewertungsmethoden – *other valuation techniques.*[1167]

In IFRS 3 B45 wird auf den Umstand hingewiesen, dass der Mehrheiten- und Minderheitenanteil einen unterschiedlichen Preis haben können; als Hauptgrund hierfür sieht das IASB die sogenannte Kontrollprämie an.[1168] Bei der Kontrollprämie geht es um die Beherrschungsmöglichkeit, die bspw. eine Beteiligung von 50,01% gegenüber einer von 49, 09 % in sich birgt[1169] und die weit teurer bezahlt wird, als der nominale Anteil von 0,01 % am Unternehmen eigentlich wert ist.[1170]

Weitere, detailliertere Regelungen zur Bewertung des nichtkontrollierenden Anteils enthält IFRS 3 nicht. Insbesondere auch in den Anhängen A und B, die integraler Bestandteil des Standards sind, finden sich im Gegensatz zu ED IFRS 3 keine weiterführenden Bewertungshinweise oder beispielhafte Fallgestaltungen mehr.

1165 Gleiche Auffassung Fink, PiR 2008, 114, 117.

1166 Vgl. IFRS 3 B44 n. F.

1167 IFRS 3 B44 n. F.

1168 S. Pellens/Fülbier/Gassen/Sellhorn, Internationale Rechnungslegung, 2008, S. 711.

1169 Lüdenbach in Haufe IFRS-Komm, § 31 Rn. 124.

1170 S. hierzu nur Bawieser, Unternehmensbewertung, 2004, S. 192 f., der von Kontrollprämien von gut 40 % auf die Marktkapitalisierung für Unternehmen in den USA berichtet.

Im Schrifttum wird teilweise davon ausgegangen, dass die Bewertung des Minderheitenanteils aus der erbrachten Gegenleistung abgeleitet werden kann.[1171] Allerdings scheint dann eine Divergenz zu IFRS 3.45 aufzutreten, da der Mehrheitenanteil-Preis womöglich eine erhebliche Kontrollprämie enthält.[1172] Das Herausrechnen der Kontrollprämie wiederum dürfte sich als unmöglich erweisen, ohne doch wieder auf eine Gesamtbewertung des Unternehmens zurückzugreifen.[1173] Nach a. A. ist die Hochrechnung des Kaufpreises aufgrund der Kontrollprämie rundweg abzulehen.[1174] Letzterer Auffassung ist zuzustimmen, da die Tatsache der Kontrollprämie nicht von der Hand zu weisen und ohne Unternehmensbewertung nicht zu lösen ist.

Die einzig mögliche Variante der Bewertung der nicht konrollierenden Anteile ist dann neben der Ableitung aus Marktpreisen die über eine Unternehmensbewertung.[1175] Die Berechnung aus Marktpreisen ist anhand der Marktkapitalisierung, die sich aus der Anzahl der Aktien multipliziert mit ihrem Aktienkurs errechnet,[1176] möglich; dabei ist jedoch zu beachten, dass der Preis der Minderheiten-Aktie vom Erwerbskurs aufgrund der Kontrollprämie bzw. eines Abschlags aufgrund mangelnder Kontrolle abweichen kann.[1177]

Methoden der Unternehmensbewertung sind mangels Vorgaben durch IFRS 3 wohl diejenigen, die grundsätzlich im Rahmen der *fair value*-Bewertung nach IFRS im Raum stehen und die geeignet erscheinen, bspw. Vergleichswertverfah-

---

1171 Harr/Eppinger/Zeyer, PiR 2009, 1, 2. Ebenso Pawelzik, PiR 2009, 277 und Wulf, KoR 2009, 729, 733, beide mit Rekurs auf Theile/Pawelzik in: Heuser/Theile, IFRS Handbuch, 4. Aufl. 2009, Rn. 3421.

1172 Dies räumen auch die Verfasser, die diese Berechnungsmöglichkeit vorschlagen, ein, s. Harr/Eppinger/Zeyer, PiR 2009, 1, 2, Fußnote 13. IFRS-Komm./Baetge/Hayn/Ströher, IFRS 3 Rn. 254 gehen ebenfalls von einem üblicherweise vorhandenen Kontrollaufschlag aus.

1173 Ähnlich Haaker, PiR 2008, 188, 191, der von einem Zirkelschluss spricht, in den der Versuch einer Minderheiten-Bewertung über die Gegenleistung mündet.

1174 Lüdenbach in Haufe IFRS-Komm, § 31 Rn. 124; IFRS-Komm./Baetge/Hayn/Ströher, IFRS 3 Rn. 263.

1175 IFRS 3 B44; Harr/Eppinger/Zeyer, PiR 2009, 1, 3; Pellens/Fülbier/Gasen/Sellhorn, Internationale Rechnungslegung, 2008, S. 711; Pellens/Amshoff/Sellhorn, BB 2008, 602.; IFRS-Komm./Baetge/Hayn/Ströher, IFRS 3 Rn. 254, 263 sehen ebenfalls eine Unternehmensbewertung als nötig an.

1176 Ballwieser, in: Heintzen et. alt. (Hrsg.), Unternehmen bewerten, 2003, S. 13, 19; s. auch Ballwieser, Unternehmensbewertung, 2004, S. 192.

1177 S. hierzu das Beispiel bei Pellens/Amshoff/Sellhorn, BB 2008, 602, 603.

ren im Rahmen des *market approach* und kapitalwertorientierte Verfahren wie Discounted Cash-flow-Verfahren (*income approach*).[1178]

Regelmäßig wird ein Gesamtunternehmenswert, bspw. via Multiplikatormethode des *market approach* errechnet werden, aus dem wiederum der prozentuale Anteil der Minderheiten abzuleiten ist.[1179] Gegebenenfalls ist dann ein Abschlag für die mangelnde Beherrschungsmöglichkeit der Minderheiten vorzunehmen. So ist wohl auch das IASB mit den erläuterungen in IFRS 3 B45 zu interpretieren.[1180]

3. Technisches Vorgehen bei Anwendung der Erwerbsmethode im Konzernabschluss

Nachdem nun die wesentlichen Schritte der *acquisition method* - mit Ausnahme von Ansatz und Bewertung des Nettovermögens - im vorangehenden Unterabschnitt umrissen wurden, blieb indessen ungeklärt, wie und wann die für den Konzernabschluss notwendige Eliminierung des Beteiligungswerts und entsprechenden Eigenkapitalanteils zu bewerkstelligen ist. Denn IFRS 3.5 nennt zwar für die Kapitalkonsolidierung wesentliche Schritten, wie die Festlegung des Erwebszeitpunkts oder Ansatz und Bewertung des Nettovermögens. Auch Ansatz und Bewertung des Goodwill wird gefordert. Zur Bilanzierung des Geschäftswerts enthält die Goodwill-Ermittlungsstaffel des IFRS 3.32 wiederum konkrete Vorgaben für dessen Berechnung, die, wie sogleich zu zeigen sein wird, jedoch nicht zu einer Kapitalverrechnung führen.

Demgegenüber fordert IAS 27.18 (a) die Eliminierung des Beteiligungsbuchwerts am Tochterunternehmen sowie des anteiligen Eigenkapitals.

Vor diesem Hintergrund stellt sich die Frage, ob sich aus diesen abweichenden Regelungen eine stringente Vorgehensweise im Rahmen der Konzern-Goodwillermittlung ableiten lässt. Dieser Frage-stellung gilt es in der nun folgenden Untersuchung nachzugehen.

a) Goodwill-Ermittlungsstaffel des IFRS 3.32

Nach der neuen Goodwill-Ermittlungsstaffel des IFRS 3.32 stellt der Nettobetrag der identifizierbaren Vermögenswerte und übernommenen Schulden den Subtrahenden dar, der von der Summe der erbrachten Gegenleistung und dem

1178 S. bspw. Lüdenbach in Haufe IFRS-Komm, § 31 Rn. 61 ff; Küting/Hayn, BB 2006, 1211 ff.; s. auch IDW S1 bzw. IDW RS HFA 16.

1179 S. Sigle, PiR 2008, S. 300, der das IASB ebenso interpretiert, dass ein rechnerischer Anteil für Minderheiten im Wesentlichen aus einem Gesamt-Unternehmenswert ermittelt wird.

1180 S. Sigle, PiR 2008, S. 300.

Wert des *non-controlling interest* und gegebenenfalls dem Zeitwert eines bereits früher erworbenen Anteils am *acquiree* abgezogen wird.[1181]

Ergebnis ist nach dieser neuen Berechnungsweise ein Unterschiedsbetrag, der, außer im Fall eines *bargain purchase*, entweder einen Gesamt- oder einen Mehrheiten-Goodwill darstellt.[1182] Dies ist auf das Bewertungswahlrecht hinsichtlich des Minderheitenanteils, das vorangehend dargestellt wurde, zurückzuführen. Das Wahlrecht ist, da der Wert des Minderheiten-Anteils für die Goodwill-Rechnung bekannt sein muss, von daher formal vor der Goodwill-Ermittlung auszuüben und dementsprechend der Minderheitenanteil zu bewerten.[1183]

Im Gegensatz zur bisherigen Goodwill-Rechnung, die sich aus den Anschaffungskosten abzüglich des anteiligen Nettovermögens zum *fair value* ergab,[1184] wird nunmehr generell der Minderheitenanteil in die Betrachtung miteinbezogen. Aufgrund seiner unterschiedlichen Bewertung kommt es zu einem vollen oder beteiligungsproportionalen Ausweis des Goodwill. In ersterem Fall handelt es sich um die *full goodwill method*, hingegen im zweiten Fall im Ergebnis um die der HGB-Neubewertungsmethode insoweit entsprechende und bislang nach IFRS 3.51 a. F. ausschließlich anzuwendende Methode der vollständigen Neubewertung ohne Beteiligung des Goodwill.[1185] Formal liegt jedoch die dargestellte, neue Ermittlungsmethodik des IFRS 3.32 zugrunde.

Die Goodwill-Rechnung des IFRS 3.32 gilt für alle Abschlüsse gleichermaßen.[1186] Die technische Vorgehensweise im Konzernabschluss kann damit jedoch noch nicht vollständig beschrieben sein. Denn dieser erfordert eine Konsolidierung des Kapitals, um die zusammengefassten Unternehmen als eines darzustellen, IAS 27.18.[1187]

1181 Vgl. IFRS 3.32, der den Goodwill als „excess" der Summe aus erbrachter Gegenleistung, non-controlling interest und bereits erworbener Anteile über das Nettovermögens beschreibt. S. auch die Ermittlungsbeispiele bei Lüdenbach in Haufe IFRS-Komm, § 31 Rn. 122 ff, bzw. Rechnung bei Berndt/Gutsche in MünchBilRKomm, IFRS, IFRS 3 Rn. 98; IFRS-Komm./Baetge, Hayn/Ströher, IFRS 3 Rn. 289 ff.

1182 Freilich kann sich im Einzelfall auch ein gain from a bargain purchase ergeben, IFRS 3.34 ff.

1183 So auch Haaker, PiR 2008, 188, 191; Pellens/Fülbier/Gasen/Sellhorn, Internationale Rechnungslegung, 2008, S. 715; IFRS-Komm./Baetge/Hayn/Ströher, IFRS 3 Rn. 263.

1184 S. hierzu IFRS 3.51 (b) (2004) und Lüdenbach in Haufe IFRS-Komm, § 31 Rn. 122.

1185 So auch MünchKommBilR/Berndt/Gutsche IFRS, IFRS 3 Rn. 98; Haaker, PiR 2008, 188, 191.

1186 S. hierzu insbesondere § 6 A. I.

1187 IFRS-Komm./Baetge/Hayn/Ströher, IFRS 3 Rn. 94.

b) Goodwill aus der Kapitalkonsolidierung

Nach den übereinstimmenden Darstellungen im Schrifttum hat sich das technische Vorgehen im Konzernabschluss allerdings durch die Neuregelungen in IFRS 3 gegenüber der bislang anzuwendenden Vorgehensweise nicht grundlegend geändert.[1188]

Nur für den Fall, dass ein Minderheitenanteil am Goodwill hinzukommt, da der Bilanzierer vom Wahlrecht der *full goodwill method* Gebrauch macht, findet eine zusätzliche Aktivierung des Minderheitenanteils am Geschäftswert statt. Grundsätzlich soll es jedoch dabei bleiben, dass nach Bildung der Summenbilanz der verfahrenstechnische Schritt vorzunehmen ist, aus dem der (Mehrheiten-)Goodwill resultiert:[1189] Der Buchwert der erworbenen Anteile der Tochterunternehmen und der proportionale Anteil am Eigenkapital einer jeglichen *subsidiary* würden über die Verrechnung beider Größen eliminiert.[1190] Dies entspricht der bereits zitierten und nach wie vor für den Konzernabschluss geltenden Regelung des IAS 27.18 (a), die eine Eliminierung der genannten Größen fordert und deren Interpretation schon im Rahmen der *purchase method* nach IAS 27 a. F. in V. m. IFRS 3 a. F. zu einer Aufrechung von Buchwert der Beteiligung und anteiligem Nettovermögen führte.[1191]

Soll unverändert in dieser Weise vorgegangen werden, ist dazu vorher freilich eine Bewertung der Anschaffungskosten über die erbrachte Gegenleistung erforderlich, IFRS 3.37 ff.,[1192] die zur Bewertung der Beteiligung herangezogen werden.

Weiterhin werden in den Darstellungen im Schrifttum nach der Durchführung der Kapitalverrechnung die Minderheitenanteile am neubewerteten Eigenkapital und für den Fall der *full goodwill*-Methode als letzter Schritt der Minderheiten-Goodwill in der Konsolidierungsspalte eingebucht; schließlich findet sich in diesem Fall in der Konzernbilanz der *full goodwill* aktiviert wieder sowie der

---

1188 S. inbesondere das Buchungsbeispiel bei Küting/Weber/Wirth, KoR 2008, 139, 143 f. und bei Zülch/Fischer, PIR 2007, 358, 359. S. aber auch Lüdenbach in Haufe IFRS-Komm, § 31 Rn. 18; Pellens/Fülbier/Gassen/Sellhorn, Internationale Rechnungslegung, 2008, S. 701 f.; Pellens/Amshoff/Sellhorn, BB 2008, 602 f.; Zülch/Wünsch, KoR 2008, 466, 467 f.; Krimpmann, Konsolidierung nach IFRS/HGB, 2009, S. 98.

1189 S. hierzu auch die entsprechend geltendenden Ausführungen zum HGB, § 4 III.

1190 Ebenso Küting/Weber/Wirth, KoR 2008, 139, 143. S. ebenso das Buchungsbeispiel bei MünchKommBilR/Berndt/Gut-sche IFRS, IFRS 3 Rn. 102.

1191 Hierzu s. bereits vorangehend § 6 B. I. 1.

1192 Pellens/Fülbier/Sellhorn/Gassen, Internationale Rechnungslegung, 2008, S. 706.

auf die Minderheiten entfallende passivierte Anteil am Eigenkapital inklusive des Wertanteils am Goodwill.[1193]

c) Goodwill im Spannungsfeld von IFRS 3.32 und Kapitalkonsolidierung

Im Schrifttum wird nur andeutungsweise das Spannungsfeld thematisiert,[1194] in dem sich der Goodwill aufgrund der Ermittlungsmethode des IFRS 3.32 und der Regelung der Kapitalkonsolidierung nach IAS 27.18 befinden. Dabei erscheinen die Regelungen konzeptionell keine Beziehung zueinander aufzuweisen, betrachtet man die bianziellen Vorgänge zur Erstellung des Konzernabschlusses im Hinblick auf die Goodwill-Ermittlung und die anzuwendenden Regelungen nach IFRS 3.

aa) Ermittlung des Mehrheiten-Goodwill

Die Verrechung nach IAS 27.18 (a) führt im Konzernabschluss, wie vorangehend und auch bereits entsprechend zum HGB beschrieben, im Einklang mit der bisherigen Funktion nach IAS 27 a. F. zu einem Mehrheiten-Goodwill in der Konsolidierungsspalte.[1195] Soll nur dieser angesetzt werden, da vom Wahlrecht der Neubewertungsmethode ohne Minderheiten-Goodwill Gebrauch gemacht wird, erübrigen sich weitere Berechnungen; das Ergebnis, der Mehrheiten-Goodwill, steht bereits fest.[1196] Dann muss allerdings die Ermittlungsstaffel des IFRS 3.32 überhaupt nicht zur Goodwill-Berechnung eingesetzt werden, obwohl dies IFRS 3.32 fordert.

bb) Ermittlung des Minderheiten-Goodwill

Soll hingegen ein Gesamt-Goodwill im Konzernabschluss bilanziert werden, ist das weitere Vorgehen fraglich. Eine Hochrechung des Mehrheiten-Goodwill aus der Kapitalkonsolidierung zum *full goodwill* scheidet gleichermaßen wie die

---

1193 Vgl. die Buchungsvorgänge bei Pellens/Fülbier/Sellhorn/Gassen, Internationale Rechnungslegung, 2008, S. 701, 705 f. sowie die beispielhafte Darstellung bei Küting/Weber/Wirth, KoR 2008, 139, 142, 144; MünchKommBilR/Berndt/Gutsche IFRS, IFRS 3 Rn. 102; IFRS-Komm./Baetge/Hayn/Ströher, IFRS 3 Rn. 281 ff. entwickeln die Konzernbilanz beispielhaft nur für die purchased method.

1194 Küting/Weber/Wirth, KoR 2008, 139, 143 sprechen an, dass aus der Kapitalkonsoldidierung nach IAS 27.18 eine Aufteilung des Goodwill auf Mehr- und Minderheiten erforderlich ist und dies nicht mit IFRS 3 (2008) in Einklang steht. MünchKommBilR/Berndt/Gutsche IFRS, IFRS 3 Rn. 9 weisen darauf hin, dass u.a. Konsolidierungsfragen nach IFRS 3 bzw. IAS 27 doppelt behandelt werden.

1195 S. nur das bereits angeführte Buchungsbeispiel bei MünchKommBilR/Berndt/Gutsche IFRS, IFRS 3 Rn. 102 oder bei Pellens/Fülbier/Sellhorn/Gassen, Internationale Rechnungslegung, 2008, S. 705.

1196 Beck-IFRS-HB/Senger/Brune/Diersch, 3. Aufl., § 34 Rn. 233 mit Rekurs auf Küting/Weber/Wirth, KoR 2008, 139, 143.

Hochrechnung des Kaufpreises auf einen Gesamtunternehmenswert nach zutreffender Auffassung aufgrund der darin zumeist enthaltenen Kontrollprämie aus.[1197] Zudem wird angenommen, dass sich das Hochrechnungsverbot aus der entsprechenden Neuregelung des IFRS 3.32 ergebenn würde - im Gegensatz zu der in ED IFRS 3 noch angestrebten, „pragmatischen" Regelung, die auch eine Hochrechnung des (Mehrheiten-) Goodwill vorsah.[1198]

Damit verbleibt im Rahmen der Konsolidierung nach IAS 27.18 eine inzidente Anwendung der Goodwill-Ermittlungsmethode des IFRS 3.32 in einer Rechnung parallel zu den Konsolidierungsbuchungen, die bei einem Ansatz des Minderheitenanteils zum *fair value* zum Gesamt-Goodwill führt.[1199]

Aus diesem *full goodwill* kann theoretisch entweder durch Subtraktion des Mehrheiten-Goodwill aus der Kapitalkonsolidierung der Minderheiten-Goodwill ermittelt und eingebucht werden. Alternativ könnte der Minderheiten-Goodwill so errechnet werden, dass entsprechend dem quotalen Anteil der Minderheiten am Eigenkapital (z. B. 20 %) ein vom Gesamt-Goodwill entsprechend prozentualer Anteil berechnet wird (z. B. 0,2 x *full foodwill*). Der (Mehrheiten- oder Gesamt-)Goodwill nach IFRS 3.32 enthält jedoch immer eine Kontrollprämie, sofern sie geleistet wurde, da in seine Berechnung die erbrachte Gegenleistung gem. lit. a (i) der Vorschrift eingeht.[1200]

Wird der Minderheiten-Goodwill auf eine der beiden angeführten Berechnungsmöglichkeiten unter Einbeziehung des Gesamt-Goodwill gem. IFRS 3.32 berechnet, ist folglich auch dieser nicht frei von einem Einfluss der Kontrollprämie. Deren Einbeziehung wird jedoch als nicht sachgerecht angesehen, so dass schließlich aus diesem Grund entsprechend den vorangehenden Ausführungen auch keine Hochrechnung des Mehrheiten-Goodwill stattfinden darf.[1201] Die dargestellten Berechnungsvarianten kommen einer solchen Hochrechnung im Ergebnis jedoch gleich.

1197 MünchKommBilR/Berndt/Gutsche IFRS, IFRS 3 Rn. 99, 166 mit Rekurs auf IFRS 3.B44, .45, Hinweis auch auf IFRS 3.BC81,.330. Im Ergebnis ebenso Lüdenbach in Haufe IFRS-Komm, § 31 Rn. 124; Haaker, PiR 2008, 188, 191. Wie vorstehend bereits kommentiert, erachten hingegen Theile/Pawelzik in Heuser/Theile, IFRS-Handbuch, 2009, Rn. 3421 eine Hochrechnung der erbrachten Gegenleistung in bestimmten Konstellationen für möglich und ebenfalls, diesen folgend, Wulf, KoR 2009, 729, 733.

1198 MünchKommBilR/Berndt/Gutsche IFRS, IFRS 3 Rn. 99, 166.

1199 Küting/Weber/Wirth, KoR 2008, 139, 144 schlagen die vergleichende Ermittlung sowohl eines full goodwill als auch eines Mehrheiten-Goodwill vor.

1200 S. oben sowie IFRS 3.32 (a) (ii) i. V. m. Par. 19.

1201 Dies wurde bereits oben im gleichen Unterabschnitt angesprochen. S. nochmals Lüdenbach in Haufe IFRS-Komm, § 31 Rn. 124; MünchKommBilR/Berndt/Gutsche IFRS, IFRS 3 Rn. 99, 166.

Als dritte Möglichkeit zur Ermittlung des Minderheiten-Goodwill könnte schließlich auch vom Minderheiten-Anteil am Gesamtunternehmenswert der dem prozentualen Minderheitenanteil entsprechende Teil am neubewerteten Nettovermögen subtrahiert und die Differenz als Minderheiten-Goodwill schließlich eingebucht werden.[1202] Dann ist die Berrechnungsgrundlage, der Unternehmensgesamtwert, frei von einer Kontrollprämie. Denn der Unternehmensgesamtwert wird zu seinem *fair value* auf *stand alone*-Basis vor dem Unternehmenszusammenschluss ermittelt[1203] und zwar über eine Gesamt-Unternehmensbewertung, die über Marktpreise und sofern keine zur Verfügung stehen, über Bewertungsmethoden erfolgt.[1204] Diese Weise der Bewertung wurde analog bereits bei den Bewertungsmöglichkeiten des Minderheitenanteils angesprochen.[1205] Aus dem so ermittelten Minderheiten-Goodwill lässt sich zusammen mit dem *purchased goodwill* aus der Kapitalkonsolidierung schließlich der Gesamt-Goodwill im Konzernabschluss errechnen.

Freilich geht IFRS 3 weder auf diese noch auf die anderen Ermittlungsmöglichkeiten des Minderheiten-Goodwill ein oder gibt eine dieser vor.[1206]

cc) Würdigung der Goodwill-Ermittlungsmöglichkeiten

Problematisch erscheint bei der letztgenannten technischen Vorgehensweise einerseits, dass der (Gesamt-) Goodwill wiederum nicht über die Goodwill-Ermittlungsstaffel des IFRS 3.32 ermittelt wurde.

Auf der anderen Seite ergibt sich das Problem, dass der auf die Minderheiten entfallende Anteil am Goodwill systematisch ohne direkten Zusammenhang zum Mehrheiten-Goodwill berechnet wird:

Durch die Aktivierung eines Minderheiten-Goodwill, der über einen Gesamt-Unternehmenswert berechnet wird, wird ein Wert in die Konzernbilanz eingeführt, dessen Ermittlungsmethodik im Gegensatz zu den Goodwill-Rechnungsselementen nach IAS 27.18 (a) und damit zum Mehrheiten-Goodwill steht. Denn bei der Berechnung des Minderheiten-Goodwill ist, wie beschrieben, der Rückgriff auf den Gesamt-Unternehmenswert nötig, der entweder auf Marktpreisen oder Bewertungsmethoden basiert. Liegen letztere, z. B. ein Discounted Cash-flow-Verfahren zugrunde, resultiert der Goodwillanteil der Minderheiten

1202 Diese Berechnungsweise wählen offenbar Küting/Weber/Wirth, KoR 2008, 139, 144. Auch Baetge/Kirsch/Thiele, Konzernbilanzen, 2009, S. 224, gehen rechnerisch diesen Weg.

1203 Küting/Weber/Wirth, KoR 2008, 139, 144.

1204 Vgl. IFRS 3.B44.

1205 S. § 6 B. II. 2. b).

1206 Dies stellen auch fest Küting/Weber/Wirth, KoR 2008, 139, 143.

auf einem Unternehmenswert, der nach einem Gesamtbewertungskonzept[1207] ermittelt wird. Bei diesen steht der Gesamtertrag des Unternehmens als Bewertungseinheit im Vordergrund, der aus dem gesamten Unternehmen erwartet wird,[1208] oder mit anderen Worten, der Nutzen, der insgesamt für die Eigentümer zu ziehen ist.[1209] Jedoch auch die Bewertung des Unternehmens ohne Rückgriff auf Bewertungsmethoden anhand der Marktkapitalisierung stellt eine Gesamtbewertung dar. Denn dabei werden nicht wie bei einem Einzelbewertungsverfahren (Substanzwertverfahren) einzelne Vermögenswerte und Schulden des Unternehmens betrachtet.[1210]

Demgegenüber ergibt sich der Mehrheiten-Goodwill über die erbrachte Gegenleistung, der eine Einzelbewertung der hingegeben Vermögenswerte zugrunde liegt sowie über das erworbene Nettovermögen, das sich ebenfalls über Einzelbewertungen errechnet. Die Einzelbewertung stellt, worauf bereits im Kontext des Einzelbewertungsgrundsatze nach HGB hingewiesen wurde,[1211] das Gegenteil der Gesamtbewertung dar.[1212]

Freilich finden die Einzelbewertungen im Rahmen des IFRS 3 über die *fair value*-Konzeption und insofern im Ergebis häufig über Gesamtbewertungverfahren statt;[1213] auf die Gefahr der Übertragung von Verbundeffekten wurde bereits hingewiesen.[1214] Dennoch bildet den jeweiligen Wert zur Berechnung des Mehrheiten-Goodwill eine Summe von Einzelwerten, ungeachtet deren eigener Ermittlungsverfahren. Damit findet im Grundsatz für die Goodwill-Parameter „erbrachte Gegenleistung“ und „erworbenes Nettovermögen“ eine Einzelbewertung statt.

1207 S. hierzu bereits die Ausführungen zum Grundsatz der Richtigkeit und Willkürfreiheit, § 3 A. II. 4. a) und zur Einteilung von Unternehmensbewertungsverfahren nur Ballwieser, Unternehmensbewertung, 2004, S. 8, 12-177. Zur Gesamtbewertung ganzer Unternehmen s. auch Krag/Kasperzak, Grundzüge der Unternehmensbewertung, 2000; Mandl/Rabl, Unternehmensbewertung, 1997, insb. S. 31-45; Matschke/Brösel, Unternehmensbewertung, 2005; Moxter, Grundsätze ordnungsgemäßer Unternehmensbewertung, 1983, S. 75 ff.

1208 Mandl/Rabl, Unternehmensbewertung, 1997, S. 29.

1209 Ballwieser, Unternehmensbewertung, 2006, S. 8; Moxter, Grundsätze ordnungsgemäßer Unternehmensbewertung, 1983, S. 75.

1210 Vgl. hierzu nur die Einteilung bei Mandl/Rabl, Unternehmensbewertung, 1997, S. VII, 42 ff.; 46 ff., die Vergleichsverfahren, basierend auf Börsenwerten, ebenfalls unter Gesamtbewertungsvefahren fassen, im Gegensatz zu Substanzwertverfahren.

1211 § 3 A. II. 4. a).

1212 Ballwieser, Unternehmensbewertung, 2004, S. 9.

1213 Eine Aushöhlung des Einzelbewertungsgrundsatzes per se durch den fair value befürchten indessen Küting/Hayn, BB 2006, 1211 ff.

1214 S. hierzu bereits die fair value-Konzeption des HGB in § 4 B. V. 3 und § 5 D. I.

Würden sich außerdem die Einzelwerte zur Ermittlung der erbrachten Gegenleistung bzw. des erworbenen Nettovermögens direkt und ausschließlich aus Marktwerten ableiten lassen – wie ja eigentlich in der Theorie des *fair value-approach* primär vorgesehen, nach der Bewertungsmethoden nur „hilfsweise" auf nachrangigen Hierarchiestufen eingesetzt werden[1215] – würde offensichtlich, dass zur Bewertung des Mehrheiten-Goodwill auch in den IFRS eine Einzelbewertungskonzeption verfolgt wird.

Im *full goodwill* werden damit jedoch zwei wesentliche Elemente, nämlich der Mehrheiten- und der Minderheiten-Goodwill, zusammengeführt, die jeweils in ihrer Gesamtheit einmal aus Einzelbewertungsverfahren resultieren, das andere Mal jedoch aus einem Gesamtbewertungsverfahren. Da das Verhältnis der Bewertungskonzeptionen jedoch prinzipiell von Polarität geprägt ist, erscheint diese Zusammenführung in einem Wert systematisch inkonsistent.

Der Einfluss dieser Inkonsistenz auf die Qualität der daraus resultierenden Werte lässt sich nur vermuten. Es erscheint möglich, dass die Relation zwischen Mehrheiten- und Minderheiten-Goodwill dadurch unsachgemäß verschoben wird. Dies würde sich dann deutlich zeigen, wenn bei einer Hochrechnung des Minderheiten-Goodwill auf den Mehrheiten-Goodwill dessen Höhe von dem aus der Kapitalkonsolidierung hervorgehenden Mehrheiten-Goodwill signifikant abweichen würde. Zu untersuchen gälte es dann freilich noch, ob die Abweichung ausschließlich über eine Kontrollprämie erklärbar wäre, die nur in letzteren Eingang findet. Angesichts der Volatilität von Märkten und der Unsicherheiten von Bewertungsmethoden sind hieran wohl Zweifel angebracht.[1216]

Letztlich wird wohl aus diesem Grund im Schrifttum zu Beginn der Anwendung der Erwerbsmethode nach IFRS 3 eine vergleichende Ermittlung des *full goodwill* und des *purchased goodwill* vorgeschlagen[1217] bzw. die Goodwill-Ermittlung nach IFRS 3.32 als ein jedenfalls zur Kapitalkonsolidierung zusätzlicher Schritt unternommen.[1218]

1215 S. hierzu bereits die Ausführungen zum HGB-fair value, § 4 B. V. 3. sowie nachfolgend diejenigen zum IFRS-fair value, § 6 B. IV. 2. a) bb).

1216 Das IASB vertritt die Auffassung, dass die Bewertung des non controlling interest auf einer per share basis zu einer Bewertung über Bewertungsmethoden abweichen kann, was hauptsächlich an der Kontrollprämie oder v.v. an einem Abschlag auf nicht kontrollierende Anteile liege, IFRS 3 B45.

1217 So von Küting/Weber/Wirth, KoR 2008, 139, 144. Fraglich ist indessen die angemessene Reaktion auf unerklärliche Abweichungen.

1218 S. die „Zusammenfassende Fallstudie" bei Theile/Pawelzik in Heuser/Theile, IFRS-HB, 2009, S. 658 f. Bei Krimpmann, Konsolidierung nach IFRS/HGB, 2009, S. 65 erfolgt die Goodwill-Ermittlung als einer von sechs Schritten, die der Erstkonsolidierung vorgehen. Beck-IFRS-HB/Senger/Brune/Diersch, 3. Aufl., § 34 Rn. 171 beschreiben

d) Resümee

Somit ergibt sich im Ergebnis bei Wahl der *full goodwill method*, dass die Anwendung der Konsolidierungstechnik des IAS 27.18 zu einem Mehrheiten-Goodwill führt, der um einen Minderheiten-Goodwill zu ergänzen ist. Für diesen scheidet jedoch eine Ermittlung über den an sich zur Goodwill-Ermittlung heranzuziehenden IFRS 3.32 aufgrund der Kontrollprämie-Problematik aus.

Für die insofern vorzugswürdige Berechnungsmöglichkeit ohne Aufschlag für die Kontrolle besteht indessen das Problem, dass die Basis der Berechnung ein im Verhältnis zu IAS 27.18 „systemfremder" Gesamtunternehmenswert bildet.

Damit werden im Gesamt-Goodwill zwei Goodwill-Berechnungssysteme integriert, anschaffungskosten-orientiert im Gegensatz zu *fair value*-orientiert, oder auch Einzelbewertungs-basiert bzw. Gesamtbewertungs-basiert, was diesen systematisch inkonsistent erscheinen lässt. Gleichzeitig entbehren die Standards 3 und 27 konsistenter, ineinander greifender Regelungen, so dass Regelungslücken mindestens im Hinblick auf die erforderliche Ermittlungsvorschrift für den Minderheiten-Goodwill offenbar wurden.

4. Meinungsstand zur Akquisitionsmethode

Wurde die Akquisitionsmethode im Stil des ED IFRS 3, die den zwingenden *full goodwill*-Ansatz zur Folge hatte, noch von mehr als einem Drittel der *IASB-members* aus unterschiedlichen Gründen nicht mitgetragen,[1219] schließen sich dem überarbeiteten IFRS 3 nur noch drei Mitglieder nicht an. Dabei lehnen zwei Mitglieder den Standard nicht aus prinzipiellen Erwägungen gegen den *full goodwill* ab, sondern sie richten ihre Kritik gegen das *Wahlrecht* zwischen der *full goodwill*- und der *purchased goodwill*-Methode. Den *fair value*-Ansatz des Minderheitenanteils befürworten sie im Gegenteil und haben auch gegen eine Goodwill-Bewertung zum *fair value* keine Einwände.[1220] Nur ein IASB-Mitglied ist sowohl mit einem Wahlrecht als auch mit dem *full Goodwill*-Ansatz, vornehmlich aus dem Aspekt seiner unzuverlässigen Bewertung heraus, nicht einverstanden.[1221]

Die offenbar sich zum Vorteil des *full goodwill* wandelnde Meinung innerhalb des IASB findet ihre Entsprechung in der Auffassung des Schriftums zum Ansatz eines *full goodwill.*

---

die Ermittlung des Goodwill in einem Abschnitt neben anderen zu berechnenden Größen wie z. B. Anschaffungskosten.

1219 S. hierzu die Alternative Views dieser board-Mitglieder, ED IFRS 3 AV 2 ff.

1220 S. IFRS 3 DO 2 -6.

1221 IFRS 3 DO7-10.

Nach Veröffentlichung des ED IFRS 3 schrieben noch eine Reihe von Autoren gegen den Gesamt-Geschäftswert an: Es wurden Bedenken gegen eine Gleichsetzung des Goodwill mit anderen Vermögenswerten geäußert, da der *core-goodwill* Kapitalisierungsmehrwerte der akquirierten Unternehmen repräsentiere und zudem Synergieeffekte, die aber nicht im erworbenen Unternehmen, sondern auf Ebene der zahlungsmittelgenerierenden Einheit generiert würden.[1222] Die Unzuverlässigkeit der *acquisition method* nach ED IFRS 3 wurde von diversen Autoren angeführt,[1223] wobei beklagt wurde, dass der Grundsatz der Pagatorik noch ein Stück weit zugunsten eines umfassenden *fair value-accounting* aufgegeben werde.[1224] Selbst von Befürwortern des *full goodwill* wurde eingeräumt, dass sogar für den Fall, dass nicht Bewertungsmethoden, sondern Marktpreise die Basis seiner Berechnung bilden, objektspezifische Anpassungen nötig werden und dementsprechend immer Ermessensspielräume verblieben.[1225] Wird ein Gesamt-Goodwill über die erbrachte Gegenleistung ermittelt, so wurde bezweifelt, dass der *fair value* der Anteile und die entrichtete Gegenleistung identisch seien.[1226] Zudem wurde beklagt, dass die *full goodwill*-Methode einer Einladung zu Bilanzpolitik gleichkomme: Die *acquisition method* führe zu einer Steigerung der Eigenkapitalquote und damit gehe jedoch eine „optische Renditeverschlechterung" einher.[1227] Folglich müsse zusätzlich zum Mehrheiten-Goodwill eine Rendite auf den Minderheiten-Goodwill verdient werden, der weder bezahlt wurde noch für den Anteile ausgegeben wurden.[1228] Diese Effekte wurden als bilanzpolitisch nutzbar erachtet. Ungeachtet der Rendite-Problematik könnte bspw. ein Eigenkapital-schwaches Unternehmen beabsichtigen, einen möglichst hohen Gesamt-*fair value* zur Verbesserung der Eigenkapitalquote zu ermitteln.

Die kritischen Stimmen sind nunmehr nach Inkrafttreten des IFRS 3 mit Ausnahmen[1229] weniger bzw. leiser geworden. Die Verbliebenen sehen nunmehr im *full goodwill* - aufgrund seiner Ermittlung über Bewertungsmethoden - einen

---

1222 Küting/Wirth, BB-Special 10, 2005, 2, 7. Ebenfalls die Gleichbehandlung rügt Stibi, BB-Special 10, 2005, 1.

1223 Ebenfalls die Unzuverlässigkeit beklagen Hendler/Zülch, Wpg 2005, 1155, 1165; Deutsches Rechnungslegungs Standards Committee, S. 3, 9, 10, Letter of Comment zu ED IFRS 3, Abfrage über www.iasb.org, 05.01.2007.

1224 Pellens/Basche/Sellhorn, KoR 2003, 1, 3.

1225 Andrejewski/Fladung/Kühn, Wpg 2006, 80, 88.

1226 Haaker, PIR 2006, 22, 25.

1227 Vgl. Pellens/Sellhorn/Amshoff, DB 2005, 1749, 1754.

1228 Pellens/Sellhorn/Amshoff, DB 2005, 1749, 1754.

1229 Sigle, PiR 2008, S. 300 spricht sich wegen Ermessenspielräumen aufgrund von Kontrollprämien gegen die Anwendung der full goodwill-method aus.

„tendenziell ermessensbehafteten“ [1230] bzw. (immerhin) mit „Subjektivismen“ verbundenen Geschäftswert,.[1231] die eine hinreichen objektivierte und justiziable Vermögensermittlung zuließen.[1232] Im Fazit eines Aufsatzes wird bemerkt, der Gesamt-Goodwill führe zu einer weiteren Entobjektivierung der Bilanz, da die Ermittlungskonzeption nicht mehr gänzlich auf einem pagatorisch abgesicherten Sachverhalt beruhe.[1233] Häufig „unparteiisch“ werden die Auswirkungen auf das Konzerneigenkapital konstatiert[1234] sowie weitere Auswirkungen auf die Finanzanalyse.[1235] Auch wird die Auswirkung beschrieben, dass eine später gegebenfalls eintretende Wertminderung des *full goodwill* wiederum eine außerordentliche Abschreibung notwendig mache, die das Jahresergebnis in Höhe von Konzernanteil und zusätzlich in Höhe der nicht beherrschender Anteile beeinträchtigen würde.[1236]

Letzlich können die einmal geäußerten Auffassungen im Schrifttum jedoch weiterhin Geltung bean-spruchen, da sich an der Bewertungskonzeption, die der *full goodwill-Methode* zugrunde liegt, durch IFRS 3 insofern nichts verändert hat, als dass weiterhin das Gesamtbewertungskonzept im Raum steht.[1237] Im Rahmen der *fair value*-Bewertung zum HGB wurde bereits dargelegt, dass im Schrifttum wohl berechtigte Zweifel an einer richtigen, objektivierten Bewertung von Vermögensgegenständen mittels Gesamtbewertungsverfahren ange-

---

1230 MünchKommBilR/Berndt/Gutschke, IFRS, IFRS 3 Rn. 99.

1231 Auch Lüdenbach in Haufe IFRS-Komm, § 31 Rn. 124 sieht eine ermessensbehaftete Unternehmensbewertung für den full goodwill als notwendig an.

1232 Vgl. Hommel/Franke/Rößler, Der Konzern 2008, 157, 161 mit Rekurs auf Pellens/Sellhorn/Amshoff, DB 2005, 1753. Erstere Autoren befürworten allerdings den Ausweis eines full goodwill im Rahmen des Erstansatzes unter der Voraussetzungen, dass sich der fair value der Minderheiten-Anteile „leicht und objektiviert“, also über Marktpreise ermitteln lässt und für die Folgekonsolidierung stets, wenn ein Hinzuerwerb von Anteilen stattfindet, vgl. ebd., S. 161, 166. Hinsichtlich erstgenannter Voraussetzung stellt sich allerdings die Frage, ob die Autoren die Problematik euphorischer bzw. panischer Märkte genügend in den Blick genommen haben, s. hierzu § 7 E. I. 2.

1233 Küting/Weber/Wirth, KoR 2008, 139, 152. Ähnlich, aber deutlicher Coenenberg/Haller/Schultze, Jahresabschluss, 2009, S. 695.

1234 S. Harr/Eppinger/Zeyer, PiR 2008, 1; Beyhs/Wagner, DB 2008, 73, 83; Fink, PiR 2008, 114, 117; Haaker, PiR 2008, 188, 192.

1235 Haaker, PiR 2008, 188, 194 ff.

1236 S. Küting/Weber/Wirth, KoR 2008, 139, 152; Beyhs/Wagner, DB 2008, 73, 83; Fink, PiR 2008, 114, 117.

1237 Ähnlich Coenenberg/Haller/Schultze, Jahresabschluss, 2009, S. 695, die die Problematik der Bewertung des Gesamtunternehmenswerts bei der full goodwill-Ermittlung nach ED IFRS 3 im Rahmen von IFRS 3 nicht beseitigt, sondern auf die Ermittlung des fair values des Minderheiten-Anteils verlagert sehen.

meldet werden.[1238] Dies trifft nicht minder auf die (Zeitwert-)Bewertung von ganzen Unternehmen zu, richtet sich doch die Kritik im Schrifttum häufig gegen die Zeitwertbewertung in jeglichem Bewertungskontext –also sowohl gegen die Einzelbewertung von Vermögengegenständen mittels eines *fair value* als Gesamtbewertungskonzept als auch gegen die Bewertung ganzer Unternehmen zu Bilanzierungszwecken.[1239] Die Ausführungen zur *fair value*-Kritik im Rahmen des HGB können insoweit hier ebenfalls Geltung beanspruchen.[1240]

Da die Kritikpunkte jedoch auch Bilanzierungsgrundsätze berühren, werden diese zudem im Abschnitt über die Vereinbarkeit der IFRS-Goodwill-Regelungen mit Bilanzierungszwecken und –grundsätzen diskutiert.[1241]

III. Erster Verrechnungssposten des Goodwill: Anteile am Tochterunternehmen

Unabhängig von der vorangehend beschriebenen Problematik hinsichtlich der technischen Vorgehensweise und der Regelungen gem. IFRS 3 müssen immer die für die Kapitalkonsolidierung maßgeblichen Verrechnungsposten Beteiligungswert und anteiliges Eigenkapital angesetzt und bewertet werden. Mangels entsprechender Regelungen in IAS 27 sind zwangsläufig diejenigen des IFRS 3 für die erforderlichen, bilanziellen Maßnahmen heranzuziehen, wenngleich der Verweis des IAS 27. 18 (a) auf IFRS 3 explizit nur hinsichtlich der Behandlung des aus der Verrechnung resultierenden Goodwill gilt.

In den folgenden Abschnitten werden daher analog zu den Untersuchungen nach HGB die zu verrechnenden Größen und damit die entscheidenden Goodwill-Parameter erarbeitet. Im Einzelnen handelt es sich dabei um die erbrachte Gegenleistung, deren bedingte Bestandteile und Aufwendungen, die keine Elemente der Gegenleistung darstellen. Im Anschluss daran wird das anteilige Eigenkapital erörtert, das sich, wie nach HGB, über Ansatz und Bewertung der erworbenen Positionen errechnet, für die IFRS 3 in Par. 10 -31 entsprechende Regelungen bereithält.

1. Erbrachte Gegenleistung

Der Beteiligung am Tochterunternehmen kommt als Verrechnungsposten gem. IAS 27.18 (a) eine Schlüsselrolle zu. Diese ist offenbar in weitgehender Ent-

---

1238 S. wiederum § 4 B. V. 5.

1239 Vgl. hierzu nur die Kritik von Küting/Hayn, BB 2006, 1211 ff.; Baetge, BB-Special 7, 2005, S. 1; Streim/Bieker/Esser, FS Siegel, 87, 107, 106; Dawo, in: Herausforderungen und Chancen durch weltweite Rechnungslegungsstandards, S. 43, 73; Hitz, Wpg 2005, 1013; Lüdenbach/Freiberg, KoR 2006, 437; Pfaff/Kukule, KoR 2006, 542.

1240 § 4 B. V. 5., 6.

1241 § 7 E., G. II.

sprechung zum HGB über die erbrachte Gegenleistung zu ermitteln. Denn deren Bewertung behinhaltet IFRS 3.37-40, wobei freilich diese Größe Bestandteil der Goodwill-Ermittlungsstaffel des IFRS 3.32 ist.

Zuerst wird in IFRS 3.37 festgelegt, dass die *consideration transferred* zum *fair value* zu bewerten ist.[1242] Sie ergibt sich dabei zum Akquisitionszeitpunkt als Summe der *fair values* derjeniger Vermögenswerte, die vom Erwerber übertragen wurden zuzüglich der vom Erwerber gegenüber den früheren Eigentümern des *acquiree* übernommenen Schulden sowie der Eigenkapitalanteile, die vom Erwerber ausgegeben werden.[1243] Die erworbenen Positionen sind, wie bereits angesprochen wurde, ebenfalls zum *fair value* zu bewerten; diesbezüglich weiterführende Untersuchungen folgen in späteren Abschnitten der Arbeit. Damit werden die Verrechnungsposten der Kapitalkonsolidierung im Grundsatz nach einem einheitlichen Wertmaßstab bewertet, während nach HGB hier der Informationsfunktion und Vergleichbarkeit unzuträgliche Bewertungswahlrechte bestehen.[1244]

Als Beispiele möglicher Arten von Gegenleistungen werden Barmittel genannt, daneben andere Vermögenswerte, ein Geschäftsbetrieb oder eine Tochtergesellschaft des Erwerbers, bedingte Kaufpreiszahlungen, gewöhnliche oder Vorzugs-Eigenkapitalinstrumente, Optionen,[1245] Bürgschaften, andere Vermögenswerte u. a.[1246] Dies sind, wenn auch mit größerem Detaillierungsgrad geregelt, dieselben Elemente, die nach IFRS 3 a. F. die Anschaffungskosten ergaben, mit Ausnahme der Anschaffungsnebenkosten,[1247] die im nächsten Abschnitt diskutiert werden.

In IFRS 3 (2004) wurde in Par. 26 im Fall einer Entrichtung von Barmitteln nach dem Tauschzeitpunkt explizit deren Abzinsung gefordert. Diese Regelung enthält IFRS 3 nicht mehr, dennoch wird vertreten, dass auch weiterhin eine Abzinsung vorzunehmen sei, wobei als Abzinsungsatz die „Grenzfremdkapitalkosten" des akquirierenden Unternehmens dienen könnten.[1248] Der Grund für das

---

1242 IFRS 3.37; Lüdenbach in Haufe IFRS-Komm, § 31 Rn. 33; Beyhs/Wagner, DB 2008, 73, 78; Zülch/Fischer, PIR 2007, 358, 359. S. zum fair value den nachfolgenden Abschnitt

1243 IFRS 3.37. MünchKommBilR/Berndt/Gutsche IFRS, IFRS 3 Rn. 108.

1244 Vgl. hierzu bereits § 4 B. IV. 2. b) sowie § 5 C. II.

1245 IFRS 3.37.

1246 IFRS-Komm./Baetge/Hayn/Ströher, IFRS 3 Rn. 131.

1247 Vgl. IFRS 3.53 sowie IFRS 3.24 (a), ff. (2004).

1248 Lüdenbach in Haufe IFRS-Komm, § 31 Rn. 33; Heuser/Theile, IFRS-Handbuch, 2007, Rn. 3219; einen angemessenen Diskontierungszinssatz, ggf. herzuleiten aus IAS 39, der auf kürzlich für ähnliche Schuldinstrumente gezahlte Zinsen verweise, sprechen an IFRS-Komm./Baetge/Hayn/Ströher, IFRS 3 Rn. 133.

auch weiterhin bestehende Abzinsungs-Erfordernis wird konkludent aus der Definition des *fair value* entnommen und der Verzicht auf die Detail-Regelung der vom IASB erwünschten Prinzipien-Orientierung zugeschrieben.[1249]

Die übertragenen Vermögenswerte oder übernommenen Schulden können, so bemerkt das IASB, Buchwerte haben, die von den beizulegenden Zeitwerten abweichen; in diesem Fall hat der Erwerber die Vermögenswerte oder Schulden neu zu ihrem Zeitwert zum Erwerbszeitpunkt zu bewerten und die entstehenden Gewinne oder Verluste zu berücksichtigen.[1250] Nur für solche Positionen, die auch nach dem Erwerb ausnahmsweise unter der Kontrolle des Erwerbers verbleiben, ist die Bewertung *„immediatly before the acquisition date"* vorzunehmen und kein Gewinn oder Verlust anzusetzen.[1251]

Die vorzunehmende Bewertung für den Fall, dass der *fair value* des *acquiree* zuverlässiger bewertbar ist als die erbrachte Gegenleistung oder falls keine Gegenleistung erbracht wurde, wird gesondert geregelt.[1252] Dann wird entweder zur Bewertung des Goodwill statt der erbrachten Gegenleistung der *fair value* des erworbenen Anteils herangezogen, bzw. bei einem Erwerb ohne Gegenleistung erfolgt dessen Bewertung mittels Bewertungsmethoden, IFRS 3.33.[1253]

2. Bedingte Gegenleistung

Wurde eine *contingent consideration* vereinbart, so ist diese ebenfalls zu ihrem *fair value* im Akquisitionszeitpunkt als Teil der erbrachten Gegenleistung anzusetzen.[1254] Die bedingte Kaufpreiszahlung kann in Vermögenswerten oder Schulden bestehen, wie sich aus IAS 3.37 i. V. m. Par. 39 der Vorschrift ergibt.[1255]

Die Definition bedingter Leistungsverpflichtungen findet sich dann in Anhang A des IFRS 3, wonach dies grundsätzlich Verpflichtungen zur Übertragung zusätzlicher Vermögenswerte oder Anteile sind, wenn bestimmte zukünftige Ereignisse eintreten. Hierunter fallen auch Earn-out-Vereinbarungen.[1256] Es wird in der Definition betont, diese zusätzlichen Vermögenswerte würden im Austausch gegen die Kontrolle über das erworbene Unternehmen erfolgen. Außerdem ist

1249 IFRS-Komm./Baetge/Hayn/Ströher, IFRS 3 Rn. 133.

1250 IFRS 3.38; MünchKommBilR/Berndt/Gutsche IFRS, IFRS 3 Rn. 110.

1251 Vgl. IFRS 3.38. Pellens/Fülbier/Sellhorn/Gassen, Internationale Rechnungslegung, 2008, S. 713; MünchKommBilR/Berndt/Gutsche IFRS, IFRS 3 Rn. 110.

1252 Vgl. IFRS 3 BC 330.

1253 S. hierzu Beck-IFRS-HB/Senger/Brune/Diersch, 3. Aufl., § 34 Rn. 197.

1254 Vgl. IFRS 3.39. Pellens/Fülbier/Sellhorn/Gassen, Internationale Rechnungslegung, 2008, S. 713; Lüdenbach in Haufe IFRS-Komm, § 31 Rn. 48; IFRS-Komm./Baetge, Hayn/Ströher, IFRS 3 Rn. 407.

1255 MünchKommBilR/Berndt/Gutsche IFRS, IFRS 3 Rn. 112.

1256 Ebenso Beck-IFRS-HB/Senger/Brune/Diersch, 3. Aufl., § 34 Rn. 211.

nun auch als *contingent consideration* ein Recht zu beurteilen, unter bestimmten Umständen zuvor bereits erbrachte Leistungen zurückzufordern.[1257]

Die Beurteilung der *contingent consideration* als Bestandteil der erbrachten Gegenleistung entspricht der Vorgänger-Regelung, allerdings entfällt nun das Erfordernis erfüllter Ansatzkriterien, die für bedingte Kaufpreisbestandteile noch in IFRS 3.32 a. F. enthalten waren. Die Wahrscheinlichkeit, mit der die *obligation* eintritt, ist nur noch im Rahmen der Bewertung relevant, jedoch nicht mehr als Ansatzkriterium,[1258] das gleiche treffe auf die verlässliche Bewertung zu.[1259] Wie bisher hat eine Einordnung einer Verpflichtung zur Zahlung einer *contingent consideration* – regelmäßig[1260] - als Verbindlichkeit oder als *equity*-Bestandteil zu erfolgen,[1261] wobei hier IAS 32.11 oder andere anwendbare Standards zu Hilfe zu nehmen sind.[1262] Eine Einordnung als Eigenkapitalinstrument kommt dann in Betracht, wenn die Verpflichtung in einer Kursgarantie besteht und über die Ausgabe neuer Aktien zu erfüllen ist.[1263]

Spätere Änderungen des beizulegenden Zeitwerts der bedingten Gegenleistung führen nur dann zu einer Anpassung der Anschaffungskosten und somit des Goodwill, wenn sie die vorangehend bereits im Grundsatz dargestellten Voraussetzungen des IFRS 3.45 ff. zur *measurement period* erfüllen.[1264]

Änderungen hinsichtlich der bedingten Kaufpreiszahlung, die hingegen nach dem Akquisitionszeitpunkt eintreten, z. B. das Erreichen eines Gewinnziels, sind keine Berichtigungen innerhalb der *measurement period*, IFRS 3.58.[1265] Je nach Klassifizierung sind sie unterschiedlich zu behandeln: Bedingte Kaufpreiszahlungen, die als Eigenkapitalinstrumente eingeordnet wurden, werden nicht neu bewertet. Die später erfolgende Erfüllung wird im Eigenkapital bilanziert.[1266]

1257 IFRS 3.40; MünchKommBilR/Berndt/Gutsche IFRS, IFRS 3 Rn. 113.

1258 Freiberg, PIR 2008, S. 31, 33; indirekt ebenso Lüdenbach in Haufe IFRS-Komm, § 31 Rn. 48 f.; Beck-IFRS-HB/Senger/Brune/Diersch, § 34 Rn. 212; Zu ED IFRS 3 Beck-IFRS-HB/Senger/Brune, § 37 Rn. 17; Andrejewski/Fladung/Kühn, Wpg 2006, 80, 86.

1259 IFRS-Komm./Baetge/Hayn/Ströher, IFRS 3 Rn. 407.

1260 Die gilt zumindest für earn-out-Klauseln, s. Lüdenbach in Haufe IFRS-Komm, § 31 Rn. 50.

1261 MünchKommBilR/Berndt/Gutsche IFRS, IFRS 3 Rn. 113.

1262 IFRS 3.40.

1263 Vgl. hierzu Lüdenbach in Haufe IFRS-Komm, § 31 Rn. 47 f., 51.

1264 Vgl. IFRS 3.58 i. V. m. .45. Beck-IFRS-HB/Senger/Brune/Diersch, § 34 Rn. 250. Ebenso Lüdenbach in Haufe IFRS-Komm, § 31 Rn. 50 und Crasselt/Lukas, KoR 2008, 728, 730 in Bezug auf earn out-Klauseln.

1265 Crasselt/Lukas, KoR 2008, 728, 730.

1266 Vgl. IFRS 3.58 (a) sowie Beyhs/Wagner, DB 2008, S. 73, 79; Pellens/Fülbier/Sellhorn/Gassen, Internationale Rechnungslegung, 2008, S. 714; IFRS-Komm./Baetge/Hayn/Ströher, IFRS 3 Rn. 407; Crasselt/Lukas, KoR 2008, 728, 730 f.

Handelt es sich hingegen um einen Vermögenswert oder eine Schuld, wird die bedingte Leistung als Finanzinstrument im Sinne des IAS 39 zu ihrem *fair value* bewertet unter Berücksichtigung etwaiger Gewinne oder Verluste in der Erfolgsrechnung oder erfolgsneutral im Eigenkapital, im *other comprehensive income.*[1267] Liegt sie jedoch außerhalb des Anwendungsbereichs des IAS 39, wird sie im Einklang mit IAS 37 oder anderen angemessenen Standards bilanziert.[1268]

3. Keine Bestandteile der Gegenleistung

Im Gegensatz zur bedingten Gegenleistung, die zur erbrachten Gegenleistung zählt, fließen gegebenfalls bei einem Unternehmenszusammenschluss auch Beträge, die vom IASB dennoch nicht als Gegenleistung gewertet werden. Dies sind einmal die Anschaffungsnebenkosten.

a) Anschaffungsnebenkosten

Anschaffungsnebenkosten sind als bedeutende Neuerung des IFRS 3 nicht mehr in die Anschaffungskosten der Akquisition einzubeziehen, sondern immer - und unterschiedslos, also ohne Differenzierung zwischen direkten und indirekten Nebenkosten[1269] - als Aufwand in der entsprechenden Periode zu behandeln.[1270] Als nicht zur Gegenleistung zu rechnende Aufwendungen zählen Vermittlungskosten, Beratungskosten jeglicher Art und administrative Kosten einschließlich der Kosten für eine M&A-Abteilung.[1271] Ausgenommen vom Aktivierungverbot sind lediglich Kosten, die für die Ausgabe von Eigen- oder Fremdkapitalanteilen entstehen.[1272]

Die generelle Erfassung der Nebenkosten als Aufwand wurde jedenfalls kritisch aufgenommen und war auch in den Reihen des IASB nicht unumstrit-

---

1267 IFRS 3.58 (b)(i); Pellens/Fülbier/Sellhorn/Gassen, Internationale Rechnungslegung, 2008, S. 714; IFRS-Komm./Baetge/Hayn/Ströher, IFRS 3 Rn. 407; Crasselt/Lukas, KoR 2008, 728, 730 f. MünchKommBilR/Berndt/Gutsche IFRS, IFRS 3 Rn. 157 gehen von einer grundsätzlich erfolgswirksamen Korrektur von Earn-Out-Klauslen aus.

1268 IFRS 3.58 (b)(ii); Pellens/Fülbier/Sellhorn/Gassen, Internationale Rechnungslegung, 2008, S. 714; IFRS-Komm./Baetge/Hayn/Ströher, IFRS 3 Rn. 289 ff.; Crasselt/Lukas, KoR 2008, 728, 731.

1269 Beck-IFRS-HB/Senger/Brune/Diersch, 3. Aufl., § 34 Rn. 204.

1270 Vgl. IFRS 3.53; Vater, PiR 2009, 91, 93; Lüdenbach in Haufe IFRS-Komm, § 31 Rn. 34; Pellens/Fülbier/Sellhorn/Gassen, Internationale Rechnungslegung, 2008, S. 713; MünchKommBilR/Berndt/Gutsche IFRS, IFRS 3 Rn. 114; IFRS-Komm./Baetge, Hayn/Ströher, IFRS 3 Rn. 142. Vgl. aber zu Sondefällen und damit Ausnahmen von der Erfassung als Aufwand, bspw. bei Transaktionskosten zur Aufstockung einer bestehenden Beteiligung Lüdenbach/Freiberg, BB 2009, 2750.

1271 IFRS 3.53; MünchKommBilR/Berndt/Gutsche IFRS, IFRS 3 Rn. 114; IFRS-Komm./Baetge/Hayn/Ströher, IFRS 3 Rn. 142.

1272 Vgl. IFRS 3.53; Vater, PiR 2009, 91, 93.

ten,[1273] in erster Linie deshalb, da der *fair value* des Erworbenen den Gesamtkosten des Erwerbs inklusive Anschaffungskosten entsprechen müsse.

Im Schrifttum erfährt der Ausschluss der Nebenkosten aus den Anschaffungskosten jedoch auch Zuspruch: Das Verständis des IASB von der erbrachten Gegenleistung ohne Nebenkosten wird vor dem Hintergrund des *fair value*-Ansatzes theorethisch bzw. konzeptionell als nachvollziehbar erachtet.[1274] Denn die Konzeption des *fair value* schließe die Berücksichtigung von Anschaffungsnebenkosten aus, da nur das zu einer mit dem beizulegenden Zeitwert bewerteten Gegenleistung zählen könne, das unmittelbar zu Kontrollerlangung aufgewendet wurde.[1275] Dies resultiert wiederum daraus, dass dem *fair value* jene Annahme eines vollkommenen und vollständigen Markts zugrunde liegt, in dem u. a. keine Transaktionskosten existieren.

Ein weiteres Argument des IASB gegen die Bilanzierung der Nebenkosten neben der *fair value*-Konzeption ist, dass Nebenkosten generell keine Vermögenswerte des Erwerbers repräsentierten, da der Nutzen durch die in Anspruch genommenen Leistungen aufgebraucht sei.[1276] Hiergegen wird im Schrifttum angeführt, dass gar nicht von entscheidender Bedeutung sei, ob Nebenkosten Vermögenswerte repräsentierten; vielmehr komme es darauf an, ob sie Teil der Anschaffungskosten eines Vermögenswertes, nämlich der Mehrheitsbeteiligung, seien.[1277] Dieser Auffassung ist zuzustimmen, da der zu bewertende Vermögenswert „Beteiligung" fest- und lediglich der Umfang seiner Anschaffungskosten zur Diskussion steht. Im Übrigen erscheint eine Berufung auf die theoretische *fair value*-Konzeption angesichts einer Praxis, in der sich Preise nicht wie im Modell, sondern wohl häufig über Bewertungsmethoden bilden,[1278] zu dogmatisch. Die Inkonsistenzen zu anderen Standards, die Nebenkosten als An-

1273 S. hierzu bspw. den comment letters zu ED IFRS 3 des Accounting Standard Board, S. 14 oder des Danish Accounting Standards Commitee, S. 3, Abfrage über www.iasb.org, 09.01.2007, bzw. die alternative views zweier IASB-Mitglieder in ED IFRS 3 AV18.

1274 Beck-IFRS-HB/Senger/Brune/Diersch, 3. Aufl., § 34 Rn. 204. Vgl. zu ED IFRS 3, der die Behandlung der Anschaffungsnebenkosten als Aufwand bereits beinhaltete Kühne/Schwedler, KoR 2005, 329, 333. Andrejewski/Fladung/Kühn, Wpg 2006, 80, 86 machen sich die Auffassung des IASB zu eigen.

1275 So Beck-IFRS-HB/Senger/Brune/Diersch, 3. Aufl., § 34 Rn. 204.

1276 Vgl. IFRS 3 BC366 sowie bereits ED IFRS 3 BC85.

1277 Haaker, PiR 2008, 188, 191.

1278 S. hierzu bereits die fair value-Kritik zum HGB, § 4 B. VI und VII.

schaffungskostenbestandteil behandeln,[1279] erscheinen dem IASB hingegen offenbar akzeptabel. [1280]

Tendenziell wird die Neuregelung zu einer Verminderung des Goodwill führen.[1281]

b) Weitere Beträge, die keine Gegenleistung sind

Da das IASB davon ausgeht, dass bereits vor dem Zusammenschluss geschäftliche Beziehungen zwischen dem Erwerber und dem erworbenen Unternehmen bestehen können oder solche während der Verhandlungen eingegangen werden, sind aus Sicht des Erwerbers alle Beträge, die vor diesem Hintergrund und nicht zum Unternehmenserwerb ausgetauscht werden, zu identifizieren und zählen nicht zur erbrachten Gegenleistung.[1282] Sie sind dann nach anderen Standards zu bilanzieren.[1283] Dies sind beispielsweise Beträge, die zur Erfüllung bereits bestehender Beziehungen dienen oder die zur Bezahlung zukünftiger Arbeitsleistungen geleistet werden.[1284]

Damit wurde in IFRS 3 n. F. erstmalig für die Problematik des Unternehmsenserwerbs als sogenanntes Mehrkomponentengeschäften eine Regelung eingeführt.[1285] Mit ihr wird darauf abgezielt, sicherzustellen, dass jede Komponente eines Unternehmenszusammenschlusses entsprechend ihrem wirtschaftlichen Gehalt abgebildet wird.[1286] Der Unternehmenszusammenschluss wird dadurch in den eigentlichen Zusammenschluss und die vorherigen Beziehungen zergliedert und letztere aufgelöst.[1287] Dabei können unmittelbar zu realisierende Gewinne oder Verluste entstehen,[1288] deren Erfassung sich nach IFRS 3.B52 richtet. Weitere Hinweise finden sich in B50-62 des IFRS 3.

1279 Dies kritisieren ebenso bereits zu ED IFRS 3 Deutsches Rechnungslegungs Standards Committee, S. 12; Accounting Standards Board, S. 14; Treuhand Kammer, S. 4; AXA, S. 5, Letter of Comment zu ED IFRS 3, Abfrage über www.iasb.org, 09.01.2007.

1280 S. ED IFRS 3 BC88.

1281 S. hierzu das Beispiel bei Lüdenbach in Haufe IFRS-Komm, § 31 Rn. 34 f. Vater, PiR 2009, 91, 93.

1282 IFRS 3.51; MünchKommBilR/Berndt/Gutsche IFRS, IFRS 3 Rn. 116; IFRS-Komm./Baetge/Hayn/Ströher, IFRS 3 Rn. 196.

1283 3.51.

1284 3.52 (a), (b); MünchKommBilR/Berndt/Gutsche IFRS, IFRS 3 Rn. 116; IFRS-Komm./Baetge/Hayn/Ströher, IFRS 3 Rn. 197.

1285 Beyhs/Wagner, DB 2008, 73, 74; MünchKommBilR/Berndt/Gutsche IFRS, IFRS 3 Rn. 156; IFRS-Komm./Baetge/Hayn/Ströher, IFRS 3 Rn. 195.

1286 Vgl. IFRS 3 BC115 (2008). Lüdenbach in Haufe IFRS-Komm, § 31 Rn. 105.

1287 IFRS-Komm./Baetge/Hayn/Ströher, IFRS 3 Rn. 195.

1288 Lüdenbach in Haufe IFRS-Komm, § 31 Rn. 104 ff.; IFRS-Komm./Baetge/Hayn/Ströher, IFRS 3 Rn. 195.

IV. Zweiter Verrechnungsposten: Anteiliges Eigenkapital

Um die Kapitalkonsolidierung durchzuführen, muss von den Anschaffungskosten in Form der vorangehend ermittelten, erbrachten Gegenleistung das anteilige Eigenkapital abgezogen werden. Dazu ist auch Letzteres anzusetzen und zu bewerten. Es erfolgt analog zu den Ausführungen für das HGB deshalb in diesem Unterabschnitt eine Erörterung der wesentlichen Ansatz- und Bewertungsaspekte hinsichtlich der Konsolidierungsgröße „anteiliges Eigenkapital am Tochterunternehmen".

Eigenkapitalansatz und –bewertung sind wie der Wertansatz der Beteiligung in den IFRS nicht speziell geregelt und es findet sich ebenso wenig ein Hinweis darauf, dass diese Vorgänge über den Ansatz und die Bewertung des erworbenen Nettovermögens zu vollziehen sind. Einer § 301 Abs. 1 S. 2 und 3 HGB entsprechende Regelung entbehrt IFRS 3 von daher.

Stattdessen enthält IFRS 3.32 die allgemeine Goodwill-Rechnung, die aber in Par. 32 (b) das Nettovermögen als Subtrahenden erwähnt; zudem sind in IFRS 3.10 bis .31 Ansatz- und Bewertungsregelungen für die erworbenen Vermögenswerte und Schulden normiert.

Der Ansatz und die Bewertung der erworbenen Positionen entsprechen dabei im Grundsatz der Kaufpreisallokation, die in IFRS 3.16 (c) a. F. nach der Anschaffungskostenermittlung durchzuführen war. Sie wird im Schrifttum auch noch so bezeichnet,[1289] wenngleich IFRS 3 n. F. den Terminus „*purchase price allocation*" nicht mehr verwendet.[1290]

Die folgende Analyse befaßt sich nun mit den besonderen Ansatzregelungen des IFRS 3 und den dort ebenfalls geregelten Ausnahmen davon, die für erworbene Positionen anlässlich eines Unternehmenszusammenschlusses gelten, bevor danach die Bewertung dieser Positionen untersucht wird.

1. Ansatz erworbener Positionen

Für die Ermittlung der Posten regelt IFRS 3 zunächst in Par. 10 ein Ansatzprinzip (*recognition principle*), nach dem, separat vom Goodwill, alle identifizierbaren übernommenen Vermögenswerte und Schulden anzusetzen sind. Das IASB strebt, worauf bereits hingewiesen wurde, einen höheren Grad an Konsistenz an und hat deswegen als prinzipielle Voraussetzungen, damit ein Sachverhalt als

1289 S. nur Pellens/Fülbier/Gassen/Sellhorn, Internationale Rechnungslegung, 2008, S. 713 oder Lüdenbach in Haufe IFRS-Komm, § 31 Rn. 55.

1290 Dies stellen auch fest MünchKommBilR/Berndt/Gutsche IFRS, IFRS 3 Rn. 55 und vermeiden den Begriff.

Teil der Akquisitionsmethode erfasst werden kann, zwei grundlegende Aspekte in den Paragraphen 11 und 12 des IFRS 3 formuliert.[1291]

a) Definitions- und Ansatzkriterien

IFRS 3.11 bestimmt, dass für einen Ansatz im Rahmen der *acquisition method* die betroffenen Werte und Schulden die Definitionen (*definitions*) von *assets* und *liabilities* des Rahmenkonzepts zum Akquisitionszeitpunkt erfüllen müssen.

Inwieweit die Ansatzkriterien des Rahmenkonzepts darin einbezogen sind, wurde bereits zum Goodwill als Vermögenswert diskutiert.[1292] Im Ergebnis ist für immaterielle Vermögenswerte eine stetige Erfüllung der Ansatzkriterien aufgrund der Regelung in IAS 38.33 anzunehmen, während diese für andere Vermögenswerte und Verpflichtungen nicht gilt. Dementsprechend ist für diese Positionen weiterhin wohl die verlässliche Bewertbarkeit nach dem Rahmenkonzept entsprechend den darge-stellten Erläuterungen des IASB zu erfüllen, wenngleich die Verweisung in IFRS 3.11 auf die *defini-tions* des Rahmenkonzepts ihrem Wortlaut nach die *recognition criteria* nicht einbezieht.

b) Keine separaten Transaktionsbestandteile

Eine weitere grundlegende Ansatzbedingung ist in IFRS 3.12 geregelt. Darin wird betont, dass die anzusetzenden Vermögenswerte und Schulden im (engen) Rahmen der *business combination* ausgetauscht sein müssen und nicht in separaten Transaktionen. Es wird auf IFRS 3.51-53 verwiesen, womit die bereits vorangehend zu den Bestandteilen der erbrachten Gegenleistung dargelegten Regelungen und Beispiele gelten, mit denen separate Transaktionen bzw. daraus resultierende Beträge zu identifizieren und bilanzieren sind.[1293]

c) Spezielle Ansatzvorschriften

Besondere Ansatzvorschriften für einige bestimmte Bilanzpositionen sind in Appendix B des reformierten IFRS 3 enthalten. Diese beziehen sich auf Operating-Leasingverhältnisse[1294], immaterielle Vermögenswerte, zurückerworbenen Rechte u. a.

Danach sind immaterielle Vermögenswerte im Rahmen eines Unternehmenszusammenschlusses anzusetzen, wenn sie identifizierbar, also separierbar vom Goodwill sind oder in gesetzlichen oder vertraglichen Ansprüchen begründet liegen.[1295] Separierbarkeit bedeutet entsprechend dem Ergebnis der vorste-

---

1291 Vgl. zu diesem Bestreben IFRS 3 BC112. Eine prinzipienorientierte Ausgestaltung der Ansatzvorschriften erkennt ebenfalls Schwedler, KoR 2008, S. 125, 132.

1292 S. bereits § 6 A. II. 3.

1293 S. hierzu auch IFRS-Komm./Baetge/Hayn/Ströher, IFRS 3 Rn. 150.

1294 S. hierzu im Einzelnen IFRS-Komm./Baetge/Hayn/Ströher, IFRS 3 Rn. 193.

1295 IFRS 3 B31.

hend geführten Diskussion nichts anderes als Einzelverwertbarkeit,[1296] da es um die Möglichkeit der wirtschaftlichen Nutzenziehung geht. Vertraglich oder rechtlich gesicherte Werte können bspw. Auftragsbestände oder Vertragskunden sein, da hier - wenngleich kündbare - Verträge zugrunde liegen.[1297] Weitere ausführlich dargestellte Beispiele identifizierbarer immaterieller Vermögenswerte, wie Marken oder Namen von Internet Domains finden sich in den *illustrative examples* des IFRS 3.[1298]

Das Verbot des Ansatzes eines Mitarbeiterstammes, in IFRS 3 a. F. noch nicht, im Entwurf des IFRS 3 hingegen bereits enthalten, wurde nach den Ausführungen des IASB trotz geteilter Stellungnahmen mangels Erfüllung des Kriteriums „Identifizierbarkeit" beibehalten.[1299]

Restrukturierungskosten dürfen im Ürigen, wie bereits nach IFRS 3 a. F., nur gebildet werden[1300], wenn sie die Ansatzvoraussetzungen des IAS 37 erfüllen und deshalb bereits im Einzelabschluss des erworbenen Unternehmens angesetzt waren.[1301] Entscheidend kommt es hier, wie nach HGB, auf eine im Erwerbszeitpunkt vorliegende Außenverpflichtung an.[1302] Grundsätzlich sind derartige Kosten daher nicht als Verpflichtung im Rahmen der Akquisitionsmethode anzusetzen, IFRS 3.11.[1303]

d) Ausnahmen von den Ansatzvorschriften

IFRS 3 regelt nunmehr als Neuerung gegenüber der alten Fassung und dem Entwurf zu IFRS 3 explizit Ausnahmen vom *recognition principle*. Diese Ausnahmen vom Ansatzprinzip dienen grundsätzlich dazu, eine Erweiterung des Bilanzansatzes für die betroffenen Posten herbeizuführen und führen damit in

---

1296 S. hierzu die Definition in IFRS 3 B33. Wohl ebenso zu verstehen MünchKommBilR/Böcking/Wiederhold IFRS, IFRS 38 Rn. 14 f. MünchKommBilR/Berndt/Gutsche IFRS, IFRS 3 Rn. 77 verstehen mit Separierbarkeit Verkehrsfähigkeit, ohne dass ausgeführt wird, ob sie diese, wie bspw. Kliendiek in Großkomm HGB, § 255 Rn. 41 im Sinne von „sebständig bewertbar" sehen, oder als weniger weites Kriterium. Letzteres wäre angesichts der Defintion der Separierbarkeit in IFRS 3 B33 nicht sachgerecht. Vgl. hierzu bereit vortangehend die Ausführungen zu Rechtsnatur des IFRS Goodwill, § 6 A. II.3. d).

1297 IFRS 3 IE23. MünchKommBilR/Berndt/Gutsche IFRS, IFRS 3 Rn. 78.

1298 Vgl. IFRS 3 IE16-IE44.

1299 Vgl. IFRS 3 B37, BC176-180 n. F. S. auch IFRS-Komm./Baetge/Hayn/Ströher, IFRS 3 Rn. 187.

1300 Vgl. hierzu die Ausführugnen in IFRS 3 BC 132 ff.

1301 IFRS 3 BC 136 f; IAS 37.71 f; IFRS-Komm./Baetge/Hayn/Ströher, IFRS 3 Rn. 238.

1302 Beck-IFRS-HB/Senger/Brune/Diersch, § 34 Rn. 183 mit Verweis auf IFRS 3 BC132.

1303 MünchKommBilR/Berndt/Gutsche IFRS, IFRS 3 Rn. 91; IFRS-Komm./Baetge/Hayn/Ströher, IFRS 3 Rn. 238.

der Tendenz zu einer Verringerung des Goodwill aufgrund separat anzusetzender Werte und Verpflichtungen.[1304]

aa) Eventualschulden

Als Ausnahme vom allgemeinen Ansatzprinzip ist die Bilanzierung von *contingent liabilities* formuliert.

IFRS 3.22 nimmt dabei Bezug auf die Definition der bedingten Verpflichtung in IAS 37, *provisions, contingent liabilites and contingent assets*. Nach den dortigen Vorschriften liegen *contingent liabilities* vor, wenn gegenwärtige Verpflichtungen bestehen, bei denen entsprechende Ressourcenabflüsse nicht wahrscheinlich sind.[1305] Andererseits werden gegenwärtige Verpflichtungen zu Eventualschulden, wenn deren Höhe nicht ausreichend verlässlich geschätzt werden kann.[1306] Zudem liegt ebenfalls eine Eventualschuld vor, wenn aufgrund vergangener Ereignisse eine mögliche (*possible*), also nicht wahrscheinliche (*probable*) Verpflichtung exisitiert,[1307] deren Eintreten wegen eines oder mehrerer zukünftiger unsicherer Ereignisse, die das Unternehmen nicht vollständig unter Kontrolle hat, ungewiss ist.

Nach IAS 37 sind *contingent liabilities* nicht aktivierungsfähig.[1308]

Die in IFRS 3.22 angeführten Anforderungen des IAS 37 an Eventualschulden werden jedoch nach IFRS 3.23 ausdrücklich nicht zur Bestimmung angewendet, welche Eventualschulden zum Erwerbszeitpunkt anzusetzen sind. In Erweiterung des Schuldenansatzes gegenüber IAS 37 hat der Erweber stattdessen eine Eventualschuld zum Erwerbszeitpunkt anzusetzen, wenn es sich um eine gegenwärtige Verpflichtung handelt, die aus einem vergangenen Ereignis herrührt und die verlässlich bewertbar ist; im Gegensatz zu IAS 37 erfolgt dementsprechend ein Ansatz der Eventualschuld, auch wenn zum Erwerbszeitpunkt nicht wahrscheinlich ist, dass ein Ressourcenabfluss inklusive ökonomischer Vorteile zur Begleichung der Verbindlichkeit erfolgt.[1309]

Im Gegensatz zu IFRS 3.36 a. F. wird also im Einklang mit den *liability*-Kriterien des *framework* nicht mehr auf beide „Arten“ von Eventualschulden des IAS 37, mögliche und gegenwärtige Verpflichtungen verwiesen, sondern es

---

1304 MünchKommBilR/Berndt/Gutsche IFRS, IFRS 3 Rn. 66.

1305 IFRS 3.22(b)(i), IAS 37.10 (b)(i).

1306 IFRS 3.22 (b)(ii), IAS 37.10 (b)(ii).

1307 IFRS 3.22 (a), IAS 37.10 (a); s. auch Brücks/Duhr, KoR 2006, 243, 244. Vgl. zu den Änderungen im Hinblick auf contingent liabilities Kühne/Nerlich, BB 2005, S. 1839.

1308 IAS 37.27; MünchKommBilR/Berndt/Gutsche IFRS, IFRS 3 Rn. 67; IFRS-Komm./Baetge/Hayn/Ströher, IFRS 3 Rn. 229.

1309 Vgl. IFRS 3.23; MünchKommBilR/Berndt/Gutsche IFRS, IFRS 3 Rn. 68; Lüdenbach in Haufe IFRS-Komm, § 31 Rn. 59.

werden nur Letztere berücksichtigt.[1310] Nach der soeben zitierten Definition des IAS 37 handelt es sich jedoch nur um Eventualschulden, wenn sie bei gegenwärtigem Bestehen nicht wahrscheinlich oder nicht verlässig bewertbar sind. Da die Eventualschulden nach IFRS 3.23 jedoch auch zuverlässig bewertbar sein müssen, kann folglich nur eine einzige Erscheinungsform der Eventualschuld zum Ansatz kommen: die gegenwärtige, (nunmehr) verlässlich bewertbare, aber unwahrscheinliche Verpflichtung.[1311] Tendenziell führt diese Änderung dazu, den Ansatz von Eventualschulden zu verringern und den Goodwill *ceteri paribus* zu erhöhen.[1312] Die Ansatzerleichterung hinsichtlich des *probability*-Merkmals erscheint allerdings angesichts dessen, dass das IASB generell im Rahmen des IFRS 3 auf das Kriterium verzichtet, nicht erforderlich.[1313]

Freilich besteht auch hier eine Ungleichbehandlung zu Eventualschulden außerhalb von Unternehmenszusammenschlüssen.[1314]

Auf den Ansatz von Eventualforderungen wird durch die überarbeiteten Regelungen des IFRS 3 n. F. gegensätzlich zu seinem Entwurf verzichtet – wodurch sich ein Gegensatz zur Regelung des FASB ergibt.[1315] Insofern verbleibt es für die IFRS bei der Abgrenzungsproblematik hinsichtlich immaterieller Vermögenswerte[1316] und bei einer asymmetrischen Berichterstattung von Eventualschulden und –forderungen.[1317]

bb) Weitere Ausnahmen

Ausnahmen vom Ansatz- und gleichzeitig vom Bewertungsprinzip, das im nachfolgenden Abschnitt untersucht wird, beinhalten IFRS 3.24 f. für Ertragssteuern,

1310 Schwedler, KoR 2008, 125, 134; MünchKommBilR/Berndt/Gutsche IFRS, IFRS 3 Rn. 68 f.

1311 Ähnlich IFRS-Komm./Baetge/Hayn/Ströher, IFRS 3 Rn. 232 und MünchKommBilR/Berndt/Gutsche IFRS, IFRS 3 Rn. 68 f.

1312 IFRS-Komm./Baetge/Hayn/Ströher, IFRS 3 Rn. 232.

1313 A.A. wohl Lüdenbach in Haufe IFRS-Komm, § 31 Rn. 56 ff; MünchKommBilR/Berndt/Gutsche IFRS, IFRS 3 Rn. 66 ff., die die Ansatzkriterien für IFRS 3 weiterhin für erforderlich halten und von daher die Regelung des IFRS 3.22 f. als „echte" Ausnahme verstehen.

1314 S. hierzu etwa Watrin/Strohm/Struffert, Wpg 2004, 1450, 1455; Hommel/Benkel/Wich, 1267, 1271.

1315 Vgl. hierzu die Ausführungen von Schwedler, KoR 2008, S. 125, 134.

1316 S. hierzu nur Hommel/Benkel/Wich, BB 2004, 1267, 1270, 1273. Hierauf nehmen ebenfalls Rekurs IFRS-Komm./Baetge/Hayn/Ströher, IFRS 3 Rn. 235.

1317 Vgl. etwa Brücks/Wiederhold, KoR 2003, 21, 26; dies. KoR 2004, 177, 180; Hommel/Benkel/Wich, BB 2004, 1267, 1277; IFRS-Komm./Baetge/Hayn/Ströher, IFRS 3 Rn. 235.

Par. 26 der Vorschrift für Mitarbeitervergütungen und Par. 27 f. für die Behandlung von Entschädigungsansprüchen.[1318]

Die Ansatzkriterien dieser Regelungen sind aufgrund der Qualifizierung der Tatbestände als Ansatzausnahmen zwingend anzuwenden; hinsichtlich der Bewertung der entsprechenden Positionen handelt es sich überwiegend um Ausnahmen von der Anwendung des beizulegenden Zeitwerts.[1319]

Aktive und passive latente Steuern werden gem. dem Verweis in IFRS 3.24 im Einklang mit IAS 12, *income taxes*, und hierbei für Unternehmenszusammenschlusse insbesondere gem. IAS 12.19, 21 ff., 66 ff., bilanziert. Eigentlich entspricht der Ansatz nach IAS 12 dem Ansatzprinzips nach IFRS 3.10; dennoch soll die Bilanzierung insgesamt nach IAS 12 sichergestellt werden.[1320] Darin einbezogen sind ebenfalls vorübergehende Abweichungen und Verlustvorträge, IFRS 3.25. Die Bilanzierung nach IAS 12 folgt dem *temporary-concept*,[1321] bzw. dem sogenannten *liability approach*.[1322] Eine Saldierung von latenten Steueransprüchen und Schulden hat gem. IAS 12.74 nur im Ausnahmefall zu erfolgen.

Leistungen an Mitarbeiter werden nach IAS 19 angesetzt,[1323] wobei ähnliche Überlegungen hinsichtlich der Ansatzvoraussetzung wie zu latenten Steuern gelten.[1324]

Bilanzgarantien nach IFRS 3.27 sind vom Erwerber gleichermaßen wie die zugrundeliegenden Entschädigungssachverhalte, die ungewisse Verbindlichkeit, anzusetzen und ebenso zu bewerten, vorbehaltlich einer evtl. notwendigen Werthaltigkeitsprüfung (*valuation allowence*).[1325] Dies kann dann ein Ansatz zum *fair value* sein, wenn der Entschädigungszahlungen auslösende Sachverhalt nach IFRS 3 zum beizulegenden Zeitwert anzusetzen ist; andernfalls, bei einer Ausnahme vom Zeitwert-Prinzip, stellt auch die Garantie eine solche dar.[1326] In ersterem Fall entfällt allerdings die Werthaltigkeitsprüfung, da die Bewertung zum beizulegenden Zeitwert bereits jede Unsicherheit über zukünftige Zahlungseingänge berücksichtigen soll, IFRS 3.27. Damit kommt es im Ergebnis –

1318 MünchKommBilR/Berndt/Gutsche IFRS, IFRS 3 Rn. 81.

1319 Vgl. Schwedler, KoR 2008, 125, 134.

1320 S. IFRS 3.BC280 sowie MünchKommBilR/Berndt/Gutsche IFRS, IFRS 3 Rn. 81, Fußnote 39.

1321 MünchKommBilR/Schick IFRS, IAS 12 Rn. 43; IFRS-Komm/Coenenberg/Hille, IAS 12 Rn. 25.

1322 Hoffmann ind Haufe IFRS-Komm, § 26 Rn. 5.

1323 Vgl. IFRS 3.24, 25 n. F.

1324 Vgl. IFRS 3 BC297.

1325 Theile/Pawelzik in Heuser/Theile, IFRS-HB 2009, Rn. 3267.

1326 IFRS 3.27 f.

außer bei Wertminderung hinsichtlich der Erstattungsforderung – saldiert weder zu Erträgen noch Aufwendungen.[1327]

2. Bewertung des Eigenkapitals

Nunmehr sind nach den vorangehenden Erörterungen die wesentlichen Aspekte zum Ansatz der erworbenen Positionen erarbeitet. Damit kann sich der nun folgende Unterabschnitt mit Fragen der Bewertung befassen, um so im Gesamten die Voraussetzungen einer Bilanzierung der Konsolidierungsgröße Eigenkapital zu verdeutlichen.

Der reformierte IFRS 3 normiert im Vergleich zum bislang gültigen Standard und zu ED IFRS 3 nun deutlicher neben dem Ansatzprinzip auch ein sog. *measurement principle.* Dieses weitere Ergebnis des Bemühens um prinzipienorientierte Regelungen soll im Folgenden erörtert werden und ebenso die in IFRS 3 explizit geregelten Ausnahmen davon.

a) *Fair value* als allgemeiner Bewertungsmaßstab

Das Bewertungsprinzip stellt den allgemeinen Maßstab zur Bewertung der Vermögenswerte und Schulden dar, die im Rahmen eines Unternehmenszusammenschlusses erworben wurden.[1328] Nach dem Bewertungsgrundsatz sind die identifizierbaren übernommenen Vermögenswerte und Schulden zu ihrem *fair value* im Akquisitionszeitpunkt zu bewerten, IFRS 3.18.[1329]

Bemerkenswert ist am überarbeiteten IFRS 3 gegenüber dem *exposure draft*, dass kein Regelungskomplex zur *fair value*-Bewertung enthalten ist, der Anhang E des ED IFRS 3 zu *fair value measurements* entsprechen, geschweige denn die Regelungsintensität des ED IFRS 3 Appendix A zur *fair value*-Bewertung einer einzelnen Position, nämlich des Gesamt-*fair value* des *acquiree,* erreichen würde.

In der *basis for conclusions* zum überarbeiteten Standard nimmt das IASB vielmehr Bezug auf die Begriffserklärungen in IAS 40,[1330] die dem Adressaten zur Klärung etwaiger Auslegungsprobleme hinsichtlich der *fair value*-Definition dienen mögen. Daneben verweist das IASB auf IAS 39, der das zugrundeliegende *fair value*-Konzept enthalte.[1331] Das IASB begründet die Abweichung des IFRS 3 von seinem Entwurf damit, dass es eine Vorwegnahme des Ergebnisses

1327 Theile/Pawelzik in Heuser/Theile, IFRS-HB 2009, Rn. 3267.

1328 Lüdenbach in Haufe IFRS-Komm, § 31 Rn. 61; MünchKommBilR/Berndt/Gutsche IFRS, IFRS 3 Rn. 93; IFRS-Komm./Baetge/Hayn/Ströher, IFRS 3 Rn. 200 bezeichnen ihn als in den Augen des IASB „relevantesten“ Wertmaßstab, S. IFRS 3 BC198.

1329 Beck-IFRS-HB/Senger/Brune/Elprana, 3. Aufl., § 34 Rn. 80.

1330 Vgl. IFRS 3 BC250.

1331 IFRS 3. BC249; MünchKommBilR/Berndt/Gutsche IFRS, IFRS 3 Rn. 93.

seines *fair value measurements*-Projekts vermeiden wollte.[1332] Insofern ist im Zuge des Projekts gegebenfalls mit Anpassungen von IFRS 3 zu rechnen.

Da der Standard 3 folglich jeglichen allgemeinen Regelungen zum *fair value*, zu Bewertungsmethoden oder zur *fair value*-Hierarchie entbehrt,[1333] greift das Schrifttum zur Ausfüllung des Bewertungsprinzips, teilweise unter Berücksichtigung des genannten Hinweises durch das IASB, auf die Stufenkonzeption des IAS 39 zurück bzw. auf Quellen im Schrifttum und Hinweise der Praxis, die sich grundlegend mit der *fair value*-Konzeption befassen.[1334] Zudem wird auch ein Rückriff auf die Vorgaben des IFRS 3 a. F. für zulässig gehalten[1335] oder auch auf andere Standards, wenn sie Aussagen zur *fair value*-Bewertung treffen und sogar hilfsweise auf SFAS 157 der US-GAAP.[1336]

Trotz mangelnder *fair value*-Regelungen wird im Schrifttum durch IFRS 3 ein weiterer Schritt in Richtung einer umfassenden Zeitwertbilanzierung gesehen, der sich u. a. an folgenden Punkten ableiten ließe: Transaktionskosten werden, entsprechend der vorangehenden Darstellung, aufgrund der *fair value*-Konzeption nicht mehr als Vermögenswert aktiviert, bedingte Kaufpreisbestandteile werden ebenfalls zum Zeitwert bewertet und es existiert nunmehr das Wahlrecht zur Zeitwertbilanzierung der Minderheitenanteile.[1337] So stelle der

---

1332 Vgl. IFRS 3 BC247. Das Projekt erreichte einen weiteren Meilenstein in Form eines exposure draft im Mai 2009 und soll 2010 in einen endgültigen IFRS münden. S. zum fair value measurement project auch http://www.iasb.org/Current+Projects/IASB+Projects/Fair+Value+Measurement/Fair+Value+Measurement.htm, Abfrage 09.02.2010.

1333 IFRS-Komm./Baetge/Hayn/Ströher, IFRS 3 Rn. 207.

1334 MünchKommBilR/Berndt/Gutsche IFRS, IFRS 3 Rn. 93 mit Rekurs auf Ruhnke, Rechnungslegung nach IFRS und HGB, 2008, S. 281 und die dort genannten Quellen, u. a. Ruhnke/Schmidt, WPg 2003 1039 f; Wagenhofer, Internationale Rechungslegung, inzwischen 2009, S. 170 ff.; IFRS-Hdb/Heuser/Theile, S. 71 ff. m.w.N. Lüdenbach in Haufe IFRS-Komm, § 31 Rn. 61 mit Rekurs auf Smith/Paar, Valuation of intellectual Property and Intangible Assets, 2000 sowie dem ähnlichen IDW RS HFA 16. IFRS-Komm./Baetge/Hayn/Ströher, IFRS 3 Rn. 205 verweisen auf die Hinweise des IDW zur Bewertung im Rahmen eines Unternehmenszusammenschlusses nach IFRS, RS HFA 16.

1335 Lüdenbach in Haufe IFRS-Komm, § 31 Rn. 61 a. E.; ebenso IFRS-Komm./Baetge/Hayn/Ströher, IFRS 3 Rn. 232.

1336 MünchKommBilR/Berndt/Gutsche IFRS, IFRS 3 Rn. 93, die auch IAS 16.29 ff. bemühen. Ebenfall auf die Regelungen des FASB verweisen IFRS-Komm./Baetge/Hayn/Ströher, IFRS 3 Rn. 232.

1337 S. zu diesen Punkten Schwedler, KoR 2008, S. 125, 128, die zudem noch die Bilanzierung bestehender/verbleibender Beteiligungen bei Kontrollgewinn/ Kontrollverlust zum fair value anführt. Diese Vorgänge sind jedoch nicht Gegenstand der Untersuchung.

fair value nach der Reform des IFRS 3 den „zentralen Wertmaßstab" und das „Kernprinzip" dar.[1338]

Dem ist auch deshalb zuzustimmen, da die Ausgestaltung der *fair value*-Bilanzierung als grundlegendes und einziges Bewertungsprinzip in IFRS 3.18 ff. die Dominanz des Werttmaßstabs deutlich herausstellt.

aa) Fair value-Verständnis

Die Definition des fair value nach IFRS 3 ist in IFRS 3 A enthalten. Danach handelt es sich um den Be-trag, zu dem unter sachverständigen, vertragswilligen und voneinander unabhängigen Geschäftspartnern ein Vermögenswert getauscht oder eine Verpflichtung erfüllt werden könnte.[1339]

Wohl aus dem Konjunktiv der Definition (*could be exchanched*) wird geschlossen, dass es sich beim beizulegenden Zeitwert der IFRS um einen hypothetischen Markpreis handelt, der sich unter idealisierten Bedingungen bildet und das mögliche Ergebnis eines fiktiven Geschäfts zwischen Parteien darstellt.[1340] Ziel der *fair value*-Bewertung sei eine Bewertung, die durch Marktnähe und weitestmögliche Objektivität gekennzeichnet ist.[1341]

Im Schrifttum fand in der Vergangenheit der Versuch statt, den IFRS-*fair value* vor dem Hintergrund zahlreicher Einzelregelungen dahingehend zu charakterisieren, ob er als ein Preis des Beschaffungs- oder eher des Absatzmarktes zu verstehen ist. Die wohl ganz h. M. tendierte zur Auffassung, in ihm einen Absatzmarktpreis zu sehen.[1342] Aus den Ausführungen des IASB zu IFRS 3 konnte jedoch bislang entnommen werden, dass es sich nach dessen Verständnis des *fair value* als *exchange price in an arm's length transaction* sowohl um einen *entry price* als auch *exit price* handeln kann.[1343] Der *exposure draft* von Mai 2009 zum *fair value measurement* sieht hingegen wieder eine Ausprägung als

1338 Beck-IFRS-HB/Senger/Brune/Elprana, 3. Aufl., § 34 Rn. 204.

1339 IFRS 3.A, BC250; MünchKommBilR/Berndt/Gutsche IFRS, IFRS 3 Rn. 93.

1340 S. Hitz, Wpg 2005, 1013, 114.

1341 Küting/Döge/Pfingsten, KoR 2006, 597, 600; Peemöller/Faul/Schroff, IAS-IFRS Lexikon, BBK 2004, Fach 16, S. 527, 548.

1342 Einen Absatzpreis befürworten Hitz, Wpg 2005, 1013, 114, der hierzu IAS 36.26, 38.39 sowie IAS 39.72 und als Ausnahme hiervon IAS 16.33 anführt, alle Standards wohl zum damals aktuellen Stand. Gleicher Auffassung sind Dawo, in: Herausforderungen und Chancen durch weltweite Rechnungslegungsstandards, 43, 47; Jäger/Himmel, BFuP, 2003, 417, 425; Küting/Dawo, KoR 2003, 229; Mujkanovic, 2001, S. 115.

1343 IFRS 3 BC251.

exit price vor, also bspw. ein Preis, der erhalten wird für den Verkauf eines Vermögenswerts.[1344]

bb) Fair value-Hierarchie

Um den *fair value* zu konkretisieren, wird im Schrifttum vorgeschlagen, auf eine Bewertungs-Hierarchie zurückzugreifen, wie sie in IAS 39.48 i.V. m. IAS 39 A69 ff. enthalten ist.[1345] Da jedoch auch ein Rückgriff auf IFRS 3 a. F. möglich sein soll,[1346] stellt sich die Frage, ob auch in dessen Kontext eine entsprechende Hierarchie normiert ist. Dies wurde im Schrifttum unterschiedlich gesehen: Teilweise wurde eine Verfahrens-Hierarchie für den Bereich der Kaufpreisallokation angenommen,[1347] zum Teil jedoch auch verneint, da sie den Regelungen des IFRS 3 nicht direkt zu entnehmen sei.[1348] Dies kann allerdings dahinstehen, wenn, wie vorgeschlagen, Vorbild für die *fair value*-Ermittlung an IAS 39 genommen wird. Diese Auffassung erscheint aufgrund des expliziten Hinweises des *boards* auf IAS 39 vorzugswürdig.[1349]

Nach den dortigen „Überlegungen zur Bewertung zum beizulegenden Zeitwert" sind zunächst notierte Preise auf einem aktiven Markt, und, wenn der Markt inaktiv ist, Bewertungsverfahren anzuwenden.[1350] Der aktive Markt scheint entsprechend den „Überlegungen" in IAS 39.A71 vorzuliegen, wenn Preise öffentlich notiert sind und auf aktuellen, regelmäßigen Transaktionen zwischen unabhängigen Dritten beruhen. Zu den Bewertungsverfahren gehören der Rückgriff auf unlängst aufgetretene Geschäftsvorfälle zwischen sachverständigen, vertragswilligen und unabhängigen Geschäftspartnern, der Vergleich mit dem aktuellen beizulegenden Zeitwert eines anderen, im Wesentlichen identischen Wertes, Discounted Cash Flow -Verfahren sowie Optionspreismodelle.[1351]

In dieser Beschreibung sind zwei Bewertungsstufen erkennbar, wobei sich auf der ersten Stufe ausschließlich notierte Preise für identische Güter, „unmittelbare Marktpreise"[1352], befinden, während auf der zweiten Stufe sämtliche Vergleichspreismodelle wie Multiplikatorverfahren und sonstige Bewertungs-

---

1344 Vgl. ED Fair Value Measurement, Par. 15.

1345 MünchKommBilR/Berndt/Gutsche IFRS, IFRS 3 Rn. 93.

1346 Vorangehender Abschnitt, Lüdenbach in Haufe IFRS-Komm, § 31 Rn. 61 a. E.

1347 S. hierzu Küting/Hayn, BB 2006, 1211 ff.; IDW RS HFA 16, Tz. 19.

1348 Lüdenbach in Haufe IFRS-Komm, § 31 Rn. 61; Lüdenbach/Freiberg, KoR 2006, 437, 438, ebenso Mackenstedt/Fladung/Himmel, Wpg 2006, 1037, 1040; Theile, PiR 2007, 1, 5.

1349 S. nochmals IFRS 3 BC249.

1350 IAS 39.48A. IFRS-Komm./Baetge/Hayn/Ströher, IFRS 3 Rn. 211.

1351 IAS 39.48A; IAS 39 A74.

1352 Lüdenbach in Haufe IFRS-Komm, § 31 Rn. 64.

verfahren wie Discounted Cash Flow-Verfahren anzutreffen sind, grundsätzlich also neben marktpreisorientierten Verfahren kapitalwert- und kostenorientierte Verfahren.[1353] Unter diesen wiederum ist keine weitergehende Hierarchie erkennbar.[1354] Vielmehr richtet sich ihre Anwendung nach der Datenverfügbarkeit.[1355]

b) Verlässlichkeit und Konsequenz ihres Mangels

Vorangehend wurde ausgeführt, dass das IASB die verlässliche Bewertbarkeit der nicht immateriellen Posten trotz der Ungereimtheiten bei der Verweisung auf das Kriterium weiterhin als Ansatzvoraussetzung versteht.[1356] Insofern ist fraglich, was in dem Fall zu geschehen habe, dass die Anforderung nicht erfüllt werden kann.

Hier muss gelten, dass die *recognition criteria*, soweit keine speziellen Ansatzgebote in Standards vorliegen, für die Bilanzierungsfähigkeit zu erfüllen sind und im Fall der Nichterfüllung einen Ansatz hindern.[1357] Daher gehen die nicht ansatzfähigen Positionen regelmäßig im Goodwill auf und erhöhen diesen. Mag dies unbefriedigend sein, so lässt sich derzeit keine andere Lösung erkennen.

Diese Ausführungen zum Wertmaßstab des beizulegenden Zeitwerts der IFRS mögen im Rahmen der vorliegenden Arbeit genügen. Eine ausführlichere Untersuchung der *fair value*-Regelungen anderer IFRSs als IFRS 3 erscheint gegenwärtig nicht angezeigt. Eine Auseinandersetzung zu gegebener Zeit mit den Regelungen eines *fair value*-Standards, der auch für die Konzernbilanzierung Geltung beansprucht, würde sich zweifellos als sinnvoll erweisen. Dies kann jedoch nicht mehr Aufgabe der vorliegenden Untersuchung sein.

1353 IFRS-Komm./Baetge/Hayn/Ströher, IFRS 3 Rn. 212 ff. wobei hier Bezug genommen wird auf IDW RS HFA 16, Rn. 18, der sich wiederum auf IFRS 3 a. F. oder IAS 38 a. F. Lüdenbach in Haufe IFRS-Komm, § 31 Rn. 61 ff.

1354 Ähnlich MünchKommBilR/Berndt/Gutsche IFRS, IFRS 3 Rn. 94, wobei hier auch auf erster Stufe Marktpreise für ähnliche Güter angesiedelt werden und Vergleichspreismodelle nicht erwähnt werden. Ebenso wohl auch Lüdenbach in Haufe IFRS-Komm, § 31 Rn. 64, der den market-, income- und cost approach ohne Priorisierung nebeneinander darstellt. Ebenso IFRS-Komm./Baetge/Hayn/Ströher, IFRS 3 Rn. 214 ff.

1355 Lüdenbach in Haufe IFRS-Komm, § 31 Rn. 64; MünchKommBilR/Berndt/Gutsche IFRS, IFRS 3 Rn. 93 f.

1356 S. bereits § 6 A. II. 3.

1357 MünchKommBilR/Kleindiek IFRS, Einf Rn. 114; Beck-IFRS-HB/Wawrzinek, 3. Aufl., § 2 Rn. 76.

c) Ausnahmen vom Bewertungsprinzip

IFRS 3 enthält allerdings konkrete Regelungen, die Ausnahmen vom Bewertungsprinzip des *fair value* bedeuten. Diese werden in der gebotenen Kürze im nachfolgenden Unterabschnitt aufgeführt, um dann das Ergebnis der Verrechnung der nunmehr bewerteten und angesetzten Posten mit dem Wertansatz der Beteiligung zu untersuchen.

Für zurückerworbene Rechte, aktienbasierte Vergütungen sowie Vermögenswerte, die zur Veräußerung gehalten werden, sind Ausnahmetatbestände vom Grundsatz der *fair value*-Bewertung im Akquisitionszeitpunkt in IFRS 3.29-31 geregelt.

Zurückerworbene Rechte sind immaterielle Vermögenswerte, über die ein Erwerber durch den Unternehmenskauf die Verfügungsmacht zurückerlangt, nachdem er sie zuvor dem erworbenen Unternehmen zur Nutzung hinsichtlich seiner bilanzierten oder nicht bilanzierten Vermögenswerte überlassen hatte, bspw. einen Markenname über ein Franchise-Abkommen.[1358] Die Bewertung richtet sich nach der verbleibenden Vertragslaufzeit des zugrundeliegenden Vertrags, ohne Rücksicht darauf, ob Möglichkeiten einer Vertragsverlängerung bestehen.[1359] Im *fair value* müsste dererlei berücksichtigt werden. Durch die Ausnahmeregelung ist dies ausgeschlossen und es wird verhindert, dass das Recht als immaterieller Vermögenswert mit unbestimmter Nutzungsdauer eingeordnet wird.[1360] Dies wäre deshalb ein Leichtes, da es in der Kontrollmacht des Erwerbers liegt, eine unbegrenzte Verlängerung der Verträge durchzusetzen und diesen Umstand vorneweg zu unterstellen. Das IASB betrachtet hingegen nachträgliche Vertragsverlängerungen nicht als Teil dessen, was im Wege des Zusammenschlusses übernommen wurde; im Gegensatz zum Entwurf des IFRS 3 wurde die Dauer daher beschränkt auf die verbleibende Vertragslaufzeit.[1361] Stellen sich die Vertragskonditionen günstig oder ungünstig verglichen mit aktuellen Marktkonditionen dar, so hat der Erwerber einen entsprechenden Gewinn oder Verlust zu berücksichtigen.[1362]

Hinsichtlich aktienbasierter Vergütungen der Mitarbeiter des erworbenen Unternehmens muss der Erwerber eine Schuld oder ein Eigenkapitalinstrument ansetzen und gem. IFRS 2, *share-based payment,* bewerten.[1363] Damit das an-

---

1358 Vgl. IFRS 3.29, B35; MünchKommBilR/Berndt/Gutsche IFRS, IFRS 3 Rn. 88 sowie das ausführliche Beispiel bei Lüdenbach in Haufe IFRS-Komm, § 31 Rn. 108; IFRS-Komm./Baetge/Hayn/Ströher, IFRS 3 Rn. 185.

1359 Vgl. IFRS 3.29. IFRS-Komm./Baetge/Hayn/Ströher, IFRS 3 Rn. 247.

1360 Beyhs/Wagner, DB 2008, 73, 77; IFRS-Komm./Baetge/Hayn/Ströher, IFRS 3 Rn. 247.

1361 Vgl. IFRS 3 BC308 n. F.; IFRS-Komm./Baetge/Hayn/Ströher, IFRS 3 Rn. 247.

1362 Vgl. IFRS 3 B36 n. F.; IFRS-Komm./Baetge/Hayn/Ströher, IFRS 3 Rn. 247.

1363 IFRS 3.30; IFRS-Komm./Baetge/Hayn/Ströher, IFRS 3 Rn. 248.

teilsbasierte Vergütungsinstrument Teil der erbrachten Gegenleistun ist, muss der Erwerber verpflichtet sein, das aktienbasierte Vergütungssystem nach dem Zusammenschluss durch sein eigenes zu ersetzen.[1364] Daraus resultieren bilanziell zu berücksichtigende *liabilities* oder *equity instruments*. Nicht anzusetzen sind dabei allerdings solche Vergütungsansprüche, die sich nicht auf bereits erbrachte, sondern auf zukünftige Leistungen der Mitarbeiter beziehen – diese stellen vielmehr, wie bereits erörtert wurde, separate Transaktionen dar, die nicht zur *business combination*-Transaktion zählen.[1365]

Langfristige Vermögenswerte, die zur Veräußerung gehalten werden, stellen, wie bereits nach IFRS 3 a. F., ebenfalls einen Ausnahmetatbestand von der *fair value*-Bilanzierung dar. Sie werden gem. IFRS 5, *non-current assets held for sale and discontinued operations*, bewertet, d. h. zum beizulegenden Zeitwert abzüglich Veräußerungskosten.[1366]

Obwohl die Ausnahmevorschriften von der *fair value*-Bewertung damit nach IFRS insgesamt zahlreicher sind als nach HGB, enthält IFRS 3 keine für Rückstellungen. Diese sind außerhalb IFRS 3 nach IAS 37.45 abzuzinsen, wenn der Zinseffekt wesentlich ist, nach einer Auffassung also gegebenfalls auch unter einem Jahr Laufzeit,[1367] nach a. A. wohl nur im Fall langfristiger Verpflichtungen.[1368] Im Gegensatz zum HGB ist nicht ein fester Abzinsungssatz der Bundesbank,[1369] sondern ein nach IAS 37.47 individuell zu bestimmender Zinsatz heranzuziehen ist, der aber auf *aktuellen Markterwartungen* basiert.[1370] Daher gilt er als nicht unternehmensspezifisch, sondern entspricht dem, zu dem ein Dritter die Schuld übernähme.[1371] Damit scheint wohl kein Konfliktpotenzial zum *measurement principle* des IFRS 3 gegeben.

V. Ergebnis der Verrechnung und dessen Ausweis

Zur technischen Vorgehensweise der Goodwillermittlung im Konzernabschluss nach IFRS wurde bereits verdeutlicht, dass auch im Zuge des IFRS 3 die Verrechnung des Buchwerts der Beteiligung mit dem anteiligen Eigenkapital gem. IAS 27.18 (a) zu erfolgen hat; Ergebnis ist, wie beschrieben, in der Regel der

1364 IFRS-Komm./Baetge/Hayn/Ströher, IFRS 3 Rn. 249.

1365 Vgl. IFRS 3.52 (b), B56-62.

1366 Vgl. IFRS 3.31 n. F. IFRS-Komm./Baetge/Hayn/Ströher, IFRS 3 Rn. 251.

1367 S. IAS 37.45 sowie MünchKommBilR/Senger/Brune, IFRS, IAS 37 Rn. 58 f

1368 So zu verstehen wohl Haufe-IFRS-Komm/Hoffmann, § 21 Rn. 122.

1369 vgl. hierzu § 253 Abs. 2 S. 4, 5 HGB.

1370 MünchKommBilR/Senger/Brune, IFRS, IAS 37 Rn. 62; Haufe-IFRS-Komm/Hoffmann, § 21 Rn. 123.

1371 MünchKommBilR/Senger/Brune, IFRS, IAS 37 Rn. 63.

(Mehrheiten-)Goodwill,[1372] falls daraus nicht ein negativer Unterschiedsbetrag resultiert.

Aufgrund des Bewertungswahlrechts nach IFRS 3.19 kann jedoch auch ein Gesamt-Goodwill angesetzt werden.[1373] Die Vorschriften des überarbeiteten IFRS 3 enthalten indes keine Regelungen mehr zur Aufteilung des *full goodwill*, welche noch in ED IFRS 3 vorgesehen waren.[1374] Vielmehr geht das *board* offenbar entsprechend der Goodwillermittlungstaffel des IFRS 3.32 von einem einheitlichen Goodwill aus,[1375] der je nach Ausübung des Wahlrechts zur Bewertung der Minderheiten einen Gesamt- oder Mehrheiten-Goodwill repräsentiert. Dies wird jedoch kritisiert, da das IASB dabei vernachlässige, dass u. a. eine Auswirkung der Kapitalkonsolidierung die zwingende Aufteilung auf einen Mehr- und Minderheiten-Goodwill darstelle.[1376] Zu der hier anklingenden Problematik, die im Kontext des Verhältnisses und der Ausgestaltung von IAS 27 und IFRS 3 steht, wurde bereits umfassend Stellung genommen.[1377] Im Ergebnis ist bei einer Bewertung des nicht kontrollierenden Anteils zum *fair value* jedenfalls dadurch ein einheitlicher *full goodwill* anzusetzen, dass der jeweilige Minderheiten-Anteil daran in die Konzernbilanz eingebucht wird.[1378]

Es kann jedoch auch einmal eine Abweichung vom Regelfall des Goodwill beim Unternehmenserwerb vorliegen: Nach IFRS 3.34 gelingt einem Erwerber gelegentlich ein *bargain purchase*, der einen Unternehmenszusammenschluss darstellt, bei dem das gesamte erworbene Nettovermögen die Summe aus erbrachter Gegenleistung und Wert des *non-controlling interest* (sowie aus bereits gehaltenen Anteilen) übersteigt.

Der daraus resultierende negative Unterschiedsbetrag ist, wie bereits nach IFRS 3 und auch ED IFRS 3, einem teilweise in der Literatur als Formalismus kritisch[1379] gesehenen *reassessment* zu unterziehen.[1380] Dabei sind Ansatz und Bewertung der erworbenen Vermögenswerte und Schulden und im Anschluss

---

1372 Vgl. § 6 B. II. 3 b).

1373 S. § 6 B. II. 3 c).

1374 Vgl. ED IFRS 3.58 (c), A62 f.

1375 So im Ergebnis auch Küting/Weber/Wirth, KoR 2008, 139, 143.

1376 Küting/Weber/Wirth, KoR 2008, 139, 143.

1377 S. § 6 B. II. 3., dort insbesondere lit. c) und d).

1378 S. hierzu nochmals die Buchungsbeispiele bei Pellens/Fülbier/Gassen/Sellhorn, Internationale Rechnungslegung, 2008, S. 705 f; Küting/Weber/Wirth, KoR 2008, 139, 143 f; MünchKommBilR/Berndt/Gutsche, IFRS, IFRS 3 Rn. 102.

1379 S. kritisch hierzu Dobler, PiR 2005, 24 ff.; Pellens/Fülbier/Gassen/Sellhorn, Internationale Rechnungslegung, 2008, S. 716. A.A. Lüdenbach in Haufe IFRS-Komm, § 31 Rn. 129; IFRS-Komm./Baetge/Hayn/Ströher, IFRS 3 Rn. 270.

1380 IFRS 3.36 sowie Fink, PiR 2008, 114, 118; IFRS-Komm./Baetge/Hayn/Ströher, IFRS 3 Rn. 269.

daran die Bewertung des *non-controlling interest,* (der bereits gehaltenen Anteile) sowie der erbrachten Gegenleistung zu überprüfen.[1381] Halten die angesetzten Posten und Beträge der Überprüfung stand,[1382] ist ein Gewinn aus einem *lucky buy* zu verzeichnen, der sofort erfogswirksam vom Erwerber zu vereinnahmen ist.[1383]

Als Gründe für einen *bargain purchase* kann sich das IASB einen erzwungenen Kauf unter ökonomischem Druck oder auch die Anwendung der Ausnahmen von den Ansatz- und/oder Bewertungsprinzipien gem. IFRS 3.22-.31 IFRS n. F. vorstellen.[1384]

C. Zusammenfassung und Resümee

In diesem Kapitel wurden die Grundlagen der Kapitalkonsolidierung, die Goodwill-relevanten Regelungen und deren Anwendung in Bezug auf den Konzern-Goodwill analysiert. Daher kann nun eine Zusammenfassung der wesentlichen Ergebnisse der erfolgten Untersuchung vorgenommen werden.

Eine Goodwill-Bilanzierung nach IFRS 3 kann sich, so sieht es zumindest IFRS 3 vor, aufgrund eines *asset deals* im Einzelabschluss des Erwerbers ergeben. Bei einem Anteilserwerb findet die Anwendung von IFRS 3 mit Ermittlung eines Konzern-Goodwill demgegenüber im Konzernabschluss statt, während bei Fusionen die Identifizierung des Erwebers von der Art des *mergers* abhängt.

Die Rechtsnatur des Goodwill nach dem reformierten IFRS 3 ist im Gegensatz zur Auffassung des IASB nicht einheitlich zu beurteilen; vielmehr ist eine Unterscheidung zwischen dem Mehrheiten- und dem Minderheiten-Goodwill vorzunehmen, wobei jedenfalls der Minderheiten-Goodwill kaum einen aktivierungsfähigen Vermögenswert darstellt. Die Aktivierungsfähigkeit wird indes wohl über die Ansatzregelung des IFRS 3.32 in einer Weise herbeigeführt, die einer Fiktion gleichkommt.

Die Konzern-Goodwill-Ermittlung nach IFRS 3 i. V. m. IAS 27 erweist sich als erheblich erschwert, da beide Normen ein unklares Verhältnis zueinander auszeichnet und sie diverse Ermittlungsmöglichkeiten eröffnen. Dabei greift die im Hinblick auf eine Kotrollprämie wohl sachgerechteste Methode der *full goodwill*-Ermittlung nicht auf die Ermittlungsstaffel des IFRS 3 und damit auf

---

1381 Vgl. IFRS 3.34 i. V. m. IFRS 3.36.

1382 Was zum Teil als im Rahmen eines Kaufs unter sachverständigen, ohne Druck und unabhängig handelnden Personen als regelmäßig ausgeschlossen beurteilt wird, Lüdenbach in Haufe IFRS-Komm, § 31 Rn. 129.

1383 IFRS 3.34.

1384 Vgl. IFRS 3.35, BC371. Zur Problematik des seltenen Falls, dass bei der Konzernmutter ein bargain purchase eintritt, während es gleichzeitig zu einem Goodwill-Ausweis bei den Minderheiten kommt s. Pawelzik, PiR 2009, 277-279.

andere Rechnungsparameter zurück. Dies kann wohl zu Inkonsistenzen führen, was ebenfalls auf die Kombination von Gesamtbewertungs- und Einzelbewertungsverfahren in einem einzigen Wert, dem Gesamt-Goodwill, zutreffen kann. Denn zur Bewertung des Minderheitenanteils am Goodwill kommen Gesamtbewertungskonzepte zur Anwendung, während der Mehrheiten-Goodwill über die erbrachte Gegenleistung und das erworbene Nettovermögen, also aus Einzelbewertungen möglichst zu Marktpreisen, ermittelt wird.

Allerdings konsequent gegenüber dem HGB erscheint die Bewertung der erbrachten Gegenleistung ausschließlich zum *fair value*, so dass hier die Verechnungsposten der Kapitalkonsolidierung zumindest vordergründig einem einheitlichen Bewertungsmaßstab unterliegen: Man bedenke hier jedoch den Kritikpunkt eines Wertkonzeptionen-Mixes im *fair value*! Eine bedingte Gegenleistung ist ebenfalls Bestandteil der Gegenleistung, wobei deren Einbeziehung erleichtert scheint, Anschaffungsnebenkosten hingegen stellen kein Element der Gegenleistung dar - in gravierendem Unterschied zum HGB. Transaktionskosten sind vielmehr Aufwand im Erwerbsjahr dar, wobei die Regelung durchaus kritikwürdig erscheint.

Ebenfalls nicht unkritisch ist der Ansatz des Eigenkapitals nach dem so genannten *recognition principle* zu sehen, das den Ansatz sämtlicher identifizierbarer, übenommener Posten fordert. Denn der Ansatz, wie sich bereits bei der Untersuchung der Rechtsnatur des Goodwill zeigte, wurde insofern erleichtert, als dass das Ansatzkriterium der Wahrscheinlichkeit hinsichtlich der übernommenen Posten nicht mehr zu prüfen ist, während Verlässlichkeit zwar weiter gelten soll, die Verweisungsnorm diese Voraussetzung jedoch ihrem Wortlaut nach nicht einschließt. Im Unterschied zum HGB und als Ausnahme vom Ansatzprinzip werden auch Eventualschulden bilanziert. Die Regelung bedeutet eine assymetrische Abbildung unwahrscheinlicher Posten, da Eventualforderungen nicht abgebildet werden und außerhalb von Unternehmenszusammenschlüssen Eventualschulden ebenfalls keine bilanzielle Berücksichtigung finden. Latente Steuern werden gem. IAS 12 und, wie nunmehr nach HGB auch, nach dem *temporary-concept* dargestellt.

Das *measurement-principle* gibt allgemein die Bewertung zum *fair value* vor. Mangels expliziter Regelung in IFRS 3 - obwohl sein Entwurf noch ausführliche Bewertungs-Annexe enthielt - gilt nun nach dem IASB IAS 39 als Referenznorm, bis ein *fair value-measurement*-Standard verabschiedet ist. Aus dieser Vorschrift lässt sich (noch) ein zweistufiger Aufbau der Zeitwert-Hierarchie entnehmen und weitgehend identische Anforderungen an den Marktwert im Vergleich zum HGB. Im Schrifttum werden allerdings unterschiedlichste Quellen zur Herleitung von *fair value*-Regelungen herangezogen. Im Unterschied zum HGB existiert eine *fair value*-Definition.

Das Ergebnis der Kapitalkonsolidierung stellt wie nach HGB im Regelfall einen Mehrheiten-Goodwill, im Ausnahmefall einen negativen Unterschiedsbetrag dar, der unter Umständen sofort erfolgswirksam zu vereinnahmen ist. Der Ausweis eines einheitlichen Gesamt-Goodwill ist daneben ebenfalls möglich.

§ 7 Wirkungsweise der IFRS-Goodwill-Regelungen in Bezug auf Bilanzzwecke und Rechnungslegungsgrundsätze

Im vorangehenden Kapitel wurden die Regelungen der Goodwillermittlung nach IFRS 3 und IAS 27 erarbeitet und auf der technischen Ebene ihr Verhältnis zueinander und die Auswirkungen ihrer gleichzeitigen Anwendung untersucht. Daraus ergaben sich zudem Hinweise für die Frage der theoretischen Konsistenz der Vorschriften. Des Weiteren wurden diejenigen Regelungen einer Untersuchung unterzogen, die für Ansatz und Bewertung der erbrachten Gegenleistung und des (anteiligen) Nettovermögens am Tochterunternehmen relevant sind.

Wie für das HGB üben auch die untersuchten Regelungen einen Einfluss auf Rechnungslegungszweck(e) und –grundsätze der IFRS aus bzw. werden umgekehrt von diesen beeinflusst. Im nun folgenden Kapitel sind daher wiederum, analog zur Analyse der Wirkungsweise von Vorschriften im Rahmen des HGB, diese Effekte herauszuarbeiten, um im Anschluss daran einen Vergleich der Regelungen nach HGB und IFRS sowie von deren Implikationen auf die jeweiligen Bilanzierungszwecke und-prinzipien anzustellen.

A. Bestimmung des Erwerbszeitpunkt

Einer der ersten Schritte der Akquisitionsmethode gem. IFRS 3 stellt die Festlegung des Erwerbszeitpunkts dar. Auswirkungen erscheinen sich durch die Regelung in erster Linie auf den Grundsatz der Vergleichbarkeit und den der Wirtschaftlichkeit zu ergeben.

I. Grundsatz der Vergleichbarkeit

Da es sich beim Erwerbszeitpunkt nach IFRS 3.8 ausschließlich um den Zeitpunkt der Kontrollübernahme handelt, in der Regel der *closing date*, wird dem Grundsatz der Vergleichbarkeit in positiver Weise Rechnung getragen. Denn es können sich nicht aufgrund unterschiedlicher Bewertungszeitpunkte Abweichungen von Werten ergeben.[1385]

1385 S. hierzu auch die entsprechenden Ausführungen zum HGB, § 5 C. I.

II. Grundsatz der Wirtschaftlichkeit

Gegenüber dem HGB in seinem § 301 Abs. 2 S. 3 f. HGB sind keine entsprechenden Erleichterungen für bestimmte Fälle vorgesehen.[1386] Damit müssen Unternehmen unter vergleichbaren Umständen bei einer Bilanzierung nach IFRS mit erhöhten Kosten rechnen.

B. Wahlrecht zwischen Neubewertungs- und *full goodwill*-Methode

Als besonders tiefgreifende Neuerung ist das Wahlrecht zwischen der Neubewertungs- und der *full goodwill*-Methode im Hinblick auf Zweck und Grundsätze der IFRS zu untersuchen. Dabei kann festgestellt werden, dass insbesondere ein Einklang mit dem Grundsatz der Vergleichbarkeit in Frage steht. Jedoch auch der (Haupt-)Zweck der IFRS-Rechnungslegung und der Grundsatz der Wirtschaftlichkeit könnten durch das Wahlrecht berührt sein.

I. Informationsfunktion

Nach den Untersuchungen im ersten Teil dieser Arbeit besteht der Zweck des IFRS-(Konzern-) Abschlusses in der Vermittlung von entscheidungsnützlichen, also relevanten und verlässlichen Informationen an einen weiten Adressatenkreis über die Vermögens-, Finanz- und Ertragslage unter Einschluss einer Rechenschaftsfunktion über die Kapitalentwicklung, während weitere Zwecke nach hier vertretener Auffassung vor- und nachgelagert sind, bspw. der Kompensationszweck. „Relevant“ bedeutet dabei, dass eine Infomation aufgrund ihrer Hilfestellung zur Beurteilung wirtschaftlicher Sachverhalte geeignet ist, wirtschaftliche Entscheidungen zu beeinflussen.

Es wird vertreten, dass die Rechnungslegungsinformationen durch das Wahlrecht zwischen den Konsolidierungsmethoden - Neubewertungs-, und Gesamt-Goodwill-Methode - an Relevanz einbüßen.[1387] Allerdings betrifft die Frage nach dem Verlust an Relevanz weniger das Wahlrecht als solches, sondern eher die Anwendung der *purchased method*, aus der eine andere Information resultiert, als über die *full goodwill method*. Der umgekehrten Fragestellung, nämlich der Steigerung des Informationsnutzens der *full goodwill –method* wird sogleich nachgegangen.

1386 Die bislang bestehenden Möglichkeiten gem. § 301 Abs. 2 HGB a. F. bedeuteten eine noch größere Diskrepanz zu IFRS 3, vgl. die Ausführungen hierzu in IFRS-Komm./Baetge/Hayn/Ströher, IFRS 3 Rn. 126.

1387 Freiberg, PiR 2008, 300, 301.

II. Grundsatz der Vergleichbarkeit

Sogar nach den Ausführungen des IASB selbst ist das Methodenwahlrecht, das zugleich ein Bewertungswahlrecht hinsichtlich des nicht kontrollierenden Anteils darstellt, nicht „erste Wahl" (*not the IASB's first preference*), da Wahlrechte generell der Vergleichbarkeit von Abschlüssen abträglich seien.[1388]

In ganz besonderem Maße gilt dies allerdings für das Wahlrecht der Goodwill-Bewertung, da die Position erhebliche Auswirkungen auf das bilanzielle Bild der Vermögenlage hat.[1389]

Im Schrifttum wird denn auch moniert, dass die Unterschiede, die durch das Wahlrecht hevorgebracht werden, die Vergleichbarkeit von Konzernabschlüssen verschiedener Unternehmen erheblich erschweren.[1390] Während sich das Eigenkapital um den Minderheitenanteil erhöht, ist wiederum die Wirkung eines Goodwill-*impairment*, der einzig in IFRS zulässigen außerordentlichen Abschreibung des Goodwill, ebenfalls höher; durch ersteren Effekt sinkt der Verschuldungsgrad respektive steigt die Eigenkapitalquote bei Anwendung der *full goodwill method*, während Kennzahlen zur Rentabilität sinken.[1391]

Erschwerend kommt hinzu, dass das Wahlrecht nach h. M. für jedes zu konsolidierende Unternehmen neu ausgeübt werden kann, so dass auch innerhalb eines Konzerns unterschiedliche Methoden zur Anwendung kommen können, die die Nachvollziehbarkeit[1392] der Informationen beeinträchtigen. Nach dem Schriftum existiert dadurch auch erhebliches bilanzpolitisches Potenzial, die kapitalmäßige Struktur zu gestalten.[1393]

III. Grundsatz der Wirtschaftlichkeit

Eine neutrale Auswirkung auf den Grundsatz der Wirtschaftlichkeit im Sinne eines Erhalts von Konsolidierungskosten könnte durch das Methodenwahlrecht dann gegeben sein, wenn im Fall der Wahl des *purchased goodwill* dessen Er-

---

1388 S. IFRS 3 BC210.

1389 Vgl. hierzu nur die Ausführungen eingangs der Untersuchung zur wirtschaftlichen Bedeutung des (Mehrheiten-) Goodwill und Bedeutung für die Bilanzanalyse, § 2 B. I. und II. sowie die Ausführungen in der Kritik des full goodwill, § 6 B. II. 4.

1390 Haaker, PiR 2008, 188, 194.

1391 Haaker, PiR 2008, 188, 192, f.; Pellens/Fülbier/Gassen/Sellhorn, Internationale Rechnungslegung, 2008, S. 702 ff. Ebenso in Bezug auf die Eigenkapitalquote Harr/Eppinger/Zeyer, PiR 2009, 1, 4.

1392 Nachvollziehbarkeit (verifiability) soll nach den Plänen des IASB ein Unterprinzip der Qualitative Characteristics werden, vgl. ED Conceptual Framework, QC15, 16.

1393 Pellens/Amshoff/Sellhorn, BB 2008, 602, 605. ebenfalls durch das Wahlrecht bilanzpolitische Möglichkeiten der Einflussnahme auf die Egenkapitalstruktur sehen Harr/Eppinger/Zeyer, PiR 2009, 1, 5.

mittlung weiterhin nur über die Kapitalkonsolidierung erfolgen könnte. Diese Möglichkeit wird im Schrifttum offenbar vorausgesetzt.[1394]

Eine vergleichende Ermittlung des *purchased*- und des *full goodwill* könnte dann allerdings nicht erfolgen, ohne Mehrkosten der *full goodwill*-Ermittlung aufgrund aufwendiger Unternehmensbewertungen auszulösen. Dies wird jedoch auch nur, wie dargestellt, für den Fall einer Wahl der *full goodwill*-Methode vorgeschlagen,[1395] während wohl davon auszugehen ist, dass die bewährte Vorgehensweise der Neubewertungsmethode im Konzernabschluss beibehalten werden kann. Dann kann auf den erhöhten Aufwand für die Ermittlung eines *full goodwill* kann verzichtet werden.

Fraglich ist indessen, ob der ebenfalls im Zusammenhang mit dem Wirtschaftlichkeitsprinzip zu beachtende Informationsnutzen durch das Wahlrecht eingeschränkt wurde. Dies stellt letztlich jedoch eine Frage nach dem Nutzen der *full goodwill*-Methode dar, die nachfolgend erörtert werden wird.

C. Neubewertungsmethode

Die Neubewertungsmethode stellte seit Inkrafttreten von IFRS 3 a. F. die alleine zulässige Variante der Erwerbsmethode in den IFRS dar.[1396] Die ehemals nach IAS 22 zulässige beteiligungsproportionale Neubewertungsmethode wurde abgeschafft. Die Motive dürften denjenigen des HGB-Gesetzgebers zur Abschaffung der Buchwertmethode weitgehend vergleichbar gewesen sein, die Auswirkungen auf die Rechnungslegungsgrundlagen ebenfalls. Insofern darf hier auf die entsprechenden Ausführungen zum HGB verwiesen werden.[1397]

Im Gegensatz zur Neubewertungsmethode als Konsolidierungskonzeption ist die Ausgestaltung der entsprechenden Regelungen jedoch IFRS-spezifisch. Art und Weise der Regelungen erscheinen vor allem geeignet, Verlässlichkeit und Vergleichbarkeit von Informationen zu beeinträchtigen.

I. Informationsfunktion

Die Untersuchung ergab im vorangehenden Kapitel, dass die Anwendung der Neubewertungsmethode im Konzernabschluss von einem Zusammenwirken des IAS 27.18 (a) mit IFRS 3.32 und anderen Regelungen des Standards geprägt ist. Daraus ergeben sich Unklarheiten hinsichtlich der technischen Umsetzung der Regelungen, die bereits für den Mehrheiten-Goodwill bedeuten, dass einerseits die Anwendung der Goodwill-Ermittlungsstaffel des IFRS 3.32 einen Wert er-

---

1394 Vgl. die Buchungsbeispiele bei Pellens/Fülbier/Gassen/Sellhorn, Internationale Rechnugnslegung, 2008, S. 705 f.; Harr/Eppinger/Zeyer, PiR 2008, 1, ;3 f.

1395 S. § 6 B. II. 3. c)cc).

1396 S. hierzu nur Beck-IFRS-HB/Senger/Brune/Elprana, § 33 Rn. 90.

1397 S. Zweiter Teil, B. II.

zeugen würde, der jedoch aus einer Kapitalkonsolidierung gem. IAS 27 ohnehin hervorgeht – allerdings basierend auf unterschiedlichen Rechnungskomponenten.[1398] Es erscheint nicht fernliegend, dass diese Regelungskonzeption zu Problemen mit der Verlässlichkeit hinsichtlich der auf ihr basierenden Werte führen kann.

Im Übrigen kann auf die Ausführungen zum Informationsnutzen der Neubewertungsmethode nach HGB verwiesen werden.

Dem Kompensationszweck wird wie nach HGB durch die Kapitalkonsolidierung mit ihrer Eliminierung der Kapitalverflechtungen Rechnung getragen.[1399]

II. Vergleichbarkeit

Führt eine Regelungskonzeption aufgrund von Unklarheiten zu unterschiedlichen Interpretationen der einzelnen Regelungen, kann daraus eine unterschiedliche Bilanzierung gleicher Sachverhalte resultieren. Dies kann der Vergleichbarkeit von Abschlüssen abträglich sein.

D. Full goodwill-Methode

Fraglich ist die Wirkung der *full goodwill method* auf die Bilanzierungszwecke und –grundsätze. Dabei erscheinen einige Elemente der konzeptionellen Grundlagen der IFRS durch die neu eingeführte Methode angesprochen, namentlich der Informationszweck, die Einheitstheorie und der Grundsatz der Pagatorik.

I. Informationsfunktion

Die Informationsfunktion des IFRS-Konzernabschlusses ist dann als durch die *full goodwill*-Methode gestützt anzusehen, wenn dadurch die Relevanz oder die Verlässlichkeit von Informationen gesteigert wäre.

1. Relevanz des Gesamt-Goodwill

Erstaunlicherweise nimmt das IASB in seinen Erläuterungen des IFRS 3 zu den Auswirkungen der *full goodwill method* in Bezug auf die Relevanz des Gesamt-Goodwill nicht explizit Stellung. Vielmehr drängt sich der Eindruck auf, dass eine Verlagerung des Fokus des *boards* in Richtung Darstellung und Bewertung des Minderheitenanteils stattfindet: Kernpunkt der erneuten Überlegungen nach und über ED IFRS 3 innerhalb des Gremiums stellt offenbar der Entschluss dar, dass alle Komponenten eines Unternehmenszusammenschlusses, einschließlich

1398 Dass IAS 27 und IFRS 3 u.a. Konsolidierungfragen doppelt beantworten stellen fest MünchKommBilR/Berndt/Gutsche IFRS, IFRS 3 Rn. 11.

1399 Nach IFRS-Komm./Baetge/Hayn/Ströher, IFRS 3 Rn. 94.

des Minderheitenanteils, zum *fair value* zu bewerten seien; der *full goodwill*-Ansatz erscheint dabei mehr als Nebeneffekt.[1400]

Allerdings war die Entscheidung, auch den Minderheiten-Goodwill anzusetzen, schon vor Veröffentlichung des Entwurfs getroffen worden.[1401] Aus der Quintessenz des Entwurfs ergibt sich indessen ebenso wenig, dass an den *full goodwill* irgendwelche Erwartungen hinsichtlich der Informationsfunktion geknüpft waren; vielmehr bestand in ED IFRS 3 der Hauptaugenmerk ebenfalls auf der Ausweitung der *fair value*-Bewertung – hier bezogen auf das erworbene Unternehmens als Ganzes.[1402]

Bei den mit Rechnungslegung befassten Institutionen bzw. Anwendern stieß die *full goodwill method*, nachdem sie durch das IASB als angestrebte Methode in ED IFRS 3 veröffentlicht worden war, überwiegend und aus verschiedenen Gründen auf eine ablehnende Haltung.[1403] Im Schrifttum wurde die kritische Haltung gegenüber der *full goodwill methode* geteilt,[1404] aber nur ganz vereinzelt auf ihren Informationsnutzen eingegangen: Nach einer der wenigen Äußerungen sei der *full goodwill-method* eine größere Einscheidungsrelevanz -und damit im Ergebnis eine Erhöhung des Informationsnutzens - zuzuerkennen, da durch den *full goodwill* ein Ausweis größerer Wertpotenziale erfolge.[1405]

Dieser Auffassung ist insoweit zuzustimmen, als im *full goodwill* ein „Mehr“ an Werten gezeigt wird, die dem Konzern für dessen „Wirtschaften“ (vermutlich) zur Verfügung stehen und Potenzial zur Generierung von Einzahlungen beinhalten.

Dennoch handelt es sich beim Minderheiten-Goodwill bekanntlich dergestalt um einen fiktiven Wert, als dass er eine Größe verkörpert, die sich in erster Linie aus einer (möglichen) *fair value*-Bewertung des Minderheitenanteils im Erwerbszeitpunkt ergibt, die aber nicht wirklich bezahlt wurde und insofern –

1400 S. hierzu IFRS 3 BC205-221.

1401 Vgl. IFRS IFRS 3 BC 205.

1402 Vgl. ED IFRS 3 IN7-IN9(d)-(g). Diesen Eindruck gewinnen auch Haaker, Wpg 2006, 451, 454; Schmidt, FS Siegel, 161, 180.

1403 S. hierzu nur die Zusammenfassung der letters of comments zu ED IFRS 3 durch das IASB, Feedback Statement, Business Combinations Phase II, S. 13, Abfrage 06.03.2008 über www.IASB.org sowie im Einzelnen z. B. Deutsches Rechnungslegungs Standards Committee, S. 3; Accounting Standards Board, S. 2, 5; IDW, S. 1 f, 19; PriceWaterhouseCoopers, S. 2, Letters of Comment zu ED IFRS 3, Abfrage über www.iasb.org, 09.01.2007.

1404 S. bspw. Küting/Wirth, BB-Special 10, 2005, 2, 7; Stibi, BB-Special 10, 2005, 1; Pellens/Basche/Sellhorn, KoR 2003, 1, 3.

1405 Haaker, KoR 2006, 451, 455; ders., PIR 2006, 22, 27.

gleichsam einem originärer Goodwill[1406] - keine Bestätigung am Markt erfahren hat.

Die erfassten Wertpotenziale sind also einerseits extrem potentiell im Sinne von „nicht durch den Kaufpreis rückbestätigt“. Nach der im Rahmen dieser Untersuchung erläuterten und vertretenen Auffassung, dass bereits die Relevanz ein gewisses Maß an Zuverlässigkeit erfordert, sind hier angesichts der Ermittlung des Minderheiten-Goodwill Zweifel an der Relevanz angebracht. Andererseits beziehen sich die Werte zunächst zeitlich punktuell auf den Konsolidierungszeitpunkt, der jedoch nicht den Erwerbszeitpunkt der Minderheitsanteile darstellt, wobei sich die Fiktion auf den Moment des Erwerbs durch den *impairment only approach* quasi „verewigt“. Insofern erscheint der Aussagewert des Gesamt-Goodwill begrenzt und ist unter Umständen geeignet, etwaige Bewertungsfehler dauerhaft im Konzernabschluss zu manifestieren.

2. Verlässlichkeit des Gesamt-Goodwill

Die Verlässlichkeit des Gesamt-Goodwill wird folglich sehr in Frage, wobei dies einmal die Position im allgemeinen, aber auch die konkrete (Nicht-)Ausgestaltung der Regelungen betrifft.

Die mit dem *full-Goodwill*-Ansatz nicht einverstandenen *board*-Mitglieder bezweifelten aufgrund seiner unzuverlässigen Ermittlung jeden Gewinn an Zusatzinformationen für die Adressaten.[1407] Auch im Schrifttum wird der mit ihm einhergehende weite Ermessenspielraum beklagt[1408] und in Folge dessen ist nach einer vertretenen Ansicht der Information „*full goodwill*“ jeder Nutzen abzusprechen.[1409]

Zur Neubewertungsmethode wurde bereits bemerkt, dass die Regelungen des IFRS 3 und des IAS 27 in einem nicht eindeutigen Verhältnis zueinander stehen, das der Verlässlichkeit und Vergleichbarkeit zum Nachteil gereichen kann.

In besonderem Maße gilt dies nun für den *full goodwill*. Für diesen wurde ebenfalls bereits in der vorangehenden Untersuchung erarbeitet, dass sich seine Berechnung als nicht klar geregelt darstellt. Die wohl sinnvollste –da ohne Einbezug einer Kontrollprämie funktionierende – Methode bringt es mit sich, den Gesamt-Goodwill unter Vernachlässigung der Goodwill-Ermittlungsstaffel des

1406 Der originäre Goodwill ist keiner „durch das Erwerbsgeschäft objektivierten Ermittlung“ zugänglich, Storck, Bilanzpolitische Handlungsspielräume, 2004, S. 223 mit Rekurs auf Pougin in: Jacob, Bilanzpolitik und Bilanztaktik, 5, 13.

1407 S. ED IFRS 3 AV6 f.

1408 MünchKommBilR/Berndt/Gutschke, IFRS, IFRS 3 Rn. 99; Lüdenbach in Haufe IFRS-Komm, § 31 Rn. 124.

1409 Sigle, PiR 2008, 300.

IFRS 3.32 zu ermitteln, während die konzeptionelle Inkonsistenz des Gesamt-Goodwill aus einer Vermischung von Gesamt- und Einzelbewertungsverfahren entsteht. Darin kann zudem ein Verstoß gegen den Grundsatz der Einzelbewertung gesehen werden, von dem nicht auszuschließen ist, dass er sich auf die Verlässlichkeit auswirkt.

Da aber jedenfalls den Anwendern überlassen ist, die Regelungen „irgendwie" nebeneinander und miteinander anzuwenden, erscheint wiederum eine Beeinträchtigung von Verlässlichkeit, Vergleichbarkeit und damit letztlich auch des *true and fair view* nicht unwahrscheinlich.

Nicht zuletzt vor dem Hintergrund der fraglichen Relevanz der Information erscheint die Tatsache, dass selbst das IASB nicht auf einer Nutzensteigerung der Information „*full goodwill*" pocht, vielsagend. Von einer Erhöhung des Informationsnutzens des Konzernabschlusses durch den *full goodwill*-Ausweis kann daher wohl per se nicht ausgegangen werden.

II. Einheitstheorie

Mit Einführung der *full goodwill method* entsteht die Frage, ob darin eine weitere Hinwendung zur Einheitstheorie zu sehen ist. Das IASB selbst nimmt zu dazu in IFRS 3 und den dazugehörigen Materialien nicht explizit Stellung. Jedoch war es sein Anliegen, eine einheitstheorethische Grundkonzeption durch das *Business Combinations Project Phase II* zu erreichen.[1410]

Im Schrifttum wurde zu ED IFRS 3 mit dessen verbindlicher Gesamt-Goodwill-Methode konstatiert, dass das IASB mit diesem Vorschlag einen weiteren Schritt in Richtung Einheitstheorie unternehme; begründet wurde dies häufig damit, dass das Minderheitenkapital als Eigenkapital klassifiziert werde.[1411] Da jedoch auch vor den Entwürfen von ED IFRS 3 bzw. ED IAS 27 der Ausweis des Minderheitenanteils im Eigenkapital gem. IAS 27.33 (2003) stattfand, ist diese Auffassung wohl so zu interpretieren, dass ein um den Minderheiten-Goodwill-Betrag erhöhter Minderheitenanteil innerhalb des Eigenkapitals auszuweisen und darin eine weitere Hinwendung zur Einheitstheorie zu sehen ist.

Andere Stimmen im Schrifttum sehen grundsätzlich die *full goodwill*-Variante der Erwerbsmethode als Anwendung der Einheitstheorie in Reinform.[1412] Denn der Erweber beherrsche durch die Kontrollerlangung sämtliche

---

1410 Dies beurteilen in der Weise MünchKommBilR/Berndt/Gutsche IFRS, IFRS 3 Rn. 2; Pellens/Amshoff/Sellhorn, BB 2008, 602.

1411 S. Pellens/Sellhorn/Amshoff, DB 2005, 1749, 1755; Hendler/Zülch, Wpg 2005, 1155, 1166; Haaker, KoR 2006, 451, 453 f.

1412 MünchKommBilR/Watrin/Hoene/Lammert IFRS, IAS 27 Rn. 26; MünchKomm-HGB/Busse von Colbe, § 297 Rn. 50 f; Pellens/Fülbier/Gassen/Sellhorn, Internationale Rechnungslegung, 2008, S. 700; Harr/Eppinger/Zeyer, PiR 2009, 1, 2; Brücks/Richter,

Vermögenswerte und Schulden einschließlich des Geschäftswerts und diese seien konsequenterweise sämtlich zum *fair value* zu bewerten; für den Goodwill solle keine Ausnahme gelten, vielmehr sei er zu bewerten wie alle anderen erworbenen Positionen.[1413]

Hinsichtlich der Implikation der Neubewertungsmethode des HGB auf die Einheitstheorie wurde bereits ausgeführt, dass eine Zeitwert-Bewertung aller Positionen nur dann aufgrund der Einheitstheorie erforderlich erscheint, wenn diese über eine entsprechende Entscheidung des Normgebers mit der Erwerbsmethode verknüpft wird.[1414] In diesem Fall allerdings erfordert die Erwerbsmethode, da aus der einheitstheoretischen Perspektive alle Positionen vollumfänglich vom Erwerber beherrscht werden, den Ansatz aller Werte zum *fair value*, einschließlich des Goodwill. Denn auch dieser - unter der Voraussetzung seiner realen Existenz - wird durch den Erwerber vollumfänglich kontrolliert.

Insofern ist der wohl h. M. zuzustimmen, dass erst die *full goodwill*-Methode der Einheitstheorie im Rahmen einer erwerbstheorethisch geprägten Kapitalkonsolidierung zu uneingeschränkter Geltung verhilft.

Hinsichtlich der Motive des IASB ist allerdings zu bemerken, dass es ihm wohl weniger auf eine konsequente Umsetzung der Einheitstheorie als vielmehr auf die konsequente Ausweitung des *fair value-accounting* ankommt.[1415]

III. Grundsatz der Pagatorik

Im Schrifttum wird kritisiert, dass in der *full goodwill method* eine weitere Abkehr vom Grundsatz der Pagatorik liege.[1416] Allerdings kann bereits im Prinzip der Vollkonsolidierung eine Verletzung des Grundsatzes gesehen werden, wie für das HGB aufgezeigt wurde.[1417]

Dennoch ist dieser Auffassung zuzustimmen, da über die Vollkonsolidierung und vollständige Neubewertung hinaus hier ein Wert aktiviert wird, dem keinerlei Zahlungsvorgang zugrunde liegt. Der Minderheiten-Goodwill repräsentiert einen Betrag, um den der Gesamt-Goodwill den noch über einen Zah-

---

KoR 2005, 407, 409; ebenfalls als einheitsheoretisches Erfordernis sieht die full goodwill method Freiberg, PiR 2008, 300, 301.

1413 Vgl. nur MünchKommBilR/Berndt/Gutsche IFRS, IFRS 3 Rn. 2; Pellens/Amshoff/Sellhorn, BB 2008, 602, die sich auf die Ausführungen des IASB.

1414 S. hierzu bereits § 5 B. II.

1415 Gleicher Auffassung bereits zu ED IFRS 3 sind Haaker, Wpg 2006, 451, 454; Schmidt, FS Siegel, 161, 180; Kühne/Schwedler, KoR 2005, 329, 331. Ebenso Bundesbank und BaFin, S. 2 Letter of Comment zu ED IFRS 3, Abfrage über www.iasb.org, 09.01.2007.

1416 Pellens/Basche/Sellhorn, KoR 2003, 1, 3; Küting/Weber/Wirth, KoR 2008, 139, 152.

1417 Vgl. § 5 B. III.

lungsvorgang objektivierten Mehrheiten-Goodwill übersteigt. Der Gegenwert für den Minderheiten-Goodwill ist im Gegensatz zu dem für den Mehrheiten-Goodwill nicht real geflossen, sondern eine errechnete, fiktive Größe, so dass darin ein weiteres Mal der Grundsatz der Pagatorik verletzt wird.

E. Bewertung des Minderheitenanteils zum *fair value*

Die Ausweitung der Bewertung zum beizulegenden Zeitwert auf den Minderheiten-Anteil stellt eine der Neuerungen dar, die mitunter den weitreichendsten Einfluss auf die Rechnungslegungszwecke und –grundsätze hat. Freilich korrspondiert diese mit dem *full goodwill*-Ansatz, dennoch kommt insbesondere nach Auffassung des IASB, wie im vorangehenden Abschnitt ausgeführt wurde, der Bewertung der nicht kontrollierenden Anteile eine eigene, wenn nicht sogar die entscheidende Bedeutung zu. Betroffen sind wiederum der Informationszweck mit seinen Indikatoren Relevanz und Verlässlichkeit, der Grundsatz der Vergleichbarkeit und derjenige der Wirtschaftlichkeit.

I. Informationsfunktion

In den Augen des IASB trägt der *fair value*-Ansatz des Anteils der nicht kontrollierenden Gesellschafter dazu bei, die Entscheidungsnützlichkeit dieser Postion zu verbessern.[1418]

1. Relevanz

Der Information „Minderheitenanteil“, bewertet zum beizulegenden Zeitwert, könnte wohl unterstellt werden, eine Eignung als beeinflussender Parameter für wirtschaftliche Entscheidungen aufzuweisen. Denn, vorausgesetzt der Wert wäre verlässlich, zeigt der Minderheitenanteil-*fair value* den Marktwert der Minderheitsbeteiligung. Diese Information mag zumindest einer Adressatengruppe, den Eignern der nicht kontrollierenden Anteile, von Nutzen sein für künftige Entscheidungen, wie z. B. dem Erwerb weiterer Unternehmensanteile.

Freilich ergeben sich aber hinsichtlich des Wertanteils des Minderheiten-Goodwill am nicht kontrollierenden Anteil und auch insgesamt für die nicht kontrollierenden Anteile die gleichen Bedenken, die zur Relevanz des Gesamt- bzw. Minderheiten-Goodwill geäußert wurden.

2. Verlässlichkeit

Für die Verlässlichkeit des zum Zeitwert bewerteten Minderheitenanteils gilt wiederum die vorangehende Feststellung, dass erhebliche Argumente gegen die Verlässlichkeit des Wertmaßstabs sprechen.[1419]

1418 S. IFRS 3 BC207.

Die immensen Beurteilungs- und Ermessenspielräume, die der *mark-to-model*-Zeitwert mit sich bringt, wurden bereits zur parallelen Regelung nach HGB angesprochen.[1420]

Jedoch auch eine Bewertung des Minderheitenanteils direkt über den Marktwert des erworbenen Unternehmens zeigt sich – über die bereits angesprochene Problematik der Kontrollprämie[1421] bzw. spiegelbildlich über die des Abschlags wegen mangelnder Kontrolle hinaus – als nicht unproblematisch. Denn der Börsenwert eines Unternehmens, die Börsenkapitalisierung[1422] kann erheblichen Schwankungen durch zufällige oder manipulative Vorgänge ausgesetzt sein, die keinen Bezug zum Unternehmenswert haben.[1423]

Deshalb wurde bei Unternehmensbewertungen im Gesellschaftsrecht auf den Börsenkurs als Wertindikator durch die Gerichte in der Vergangenheit verzichtet, da er nicht als ein geeigneter Wertmaßstab angesehen wurde.[1424] Erst in einer Entscheidung Ende der 1990iger Jahre forderte das BVerfG, dass der Börsenkurs bei der Bewertung – als Untergrenze - zu berücksichtigen sei.[1425] Diese Rechtsprechung aus der Zeit vor der dem Platzen der *new economy*-Blase und lange vor der Finanzmarktkrise trägt jedoch nicht dem Umstand ausreichend Rechnung, dass der Marktpreis eines Papiers in positiver wie negativer Hinsicht auch aufgrund von Panik oder Euphorie am Markt erheblich von einem realistischen Wert abweichen kann.[1426] Dann mag ein aktiver Markt vorliegen, der jedoch dennoch keinen realistischen „Marktwert“ zur Verfügung stellen kann. In solchen Fällen kann das Erfordernis eines Marktpreises keine Gewähr für verlässliche, informative Werte bieten.

1419 S. hierzu auch sogleich zu Bewertung des Eigenkapitals zum fair value und die Auswirkungen auf die Bilanzierugnsgrundsätze, § 7 G. II.

1420 S. hierzu § 4 B. V. 5. 6., § 5 D. I.

1421 S. § 6 B. II. 2. b), 3. c).

1422 S. hierzu bereits vorangehend § 6 B. II. 2. b) sowie Ballwieser, Unternehmensbewertung durch Rückgriff auf Marktdaten, in: Heintzen et alt. (Hrsg.), Unternehmen bewerten, 2003, S. 13, 19.

1423 Vgl. Großfeld, Unternehmens- und Anteilsbewertung, 2002, S. 180.

1424 Vgl. Hüttemann, in: Heintzen/Kruschwitz (Hrsg.), Unternehmen bewerten, 2002, S. 151, 166 und Großfeld, Unternehmens- und Anteilsbewertung, 2002, S. 180 ff.

1425 BVerfG, JZ 1999, 942 m. Anm. Luttermann = NZG 1999, 931 m. Anm. Behnke. S. hierzu Hüttemann, ZGR 2001, 454 ff. sowie Hüttemann, StbJB. 2000/2001, S. 397 ff. Ähnlich später der BGH, DB 2001, 969, 972 = NGZ 2001, 603.

1426 Gegen einen fair value auf euphorischen oder panischen Märkten Jessen/Haaker, DStR 2009, 499, 500 mit Rekurs auf Schildbach, DStR 2008, 2383, f. Diese Problematik wurde bereits zum HGB-fair value und dessen Volatilitäts- bzw. Prozyklizitäts-Kritik angesprochen, § 4 B. V. 5. f), g), 6. f).

II. Grundsatz der Vergleichbarkeit

Zum Goodwill-Methodenwahlrecht wurde bereits angeführt, dass das IASB selbst einräumt, von einem grundsätzlichen Verlust der Vergleichbarkeit durch Bilanzierungswahlrechte auszugehen. Diese Aussage trifft das IASB vor dem Hintergrund der Bewertungsoptionen des Minderheitenanteils zum *fair value* bzw. zum proportionalen Anteil der Minderheiten am erworbenen Nettovermögen.[1427]

In einer Verletzung des Gebots der horizontalen Stetigkeit wird sogar innerhalb eines Unternehmens eine bei jeder Akquisition wechselnde Minderheiten-Bewertung gebilligt. Hier sei auf vorstehende Anmerkungen zum Konsolidierungswahlrecht verwiesen.

III. Grundsatz der Wirtschaftlichkeit

Aus den Ausführungen des IASB geht hervor, dass einige seiner Mitglieder von höheren Kosten für die *fair value*-Bewertung des Minderheitenanteils respektive Unternehmensgesamtwert überzeugt waren; diese berufen sich zudem auf die Stellungnahmen zu ED IFRS 3, denen zu entnehmen sei, dass der Nutzen der Information „Minderheitenanteil“ generell und unabhängig von seiner Bewertung gering sei.[1428]

Von deutscher Seite wurde dem IASB zu seinem Entwurf des ED IFRS ebenfalls entgegnet, dass die Bewertungsanforderung der *full goodwill method* eine Last für die Anwender darstelle, da mit beträchtlichen Kosten zu rechen sei.[1429] Die erhöhte Komplexität der Neuregelungen des *full goodwill* – wohl auch aufgrund der Minderheitsanteils-Bewertung – wird im Schrifttum ebenfalls betont und auch die Vermutung ausgesprochen, dass das Wahlrecht von den Bilanzierern zumeist nicht zugunsten der *full goodwill*-Methode ausgeübt werden wird.[1430]

Da die Bewertung eines Unternehmens, bspw. über ein Ertragswertverfahren, die Ermittlung und Verarbeitung einer Vielzahl von Informationen wie z. B. Planzahlen und eine genaue Marktkenntnis erfordert, liegt der komplexere Bewertungsvorgang auf der Hand. Allein, ob die Annahme des IASB zutrifft, dass

---

1427 IFRS 3 BC210.

1428 IFRS 3 BC213.

1429 Deutsches Rechnungslegungs Standard Committee, S. 2, Letter of Comment zu ED IFRS 3, Abfrage über www.iasb.org, 09.01.2007.

1430 Küting/Weber/Wirth, KoR 2008, 139, 151; Haaker, PiR 2008, 188, 191. Erhöhten zusätzlichen Zeitaufwand durch die Unternehmensbewertung gegeben und umfangreiche Fachkenntnisse für nötig halten ebenfalls IFRS-Komm./Baet-ge/Hayn/Ströher, IFRS 3 Rn. 254.

nämlich der Nutzen der *fair values* die mit ihnen einhergehenden Kosten aufwiege,[1431] ist zu bezweifeln.

Insofern ist insgesamt von einer eher negativen Auswirkung der Bewertung des Minderheitenanteils zum beizulegenden Zeitwert auszugehen.

F. Wertansatz der Anteile

Die Regelungen zur Ermittlung der Anschaffungskosten bergen ebenfalls erhebliches Potenzial, sich auf Bilanzgrundsätze auswirken können. Dies betrefft insbesondere bedingte Kaufpreisbestandteile und Anschaffungsnebenkosten.

I. Contingent consideration

Bedingte Kaufpreiszahlungen betreffen den Informationszweck und diesen konkretisierende qualitative Anforderungen.

Die Erfassung bedingter Kaufpreisbestandteile als Teil der Anschaffungskosten entspricht offensichtlich im Grundsatz dem Prinzip der Relevanz. Im Schrifttum wird jedoch durchaus kritisch beurteilt, dass die Erfolgswirksamkeit der Folgebewertung außerhalb der *measurement period* dazu führe, dass im Fall von *earn-outs*, bei denen Erfolgsziele nicht erreicht werden, der Erwerber einen Gewinn durch Auflösung der im Erwerbszeitpunkt angesetzten *liability* und im umgekehrten Fall stattdessen ein Verlust zu erfassen habe. Daraus entstehe aus der Perspektive des Erwerbers die Verlockung, der in Aussicht stehenden bedingten Schuld im Erwerbszeitpunkt überproportionales Gewicht beizumessen: Eine Überschätzung dieser führt zum *acquisition date* ceteri paribus zu einem höheren Goodwill, ohne dass Auswirkungen auf das Ergebnis entstünden, während in der Folgezeit ein Ertrag aufgrund der überbewerteten Schuld durch deren Auflösung zu verbuchen sei.[1432]

Damit steht freilich Bilanzpolitik mit sachfremden Einwirkungen auf die Bewertung im Raum.

Es wird in diesem Zusammenhang außerdem bemerkt, dass mit der häufig erfolgswirksam vorzunehmenden Anpassung der bedingten Gegensleistung die auszuweisenden Ergebnisse schwankungsanfälliger sind.[1433]

Einige Stellungnahmen zu ED IFRS 3 ließen zudem grundlegende Zweifel an der verlässlichen Bewertbarkeit von erfolgsabhängigen bedingten Kaufpreis-

1431 S. IFRS 3 DO4.

1432 Freiberg, PIR 2008, 31, 33; Lüdenbach in Haufe IFRS-Komm, § 31 Rn. 50.

1433 IFRS-Komm./Baetge/Hayn/Ströher, IFRS 3 Rn. 408.

zahlungen erkennen.[1434] Das IASB befand jedoch, dass diese nicht die *fair value*-Bewertung aller bedingten Kaufpreisbestandteile beeinflussen dürfe.[1435]

II. Anschaffungsnebenkosten

Das Ausklammern von Anschaffungsnebenkosten aus den Anschaffungskosten kann dazu geeignet sein, die Informationsfunktion aufgrund einer beeinträchtigenden Wirkung auf die Relevanz zu reduzieren. Auch der Grundsatz der Wirtschaftlichkeit erscheint durch die Neuregelung betroffen.

1. Informationsfunktion

Anschaffungsnebenkosten stellen nach Auffassung der Mitglieder des IASB, die eine abweichende Meinung zur Regelung der Nebenkosten vertraten, einen unvermeidbaren Bestandteil einer Transaktion dar, der im Rahmen des Gesamt-Investments zu berücksichtigen sei.[1436] Durch die sofortige Erfassung als Aufwand würden damit anlässlich des Kaufs aufgewendete Beträge aus der Bilanz herausgehalten, obwohl sie Bestandteil des eigentlich erfolgsneutralen Anschaffungsvorgangs darstellten.[1437] Diese Einwände erscheinen zutreffend und geeignet, die Erfüllung der Anforderungen von Relevanz und Wesentlichkeit negativ zu beeinflussen.

Außerdem wird bemerkt, dass Unternehmen dazu motiviert sein könnten, „durch entsprechende Gestaltung“ des Erwerbs die Aufwendungen auf das akquirierte Unternehmen zu verlagern.[1438] Sachverhaltsgestaltungen, die hier wohl angesprochen sind, als verdecktes Instrument der Bilanzpolitik durch Steuerung der Ertrags- bzw. hier Aufwandsströme[1439] erscheinen ebenfalls in negativer Weise zu einer Verminderung der Verlässlichkeit führen zu können.

2. Grundsatz der Wirtschaftlichkeit

Im Schrifttum wird in diesem Zusammenhang allerdings angemerkt, dass in für den Erwerber positiver Weise die bislang nötige Unterscheidung zwischen di-

---

1434 Vgl. Treuhand Kammer, S. 3; KPMG, Appendix A S. 8; GlaxoSmithKline, Appendix A, S. 4; JPMorganChase, S 6, Letters of Comment zu ED IFRS 3, Abfrage über www.iasb.org, 09.01.2007.

1435 IFRS 3 BC350 f.

1436 Ebenso die abweichenden IASB-Mitglieder, s. ED IFRS 3 BC87.

1437 Deswegen wird in der Regelung auch ein Verstoß gegen das Prinzip der Erfolgsneutralität von Anschaffungsvorgängen gesehen, s. Haaker, PiR 2008, 188, 191.

1438 IFRS-Komm./Baetge/Hayn/Ströher, IFRS 3 Rn. 145.

1439 Peemöller, Bilanzanalyse und Bilanzpolitik, 2003, S. 2, 203. S. auch Storck, Bilanzpolitische Handlungsspielräume, 2004, S. 80; Scheren, Bilanzpolitik und deren Erkennbarkeit, in: Küting/Pfitzer/Weber (Hrsg.), Das neue deutsche Bilanzrecht, 2008, 643, 647.

rekten und indirekten Nebenkosten entfalle und damit auch Beratungsaufwendungen nicht mehr identifiziert, abgegrenzt und klassifiziert werden müssten.[1440] Somit kann ein positiver Effekt auf den Grundsatz der Wirtschaftlichkeit verzeichnet werden.

G. Eigenkapital

Die Regelungen zu Ansatz und Bewertung des Eigenkapitals sind ebenfalls anhand ihrer Auswirkungen auf Bilanzierungszwecke und –grundsätze zu messen.

I. Ansatzvorschriften und Ausnahmen

Zunächst werden die Ansatzkriterien und speziellen Ansatzvorschriften des IFRS untersucht. Dabei erscheinen wiederum der Informationszweck, zudem aber auch das Vorsichtsprinzip beeinflusst.

1. Informationsfunktion

In der vorangehenden Untersuchung wurden die Erläuterungen des IASB in Bezug auf die Ansatzkriterien als missverständlich bewertet.[1441] Denn es wird durch einen unklaren Verweis auf das *framework* eine Missinterpretation der Ansatzanforderungen durch die Anwender wahrscheinlich: Dies kann v. a. deswegen unterstellt werden, da das IASB aufgrund bzw. trotz ein und desselben Verweises in IFRS 3.10 auf die *definitions* des Rahmenkonzepts einmal zum Ausdruck bringen möchte, dass dadurch die verlässliche Bewertbarkeit gelte,[1442] während andererseits die Anforderung des wahrscheinliche Nutzenzu- oder –abflusses nicht gelten möge, IFRS 3 BC126. Damit ist kaum zu mehr Verlässlichkeit der Abschlussinformationen beigetragen.

2. Vorsichtsprinzip

Hinsichtlich der Ausnahme-Regelungen zum Ansatzprinzip erscheint sich ein Bezug zum Vorsichtsprinzip zu ergeben.

Der Ansatz von Eventualschulden nur im Konzernabschluss und nur des Tochterunternehmens bedeutet, dass auch unsichere Verpflichtungen zum Ansatz kommen, die im Einzelabschluss nicht aktiviert werden dürfen. Dies stellt, wie bereits erwähnt wurde, eine assymetrische Behandlung in den verschiedenen Abschlusstypen aber auch gegenüber den nicht ansatzfähigen Eventualforderungen dar.

In dieser Regelung kann eine gewisse Parallele zum Vorsichtsprinzip des HGB und dessen Ausfluss, dem Imparitätsprinzip, gesehen werden. Denn es

---

1440 Vater, PiR 2009, 91, 93.

1441 Vgl. hierzu § 6 A. II. 4.

1442 S. die Erläuterung in IFRS 3 BC 125.

werden Verpflichtungen angesetzt, deren Entsprechungen auf der Aktivseite nicht aktiviert werden. Das IASB hat zwar, wie bereits ausgeführt wurde, weniger das IFRS-Vorsichtsprinzip im Auge als vielmehr die Reduzierung des Goodwill über einen verstärkten separaten Ansatz erworbener und übernommener Positionen. Dennoch ist eine Implikation auf das Vorsichtsprinzip nicht von der Hand zu weisen, [1443] da die Regelung wohl als „explizites Imparitätsprinzip" [1444] aufgefasst werden kann.

3. Prinzip der Wirtschaftlichkeit und Wesentlichkeit

In den IFRS nicht neu, aber dennoch von erheblicher Bedeutung ist die Abgrenzung latenter Steuern nach IAS 12 und dabei insbesondere diejenige auf steuerliche Verlustvorträge: Die Wesentlichkeit der Thematik lässt sich durch empirische Ergebnisse belegen.[1445] Da es sich bei der Bilanzierung latenter Steuern um eine der herausfordernsten Aufgaben der Rechnungslegung handelt,[1446] ist aufgrund der damit an Unternehmen gestellten hohen Anforderungen und folglich Aufwendungen auch immer der Grundsatz der Wirtschaftlichkeit im Auge zu behalten.

II. Bewertung zum fair value

Nach der Beurteilung der Ansatzkriterien und deren Ausnahmen vor dem Hintergrund der konzeptionellen Grundlagen der IFRS können nun die Bewertungsvorschriften des IFRS 3 einer analyse unterzogen werden.

Das Bewertungprinzip des *fair value*, das für die bei einem Unternehmenszusammenschluss erworbenen Positionen gilt, beeinflusst mehrere Rechnungslegungsprinzipien und damit in wesentlichem Umfang die Qualität der Informationen.

1. Informationsfunktion

Für die Erfüllung des Informationszwecks sind wie immer die entscheidenden Parameter die Relevanz und Verlässlichkeit.

1443 Das Vorsichtsprinzip soll jedoch möglicherweise abgeschafft werden, vgl. ED Conceptual Framework QC 2-26, der Qualitative Anforderungen und Unterprinzipien enthält, nicht aber mehr das Vorsichtsprinzip.

1444 Lüdenbach/Hoffmann in Haufe IFRS-Komm § 1 Rn. 22; auch ebd., § 1 Rn. 19 ff.

1445 So Zwirner, KoR 2010, 110, 116 mit Rekurs auf Küting/Zwirner, Wpg 2007, 555 ff.; Küting/Zwirner, Wpg 2003, 301, 306 ff.; Küting/Zwirner, BB 2005, 1553 ff.; ebenso Baetge/Lienau, Wpg 2007, 15, 18 ff.

1446 So Küting/Zwirner, BB 2005, 1553; ähnlich Zwirner, KoR 2010, 110, 116.

a) Relevanz des *fair value*

Die Debatte zur Frage der Relevanz von *fair values* wurde bereits zum HGB referiert, wobei die letztendliche Klärung der betriebswirtschaftlichen Wissenschaft überlassen werden muss. Die Tendenz im Schrifttum geht allerdings in die Richtung, eine erhöhte Entscheidungsnützlichkeit nicht oder nur bedingt als erwiesen zu erachten. Diese Ausführungen können hier uneingeschränkt Geltung beanspruchen.[1447]

b) Verlässlichkeit des *fair value*

Gleichermaßen können hinsichtlich des Merkmals Verlässlichkeit die Ausführungen zum HGB übertragen werden, die dort im Rahmen des Kritikpunktes der Entobjektivierung[1448] bzw. zur Wirkung des *fair value* auf Informationsfunktion und Grundsätze für „richtige“ Werte unternommen wurden.[1449] Denn letztere sind nach den Erkenntnissen im Ersten Teil der Untersuchung mit den Inhalten des Verlässlichkeits-Grundsatzes - im Wesentlichen die Forderung einer glaubwürdigen Darstellung und Fehlerfreiheit – weitestgehend vergleichbar.

Danach sind auch Zweifel an der Verlässlichkeit im Sinne der IFRS angebracht: Bspw. gilt ebenso für die Bewertung nach IFRS, dass für die wenigsten der erworbenen Posten ein Marktpreis zur Verfügung stehen wird - die Märkte bleiben trotz verschiedener Regelungssysteme dieselben. Die Anwendung der diversen Bewertungsverfahren und -methoden mag international hingegen mehr oder weniger differieren. Schon bisher zeigte sich indessen, dass im Rahmen der IFRS Bewertungen nach den Vorgaben der nationalen Bewertungspraxis erfolgen, die zweifellos von nationaler Bewertungswissenschaft und ebensolchen Bewertungsgrundsätzen geprägt sind.[1450]

Ebenso gelten freilich die vorangehenden Ausführungen zur Verlässlichkeit eines zum *fair value* bewerteten Minderheiten-Anteils, die die Problematik der Börsenkapitalisierung ansprechen und damit zumindest für miterworbene Finanzinstrumente des Tochterunternehmens Relevanz aufweisen können.

Eine besondere Problematik im Rahmen der IFRS stellt nun freilich der Umstand dar, dass in IFRS 3 im Gegensatz zu dessen Entwurf und zum HGB keinerlei konkrete Regelungen zur Ausgestaltung des *measurement-* Prinzips vorhanden sind. IFRS 3.19, f., B41-B45 benennen ausschließlich das Tatbestandsmerkmal „*fair value*“, ansonsten wird auf die ebenfalls begrenzten Aus-

1447 S. hierzu bereits § 4 B. V. 5.

1448 § 4 B. V. 5. d), 6. d).

1449 § 5 D. I.

1450 Vgl. hierzu wieder nur IDW RS HFA 16, der dazu entwickelt wurde, Hinweise zur Bewertung im Rahmen der Kaufpreisallokation nach IFRS 3 a. F. geben.

führungen des IAS 39 verwiesen.[1451] Dieser bringt „Bewertungsverfahren" ins Spiel, die im Unterschied zu § 255 Abs. 4 HGB noch nicht einmal „allgemein anerkannt" sein müssen.

Folge der mangelnden Regelung ist die bereits erörterte, uneinheitliche Auffassung in der Literatur darüber, welche Vorbilder bzw. Regelungen als Richtschnur für die Bewertung zum *fair value* heranzuziehen sind. Die Wahlrechte und Spielräume der Anwender erscheinen nahezu grenzenlos, da sowohl jegliche Bewertungsmethoden möglich sind, als auch nach einer Ansicht ein Rückgriff auf die besonderen Hinweise des IFRS 3 a. F. Anhang B, der im Übrigen auch andere Werte als *fair values* vorgibt.[1452] Dies trägt folglich ebenfalls nicht zu glaubwürdigen, willkürfreien Werte bei.

2. Vergleichbarkeit und Wirtschaftlichkeit

Die Bewertung nach einem nahezu ungeregelten beizulegenden Zeitwert kann zu Werten führen, die kaum miteinander vergleichbar sind. Konzeptionell unterschiedliche Bewertungsverfahren und –Methoden bergen die Gefahr, so viele Werte wie mögliche Methoden zu generieren, bzw. mehr als das, da auch innerhalb einer Methode Ermessens- und Beurteilungsspielräume vorhanden sind, bspw. hinsichtlich des Abzinsungsfaktors Beta in Discounted Cashflow-Verfahren.[1453]

Die Anwendung von kapitalwertorientierten Bewertungsmethoden bedeutet außerdem, worauf bereits hingewiesen wurde, einen immensen Aufwand für die Unternehmen. Dies muss natürlich erst recht gelten, wenn zusätzlich Vergleichsmethoden zu Prüfung und Plausibilisierung angewendet werden. Die Ausführungen zum HGB können entsprechend Geltung beanspruchen.[1454]

H. Ausweis des Goodwill

Nicht zuletzt wirkt sich auch der Ausweis des Goodwill auf Bilanzierungszwecke und -grundsätze aus.

1451 IFRS 3 BC249.

1452 Auf diesen Umstand weist sogar das IASB hin. Er liegt in der Tatsache begründet, dass die Bewertungsvorgaben auf die Hinweise zur Bewertung in IAS 22 zurückgehen, vgl. ED IFRS 3 BC105, IFRS 3 (2004) BC 153.

1453 S. zum Betafaktor Großfeld/Stöver, BB 2004, 2799 ff.; IDW S1.114-123 (2008); Lukas, Unternehmensbewertung, 2004, S. 95, 98.

1454 § 5 D. I. 3, 4.

I. Grundsatz der Vergleichbarkeit

Aus dem Ansatz eines einheitlichen Gesamt-Goodwill gem. IFRS 3.32 ohne separaten Ausweis von Mehrheiten- und Minderheiten-Goodwill steht ein negativer Effekt auf den Grundsatz der Vergleichbarkeit im Raum.

Der Entwurf des IFRS 3 enthielt in Par. 58 c), A62, 63 noch Bestimmungen zur Aufteilung des *full goodwill*, die zur Vergleichbarkeit von Abschlüssen in soweit beigetragen hätte, als dass auch die Unternehmen, die nur einen Mehrheiten-Goodwill ausweisen, mit denen, die die *full goodwill*-Methode wählen, (weitgehend) vergleichbare Mehrheiten-Werte angeben hätten. Freilich wären durch die Aufteilung bzw. durch deren teilweise kritisierte, jedoch im Ergebnis nicht zu beanstandende Regelung Ungenauigkeiten hinsichtlich der aufgeteilten Werte entstanden.[1455] Aber immerhin hätte ein „grober" Vergleich hinsichtlich des *purchased goodwill* durchgeführt werden können, der nun nach IFRS 3 ausgeschlossen scheint.

II. Weitere Grundsätze

Die vollständige erfolgswirksame Behandlung eines *gain from a bargain purchase* wird als mit dem Kongruenzprinzip in Einklang erachtet, während jedoch gleichzeitig eine Zurückdrängung des Vorsichtsprinzips erkannt wird, da der Erfolg vor Realisierung, also vor Veräußerung des erworbenen Unternehmens vereinnahmt wird.[1456]

Zudem wird ein Verstoß gegen das Gebot der Erfolgsneutralität von Anschaffungsvorgängen konstatiert, das für HGB und IFRS gleichermaßen gilt.[1457]

J. Wirkungsweise der Geschäftswert-relevanten Regelungen auf Zweck und Grundsätze der Konzernrechnungslegung nach IFRS im Überblick

In der nun folgenden Zusammenfassung möge analog zum Aufbau im Rahmen der HGB-Vorschriften ein Überblick über die Auswirkungen der Goodwill-bezogenen Regelungen der IFRS auf Bilanzierungszwecke und –grundsätze geboten werden.

1455 S. zur Kritik an den „Aufteilungs-Regelungen" die Chartered Accountants of India, S. 3 f; die Problematik ebenfalls aufzeigend Flick Gocke Schaumburg, S. 5f, Letters of Comment zu ED IFRS 3, Abfrage über www.iasb.org, 05.01.2007.

1456 MünchKommHGB/Busse von Colbe, § 309 Rn. 51.

1457 MünchKommHGB/Busse von Colbe, § 309 Rn. 51, insoweit mit Rekurs auf Theile/Pawelzik, Wpg 2003, 316-324. Ebenfalls die Verletzung rügen Busse von Colbe/Schurbohm-Ebneth, BB 2008, 98, 100.

I. Informationsfunktion

Die Informationsfunktion der IFRS wird bestimmt über die Relevanz und Zuverlässigkeit von bilanziellen Informationen.

1. Relevanz

Die Auswirkungen des neu mit IFRS 3 (2008) eingeführten Wahlrechts zwischen der *purchased method* und der *full goodwill method* auf die Funktion, entscheidungsnützliche, also relevante und verlässliche Werte über die Konzernlage zu vermitteln, ist nach der vorstehenden Untersuchung uneinheitlich zu beurteilen. Einerseits wird eine Beeinträchtigung der Relevanz angenommen, die offenbar bei einer ausschließlich zulässigen *full goodwill method* nicht angenommen würde. Damit einher geht die Auffassung, die Entscheidungsnützlichkeit sei durch einen Ausweis größerer Wertpotenziale im Gesamt-Goodwill gestärkt. Andererseits ist dies gerade in Zweifel zu ziehen, da sich im *full goodwill* nicht erworbene, nicht bezahlte und insofern im Erwerbszeitpunkt fiktive Wertpotenziale von Anteilen niederschlagen. Dies mag man freilich als Frage der Verlässlichkeit auffassen, jedoch im Einklang mit der Meinung, dass auch Relevanz nicht ohne Verlässlichkeit auskommt, kann dieser Umstand bereits als Beeinträchtigung der Relevanz gewertet werden.

Aus dem gleichen Grund ist der zum *fair value* bewertete Minderheitenanteil kritisch hinsichtlich seiner Relevanz zu sehen. Auch ihm liegt häufig kein echter Marktpreis zugrunde – der seinerseits mit Aufmerksamkeit zu betrachten wäre -, sondern eine Unternehmensbewertung, deren Verlässlichkeit und Nachprüfbarkeit in Zweifel steht.

Die sofortige Erfassung von Anschaffungsnebenkosten als Aufwand nimmt Beträge aus der Bilanz, die jedoch notwendiger Bestandteil des eigentlich erfolgsneutralen Anschaffungsvorgangs darstellen. Die Erfüllung der Anforderungen Relevanz und Wesentlichkeit kann daher gehindert werden.

Es entspricht hingegen dem Grundsatz der Relevanz, bedingte Kaufpreisbestandteile zu berücksichtigen, wobei freilich auch hier Probleme mit der Verlässlichkeit im Raum stehen.

2. Verlässlichkeit

Hinderlich für die Verlässlichkeit der Information (Gesamt-)Goodwill erweist sich die Ausgestaltung des Zusammenspiels der Standards IFRS 3 und IAS 27, da sich die Regelungen nicht sinnvoll ergänzen, sondern als inkonsistent erweisen. Insbesondere durch die unter verschiedenen Varianten vorzugswürdige Ermittlungsmethode des *full goodwill* erweist sich die Goodwill-Ermittlungstaffel des IFRS 3.32 als obsolet. Dessen inkonsistente Zusammensetzung wiederum aus Einzelbewertungs- und Gesamtbewertungswerten kann ebenfalls der Verlässlichkeit abträglich sein.

Die Verweisung in IFRS 3.10 auf das nicht bindende Rahmenkonzept und darin enthaltene „*definitions*“, aus der sich die Geltung bzw. Nicht-Geltung der Ansatzkriterien verlässliche Bewertbarkeit bzw. Wahrscheinlichkeit von Nutzenzu- oder -abfluss ergeben soll, kann sich einerseits wegen ihrer gewollt uneinheitlichen Wirkung und andererseits aufgrund der Inkompatibilität der Begriffe „*definitions*“ und „*recognition criteria*“ negativ auf die Verlässlichkeit von Informationen auswirken. Dies wird insbesondere für den Ansatz von erfolgsabhängigen bedingten Kaupreiszahlungen befürchtet.

Das Bewertungsgebot zum *fair value* hinsichtlich erworbener Aktiva und Passiva sowie des Minderheitenanteils stellt sich jedoch als entscheidendes Element für die Unzuverlässigkeit des IFRS-Abschlusses dar. Denn das Konzept des beizulegenden Zeitwert gibt aus diversen Gründen Anlass für Zweifel an der Verlässlichkeit, wobei hier hauptsächlich auf die entsprechenden Ausführungen und Zusammenfassungen zum HGB-Zeitwert zu verweisen ist. Durch die gesteigerte Höhe des Goodwill um den Minderheitenanteil verstärkt sich jedenfalls der negative Effekt des *fair value* auf die Verlässlichkeit. Schließlich wirkt auch der Umstand effektverstärkend, dass IFRS 3 keinerlei Zeitwert-Regelungen enthält und bis zu einem gültigen *fair value*-Standard Uneinigkeit über heranzuziehende Bewertungsvorgaben besteht.

II. Einheitstheorie

In der Etablierung der *full goodwill method* als Konsolidierungswahlrecht ist mit der h. M. eine Hinwendung zur Einheitstheorie zu konstatieren. Aus einheitstheoretischer Perspektive in Verbindung mit Anwendung der Erwerbsmethode ist es konsequent, dass die im Rahmen der Einheitstheorie vollumfänglich aufzunehmenden Positionen des Tochterunternehmens entsprechend der Erwerbsmethode zu Zeitwerten auch den Goodwill mit umfassen.

III. Vergleichbarkeit

Dem Grundsatz der Vergleichbarkeit wird durch den einheitlichen Bewertungszeitpunkt für die Konsolidierung entsprochen, bei dem es sich jedoch im Gegensatz zum HGB um den Erwerbszeitpunkt handelt.

Auch die inkongruente Ausgestaltung der Regelungen von IAS 27 und IFRS 3 erscheint geeignet, die Vergleichbarkeit von Abschlüssen zu beeinträchtigen, wenn sie zu unterschiedlichen Auslegungen, Goodwill-Ermittlungsmethoden und folglich abweichenden Werten führt.

Eine eklatante Verletzung des Grundsatzes stellt überdies das eingeführte Wahlrecht zwischen der *full goodwill method* und der *purchased method* dar.

Erschwerend kommt die Verletzung des Stetigkeitsgrundsatzes hinzu, da das zugrunde liegende Wahlrecht der Bewertung des Minderheiten-Anteils nach h. M. für jede Akquisition erneut ausgeübt werden kann. Damit kann eine erhebliche Abweichung der Werte einhergehen, die die dargestellten Informationen hinsichtlich (Gesamt-) Goodwill und Minderheitenanteile gegebenenfalls als nicht mehr nachvollziehbar erscheinen lassen. Gleichermaßen kann der Grundsatz der *fair value*-Bewertung von übernommenen Posten aufgrund der verschiedenen, ihm inhärenten Bewertungsmethoden zu nicht vergleichbaren Werten führen.

Nicht befördert wird der Grundsatz der Vergleichbarkeit zudem über den einheitlichen Ausweis des Gesamt-Goodwill. Ein getrennter Ausweis, wie in ED IFRS 3 vorgesehen, hätte die Vergleichbarkeit zwischen Unternehmen, die den Gesamt-Goodwill ansetzen und denen, die einen Mehrheiten-Goodwill ausweisen, erhöht.

IV. Grundsatz der Wirtschaftlichkeit

Die IFRS sind hinsichtlich der Regelung des Konsolidierungszeitpunkts strenger als es das HGB ist, da keine Erleichterungen für bestimmte Fälle vorgesehen sind. Dies kann zu höheren Aufwendungen führen.

Gleich bleiben die Kosten im Vergleich zur bisherigen Regelung nach IFRS 3 a. F., wenn das Wahlrecht der Konsolidierungsmethode zugunsten der *purchased method* ausgeübt wird. Wird hingegen die *full goodwill method* angewandt, ist mit stark erhöhten Aufwendungen zu rechnen, da zumeist über die Anwendung von Unternehmensbewertungsmethoden der Anteil der nicht kontrollierenden Gesellschafter zu ermitteln ist. Überdies können die komplexen Regelungen der *full goodwill method* zu erhöhten Aufwendungen führen, wie sich auch grundsätzlich der *fair value* mit seinem Wertkonzeptionen-Mix belastend auswirkt.

Eine (wohl eher geringfügig) positive Auswirkung auf die Bilanzierungsaufwendungen ist hingegen durch die erfolgswirksame Erfassung von Akquisitionskosten zu verzeichnen, die die Unterscheidung zwischen direkten und indirekten Nebenkosten und damit zusammenhängende Beratungskosten obsolet macht.

Bei der komplexen Bilanzierung und Bewertung latenter Steuern nach IAS 12 ist der Grundsatz der Wirschaftlichkeit zu beobachten.

V. Grundsatz der Pagatorik

Der Ansatz eines Gesamt-Goodwill führt zu einer gegenüber der Neubewertungsmethode noch weitergehenden Verletzung des Grundsatzes der Pagatorik, da im Rahmen des Unternehmenserwerbs kein Erwerb der im Minderheiten-

Goodwill enthaltenen Wertpotenziale durch das Mutterunternehmen erfolgt und damit dessen bilanzieller Abbildung kein entsprechender Zahlungsvorgang zugrunde liegt.

VI. Grundsatz der Vorsicht

Einen - wohl unbeabsichtigten - imparitätischen Einschlag erfahren die IFRS durch die Bilanzierung von Eventualschulden, da diese im Gegensatz zu Eventualforderungen im Konzernabschluss berücksichtigt werden.

Auf der anderen Seite erfährt der Grundsatz der Vorsicht, vom IASB ohnehin zur Disposition gestellt, eine weitere Zurückdrängung durch die vollständige erfolgswirksame Vereinnahmung eines *gain on a bargain purchase*. Der Erfolg ist nicht bereits mit dem Kauf, sondern erst durch den Verkauf des Tochterunternehmens realisiert. Der Grundsatz der Erfolgsneutralität von Anschaffungsvorgängen wird hierdurch ebenfalls verletzt.

K. Zwischenergebnis

Der Dritte Teil der Untersuchung ergibt in einer zusammenfassenden Betrachtung, dass sich auch in den IFRS die Neuregelungen des IFRS 3 (2008) zumeist eher negativ auf Bilanzierungszwecke und -grundsätze auswirken. Ganz elemetar ist hierbei einerseits das - nicht grundsätzlich - neue Zusammenwirken der Regelungen des IFRS 3 und IAS 27, aus dem sich nun jedoch nicht eindeutige Ermittlungsmethoden für den (Gesamt-)Goodwill ergeben. Insofern sind Inkonsistenzen und Probleme mit der Verlässlichkeit und Nachvollziehbarkeit zu befürchten.

Andererseits ist die nunmehr mögliche Bewertung des Minderheitenanteils zum *fair value* sowie in Folge dessen der Ansatz eines *full goodwill* entscheidend für die Darstellung der Konzernlage. Nach hier v. A. leiden unter den Neuregelungen sowohl der Grundsatz der Relevanz als auch derjenige der Verlässlichkeit und damit auf der ganzen Linie der Informationsnutzen sowie die Grundsätze der Pagatorik und der Wirtschaftlichkeit. Denn der vom IASB vorrangig angestrebte Ansatz des Minderheitenanteils zum *fair value* steht in der Tradition des „fair value-Paradigmas“[1458], dessen Richtigkeit im Schrifttum nicht oder nur eingeschränkt Bestätigung findet, während die Verlässlichkeit von *fair values* nach h. M. grundsätzlich nicht gewährleistet ist.

Überdies richtet sich die Einführung eines Wahlrechts, das zugleich Bewertungs- und Methodenwahlrecht darstellt, gegen die eigene Überzeugung des

1458 Hitz, Rechnungslegung zum fair value, 2005, S. 31. S. zum Begriff die Ausführungen im Zeiten Teil, § 4 B. V. 5. 1. bezogen auf den HGB-fair value sowie Hitz, Rechnungslegung zum fair value, 2005, S. 31 ff.

IASB, gegen den Grundsatz der Vergleichbarkeit und dessen Ausprägung, den Grundsatz der Stetigkeit. Eine Ausnahme gilt für die Einheitstheorie, der durch den Gesamt-Goodwill voll entsprochen wird.

Überdies ist für den IFRS-*fair value* zu konstatieren, dass seine Verlässlichkeit vor Erlaß des entsprechenden Standards daran leidet, dass in der Literatur unterschiedliche Regelungen zu seiner Ermittlung herangezogen werden, z. B. auch die Bewertungshinsweise des IFRS 3 a. F., die nicht nur *fair values* beinhalten.

Vierter Teil: Analysierender Vergleich und Vorschläge zur Optimierung des Informationsnutzens des HGB

§ 8 Vergleich und Analyse der Goodwill-bezogenen Regelungen von HGB und IFRS und ihres Einflusses auf Rechnungslegungszwecke und –grundsätze

Der nun folgende Vergleich möge dazu dienen, einen Überblick über die in den Rechnungslegungssystemen unterschiedlichen Lösungsvarianten des bilanziellen Phänomens Goodwill und der den Geschäftswert flankierenden Regelungen zu verschaffen. Wenn möglich, werden die gechäftswert-bezogenen Regelungen dahingehend analysiert, warum unterschiedliche Lösungsansätze für die bilanziellen Probleme gefunden werden. Zugleich soll die Wirkungsweise der unterschiedlichen Normen hinsichtlich der grundlegenden Bilanzzwecke und Rechnungslegungsprinzipien verglichen werden.

A. Derivater Goodwill als ansatzfähige Position

Bei der Untersuchung der Regelungen des konzernbilanziellen Goodwill nach HGB und IFRS konnte festgestellt werden, dass in beiden Rechnungslegungssystemen ein Ansatzgebot für einen residual ermittelten, derivaten Goodwill besteht, der aus der Anwendung der Erwerbsmethode resultiert. Damit lösen nunmehr beide Normgeber, der deutsche Gesetzgeber und das internationale IASB, die Frage, wie das „Mehr" eines geflossenen Kaufpreises für ein Unternehmen, als dessen Vermögen wert ist, zu erfassen ist, prinzipiell auf die gleiche Weise.

Der Ansatz eines originären Goodwill ist nach beiden Systemen nicht erwünscht, doch während die IFRS ein explizites Verbot in IAS 38.48 enthalten, nahm der deutsche Gesetzgeber bislang kein entsprechendes Ansatzverbot auf. Dies mag daran liegen, dass vor der Bilanzrechtsmodernisierung durch das BilMoG der Ansatz selbst erstellter immaterieller Vermögensgegenstände verboten war und nach ganz h. M. dieses Vebot analog auf den originären Goodwill angewendet wurde. Ersteres ist nach der Reform des § 248 Abs. 2 HGB jedoch nicht mehr der Fall. Damit erscheint eine wiederum analoge Anwendung des nunmehr in der Vorschrift enthaltenen Wahlrechts für den Ansatz unkörperlicher Werte auf den originären Goodwill zumindest nicht von vornherein ausgeschlossen, zumal sich der Goodwill kaum unter die Reihe der weiterhin von einem Ansatz ausgenommen Positionen des § 248 Abs. 2 S. 2 HGB subsumieren lässt.

B. Rechsnatur des Goodwill

Nach der Neuregelung im HGB stellt der Goodwill einen Vermögensgegenstand im Wege der Fiktion dar. Die Fiktion hat ihren Grund darin, dass der Geschäftswert nicht das nach hier v. A. einzige Vermögensgegenstands-Kriterium der Einzelverwertbarkeit erfüllen kann. Er bildet neben anderen Vermögensgegenstands-Klassen eine eigene Kategorie, ohne dass dies am eigentlichen Vermögensgegenstands-Begriff etwas änderte.

In den IFRS wird der Goodwill demgegenüber seit jeher als *asset* betrachtet und dies gilt in den Augen des IASB auch für den nunmehr wahlweise anzusetzenden Gesamt-Goodwill. Die Untersuchung führte indes zu dem Ergebnis, dass zwar das Merkmal „Identifizierbarkeit" aufgrund der Annahme einer vorrangigen Ansatzregelung in IFRS 3.32 vernachlässigt werden kann. Das Kriterium *past event* ist jedoch zumindest für den Minderheitenanteil im Goodwill nicht gegeben. Auch die Erfüllung der Ansatzkriterien ist zweifelhaft. Hält man diese in Bezug auf den Goodwill für nicht gültig, liegt dies nur wieder daran, dass dessen Ansatzvorschrift als Spezialregelung aufgefasst wird. Findet also ein Ansatz des (Gesamt-)Goodwill statt, setzt man sich über die Problematik nicht erfüllter Definitions- und Ansatzkriterein hinweg, indem über leges speziales dafür gesorgt wird, dass die Kriterien nicht ihre Erfüllung einfordern. Dies kommt im Ergebnis einer Fiktion gleich, so dass im Grunde genommen beide Rechnungslegungssysteme einer Position, die per se nicht bilanzierungsfähig ist, „künstlich" zu ihrem Ansatz verhelfen.

Dies mag in dem Umstand begründet liegen, dass der Goodwill materiell das eingangs der Untersuchung geschilderte Konglomerat aus Werten bildet, dessen bilanzielle „Greifbarkeit" im Konzern-abschluss zwar über die residuale Ermittlung der Kapitalkonsolidierung erzeugt wird. Dennoch kann der Geschäftswert nicht die Kriterien erfüllen, die sich in den Rechnungslegungssystemen – wenn auch in unterschiedlicher Weise - herausgebildet haben, um aktivierbare von nicht anzusetzenden Werten zu unterscheiden. Denn diese Kriterien, wie z. B. die Einzelverwertbarkeit, dienen der Eingrenzung des ansatzfähigen Kreises an Positionen, aus dem die Position des Goodwill, die gerade die nicht bilanzierungsfähigen Güter enthält, herausfallen muss.[1459]

1459 S. hierzu die Ausführungen zur Anwendbarkeit von § 248 Abs. 2 S. 2 HGB auf den originären Goodwill, § 4 A. IV. 2. – 4. bzw. zur Nicht-Anwendung des Merkmals „Identifizierbarkeit" auf den IFRS-Goodwill, § 6 A. II. 3. d) die agrumentativ in die gleiche Richtung gehen.

C. Goodwillermittlung über Ausprägungen der Erwerbsmethode

Die Goodwillermittlung im Konzernabschluss findet nach beiden Rechnungslegungssystemen über die Kapitalkonsolidierung statt, wobei die Erwerbsmethode als Methode der Vollkonsolidierung angewendet wird. Diese führt zu einer Bilanzierung des erworbene Unternehmens zu Anschaffungskosten und über eine Fiktion zur Aufnahme sämtlicher erworbener Positionen in den Konzernabschluss. Grundlage ist gleichermaßen eine einheitstheoretische Ausrichtung, nach der sämtliche Konzernunternehmen als Einheit abgebildet werden und in der ein Gleichklang der Gesellschafterinteressen, freilich an sich auf einer Vernachlässigung der Minderheit gründend, angenommen wird.

Im Gegensatz zum HGB, das für die vollständige Aufnahme der Posten in § 300 HGB und für die Kapitalkonsolidierung in § 301 HGB eine konsequente Ausgestaltung erfährt, regeln die IFRS in einem nicht synchronisierten Zusammenspiel von IFRS 3 und IAS 27 Erwerbsmethode und Kapitalkonsolidierung. So enthält IFRS 3. 4 f. die Schritte der *acquisition method*, IFRS 3.32 in einer Konkretisierung des letzten dieser Schritte eine neue Goodwillermittlungsstaffel und IAS 27.18 (a), insoweit völlig unabhängig von der Akquisitionsmethode, die Kapitalkonsolidierung, wobei darin nur hinsichtlich der Behandlung eines resultierenden Goodwill auf IFRS 3 verwiesen wird.

Die verschiedenen Standards resultieren möglicherweise aus der Tatsache, dass für IFRS 3, wie für die meisten anderen IFRS die Grundkonzeption gewählt wurde, sowohl für Einzel- wie auch Konzernabschlüsse zu gelten und folglich die ausschließlich Konzernabschluss-spezifische Regelung der Konsolidierung ausgenommen wurde. Die Untersuchung hat jedoch gezeigt, dass sich daraus Unklarheiten bezüglich der Goodwillermittlung ergeben, die zum Nachteil des Grundsatzes der Verlässlichkeit und damit der Informationsfunktion führen können. Hier erscheint die für den Einzel- und Konzerabschluss getrennte Regelung des Goodwill im HGB vorzugswürdig.

Ebenfalls einen Unterschied zwischen HGB und IFRS stellt die normierte Ausprägung der Erwerbsmethode dar. Findet nach beiden Systemen die Neubewertungsmethode Anwendung, wird die *full goodwill-method* nur im Rahmen der IFRS und ein diesbezügliches Wahlrecht aufgenommen. Somit kann über ein Methodenwahlrecht, das gleichzeitig ein Bewertungswahlrecht hinsichtlich des Anteils nicht kontrollierender Gesellschafter darstellt, ein Gesamt-Geschäftswert angesetzt werden und dies neu für jeden Akquisitionssachverhalt. Damit ist der Grundsatz der Vergleichbarkeit im Sinne horizontaler Stetigkeit deutlich beinträchtigt. Die Vergleichbarkeit zu anderen IFRS-Abschlüssen nach der Neubewertungsmethode sowie zu HGB-Abschlüssen wird ebenfalls reduziert und es entstehen bilanzpolitische Spielräume hinsichtlich der Gestaltung der Eigenkapitalstruktur. Generell erfährt das Eigenkapital des Erwerbers durch die Anwendung der *full goodwill-method* eine nachhaltige Erhöhung.[1460]

Die vor der Bilanzrechtsmodernisierung nach HGB ebenfalls zulässige Buchwertmethode wurde abgeschafft. Dies ist wiederum dazu gedacht, eine bessere Vergleichbarkeit von Abschlüssen und eine Annäherung an die IFRS zu erzielen.[1461] Der Auffassung, die einen erhöhten Informationsnutzen durch die Neubewertungsmethode gegeben sieht, ist zuzustimmen. Denn obwohl auch die neubewerteten Minderheitenanteile nicht erworben und nicht im Sinne der Pagatorik bezahlt werden, zeigen sie doch im Konzern vorhandene Werte, zumal bei Anwendung der Erwerbsmethode in jeglicher ihrer Ausprägungen eine Neubewertung vorzunehmen ist. Diese wird nicht verlässlicher, wenn, wie nach der Buchwertmethode, lediglich ein quotaler Anteil am neubewerteten Vermögen angesetzt wird.

Für die IFRS wurden im Rahmen der Untersuchung Hinweise darauf gefunden, dass Grundlage der Hinwendung zum *full goodwill*-Ansatz weniger dieser selbst oder eine konsequentere Anwendung der Einheitstheorie ist, sondern vielmehr die konsequente Durchsetzung des *fair value-approach* hinsichtlich beinahe sämtlicher Positionen, die bei einem Unternehmenszusammenschluss erworben werden – v. a. einschließlich des nicht erworbenen Minderheitenanteils. Allerdings konnte auch als Ergebnis festgestellt werden, dass mit Blick auf die Verbindung von Einheitstheorie und Erwerbsmethode in einem Regelungssystem die vollständige Neubewertung sämtlicher erworbener Posten inklusive Goodwill konsequent erscheint. Insofern trägt der *full goodwill* der IFRS der Einheitstheorie mehr Rechnung als die Neubewertungsmethode nach HGB und IFRS. Freilich findet durch den *full goodwill* aber eine weitere Abkehr vom Grundsatz der Pagatorik statt, da der bilanzierte Minderheitenanteil daran auf keinem Zahlungsvorgang gründet. Zweifel bestehen indessen am Informationsnutzen des *full goodwill*.

Die Motive des deutschen Gesetzgebers, einen *full goodwill*-Ansatz nicht in Betracht zu ziehen, sind den Materialien zum BilMoG nicht explizit zu entnehmen. In jedem Fall aber würde ein Gesamt-Geschäftswert aufwendige Bewertungsanforderungen nach sich ziehen, die der Intention des Gesetzgebers, mit dem reformierten HGB eine kostengünstigere, einfachere Alternative zu IFRS anzubieten,[1462] zuwider liefe.

1460 S. hierzu die Nachweise durch das Bilanzierungsbeispiel bei Harr/Eppinger/Zeyer, PiR 2009, 1, 3 ff.

1461 S. BilMoG-RegE, S. 80.

1462 Vgl. zu dieser Intention nur BilMoG-RegE, S. 1.

D. Wertansatz der Anteile

Entscheidend für den Goodwill aus der Kapitalkonsolidierung ist einmal der Wertansatz der Anteile, zum anderen der Wert des anteiligen Eigenkapitals. Diese beiden Größen werden nach § 301 Abs. 1 S. 1 HGB bzw. IAS 27.18 (a) verrechnet, wobei jedesmal als Ergebnis der Mehrheiten-Goodwill steht. Relevant für Ansatz und Bewertung der Konsolidierungs-Größen ist dabei der jeweilige Zeitpunkt, der für die Verrechnung zugrunde zu legen ist.

I. Bewertungszeitpunkt und Ausnahmen

Zunächst einmal ist festhalten, dass der Wertansatz der Anteile aufgrund unterschiedlicher Bewertungszeitpunkte variieren kann. Die bislang im HGB bestehende Wahlmöglichkeit zwischen drei Zeitpunkten ist mit dem BilMoG abgeschafft worden, was erheblich zu einer zutreffenderen Darstellung der Konzernlage beiträgt und damit den *true and fair view* und die Informationsfunktion stärkt. Allerdings bringt die Änderung auch erhebliche Kostensteigerungen mit sich.

Die bislang bestehenden Möglichkeiten zur Wahl des Konsolidierungszeitpunkts gem. § 301 Abs. 2 HGB a. F. bedeuteten eine erhebliche Diskrepanz zu IFRS 3,[1463] so dass die Neuregelung prinzipell zu einer Annäherung an diese führt. Denn nach IFRS ist ebenfalls nur ein Zeitpunkt zur Konsolidierung möglich. Nach § 301 Abs. 2 HGB findet die Bewertung nunmehr grundsätzlich zu dem Zeitpunkt statt, zu dem das erworbene Unternehmen Tochterunternehmen geworden ist. Dieser Zeitpunkt wurde zur Vereinfachung der Bewertung im Fall eines sukkzessiven Erwerbs gewählt. Nach IFRS entscheidend ist hingegen der Erwerbszeitpunkt, IFRS 3.8. Immer dann, wenn ein Mutter-Tochter-Verhältnis durch den Erwerb entsteht, liegt ein Gleichklang zwischen den Bewertungszeitpunkten nach HGB und IFRS vor.[1464]

Als Neuerung im HGB gilt nunmehr eine Bewertungserleichterung nach § 301 Abs. 2 S. 2 HGB, die den Unternehmen erfolgsneutrale Wertberichtigungen innerhalb eines zwölf-Monatszeitraums vorzunehmen erlaubt. Dadurch wird zwar das strenge Stichtagsprinzip relativiert, dafür besteht auch in diesem Punkt eine Übereinstimmung mit IFRS. Dort findet sich ein „Ein-Jahres-Fenster" in IFRS 3.45 ff. Die weiteren Erleichterungen hinsichtlich der Bewertung in § 301 Abs. 2 und 3 HGB finden in den IFRS hingegen keine Entsprechung, so dass die IFRS erhöhte Aufwendungen in vergleichbaren Fällen bedeuten.

1463 IFRS-Komm./Baetge/Hayn/Ströher, IFRS 3 Rn. 126.

1464 Der Gesetzgeber geht davon aus, dass sich die Zeitpunkte des Entstehens des Mutter-Tochter-Verhältnisses und der Erwerbszeitpunkt regelmäßig entsprechen, BilMoG-RegE, S. 81.

Gemeinsam ist beiden Systemen indessen wieder, dass sich der Wertansatz der Anteile nach demjenigen richtet, was für ihren Erwerb bezahlt werden musste.

Die Ermittlung nach HGB erfolgt über die Anschaffungskosten gem. § 255 Abs. 1 HGB, wobei sich außer in Fällen von Barzahlung die Bewertung der Anteilsvergütung als „Tauschvorgang" nach handelsrechtlichen Gepflogenheiten richtet: Es besteht ein Wahlrecht, die hingegebenen Vermögensgegenstände zum Buchwert, zum Zeitwert oder zum Buchwert unter Berücksichtigung einer etwaigen Belastung aus Ertragssteuern zu bewerten. Die Erklärung für das Bewertungswahlrecht findet sich im Steuerrecht,[1465] wobei anzumerken ist, dass es für dererlei Einflüsse, insbesondere in Zeiten der Abschaffung der umgekehrten Maßgeblichkeit durch das BilMoG,[1466] keine Rechtfertigung mehr gibt. Das Bewertungswahlrecht ist dazu geeignet, die Vergleichbarkeit von HGB-Abschlüssen und die Darstellung des *true and fair view* zu beeinträchtigen, wobei immerhin der Grundsatz der Stetigkeit für eine Beibehaltung der einmal getroffenen Wahl sorgt. Außerdem beeinträchtigt es die Vergleichbarkeit mit IFRS-Abschlüssen, da nach IFRS 3.37 die erbrachte Gegenleistung zum beizulegenden Zeitwert zu bewerten ist.

Ein bedeutender Unterschied zeichnet sich auch bei der Behandlung von Anschaffungsnebenkosten zwischen den beiden Systemen ab. Nach § 255 Abs. 1 S. 2 HGB zählen Anschaffungsnebenkosten zu den Anschaffungskosten und werden folglich mit angesetzt. Die IFRS sehen hingegen nunmehr die Erfassung aller Nebenkosten als Aufwand in der entsprechenden Periode vor. Diese Regelung liegt u. a. in der Überzeugung des IASB begründet, Anschaffungsnebenkosten seien keine Vermögenswerte des Erwerbers. Die Auffassung geht allerdings insofern fehl, als dies von Nebenkosten auch nicht zu fordern ist, da sie nur einen Teil der Kosten des *asset* „Tochterunternehmen" darstellen. Tendenziell führt die Regelung der IFRS zu einem niedrigeren Goodwill. Möglich erscheint in diesem Kontext eine Beeinträchtigung der Informationsfunktion, da relevante Größen nicht bilanziert werden. Gleichzeitig wird gegen das Prinzip der Erfolgsneutralität von Anschaffungsvorgängen verstoßen.

Der wichtigste Fall von nachträglichen Anschaffungskosten, die nach § 255 Abs. 1 S. 2 HGB ebenfalls den Anschaffungskosten zuzuschlagen sind, sind ergebnisabhängige Preisvereinbarungen, so genannte „*earn outs*". Auch nach IFRS wird eine *contingent consideration*, zu der *earn outs* zählen, zu der erbrachten Gegenleistung gerechnet und mit dem beizulegenden Zeitwert bewer-

---

1465 Vgl. ADS § 255 Rn. 89.

1466 S. zu Argumenten für die Abschaffung der umgekehrten Maßgeblichkeit, Arbeitskreis Bilanzrecht, DStR 2008, 1057.

tet. Das handelsrechtliche Schrifttum fordert als Voraussetzung für einen Ansatz einen wahrscheinlichen Bedingungseintritt, während nach IFRS die Wahrscheinlichkeit nur im Rahmen der Bewertung zu berücksichtigen ist.

E. Eigenkapital

Bei der Bewertung des (anteiligen) Eigenkapitals als zweitem Verrechnungsposten der Kapitalkonsolidierung zeitigt für das HGB die Abschaffung der Buchwertmethode zugunsten der Neubewertungsmethode ihre Wirkung. Das Eigenkapital ist nun grundsätzlich mit dem beizulegenden Zeitwert der erworbenen Positionen zu bewerten, § 301 Abs. 1 S. 2 HGB. Die Neubewertung erfolgt vollständig, auch in Höhe des auf die Minderheitsgesellschafter entfallenden Anteils. Nach IFRS existiert keine entsprechende Norm, die die Bewertung des Eigenkapitals regelte. Es kann lediglich mangels gegenteiliger Hinweise der Schluss gezogen werden, dass das nach IAS 27.18 (a) zu verrechnende Eigenkapital über die Vermögenswerte und Schulden zu bewerten ist, deren Ansatz- und Bewertungsvorschriften sich in IFRS 3 befinden.

I. Ansatzvorschriften

Für den Ansatz der erworbenen Posten im Konzernabschluss nach HGB a. F. galt, dass auch solche Posten zum Ansatz kommen, die im Einzelabschluss des erworbenen Unternehmens nicht angesetzt waren, also insbesondere selbst geschaffene immaterielle Vermögensgegenstände. Damit wurde im Ergebnis eine Ansatzvoraussetzung, die konkrete Bilanzierungsfähigkeit, umgangen bzw. der Unternehmenserwerb galt wie ein Erwerb der immateriellen Posten. Durch das neue Wahlrecht in § 248 Abs. 2 S. 1 HGB ist diese Problematik entschärft, wenn von dem Wahlrecht Gebrauch gemacht wird. Die IFRS verfahren hinsichtlich immaterieller Vermögenswerte insofern ähnlich, als dass auch hier gelockerte Ansatzbedingungen gelten: Konkret können die Ansatzkriterien wahrscheinlicher Nutzenzufluss und verlässliche Bewertbarkeit ungeprüft bleiben und gelten als stets erfüllt, während sich die Identifizierbarkeit der Werte als zusätzliche Ansatzvoraussetzung von *intangible assets* u. a. relativ unproblematisch über einen vertraglichen oder gesetzlichen Bezug ergibt.

Der Ansatz von Restrukturierungsrückstellungen, bisher von der h. M. befürwortet, ist nach dem reformierten HGB nur noch dann möglich bzw. geboten, wenn diese die Voraussetzungen für Rückstellungen nach § 249 Abs. 1 HGB erfüllen, also nur dann, wenn sie ungewisse Verpflichtungen mit „Außenverpflichtung" darstellen. Aufwandsrückstellungen sind fortan untersagt. Dies stärkt die Informationsfunktion des HGB-Abschlusses und führt zu einer Angleichung an IFRS, die ebenfalls keine Rückstellungen für unterlassene Aufwendungen erlauben.[1467] Restrukturierungsrückstellungen dürfen nach IFRS ebenfalls nur dann gebildet werden, wenn sie nach IAS 37 bereits Verpflichtungen des erworbene Unternehmens im Erwerbszeitpunkt darstellen.

Eine Besonderheit der IFRS ist der Ansatz von Eventualschulden, bei denen es sich als Voraussetzung eines Ansatzes im Rahmen von Unternehmenszusammenschlüssen um gegenwärtige, verlässlich bewertbare, aber unwahrscheinliche Verpflichtungen handeln muss, IFRS 3.22 f. Eine Entsprechung im HGB findet sich nicht, so dass tendenziell eine Minderung des IFRS-Goodwill gegenüber dem Geschäftswert nach HGB stattfindet. Freilich ist genau dies das Ansinnen des IASB, gleichzeitig lässt sich hier jedoch ein wohl unbeabsichtigter „imparitätischer Einschlag“ in den IFRS konstatieren, da Eventualforderungen von einem Ansatz ausgenommen sind.

Der Ansatz latenter Steuern erfolgt in einer Angleichung an die IFRS nach dem dort bereits gebräuchlichen *temporary-concept*, so dass nunmehr auch alle sich ausgleichenden, quasi-permanenten, erfolgsneutralen Abweichungen sowie Verlustvorträge u. a. berücksichtigt werden. Auch nach IFRS 3.25 sind vorübergehende Abweichungen und Verlustvorträge einbezogen. Grundsätzlich ist ein erheblich erhöhter Aufwand für HGB-bilanzierende Unternehmen durch die neuen Ansatz- und Bewertungsvorschriften für latente Steuern zu erwarten, gilt die Bilanzierung und Bewertung latenter Steuern nach IFRS und insbesondere im Hinblick auf Verlustvorträge zwar als wesentlich, jedoch auch als überaus komplex. Damit bringt die Angleichung der HGB-Normen Implikationen auf den Grundsatz der Wirtschaftlichkeit mit sich. Die Saldierungsmöglichkeit aktiver und passiver Steuerlatenzen nach HGB schränkt hingegen die Informationsfunktion ein. International ist eine Saldierung nur im Ausnahmefall möglich.

II. Bewertungsvorschriften

Auch die Bewertungsvorschriften weisen vor allem aufgrund der gesetzgeberischen Bemühungen um Angleichung an die IFRS vielfältige Parallelen auf.

1. Fair value

Die erworbenen und übernommenen Positionen werden nach beiden Regelungssystemen grundsätzlich zum beizulegenden Zeitwert bewertet. Im Unterschied zum HGB kann dies gem. IFRS 3.19 auch für den Minderheitenanteil am erworbenen Unternehmen der Fall sein. Für das HGB bedeutet die *fair value*-Bewertung eine Neuerung, die dazu dienen soll, das subjektive Element der Verwendungsabsicht des Erwerbers bei der Bewertung der im Rahmen eines Unternehmenserwerbs übernommenen Positionen außen vorzuhalten. Demzu-

1467 So zu verstehen wohl Fülbier/Gassen, DB 2007, 2605, 2610, die von einer Anpassung an internationale Gepflogenheiten sprechen.

folge wurde der *fair value* im Kontext der Konsolidierung zur Objektivierung der Bewertung im Konzernabschluss eingeführt.[1468]

Im Gegensatz zu den IFRS enthält das HGB keine Legaldefinition des *fair value*. Die internationalen Regelungen bestimmen den beizulegenden Zeitwert in IFRS 3.A als Betrag, zu dem unter sachverständigen, vertragswilligen und voneinander unabhängigen Geschäftspartnern ein Vermögenswert getauscht oder eine Verpflichtung erfüllt werden kann. Warum sich der deutsche Gesetzgeber hieran kein Vorbild nahm, lässt sich mangels Hinweisen in der Begründung zum BilMoG nicht sagen. Er begnügt sich mit der Formulierung des § 255 Abs. 4 S. 1 HGB, der beizulegende Zeitwert entspreche dem Marktpreis.

Der Marktpreis ist im HGB derjenige Preis, der auf einem aktiven Markt ermittelt ist. Dies ergibt sich erst aus S. 2 des § 255 Abs. 4 HGB, der das Kriterium „aktiver Markt"enthält, obwohl dort eigentlich bereits die nachfolgende Bewertungsebene geregelt wird. Es lassen sich wiederum, im Wesentlichen in der BilMoG-Begründung, Hinweise zur Konkretisierung dieser Anforderung finden, die dergestalt zusammengefasst werden können, dass dann von einem aktiven Markt auszugehen ist, wenn öffentlich notierte Preise für homogene Waren vorhanden sind und diese aktuell in angemessener Häufigkeit und Anzahl unter unabhängigen Teilnehmern umgeschlagen werden. Die Kriterien des IAS 39.A.71 – vorläufig sei nach dem IASB der Standard 39 auch im Rahmen des IFRS 3 maßgeblich – können als quasi identisch beurteilt werden. Hier wird besonders die Anlehnung des BilMoG an die IFRS deutlich.

Die Ausgestaltung der Regelung nach HGB lässt sich indessen als nicht gerade förderlich für bilanziell richtige Werte und erhöhten Informationsnutzen beurteilen. Mangelnde Normierung der „aktive-Markt"-Kriterien und hohe Anforderungen an den Bilanzierer, z. B. komplexe Martkbeobachtungen und –beurteilungen, erschweren eine nachvollziehbare Bewertung. Letzteres gilt auch für die IFRS, während die Kriterien in den freilich ausführlicheren Standards direkt zu entnehmen bzw. zukünftig weitreichende Erklärungen und Beispiele im *fair value-measurements*-Standard zu erwarten sind. Zunächst allerdings ist die *fair value*-Ermittlung mangels Regelung in IFRS 3 dadurch geprägt, dass die Auffassungen, welche Regelungen anzuwenden sind, auseinander gehen und über die Bewertungshinweise in Appendix B des IFRS 3 a. F. eventuell auch Werte angesetzt werden, die nicht dem beizulegenden Zeitwert entsprechen. Aus dem Meinungspluralismus resultierende Unsicherheiten, Bewertungsabweichungen und negative Effekte auf die Verlässlichkeit können vermutet werden.

1468 BilMoG-RegE, S. 81.

Materiell erscheint das Tatbestandsmerkmal „Marktpreis" im Grundsatz jedoch dann verfehlt, wenn es für den weit überwiegenden Teil der zu bewertenden Posten – und sei es aus praktischen Gründen der Datenverfügbarkeit - nicht erfüllbar ist, zumal die theoretische Überlegenheit eines Marktpreis-*fair value* u. a. wegen des volatileren Gewinn- und Eigenkapitalausweises bei regelmäßiger Zeitwert-Neubewertung und wegen prozyklischer, krisenverstärkender Effekte bestritten wird. Insbesondere vor dem Hintergrund der Bewertung des Minderheitenanteils zum *fair value* im Rahmen der IFRS ist auch die Problematik der Marktkapitalisierung von kapitalmarktorientierten Unternehmen zu bedenken, wonach also der Börsenwert regelmäßig nicht dem Unternehmenswert entspricht.

Auf der zweiten Bewertungsebene befinden sich im HGB schließlich für den Fall, dass kein aktiver Markt vorhanden ist, „allgemein anerkannte Bewertungsmethoden." Aus der Begründung zum BilMoG kann entnommen werden, dass unter diese sowohl Vergleiche mit vereinbarten Marktpreisen jüngerer, vergleichbarer Geschäftsvorfälle zu subsumieren sind, als auch sonstige wirtschaftlich anerkannte Bewertungsmethoden, ohne dass diese konkretisiert oder in ein hierarchisches Verhältnis gebracht würden. Die vorläufige Referenzregel für den IFRS-3-*fair value*, IAS 39, enthält ebenfalls ein zweistufiges Konzept –im Gegensatz zu den drei Stufen bspw. in IAS 38 und im Entwurf des *fair value measurements*-Standards in Par. 43 ff. IAS 39 nennt ebenfalls Vergleichspreise, daneben jedoch Discounted-Cashflow-Methoden sowie Optionspreismodelle, wobei allgemein kapitalwert-, maktwert- und kostenorientierte Verfahren als mögliche Bewertungsvarianten angenommen werden.

Demgegenüber entschied sich der nationale Gesetzgeber, die Auslegung des unbestimmten Rechtsbegriffes „Bewertungsmethoden" nur durch das Erfordernis allgemeiner Bekanntheit einzuschränken, die freilich aber mehr als genug Interprationsspielraum lässt und eine Vielzahl von Methoden ermöglicht. Bei Anwendung der Verfahren und ihrer Methoden ergeben sich wohl nach einhelliger Meinung im Schrifttum weitere, weitreichende Ermessens- und Beurteilungsspielräume. Da glaubwürdig vertreten wird, dass die Nachvollziehbarkeit der Bewertung leidet bzw. sogar unmöglich wird, kann auf eine Reduzierung des Informationsnutzens geschlossen werden; denn nicht nachvollziehbare Werte sind für den Abschlussadressaten nutzlos.

Auch die Fehler- und Willkürfreiheit der Werte sowie ihre Vergleichbarkeit können negativ beein-flusst werden: Erstere aufgrund immenser Spielräume in Auswahl und Anwendung von Methoden, letztere durch die Möglichkeit der Unternehmen, gleiche Sachverhalte mit unterschiedlichen Methoden zu bewerten. Immerhin wird der Vergleich eines Unternehmens über die Zeit hinweg durch den Grundsatz der Stetigkeit befördert, indem gleiche Sachverhalte grundsätzlich mit denselben Methoden abzubilden sind. Durch die Anforderung gleichartiger Sachverhalte werden jedoch dem Stetigkeitsgrundsatz seinerseits Grenzen gesetzt und Raum zur Interpretation eröffnet.

Grundsätzlich gelten vorangehende Feststellungen auch für die *fair value*-Bewertung nach IFRS 3. Allerdings darf die besonders erhebliche Zeitwertbewertung des Minderheitenanteils und folglich des Goodwill nach h. M. für jeden Unternehmenserwerb unterschiedlich erfolgen. Dadurch wird das Gebot der Stetigkeit in besonders hohem Maße verletzt und die Vergleichbarkeit von Unternehmen über die Zeit und untereinander erheblich erschwert.

Ebenfalls für HGB und IFRS gilt gleichermaßen, dass *fair value*-Bewertungen als kostenintensiv(er) beurteilt werden. In besonderem Maße trifft dies dann freilich für einen Zeitwert-Ansatz des Minderheitenanteils zu, der regelmäßig eine Unternehmensbewertung des erworbenen Unternehmens auf den Erwerbszeitpunkt erfordern wird.

Letztlich kann auch das so genannte „fair value-Paradigma“[1469] - obwohl den internationalen *fair value* rekurrierend gleichfalls anwendbar für den beizulegenden Zeitwert des HGB - hier insoweit als nicht oder nur eingeschränkt erfüllt beurteilt werden, als sich dies aus bisherigen Erkenntnissen der betriebswirtschaftlichen Forschung ableiten lässt. Bei dem paradigmatischen Ansatz handelt es sich um das Postulat der Manifestierung von zahlungsstrombezogenen Erwartungen des Marktes im Marktpreis und der daraus resultierenden Enscheidungsnützlichkeit aufgrund abzuleitender Schätzungen subjektiv prognostizierter Zahlungsströme. Folglich ist auch insofern eine Erhöhung des Informationsnutzens durch die *fair value*-Bewertung nicht bestätigt, obwohl annahmegemäß die These höherer Relevanz den Grund für die Verbreitung des *fair value-approach* darstellen dürfte.

2. Verlässlichkeit als Anforderung an fair values und Folgen der Nichterfüllung

Beiden Rechnungslegungssystemen gemeinsam ist, dass die Bewertung zum *fair value* verlässlich möglich sein muss. Im HGB ist die Voraussetzung nicht ausdrücklich normiert, sondern soll sich aus dem Vorsichtsprinzip ergeben. Das IASB hält ebensowenig eine explizite Normierung der Anforderung für nötig, da das - allerdings nicht verbindliche - Rahmenkonzept diese bereits beinhalte; überdies ist die Verweisung des IFRS 3 auf die Ansatzkriterien und damit die Verlässlichkeit als nicht gelungen, sondern irreführend zu beurteilen.

Folge in beiden Systemen für den Fall, dass eine verlässliche Bewertung nicht erfolgen kann, ist wohl, dass kein direkter Ansatz der Positionen erfolgt, sondern sie im Unterschiedsbetrag aus der Kapitalkonsolidierung, also regelmä-

1469 Hitz, Rechungslegung zum fair value, 2005, S. 31.

ßig im Goodwill, aufgehen. § 255 Abs. 4 S. 3 HGB einschließlich der Verweisung auf § 253 Abs. 4 HGB sowie S. 4 des § 255 Abs. 4 HGB sind jedenfalls auf den Fall der Zeitwert-Bewertung von Finanzinstrumenten ausgelegt und für die Bewertung im Rahmen der Kaufpreisallokation nicht anwendbar. Aufgrund der wohl regelmäßig eintretenden Erhöhung der eher „unsicheren" Position Goodwill stellt sich jedoch die Frage, ob nicht ein Ansatz der unzuverlässigen Positionen zu nachvollziehbaren, fortgeführten Anschaffungs- und Herstellungskosten vorzugswürdig wäre.

Infolge einer Bewertung nach allgemeinen Vorschriften könnte jedoch die Tatsache mangelnder Markt- und Börsenpreise für das übernommene, fortzuführende Umlaufvermögen eine Bewertung zum *beizulegenden Wert* gem. § 253 Abs. 4 S. 2 HGB mit sich bringen – dem Wertmaßstab, der auch vor der Bilanzrechtsmodernisierung einschlägig war. Dies stellt ein Ergebnis dar, das angesichts der vorangehenden aufwendigen Zeitwert-Bewertung dem Grundsatz der Wirtschaftlichkeit zuwider laufen würde.

Da insgesamt die Rechtslage im Fall mangelnder Verlässlichkeit nicht ein deutig zu sein scheint, können mögliche Unsicherheiten bei den Anwendern zu negativen Effekten für die Informationsqualität führen.

3. Ausnahmen vom fair value

Beide Regelungssysteme sehen Ausnahmen zu einer Bewertung zum beizulegenden Zeitwert vor.

Im HGB sind diese explizit für Rückstellungen und latente Steuern in § 301 Abs. 3 S. 1 HGB über Verweisungen auf die allgemeinen bzw. besonderen Bewertungsvorschriften geregelt. Damit soll ein möglicher Konflikt zwischen diesen und der Zeitwertbewertung vermieden werden. Rückstellungen sind gem. § 253 Abs. 1 S. 2, Abs. 2 HGB mit dem nach kaufmännischer Beurteilung notwendigen Erfüllungsbetrag anzusetzen, der nunmehr künftige Preis- und Kostensteigerungen berücksichtigt. Es erfolgt eine Abzinsung bei Laufzeiten von mehr als einem Jahr nach einem einheitlichen Abzinzungs-satz. Die Auswirkungen der Regelung auf die Bilanzierungszwecke- und Grundsätze sind uneinheitlich: Einerseits wird eine Verbesserung der Information durch die Berücksichtung der künftigen Entwicklungen sowie durch die Abzinsung gesehen. Gleichzeitig können die damit einhergehenden Unsicherheiten zu einer Verminderung des Informationsnutzens und einer Beeinträchtigung der Nachprüfbarkeit führen. Ebenfalls beeinträchtigt wird das Realisationsprinzip und es entsteht erhöhter Aufwand.

Obwohl die Ausnahmevorschriften von der *fair value*-Bewertung nach IFRS insgesamt zahlreicher sind, enthält IFRS 3 keine für Rückstellungen. Diese sind nach einem gem. IAS 37.45, .47 individuell zu bestimmenden Zinsatz abzuzinsen, der aber auf aktuellen Markterwartungen basiert, so dass wohl kein Konfliktpotenzial zum *measurement principle* des IFRS 3 gesehen wird. Latente Steuern werden im Gegensatz dazu nicht zum *fair value*, sondern nach IAS 12 bilanziert und ebenfalls nicht abgezinst.[1470] Die Bewertung der latenten Steuern im HGB zu unternehmensindividuellen Steuersätzen richtet sich nach Auffassung der Bundesregierung gegen den Einheitsgrundsatz, dient aber der Erhöhung des *true and fair view*. Gleichzeitig ergeben sich negative Auswirkungen auf die Wirtschaftlichkeit, die dazu führen können, dass am Ende doch ein konzernübergreifender, pauschalierender Steuersatz anzuwenden ist.

Weitere Ausnahmen vom Ansatz zum *fair value* gelten gem. IFRS 3.26-31 für Mitarbeitervergütung-en, ggf. Entschädigungsansprüche, Behandlung von Ersatzansprüchen, zurückerworbene Rechte, aktienbasierte Vergütungen sowie für Vermögenswerte, die zur Veräußerung gehalten werden. Die Beweggründe des IASB für die Ausnahmen vom Bewertungsprinzip sind unterschiedlich, teilweise, z. B. für latente Steuern, Mitarbeitervergütungen und zur Veräußerung gehaltene Vermögenswerte, konnte schlichtweg die Anpassungsarbeit des jeweiligen Standards an eine *fair value*-Bewertung gem. IFRS 3 nicht im Rahmen des Projekts *business combinations* geleistet werden; nur teilweise sind sie sachlicher Natur, so z. B. bei zurückerworbenen Rechten.[1471]

F. Ausweis des Goodwill und des negativen Unterschiedsbetrags

Der aus der Neubewertungsmethode hervorgehende aktive Unterschiedsbetrag stellt in beiden Rechnungslegungssystemen den (Mehrheiten-)Goodwill dar.

Wird nach IFRS die *full goodwill method* angewendet, erfolgt der Ausweis eines nicht aufgeteilten *(full) goodwill* gem. IFRS 3.32. Dies kann wohl eine Einbuße an Information bedeuten, da nicht ersichtlich ist, in welcher Höhe auf welchen Gesellschafterstamm der jeweilige Goodwillanteil entfällt.

Gem. § 301 Abs. 3 S. 3 HGB ist der (Mehrheiten-)Goodwill als Geschäfts- oder Firmenwert auszuweisen. Ein passiver Unterschiedsbetrag wird im HGB hingegen als Unterschiedsbetrag aus der Kapitalkonsolidierung, nunmehr nach dem Eigenkapital, passiviert. Der mit dem Ansatzgebot einhergehende Wegfall der erfolgsneutralen Verrechnung des Goodwill mit den Rücklagen trägt - im Umkehrschluss zur bislang vorherrschenden Kritik an dieser Möglichkeit - zu einer Erhöhung des Informationsnutzens bei. Es darf allerdings nunmehr kein Ausweis mehr nach dem Charakter des negativen Goodwill erfolgen. Diese

1470 S. hierzu auch die Erläuterung in IFRS3.BC281.

1471 S. hierzu die Erläuterungen in IFRS 3 BC279-BC311, insbesondere BC281, 299, 307, 308 ff.

Neuerung ist in ihrer Wirkung umstritten, konnte doch der früher mögliche, differenzierte Ausweis eine Interpretationshilfe darstellen.

Eine Saldierung aktiver und passiver Unterschiedsbeträge findet nach HGB nicht mehr statt, wodurch eine bessere Vergleichbarkeit mit den IFRS beabsichtigt war.[1472] Durch die Neuregelung kann ein positiver Einfluss auf die Informationsfunktion und ebenso auf die Vergleichbarkeit von HGB Abschlüssen erwartet werden, da eine separate Berichterstattung über positive und negative Beträge stattfindet.

In den IFRS ist hingegen ein Gewinn aus einem *bargain purchase*, nach erfolgreichem *reassessment*, in voller Höhe zum Erwerbszeitpunkt erfolgswirksam vom Erwerber zu vereinahmen, während nach HGB nur unter den Voraussetzungen des § 309 Abs. 2 HGB in den Folgeperioden eine erfolgswirksame Auflösung des positiven Unterschiedbetrags möglich und dann nach h. M. fast immer geboten ist.[1473] Die Vorgehensweise nach HGB entspricht dem Vorsichtsprinzip, während diejenige nach IFRS dem Kongruenzprinzips insoweit entspricht, als der Betrag vollständig berücksichtigt wird. Sie bedeutet jedoch eine Einschränkung des Vorsichtsprinzips sowie des Prinzips der Erfolgsneutralität von Anschaffungsvorgängen.

Nicht ganz nachvollziehbar erscheint, warum ein negativer Unterschiedsbetrag aus einem *bargain purchase* ergebniswirksam vereinnahmt werden darf, obwohl diesem nach der Logik des IASB keine Bewertungsfehler mehr zugrunde liegen können- deshalb ja das *reassessment* - , jedoch nach dessen eigener Aussage auch die Ausnahmen vom *fair value*-Prinzip zu einem negativen Unterschiedsbetrag führen können.[1474] Die Bewertungsausnahmen sind, wie vorangehend dargestellt wurde, oftmals nicht sachlich begründet und daher im Grunde genommen als – zulässige – „Bewertungsfehler" zu verstehen. Jedenfalls stellen auf diesen basierende Unterschiedsbeträge kaum „echte" Gewinne aus einem *lucky buy* dar.

1472 BilMoG-RegE, S. 81.

1473 Im Fall des § 309 Abs. 2 Nr. 1 HGB ist diese immer geboten, s. MünchKommHGB/Busse von Colbe, § 309 Rn. 41; Busse von Colbe, ZfBF 1985, 761, 773; ADS, § 309 Rn. 71; mit Bezug auf DRS Förschle/Hoffmann in Beck Bil-Komm, § 309 Rn. 45; Weber/Zündorf in Küting/Weber, HdK, § 309 Rn. 84. Hingegen im Fall des § 309 Abs. 2 Nr. 2 HGB wird eine Aufösung zwar auch als geboten betrachtet, umstritten ist jedoch deren Ergebniswirksamkeit: S. zu den verschiedenen Konstellationen ausführlich MünchKommHGB/Busse von Colbe, § 309 Rn. 43 ff. m.w. N.

1474 Vgl. nochmals die Gründe eines bargain purchase in IFRS 3.35.

§ 9 Erhöhung des Informationsnutzens des HGB-Konzernabschlusses

Die Informationsvermittlung in Bezug auf Vermögen und Ertrag bzw. Cashflows stellt nach den Ergebnissen des Ersten Teils der Untersuchung den maßgeblichen Zweck des HGB-Konzernabschlusses dar. Eine sinnvolle Analyse des Konzernbilanzrechts kann insofern nur darauf abzielen, eine Verbesserung dieses Nutzens zu erreichen, indem die gewonnenen Erkenntnisse zur zielgerichteten Verbesserung von Vorschriften genutzt werden.

Die Ergebnisse des Zweiten und Dritten Teils der Untersuchung, die soeben zusammengefasst und analysiert wurden, fließen daher im nun folgenden Kapitel zur Entwicklung von Optimierungsmöglichkeiten der Goodwill-relevanten Regelungen ein. Dabei erscheint es sinnvoll, von der elementaren Funktion des Konzernabschlusses auszugehen und von einem Vorschlag zu deren besserer Ausfüllung bis hin zu konkreten Regelungen, die eine Anpassung der reformierten Vorschriften an die Erfordernisse der Kapitalkonsolidierung bedeuten, Lösungsansätze zu erarbeiten und so die aufgezeigten Probleme der HGB-Regelungen zu beseitigen. Damit ist die Hoffnung verbunden, im Ergebnis die Qualität der Abschlussinformationen in dem Sinne steigern zu können, dass für die Abschlussadressaten über einen verbesserten Einklang der vorgeschlagenen Regelungen mit den Zwecken und Grundsätzen der Konzernrechnungslegung eine Erhöhung des Informationsnutzens resultiert.

I. Normierung und Konkretisierung des Informationszwecks

Die Untersuchung des Informationszwecks des HGB-(Konzern-)Abschlusses zeitigte das Ergebnis, dass dieser materiell-rechtlich im Gebot des *true and fair view* des § 297 Abs. 2 S. 2 HGB verankert ist und für einen weiten Adressatenkreis die typischerweise von diesen nachgefragten Informationen bereit zu stellen sind. Dabei gleichen sich die Bedürfnisse nach Informationen der Hauptadressaten wie Anteilseigner, Gläubiger (und Arbeitnehmer) dergestalt, dass diese einerseits auf die Möglichkeit des Unternehmens, Erträge respektive Zahlungsmittelszuflüsse zu generieren, und andererseits auf die Darstellung des Vermögens gerichtet sind.

Freilich handelt es sich bei diesem Ergebnis um das einer Interpretation, die den weiten Adressaten-kreis von HGB-Abschlüssen voraussetzt und auf Thesen hinsichtlich dessen Interessenlage gründet, während die Problematik ungelöst bleiben musste, inwieweit sich, wie vielfach vertreten, die „richtige" Ermittlung von Vermögen und Ertrag gegenseitig ausschließen.

Fraglich erscheint, ob nicht dennoch eine explizite Normierung und Konkretisierung des Informationszwecks möglich ist.

Ein Vergleich mit den IFRS in der Untersuchung zeigte, dass dort der Zweck ausdrücklich geregelt und durch qualitative Anforderungen konkretisiert ist: Grundlegend geht das IASB dabei, wie v. a. der Entwurf eines reformierten *Conceptual Framework* zeigt, von einheitlichen Informationsinteressen der *capital providers* als Eigen- und Fremdkapitalgeber aus, die Informationen sowohl über Vermögen als auch Cashflows nachfragen. Der Informationsnutzen wird anhand der Kriterien Relevanz und Zuverlässigkeit beurteilt und auch zukünftig ist nach den Plänen des IASB in der Hauptsache auf die elementaren *characteristics* Relevanz und *faithful representation* diesbezüglich zurückzugreifen.[1475] Letzteres Prinzip bedeutet vollständig, neutral im Sinne von widerspruchsfrei sowie frei von erheblichen Fehlern Bericht zu erstatten.[1476]

Freilich handelt es sich bei den beiden konkretisierenden Prinzipien ihrerseits um unbestimmte Begriffe, die unter Nutzung von Auslegungsspielräumen zur Anwendung gelangen. Und auch das HGB kennt, wie die Untersuchung zeigte, eine Reihe von Prinzipien, die Übereinstimmungen zu denen nach IFRS aufweisen.

Im Gegensatz zu den IFRS sind jedoch trotz der festgestellten, insbesondere auch namensbezogenen Übereinstimmung der untersuchten Prinzipien, die Grundsätze des HGB tendenziell als Prinzipien für Ansatz und Bewertung konzipiert. Bspw. muss nach dem Grundsatz der Vorsicht vorsichtig bewertet werden. Mag freilich der Gesetzgeber durch die weitgehende Normierung der GoB und Anerkennung nicht normierter GoB das Ziel verfolgen, dass durch deren Anwendung bei Ansatz und Bewertung als Ergebnis Informationen einer – nicht näher definierten - Qualität generiert werden, so handelt es sich bei den GoB dennoch eher um Handlungsgebote bzw. –verbote an den Bilanzierer. Die Qualität der einzelnen Informationen steht hingegen weniger im Fokus der Prinzipien bzw. wird nicht explizit eingefordert. Es fehlt also gerade an ausdrücklich normierten Qualitätskriterien, an die ausgerichtet die GoB umgesetzt werden könnten und in denen gleichzeitig die Grundgedanken der GoB zum Ausdruck kommen.

Insofern wäre eine Normierung der Abschlussfunktionen und für den Konzernabschluss mindestens die nach wohl h. M. als einziger Zweck anzuerkennende Informationsfunktion erstrebenswert. Die ebenfalls zu normierenden Qualitätskriterien der Informationen, die Abschlüsse darzustellen haben, könnten sich dabei an den bewährten „Handlungsgrundsätzen" der GoB und damit eng am konzeptionellen Bezugsrahmen der abzubildenden Größen orientieren.

1475 S. ED Conceptual Framework QC7 ff.

1476 ED Conceptual Framework QC7, 9 f.

Ausgedrückt werden könnten diese spezifischen Informations- Qualitäten, indem zunächst die Anforderung formuliert wird, Informationen müssten *transparent* sein. Dabei wäre die Anforderung der Transparenz so aufzufassen, dass sie diejenigen Grundsätze bündelte, die sich hinsichtlich der Nachvollziehbarkeit und Vergleichbarkeit bei Ansatz und Bewertung herausgebildet haben: Beinhaltet wäre der Grundsatz der Richtigkeit im Sinne von Nachprüfbarkeit, Willkürfreiheit, Objektivität und ausgedrückt im Grundsatz der Einzelbewertung sowie in dem der Vergleichbarkeit im Sinne von Informationen, die auf stetigem Ansatz und stetiger Bewertung basieren und damit den Vergleich von Unternehmen über die Zeit und zwischeneinander ermöglichen.

Daneben müssen Informationen *aussagekräftig* sein. Die Anforderung wäre in dem Sinne zu verstehen, dass sie vor dem Zweck des Abschlusses, Vermögens- und Ertrags- bzw. Cashflow-Informationen zu vermitteln, diesen Teil der konzeptionellen Grundlagen für die geforderten spezifischen Informationen rekurriert und damit in den Vordergrund stellt: Aussagekräftige Informationen sind damit solche, die spezifischen Informationsgehalt in Bezug auf Vermögen und Ertrag/Cashflows beinhalten. Letztlich ist auch dies die Aggregation des Grundsatzes der Richtigkeit im Sinne von zweckgerichteter Erfüllung der Bilanzierungsregeln hinsichtlich einer qualitativen Anforderung.

Zuletzt müssen Informationen *verantwortbar* sein. Dieses Kriterium stellt insbesondere darauf ab, dass Ermessen- und Beurteilungsspielräume der Bilanzierung und insbesondere beinahe jeglicher Bewertung immanent sind. Bilanzierung und Bewertung sollten deshalb in einer Weise erfolgen, dass sie Informationen hervorbringen, die vor der Ehre des Kaufmanns vertretbar erscheinen. Mit der Anforderung sei also an die Verantwortung des ordentlichen Kaufmanns erinnert, den nach § 238 Abs. 1 HGB die Buchführungspflicht trifft, um den Zwecken der Rechnungslegung, bspw. der Rechenschaftslegung zu dienen. Weiter sei an die Tradition des ehrbaren Kaufmanns mit Anforderungen hinsichtlich eines umfassenden, verantwortlichen, ethischen Handelns sich selbst und Dritten gegen-über erinnert.[1477]

Auf diese Weise gestaltete Kriterien würden den explizit zu formulierenden Zweck des Konzernabschlusses, Informationen über Vermögen, Cashflows und Ertrag zu vermitteln, dahingehend konkretisieren, dass normative Qualitätsanforderungen über bloße Handlungsmaxime hinaus gewissermaßen ein Qualitätsziel zur Orientierung der rechnungslegenden Unternehmen bieten würden. Da-

1477 Vgl. zum ehrbaren Kaufmann in der modernen Wirtschaft, Schwalbach/Fandl (Hrsg.), ZfB Special 2007; Albach, WZB-Mitteilungen, 2003, 37 -40; Leibinger, Der ehrbare Kaufmann, Vortrag aus dem Jahr 2006, abzufragen unter http://www.der-ehrbare-kaufmann.de/ueber-diese-initiative/renaissance-eines-leitbildes/, Abfrage 28.08.2009.

mit könnte ein Beitrag zu mehr Klarheit und damit Rechtssicherheit und schließlich auch Verantwortung im Bilanzrecht geleistet werden.

II. Explizites Bilanzierungsverbot für den originären Goodwill

Das Ergebnis der Untersuchung, der Ansatz eines originären Goodwill erscheine über eine analoge Anwendung des Ansatzwahlrechts für nicht entgeltlich erworbene, immaterielle Positionen nicht von vornherein ausgeschlossen, mutet angesichts der bisher üblichen, kaufmännischen Bilanzierweise freilich etwas sonderbar an.

Womöglich wird auch außerhalb dieser Unteruchung, weil gegen Tradition und den in der BilMoG-Begründung zum Ausdruck gebrachten, gesetzgeberischen Willen verstoßend,[1478] niemals die Idee entwickelt werden, ein Ansatz des originären Goodwill könnte möglich sein. Es sei aber an dieser Stelle bspw. daran erinnert, dass angesichts des Gesetzentwurfs des BilMoG auch die Frage aufgeworfen wurde, ob nicht darin ein *impairment only approach* eingeführt werden soll.[1479] Auch hier konnte eigentlich am gegenteiligen gesetzgeberischen Willen kein Zweifel bestehen.[1480]

Es böte sich aufgrund der letzlich, wenn auch in eher geringem Umfang, bestehenden Unsicherheit der Rechtslage an, hier ein weiteres Mal Vorbild an den IFRS zu nehmen. Das Ansatzverbot für bestimmte selbst geschaffene immaterielle Güter in § 248 Abs. 2 S. 2 HGB wurde ohnehin fast wortgleich nach dem Vorbild der entsprechenden Regelung in IFRS 38.63 gestaltet.[1481] Dann empfiehlt sich, auch Anlehnung an der Regelung des IAS 38.48 zu nehmen. Darin wird explizit geregelt, dass ein selbst geschaffener Geschäfts- oder Firmenwert nicht angesetzt werden darf.

So könnte der originäre Goodwill ebenfalls in S. 2 des § 248 Abs. 2 HGB aufgenommen werden und dieser de lege ferenda a. E. lauten: *„...oder vergleichbare immaterielle Vermögensgegenstände sowie ein originärer Goodwill."*

Gleiche Wirkung würde ein neu eingefügter Satz 3 des § 248 Abs. 2 HGB entfalten: *„Dies gilt auch für einen originären Goodwill."*

1478 S. nochmals BilMoG-RegE, S. 47.

1479 So bspw. Schurbohm-Ebneth/Zoeger, DB 2008, 40, 43, die aber im Ergebis nicht davon ausgehen, dass eine unbegrenzte Nutzungsdauer des Goodwill und damit eine nicht planmäßige Abschreibung nicht zu begründen sei.

1480 Vgl. nur die Begründung des Referentenentwurfs, BilMoG-RefE, Zu Nummer 47 (§ 309 HGB), S. 172; später dann der BilMoG-RegE, S. 84.

1481 Ebenso Dobler/Kurz, KoR 2008, 485, 492.

III. Keine Aktivierungsmöglichkeit für den *full goodwill*

Die Untersuchung des Gesamt-Goodwill ergab – abgesehen von den ganz IFRS-spezifischen Problematiken insbesondere im Hinblick auf die Ermittlungsvorschrift von IFRS 3 und dem Konsolidierungsgebot des IAS 27 - dass beim Ansatz eines *full goodwill* mit immensen Unwägbarkeiten zu rechen ist.

In erster Linie sind dies Probleme der Unternehmensbewertung, aber auch Schwierigkeiten bei der Ermittlung des Minderheiten-Goodwill bzw. einer zumeist entrichteten Kontrollprämie, die letztlich erheblich an einer verlässlichen Bewertbarkeit des Minderheiten-Goodwill zweifeln lassen. Diese Gefahren und entsprechende Kosten lassen sich über – immer wieder erneut auszuübende - Wahlrechte noch steigern. Der Informationsnutzen erscheint dadurch eher geschwächt als erhöht, ohne dass demgegenüber die prinzipielle Nützlichkeit der Information eindeutig zu klären wäre.

Insofern tut der deutsche Gesetzgeber gut daran, es bei der ohnehin wohl bereits im Vergleich zur Buchwertmethode aufwandssteigernden Neubewertungsmethode zu belassen. Er sollte diesen Kurs beibehalten, auch in dem Fall, dass sich international Entwicklungen konkretisieren, im deren Rahmen das Ansatzwahlrecht des *full goodwill* der IFRS in einer Angleichung an die US-GAAP zugunsten eines verpflichtenden Ansatzes des Gesamt-Goodwill abgeschafft werden sollte.

IV. Verpflichtender Wertansatz der erworbenen Anteile zum beizulegenden Zeitwert

Die Untersuchung ergab, dass es für das HGB immer noch anerkannt ist, dem Bilanzierer im Fall eines Tauschvorgangs ein Wahlrecht zwischen drei Wertmaßstäben zur Bewertung der erworbenen Anteile einzuräumen, die aus einem Einfluss des Steuerrechts resultieren. Dieses Wahlrecht erscheint, wie im Rahmen der Untersuchung erläutert wurde, nicht mehr sachgerecht. Es sollte im Einklang mit den DRS, die bereits eine Anwendung des Wertmaßstabs des Zeitwerts fordern, durch eine entsprechende Bewertungsvorschrift im Rahmen des § 301 Abs. 1 HGB unterbunden werden.

Dazu könnte bspw. in § 301 Abs. 1 S. 3 HGB - nachdem S. 3 a. F. aufgehoben wurde und S. 2 die Bewertung des Eigenkapitals enthält, die Normierung eines Wertansatzes der Anteile zum beizulegenden Zeitwert erfolgen, die de lege ferenda lauten könnte: *„Der Wertansatz der Anteile erfolgt zu Anschaffungskosten, die dem beizulegenden Zeitwert entsprechen.“*

Nur dann ergäbe sich eine gleichmäßige Bewertung der Verrechnungsposten.

Da jedoch dieser Wertmaßstab berechtigterweise erheblicher Kritik ausgesetzt ist, sollte auch er von Maßnahmen der Verbesserung und Erhöhung der Bilanzierungszweck- und –prinzipieneffizienz nicht ausgenommen bleiben, wofür im nächsten Punkt ein Vorschlag unterbreitet wird.

V. Konkretisierung der *fair value*-Regelungen mit Hilfe einer Ermächtigungsnorm

Auch wenn im Zuge der Finanzkrise sich die Entwicklung bilanzrechtlicher Tendenzen eher gegen den *fair value* richtet,[1482] im Rahmen der Erwerbsmethode ist kaum mit einer Rücknahme der Verweisungsregelung auf den beizulegenden Zeitwert zu rechnen. Die Einheitstheorie in Verbindung mit der Erwerbsmethode fordert nach den Ergebnissen der Untersuchung gleichsam „systembedingt" eine Neubewertung der übernommenen Positionen des erworbenen Unternehmens zu Anschaffungskosten im Zeitpunkt des Entstehens des Mutter-Tochter-Verhältnisses, der regelmäßig dem Erwerbszeitpunkt entspricht. Vor dem BilMoG war ebenfalls nur ein unbestimmter Rechtsbegriff, der beizulegende Wert, anzuwenden, wenngleich dieser einen tradierten Bewertungsmaßstab darstellte. Daher und aus dem Gedanken an die IFRS-Annäherung heraus erscheint eine Umkehr unwahrscheinlich.

Dann wäre es jedoch zu begrüßen, dass die *fair value*-Vorschrift des § 255 Abs. 4 HGB eine Konkretisierung erfährt.

Dabei ist einerseits an eine Legaldefinition des beizulegenden Zeitwerts zu denken. Im Gegensatz zu den IFRS verzichtet der nationale Gesetzgeber darauf und belässt es bei den Tatbestandsmerkmalen „Marktpreis" und „aktiver Markt". Zur Auslegung, worauf mit dem beizulegenden Zeitwert abgezielt wird, welcher Wert also theoretisch angestrebt wird, kann eine Definition jedoch eine Hilfestellung für die Anwender und Adressaten darstellen.

Ebenfalls wäre anzudenken, die fundamentalen Merkmale eines aktiven Marktes, die im Rahmen der Untersuchung im Wesentlichen aus der Gesetzesbegründung des BilMoG exzerpiert wurden, in den Gesetzestext mit aufzunehmen - namentlich öffentlich notierte Preise, Homogenität der Waren, angemessene Umschlagsmenge und-häufigkeit sowie Unabhängigkeit der Vertragspartner. Auch dies könnte die Anwendung der Norm erleichern und möglicherweise die Qualität der ermittelten Werte erhöhen, wenngleich freilich dadurch nicht sämtliche Bewertungsschwierigkeiten behoben werden können.

1482 Vgl. nur die Änderungen von IAS 39 und IFRS 7 und die Verordnung der EU zur Übernahme dieser, Verordnung (EG) Nr. 1004/2008, Abl.EU Nr. L 275/37 vom 15.10.2008. Jessen/Haaker, DStR 2009, 499, 500 sprechen insofern von einer „Trendwende".

Die Frage einer optimierten Lösung für die Normierung der Bewertungsalternative, der mangels Marktpreisen anzuwendenden, „allgemein anerkannten Bewertungsmethoden", ist noch weit schwieriger zu beantworten. Aufgrund der Vielzahl der Verfahren, Methoden, deren Varianten und Kombinationen sowie damit einhergehender Auswahl-, Beurteilungs- und Ermessenspielräume kann niemals der insbesondere in deutschen Gesetzen sehr beschränkte Raum einiger §§ zur umfassenden Nomierung ausreichen. Insofern stellt sich die Frage, ob nicht hier eine gesetzliche Möglichkeit geschaffen werden sollte, Bewertungsvorgaben und –gebote in ein Dokument aufzunehmen, das außerhalb des HGB steht und dennoch dessen Rechtswirkung entfaltet.

Zu denken wäre bspw. – soweit verfassungsrechtlich unbedenklich - an eine *Ermächtigungsnorm*, die es dem Gesetzgeber erlauben würde, Regelungen zur Bewertung in einer *Rechtsverordnung bezüglich der Bewertung zum beizulegenden Zeitwert* festzulegen und sie gegebenenfalls den bilanzrecht-lichen und bewertungswissenschaftlichen Entwicklungen anzupassen. Hier könnten bestimmte Verfahren und Methoden sowie die Art und Weise ihrer Anwendung festgelegt oder Unerwünschtes ausgeschlossen werden. Zudem erscheint empfehlenswert, in der Verordnung zu beachtende (Mindest-) *Grundsätze einer ordnungsgemäßen Bewertung zum beizulegenden Zeitwert* festzuschreiben. Die Ermächtigungsnorm könnte gegebenenfalls auch die *Weitergabe der Ermächtigung* zum Erlass einer entsprechenden Rechtsverordnung an eine geeignete Stelle enthalten.[1483]

Indirekt zu einem ähnlichen, nicht ganz so durchschlagenden Ergebnis würde führen, wenn man sich an der Ausgestaltung des § 342 HGB orientierte: Nach dessen Abs. 1 kann das Bundesministerium der Justiz eine Einrichtung, namentlich das DRSC, durch öffentlich-rechtlichen Vertrag anerkennen. Nach dem umstrittenen Abs. 2 der Vorschrift bringt die Einhaltung von dessen Empfehlungen eine gesetzliche Rechtsvermutung der Beachtung der Grundsätze ordnungsgemäßer Buchführung mit sich.[1484] In vergleichbarer Weise könnte ein „Bewertungsrat" anerkannt werden, dessen Emfehlungen das Ministerium bekannt macht und die damit quasi GoB-Status erlangen.

Diese Maßnahmen würden in der Hauptsache dazu dienen, die Verlässlichkeit und Transparenz der zu ermittelnden *fair values* und damit letztlich den *true and fair view* bzw. die Informationsfunktion zu erhöhen.

1483 Vgl. hierzu Art. 80 Abs. 1 S. 3 GG.

1484 Vgl. zum Charakter der Vermutung nicht als Beweislastregel sondern als gesetzliche Rechtsvermutung MünchKommHGB/Ebke/Paal, § 342 Rn. 23 m. w. N. A.A. bspw. Förschle in Beck Bil-Komm, § 342 Rn. 9 m. w. N. und wohl ebenso Baumbach/Hopt/Merkt, § 342 Rn .2.

VI. Normierung des Grundsatzes der verlässlichen Bewertbarkeit und der Rechtsfolgen mangelnder Erfüllung

Nach Auffassung des Gesetzgebers ergibt sich die Anforderung, dass der beizulegende Zeitwert des § 255 Abs. 4 S. 1 und 2 HGB verlässlich zu ermitteln sein muss, aus dem Grundsatz der Vorsicht, mag er an sich auch eher dem Grundsatz der Richtigkeit oder Objektivität zuzuordnen sein.

Trotz der ausdrücklichen Erwähnung in der Gesetzesbegründung zum BilMoG ist nicht auszuschließen, dass die Anforderung angesichts der neuen „Bewertungsfreiheit" durch den *fair value* in den Hintergrund rückt bzw. deshalb das Verständnis von „Verlässlichkeit" eine unerwünscht weite Interpretation erfährt.

Insofern erscheint eine explizite Normierung des Grundsatzes für den beizulegenden Zeitwert erforderlich. Diese wäre wohl auch gerechtfertigt, da es sich um einen „importierten" Bewertungsmaßstab handelt, der in seiner rechtlichen „Heimat" traditionell von weitaus ausführlicheren Erläuterungen begleitet wird.[1485] Angesichts dieser Sonderrolle erscheint ein entsprechendes Gebot über die allgemeinen Bewertungsgrundsätze in § 252 HGB hinaus vertretbar, sei es innerhalb des Vorsichtsgebots des Nr. 4 der Vorschrift oder im Kontext der Bewertung zum beizulegenden Zeitwert.

Anbieten würde sich hier als Regelungsort § 255 Abs. 4 S. 3 HGB, wenn gleichzeitig die Spezialregelungen für zum Zeitwert zu bewertende Finanzinstrumente des Handelsbestands – ohnehin nur relevant für die Finanzbranche – in deren speziellen Regelungskomplex der §§ 340 ff. HGB verschoben würden.

Sollte kein beizulegender Zeitwert verlässlich zu ermitteln sein, erscheint eine subsidiäre Bilanzierung zu fortgeführten Anschaffungs- oder Herstellungskosten als vorzugswürdige, sachgerechte Lösung, da alternativ ein Nicht-Ansatz dieser Posten regelmäßig zu einer Erhöhung des Goodwill führen würde.

Demzufolge sollten neben der Normierung des Grundsatzes der Verlässlichkeit auch die Folgen von dessen Nichterfüllung gesetzlich geregelt werden.

Damit könnte eine Regelung in § 255 Abs. 4 S. 3 HGB de lege ferenda lauten: *„Lässt sich der beizulegende Zeitwert weder nach Satz 1 noch nach Satz 2 ermitteln, sind nach den allgemeinen Vorschriften fortgeführte Anschaffungs- oder Herstellungskosten anzusetzen."*

§ 10 Zusammenfassung der Ergebnisse

Im Rahmen der Untersuchung konnten folgende Ergebnisse erarbeitet werden:

1. Eine Annäherung an das ökonomische Phänomen Goodwill durch eine erste Untersuchung seiner gesetzlichen Regelungen führt zu der Erkenntnis, dass

1485 S. insb. ED Fair Value Measurement.

sowohl im HGB als auch in den IFRS eine residuale Ermittlung vorgenommen wird, die im Zusammenhang eines Unternehmenserwerbs erfolgt. Ebenfalls deutlich wird, dass im HGB zwischen einem Geschäfts- oder Firmenwert des Einzelabschlusses, nach der Bilanzrechtsmodernisierung nunmehr geregelt in § 246 Abs. 1 S. 4 HGB, und einem des Konzernabschlusses unterschieden wird, der gem. § 301 Abs. 3 i. V. m. Abs. 1 HGB zum Ansatz kommt. In den IFRS findet sich hingegen eine einheitliche Ermittlungsvorschrift in IFRS 3.32. Daneben weisen die IFRS eine Goodwill-Definition auf, die den Goodwill als Vermögenswert beschreibt, der zukünftigen wirtschaftlichen Nutzen aus anderen, bei einem Unternehmenszusammenschluss erworbenen Vermögenswerten repräsentiere und nicht einzeln identifiziert und separat angesetzt werden könne. Das HGB entbehrt hingegen einer vergleichbaren Legaldefinition des Goodwill.

2. In der Begriffsbestimmung der IFRS kommt zum Ausdruck, dass der Geschäftswert unabhängig von seiner Ermittlung als Residualwert Werte verkörpert, die nicht im Einzelnen einer Bilanzierung zugänglich sind. Verschiedene Ansätze der betriebswirtschaftlichen Theorie versuchen, diese Werte zu erfassen und zu umschreiben, wobei diese unter dem so genannten „*bottom-up*"-Ansatz zusammengefasst werden können. Namentlich werden Goodwill-Bestandteile als *going concern*-Goodwill bzw. als umfasste Kapitalisierungsmehrwerte beschrieben, die den Mehrwert der eingesetzten Vermögenswerte im Rahmen einer Gesamtbewertung gegenüber einer Einzelbewertung bezeichnen. Hinzu kommen immaterielle, nicht einzeln erfassbare Werte, wie z. B. Standortvorteile und leichter Marktzugang. Daneben findet sich auch ein Synergie- bzw. Restrukturierungs-Goodwill, der sich im Gegensatz zu ersterem Element aus einer Berücksichtigung von Effekten des Unternehmenserwerbs ergibt, und schließlich Zahlungen à fond perdu ohne entsprechenden Gegenwert. Diese Betrachtungsweise wird auch durch das IASB vorgenommen, das dabei den *going concern*- bzw. Synergie-Goodwill als *core goodwill* betrachtet, während andere Bestandteile konzeptionell nicht dem Goodwill zugerechnet werden, so z. B. nicht bilanzierte Vermögenswerte oder Kaufpreisüberzahlungen.

Nach anderen Sichtweisen auf den Goodwill, die mit dem Begriff „ *top-down*"-Ansatz erfasst werden können, wird der Goodwill als Residualwert aus einer Betrachtung des Unternehmenswerts nach Kapitalwert- oder Übergewinnverfahren abzüglich des Substanzwerts hergeleitet. Diese Berechnung kann prinzipiell auch zur Ermittlung eines Geschäftswerts vollzogen werden, der nicht aus einem Unternehmenszusammenschluss hervorgeht, sondern als originärer Goodwill von einem Unternehmen selbst geschaffen wurde. Aufgrund möglicher Bestandteile eines erworbenen Goodwill wie z. B. Synergieeffekte oder Überzahlungen, die der originäre Goodwill nicht enthalten kann, ist jedenfalls umgekehrt zu einer mehrfach vertretenen Auffassung der originäre Goodwill als Teilmenge des derivaten zu verstehen.

Aus den unterschiedlichen Erklärungs- bzw. Ermittlungsansätzen kann zweierlei abgeleitet werden: Einerseits betrifft der Goodwill als Ausdruck von Potentialen, die über Gesamtbewertungsverfahren greifbar gemacht werden, die wirtschaftlichen Aussichten der Zukunft, womit zwangsläufig die Unsicherheit prognostizierter Werte einhergeht. Auf der anderen Seite ist der Goodwill materiell erfüllt von Werten, die nicht in Gänze bilanziell greifbar sind und die daher keinen Beitrag zur bilanziellen Goodwillerfassung leisten können.

3. In den Ermittlungs- bzw. Erklärungsansätzen des Goodwill klingen also bereits die Probleme an, die seine Ermittlung und Bewertung zu Bilanzierungszwecken bedeuten können. Diese Schwierigkeiten stehen in einem eklatanten Missverhältnis zu dem bilanziellen Gewicht, das der insofern mutmaßlich unsicheren Position zukommt. Die Sichtung diverser empirischer Studien der letzten fünf Jahre zeigt nämlich, dass der Goodwill als bilanzieller Wert von großer Höhe maßgeblich den Konzernabschluss kapitalmarktorientierter Unternehmen prägt. In Extremfällen macht er mehr als 50 % der Bilanzsumme aus, während er beim Gros der Unternehmen jedenfalls den weitaus größten Anteil am bilanziellen immateriellen Vermögen aufweist. Dieser immensen Höhe entspricht freilich sein Einfluss auf die Bilanzanalyse, insbesondere auf Kennzahlen wie Vermögensintensität oder das Verhältnis des Goodwill zu Eigen-, bzw. Gesamtkapital. Damit besteht insgesamt ein erheblicher Einfluss des Goodwill auf Konzernlage und Bilanzanalyse. Insofern ist auch das Hauptaugenmerk der Untersuchung auf den Konzern-Goodwill gerichtet.

4. Den Regelungen, nach denen der Goodwill im Konzernabschluss aktiviert und bewertet wird, kommt folglich im Rahmen des Bilanzrechts eine bedeutende Rolle zu. Können sie dabei nicht die Anforderungen erfüllen, die durch die Regelwerke und die darin explizit enthaltenen oder herauszulesenden Grundsätze im Hinblick auf die durch die Regelungssysteme verfolgten Zwecke an sie gestellt werden, kann der bilanzielle Wert Goodwill nur weiterhin als Hindernis bei der Beurteilung von Konzernen fungieren. Daher sind die konzeptionellen Grundlagen des Konzernabschlusses von Bedeutung, die sich in den Bilanzierungszwecken und – grundsätzen ausdrücken und die den Maßstab für die Beurteilung der Regelungen bilden, die die Goodwill-Ermittlung im Wesentlichen prägen.

Bei der Untersuchung der Rechnungslegungszwecke und dabei insbesondere bei denjenigen der Konzernrechnungslegung in beiden Regelungssystemen konnte das Ergebnis erarbeitet werden, dass Konzernabschlüsse nach HGB und IFRS im Wesentlichen vergleichbare Zwecke verfolgen: In erster Linie dient der konsolidierte Abschluss der Informationsvermittlung. Dabei geht es im HGB um die Information eines weiten, heterogenen Kreises von Adressaten. Während für die IFRS häufig die Fokussierung der Anteilseigner angenommen wird, ist vom IASB für die Zukunft geplant, alle *capital providers*, also Eigner und Gläubiger, als Hauptadressaten zu betrachten. Weitere Gruppen werden, wie nach HGB, jedoch ebenfalls adressiert.

Die materielle Verankerung des HGB-Informationszwecks ist für das HGB im Gebot des *true and fair view* hinsichtlich der Vermögens-, Finanz- und Ertragslage zu finden. Dies und Überlegungen in Bezug auf die typischerweise vorhandenen Informationsinteressen der verschiedenen Adressatengruppen führen für das HGB zu dem Ergebnis, dass gleichermaßen über Vermögen und Ertrag bzw. Cashflows zu informieren ist und keiner der Größen Vorrang und hierzu spiegelbildlich den verschiedenen Bilanztheorien einzuräumen ist.

Dies gilt trotz eventuell bestehender Zielkonflikte hinsichtlich dieser Größen, die sich aus den unter Umständen auseinander strebenden Zielen von Kapitalerhalt und Information ergeben und welche korrespondierend in unterschiedlichen Informationsinteressen der unterschiedlichen Adressaten-gruppen auftreten können. Dennoch ist für den unternehmerischen „Normalfall", also für Unternehmen, die sich nicht in der Krise befinden bzw. deren Anteile nicht ausschließlich zu Zwecken der Spekulation angeschafft wurden, davon auszugehen, dass sich die Informationsinteressen der Adressaten weitgehend entsprechen. Sowohl für Eigner als auch Gläubiger werden Informationen über Erträge bzw. Cashflows, die Rendite bzw. Zins- und Tilgungsleistungen ermöglichen, ebenso interessant sein wie Informationen über das Vermögen, das das investierte Kapital als Verdienstquelle bzw. Haftungskapital darstellt. Die Finanzlage, insbesondere in der Kapitalflussrechnung abgebildet, ist ebenfalls aufgrund des Zahlungsstrombezugs von Interesse für alle Adressaten.

Im Übrigen ist nach hier vertretener Auffassung von einer häufigen Kompatibilität der Interessen auszugehen, da eine willkürfreie, nachprüfbare Rechnungslegung auch im Interesse der Rechenschaft als Ausprägung der Informationsfunktion - im Sinne von der Informationsvermittlung hinsichtlich der Eigenkapitalgeber - liegt, also bilanziell richtige Rechnungslegung und Information regelmäßig keinen Widerspruch darstellen.

Das Ziel der Informationsvermittlung der IFRS ist gleichermaßen die Vermögens-, Finanz- und Ertragslage und findet sich explizit normiert im Rahmenkonzept.

5. Für das HGB können also in erster Linie die „Informationsobjekte" Vermögen, Ertrag und Cashflows abgeleitet werden. Darüber hinaus findet sich jedoch keine Konkretisierung der Eigenschaften der bereit zu stellenden Informationen. Es sind keine klaren Qualitätskriterien normiert, während sich nach IFRS

Informationen durch ihre Entscheidungsnützlichkeit auszeichnen. Diese ist in erster Linie an Relevanz und Verlässlichkeit zu messen.

Freilich ergeben sich aus den Bilanzierungsgrundsätzen des HGB indirekt Anforderungen an die Informationen, die auch untersucht wurden. Dennoch erscheinen die erforderlichen Merkmale der HGB-Informationen vergleichsweise unbestimmt. Werden in den Grundsätzen der ordnungsgemäßen Rechnungslegung mehr Bilanzierungs- bzw. Bewertungsgebote ausgesprochen, wie z. B. die Verpflichtung, es sei vorsichtig zu bewerten, fehlt es hingegen an einer darüber hinausgehenden klaren Formulierung der Vorgabe, dass Informationen über die Zielgrößen mit einer sie charakterisierenden Beschreibung der erforderlichen Güte bereitzustellen sind. Dies gilt insbesondere vor dem Hintergrund, dass die Informationsobjekte als konfliktionär beurteilt werden und damit einhergehend im Falle von Neuregelungen gegebenenfalls unterschiedliche Bilanztheorien zugrunde gelegt und unspezifische, unkoordinierte Versuche der Informationserhöhung unternommen werden.

6. Für Konzernabschlüsse nach HGB wie nach IFRS sind weitere Abschlusszwecke neben dem Informationszweck anzuerkennen, für den HGB-Konzernabschluss namentlich die Zwecke Dokumentation, Rechenschaft als Information der Eigner und Kompensation von der unzureichenden Darstellung der Konzernlage nur über Einzelabschlüsse der Konzernunternehmen. Zudem erfüllt der Konzernabschluss die Funktionen der Erhaltung des Kapitals durch Information, der sogenannten „Kapitalverminderungskontrolle“[1486] bzw. er bildet gegebenenfalls eine faktische Ausschüttungsgrundlage und ist zudem Mittel des Controlling. Aufgrund der Funktion der faktischen Ausschüttungsgrundlage gewinnen die eventuellen Zielkonflikte zwischen Kapitalerhaltung und Information weiter an Relevanz, als ihnen ohnehin bereits über den Spiegel der Informationsinteressen zukommt. All diese Funktionen sind dem Informationszweck entweder vorgeschaltet, um diesen zu ermöglichen, oder werden als nachgelagerte Funktion durch die Informationen aus dem Konzernabschluss überhaupt erst möglich. Sie sind insofern untrennbar mit der Informationsfunktion verbunden und werden von ihr dominiert.

Für die IFRS wird neben der Informationsfunktion explizit die Rechenschaftsfunktion normiert, die auch hier von der Informationsfunktion umfasst wird. Obwohl weitere Zwecke im IFRS-Rahmen-konzept nicht erwähnt sind, erscheint dennoch die Annahme begründet, dass den Informationszweck auch in den IFRS die gleichen weiteren Funktionen flankieren. Diese These kann insbesondere mit der Tatsache begründet werden, dass der IFRS-Konzernabschluss

1486 Leffson, Die Grundsätze ordnungsgemäßer Buchführung, 1987, S. 98 – 107, zitiert bei Baetge/Kirsch/Thiele, Konzernbilanzen, 2009, S. 44.

den HGB-Konzernabschluss für kapitalmarktorientierte Unternehmen vollumfänglich ersetzt hat. Damit erscheint es vertretbar, hinsichtlich der Zwecke von HGB- und IFRS-Konzernabschlüssen von weitgehend vergleichbaren Funktionen auszugehen.

7. Die konzeptionellen Grundlagen der Rechnungslegungsvorschriften stellen sich neben den Rechnungslegungsfunktionen in den Grundsätzen des Bilanzrechts dar, wobei erstere im Falle des HGB an der Gewinnung von Grundsätzen ordnungsgemäßer (Konzern-)Bilanzierung maßgeblich beteiligt sind, die v. v. die Zwecke befördern oder beeinträchtigen können. Für die im Kontext der Goodwill-Bilanzierung ausgewählten HGB-Grundsätze existieren weitgehende, insbesondere terminologische Entsprechungen in den internationalen Rechnungslegungsvorschriften. Zu kurz greifen würde indessen, daher von einer identischen Konzeption der Bilanzierungsgrundlagen auszugehen, da Unterschiede in den Details des Regelungesgehalts der Grundsätze vorhanden sind:

Gleichermaßen für beide Systeme gelten der Grundsatz des *true and fair view* und der Einheitsgrundsatz im Sinne der Fiktion rechtlicher Einheit bzw. die Einheitstheorie als Konzernabschlusskonzeption. Dabei ist aber jeweils das IFRS-Prinzip als dominanter zu beurteilen ist, da es sich in ersterem Fall als eine Art *overriding principle* auch über Einzelvorschriften hinweg Geltung verschafft, während letztere Einheitstheorie bspw. durch die in den IFRS mögliche *full goodwill method* stärker ausgeprägt ist. Die Fiktion rechtlicher Einheit findet sich freilich nicht in den IFRS geregelt –dort ist vielmehr von wirschaftlicher Einheit die Rede- ; dennoch erfordern auch dort die konsolidierungstechnischen Vorgänge in Wahrheit eine über die – schlussendlich faktisch und damit fiktionsfrei bestehende – ökonomischen Einheit hinausgehende Einheitsvorstellung hinsichtlich des Konzernverbunds.

Die Grundsätze, die eine nachvollziehbare, fehler- und willkürfreie Rechnungslegung unter Beachtung des Wirtschaftlichkeitsprinzips, des Grundsatzes der Pagatorik, der Periodenabgrenzung und des *going concern* fordern, entsprechen sich ebenfalls im Großen und Ganzen. Keine vollkommene Kongruenz besteht zwischen dem IFRS-Prinzip der Relevanz im Sinne eines möglichen Einflusses einer Information auf wirtschaftliche Entscheidungen und dem der Wesentlichkeit einer Information des HGB, dessen Beurteilung nach Qualität oder Quantität umstritten ist. Die eher qualitativ zu sehende Anforderung der Relevanz der IFRS wird jedoch durch *materiality* als qualitativer wie quantitativer Maßstab ergänzt. Eine größere Bedeutung als in den IFRS wird im HGB dem Prinzip der Vorsicht eingeräumt, insbesondere aufgrund der „Sekundärgrundsätze“, wie z. B. dem Imparitätsprinzip, das aus ihm abgeleitet ist –wenngleich das Vorsichtsprinzip auch nicht (mehr) andere Grundsätze dominiert. Vorsicht im Rahmen der IFRS ist v. a. (noch) bei der Ermessensausübungen walten zu lassen. Die Ebene der IFRS-Einzelregelungen ist allerdings geeignet, die bestehenden Unterschiede der Systeme zu relativieren, da sich hier um Teil imparitätische Einzelregelungen wieder finden. Der Grundsatz der Vergleichbarkeit verlangt hingegen hier wie dort horizontale und vertikale Stetigkeit, die sich nunmehr wie für den IFRS-Abschluss neben der Bewertung auch auf den Ansatz im HGB-Abschluss bezieht. Speziell für den Konzernabschluss gilt auf beiden Seiten außerdem Stetigkeit der Konsolidierungsmethoden. Abgewichen werden darf nach beiden Systemen von der Stetigkeit hauptsächlich dann, wenn eine (wesentliche) Verbesserung der zu vermittelnden Informationen zu erwarten ist. Beide Rechnungslegungssysteme gleichen sich schließlich auch darin, dass grundsätzlich zwischen den Prinzipien kein Rangverhältnis besteht.

8. Um nun in die Welt des Konzernabschlusses mit seinen Funktionen und Prinzipien zu gelangen, muss sich für Unternehmen eine Pflicht zu dessen Aufstellung aufgrund eines Unternehmenserwerbs ergeben. Das hierfür maßgebliche Mutter- Tochter-Verhältnis gem. §§ 290 ff. HGB entsteht grundsätzlich über den Erwerb von Anteilen am Kapital eines Unternehmens, das seine Rechtspersönlichkeit dabei behält. Andere Formen von Zusammenschlüssen, wie z. B. die Singularzession als unmittelbarer Erwerb von Vermögensgegenständen und Schulden (*asset deal*) oder die Verschmelzung als Globalzession, werden im Einzelabschluss abgebildet und ein Goodwill entsteht nach § 246 Abs. 1 S. 4 HGB - bzw. theoretisch durch die Anwendung von IFRS 3 im Einzelabschluss.

9. Ausgehend von einem so begründeten Goodwill zeigt die Diskussion über dessen Rechtsnatur im Einzelabschluss nach HGB, dass die wohl h. M. den Geschäftswert vor der Bilanzrechtsmodernisierung als Bilanzierungshilfe qualifizierte. Der gleiche Charakter kam ihm vor der Reform auch im Konzernabschluss zu, während nunmehr der Goodwill in beiden Abschlüssen einen fiktiven Vermögensgegenstand darstellt und die Debatte vielfach für beendet erklärt wird. Jedenfalls ergeben sich, durch die neue Goodwill-Fiktion wie durch weitere Neuregelungen, dass auch entgegen dem Willen des Gesetzgebers neben dem „klassichen" Vermögensgegenstand des HGB neue „Klassen" von Vermögensgegenständen durch das BilMoG entstanden sind.

Der IFRS-Geschäftswert galt hingegen immer schon als immaterielles *asset*, wobei in der Untersuchung gezeigt werden konnte, dass einige der Defintions- und Ansatzkriterien, die von unkörperlichen Vermögenswerten grundsätzlich für eine Aktivierung zu erfüllen sind, durch den (Gesamt-) Goodwill nicht oder kaum erreicht werden. Dass der IFRS-Geschäftswert dennoch über eine spezielle Ansatzvorschrift ansatzpflichtig ist, kommt einer Fiktion gleich. Damit verhelfen beide Rechnungslegungssysteme einer per se nicht ansatzfähigen Position über Spezialregelungen zur Aktivierungsfähigkeit und –pflicht, wobei die Ansatzpflicht nunmehr auch für die Geschäfswerte des Jahres- und Konzerabschlusses nach HGB. gilt.

10. Für den originären Goodwill gilt demgegenüber ein Ansatzverbot, ausdrücklich in den IFRS geregelt, während das HGB aufgrund der BilMoG-Neuregelungen hier weniger eindeutig ist: Zwar geht man in der Gesetzesbegründung erklärtermaßen von einem Ansatzverbot aus, dennoch erscheint eine analoge Anwendung des neuen Ansatzwahlrecht für selbst geschaffene, immaterielle Vermögensgegenstände in § 248 Abs. 2 S. 1 HGB nicht ausgeschlossen. Denn bislang wurde das Ansatzverbot ebenfalls analog über § 248 Abs. 2 HGB a. F. hergeleitet. Freilich bleibt die für eine entsprechende Anwendung u. a. nötige planwidrige Regelungslücke zweifelhaft. Ein Ansatzverbot aus § 248 Abs. 2 S. 2 HGB, der bspw. Marken, Drucktitel und sonstige - unsichere - Vermögensgegenstände ausnimmt, ließe sich indessen wiederum nur über eine Analogie gewinnen. Insofern erscheint eine Klarstellung von Seiten des Gesetzgebers im Interesse der Rechtssicherheit geboten.

11. Die Einzelregelungen nun, die Ansatz und Bewertung des derivativen Goodwill und der in ihm enthaltenen Werte regeln, unterscheiden sich in IFRS und HGB zum Teil beträchtlich. Den Ermittlungsvorschriften des Goodwill liegt jedoch gleichermaßen die Erwerbsmethode zugrunde. Diese Methode bildet den Erwerb eines Unternehmens wie den Kauf eines Anlageguts in der Konzern-Bilanz- und der Konzern-Gewinn- und Verlustrechnung ab, indem die Anschaffungskosten bilanziert und in den Folgejahren entsprechend der Nutzungsdauer abgeschrieben wird. Anstelle der Anteile des erworbenen Unternehmens werden jedoch die erworbenen Vermögensgegenstände und übernommenen Schulden in den Konzernabschluss aufgenommen, als wären sie einzeln erworben worden. Aus dieser sogenannten Einzelerwerbsfiktion ergibt sich auch der entscheidende Unterschied zur Abbildung eines Unternehmenserwerbs im Einzelabschluss: Es erfolgt eine Periodisierung der Anschaffungskosten über die angesetzten Positionen des Tochterunternehmens, indem die Bewertungsvorschriften für Vermögensgegenstände, Schulden und Goodwill auf diese Posten Anwendung finden.

Im Unterschied zum HGB findet die Erwerbsmethode unter der Bezeichnung *acquisition method* neben der Ausprägung der Neubewertungsmethode auch in Gestalt der Gesamt-Goodwill-Methode (*full goodwill method*) Anwendung. Die bis zum BilMoG nach HGB weitere zulässige Variante der Erwerbsmethode, die so genannte Buchwertmethode, wurde abgeschafft. Während bei letzterer Methode als wesentlichem materiellen Unterschied die stillen Reserven und Lasten in den erworbenen Positionen bei der Kaufpreisallokation nur entsprechend dem erworbenen Anteil am Tochterunternehmen aufgedeckt werden, findet nach der Neubewertungsmethode eine völlige Aufdeckung statt, so dass der Anteil der Minderheiten an den stillen Reserven und Lasten bilanziert wird.

Nach der *full goodwill method* wird zudem für die Position Goodwill ein Anteil der Minderheiten aktiviert.

12. Eine Gemeinsamkeit der Goodwill-Regelungen ist die bereits angesprochene, residuale Ermittlung des Geschäftswerts: Im HGB ergibt sich der Konzerngoodwill als Differenzbetrag zwischen dem Wertansatz der erworbenen Anteile und dem (anteiligen) Nettovermögen des erworbenen Unternehmens gem. § 301 Abs. 1 S. 1 HGB; er entsteht also aus der Kapitalkonsolidierung, die der Darstellung der Konzernunternehmen als Einheit im Sinne des Einheitsgrundsatzes und dem Kompensationszweck des Konzernabschlusses dient, indem Dopplungen von Beträgen aus der Summenbilanz nach § 300 Abs. 1 HGB eliminiert werden.

Die Ermittlungsvorschrift des IFRS-Goodwill gem. IFRS 3.32 berechnet diesen hingegen unabhängig von der Art des Abschlusses –Jahres- oder Konzernabschluss –als Überschuss der erbrachten Gegenleistung zuzüglich eines Minderheitenanteils am erworbenen Unternehmen - und gegebenenfalls zuzüglich eines bereits vorher am erworbenen Unternehmen gehaltenen Anteils - über das erworbene Nettovermögen. Jedoch auch für die IFRS ergibt sich aus der konzernbilanziellen Notwendigkeit der Kapitalkonsolidierung gem. IAS 27.18 (a) eine Verrechnung des Buchwerts der erworbenen Anteile mit dem anteiligen Eigenkapital. Die beiden unterschiedlichen Ermittlungsvorschriften können, je nach Bewertung des Minderheiten-Anteils im Rahmen der erstgenannten Ermittlungsvariante, zu unterschiedlichen Geschäftswerten führen, nämlich zu einem *purchased goodwill* bzw. erstere daneben auch zu einem *full goodwill*.

Damit ergibt sich ein Spannungsfeld zwischen den Anforderungen der Vorschriften, das sich negativ auf die Bestimmtheit der Vorgehensweise und damit eventuell auf die Verlässlichkeit des Wertes Goodwill auswirkt. Insbesondere im Fall der Anwendung der *full goodwill method* wird nach der Kapitalkonsolidierung im Konzernabschluss eine Bewertung und Einbuchung des Minderheitenanteils am Goodwill notwendig, für den mehrere Berechnungsvarianten in Frage kommen. Dabei kommt diejenige Berechnungsvariante, die am sachgerechtesten im Hinblick auf die Problematik der Kontrollprämie erscheint, ohne die Ermittlungsstaffel des IFRS 3.32 aus.

Des Weiteren fällt negativ ins Gewicht, dass Einzel- und Gesamtbewertungsverfahren in einem Wert, dem Gesamt-Goodwill, verbunden werden. Denn der *purchased goodwill* entsteht als Differenz der Gegenleistung und der Summe des erworbenen Nettovermögens, wobei diese Komponenten aus einzelnen Positionen und möglichst zu Marktwerten zu bewerten sind, während der Minderheiten-Goowill aus einer Unternehmensbewertung entsprechend dem Gesamtbewertungskonzept und damit aus dem Gegenteil der Einzelbewertung resultiert. Konzeptionell erscheint dies inkonsistent, die negativen Auswirkungen auf die

Informationskraft des Konzernabschlusses können nur vermutet werden. Indessen generieren alleine die verschiedenen, möglichen Ermittlungsvarianten des (Gesamt-)Goodwill Unsicherheiten und gegebenenfalls abweichende Werte.

Im Vergleich ist die Ermittlungsvorschrift des HGB als konsistent und präzise zu beurteilen.

13. Nach der Regelung gem. § 301 HGB erfolgt also eine Verrechnung des Wertansatzes der Anteile mit dem anteiligen Eigenkapital. Ersterer Rechenparameter richtet sich nach den Anschaffungskosten und dabei im Fall von Tauschvorgängen nach drei unterschiedlichen Wertmaßstäben, namentlich dem Buchwert, wahlweise unter Berücksichtigung der ertragssteuerlichen Belastung und dem Zeitwert. Deren Anwendung kann für erhebliche, unsachgemäße Abweichungen, nicht zuletzt beim Goodwill, führen. Zu den Anschaffungskosten zählen außerdem Nebenkosten und bspw. so genannte *earn outs*, ergebnisabhängige Kaufpreisvereinbarungen, als nachträgliche Anschaffungskosten.

Demgegenüber zeichnen sich die IFRS durch eine gleichmäßige Bewertung der erworbenen Anteile zum beizulegenden Zeitwert aus. Freilich ergibt sich dies hier wieder indirekt aus dem wenig gelungenen Zusammenwirken von IFRS 3 und IAS 27. Im Gegensatz zum HGB umfassen die Anschaffungskosten keine Nebenkosten, sondern letztere sind erfolgswirksam zu erfassen. Ergebnisabhängige Kaufpreisvereinbarungen zählen hingegen wie nach HGB zu der erbrachten Gegenleistung als *contingent consideration.*

14. Der weitere Verrechnungsposten, das anteilige Eigenkapital, ergibt sich über den Ansatz und die Bewertung der erworbenen Positionen. Der Ansatz immaterieller Werte könnte sogar im Konzernabschluss über das neu eingeführte Ansatzwahlrecht für selbst erstellte, unkörperliche Werte gestärkt sein. Jedoch auch bislang war nach h. M. deren Ansatz im Konzernabschluss - im Ergebnis durch eine Umgehung der konkreten Bilanzierungsfähigkeit - erforderlich. Erhebliches Gewicht erhält auch die Bilanzierung latenter Steuern nach dem Vorbild der IFRS, während Aufwandsrückstellungen grundsätzlich und Restrukturierungsrückstellungen im besonderen nicht mehr gebildet werden dürfen – es sei denn, letztere erfüllten ausnahmsweise das Merkmal einer Außenverpflichtung.

Nach IFRS sind ebenfalls immaterielle Werte im Konzernabschluss anzusetzen, vorausgesetzt, sie sind identifizierbar, also einzeln verwertbar oder in gesetzlichen oder vertraglichen Ansprüchen begründet. Der Ansatz ist damit gegenüber dem Jahresabschluss vereinfacht. Aufwandsrückstellungen sind in den IFRS ebenfalls untersagt und regelmäßig auch Rückstellungen für Maßnahmen des Umbaus eines Unternehmens nach seinem Erwerb. Im Gegensatz zum HGB werden als erworbene Positionen auch Eventualschulden angesetzt, was einen imparitätischen Einschlag nimmt und tendenziell Goodwill-verringernd wirkt.

15. Bewertet wird das Eigenkapital nunmehr gem. § 301 Abs. 1 S. 2 HGB i. V. m. § 255 Abs. 4 HGB im Grundsatz zum beizulegenden Zeitwert der erworbenen Positionen. Die konzeptionelle Überlegenheit des Wertmaßstabs, die im so genannten „fair value-Paradigma“[1487] zum Ausdruck kommt, ist durch die betriebswirtschaftliche Forschung nicht oder nur eingeschränkt nachgewiesen und ebensowenig herrscht im Schrifttum diesbezüglich Konsens. Aus der Konzeption des *fair value* ergeben sich vielfache Kritikpunkte, wie z. B. diejenigen der Entobjektivierung der Bilanz, der erhöhten Volatilität und Prozyklizität oder der eines Wertepotpourris.

Aber auch die konkrete Ausgestaltung durch den HGB-Gesetzgeber gibt Anlass zur Kritik, da sich die wesentlichen Merkmale des *fair value* nur aus einer Zusammenschau von Gesetzestext und Begründung ergeben: Er scheint einen Marktwert darzustellen, der öffentlich notierte Preise, gegenenfalls homogene Waren, angemessene Umschlagsmenge und –häufigkeit sowie unabhängige Vertragspartner erfordert. Insgesamt ergeben sich mangels konkreter Ausgestaltung der *fair value*-Norm des § 255 Abs. 4 HGB zu weitreichende Auswahl- und Ermessensspielräume.

Das Erfordernis einer verlässlichen *fair value*-Bewertung sieht der Gesetzgeber gegeben, es ist jedoch nicht explizit normiert. Die Rechtsfolgen mangelnder verlässlicher Bewertbarkeit erscheinen nicht vollständig geklärt, obwohl zwar von davon auszugehen ist, dass die nicht verlässlich bewertbaren Positionen im Unterschiedsbetrag aus der Kapitalkonsolidierung aufgehen. Dies erscheint jedoch aufgrund der damit regelmäßig einhergehenden Goodwill-Erhöhung nachteilhaft für die Qualität des Konzernabschlusses. Insofern spricht einiges für einen subsidiären Ansatz zu fortgeführten Anschaffungs- oder Herstellungskosten. Die Regelungen des § 255 Abs. 4 S. 3 f. HGB sind jedenfalls nicht für den Fall der Zeitwert-Bewertung im Konzernabschluss ausgestaltet, foglich unpassend und unanwendbar.

Die Aquisitionsmethode der IFRS in Gestalt der *full goodwill method* bringt es mit sich, dass neben den erworbenen Positionen auch der Minderheitenanteil zum *fair value* zu bewerten ist. Gegen die dafür regelmäßig erforderliche Bewertung des erworbenen Unternehmens über ein Gesamtbewertungsverfahren sprechen die vorstehenden Argumente wider den *fair value* und zudem die Tatsache, dass sich Börsenkapitalisierung und Unternehmenswert zumeist nicht entsprechen. Das *fair value*-Verständnis, soweit dies mangels Regelung in den einschlägigen Standards anhand der Referenznorm IAS 39 zu beurteilen ist, enspricht weitgehend dem des HGB – hatte der IFRS–Wertmaßstab freilich auch Vorbildfunktion für den des HGB.

1487 Hitz, Rechnungslegung zum fair value, 2005, S. 31.

16. Das Ergebnis der Verrechnung nach HGB ergibt schließlich als aktiver Unterschiedsbetrag den Goodwill, der nicht mehr mit negativen Unterschiedsbeträgen saldiert oder erfolgsneutral mit den Rücklagen verrechnet werden darf. Ein negativer Unterschiedsbetrag aus der Kapitalkonsolidierung ist als solcher nunmehr nach dem Eigenkapital auszuweisen.

Der ermittelte (Gesamt-)Goodwill nach IFRS wird als einheitliche Position ausgewiesen, wobei dies der zwingenden Aufteilung aufgrund der Kapitalkonsolidierung nicht gerecht wird. Ein neativer Unterschiedsbetrag wird nach nochmaliger Überprüfung sofort erfolgswirksam vereinnahmt.

17. All diese Regelungen zeitigen diverse Auswirkungen auf die jeweiligen konzeptionellen Grundlagen der Rechnungslegungssysteme, also vorranging auf die Informationsfunktion, den *true and fair view* und die übrigen Bilanzierungsgrundsätze.

Während sich die Abschaffung der Buchwertmethode nach HGB auf den Grundsatz der Vergleichbarkeit (nur) vordergründig positiv auswirkt und die Neubewertungsmethode eine vergleichsweise Erhöhung der Informationsfunktion und der Einheitstheorie bedeutet, wirken sich die meisten Regelungen eher negativ auf die Grundlagen der Konzernrechnungslegung aus. Eine Ausnahme gilt hier für die Abschaffung der verschiedenen Konsolidierungszeitpunkte, die positive Effekte auf die Informationsfunktion, den *true and fair view* sowie den Grundsatz der Vergleichbarkeit zeitigt. Insbesondere der Wertmaßstab des *fair value* erweist sich jedoch generell und in seiner konkreten Ausgestaltung im HGB als Prinzipien-schwächend, da er z. B. die bilanzielle Richtigkeit, Objektivität und Willkürfreiheit sowie den Grundsatz der Vergleichbarkeit beeinträchtigt. Auch der Grundsatz der Wirtschaftlichkeit erscheint durch diverse Regelungen negativ im Sinne von erhöhten Aufwendungen betroffen, so z. B. durch die neu geregelte Bilanzierung latenter Steuern.

Die (Neu-)Regelungen des IFRS 3 zeitigen im Wesentlichen ebenfalls negative Auswirkungen auf die Bilanzierungsgrundlagen der IFRS. Die im Zusammenspiel konzeptionell inkonsistenten Goodwill-Ermittlungvorschriften nach IAS 27 und IFRS 3 erscheinen geeignet, die Verlässlichkeit und damit die Informationsfunktion einzuschränken, was in erhöhtem Maße für den *full goodwill* gilt. Hervorzuheben ist hier auch das neue Wahlrecht, diesen statt des *purchased goodwill* anzusetzen, das die Vergleichbarkeit der Abschlüsse beeinträchtigt. Dies gilt um so mehr, da es für jeden Unternehmenserwerb neu ausgeübt werden darf und so die Stetigkeit und damit Vergleichbarkeit der Abschlüsse einschränkt. Der Einheitstheorie wird durch den Ansatz des Gesamt-Goodwill indessen entsprochen. Denn die Verbindung von Einheitstheorie und Erwerbsmethode erfordert eine Erfassung sämtlicher erworbener Positionen und zwar zu Anschaffungskosten, die dem beizulegenden Zeitwert im Zeitpunkt des Erwerbs entsprechen. Dies erfordert in Konsequenz auch die vollständige Aufdeckung stiller Reserven und Lasten im Goodwill. Die Beförderung der Einheitstheorie muss allerdings nach den Motiven des IASB mehr als Nebeneffekt beurteilt werden. Dessen eigentliche Intention erscheint vielmehr die Ausweitung des *fair value- approach* zu sein. Im Übrigen erweist sich augenblicklich die *fair value*-Bewertung im Rahmen des IFRS 3 mangels Regelungen und aufgrund widersprüchlicher Auffassungen in der Literatur, welche Regelungen ersatzweise zur Anwendung kommen mögen, als besonders nachteilig für die Verlässlichkeit.

18. Aufgrund der gewonnenen Erkenntnisse durch die vergleichende Untersuchung der Goodwill-bezogenen Regelungen in HGB und IFRS und deren Auswirkungen auf die konzeptionellen Grundlagen der verschiedenen Rechnungslegungssysteme erscheint es möglich, einige Vorschläge zur Verbesserung der Regelungen des HGB zu unterbreiten. Dadurch möge die Qualität der Abschlussinformationen auf eine Weise gesteigert werden können, dass für die Adressaten über einen verbesserten Einklang der möglichen Vorschriften mit den Zwecken und Prinzipien der Konzernrechnungslegung eine Erhöhung des Informationsnutzen resultiert.

(1) Dabei ist zunächst an eine Normierung und v. a. Konkretisierung des Informationszwecks selbst zu denken. Insofern erscheint eine Anforderung dahingehend sinnvoll, dass Informationen *transparent* im Sinne von intersubjektiv nachvollziehbar und vergleichbar sein müssen, so dass damit die Grundsätze der Richtigkeit, Willkürfreiheit, Objektivität und der Vergleichbarkeit rekurriert würden. Zudem sollten Informationen *aussagekräftig* sein, also im Hinblick auf die Zielgrößen Vermögen, Ertrag und Cashflows einen spezifischen Informationsgehalt aufweisen und damit letztlich einen Bezug zu der primären Abschlussfunktion im hier ermittelten Sinne herstellen. Schließlich wäre die Anforderung an Informationen zu postulieren, *verantwortbar* zu sein. Diese brächte eine Bilanzierung und Bewertung einschließlich der Ausübung von Ermessens- und Beurteilungsspielräumen mit sich, die sich am Leitbild des ehrbaren Kaufmanns orientiert. Dieser zeichnet sich durch ein umfassend verantwortliches, ethisches Handeln sich selbst und Dritten gegenüber aus.

(2) Des weiteren sollte der Gesetzgeber rein vorsorglich ein explizites Verbot der Bilanzierung des originären Goodwill aufnehmen, um Rechtsklarheit zu schaffen, die durch das neue Ansatzwahlrecht für selbst geschaffene immaterielle Vermögensgegenstände etwas beeinträchtigt wurde. De lege ferenda könnte von daher in einer Ergänzung das Ansatzverbot für bestimmte immaterielle Werte in § 248 Abs. 2 S. 2 HGB a. E. lauten: *„...oder vergleichbare immaterielle Vermögensgegenstände sowie ein originärer Goodwill."* Gleiche Wirkung würde ein neu eingefügter Satz 3 des § 248 Abs. 2 HGB lauten: *„Dies gilt auch für einen originären Goodwill."*

(3) Hinsichtlich des *full goodwill* sollte der nationale Gesetzgeber seinen Kurs beibehalten und auch bei einer möglicherweise erfolgenden Anpassung der IFRS an US-GAAP in Fragen eines verpflichtenden Gesamt-Goodwill-Ansatzes nicht davon abrücken.

(4) Für eine konsistentere Abbildung des Erwerbs und eine Ermittlung des Goodwill, die die Vergleichbarkeit von Konzernabschlüssen steigern würde, sollte hingegen das Wahlrecht abgeschafft werden, den Wertansatz der Anteile im Rahmen der Kapitalkonsolidierung mit drei verschiedenen Wertmaßstäben durchführen zu können. Dazu könnte bspw. in § 301 Abs. 1 S. 3 HGB im Anschluss an S. 2 der Vorschrift, der die Bewertung des Eigenkapitals enthält, die Normierung eines Wertansatzes der Anteile zum beizulegenden Zeitwert erfolgen, die lauten könnte: *„Der Wertansatz der Anteile erfolgt zu Anschaffungskosten, die dem beizulegenden Zeitwert entsprechen."*

(5) Der Wertmaßstab des *fair value* stellt sich augenblicklich mitunter wegen zu weitreichender Auswahl- und Ermessenspielräume auch aufgrund mangelnder Konkretisierung in der Vorschrift des § 255 Abs. 4 HGB abträglich für Bilanzierungszwecke und –grundsätze dar. Da jedoch die Einheitstheorie in Verbindung mit der Erwerbsmethode das Erfordemiss eine Neubewertung im Rahmen der Kapitalkonsolidierung mit sich bringt, ist nicht auf einen Zeitwert zu verzichten. Daher ist vorzuschlagen, neben einer Konkretisierung des Gesetzestextes und Aufnahme von Kriterien, die augenblicklich nur der Gesetzesbegründung zu entnehmen sind, bspw. - soweit verfassungrechtlich unbedenklich – eine Ermächtigungsnorm zum Erlass von Verordnungen oder auch die Weitergabe der Ermächtigung zum Verordnungserlaß an eine bestimmte Stelle zu erlassen. Auf deren Grundlage könnten verbindlich Verfahren und Methoden der *fair value*-Bewertung geregelt und daneben *Grundsätze einer ordnungsgemäßen Bewertung zum beizulegenden Zeitwert* bestimmt werden.

(6) Nach Auffassung des Gesetzgebers ergibt sich die Anforderung, dass der beizulegende Zeitwert des § 255 Abs. 4 S. 1 und 2 HGB verlässlich zu ermitteln sein muss, aus dem Grundsatz der Vorsicht.

In Ermangelung einer expliziten Regelung scheint jedoch die Gefahr zu bestehen, dass angesichts der neuen „Bewertungsfreiheit" durch den *fair value* das Verständnis von „Verlässlichkeit" eine unerwünscht weite Interpretation erfährt.

Insofern erscheint eine explizite Normierung des Grundsatzes für den beizulegenden Zeitwert erforderlich. Angesichts der Sonderrolle eines „importierten" Wertmaßstabs ist ein Gebot über die allgemeinen Bewertungsgrundsätze in § 252 HGB hinaus wohl vertretbar, sei es innerhalb des Vorsichtsgebots des Nr. 4 der Vorschrift oder im Kontext der Bewertung zum beizulegenden Zeitwert. Als Regelungsort erscheint § 255 Abs. 4 S. 3 HGB geeignet, wenn gleichzeitig eine Verschiebung der Spezialregelungen für zum Zeitwert zu bewertende Finanzinstrumente des Handelsbestands – ohnehin nur relevant für die Finanzbranche – in deren speziellen Regelungskomplex der §§ 340 ff. HGB stattfände.

Sollte kein beizulegender Zeitwert zu ermitteln sein, ist die Bilanzierung zu fortgeführten Anschaffungs- oder Herstellungskosten die wohl vorzugswürdige, sachgerechte Lösung, die eine regelmäßige Goodwill-Erhöhung vermiede.

Demzufolge sollten neben der Normierung des Grundsatzes der Verlässlichkeit auch die Folgen von dessen Nichterfüllung gesetzlich geregelt werden.

Damit könnte eine Regelung de lege ferenda lauten: *„Lässt sich der beizulegende Zeitwert weder nach Satz 1 noch nach Satz 2 ermitteln, sind nach den allgemeinen Vorschriften fortgeführte Anschaffungs- oder Herstellungskosten anzusetzen.“*

Literaturverzeichnis

Adler, Hans/Düring, Walter/Schmaltz, Kurt, Rechnungslegung und Prüfung der Unternehmen Kommentar zum HGB, AktG, GmbHG, PublG nach den Vorschriften des Bilanzrichtlinien-Gesetzes, 6. neu bearbeitete Auflage, Stuttgart, 1995 (zit.: ADS)

Albach, Horst, Zurück zum ehrbaren Kaufmann Eine Ökonomie der Habgier, WZB-Mitteilungen (Wissenschaftszentrum Berlin für Sozialforschung), 2003

Albers, Willi (Hrsg.), Handwörterbuch der Wirtschaftswissenschaft, (HdWW), zugleich Neuaufl. d. "Handwörterbuchs der Sozialwissenschaften", Stuttgart, New York, Tübingen, Göttingen, 1980. (zit.: HdWW/Bearbeiter)

Andrejewski, Kai C. /Fladung, Hans-Dieter/Kühn, Sigrid, Abbildung von Unternehmenszusam-menschlüssen nach ED IFRS 3, Wpg 2006, 80

Arbeitskreis Bilanzrecht der Hochschullehrer Rechtswissenschaft, Nochmals: Plädoyer für eine Abschaffung der „umgekehrten Maßgeblichkeit"!, DStR 2008, 1057

Arbeitskreis Bilanzrecht der Hochschullehrer Rechtswissenschaft, Stellungnahme zum Entwurf einens BilMoG: Grundkonzept und Aktivierungsfragen, BB 2008, 152

Arbeitskreis Bilanzrecht der Hochschullehrer Rechtswissenschaft, Stellungnahme zum Entwurf eines BilMoG: Einzelfragen zum materiellen Bilanzrecht, BB 2008, 209

Baetge, Jörg, Januskopf: DCF-Verfahren in der Unternehmensbewertung und in der Bilanzierung, BB-Special 7, 2005, 1

Baetge, Jörg, Rechnungslegungszwecke des aktienrechtlichen Jahresabschlusses, in: Baetge, Jörg/Moxter, Adolf/Schneider, Dieter (Hrsg.), Bilanzfragen. Festschrift zum 65. Geburtstag von Ulrich Leffson, Düsseldorf, 1976, S. 11.

Baetge, Jörg/Kirsch, Hans-Jürgen in Küting, Karlheinz/Weber, Claus-Peter (Hrsg.), Handbuch der Rechnungslegung Kommentar zur Bilanzierung und Prüfung, 5. Auflage, Stuttgart ab 2002 (zit.: Bearbeiter in HdR)

Baetge, Jörg/Kirsch, Hans-Jürgen/Thiele, Stefan, Konzernbilanzen, 7. überarbeitete Auflage, Düsseldorf, 2004 sowie 8. vollständig aktualisierte Auflage, Düsseldorf 2009

Baetge, Jörg/Lienau, Achim, Praxis der Bilanzierung latenter Steuern im Konzernabschluss nach IFRS im DAX und MDAX, Wpg 2007, 15

Baetge, Jörg/Lienau, Achim, Der Gläubigerschutzgedanke im Mixed Fair Value-Modell des IASB, in: Schneider, Dieter/Rückle, Dieter/Küpper, Hans-Ulrich/Wagner, Franz W. (Hrsg.), Kritisches zur Rechnungslegung und

Unternehmensbesteuerung: Festschrift zur Vollendung des 65. Lebensjahres von Theodor Siegel, Berlin 2005, S. 65

Baetge, Jörg/Thiele, Stefan, Gesellschafterschutz versus Gläubigerschutz - Rechenschaft versus Kapitalerhaltung: Zu den Zwecken des deutschen Einzelabschlusses vor dem Hintergrund der internationalen Harmonisierung, in: Budde, Wolfgang Dieter/Moxter, Adolf/Offerhaus, Klaus (Hrsg.), Handelsbilanzen und Steuerbilanzen, Festschrift zum 70. Geburtstag von Prof. Dr. h.c. Heinrich Beisse, Düsseldorf 1997, S. 11

Baetge, Jörg/Wollmert, Peter/Kirsch, Hans-Jürgen/Oser, Peter/Bischof, Stefan, (Hrsg.), Rechnungslegung nach IFRS Kommentar auf der Grundlage des deutschen Bilanzrechts, 2. überarbeitete und erweiterte Auflage, Stuttgart 2002 (Stand 07/2009)

Ballwieser, Wolfgang, Bewertung von Unternehmen und Kaufpreisgestaltung, in: Ballwieser, Wolfgang/Beyer, Sven/Zelger, Hansjörg (Hrsg.), Unternehmenskauf nach IFRS purchase Price Allocation, Goodwill und Impairment-Test, Stuttgart, 2005, S. 73

Ballwieser, Wolfgang, Unternehmensbewertung durch Rückgriff auf Marktdaten, in: Heintzen, Marcus/Kruschwitz, Lutz (Hrsg.), Unternehmen bewerten, Ringvorlesung der Fachbereiche Rechts- und Wirtschaftswissenschaften der Freien Universität Berlin im Sommersemester 2002, Berlin 2003, S. 13

Ballwieser, Wolfgang, Unternehmensbewertung Prozeß, Methoden und Probleme, Stuttgart, 2004

Ballwieser, Wolfgang, Zum Nutzen handelsrechtlicher Rechnungslegung, in: Ballwieser, Wolfgang/Moxter, Adolf/Nonnenmacher, Rolf, Rechnungslegung warum und wie. Festschrift für Hermann Clemm zum 70. Geburtstag, München, 1996, S. 1

Ballwieser, Wolfgang/Küting, Karlheinz,/Schildbach, Thomas, Fair Value - erstrebenswerter Wertansatz im Rahmen der Reform einer handelsrechtlichen Rechnungslegung? BFuP 2004, 529

Barthel, Carl, W., Unternehmenswert: Expected Utility Theory versus Similarity Theory, DB 2007, 586

Baumbach, Adolf/Hueck, Alfred, GmbH-Gesetz Gesetz betreffend die Gesellschaften mit beschränkter Haftung, 17. Auflage, Müchen, 2000 (zit.: Baumbach/Hueck, GmbHG, 17. Aufl.)

Baumbach, Adolf/Hueck, Alfred, GmbH-Gesetz Gesetz betreffend die Gesellschaften mit beschränkter Haftung, 18. Auflage, München 2006 (zit.: Baumbach/Hueck, GmbHG, 18. Aufl.)

Baumbach, Adolf/Hopt, Klaus, J./Merkt, Hanno, Handelsgesetzbuch mit GmbH & Co., Handelsklauseln, Bank- und Börsenrecht, Transportrecht (ohne Seerecht), 33. Aufl., München 2008 (Baumbach/Hopt, Bearbeiter, HGB)

Beck'scher Bilanzkommentar Handelsbilanz Steuerbilanz, herausgeg. von Ellrott, Helmut/Förschle, Gerhard/Hoyos, Martin/Winkeljohann, Norbert, 6. völlig neubearbeitete Auflage, München, 2006 (zit.: Bearbeiter in Beck Bil-Komm) sowie 7. völlig neubearbeitete Auflage, herausgeg. von Ellrott, Helmut, Förschle, Gerhart, Kozikowski, Michael, Winkeljohann, Norbert, München 2010 (zit.: Bearbeiter in Beck Bil-Komm, Aufl.)

Beck'sches Handbuch der Rechnungslegung - HGB und IFRS -, herausgeg. von Castan, Edgar u. a., Band I (Stand Mai 2005); Band II, (Stand Mai 2005 bzw. Jan. 2009 für C10), München (zit.: BeckHdR/Bearbeiter)

Beck'sches IFRS-Handbuch Kommentierung der IFRS/IAS, herausgeg. von Bohl, Werner, Riese, Joachim, Schlüter, Jörg, 2. vollständig überarbeitete und erweiterte Auflage, München 2006 und 3. vollständig überarbeitete und erweiterte Auflage, München 2009 (zit.: Beck-IFRS-HB/Bearbeiter bzw. Beck-IFRS-HB/Bearbeiter, Aufl.)

Beisse, Heinrich, Die Generalnorm des neuen Bilanzrechts, in: Knobbe-Keuk, Brigitte, u.a. (Hrsg.), Handelsrecht und Steuerrecht, Festschrift für Dr. Dr. h.c. Georg Döllerer, Düsseldorf 1988, S. 25

Beisse, Heinrich, Gläubigerschutz - Grundprinzip des deutschen Bilanzrechts, in: Beisse, Heinrich/ Lutter, Marcus/Närger, Heriblad (Hrsg.), Festschrift für Karl Beusch zum 68. Geburtstag am 31. Oktober 1993, Berlin, New York 1993, S. 77

Beisse, Heinrich, Zum neuen Bild des Bilanzrechtssystems, in: Ballwieser, Wolfgang/Böcking, Hans-Joachim/Drukaczyk, Jochen/Schmidt, Reinhard H. (Hrsg.), Bilanzrecht und Kapitalmarkt, Festschrift zum 65. Geburtstag von Professor Dr. Dr. h.c. Dr. h.c. Adolf Moxter, Düsseldorf, 1994, S. 3

Beissel, Wilhelm/Klumpp, Hans-Hermann, Der Unternehmenskauf Gesamtdarstellung der zivil- und steuerrechtlichen Vorgänge einschließlich gesellschaft-, arbeits- und kartellrechtlicher Fragen bei der Übertragung eines Unternehmens, 6. Auflage, München 2009

Beyhs, Oliver/Wagner, Bernadette, Die neuen Vorschriften des IASB zur Abbildung von Unternehmenszusammenschlüssen –Darstellung der wichtigsten Änderungen in IFRS 3 - , DB 2008, 73.

Bieg, Hartmut/Sopp, Guido, Der Referentenentwurf eines Bilanzrechtsmodernisierungsgesetzes (BilMoG) – Teil I, Der Steuerberater, 2008, 129

Bieg, Hartmut/Bofinger, Peter/Küting, Karlheinz/Kussmaul, Heinz/Waschbusch, Gerd/Weber, Claus-Peter, Die Saarbrücker Initiative gegen den Fair Value, DB 2008, 2549

Bieg, Hartmut/Heyd, Reinhard (Hrsg.), Fair Value Bewertung in Rechnungswesen, Finanzwirtschaft und Controlling, München 2005

Bieg, Hartmut/Kußmaul, Heinz/Petersen, Karl/Waschbusch, Gerd/Zwirner, Christian, Bilanzrechtsmodernisierungsgesetz Bilanzierung, Berichterstattung, und Prüfung nach dem BilMoG, München 2009

Bieker, Marcus, Ökonomische Analyse des Fair Value Accounting, F. a. M. et alt., 2006

Biener, Herbert, Die Konzernrechnungslegung nach der siebten Richtlinien der Europäischen Gemeinschaft über den Konzernabschluß, DB 1983, Beilage 19 zu Heft 35

Bitz, Michael/Schneeloch, Dieter/Wittstock, Wilfried, Der Jahresabschluß, 3. Aufl., München 2000

Blaufus, Kay, Fair Value Accounting, 409 S., Dissertation Freie Universität, 2005

Blaufus, Kay, Unternehmensbewertung und Probleme mit der Unendlichkeit? Anmerkungen zu den Beiträgen von Kruschwitz/Löffler, DB 1998, S. 1041, Matschke/Hering, DB 1999, S. 920 und Siegel, FS Brönner, S. 392, DB 2002, 1517

Böcking, Hans-Joachim/Torabian, Farhood, Zeitwertbilanzierung von Finanzinstrumenten des handelsbestands nach dem Entwurf eines BilMoG, BB 2008, 265

Bores, Wilhelm, Konsolidierte Erfolgsbilanzen und andere Bilanzierungsmethoden für Konzerne und Kontrollgesellschaften, Leipzig, Meiner, 1935

Born, Karl, Unternehmensanalyse und Unternehmensbewertung, 2. Aufl., Stuttgart 2003

Bromwich, Michael, Aspects of the Future in Accounting: The use of Market Prices and 'Fair Values', in: Leuz, Christion/Pfaff, Dieter/Hopwood, Anthony (Hrsg.), The Economics and Politics of Accounting - International Perspectives on Research Trends. Gedenkschrift für Dieter Ordelheide, Oxford, New York, 2004, S. 32

Brösel, Gerrit/Müller, Sven, Goodwillbilanzierung nach IFRS aus Sicht des Beteiligungscontrollings, KoR 2007, 34

Brücks, Michael/Duhr, Andreas, Bilanzierung von Contingent Assets und Contingent Liabilities: Beispielhafte Würdigung der aktuellen Überlegungen von IASB und FASB, KoR 2006, 243

Brücks, Michael/Richter, Michael, Business Combinations (Phase II) Kritische Würdigung ausgewählter Vorschläge des IASB aus Sicht eines Anwenders, KoR 2005, 407

Brücks, Michael/Wiederhold, Philipp, Exposure Draft 3 „Business Combinations“ des IASB - Darstellung der wesentlichen Unterschiede zu den bestehenden Regelungen, KoR 2003, 21

Brücks, Michael/Wiederhold, Philipp, IFRS 3 Business Combinations - Darstellung der neuen Regelungen des IASB und Vergleich mit SFAS 141 und SFAS 142, KoR 2004, 177

Budde, Wolfgang Dieter/ Steuber, Elgin, Rechnungslegung im Spannungsfeld zwischen Gläubigerschutz und Information der Gesellschafter, AG 1994, 542

Burwitz, Gero, Das Bilanzrechtsmodernisierungsgesetz - Eine Analyse des Regierungsentwurfs und der Änderungsvorschläge des Bundesrats -, NZG 2008, 694

Busse von Colbe, Walther, Der Konzernabschluss im Rahmen des Bilanzrichtlinien-Gesetzes, ZfBF 1985, 761

Busse von Colbe, Walther/Pellens, Bernhard (Hrsg.), Lexikon des Rechnungswesens, München, Wien, 4. Auflage 1998, Autor: Ballwieser, Wolfgang, Stichwort "Abschreibungen", S. 4

Busse von Colbe, Walther/Ordelheide, Dieter, Konzernabschlüsse Rechnungslegung für Konzerne nach betriebswirschaftlichen Grundsätzen und gesetzlichen Vorschriften, 6. vollständig neu bearbeitete Auflage, Wiesbaden 1993

Busse von Colbe, Walther/Ordelheide, Dieter/Gebardt, Günther/Pellens, Bernhard, Konzernabschlüsse Rechnungslegung nach betriebswirtschaftlichen Grundsätzen sowie nach den Vorschriften des HGB und der IAS/IFRS, 8., überarbeitete Auflage, Wiesbaden 2006

Busse von Colbe, Walther/Schurbohm-Ebneth, Anne, Neue Vorschriften für den Konzernabschluss nach dem Entwurf eines BilmoG, BB 2008, 98

Busse von Colbe, Walther/Müller, Eberhard/Reinhard, Herbert (Hrsg.), Aufstellung von Konzernabschlüssen, 2. Aufl. 1989, ZfbF Sonderheft 21

Canaris, Claus-Wilhelm/Schilling, Wolfgang/Ulmer, Peter (Hrsg.), Handelsgesetzbuch Großkommentar Begründet von Hermann Staub, Berlin New York, 2002 (zit.: Bearbeiter in Großkomm.HGB)

Canaris, Klaus-Wilhelm, Leistungsstörungen beim Unternehmenskauf, ZGR 1982, 395

Castedello, Marc/Klingbeil, Christian/Schröder, Jakob, IDW RS HFA 16: Bewertung bei der Abbildung von Unternehmenserwerben und bei Werthaltigkeitsprüfungen nach IFRS, Wpg 2006, 1028

Cheridito, Yves/Schneller, Thomas, Der Residualwert in der Unternehmensbewertung - Verschiedene Formeln im Vergleich, Der Schweizer Treuhänder 2004, 735

Claussen, Carsten P. /Korth, Hans Michael, Zum Grundsatz der Bewertungsstetigkeit im Handels- und Steurrecht, DB 1988, 924

Clemm, Hermann, Unternehmerische Rechnungslegung - Aufgaben, Möglichkeiten und Grenzen -, in: Havermann, Hans (Hrsg.), Bilanz- und Konzernrecht, Festschrift zum 65. Geburtstag von Dr. Dr. h. c. Reinhard Goerdeler, Düsseldorf 1087, S. 93

Coenenberg, Adolf G, Jahresabschluss und Jahreabschlussanalyse Betriebswirtschaftliche, handelsrechtliche, steuerrechtliche und internationale Grundsätze – HGB, IFRS und US-GAAP, 20. überarbeitete Auflage, Stuttgart 2005

Coenenberg, Adolf G., Haller, Axel; Schultze, Wolfgang, Jahresabschluss und Jahreabschlussanalyse Betriebswirtschaftliche, handelsrechtliche, steuerrechtliche und internationale Grundsätze – HGB, IFRS und US-GAAP, 21. überarbeitete Auflage, Stuttgart 2009

Coenenberg, Adolf/Deffner, Manuel/Schultze, Wolfgang, Erfolgsspaltung im Rahmen der erfolgswirtschaftlichen Analyse von IFRS-Abschlüssen, KoR 2005, 435

Colley, J.Ron/Volcan, Ara G., Accounting for Goodwill, Accounting Horizons 1988, 35

Crasselt, Niels/Lukas, Elmar, M&A-Transaktionen mit Earn-out-Vereinbarung: Ermittlung der bilanziellen Anschaffungskosten nach IFRS 3, KoR 2008, 728

Dawo, Sascha, Fair value-Bewertung nicht finanzieller Positionen - der Weg zur entobjektivierten Bilanz, in: Küting, Karlheinz/Pfitzer, Norbert/Weber, Claus-Peter, Herausforderungen und Chancen durch weltweite Rechnungslegungsstandards, 2004, S. 43

Dobler, Michael, Folgebewertung des Goodwill nach IFRS 3 und IAS 36, PiR 2005, 24

Dobler, Michael/Kurz, Gerhard, Aktivierungspflicht für immaterielle Vermögensgegenstände in der Entstehung nach dem RegE eines BilMoG, KoR 2008, 485

Döllerer, Georg, Anschaffungskosten und Herstellungskosten nach neuem Aktienrecht unter Berücksichtigungdes Steuerrechts, BB 1966, 1405

Döllerer, Georg, Grundsätze ordnungswidriger Bilanzierung - Systematische Fehler in Bilanzen, BB 1982, 777

Dreger, Karl-Martin, Der Konzernabschluß, Wiesbaden 1969

Drinhausen, Andrea/Ramsauer, Jürgen, Zur Umsetzung der HGB-Modernisierung durch das BilMoG: Ansatz und Bewertung von Rückstellungen, DB, Beilage 5 zu Heft 23, 2009, 46

DRSC, Stellungnahme zum Referentenentwurf eines BilMoG, S. 22, Abfrage unter www.standardsetter.de/drsc/docs/press_releases/080121_SN_BilMoG-FV.pdf, 08.03.2008;

Duhr, Andreas, Grundsätze ordnungsgemäßer Geschäftswertbilanzierung Objektivierungs-konzeptionen des Geschäftswerts nach HGB, IFRS und U.S.GAAP, Düsseldorf 2006

Dusemond, Michael/Hayn, Benita, Latente Steuern aus Konsolidierungsmaßnahmen, BB 1997, 983

Ebenroth, Carsten Thomas/Boujong, Karlheinz/Joost, Detlev/Strohn, Lutz, Handelsgesetzbuch, Kommentar, 2. Aufl., München 2008

Egner, Henning, Bilanzen Ein Lehrbuch zur Bilanztheorie, München 1974

Ekkenga, Jens, Anlegerschutz, Rechnungslegung und Kapitalmarkt: Eine vergleichende Studie zum europäischen, deutschen und britischen Bilanz-, Gesellschafts- und Kapitalmarktrecht, Tübingen, 1998

Ellis, Martin, Goodwill Accounting: Everything has Changed and Nothing has Changed, in: Chew, Donlad H. Jr./Gillan, Stuart L. (Hrsg.), Corporate Governance at the Crossroads – A Book of Reading, Boston et. alt. 2005, S. 462

Emmerich, Volker/Habersack, Mathias, Aktien- und GmbH-Konzernrecht Kommentar, 5. überarbeitete Auflage, München 2008

Engel-Ciric, Dejan, Bilanzierung des Geschäfts- oder Firmenwerts nach dem BilMoG, BRZ 2009, 445

Epstein/Mirza, Wiley-Kommentar zur internationalen Rechnungslegung nach IAS/IFRS, herausgeg. von Ballwieser, Wolfgang u.a., Braunschweig, 2004 (zit.: Bearbeiter in Wiley-IAS/IFRS)

Ernst & Young, Handeln wider besseres Wissen Warum viele Transaktionen scheitern, ohne es zu müssen. Studie 2006, abrufbar unter http://www.ey.com/Publication/vwLUAssets/Studie_HandelnwiderWissen/$FILE/Handeln_2006_k.pdf, Abfrage 15.10.2009

Ernst, Christoph/Seidler, Holger, Gesetz zur Modernisierung des Bilanzrechts nach Verabschiedung durch den Bundestag, BB 2009, 766

Ernst, Christoph/Seidler, Holger, Kernpunkte des Referentenentwurfs eines Bilanzrechts-modernisierungsgesetzes, BB 2007, 2557

Esser, Maik/Hackenberger, Jens, Immaterielle Vermögenswerte des Anlagevermögens und Goodwill in der IFRS-Rechnungslegung - Ein Überblick über die Auswirkungen des Business-Combinations Porjekts, DStR 2005, 708

Euler, Roland, Grundsätze ordnungsgemäßer Gewinnrealisierung, Düsseldorf, 1989

Fabri, Stefan, Grundsätze ordnungsgemäßer Bilanzierung entgeltlicher Nutzungsverhältnisse, Bergisch Gladbach/Köln, 1986

FASB, Statement of Financial Accounting Standards: Fair Value Measurement, Norwalk, 2006

Fink, Christian, Bilanzierung von Unternehmenszusammenschlüssen nach der Überarbeitung von IFRS 3, PiR 2008, 114

Flies, Rolf, Auftragsbestand und Firmenwert, DB 1996, 846

Focken, Elke/Lenz, Hansrudi, Spielräume der Kapitalkonsolidierung nach der Erwerbsmethode bei Beteiligungserwerb und Anteilstausch, DB 2000, 2437

Förschle, Gerhart/Budde, Wolfgang Dieter (Hrsg.) Sonderbilanzen: Von der Gründungsbilanz bis zur Liquidationsbilanz, 3. Aufl., München 2002

Förschle, Gerhart/Kropp, Manfred, Die Bewertungsstetigkeit im Bilanzrichtlinien-Gesetz, ZfB 1986, 873

Freericks, Wolfgang, Bilanzierungsfähigkeit und Bilanzierungspflicht in Handels- und Steuerbilanz, Köln u. a. 1976

Freiberg, Jens, Vom Minderheitenanteil zum nicht beherrschenden Anteil – mehr als eine Neuetikettierung? PiR 2009, 210

Freiberg, Jens, Ausweis von Goodwill für Minderheitenanteile im Konzern? Pro, PiR 2008, 300

Fülbier, Rolf Uwe/Gassen, Joachim, Das Bilanzrechtsmodernisierungsgesetz (BilMoG): Handelsrechtliche GoB vor der Neuinterpretation, DB 2007, 2605

Goebel, Andrea, Konzernrechnungslegung nach den International Accounting Standards Konzeptionen, Inhalte und Möglichkeiten einer Annäherung durch deutsche Muttergesellschaften, DB 1994, 2457

Goette, Wulf/Habersack, Mathias (Hrsg.), Münchener Kommentar zum Aktiengesetz Band I, 3. Aufl. München 2008, (zit.: MünchKomm-AktG/Bearbeiter)

Göllert, Kurt, Auswirkungen des Bilanzrechtsmodernisierungsgesetzes auf die Bilanzpolitik, DB 2008, 1165

Gräfer, Horst, Ziele, Instrumente und Grenzen der Bilanzpolitik, WiSt 1981, 353

Gross, Gerhart, Die Unternehmensfortführungsannahme als Bewertungskriterium, in: Förschle, Gerhardt/Kaiser, Klaus/Moxter, Adolf (Hrsg.), Rechenschaftslegung im Wandel Festschrift für Wolfgang Dieter Budde, 1995, S. 243

Groß, Paul J./Amen, Matthias, Die Fortbestehungsprognose - Rechtliche Anforderungen und ihre betriebswirtschaftlichen Grundlagen, WpG 2001, 225

Großfeld, Bernhard, Unternehmens- und Anteilsbewertung im Gesellschaftsrecht, 4. völlig neu überarbeitete Auflage, Köln 2002

Großfeld, Bernhard/Luttermann, Claus, Bilanzrecht Die Rechnungslegung in Jahresabschluss und Konzernabschluss nach Handeslrecht und Steuerrecht, Europarecht und IAS/IFRS, 4. neu bearbeitete und erweiterte Auflage, Heidelberg 2005

Großfeld, Bernhard/Stöver, Michael, Ermittlung des Betafaktors in der Unternehmensbewertung: Anleitung zum "Do it Yourself", BB 2004, 2799

Günther, Walther, Unternehmenskauf in: Schütze, Rolf A. /Weipert, Lutz (Hrsg.), Münchener Vertragshandbuch, Band 2, 5. Aufl., München 2004

Gutenberg, Erich, Grundlagen der Betriebswirtschaftslehre, Dritter Band Finanzen, 8. erw. Aufl., Berlin, Heidelberg, New York, 1987

Haaker, Andreas, *Fair value*-Bewertung im "modernisierten" HGB? Contra, PiR 2009, 50

Haaker, Andreas, Das Wahlrecht zur Anwendung der full goodwill method nach IFRS 3 (2008), PiR 2008, 188

Haaker, Andreas, Potential der Goodwill-Bilanzierung nach IFRS für eine Konvergenz im wertorientierten Rechnungswesen Eine messtheoretische Analyse, Wiesbaden 2008

Haaker, Andreas, Grundgedanken zu einer Reform der Bilanzierung immaterieller Vermögenswerte nach IAS 38 und zur zweckadäquaten Ausgestaltung einer „IFRS-Informationsbilanz" (Teil I) - Erfüllung des Inforamtionszwecks und Reform des IAS 38 -, KoR 2007, 254

Haaker, Andreas, Grundgedanken zu einer Reform der Bilanzierung immaterieller Vermögenswerte nach IAS 38 und zur zweckadäquaten Ausgestaltung einer „IFRS-Informationsbilanz" (Teil II) - Weiterentwicklung der IFRS-Bilanz zu einer entobjektivierten Informationsbilanz -, KoR 2007, 232

Haaker, Andreas, Die full goodwill method nach ED IFRS 3 – Anwendungsprobleme und Informationsnutzen, PiR 2006, 22

Haaker, Andreas, Einheitstheorie und Fair Value-Orientierung: Informationsnutzen der full goodwill method nach ED IFRS 3 und mögliche Auswirkungen auf die investororientierte Bilanzanalyse - Grundgedanken zum bilanzanalytischen Umgang mit den geplanten Regelungen des ED IFRS 3, KoR 2006, 451

Harr, Uwe/Eppinger, Christoph/Zeyer, Fedor, Das Wahlrecht zur Anwendung der full goowill-Methode nach IFRS 3 Exemplarische Darstellung bilanzpolitischer Gestaltungsmöglichkeiten, PiR 2009, 1

Hartle, Joachim, Möglichkeiten der Objektivierung der Bilanz Eine ökonomische Analyse, Frankfurt/M., Bern, New York, 1984

Haufe IFRS-Kommentar, herausgeg. von Lüdenbach, Norbert/Hoffmann, Wolf-Dieter, 7. Auflage, Freiburg, München, Berlin, Würzburg, 2009

Havermann, Hans, Der Aussagewert des Jahresabschlusses, Wpg 1988, 612

Hayn, Benita, Konsolidierungstechnik bei Erwerb und Veräußerung von Anteilen, ein Leitfaden zu praktischen Umsetzung, Diss., Herne, Berlin 1999

Heidelberger Kommentar zum Handelsgesetzbuch Handelsrecht, Bilanzrecht, Steuerrecht, Kommentar zum Handelsgesetzbuch mit den Rechnungslegungsvorschriften nach dem Bilanzrichtlinien-Gesetz und den Steuern der kaufmännischen Personenunternehmen von Glanegger, Peter/Güroff, Georg/Kirnberger, Christian/Kusterer, Stefan/Peuker, Monika/Ruß, Werner/Selder, Johannes/ Stuhlfelner, Ulrich, 6. neu bearbeitete Auflage, Heidelberg, 2002

Heinold, Michael, Der Jahresabschluß, 4. Aufl., München, Wien 1996

Heinold, Michael, Bilanzpolitik in: Wittmann, Waldemar/ Kern, Werner/Köhler, Richard/Küpper, Hans-Ulrich/Wysocki, Klaus v. (Hrsg.), Handwörterbuch der Betriebswirtschaft - Teilband 1, A -H-, 5. Aufl., Stuttgart 1993, Sp. 525 (zit.: HWB)

Heinrich, Thomas, Zusammenschluss von Unternehmen durch Pooling of Interests: Umsetzung des angelsächsischen Poolinggedankens in deutsches Recht, München, 1993

Henckel, Niels-Fithjof/Luwig, Thomas/ Lüdke, Thomas, Behandlung von Forschungs- und Entwicklungskosten nach HGB und IFRS unter Berücksichtigung der durch das BilMoG geplanten Änderungen, DB 2008, 196

Hendler, Matthias, Abbildung des Erwerbs und der Veräußerung von Anteilen an Tochterunternehmen nach der Interessentheorie und der Einheitstheorie, Lohmar, Köln, 2002

Hendler, Matthias/Zülch, Henning, Anteile anderer Gesellschafter im IFRS-Konzernabschluss, Wpg 2005, 1155

Hennrichs, Joachim, Bilanzierung und Bewertung eines Geschäfts- oder Firmenwerts nach BilMoG, Steuerbilanzrecht und IFRS, in: Spindler, Wolfgang/Tipke,Klaus/Rödder, Thomas, Festschrift für Harald Schaumburg zu 65. Geburtstag, Köln 2009

Hennrichs, Joachim, BilMoG - Verhältnis zu IFRS und Gläubigerschutz, in: , „Wetterfest“: Die deutsche Bilanzrechtsmodernisierung, SR 2009, 124

Hennrichs, Joachim, IFRS und Mittelstand - Auswirkungen der GmbH-Reform und Zukunft der Kapitalerhaltung, ZGR 2008, 361

Hennrichs, Joachim, IFRS-Eignung für Ausschüttungszwecke, BFuP 2008, 415

Hennrichs, Joachim, Immaterielle Vermögensgegenstände nach dem Entwurf des Bilanzrechtsmodernisierungsgesetzes (BilMoG), DB 2008, 537

Hennrichs, Joachim, Kapitalschutz bei GmbH, UG (haftungsbeschränkt) und SPE, NZG 2009, 921

Hennrichs, Joachim, Prinzipien vs. Regeln, Quo vadis BilMoG? Am Beispiel der Aktivierung von immateriellen Vermögensgegenständen, S:R 2008, 64

Hennrichs, Joachim, Wahlrechte im Bilanzrecht der Kapitalgesellschaften Unter besonderer Berücksichtung der EG-Bilanzrichtlinie, Köln 1999

Heuser, Paul J./Theile, Carsten, IFRS Handbuch - Einzel- und Konzernabschluss, 3. Aufl., Köln 2007 und 4. Aufl., Köln 2009

Heyd, Reinhard/Lutz-Ingold, Martin, Immaterielle Vermögenswerte und Goodwill nach IFRS, Stuttgart 2005

HGB-Bilanzrecht Rechnungslegung Abschlussprüfung Publizität Großkommentar, 1. Teilband: §§ 238-289 HGB Grundlagen. Jahresabschluss der Personen- und Kapitalgesellschaften, herausgegeben von Ulmer, Peter, Berlin, New York, 2002

Hitz, Jörg-Markus, Fair Value in der IFRS-Rechnungslegung - Konzeption, Inhalt und Zweckmäßigkeit, Wpg 2005, 1013

Hitz, Jörg-Markus, Rechnungslegung zum Fair Value - Konzeption und Entscheidungsnützlichkeit, F.a.M. et alt., 2005

Hoffmann, Wolf-Dieter, Goodwill beim Start-up-Unternehmen, PiR 2009, 281

Hoffmann, Wolf-Dieter, Erwerb von nicht zur Nutzung bestimmten Vermögenswerten, PiR 2009, 87

Hoffmann, Wolf-Dieter/Lüdenbach, Norbert, Inhaltliche Schwerpunkte des BilMoG-Regierungsentwurfs, Beihefter zu DStR 30, 2008, 49

Hommel, Michael, Bilanzierung immaterieller Anlagewerte, Stuttgart, 1998

Hommel, Michael/Benkel, Muriel/Wich, Stefan, IFRS 3 Business Combinations: Neue Unwägbar-keiten im Jahresabschluss, BB 2004, 1267

Hommel, Michael/Franke, Florian/Rößler, Bettina, Die bilanzielle Behandlung des Minderheitengoodwill gemäß Bilanzrechtsmodernisierungsgesetz, IAS 27 und IFRS 3, Der Konzern, 2008, 157

Hüning, Michael, Kongruenzprinzip und Rechnungslegung von Sachanlagen nach IFRS, Lohmar, Köln, 2007

Hüttemann, Rainer, Rechtsfragen der Unternehmensbewertung, in: Heintzen, Markus/Kruschwitz, Lutz (Hrsg.), Unternehmen bewerten Ringvorlesung der Fachbereiche Rechts- und Wirtschafts-wissenschaften der Freien Universität Berlin im Sommersemester 2002, Berlin 2002, S. 133

Hüttemann, Rainer, Börsenkurs und Unternehmensbewertung, ZGR 2001, 454

Hüttemann, Rainer, Neuere Entwicklungen der Unternehmensbewertung im Gesellschaftsrecht, in: Herzig, Norbert/Günkel, Manfred/Niemann, Ursula (Hrsg.), Steuerberater-Jahrbuch 2000/2001, Köln 2001, S. 385

Institut der Wirtschaftsprüfer IDW, Stellungnahme zur Rechnungslegung: Bewertungen bei der Abbildung von Unternehmenserwerben und bei Werthaltigkeitsprüfungen nach IFRS (IDW RS HFA 16) (Stand 18.10.2005), Wpg 2005, 1415 (zit. IDW RS HFA 16)

Jacob, Herbert, Bilanzpolitik und Bilanztaktik Schriften zur Unternehmensführung, Band 10, Wiesbaden 1969

Jäger, Rainer/Himmel, Holger, Die Fair Value-Bewertung immaterieller Vermögenswerte vor dem Hintergrund der Umsetzung internationaler Rechnungslegungsstandards, BFuP 2003, 417

Jessen, Ulf/Haaker, Anrdeas, Zur Fair-Value-Bewertung im „modernisierten" Handelsbilanzrecht: Ein Plädoyer für hinreichenden Gläubigerschutz, DStR 2009, 499

Johnson, L. Todd/Petrone, Kimberley R., Is Goodwill an asset?, Accounting Horizons 1998

Joint Working Group of Standard Setters, Draft Standard and Basis for Conclusions: Financial Instruments and Similar Items,London u. a., 2000

Kahle, Holger, Die neue Goodwill-Bilanzierung nach US-GAAP - Bilanzierung nach Belieben? (Teil A) , StuB 2002, 849

Kallmeyer, Harald, Umwandlungsgesetz, 3. Aufl. , Köln, 2005

Karrenbrock, Holger, Von der Steuerabgrenzung zur Bilanzierung latenter Steuern – Die Neuregelung der Bilanzierung latenter Steuerzahlungen nach dem Entwurf des Bilanzrechtsmodernisierungs-gesetzes (BilMoG), Wpg 2008, 333

Kellernes, André, Risikoneutrale Unternehmensbewertung und Multiplikatoren, 2004, 286

Kessler, Harald/Strickmann, Michael, Konzernrechnungslegung und Konzernpolitik nach HGB, DRS und IFRS, in: Küting, Karlheinz (Hrsg.), Saarbrücker Handbuch der Betriebswirschaftlichen Beratung, 4.v ollständig überarbeitete Auflage, Herne 2008, S. 831

Kessler, Harald/Leinen, Markus/Paulus,Benjamin, Das BilmoG und die latenten Steuern – Teil 2 Fortsetzung von KoR 2009 S. 728, KoR 2010, 46

Kessler, Harald/Leinen, Markus/Strickmann, Michael, (Hrsg.), Bilanzrechtsmodernisierungsgesetz (BilMoG-RegE) Die neue Handelsbilanz, Freiburg, Berlin, München 2008

Kirsch, Hanno, Positionierung der Bilanzierungsvorschriften des BilMoG im Verhältnis zu IFRS, PiR 2009, 185

Kirsch, Hanno, Die Unternehmensperspektive und die berichterstattende Einheit, KoR 2008, 253

Kirsch, Hanno, HGB- und IFRS –Konzernabschluss im Lichte des BilMoG-Entwurfs, PiR 2008, 16

Kleber, Peter, Prognoseprobleme in der Unternehmensbewertung, Wiesbaden, 1989

Klein, Gabriele, Internationale Rechnungslegung und Konzernabschluss Entwicklung eines Sollkonzepts für den zukünftigen Standardsetzungsprozess, Wiesbaden, 2003

Klein-Blenkers, Friedrich, Rechtssprechungsbericht Unternehmenskauf, NZG 1999, 185

Kleindiek, Detlef, Materielle Unterkapitalisierung, Existenzvernichtung und Deliktshaftung – GAMMA, NZG 2008, 686

Kleindiek, Detlef, Perspektiven des Kapitalschutzes - Themen und Meinungen in der nationalen Diskussion, BB-Special 5, 2007, 2

Knapp, Lotte, Was darf der Kaufmann als seine Vermögensgegenstände bilanzieren?, DB 1971, 1121

Knorr, Liesel/Buchheim, Regine/Schmidt, Martin, Konzernrechnungslegungspflicht und Konsolidierungskreis – Wechselwirkungen und Folgen für die Verpflichtung zur Anwendung der IFRS, BB 2005, 2399

Kommission Rechnungswesen im Verband der Hochschullehrer für Betriebswirtschaft e. V., Stellungnahme zum Vorentwurf eines Bilanzrichtlinie-Gesetzes vom 5.2.1980, DBW 1980, 589

Köster, Oliver, Niedertswerttest und Bewertungseinheiten beim Anlagevermögen im Entwurf des BilMoG, BB 2007, 2791

Krag, Joachim/Kasperzak, Reiner, Grundzüge der Unternehmensbewertung, München 2000

Kraus-Grünewald, Marion, Ertragsermittlung bei der Unternehmensbewertung, Wiesbaden 1982

Krawitz, Norbert, Die Bilanzielle Behandlung der langfristigen Auftragsfertigung und Reformüberlegungen unter Berücksichtigung internationaler Entwicklungen, DStR 1997, 886

Krawitz, Norbert/Klotzbach, Daniela, Anwendungsvoraussetzungen und Aussagefähigkeit der Fresh-Start-Method bei der Bilanzierung von Unternehmenszusammenschlüssen, Wpg 2000, 1164

Krolak Thomas, Die bilanzielle Behandlung des aus der Kapitalkonsolidierung resultierenden Geschäfts- oder Firmenwerts nach HGB, U.S.-GAAP und IAS, In: Baetge, Jörg, Schriften des Instituts für Revisionswesen der Westfälischen Wilhelms-Universität Münster, Diss., Düsseldorf, 2000

Kruschwitz, Lutz, Finanzierung und Investition, 3. überarb. Aufl., München, Wien, 2002

Kruschwitz, Lutz/Löffler, Andreas, Unendliche Probleme bei der Unternehmensbewertung, DB 1998, 1041

Kruschwitz, Lutz/Löffler, Andreas, Zur Bewertung ewig lebender Unternehmen, DB 2003, 1401

Kühn, Sigrid, Ausgestaltungsformen der Erwerbsmethode: Eine Analyse unter Berücksichtigung der Wahlrechte nach IFRSund der fair value-Bewertung, Frankfurt 2004

Kühnberger, Manfred, Firmenwerte in Bilanz, GuV und Kapitalflussrechnung nach HGB, IFRS und US-GAAP, DB 2005, 677

Kühne, Mareike/Nerlich, Christoph, Vorschläge für eine geänderte Rückstellungsbilanzierung nach IAS 37: Darstellung und kritische Würdigung, BB 2005, 1839

Kühne, Mareike/Schwedler, Christina, Geplante Änderungen der Bilanzierung von Unternehmens-zusammenschlüssen -ED of Proposed Amendments to IFRS 3 und ED of Proposed Amendments to IAS 27 , KoR 2005, 329

Kümmel, Jens, Grundsätze für die Fair Value-Ermittlung mit Barwertkalkülen - Eine Untersuchung auf der Grundlage des Statement of Financial Accounting Concept No. 7, Düsseldorf , 2002

Küppers, Christoph, Der Firmenwert in der Handels- und Steuerbilanz nach Inkraftreten des BilanzRiLiG - Rechtsnatur und bilanzpolitische Spielräume, DB 1986, 1633

Küting, Karlheinz, Der Geschäfts- oder Firmenwert in der deutschen Konsolidierungspraxis 2007 - Ein Beitrag zur empirischen Rechnungslegungsforschung, DStR 2010, 1855

Küting, Karlheinz, Der Geschäfts- oder Firmenwert in der deutschen Konsolidierungspraxis 2008 - Ein Beitrag zur empirischen Rechnungslegungsforschung, DStR 2009, 1863

Küting, Karlheinz, Bilanzanalyse deutscher Konzerne: Auswirkungen der Finanzmarktkrise auf die Umsatz- und Ergebnisgrößen, BB 2009, 1742
Küting, Karlheinz, Der Geschäfts- oder Firmenwert in der deutschen Konsolidierungspraxis 2007 - Ein Beitrag zur empirischen Rechnungslegungsforschung, DStR 2008, 1795
Küting, Karlheinz, Geplante Neuregelung der Kapitalkonsolidierung durch das Bilanzrechts-modernisierungsgesetz – Die Kapitalkonsolidierung wird grundlegend verändert, DStR 2008, 1396
Küting, Karlheinz, Geplante Neuregelungen der Bilanzansatzwahlrechte durch das Bilanzrechtsmodernisierungsgesetz, BB 2008, 1330
Küting, Karlheinz, Referentenentwurf des Bilanzrechtsmodernisierungsgesetzes, BB 2007, Heft 48, Die erste Seite.
Küting, Karlheinz, Der Geschäfts- oder Firmenwert in der deutschen Konsolidierungspraxis 2006 – Ein Beitrag zur empirischen Rechnungslegungsforschung, DStR 2007, 2025
Küting, Karlheinz, Der Geschäfts- oder Firmenwert in der deutschen Konsolidierungspraxis 2005 – Ein Beitrag zur empirischen Rechnungslegungsforschung, DStR 2006, 1665
Küting, Karlheinz, Der Geschäfts- oder Frimenwert als Schlüsselgröße der Analyse von Bilanzen deutscher Konzerne – Eine empirische Analyse zur HGB-, IFRS- und US-GAAP-Bilanzierung -, DB 2005, 2757
Küting, Karlheinz, Auf der Suche nach dem richtigen Gewinn, DB 2004, 1441
Küting, Karlheinz, Bilanzpolitik, in: Küting, Karlheinz (Hrsg.), Saarbrücker Handbuch der Betriebswirtschaftlichen Beratung, 3. Aufl., Herne/Berlin 2004, S. 594
Küting, Karlheinz, Unternehmensbewertung, in: Küting, Karlheinz/Schnorbus, Axel (Hrsg.), Betriebswirtschaftslehre heute Für die Aufgaben der Praxis, Frankfurt 1992
Küting, Peter, Ein Plädoyer für die Passivierung latenter Steuern auf den Geschäfts- oder Firmenwert nach HGB und IFRS, DB 2009, 2053
Küting, Karlheinz/Dawo, Sascha, Die Bilanzierung immaterieller Werte nach IAS 38 - Gegenwärtige Regelungen und geplante Änderungen: Ein Beispiel für die Polarität von Vollständigkeitsprinzip und Objektivierungsprinzip, BFuP 2003, 397
Küting, Karlheinz/Hayn, Marc, Anwendungsgrenzen des Gesamtbewertungskonzepts in der IFRS-Rechnungslegung, BB 2006, 1211
Küting, Karlheinz/Reuter, Michael, Neubewertungsrücklagen als Konsequenz einer (erfolgsneutralen) Fair Value-Bewertung - Untersuchung dieser IFRS-spezifischen Eigenkapitalposten und ihrer fragwürdigen Bedeutung in der Bilanzierungspraxis -, KoR 2009, 172
Küting, Karlheinz/Reuter, Michael, Erfolgswirksame versus erfolgsneutrale Eigenkapitalkom-ponenten im IFRS-Abschluss Gewöhnungsbedürftiger

Gewinnausweis für deutsche Bilanzierer und Abschlussleser, PiR 2009, 44.

Küting, Karlheinz/Seel, Christoph, Das neue deutsche Konzernbilanzrecht – Änderungen der Konzernrechnungslegung durch das Bilanzrechtsmodernisierungsgesetz, Beihefter zu DStR, 26, 2009, 37

Küting, Karlheinz/Seel, Christoph, Die Ungereimtheiten der Regelung zu latenten Steuern, DB 2009, 922

Küting, Karlheinz/Tesche, Thomas, Der Stetigkeitsgrundsatz im verabschiedeten neuen deutschen Bilanzrecht, DStR 2009, 1491

Küting, Karlheinz/Weber, Claus-Peter, Der Konzernabschluss Lehrbuch zur Praxis der Konzernrechnungslegung, 9., vollständig überarbeitete Auflage, Stuttgart, 1997

Küting, Karlheinz/Weber, Claus-Peter, Die Bilanzanalyse - Beurteilung von Abschlüssen nach HGB und IFRS, 9. Aufl., Stuttgart 2009, S. 41.

Küting, Karlheinz/Weber, Claus-Peter (Hrsg.), Handbuch der Rechnungslegung Kommentar zu Bilanzierung und Prüfung, 4. grundlegend überarbeitete und erweiterte Auflage, Stuttgart, 1995, 5. Auflage, Stuttgart 2008 (zit.: HdR)

Küting, Karlheinz/Weber, Claus-Peter (Hrsg.), Handbuch der Konzernrechnungslegung Kommentar zur Bilanzierung und Prüfung, Band II, 2. grundlegend überarbeitete Auflage, Stuttgart 1998 (zit.: HdK)

Küting, Karlheinz/Weber, Claus-Peter (Hrsg.), Handbuch der Rechnungslegung Kommentar zur Bilanzierung und Prüfung, 4. grundlegend überarbeitete und wesentlich erweiterte Auflage, Stuttgart 1995, 5. aktualisierte und erweitere Auflage, Stuttgart (zit.: HdR)

Küting, Karleinz/Zwirner, Christian, Abgrenzung latenter Steuern nach IFRS in der Bilanzierungspraxis in Deutschland: Dominanz der steuerlichen Verlustvorträge, Wpg 2007, 555

Küting, Karlheinz/Zwirner, Christian, Latente Steuern in der Unternehmenspraxis: Bedeutung für Bilanzpolitik und Unternehmensanalyse – Grundlagen sowie empirischer Befund in 300 Konzern-abschlüssen von in Deutschland börsennotierten Unternehmen, Wpg 2003, 301

Küting, Karlheinz/Zwirner, Christian, Zunehmende Bedeutung und Indikationsfunktion latenter Steuern in der Unternehmenspraxis, BB 2005, 1553

Küting, Karlheinz/Döge, Burkhardt/Pfingsten, Andreas, Neukonzeption der Fair Value-Option nach IAS 39 - Überzeugender Kompromiss oder doch nur wieder eine Übergangslösung? - , KoR 2006, 597

Küting, Karlheinz/Elprana, Kai /Wirth, Johannes, Sukzessive Anteilserwerbe In der Konzernrechnungslegung, KoR 2003, 477

Küting, Karlheinz/Pfirmann, Armin/Ellmann, David, Die Bilanzierung von selbsterstellten immateriellen Vermögensgegenständen nach dem RegE des BilMoG, KoR, 2008, 698

Küting, Karlheinz/Pfitzer, Norbert/Weber, Claus-Peter (Hrsg.), Internationale Rechnunglegung: Standortbestimmung und Zukunftsperspektiven, Stuttgart 2006

Küting, Karlheinz/Weber, Claus-Peter/Reuter, Michael, Steuerbemessungsfunktion als neuer Bilanzzweck des IFRS-/Konzern-Abschlusses durch die Zinsschrankenregelung? Eine bilanz- und steuerrechtliche sowie bilanzanalytische Betrachtung, DStR 2008, 1602

Küting, Karlheinz/Weber, Claus-Peter/Wirth, Johannes, Die Goodwillbilanzierung im finalisierten Business Combinations Project Phase II-Erstkonsolidierung, Werthaltigkeitstest und endkonsolidierung, KoR 2008, 139

Küting, Karlheinz/Wirth, Johannes, Bilanzierung von Unternehmenszusammenschlüssen nach IFRS 3, KoR 2004, 167

Küting, Karlheinz/Wirth, Johannes, Full Goodwill Approach des Exposure Draft zu IFRS 3 - Firmenwertbilanzierung unter geltung des Business Combinations Projects Phase II, BB-Special 10, 2005, 2

Küting, Karlheinz/Zwirner, Christian/ Reuter, Michael, Zur Bedeutung der Fair Value-Bewertungin der deutschen Bilanzierungspraxis - Empirische Analyse von IFRS-Konzernabschlüssen, DStR 2007, 500

Küting, Karlheinz/Dawo, Sascha, Anwendungsfälle der fair value-Bewertung bei nicht finanziellen Vermögenswerten im Rahmen der Internationale Financial Reporting Standards (IFRS), KoR 2003, 229

Küting, Karlheinz/Ulrich, Andreas, Abildung und Steuerung immaterieller Vermögensgegenstände (Teil II) - Werttreiber im normativen Zwangskorsett, DStR 2001, 1001

Kußmaul, Heinz/Weiler, Dennis, Fair value-Bewertung im Licht aktueller Entwicklungen (Teil 1), KoR 2009, 163

Kußmaul, Heinz/Weiler, Dennis, Fair value-Bewertung im Licht aktueller Entwicklungen (Teil 2), KoR 2009, 209

Laage, Gudrun von der/Reusch, Susen, Deutsches Bilanzrecht und IFRS: Gewinnermittlung, Gewinnverwendung im Sinne von Ausschüttungsbemessung und Besteuerung, NZG 2009, 245

Lachnit, Laurenz/Müller, Stefan, Bilanzanalytische Behandlung von Geschäfts- oder Firmenwerten, KoR 2003, 540

Lamers, Alfons, Aktivierungsfähigkeit und Aktivierungspflicht immaterieller Werte, München, 1981

Laubach, Wolfgang/Kraus, Sylvia, Zum Referentenentwurf eines Bilanzrechtsmodernisierungs-gesetzes (BilMoG): Die Bilanzierung immaterieller Vermögensgegenstände und der Aufwendungen für die Ingangsetzung des Geschäftsbetriebs, DB 2008, 16

Laubach, Wolfgang/Kraus, Sylvia/Bornhofen, Martin C., Zur Durchführung der HGB-Modernisierung durch das BilMoG: Die Bilanzierung selbst geschaffener immaterieller Vermögensgegenstände, DB, Beilage 5 zu Heft 23, 2009, 19

Lausterer, Martin, Tendenzen in der Betriebswirtschaftslehre und Bestand der Tendenzen in der Rechtssprechung, in: Barthel, Carl, W. (Hrsg.), Handbuch der Unternehmensbewertung, Teil 3, Loseblatt-Ausgabe, Karlsfeld 2001, S. 6

Leffson, Ulrich, Grundsätze ordnungsgemäßer Buchführung, 1. Auflage, Düsseldorf, 1964

Leffson, Ulrich/Rückle, Dieter/Großfeld, Bernhard, Handwörterbuch unbestimmter Rechtsbegriffe im Bilanzrecht des HGB, Köln 1986 (zit.: HuRB/Bearbeiter)

Loitz, Rüdiger, Latente Steuern nach dem Bilanzrechtsmodernisierungskonzept, DB 2009, 913

Loitz, Rüdiger, Latente Steuern und steuerliche Überleitungsrechnung - Unterschiede zwischen IAS/IFRS und US-GAAP, WPg 2004, 1177

Lopatta, Kerstin, Goodwillbilanzierung und Informationsvermittlung nach internationalen Rechnungslegungsstandards Business Combinaitons (IFRS, US-GAAP), Kaupreisallokation, Impairment Test, Konvergenzbestrebungen, Wiesbaden 2006

Lorson, Peter, Bedeutungsverschiebung der Bilanzierungszwecke (Kapitel 1), in: Küting, Karlheinz/Pfitzer, Norbert/Weber, Claus-Peter, Das neue deutsche Bilanzrecht Handbuch für den Übergang auf die Rechnungslegung nach dem Bilanzrechtsmodernisierungsgesetz (BilMoG), Stuttgart 2009, S. 3

Lorson, Peter, Der Fair Value im System der Wertbegriffe nach IAS/IFRS und US-GAAP in: Bieg, H./Heyd, R. (Hrsg.), Fair Value - Bewertung in Rechnungswesen, Finanzwirtschaft und Controlling, München 2005, S. 3

Lück, Wolfgang, Das Going-Concern-Prinzip in Rechnungslegung und Jahresabschlussprüfung, DB 2001, 1945

Lüdenbach, Norbert/Freiberg, Jens, BB-IFRS-Report 2009, BB 2009, 2750

Lüdenbach, Norbert/Freiberg, Jens, Flächendeckende Auswirkungen der Finanzmarktkrise auf den IFRS-Abschluss 2008, PiR 2008, 385

Lüdenbach, Norbert/Freiberg, Jens, Zweifelhafter Objektivierungsbeitrag des Fair Value Measurements-Projekts für die IFRS-Bilanz, KoR 2006, 437

Lüßmann, Lars-Gerrit, Unternehmenskontrolle, Kapitalmärkte und Fair Value-Accounting, Sternenfels, Verl. Wissenschaft und Praxis, 2004

Lukas, Andreas, Unternehmensbewertung und intellektuelles Kapital, in: Küpper, Willi (Hrsg.), Personal Organsiation Management (POM) Band 11, Diss., Berlin 2004

Lutter, Marcus/Winter, Martin, Umwandlungsgesetz, Kommentar, 3. Auflage, Köln, 2004

Mackenstedt, Andreas/Fladung, Hans-Dieter/Himmel, Holger, Ausgewählte Aspekte bei der Bestimmung beizulegender Zeitwerte nach IFRS 3 - Anmerkungen zu IDW RS HFA 16, Wpg 2006, 1037

Mandl, Gerwald/Rabl, Klaus, Unternehmensbewertung - Eine praxisorientierte Einführung, Wien, Frankfurt, 1997

Matschke, Manfred Jürgen/Brösel, Gerrit, Unternehmensbewertung Funktionen Methoden Grundsätze, Wiesbaden 2005

Maul, Karl-Heinz, Immaterielle Anlagewerte im Jahresabschluss der Aktiengesellschaft - Ein Beitrag zur Interpretation des § 153 Abs. 3 AktG, ZfBF 1973, 16

Meyer, Claus, Bilanzierung nach Handels- und Steuerrecht unter Einschluss der Konzern-rechnungslegung und der internationalen Rechnungslegung Darstellung, Kontrollfragen, Aufgaben, Lösungen, 16., wesentlich überarbeitete Auflage, Herne, Berlin, 2005

Möhring-Hesse, Matthias, Die demokratische Ordnung der Verteilung Eine Theorie der sozialen Gerechtigkeit , Frankfurt am Main, 2004, S. 193 f.

Moitzi, Bernhard, Fair Value Accounting und Anreizwirkungen, F. a. M. et alt., 2007

Moxter, Adolf, Grundsätze ordnungsgemäßer Unternehmensbewertung, 2. vollständig umgearbeitete Auflage, Wiesbaden, 1983

Moxter, Adolf, Aktivierungsgrenzen bei "immateriellen Anlagenwerten", BB 1978, 821

Moxter, Adolf, Bilanzlehre, Bd. I, Wiesbaden, 1974

Moxter, Adolf, Bilanzlehre, Bd.I, Einführung in die Bilanztheorie, 3. Auflage, Wiesbaden, 1984

Moxter, Adolf, Bilanzrechtliche Probleme beim Geschäfts- oder Firmenwert, in: Bierich, Marcus/Hommelhoff, Peter/Kropff, Bruno (Hrsg.), Unternehmen und Unternehmensführung im Recht Festschrift für Johannes Semler zu 70. Geburtstag am 28. April 1993, Berlin u.a., 1993, S. 853

Moxter, Adolf, Die Geschäftswertbilanzierung in der Rechtssprechung des Bundesfinanzhofs und nach EG-Bilanzrecht, BB 1979, 741

Moxter, Adolf, Die Jahresabschlußaufgaben nach der EG-Bilanzrichtlinie: Zur Auslegung von Art. 2 Bilanzrichtlinie, AG 1979, 141

Moxter, Adolf, Grundsätze ordnungsgemäßer Rechnungslegung, Düsseldorf, 2003

Moxter, Adolf, Zum Sinn und Zweck des handelsrechtlichen Jahresabschlusses nach neuem Recht, in: Havermann, Hans (Hrsg.), Festschrift zum 65. Geburtstag von Dr. Dr. h.c. Reinhard Goerdeler, Düsseldorf, 1987, S. 361

Moxter, Adolf, Zum Verhältnis von handelsrechtlichen Grundsätzen ordnungsgemäßer Bilanzierung und True-and fair-view-Gebot bei Kapitalgesellschaften, in: Förschle, Gerhard u .a.(Hrsg.), Festschrift für Wolfgang Dieter Budde, München, 1995, S. 419.

Moxter, Adolf, Bilanzrechtsprechung, 6. Auflage Tübingen 2007

Müller-Dahl, Frank P., Die Bilanzierung des Goodwill – betriebswirtschaftlich sowie handels- und steuerrechtlich unter Berücksichtigung des Vorentwurfs eines Bilanzrichtlinien-Gesetzes, BB 1981, 274

Münchener Kommentar Bilanzrecht IFRS, herausgegeben von Hennrichs, Joachim/Kleindiek, Detlef/Watrin, Christoph, Stand April 2009, München 2008

Münchener Kommentar Handelsgesetzbuch §§ 238-342 e, Band 4, Schmidt, Karsten (Hrsg.), 2. Auflage, München 2008

Münchener Kommentar zum Aktiengesetz, Geßler/Hefermehl/Eckardt/Kropff (Hrsg.), 2. Auflage , 2000 bzw. 3. Auflage, Semler/Kropff (Hrsg.), München, 2008 (zit.: Bearbeiter in MünchKommAktG)

Münchener Kommentar zum Bürgerlichen Gesetzbuch, Säcker, Franz Jürgen/Rebmann, Kurt (Hrsg.), 5. Aufl., München 2006 (zit.: Bearbeiter in MüchKommBGB)

Mujkanovic, Robin, Fair Value im Financial Statement nach International Accounting Standards, Stuttgart 2002

Niehues, Karl, Unternehmensbewertung bei Unternehmenstransaktionen unter besonderer Berücksichtigung kleiner und mittelständischer Unternehmen, BB 1993, 2241

Niehus, Karl, Die 7. EG-Richtlinie und die "Pooling-of-Interest"-Methode einer konsolidierten Rechnungslegung, Wpg 1983, 437

Obermaier, Robert, Fair Value-Bilanzierung nach IFRS auf der Basis von Barwertkalkülen - Ermittlung und Wirkung kapitalmarktorientierter Basiszinssätze -, KoR 2009, 545

Ohms, Verena, Konzernabschlüsse national und international Eine vergleichende Darstellung der Konzernrechnungslegung nach HGB und IFRS, in: Altmann, Jörn, Aussenhandelspolitik und –praxis, Stuttgart, 2005.

Ohms, Verena, Rechnungslegung national und international Eine vergleichende Darstellung der Rechnungslegungsgrundsätze nach HGB und IFRS, in: Altmann, Jörn, Aussenhandelspolitik und –praxis, Stuttgart, 2005.

Ordelheide, Dieter, Die Kapitalkonsolidierung nach der Erwerbsmehode (Teil I), Wpg 1984, 238

Ordelheide, Dieter, Konzern und Konzernerfolg, WiSt 1986, 495

Oser, Peter, Der Konzernabschluss nach dem BilMoG mit internationalem Antlitz, PiR 2009, 121

Oser, Peter/Reichart, Susanne/Wirth, Johannes, Kapitalkonsolidierung, in: Küting, Karlheinz/Pfitzer, Norbert /Weber, Claus-Peter(Hrsg.), Das neue deutsche Bilanzrecht, 2008, S. 409

Oser, Peter/Wirth, Johannes, Fallstudie zur Kapitalkonsolidierung nach der Neubewertungsmethode, in: Küting, Karlheinz/Pfitzer, Norbert/Weber, Claus-Peter, Das neue deutsche Bilanzrecht, 2008, S. 429

Palandt, Bürgerliches Gesetzbuch, 67. Auflage, München 2008 (zit.: Palandt-Bearbeiter)
Pawelzik, Kai Udo, Kombination von *full goodwill* und *bargain purchase*, PiR 2009, 277
Pawelzik, Kai Udo, Die Konsolidierung von Minderheiten, Wpg 2004, 677
Peemöller, V.H./Faul, K./Schroff, J., IAS-IFRS Lexikon, BBK 2004, Fach 16, S. 527
Peemöller, Volker H./Keller, Bettina, Controlling/Planung in: Küting, Karlheinz, Saarbrücker Handbuch der betriebswirtschaftlichen Beratung, 4. Auflage, 2004, 511
Pellens, Berhard/Basche, Kerstin/Sellhorn, Thorsten, Full Goodwill Method – Renaissance der reinen Einheitstheorie in der Konzernbilanz, KoR 2003, 1
Pellens, Bernhard, Berücksichtigung der Aktionärsinteressen bei der Gewinnverwendung im Konzern, in: Elschen, Rainer (Hrsg.): Unternehmenssicherung und Unternehmensentwicklung, Stuttgart,1995, S. 162
Pellens, Bernhard/Amshoff, Holger/Sellhorn, Thorsten, IFRS 3 (rev. 2008): Einheitstheorie in der M&A-Bilanzierung, BB 2008, 602
Pellens, Bernhard/Fülbier, Rolf Uwe/Gassen, Joachim/Sellhorn, Thorsten, Internationale Rechnunglsegung IFRS 1 bis 8, IAS 1 bis 41 IFRIC-Interpreationen, Standardentwürfe Mit Beispielen, Aufgaben und Fallstudie, 7. Auflage, Stuttgart 2008
Pellens, Bernhard/Neuhaus, Stefan/Nölte, Uwe, Konzernergebnis und Earnings per Share, in: Jander, Heidrun/Krey, Antje (Hrsg.), Betriebliches Rechnungswesen und Controlling im Spannungsfeld von Theorie und Praxis, Festschrift für Prof. Jürgen Graßhoff zum 65. Geburtstag, Hamburg, 2005, S. 45 f.
Pellens, Bernhard/Sellhorn, Thorsten, Kapitalkonsolidierung nach der Fresh-Start-Method, BB 1999, 2125
Pellens, Bernhard/Sellhorn, Thorsten/Amshoff, Holger, Reform der Konzernbilanzierung - Neufassung von IFRS 3 „Business Combinations", DB 2005, 1749
Perridon, Luis/Steiner, Manfred, Finanzwirtschaft der Unternehmung, 13. Aufl., München 2004
Peter, Karl/Crezelius, Georg, Gesellschaftsverträge und Unternehmensformen, 6. Aufl., Herne, 1995
Petersen, Karl/Zwirner, Christian, Die deutsche Rechnungslegung und Prüfung im Umbruch: überblick über das neue deutsche Bilanzrecht – Veränderte Rahmenbedingungen durch das verabschiedete Bilanzrechtsmodernisierungsgesetz (BilMoG) -, KoR 2009, Beihefter 1 zu Heft 5
Petersen, Karl/Zwirner, Christian, Die deutsche Rechnungslegung und Prüfung im Umbruch - Veränderte Rahmenbedingungen durch die geplanten Reformen des Bilanzrechtsmodernisierungs-gesetzes (BilMoG) gemäß dem

Gesetzentwurf der Bundesregierung vom 21.05.2008, KoR 2008, Beilage 3 zu Heft 7/8

Petersen, Karl/Zwirner, Christian, Die deutsche Rechnungslegung und Prüfung im Umbruch - Veränderte Rahmenbedingungen durch die geplanten Reformen des Bilanzrechtsmodernisierungsgesetzes (BilMoG) gemäß dem Referentenentwurf vom 08.11.2007, KoR 2008, Beilage 1 zu Heft 2

Petersen, Karl/Zwirner, Christian/Künkele, Kai Peter, Rückstellungen nach BilMoG - Grundlagen, offene Fragen und bilanzpolitische Aspekte, StuB 2008, 693

Pfaff, Dieter/Kukule, Wilfried, Wie fair ist der fair value?, KoR 2006, 542, 549

Philippi, Björn, Die Ermittlung des *goodwill* nach IFRS 3 in einem mehrstufigen Konzern, PiR 2009, 61

Pooten, Holger, Deutsche Rechnungslegung in: Gräfer, Horst/Demming, Claudia (Hrsg.) Internationale Rechnungslegung, Stuttgart, 1994, 307

Preinreich, Gabriel, A. D., Economic Theories of Goodwill, Journal of Accountancy, July 1939, 169

Rau, P. Raghavendra/Vermaelen, Theo, Glamour, value and the post-acquisition performance of acquiring firms, Journal of Financial Economics, 1998, S. 223

Reuter, Michael, Eigenkapitalausweis im IFRS-Abschluss - Analyse der Berichterstattungspraxis, Berlin 2008

Richter, Michael, Die Bewertung des Goodwill nach SFAS No. 141 und SFAS No. 142 – Eine kritische Würdigung des impairment only-Ansatzes – in: Baetge, Jörg (Hrsg.), Schriften des Instituts für Revisionswesen der Wesfälischen Wilhelms-Universität Münster, Diss., Düsseldorf 2004

Roth, Günter H./Altmeppen, Holger, Gesetz betreffend die Gesellschaften mit beschränkter Haftung (GmbHG), 6., neubearbeitete Auflage, München 2009

Ruhnke, Klaus, Rechnungslegung nach IFRS und HGB Lehrbuch zur Theorie und Praxis der Unternehmenspublizität mit Beispielen und Übungen, 2., überarbeitete und erweiterte Auflage 2008

Ruhnke, Klaus/Schmidt, Martin, Überlegungen zu Prüfung von beizulegenden Zeitwerten, Wpg 2003, 1039

Ruppe, Georg H., Gewinnrealisierung im Steuerrecht, (DStJG 4), Köln 1981, (zit.: Bearbeiter in Ruppe (Hrsg.), Gewinnrealisierung)

Scheffler, Eberhard, Eigenkapital im Jahres- und Konzernabschluss nach IFRS Abgrenzung, Konsolidierung, Veränderung, München 2006

Scheren, Michael, Bilanzpolitik und deren Erkennbarkeit, in: Küting, Karlheinz/Pfitzer, Nobert/Weber, Claus-Peter, Das neue deutsche Bilanzrecht Handbuch für den Übergang auf die Rechnungslegung nach dem Bilanzrechtsmodernisierungsgesetz (BilMoG), Stuttgart 2008, S. 643

Scherrer, Gerhardt, Konzernrechnungslegung, München 1994

Schildbach, Thomas, Der handelsrechtliche Konzernabschluss, 4. Auflage, München Wien 1996

Schildbach, Thomas, Die neue Generalklausel für den Jahresabschluß für Kapitalgesellschaften - zur Interpretation des Paragraphen 264 Abs. 2 HGB, BFuP 1987, 1

Schildbach, Thomas, Was bringt die Lockerung der IFRS für Finanzinstrumente? DStR 2008, 2381

Schildbach,Thomas, Der Konzernabschluss nach HGB, IFRS und US-GAAP, 1991, und 6. Auflage, München, Wien, 2001

Schimmer, Arne, IAS 39: Tumbau zu Babel der globalen Bilanzierung, ZfgK 2003, 567

Schmalenbach, Eugen, Dynamische Bilanz unter Mitwirkung v. Bauer, Richard, 11. Aufl., Köln, Opladen 1953

Schmidbauer, Rainer, Marktbewertung mithilfe von Multiplikatoren im Spiegel des Discounted-Cashflow-Ansatzes, BB 2004, 148

Schmidt, Matthias, Die sog. Full Goodwill Methode der Kapitalkonsolidierung: Zum Problem vermehrt zeitwertorientierter Bilanzierung im IFRS-Konzernabschluss, in: Schneider, Dieter et alt. (Hrsg.), Kritisches zur Rechnungslegung und Unternehmensbesteuerung: Festschrift zur Vollendung des 65. Lebensjahres von Theodor Siegel, Berlin 2005, S. 161

Schmidt, Johannes G., Unternehmensbewertung mit Hilfe strategischer Erfolgsfaktoren, Frankfurt a. M., 1997

Schmidt, Karsten, Gesellschaftsrecht, 4. Aufl., Düsseldorf, 2002

Schmidt, Reinhard H./Terberger, Eva, Grundzüge der Investitions- und Finanzierungstheorie, 4. aktualisierte Auflage, Wiesbaden, 1997

Schmitt, Joachim/Hörtnagl, Robert/Stratz, Rolf-Christian, Umwandlungsgesetz - Umwandlungssteuergesetz: UmwG, UStG, Kommentar, 4. Aufl. 2006

Schneider, Dieter, Betriebswirtschaftslehre, Band 2: Rechnungswesen, 2. Auflage, München, 1997

Scholz, GmbH-Gesetz, Kommentar zum GmbH-Gesetz 8. Aufl., Köln, 1993

Schön, Wolfgang, Entwicklung und Perspektiven des Handelsbilanzrechts: vom ADHGB zum IASC, ZHR 161 (1997), 133

Schüppen, Matthias/Walz, Susanne, Ablauf und Formen eines Unternehmenskaufs, in: Ballwieser, Wolfgang/Beyer, Sven/Zelger, Holger, Unternehmenskauf nach IFRS und US-GAAP, Stuttgart, 2005, S. 39

Schulze-Osterloh, Joachim, Ausgewählte Änderungen des Jahresabschlusses nach dem Referentenentwurf eines Bilanzrechtsmodernisierungsgesetzes, DStR 2008, 63

Schulze-Osterloh, Joachim, Jahresabschluss Abschlussprüfung und Publizität der Kapitalgesellschaften nach dem Bilanzrichtlinien-Gesetz, ZHR 150 (1986), 532

Schurbohm-Ebneth, Anne/Zoeger, Oliver, Zur Umsetzung der HGB-Modernisierung durch das BilMoG: Internationalisierung des handelsrechtlichen Konzernabschlusses, DB, Beilage 5 zu Heft 23, 53

Schurbohm-Ebneth, Anne/Zoeger, Oliver, Internationalisierung des handelsrechtlichen Konzernabschlusses, DB 2008, 40

Schutze, Wolfgang, Methoden der Unternehmensbewertung Gemeinsamkeiten, Unterschiede Perspektiven, 2. erw. und überarb. Aufl., Düsseldorf 2003

Schwalbach, Joachim/Fandel, Günter (Hrsg.), Der ehrbare Kaufmann: Modernes Leitbild für Unternehmer?, ZfB Special Issues, 2007

Schwedler, Kristina, Business Combinations Phase II: Die neuen Vorschriften zur Bilanzierung von Unternehmenszusammenschlüssen – Darstellung und Würdigung (Teil 1), KoR 2008, 125

Seicht, Gerhardt, Bilanztheorien, Würzburg-Wien, 1982

Selchert, Friedrich, Zur Generalnorm für offenlegungspflichtige Unternehmen Eine Analyse von § 264 Abs. 2 S. 1 HGB, BB 1993, 753

Semler, Joahnnes/Stengel, Arndt (Hrsg.), Umwandlungsgesetz mit Spruchverfahrensgesetz, 2. Aufl., München, 2007

Semler, Johannes/Volhard, Rüdiger, Arbeitsrechtshandbuch für Unternehmensübernahmen, Band 1 (2001) und Band 2 (2003) (Arbeitsrechtshandbuch) München, 2001, 2003

Sieben, Günter, Rechnungspolitik als Instrument der Unternehmensführung: Ein Überblick über die Grundlagen, Ziele und Instrumente handelsrechtlicher Rechnungslegungspolitik, in Freidank, Carl-Christian (HrsG): Rechnungslegungspolitik: Eine Bestandsaufnahme aus handels- und steuerrechtlicher Sicht, Berlin, Heidelberg u.a., 1998

Siegel, Stanley, The Coming Revolution in Accounting: The Emergence of Fair Values as Fundamental Principle of GAAP, in: Wirtschaftsprüferkammer-Mitteilungen, 36. Jg. (1997); Sonderheft Juni 1997, 81

Siegel, Theodor, Der Auftragsbestand - Immaterieller Vermögensgegestand oder schwebendes Geschäft, DB 1997, 941

Siegel, Theodor, Zeitwertbilanzierung für das deutsche Bilanzrecht?, BFuP 1998, 593

Sigle, Herman, Ausweis von goodwill für Minderheitenanteile im Konzern? Contra, PiR 2008, 300

Simon, Herman Veit, Die Bilanzen der Aktiengesellschaften, 3. Aufl., Berlin, 1899

Smith, Gordon V./Paar, Russel, R., Valuation of Intellectual Property and Intangible Assets, John Wiley & Sons,Inc., 2000

Söffing, Günter, Geschäfts- oder Firmenwert, in: Kobbe-Keuk, Brigitte/Klein, Franz/Moxter, Adolf (Hrsg.), Festschrift für Dr. Dr. h.c. Georg Döllerer, Düsseldorf, 1988, S. 594

Solmecke, Henrik/Baetge, Jörg, Würdigung des BilMoG aus Perspektive der handelsrechtlichen Jahresabschluss-Zwecke, in: , „Wetterfest“: Die deutsche Bilanzrechtsmodernisierung, SR 2009, 124

Spacek, Leonard, The Treatment of Goodwill in the Corporate Balance Sheet, The Journal of Accountancy, February 1964, 35

Stibi, Bernd, Die handelsrechtliche Konzernrechnungslegung nach dem BilMoG, KoR 2008, 517

Stibi, Bernd, Goodwill: ein immaterieller Vermögenswert wie jeder andere? , BB-Special 10, 2005, 1

Stibi, Bernd/Fuchs, Markus, Die handelsrechtliche Konzernrechnungslegung nach dem Referentenentwurf des BilMoG, KoR 2008, 97

Stibi, Bernd/Klaholz, Eva, Kaufpreisverteilung im Rahmen der Kapitalkonsolidierung nach BilMoG: Neue Herausforderungen für die Praxis, BB 2009, 2582

Storck, Sylvia, Bilanzpolitische Handlungsspielräume im deutschen und amerikanischem Handelsbilanzrecht Eine rechtsvergleichende Analyse, in: Kleindiek, Detlef, Prof. Dr., et alt. (Hrsg.), Schriften zur Rechnungslegung, zugl. Diss. 2003, Berlin 2004

Stapf, Jelena/Elgg, Dominik, Abzinszung von Rückstellungen nach dem BilMoG: Ermittlung und Bekanntgabe der Zinssätze durch die Deutsche Bundesbank, BB 2009, 2134

Streim, Hannes, Die Vermittlung entscheidungsnützlicher Informationen durch Bilanz und GuV - Ein nicht einlösbares Versprechen der internationalen Standardsetter, BFuP 2000, 111

Streim, Hannes/Bieker, Marcus/Esser, Maik, Vermittlung entscheidungsnützlicher Informationen durch Fair Values - Sackgasse oder Licht am Horizont?, BFuP 2003, 457

Streim, Hannes/Bieker, Marcus/Esser, Maik, Fair Value Accounting in der Rechnungslegung – eine Zweckmäßigkeitsanalyse, in: Schneider, Dieter et alt. (Hrsg.), Kritisches zur Rechnungslegung und Unternehmensbesteuerung: Festschrift zur Vollendung des 65. Lebensjahres von Theodor Siegel, Berlin 2005, S. 87

Streim, Hannes/Bieker, Marcus/Leippe, Britta, Anmerkungen zur theorethischen Fundierung der Rechnungslegung nach International Accounting Standards, in: Schmidt, Hartmut/Ketzel, Eberhart/Prigge, Stefan (Hrsg.), Wolfgang Stützel – Moderne Konzepte für Finanzmärkte, Beschäftigung und Wirschaftsvefassung, Tübingen, 2001, S. 177

Streim, Hannes/Bieker, Markus, Verschärfte Anforderungen für eine Aktivierung von Kaufpreisdifferenzen - Vorschlag zur Weiterentwicklung der Rechnungslegung vor dem Hintergrund jüngerer Erkenntnisse der normativen und empirischen Accounting-Forschung -, in: Löffler, Andreas (Hrsg.), arqus Arbeitskreis Quantitative Steuerlehre, Disskussionsbeitrag

Nr. 80 (zugleich Beitrag zur Festschrift für Franz F. Wagner zum 65. Geburtstag), S. N 4, abrufbar unter http://www.arqus.inf/paper/arqus_80.pdf, Abfrage 10.09.09

Sudarsanam, Sudi/Mahate, Ashraf A., Glamour Acquirers, Method of Payment ans Post-acquision Performance: The UK Evidence, Journal of Business Finance & Accounting, 2003, S. 299

Teichmann, Christoph, Reform des Gläubigerschutzes im Kapitalgesellschaftsrecht, NJW 2006, 2444, 2446

Theile, Carsten, Publizität des Einzel- oder Konzernabschlusses bei der GmbH & Co KG, GmbHR 2000, 215

Theile, Carsten, Systematik der fair value-Ermittlung -IFRS, SFAS 157 und das discussion Paper des IASB, PiR 2007, 1

Theile, Carsten/Pawelzik, Kai Udo, Erfolgswirksamkeit des Anschaffungsvorgangs nach ED IFRS 3 beim Unternehmenserwerb im Konzern, Wpg 2003, 316

Tiedchen, Susanne, Der Vermögensgegenstand im Handelsbilanzrecht, Köln 1991

Vater, Hendrik, Bilanzierung von M&A-Beratungs- und Transaktionskosten nach IFRS 3 n. F., PiR 2009, 91

Wagenhofer, Alfred, Internationale Rechnungslegungsstandards - IAS/IFRS Grundlagen und Grundsätze Bilanzierung, Bewertung und Angaben Umstellung und Analyse, 6. aktualisierte und erweiterte Auflage, München, 2009

Watrin, Christoh/Strohm, Christiane/Struffert, Ralf, Aktuelle Entwicklungen der Bilanzierung von Unternehmenszusammenschlüssen nach IFRS, Wpg 2004, 1450

Watrin, Christoph/Lammert, Joachim, Konzeption des Beherrschungsverhältnisses nach IFRS - Zentrale Fragestellungen und grundsätzliche Ausrichtung, KoR 2008, 74

Weber, Claus-Peter, Kapitalkonsolidierung und ähnliche Verfahren im internationalen Vergleich, in: Küting, Karlheiz/Wöhe, Günter (Hrsg.), Schriften zur Bilanz- und Steuerlehre, Stuttgart, 1991, S. 154

Wehrheim, Michael, Die Bilanzierung immaterieller Vermögensgegenstände („Intangible Assets") nach IAS 38, DStR 2000, 86

Weigl, Roland/Weber, Hans-Georg/Costa, Martin, Bilanzierung von Rückstellungen nach dem BilMoG, BB 2009, 1062

Weiser, Felix M., Earnout-Unternehmenserwerbe im Konzernabschluss nach US-GAAP, IFRS und HGB/DRS – Gegenwärtigen Regelungen und Vorschläge des IASB und FASB für künftige Handhabung -, Wpg 2005, 269

Wendholt, Wolfgang/Wesemann, Michael, Zur Umsetzung der HGB-Modernisierung durch das BilMoG: Bilanzierung von latenten Steuern im Einzel- und Konzernabschluss, DB, Beilage 5 zu Heft 23, 2009, 64

Wicke, Hartmut, Gesetz betreffend die Gesellschaften mit beschränkter Haftung (GmbHG), 1. Aufl., München 2008

Widmann, Sigfried/Mayer, Dieter, Kommentar zur Umwandlung von Unternehmen nach neuestem Handels- und Steuerrecht, 92. Lfg., Stand: Januar 2007 , Bonn (zit.: Bearbeiter in Widmann/Mayer)

WILEY-Kommentar zur internationalen Rechnungslegung nach IAS/IFRS, Ballwieser, Wolfgang, Beine, Frank, Hayn, Sven, Peemöller, Volker H., Schruff, Lothar, Weber, Claus-Peter (Hrsg.), Braunschweig 2004 (zit. Bearbeiter in Wiley-IAS/IFRS, 2004) sowie WILEY-Kommentar zur internationalen Rechnungslegung nach IFRS 2009, Weinheim 2009 (zit. Bearbeiter in Wiley-IFRS, 2009)

Willis, Diana, Finacial Assets and Liabilites - Fair Value or Historical Cost? Wpg 1998, 854

Wirth, Johannes, Firmenwertbilanzierung nach IFRS Unternehmenszusammenschlüsse Werthaltigkeitstest Endkonsolidierung, Stuttgart, 2005

Wirtschaftsprüfer-Handbuch, Band I, 11., 12. und 13. Auflage, Düsseldorf, 1996, 2000, 2006

Wöhe, Günther, Zur Bilanzierung und Bewertung des Firmenwerts, StuW 1980, 99

Wüstemann, Jens/Bischof, Jannis/Kierzek, Sonja, Internationale Gläubigerschutzkonzeptionen, BB-Special 5, 2007, 13

Wüstemann, Jens/Duhr, Andreas, Geschäftswertbilanzierung nach dem Exposure Draft ED 3 des IASB – Entobjektivierung auf den Spuren des FASB?, BB 2003, 247

Wulf, Inge, Bilanzierung des Goodwill nach IFRS 3 und IAS 36 – Eine Fallstudie unter Berücksichtigung bilnazpolitischer Gestaltungsmöglichkeiten beim Goodwill-Impairment -, KoR, 2009, 729

Wulf, Inge, Immaterielle Vermögenswerte nach IFRS Ansatz, Bewertung, Goodwill-Bilanzierung, Berlin, 2008

Wysocki, Klaus v./Schulze-Osterloh, Joachim/Hennrichs, Joachim/Kuhner, Christoph, Handbuch des Jahresabschlusses Rechnungslegung nach HGB und internationalen Standards, Köln, 1998

Wysocki, Klaus von/Wohlgemut, Michael, Konzernrechnungslegung, 4. vollständig neu bearbeitete Auflage, 1996

Yook, Ken, C., The Measurement of Post-Acquisition Performance Using EVA, Quarterly Journal of Business & Econimics, 2004, 67

Zülch, Henning/Fischer, Daniel, Neu gestaltete IFRS-Konzernrechungslegung – IFRS 3 und IAS 27, PIR 2007, 358

Zülch, Henning/Hoffmann, Sebastian, Plädoyer für einen deutschen Weg der Zeitwert-Bewertung, DB 2009, 189

Zülch, Henning/Wünsch, Martin, Aufgaben und Methoden der indikativen Kaufpreisallokation Pre-Deal-Purchase Price Allocation bei der Bilanzierung von Business Combination nach IFRS 3, KoR 2008, 466